CW01429807

Das Buch

Erwin Wickert, der Romancier, Asienkenner und frühere deutsche
Botschafter in Peking, legt hier die Chronik seines bunten, oftmals
turbulenten Lebens vor. Er erzählt aus seinen frühen Jahren in
Deutschland, Amerika und Fern-Ost. Er beschreibt den Weg des
jungen Tausendsassa, der vor der Welt keine Angst hatte und sich
einfach mitten hinein in die Weltgeschichte stürzte: Erwin Wickert als
Student in den USA, als Büroarbeiter in New York, unter Landstreichern auf amerikanischen Güterzügen, als Schiffsjunge auf einem
Frachter in Ostasien. Kein Abenteuer scheint dem Sohn aus gutem
Hause zu groß gewesen zu sein, das Unbekannte reizte ihn immer
wieder aufs neue. Daß ihn sein Übermut manchmal zu Fall brachte,
störte ihn nicht. Er stand wieder auf und war von Fall zu Fall mehr
gerüstet für das, was noch kommen sollte.

Erwin Wickert beschreibt seinen Weg durch die unruhigen dreißiger
Jahre, das Erlebnis der Freiheit in Amerika und des fernöstlichen
Denkens in China und Japan. Er vermittelt beeindruckend lebendige
Bilder aus jener Zeit und prägnante Porträts von Menschen, berühmten
wie unbekannten, die ihm begegnet sind.

Der Autor

Erwin Wickert, geboren in Bralitz (Mark Brandenburg), studierte in
Berlin und Heidelberg Kunstgeschichte und Philosophie, in den USA
Volkswirtschaft und Politische Wissenschaften. Seinem Amerikastu-
dium folgte eine Abenteurerzeit in den USA, in Japan und China.
Während des Zweiten Weltkrieges war Erwin Wickert im Auswärtigen
Dienst tätig (Schanghai und Tokio). Danach lebte er in Heidelberg als
Schriftsteller, bis er 1955 wieder in die Diplomatie zurückkehrte. Er
war Gesandter in London, Botschafter in Bukarest und zuletzt Bot-
schafter in Peking (1976 bis 1980).

Erwin Wickert erlangte schon früh literarischen Ruhm. Große
Erfolge waren etwa sein China-Roman *Der Auftrag des Himmels* oder
später *Der Purpur*. Sein berühmtes Landesportärt *China von innen
gesehen* (19/4) liegt als Taschenbuch im Wilhelm Heyne Verlag vor,
ebenso *Der fremde Osten. China und Japan gestern und heute* (19/
102).

Erwin Wickert

Mut und Übermut

Geschichten aus meinem Leben

WILHELM HEYNE VERLAG
MÜNCHEN

HEYNE ALLGEMEINE REIHE
Nr. 01/8766

Inhalt

Kindheit

Die Begegnung mit dem Engel 13 · Der Kommissar und die Hasenbrote 15 · Der Mondsüchtige 16 · Die Verräter 17

Die Vorfahren

Großvater Arnold Dornbusch 20 · Die armen Frösche 23 · Großvater Julius Wickert 27 · Die Kolonisten aus der Pfalz 29 · Er rebellierte gegen den König 30 · Eine heile Welt 31

Jugend

Ich träume die alten Wege 35 · Ein Dorf wird zur Heimat 37 · Die Volksschule 41 · Wenn Georg und ich Filme ansahen 43 · Das Jahr im Dorf 44

Schulzeit

Wittenberger Präludium 48 · Der Lügner 52 · Angst und Elternhaus 54 · Die Mutter 56 · Jüdenstraße 2 57 · Die Kleinstadt 60 · Paideia 62 · Die Freunde 68 · Der Bibel-Kreis 69 · Erwachen 70 · Soll ich Musiker werden 71 · Die ersten Seiten 73 · Hitler steht vor der Tür 75 · Die Katastrophe 78

Berlin

Die Reichshauptstadt 79 · Die Rotte Korah 80 · Ein eigenes Zimmer 83 · Das Ende der zwanziger Jahre 84 · Holland und Kaiser Wilhelm 87 · Kloppen 89 · Die amüsante Brutalität 92 · Politik und Gewalt 95 · Massen 96 · Disziplin täte mir gut 97 · Der 30. Januar 1933 98 · Die Sonne Italiens 99 · Rein in die SA 100

Student

Sie sah aus wie Serena 105 Raus aus der SA 108 · Ediths Mutter 108 · Max 110 · Er hatte Hanussen abgeholt 113 · Tag der Arbeit, Tag des Verrats 114 · Edith muß weck 116 · Doch er verstand die Kinder 117 · Der Arbeitsmann 118 · Der große, gemäßigte Staatsmann 122 · *Pourvu que ça dure* 126 · Aktivistenrummel 127 · Der oberste Gerichtsherr 128 · Barbarisches Gelächter 129 · Das Kameradschaftshaus 132 · Ein großes Glück 134 · Antisemitismus und Sexualität 135 · Vom Ende der Welt und der Zeit 138 · Die SS hielt sich daran 142

Amerika

New York 143 · College und Kleinstadt 144 · Zufall? 148 · Prettyman 150 · Candler und die Neger 151 · Richard Wright 153 · Der Senator 155 · Der Organisator 159 · Deutsche Studenten in Amerika 162 · Ein Hungerlohn 164 · Ist Amerika verrückt? 165 · Abschied vom Times Square 167 · Die Suche nach dem Wunder 169 · Floyd LeRoy und die Gewerkschaft 170 · Unterwegs 172 · Abenteuer des Schienenstrangs 174 · Warum ich meine Wette nicht verlor 180 · Eike wollte mit dem Bus fahren 183 · Weitere Abenteuer des Schienenstrangs 189 · Zwischendeck 196 · Wir blicken mit Wehmut zurück auf Amerika 197

Japan und China – zum erstenmal

Ankunft mit der »Buenos Aires Maru« 202 · Hinter der Bühne 203 · Dieters und Werners Gesänge 205 · Von Arbeitern in Japan und Arbeitern überhaupt 206 · Begegnung mit einem Journalisten 209 · Regen in Japan 211 · Wenn Schmetterlinge träumen 213 Unsere Wohltäter 216 · Besetzte Länder 217 · Japans Expansionismus 219 · Das alte Peking 220 · Die fröhlichen Bauern 224 · Der König von Zaozhuang 227 · John Rabe blieb in Nanking 229 · Er hatte mit Hitler auf Festung gesessen 231 · Bankrott 234

Auf See

Moses 236 · Heimkehr 242 · Max Barthels Ratschläge 243

Heidelberg

Wieder Student 246 · Antrittsbesuch bei Karl Jaspers 249 · Das Abenteuer 252 · Der Ginkgo-Baum zu Heidelberg 254 · In den Seminaren 256 · Ernst-Lothar von Knorr war »entartet« 259 · Die Zwangsemeritierungen 260 · Liebe, Freunde, Studium 263 · Krise 268 · Hubert Schrade und Karl Jaspers 270 · Annäherung an Karl Jaspers 276 · Der Anschluß 289 · Das Tier in der Kunst 291 · Das Rigorosum 292 · Das Paradies im Westen 295 · Die letzte Musterung 298 · Der Schritt der Weltgeschichte 299 · Der Dämon und das Dämonische 302 · Eine unnötige Eheschließung 306

Auswärtiges Amt

Mit dem Regime arrangiert? 309 · Nicht die Alliierten – Goebbels war der Feind 311 · Kurt Georg Kiesinger 313 · Eine heimliche, unheimliche Botschaft 316 · Ribbentrop will Rühle erschießen lassen 318 · Ein Engel stand neben mir 319 · Der Pakt um Mitternacht 320 · Der »China-Experte« 320

China – ein zweites Mal

Der Landesgruppenleiter 321 · Begegnung im Transsibirien-Expreß 322 · Krieg und Frieden 324 · Das Haus in Schanghai 325 · Die ruchlose Stadt 328 · Das Radio 329 · Der Pachtvertrag 330 · Die Stimme Europas 331 · Kennen Sie mich nicht mehr? 333 · Ein Clown? 335 · Jesco von Puttkamer und der Lamapriester 336 · Von der Reichsgräfin und Richard Sorge 338 · Die Emigranten 341 · Die Lizenz 343 · Von einem Menschen mit unmöglichem Charakter 344 · Das Verbot 345 · Freunde in der Not 346 · Unsere Mannschaft 347 · Aufgelaufen in Schanghai 349

Wiederum Japan

Japan im Sommer 352 · Extrablätter 353 · Man mußte Richard Sorge immer schützen 354 · Versicherung gegen den Krieg 355 · Unsere Botschaft in Tokio 356 · Warum ich nichts mehr schreiben konnte 364 · Tokio war keine Stadt für Allotria 365 · Japan vor Pearl Harbor 366 · Der Viererklub 369 · Pidgin-Deutsch 370 · Die Verhaftung 374 · Der Schock 382 · Warum? 382 · Der Blitz 385 · War Pearl Harbor ein Verbrechen? 392 · Neujahrsempfang beim Tenno 395 · Der Tenno 398 · Die Kamelien blühten schon im Januar 405 · Beide Seiten sehen und hören 407 · Die Fesselung 410 · Hilfskreuzer 10 412 · Richard Sorges Auferstehung 422 · Wahrheit in einer Welt, die falsch ist 424

Schmerzhafter Niedergang

Ein Versager 433 · Konspiration 437 · Leichtsinn und selige Tage 441 · Der Flaggenzwischenfall von Peking und seine Folgen 445 · Meisinger entlarvt Peter Waldbauer 447 · Der größte Feldherr aller Zeiten 450 · Nürnberger Gesetze 452 · Der Bigamist 453 · Der Schlächter von Warschau 455 · Was ist das für ein Krieg? 460 · Der langsame Verfall 463 · Greuelnachrichten 466 · Schuld, Scham und Entsetzen 467 · Das wandelnde Haus und die Blume von Yedo 469 · Adolf Hitler – Tod und Verklärung 471

Der Krieg ist noch nicht zu Ende

Geschäftsführung ohne Auftrag 475 · Die Blume von Yedo blüht auch in meinem Garten 476 · Vor dem Berg Fuji 493 · Sie sehen nichts ein – sie geben nicht auf 499 · Waren unsere Gräber schon ausgehoben? 501 · Alles zerfällt 504 · Was macht man mit Uran? 508 · Der Schrecken ist das Beste 508 · Das wird das Ende sein 510 · Die letzten Tage 510

Nach dem Krieg

Warum die Landung der Amerikaner ein Segen war 512 · Die Rose von
Tokio 513 · Action within 24 Hours! 516 · Das große Geschenk 517 ·
Unser Berg 523

Heimkehr

Wie ich Captain Marduk betrog 526 · Der Handleser aus Agra 530

Bildnachweise 536

Personenregister 536

Ich bin kein ausgeklügelt Buch,
Ich bin ein Mensch mit seinem Widerspruch.

Conrad Ferdinand Meyer,
Huttens letzte Tage

Kindheit

Die Begegnung mit dem Engel

Ich erinnere mich.

Am Anfang war die Begegnung mit dem Engel. Alles, was vorher war, liegt in durchsonntem Nebel. Es bewegt sich etwas darin, aber es bleibt undeutlich, und ich kann nichts erkennen; ich höre Stimmen, aber sie sind gedämpft, und ich kann sie nicht verstehen.

Ich kam aus diesem Licht, war darin warm und behütet, und ich war ohne Zeit. Aber was da war und wer da war, ich habe es vergessen, ich weiß es nicht mehr.

Doch an den Engel erinnere ich mich. Damals konnte ich schon laufen, die Klinken herunterdrücken und die Türen öffnen. Ich spielte mit der Puppe im Kinderzimmer, und das lag im ersten Stock. Ich wollte hinuntergehen, vielleicht zu meiner Mutter.

Ich konnte Treppen auf allen vieren hinauf- und notfalls auch rückwärts hinabkriechen; aber jetzt wollte ich sie hinuntergehen wie die Erwachsenen.

Mit einer Hand hielt ich mich am Geländer fest. Da kam Polen-Irma, das Kindermädchen, das eigentlich auf mich hatte aufpassen sollen, aus dem Bügelzimmer, sah mich und schrie, weil sie glaubte, ich fiele jetzt die Treppe hinunter.

Aber ein Engel hob mich sanft auf, trug mich und setzte mich sechs oder sieben Stufen tiefer auf dem nächsten Absatz sanft nieder, sanft wie eine Feder. Ich fühle noch heute, wie behutsam er mich aufnahm, mit mir hinabschwebte und mich wieder hinstellte.

Gesehen habe ich ihn nicht, und er sprach auch nicht, aber ich hatte ihn doch gefühlt. Polen-Irma aber, oben an der Treppe stehend, schrie immer noch schrill und hob die Hände verzweifelt in die Höhe, auch ein anderes Dienstmädchen kam aus einer Tür und schrie. Dann sprangen sie endlich die paar Stufen herab und hielten mich fest, obwohl ich starr und sprachlos dastand und weder weitergehen wollte noch konnte.

»Es war ein Engel«, sagten die Mädchen, »der hat dich getragen.«

Meine Mutter hatte das Geschrei gehört und kam schnell herauf. Sie fürchtete ein entsetzliches Unglück.

»Was ist ein Engel?« fragte ich, und sie erklärte es mir. Polen-Irma, mit der ich polnisch sprach, redete noch oft von dem Schutzengel. Sie war die einzige von uns, die ihn auch gesehen hatte.

Noch Jahrzehnte später, als ich den Glauben an die Wunder der Bibel, leider auch an die Auferstehung Christi, längst verloren hatte, wollte ich doch nicht von dem Glauben an den Engel lassen, der mich einst getragen hatte. Ich fühlte ja immer noch, wie er mich sanft die Treppenstufen hinabtrug.

Dabei war er später durchaus nicht immer auf seinem Posten. Schon einige Jahre nach seinem Erscheinen zum Beispiel, da ließ er zu, daß ich den rechten Mittelfinger, als ich in einem leeren Eisenbahnwagen spielte und die Tür zuknallte, so quetschte, daß der Fingernagel abgenommen werden mußte. Und später, in Schanghai, als ich dort bei meinem zweiten Aufenthalt zu Boden gegangen war, hat er mir keinen Finger gereicht. Etwa mit Absicht? Vielleicht um meinen Übermut zu dämpfen?

Aber wenn später im Leben größeres Unglück dicht an meinen Ohren vorbeipfiff oder wenn Unheil wie ein Blitz dicht neben mir einschlug, fragte ich mich doch, ob er es wohl gewesen war, der den Blitz eine Handbreit abgelenkt hatte. Ob ich wirklich an ihn glaubte? Wohl nicht im Ernst. Ich ließ die Frage jedoch offen, ließ sie auch vor mir selbst im Zwielicht und fand das ganz amüsant. Man wird mich deshalb tadeln müssen. Ernsthaften, entschiedenen Menschen wie, sagen wir, Kierkegaard, wäre dieser Unernst ein Greuel gewesen. Auch Karl Jaspers hätte schweigend mißbilligt, wenn ich ihm von diesem nur halb geglaubten Engel erzählt hätte.

Das habe ich aber natürlich nicht getan. Ich habe überhaupt nie und mit niemand von dem Engel gesprochen, habe das Geheimnis in mir verborgen, habe manchmal selbst den Kopf darüber geschüttelt wie über eine unschuldige Marotte, die ich mir aus ästhetischem Leichtsinn leistete, aber ich hielt lange an ihm fest. Sprach nie von ihm. Denn ich wußte, wenn ich von ihm spreche, ist er mir verloren. Über ihn lächeln? Nein. Er hatte mich doch ausgezeichnet.

Unser Haus steht vor mir wie auf einem Foto, unscharf, braungetönt, unterbelichtet. Es ist eine Villa mit Walmdach im Jugendstil. Ein schmaler Vorgarten und zur Straße hin ein Lattenzaun. Die Villa steht auf dem Feld, am Eingang zum Dorf Wilhelmsort. Vor dem Holzzaun sehe ich unsere Kutsche mit den beiden Hannoveraner Füchsen. Der Kutscher trägt einen Zylinder mit einer schwarz-weißen Kokarde. Er sitzt sehr gerade, weil er fotografiert wird.

Im Anbau links ist Vaters Büro. Ein ovales Schild hängt über der Tür mit dem Preußenadler, und darunter steht wohl die Bezeichnung des Amtes: Distriktskommissariat.

Rund sechzig Jahre später saß ich in Washington mit Zbigniew Brzezinski, der damals Sicherheitsberater Präsident Carters war, im Weißen Haus zusammen. Er erzählte von seiner Jugend in Warschau, und ich erwähnte, daß ich einmal nicht weit von Bromberg gewohnt hatte.

»Gewohnt?« fragte er, plötzlich mißtrauisch. »Wieso?«

»Mein Vater war da Distriktkommissar«, antwortete ich, wohl wissend, daß ich ihn provozierte.

»Zbig« hörte nur »Kommissar« und erstarrte.

»Es war im Jahre 1919. Lange vor Ihrer Zeit. Das Dorf hieß Wilhelmsort, und Bromberg gehörte damals noch zur preußischen Provinz Posen. Und ein Distriktkommissar war in der königlich-preußischen Verwaltung dieser Provinz eine Art kleiner Landrat – *County administrator.*«

Zbig Brzezinski entspannte sich; er hatte eine unerfreuliche Wendung unseres Gesprächs befürchtet.

Mein Vater fuhr in der Kutsche oft über Land und brachte mir Hasenbrote mit, belegte Brote, die ihm ein Hase aus dem Feld für mich gegeben hatte. Sie sahen nicht anders aus als die Brote, die ihm die Mädchen in der Küche vor der Fahrt geschmiert hatten. Sie waren auch in Pergamentpapier eingewickelt; aber sie waren etwas vertrocknet und schmeckten deshalb anders und viel besser.

Manchmal nahm mein Vater mich auf kürzere Fahrten mit, und ich durfte dann neben dem Kutscher auf dem Bock sitzen. Eines Sonntags fuhren wir lange an einem Kanal entlang durch das flache Land und dann auf eine Pferdeweide. Der Kutscher spannte die beiden Füchse aus. Sie wurden in Holzgestelle gesperrt, gefesselt, und dann kam ein Mann mit einem Eisen, das er in einer Feldschmiede zum Glühen gebracht hatte, und kupierte den Pferden den Schwanz.

Es zischte und qualmte, wo er das glühende Eisen an den Schwanz der Pferde hielt, und roch verbrannt. Die Pferde suchten auszuschlagen und sich aufzubäumen, aber sie waren ja in dem Gestell und gefesselt. Sie schrien ganz schrecklich. Ich weinte über sie. Mein Vater erklärte mir, das geschehe, weil Pferde mit kupiertem Schwanz viel schöner aussähen. Aber ich war auf der Rückfahrt nicht zu beruhigen und blieb tagelang verstört. Ich habe es ebensowenig vergessen wie den Engel.

Der Mondsüchtige

Ich spielte gerne mit meiner Puppe oder mit meiner Puppenstube, in der kleine Puppen auf dem Sofa saßen und über ihre Kinder sprachen, die nicht essen wollten oder unartig waren oder die sich an den Tisch setzten und Kaffee tranken. Das Schlafzimmer meiner Eltern lag neben dem Kinderzimmer. Eines Nachts hörte mein Vater Geräusche bei mir; er kam herüber. Der Mond schien, und es war hell. Ich hockte am Boden und erzählte den Puppen in der Puppenstube eine Geschichte.

Die Fenster wurden fortan abends nicht verhängt, weil ich mondsüchtig war, und Polen-Irma verschloß die Fenster ganz fest, damit ich nachts nicht herausstieg. Denn Mondsüchtige, sagte sie, klettern bei Vollmond im Nachthemd aufs Dach, gehen dort in der Höhe umher, hielten die Arme ausgestreckt vor sich, damit sie nicht das Gleichgewicht verlören, aber wenn man sie anrufe, wachten sie vor Schreck auf, fielen auf die Straße und brächen sich das Genick. Ich hütete mich daher, in den Mond zu sehen und versprach Polen-Irma fest, nachts nie aufs Dach zu klettern.

Mein Vater meinte, ein Junge spiele überhaupt nicht mit Puppen. Ich sei nun vier Jahre alt und müsse mich auch so benehmen und so aussehen. Mein Haar sei zu lang; ich sei doch kein Mädchen. Meine Mutter aber nahm mich in die Arme. Wollte mir die Puppen erhalten, und ich sollte so bleiben, wie ich war.

Mein Vater schnitt mir jedoch das lange, blonde Haar ab. Er schnitt es mit seiner Haarschneidemaschine ab, ganz. Meine Mutter weinte, als sie mich mit kahlgeschorenem Kopf sah.

Eines Tages waren Puppe und Puppenstube verschwunden; statt dessen lagen auf dem Bett eine blaue Soldatenuniform in meiner Größe, eine kleine Pickelhaube und ein Holzgewehr, mit dem man einen Korken abschießen konnte, der aber mit einer Schnur am Lauf befestigt war. Als wir den Gutsbesitzer Rehfeld in der Nachbarschaft besuchten, fotografierte er mich in der Uniform, und Großeltern, Onkel und Tanten bekamen ein Foto des jungen Soldaten. Alle waren stolz auf mich, am meisten aber mein Vater.

Er hatte mich oft auf seinen Knien reiten lassen, und ich nannte ihn Väterchen. Jetzt aber, sagte er, sei ich schon groß, und ich sollte Vater zu ihm sagen.

Die Verräter

Alle Kinder im Dorf, die ich kannte, sprachen von der Beerdigung am Nachmittag und freuten sich schon darauf; ich aber durfte nicht hingehen. Ich ging trotzdem hin. Vor dem offenen Grabe standen die Angehörigen, und vornan eine junge Frau, die heftig weinte. Ein Posaunenchor spielte, und dann sprach der Pastor.

Aber da kam auch schon Polen-Irma, die mich vermißt hatte, und zog mich fort und nach Hause. Ich bat sie, niemand zu verraten, wo ich verbotenerweise gewesen sei. Doch meiner Mutter fiel auf, daß ich bedrückt war, und als sie mich abends zu Bett gebracht und mit mir gebetet hatte, beichtete ich und erzählte ihr schluchzend, die junge Frau vor dem Grab habe so geweint, weil sie noch nicht begraben werden wollte.

Als ich eines Tages fragte, ob ich nicht zu Rehfelds gehen könne, deren Jagdhündin Junge bekommen hatte, hieß es, zu ihnen könne man nicht mehr gehen. »Sie sind Verräter«, sagte mein Vater. Später hieß es noch von anderen Gutsbesitzern, mit denen die Eltern verkehrt hatten, sie seien Verräter. Bevor mein Vater über Land fuhr, wurde telefoniert, und manchmal mußte der Kutscher die Pferde wieder ausspannen, weil es zu gefährlich war.

Einmal hörte ich, polnische Soldaten hätten einen deutschen Gutsbesitzer an die Wand gestellt. Und dann hörte ich wieder, deutsche Freikorps-Kämpfer hätten einen Verräter an die Wand gestellt. Ich fragte, warum und wozu man Leute an die Wand stelle, aber ich bekam keine Antwort.

Eines Abends, als mein Vater noch nicht nach Hause gekommen war, nahm mich meine Mutter mit hinaus in den Garten. Wir hörten in weiter Ferne dumpfen Kanonendonner, und als es ganz dunkel war, leuchtete es am Horizont. Das könne, sagte die Mutter, nur der Gutshof eines unserer Bekannten sein, eines Deutschen, den mein Vater hatte besuchen wollen.

»Vielleicht hat man ihn und die Kinder und alle an die Wand gestellt«, sagte ich, um zu zeigen, daß ich schon mitreden konnte. Meine Mutter legte erschrocken die Hand auf den Mund. Dann nahm sie meine Schwester aus dem Bett, die erst einige Monate alt war, und mich, und wir gingen alle in den Keller, um vor Granaten geschützt zu sein. Polen-Irma betete. Ich schlief ein, hörte weder, daß mein Vater kam, noch daß frühmorgens eine Granate hinter dem Garten im Feld einschlug.

Eines Tages zogen polnische Soldaten ein. Meine Mutter und die Dienstmädchen standen hinter einer Gardine und sahen hinaus. Ich aber holte mein Holzgewehr, sprang in den Vorgarten, und als die Soldaten an unserem Haus vorbeimarschierten, legte ich an und schoß; doch sie nahmen keine Notiz. Meine Mutter kam schnell heraus, zog mich ängstlich ins Haus zurück und nahm mir das Holzgewehr weg.

Mein Vater schreibt in unserem Hausbuch:
Ich kann wohl sagen, daß die in Wilhelmsort verbrachten Jahre die glücklichste Zeit meines Lebens war. Leider dauerte sie nicht sehr lange. Zu meinem Distrikt gehörten alle Gemeinde- bzw. Gutsbezirke in einem Umkreis von zehn bis zwölf Kilometern, 34 an der Zahl. Zwei Drittel waren deutsch, ein Drittel war polnisch.
Mit dem unglücklichen Ausgang des Ersten Weltkriegs bemächtigten sich die Polen, von der Stadt Posen ausgehend, der Provinz. In den ersten Januartagen 1919 erschien plötzlich und ganz unerwartet einer der polnischen Gutspächter meines Distrikts mit etwa fünfzig polnischen Soldaten – noch in deutschen Uniformen und mit deut-

schen Waffen – in Wilhelmsort, besetzte das Dorf und eröffnete mir in meinem Büro, daß ich im Auftrage der polnischen Regierung abgesetzt sei. Ich mußte mich der Gewalt fügen. Es dauerte aber nur ein paar Stunden, bis ein auf dem Marsch von Bromberg nach Mrotschen befindliches Detachement unter Major Bloem, einem Vetter des bekannten Schriftstellers, der unterwegs von meiner Absetzung erfahren hatte, das Dorf im Sturm nahm und die Polen vertrieb. Da er nach Mrotschen weitermußte, ließ er uns einige Gewehre zurück, mit denen wir Wilhelmsorter uns ausrüsten und einen Grenzschutz bilden konnten. Major Bloem ist in Mrotschen gefallen.

Im Sommer 1919 setzten dann die Feindmächte die Demarkationslinie zwischen Deutschen und Polen fest. Die Moral der Bevölkerung hatte durch die Niederlage und den Umsturz sehr gelitten. Die aus dem Feld zurückgekehrten Soldaten, durch vier Kriegsjahre der zivilen Ordnung entwöhnt, besonders aber die im Distrikt an der Demarkationslinie zur Abwehr liegenden Freikorps erlaubten sich allerhand Übergriffe, als ob sie sich noch in Feindesland befänden. Die Gendarmen wurden ängstlich und griffen nicht mehr mit der nötigen Strenge durch. Im allgemeinen aber konnte ich Ruhe, Ordnung und Sicherheit aufrechterhalten.

Für den 1. Oktober wurde dann die Übergabe der Restprovinz an die Polen erwartet. Wir Distriktskommissare erhielten den Befehl, unsere Familien nach Deutschland zu bringen, selbst aber bis zur Übergabe im Dienst zu bleiben. Für die Zeit nach der Übergabe wurden wir schon im voraus in den Wartestand versetzt.

Hausbuch.

Anno Domini 1920. Im Namen Gottes. Ich, Julius Gustav
Albert Wickert, will beginnen niederzuschreiben, was ich
von meinem Vater selig, Julius Friedrich Wickert-Klein
Fahlenwerder Kreis Soldin, über unser Herkommen hörte,
dieweil es nicht mehr denn recht und billig ist, daß die,
die nach uns kommen, wissen, woher sie sich von ihren
Eltern und Voreltern her zu versehen haben, als mir mein
Zwerndiges sagt, daß manches, wovon niemand weiß,
woher es stammt, auf der Väter Blut herrührt und
also den Enkel entschuldigt oder vermahnt, zum wie,
ihnen aber verpflichtet.

Bad Freienwalde an der Oder, Weinbergstraße,
den 1. Juli 1920.

Die Vorfahren

Großvater Arnold Dornbusch

Das Dorf Bralitz, ursprünglich ein wendischer Rundling, wie ihn mein Großvater Julius Wickert in seinem Hausbuch beschreibt, liegt in der Mark Brandenburg am Rand der Alten Oder. Hier wohnten die Eltern meiner Mutter. In ihrem Haus bin ich am 7. Januar 1915 geboren.

Wenige Kilometer von Bralitz entfernt, in Bad Freienwalde an der Oder, wohnten die Eltern meines Vaters. Der Großvater Julius Wickert war dort Lehrer an der »Höheren Töchterschule«, die jetzt Lyzeum genannt wurde.

Hier also lebten meine Vorfahren und Verwandten; dennoch bin ich nur selten und nur zu Besuch hier gewesen. Heimat ist mir das Oderbruch deshalb nicht geworden; doch die Erinnerung ist stark.

Das schöne und große Haus meines Großvaters Arnold Dornbusch hatte er selbst erbaut, aber nicht im wilhelmischen, sondern in einem eher klassizistischen Stil, den er vielleicht den Bauten in Freienwalde oder älteren märkischen Herrenhäusern abgesehen haben mochte. Man hätte es seinerzeit wohl herrschaftlich genannt. Es lag in einer kleinen parkähnlichen Anlage. An eine Seite angebaut war eine Kegelbahn, in der meine Onkel Martin und Erich und ihre Freunde zu spielen pflegten, wo ich aber auch gerne die Kegel mit großem Gepolter über die Bahn schickte.

An der anderen Seite des Hauses, zum Hof und den Wirtschaftsgebäuden hin, stand eine kleine Wand, wohl als Windschutz oder Sichtblende gedacht, wenn man hier vor dem Park saß und Kaffee trank. Sie hatte oben Scheiben aus Glas, die unten durch eine Reihe kleiner Scheiben in rot, grün, gelb und blau abgesetzt waren. Ich stand oft davor, um in eine rote, grüne, gelbe und blaue märchenhaft beleuchtete Welt zu sehen, die mir wunderbarer erschien als die, in der ich leben mußte.

Unter einer hohen Tanne stand ein Gartenzwerg, damals so groß wie ich. Ich liebte ihn, und bis heute kann ich die Verachtung nicht verstehen, mit der sonst durchaus gebildete Leute auf diese liebenswürdigen Wesen glauben herabsehen zu können. Ich danke einem Freund, dem Heidelberger Fritz Nötzold, daß er einen Verein gegründet hat, der sich des deutschen Gartenzwerges angenommen hat, sein Ansehen zu erhöhen bemüht ist und Beleidigungen geißelt.

Ich bin dem Verein nicht beigetreten, weil ich ein anderes Unrecht bekämpfe. Seit Anfang der siebziger Jahre bin ich nämlich Mitglied des »Vereins zur Förderung des Ansehens der Blut- und Leberwurst (VBL)« in Adliswil bei Zürich, für den ich auch eine kleine Abhandlung über die Wanderung der Blutwurst im Laufe der Zeiten von Rom mit Legionären über Köln ins Land der Helvetier verfaßt habe, die in Adliswil mit Dank und ohne Argwohn aufgenommen wurde.

Großvater Arnold Dornbusch hatte weißes Haar und einen weißen Spitzbart. Er saß an dem grünlichen Kachelofen in dem bäuerlichen Wohnzimmer und nahm mich auf seinen Schoß. Ich war sein erster Enkel.

Er konnte nur noch flüstern, wollte mir Märchen erzählen, aber das strengte ihn an, und er mußte im Erzählen lange Pausen machen; doch er war vergnügt, und ich ging gerne zu ihm, ließ mir die beiden Schnitte rechts und links in seinem Kehlkopf zeigen und durfte zusehen, wie die Gummi-Kanülen herausgenommen und in der Küche in heißem Wasser sterilisiert wurden. Man sah ihm nicht an, daß er Schmerzen hatte. Er starb einige Monate später, erst 57 Jahre alt.

Seine Vorfahren waren Bauern oder Fischergutsbesitzer mit Fischereigerechtsamen im Oderbruch gewesen. Sein Vater hatte neben seiner Landwirtschaft eine kleine Ziegelei, in der handgestrichene Ziegel hergestellt wurden.

Nasser Ton wurde in eine Holzform gepreßt, die Oberfläche glattgestrichen, die Holzform wurde geöffnet, und der nasse Ziegel wurde zum Trocknen auf Stroh oder Bretter gelegt. Man arbeitete also noch immer so, wie weiland das Volk Israel in Ägyptenland, als es unter dem Pharao fronte. Nach drei oder vier Wochen, wenn die Ziegel trocken waren, wurden sie in einem kleinen Ringofen gebrannt. Der Großvater Arnold Dornbusch übernahm die Ziegelei mit fünfundzwanzig Jahren.

Er war nur zur Volksschule gegangen, hatte sich aber durch Bücher und Anschauung soviel technisches Wissen erworben, daß er eine Ziegelstreichmaschine konstruieren und patentieren lassen konnte.

Sie wurde ein großer Erfolg, nicht nur in Deutschland, sondern auch in Rußland, den skandinavischen Ländern und in Südamerika. Er vergrößerte nicht nur seine eigene Ziegelei, sondern kaufte noch drei andere dazu, so daß er jährlich zwanzig Millionen Ziegel herstellen konnte, die mit Kähnen auf Oder und Spree nach Berlin transportiert wurden. Eine seiner Ziegeleien wurde Lehrziegelei der Tonindustrie.

Aus kleinen Verhältnissen kommend, schuf er ein für seine Zeit beachtliches kleines Imperium. Er reiste viel, schickte Postkarten aus Paris und St. Petersburg, Stockholm und Venedig. Sein Sohn, mein Onkel Erich, wurde nach Südamerika entsandt, um dort die Ziegelstreichmaschine einzuführen.

In meines Großvaters Haus trafen sich Geschäftsfreunde aus aller Welt, und es wurde gut und breit gelebt, gut getafelt und nicht wenig getrunken. Er wußte, sich in der Welt zu bewegen, vergaß darüber aber nicht sein Heimatdorf, in dessen Verwaltung, Gerichtsbarkeit und kirchlichem Leben er jahrzehntelang die Ehrenposten bekleidete.

Er blieb bescheiden. Alle, die ich später nach ihm befragte, sprachen von seiner Güte und Hilfsbereitschaft. Auch mein Vater, der starke, nicht immer berechtigte Vorbehalte gegen die Familie seines Schwiegervaters hatte, nahm ihn selbst von der Kritik aus: »Ich habe ihn verehrt«, schrieb er an seinem Lebensabend von seinem Schwiegervater in unser Hausbuch, »und verehre ihn heute noch. Er war ein wahrhaft guter Mensch, leider etwas zu gut.«

Und ein wahrhaft guter Mensch war auch seine älteste Tochter Hanna, meine Mutter.

Die armen Frösche

Ich ging schon zur Schule und war zu Besuch in Bralitz, weil eine meiner Tanten heiratete. Ich sollte vor und in der Kirche Blumen auf den Weg des Brautpaares streuen. Stunden vor der Zeremonie mußte ich einen weißen Matrosenanzug anziehen, wurde ermahnt, mich nicht schmutzig zu machen. Ich ging in die Pferdeställe zu den Kutschern, die die Pferde striegelten und das Geschirr mit Creme einschwärzten und polierten und die Kutschen auf den Hof zogen. Den Geruch des Ledergeschirrs, das in den Remisen an dicken Holzpflöcken hing, habe ich noch heute in der Nase.

Ich hörte Kinderstimmen auf der anderen Seite des Hofes, in der stillgelegten Ziegelei, die wir eigentlich nicht betreten durften. Neben dem alten Maschinenhaus stand noch lehmiges Wasser in den Kühlbekken. Dorfjungen spielten da.

Sie fingen Frösche aus den Becken, steckten ihnen einen Strohhalm in den After, bliesen sie auf, daß sie ganz rund waren, und warfen sie ins Wasser, daß sie aufklatschten und wie Bälle schwammen, mit den Beinen ruderten, aber zu unserem Gaudium nicht vorwärtskamen. Auch ich ließ mir einen Strohhalm geben und beteiligte mich an dem Spiel.

Ich war so beteiligt, daß ich nicht hörte, wie man mich rief, bis einer der Stallburschen mich fand, ins Haus brachte und erzählte, wo er mich gefunden hatte, was wir gespielt hatten und wo die Lehmspritzer auf meinem weißen Matrosenanzug herrührten.

Nur gut, daß mein Vater nicht zur Hochzeit gekommen war! Aber was ich von meiner Mutter und den Tanten zu hören bekam, war niederschmetternd genug. Onkel Martin liebte es, sich drastisch auszudrücken. Er fragte mich, wie ich mich wohl fühlen würde, wenn jemand mich so aufblasen würde wie die Frösche.

Die Frage traf mich. Ich schämte mich und ging hinaus. Bis dahin hatte ich gar nicht daran gedacht, daß auch die Frösche Schmerzen leiden konnten. Sie waren Sachen, die sich bewegten. Es war das Wort des Onkels, das mir das Auge geöffnet hatte.

»Woher das Böse?« fragt Plotin in einer seiner philosophischen Meditationen. »Hat Gott auch das Böse geschaffen?« fragt Augustin.

Das Böse war beiden ein Seiendes, für Augustin spätestens seit dem Sündenfall. Doch es ist, wie ich meine, kein an sich Seiendes, sondern ein Akzidens, das erst manifest wird, wo man es als Böses erkennt.

Was ich getan hatte, war nicht böse; erst als der Onkel es unter die ethische Kardinalforderung: »Was du nicht willst, daß man dir tu / das füg auch keinem andern zu!« gestellt hatte, erkannte ich es als Böses. Erst da, erst in dem Augenblick, als ich die Forderung des Onkels anerkannte, die Tiere nicht als Sachen, sondern als mir verwandte Wesen erkannte und ihre Schmerzen mitfühlen konnte, erst da entstand das Böse.

Der chinesische Publizist Liu Binyan, zweimal aus der kommunistischen Partei ausgestoßen und insgesamt zweiundzwanzig Jahre verhaftet oder verbannt und unter Schreibverbot, der berühmteste unter den chinesischen Dissidenten im Exil, erzählte mir einmal, als er mit zwölf anderen »Rechten Elementen« zu schwerer Arbeit verurteilt in einer Staatsfarm lebte, habe ein Junge eine Katze an einen heißen Kanonenofen in der Häftlingsbaracke gehalten und wollte sie ansengen. Liu Binyan hatte dem Jungen die Katze weggenommen und ihm verboten, sie zu quälen.

Die Lagerleitung hatte ihn darauf zu vielen Verhören befohlen. Lius Verhalten wurde als Kritik an der Partei angesehen: Er habe damit doch nur sagen wollen, daß die Partei ihn mit der Verurteilung zu schwerer Arbeit und der Einstufung als »Rechtes Element« ebenso quäle, wie der Junge die Katze gequält habe. Liu mußte Selbstkritik üben, aber sie wurde als nicht ernsthaft und radikal genug verworfen. Was der Junge mit der Katze getan hatte, wurde dagegen als durchaus verständliche Neugier angesehen. Kinder sind eben Kinder.

> Das Leiden, die Marter hat etwas schauderhaft Anziehendes, es bewirkt Grauen und Ergötzen zugleich. – Haben Sie jemals den Ausdruck von Kindern bemerkt, wenn sie dem Schlachten eines Schweines zusehen? – Nein? – Nun, so rufen Sie sich das Medusenhaupt vor die Seele. Tod, Grausamkeit, Wollust – hier sind sie zusammen.

So schrieb Wilhelm Busch seiner Brieffreundin Maria Anderson.

Sperlings- und Krähennester auszunehmen war bei der Dorfjugend in Reuden, wo wir später wohnten, eine beliebte, in jedem Frühling wiederkehrende Übung, gegen die niemand etwas einzuwenden hatte, ja, zu der uns die Bauern sogar ermunterten.

Die Tierwelt bestand, wie wir schon in der Dorfschule lernten, aus schädlichen und nützlichen Tieren. Nützlich waren natürlich vor allem die Haustiere, aber auch die Schwalben, weil sie Mücken und Fliegen fingen. Dem Hause, unter dessen Dach sie nisteten, brachten sie Glück. Nützlich waren selbst die Regenwürmer, weil sie die Erde auflockerten, die Singvögel, weil sie die Menschen mit ihrem Gesang erfreuten und dazu noch die schädlichen Insekten vertilgten. Schädlich waren Krähen und Spatzen, weil sie die Saatkörner aufpickten; schädlich waren auch Habichte und Bussarde, weil sie Küken schlugen, und schädlich waren Füchse, weil sie Hühner fingen.

Die nützlichen Tiere wurden geschont, die schädlichen waren zu vernichten. »Machet euch die Erde Untertan und herrschet über die Fische im Meer und über die Vögel unter dem Himmel und über das Vieh und über alles Getier, das auf Erden kriecht!«

Als ich neun Jahre alt war, schenkte mein Vater mir ein Luftgewehr. Ich ging über den Hof, durch den Garten und Obstgarten und suchte ein Ziel, auf das ich schießen konnte. Ich stellte eine Flasche auf einen Pfahl, aber ich schoß immer vorbei. Zuletzt entdeckte ich auf einem Kirschbaum einen Vogel, schlich mich heran, legte an und drückte ab.

Ich war erschrocken, als der Vogel nicht davonflog, sondern getroffen herabflatterte. Ich hatte ihn ja eigentlich gar nicht treffen wollen, hatte gar nicht erwartet, daß ich ihn treffen könnte. Er flatterte mit einem schleppenden Flügel am Boden. Ich lief hin, fing ihn und sah entsetzt, daß es kein schädlicher Spatz, sondern ein nützliches Rotkehlchen war. Der Flügel schien verletzt.

Ich setzte den Vogel in einen Korb, brachte ihm Wasser, legte Körner vor ihn. Mein Herz klopfte. Ich wollte wiedergutmachen, aber was ich auch tat, es war vergeblich. Am Abend lag das Rotkehlchen auf der Seite im Korb und war tot. Ich begrub es im Garten und stellte ein kleines Kreuz aus zwei Ästen darauf. Mein Luftgewehr stellte ich in eine Ecke auf dem Speicher. Ich habe es nicht mehr benutzt.

Augustinus schildert in seinen »Bekenntnissen«, wie er als Sechzehnjähriger mit seiner Bande von Hallodris eines Nachts die Birnen vom Birnbaum des Nachbarn herabgeschüttelt und mitgenommen hat. Nur so und ohne eigentlichen Grund; denn die Birnen sahen weder schön aus noch schmeckten sie gut. Und wenn sie eine aßen, dann nur, weil es verboten war.

Augustinus sah darin nicht einfach einen Jugendstreich, sondern er wirft sich noch dreißig Jahre danach, zerknirscht ob dieses Diebstahls, dieser Bosheit und Sünde, deren er sich seinerzeit sogar gerühmt hatte, vor Gott zu Boden und klagt sich in den »Bekenntnissen« seitenlang wegen seiner Verworfenheit an: Bewegend, sicherlich; aber wenn man an manche viel unerfreulichere Taten in seinem späteren Leben denkt, etwa, wie er seine langjährige Konkubine, Mutter seines

Sohnes Adeodatus, verstieß, weil er eine reiche Erbin heiraten sollte. Wenn man daran denkt, erscheinen seine bitteren Bußtränen über den Birnendiebstahl doch etwas exaltiert.

Ich habe den Tod des Rotkehlchens nicht vergessen, wie man sieht, aber mich auch nicht in Selbstvorwürfen über meine Schuld zerrissen. Doch ich denke bis heute nicht gerne daran zurück.

Ich bitte die Frösche und die Vögel, die ich mißhandelt oder umgebracht habe, um Verzeihung.

Großvater Julius Wickert

Die Vorfahren Arnold Dornbuschs waren Bauern oder Fischer. Wie lange sie schon im Oderbruch lebten oder woher sie kamen, wissen wir nicht. Auch Großvater Julius Wickert stammte von Bauern ab. Aber er sah schon auf den Kinderbildern anders aus als der Bruder Hermann oder die Eltern: feingliedriger, und sein Blick war verträumter.

Ebenso wie Arnold Dornbusch war er der erste seines Geschlechts, der aus dem Bauernstand in die bürgerliche Welt getreten war. Arnold Dornbusch erfand die Ziegelstreichmaschine und erwarb sich ein Vermögen, Julius Wickert wurde Lehrer an einem Lyzeum. Ein Vermögen freilich erwarb er sich nicht.

Seine Eltern besaßen einen Bauernhof in Groß-Fahlenwerder, nördlich der Warthe, die in die Oder fließt. Ich war einmal dort, als ich siebzehn Jahre alt war. Das einstige »Fahlenwerder Luch«, also ein Sumpfgebiet, war nun Ackerland geworden, umgeben von Kiefern- und Laubwäldern in einer leicht gewellten, noch immer wenig besiedelten Landschaft. Ich habe Groß-Fahlenwerder seitdem nicht wiedergesehen. Das Land ist heute polnisch.

Mit zehn Jahren war der junge Julius plötzlich erkrankt, so daß die Eltern den Arzt aus Soldin holten, was wegen der hohen Kosten nur im Falle höchster Lebensgefahr geschah.

In Ergebung hatte ich schon alle meine kleinen Sachen an die Geschwister verschenkt, als ich wider Erwarten doch genas. Da ich längere Zeit kränklich blieb, kaufte ich mir für mein Spargeld (einen Thaler und 25 Silbergroschen) von dem älteren Mitschüler Hermann Witte eine Geige. Ich fing nun an, mich darauf zu versuchen, und der Schulkamerad, der sie stimmen und der auch schon nach Noten spielen konnte – er ist später Musiker geworden –, fand Freude daran, mich zu seinem Gehilfen heranzubilden.

Ich probte nach dem Gehör alle Volkslieder und Choräle, spielte bald aber auch mit meinem jugendlichen Lehrmeister die bekanntesten Tänze. Da mir auch die Gesangsstimme nicht fehlte, ich andererseits auch Lust zum Malen und Zeichnen hatte, entstand in mir der Wunsch, Lehrer zu werden. Meine Eltern begünstigten diese Neigung, schon aus praktischer Erwägung, weil sie nachher nur für einen Sohn eine Wirtschaft hatten.

Er wurde Dorfschullehrer in Bralitz, fand dort seine Frau, Arnold Dornbuschs Kusine, wurde mehrere Male versetzt, lebte anfangs von kümmerlichem Gehalt, das noch in Naturalien ausgezahlt wurde. Doch dann wurde er Lehrer an der »Höheren Töchterschule« in Bad Freienwalde. Er konnte sich ein schönes Haus kaufen und, nunmehr als geachtetes Mitglied der einfachen bürgerlichen Gesellschaft, auskömmlich und zufrieden bis zu seinem Tod im siebzigsten Jahr leben.

Aus der Mark Brandenburg ist er nur selten und nur zu kurzen Besuchen bei seinen Kindern in der Nachbarschaft herausgekommen. Gewiß, er war provinziell, und doch nicht beschränkt. Die Welt lag außerhalb seines Horizontes. Er kannte sie nur aus der Lokalzeitung. Die Familie mit sieben Kindern und wachsender Enkelschar, darüber hinaus die Großfamilie mit Großeltern, Eltern, Geschwistern, Vettern, Basen, Neffen und Nichten, seine Heimat im Warthebruch, ihre Menschen und ihre Natur waren seine Welt, in der er lebte, die ihm genügte und in der er zu Hause war.

Ich habe von ihm keine Ermahnungen und Lebensweisheiten in Erinnerung; aber in seinem Wesen war er ein Beispiel für den Umgang mit Menschen. Er lebte die bürgerlichen Tugenden des vorigen Jahrhunderts, war fleißig, bescheiden, bedürfnislos, redlich, hilfsbereit, treu und fromm – Eigenschaften, die ich bei den einfachen Menschen jener Gegend oft antraf.

Er war ein humaner, liberaler Preuße von fontanischer Gesinnung. In seinen Aufzeichnungen finden sich nie die bramarbasierenden, nationalistischen Töne jener Zeit – des letzten Kaisers und seines Gefolges, der bornierten preußischen Junker und der Offiziere. Er war Beamter und Zivilist, hatte nicht gedient, war zwar nationalgesinnt, aber Friedrich der Große ist der einzige Hohenzoller, von dem er in unserem Hausbuch spricht – immer mit tiefem Respekt. Wilhelm II. erwähnt er nie.

Großvater Julius Wickert

Die Kolonisten aus der Pfalz

Sein »Hausbuch«, die Geschichte unserer Familie, begonnen »Anno Domini 1920. Im Namen Gottes« in der durchweg deutlichen, schönen und gleichmäßigen deutschen Schulschrift seiner Zeit, fängt er nach der Vorrede an mit den Worten:

> Im Jahre 1747 gewann Friedrich der Große durch Entwässerung den Grund und Boden für das Dorf Groß-Fahlenwerder (Kreis Soldin) und besiedelte es mit Kolonisten aus Pfalz-Zweibrücken; unter diesen befand sich unser Vorfahr Johann Peter Wickert.

Diese Kolonisten verließen ihre Heimat, weil sie sich dort wirtschaftlich nicht halten konnten. Mein Vorfahre Johann Peter und 66 andere Pfälzer wanderten nach Preußen aus, weil Friedrich der Große ihnen Häuser, Land und steuerliche Privilegien zugesagt hatte und weil er sie nicht in ihrem reformierten Bekenntnis behinderte, was mein Großvater – wohl kaum zu Recht – als Haupttriebfeder ihrer Auswanderung in das liberale Preußen ansah.

> Sie kamen über Berlin und wurden auf dem Spittelmarkt vom Großen König begrüßt, der ihnen huldvoll seine landesväterliche Hilfe versprach. Sie huldigten und dankten es ihm auf den Knien... Das vom König fertig übernommene Kolonistenhaus hatte unter demselben Dach nach Osten die Scheune, in der Mitte Kuh- und Pferdestall und im Westen anschließend den Wohnraum. Es war Hochgebind mit Lehmfüllung und Rohrdach. Meine Schwester und mein Schwager wohnen noch jetzt (1920) in einem solchen, freilich erweiterten Bau.

Die Vorfahren stammten aus Waldböckelheim und Odernheim am Glan, unweit Bad Kreuznach. Die weiteren Vorfahren, die sich auch Wickhardt oder Wyckhardt schrieben, sind dort in den Kirchenbüchern bis ins 16. Jahrhundert nachzuweisen. Einer aus der Familie – wer weiß, in wessen Dienste er gepreßt war, vermutlich in die des Königs Stanislaus Lezczynski, dem gerade Zweibrücken zugesprochen worden war – wurde 1714, im letzten Jahr des Spanischen Erbfolgekriegs, als Deserteur ergriffen und zu Odernheim gehenkt. Die Stadt mußte, wie die Chronik vermeldet, für die Exekution »zwei Leitern anfertigen lassen und einen Karst, eine Haue und eine Schippe stellen«.

Er rebellierte gegen den König

Die Kolonisten, die 1747 in die Mark Brandenburg ausgewandert waren, hatten zwar Friedrich dem Großen auf dem Spittelmarkt zu Berlin gehuldigt und ihm auf den Knien gedankt. Es war aber noch unter seiner Regierung, daß einer meiner Vorfahren und zwei Gleichgesinnte aus Fahlenwerder, dem König – sicher aus guten Gründen – die Steuerzahlung verweigerten und Unruhe stifteten. Für mich waren sie die Helden unter meinen Vorfahren.

Die preußischen Behörden dachten damals aber anders. Sie entsandten ein Detachement Husaren, das die Aufsässigen ergreifen und gefänglich festsetzen sollte. Es war indessen ein heißer Tag, und die Husaren litten bald unter stechendem Durst, der sie zwang, in einem Krug einzukehren und sich für allfällige militärische Aktionen zu stärken. Beim Bier sprachen sie erst andeutungsweise, beim zweiten Glas deutlicher von einer noch geheimen Order, die sie nach Fahlenwerder zu dem Kolonisten Wickert und seinen Genossen führen sollte, worauf der Wirtssohn auf einen Wink seines Vaters barfuß dorthin rannte und die Delinquenten warnte, die sich nun mit Heugabeln, Dreschflegeln und Äxten bewaffneten und in einer Scheune verbarrikadierten.

Doch zu einem ernsthaften Gefecht scheint es nicht gekommen zu sein. Mein Vorfahre und zwei weitere Rädelsführer wurden abgeführt. Ein Verfahren wurde gegen sie eröffnet. Das Urteil lautete auf Gefängnis. Die Prozeßakten wurden dem König vorgelegt. Sie kamen mit einer Marginalie zurück: »Laufen lassen!«.

Eine heile Welt

Das Leben der Kolonisten war hart und mühsam, aber sie waren, so beschreibt sie mein Großvater Julius Wickert, heiter und guten Mutes.

Hundert Jahre später, in den siebziger Jahren des 20. Jahrhunderts, war ich gelegentlich Gast auf Hochzeiten und bei anderen Familienfeiern in deutschen Dörfern Siebenbürgens. Die Siebenbürger »Sachsen«, vor siebenhundert Jahren zum Schutz des Landes hergerufen, lebten hier seither als eine Minderheit, die unter sich blieb und heiratete und sich von den rumänischen Mitbewohnern streng abgrenzte.

Wer in einem solchen Dorf geboren wurde, war bis zu seinem Tod umfangen von der Gemeinschaft, die ihn trug, wie er sie mittrug. Kinderspiele, Schule, Ferien und Hochzeit, Kindstaufen, Tod und Beerdigung und immerwährende Begleitung durch die Kirche waren ein stets und von Kindheit an jedem vor Augen stehender Kreislauf des Lebens, in dem alles seinen Ort hatte und in dem der Mensch zu jeder Zeit zu Hause war. Hier lebte der Mensch nicht in der Befindlichkeit der Angst.

Eine heile Welt, die wir uns glücklich denken. Doch wir sollten aus ihr keine Idylle machen und uns nicht einer Illusion hingeben – »etwa wie abendlicher Rauch aus einer entfernten Hütte die Wirkung hat, daß wir uns eine Vorstellung von der Innigkeit zwischen den dort Wohnenden machen« heißt es bei Jacob Burckhardt, wo er über Glück und Unglück in der Weltgeschichte spricht.

Heil war die Welt auch im Fahlenwerder meiner Vorfahren, aber sie war eng, und auch in ihr gab es Zank, Mißgunst, Unverträglichkeit und Leid – wie in einer Familie. Doch sie hielt zusammen, und man war sicher in ihr.

Manche brachen auch aus, nicht weil sie sich hier nicht wohl fühlten, sondern aus Not oder Abenteuerlust, und fanden eine neue Heimat in den Weiten des amerikanischen Mittelwestens, schrieben noch einige Jahre und waren dann vergessen.

Ob man in der heilen Welt Fahlenwerders glücklicher war als wir in unserer Zeit? Was ist Glück? Wenn höchstes Glück der Erdenkinder die Persönlichkeit sein sollte, dann haben wir heute mehr Möglichkeiten, glücklich zu werden. Wer aber Glück in der Familie und Geborgenheit in dem »Großen Ich« sucht, wie die Chinesen es im Unterschied zum »Kleinen Ich« des Individuums nennen, der würde es eher in der Welt von Fahlenwerder finden.

Großvater Julius Wickert beschreibt diese Welt, und man merkt, wie er aus der Sicht des Bürgers und Stadtbewohners mit leichter Wehmut auf die nicht wieder herbeiholbare Zeit und dörfliche Welt zurückblickt, die er in seiner Jugend doch freiwillig verlassen hatte.

Er schreibt:

Meine frühesten Kindheitseindrücke von meinem Heimatort sind: große Einfachheit und Bedürfnislosigkeit, dabei Rührigkeit und Munterkeit der Bewohner.

Wohl die Hälfte aller Männer und erwachsenen Söhne stand von früh bis spät in Heimarbeit an der Hobelbank und baute Ernteharken und Sensenstiele. Das fertige Schock brachte circa zwanzig Mark. Einige Aufkäufer der Umgebung verfuhren sie durch die ganze Provinz.

Im Frühjahr kaufte man aus der Forst Erlen und Birken. Die ersten ergaben die Stiele und das Querholz und die letzteren die Harkenzähne. Das Holz wurde herangefahren und entrindet, die Erlen auf aufgestellten Gerüsten in Bretter zerschnitten und im Schatten getrocknet, damit sie nicht rissig wurden; die Birken in Klötze geschnitten, gespalten und getrocknet. Dann begann das Zersägen der Bretter zu Stielen und Höften. Im Winter, in engster Werkstelle, wurde gehobelt und zusammengeschlagen. An den Abenden am offenen Kaminfeuer saßen Vater und Söhne und schnitten die Harkenzähne.

Wer für diesen Industriezweig nicht geschickt war, verdiente sich sein Brot in der Königlichen Forst. Da gab es im Frühjahr: Säen und Pflanzen, Abraupen und Wegebessern, im Winter: Holzfällen und Holz abfahren. Im Juni war die Blaubeerernte und im August die Preiselbeerernte. Wagenweise wurden sie nach Landsberg geschafft.

Also Arbeit und mäßiger Verdienst jahraus, jahrein. Die nur geringe Feldarbeit wurde so nebenbei oder von den Frauen und Kindern besorgt. Große Sorge wurde auf den Anbau von Flachs verwandt, denn die Früchte bildeten einen großen Teil des notwendigen Fettes als Leinöl, und die Frauen und Töchter hatten im Winter zu spinnen und zu weben, um den Bedarf an Wäsche und Kleidung zu gewinnen und für die Mädchen Aussteuer in die Lade zu bringen.

Im Dorfe wohnten noch ein Schullehrer, ein Schneider, ein Schuh-flicker und ein Schmied. Es ging ohne Bäcker und Fleischer. Wir gingen in Leinwandhosen zur Schule, im Sommer barfuß und im Winter in Holzpantoffeln, in der Hosentasche eine Scheibe trocke-nes Brot. Die Hauptnahrung waren Kartoffeln, morgens Suppe, mittags als Kartoffelbrei und abends als Pellkartoffeln mit Hering und Dickmilch. Die wenige Butter von der in der Heide von dem Dorfhirten geweideten Kuh – wer zwei oder drei hatte, galt als reich – wurde an die Butterfrau verkauft, um das rare Bargeld zu beschaf-fen.

Dabei waren die Leute heiter und lustig, in der Spinnstube uner-müdlich im Erzählen und Singen und an den zweiten Feiertagen im Dorfgasthaus unermüdlich im Tanz.

Dies ist zwar nicht die Biographie meiner Vorfahren; aber ich glaube, dieser Blick in die Vergangenheit, so getreu von dem Großvater Julius Wickert aufgezeichnet, ist es wert, wenigstens in einem kurzen Auszug weitergegeben zu werden.

»Abschließend«, so beginnt seine letzte Eintragung in das Haus-buch, »abschließend ist noch von mir zu berichten, daß sich im Laufe des Sommers aus heiler Haut ein sehr böses Halsdrüsenleiden entwik-kelt hat, gegen das alle Operationen machtlos sind, und mich in kurzem zu meinen Vätern versammelt. Ein freundliches Gedenken!«

Jugend

Ich träume die alten Wege

Ich träume die alten Wege, wenn ich allein bin. Ich schließe die Augen, und ich springe die beiden Stufen der Terrasse hinunter, hüpfe auf einem Bein die paar Schritte zu dem alten Birnbaum an der Hauswand und bin auf dem Weg zum Tor.

Es sind die Wege und Pfade meiner Jugend, auch die kleinsten Umwege und die Stellen, wo ich mich durch das Dickicht des »Hauchts« schlagen konnte, wie die halbhohen Kiefernschonungen in unserem Sächsisch hießen.

Die Wege, wie sie heute sind – von ihnen spreche ich hier nicht, sondern nur von denen, die ich mit geschlossenen Augen sehe. Sie liegen in dem »ungeheuren Raum meines Gedächtnisses«, der so weit ist wie die Welt, die ich gesehen habe. Sie sind gegenwärtige Vergangenheit.

Das Gedächtnis des Menschen ist gewiß zum Teil physiologisch zu erklären. Bedeutender und rätselhafter aber ist seine Eigenschaft, die Zeit aufzuheben, wenigstens eine Zeitlang, solange es in mir lebt.

Die Wirklichkeit von damals, die Vergangenheit, ist noch heute in mir lebendig, ist Gegenwart. Ich kann sie mir jederzeit vor Augen stellen. Sie ist nicht den Veränderungen der Wirklichkeit in den vergangenen Jahrzehnten unterworfen.

In Finsternis und Stille erwecke ich, wenn ich will, in meinem Gedächtnis Farben... Ich unterscheide den Duft der Lilie von dem des Veilchens, obgleich ich nichts davon rieche... Im Innern tue ich das, in dem ungeheuren Raum meines Gedächtnisses... Dort begegne ich auch mir selbst und erlebe es noch einmal, was und wann mein Tun gewesen, und was ich bei diesem Tun empfunden.

Es ist ein gewaltiges Kapitel in Augustins Bekenntnissen. Merkwürdig jedoch ist, daß dieser große Kenner der Seele glaubt, seine Vergangenheit jederzeit unverblaßt und unverzerrt abrufen und vor sich stellen zu können, und daß er nirgends von den Listen spricht, mit denen das Gedächtnis uns täuscht, um uns nicht zu beunruhigen, zu beschämen oder um unseren Stolz nicht zu verletzen.

»Das habe ich getan«, sagt mein Gedächtnis. »Das kann ich nicht getan haben«, sagt mein Stolz und bleibt unerbittlich. Endlich – gibt das Gedächtnis nach.*

Ich werde darauf achten, daß sich dergleichen in diesem Buch nicht ereignet.

Ich gehe hinter dem Taubenhaus zur Schaukel, schlage einen weiten Bogen um den Nußbaum, weil ich an meine Mutter und die große Not denken muß, in der ich sie damals nachts dort fand. Neben der Schaukel, an die Wand des Holzstalls gelehnt, steht meine Hütte, aus Latten gebaut, etwas windschief und innen mit Bildpostkarten zu Karl Mays Werken geschmückt. Mein Reich.

Oder ich gehe hinauf, über die Ziegelei, bleibe im Maschinenhaus neben Zylinder und Kreuzkopflager der Dampfmaschine stehen, die das Schwungrad treiben, steige hinauf zum Kollergang und sehe zu, wie aus der Presse der Strang nassen Tons herauskommt, immer weiter, ohne Ende, und wie Kunerts Martha mit den sechs Stahldrähten an dem Hebel gleichzeitig sechs Ziegelsteine abschneidet, die Semners Minna auf einen Holzrahmen legt. Ich stehe dort lange. Ich kann dort stundenlang stehen und zusehen.

Schließlich drehe ich mich um, gehe die Schräge, auf der die Loren mit Ton heraufgezogen werden, hinab zur Kiesgrube. Der Rauch aus dem Schornstein des Ringofens wird über das Feld geweht.

Ich entdecke Schuberts Kurt auf der Straße nach Rotta. Plötzlich habe ich ein steifes linkes Bein. Ich gehe ihm hinkend entgegen.

»Was ist?« fragt er.

»Nichts. Ich will nur mal in den Rauch gehen.«

Schuberts Kurt hat nun auch ein steifes Bein. Wir hinken beide in den Rauchstreifen. Braunkohlenrauch, harzig und bitter. Als er zu dicht wird und wir husten müssen, gehen wir. Wir gehen jetzt normal

---

* Friedrich Nietzsche, Jenseits von Gut und Böse, § 66. Werke, Bd. II, S. 625. München 1960.

und haben vergessen, daß wir eben noch steife Beine hatten und hinken mußten.

Wir halten unser Ohr an den Holzmast einer Telefonleitung. Im Mast summt es.

Woher kommt das Summen?

»Weil einer telefoniert«, sage ich.

Wir müssen jetzt entscheiden, ob wir in die weiche Sandsteinwand der Kiesgrube einen Ofen mit Rauchabzug graben und ein Feuer machen sollen, was natürlich verboten ist. Oder ob wir in dem Rinnsal toniger Abwässer aus der Ziegelei Dämme bauen sollen, was nur halb verboten ist. Wir haben aber keine Streichhölzer bei uns, und deshalb können wir leider kein Feuer anzünden.

Die alte Frau Wirth ist schon achtzig Jahre alt. Ihr Oberkörper ist in den Hüften wie ein Klappmesser nach vorn abgeknickt. Sie kann sich nicht mehr aufrichten. Sie kommt mit einem kleinen Handwagen vorbei. Meißners Hund, im Geschirr, zieht ihn. Sie hat im Straßengraben Gras für Meißners Kaninchen gesichelt. Sie läuft neben dem Wagen her, aber wenn es bergab geht, setzt sie sich auf das Gras im Wagen. Der Hund zieht.

Schuberts Kurt fragt, ob ich etwa glaube, daß in dem kleinen Haus am Wald, auf dem Weg von Rotta zum Weinberg, wirklich eine Hexe wohnt. Er bezweifelt das. Ich halte das dagegen für durchaus möglich, ja, für wahrscheinlich. Schuberts Kurt sagt, er gehe zwar immer den Weg an der Kleinbahn vorbei zum Weinberg; aber er traue sich schon, das nächste Mal auch den Weg am Hexenhaus vorbei zu nehmen. Ich glaube ihm das aber nicht.

Ein Dorf wird zur Heimat

Nachdem mein Vater seinen Amtsbezirk bei Bromberg im Jahre 1919 der polnischen Verwaltung übergeben hatte, wurde er in den einstweiligen Ruhestand versetzt. Er kaufte aus dem Erbe meiner Mutter eine kleine Landwirtschaft bei Berlin, pachtete dann ein Gut in Rahnsdorf bei Berlin, wurde wieder in den Staatsdienst berufen, diesmal als Hauptmann der Schutzpolizei in Cappenberg in Westfalen.

Um das Vermögen, das meine Mutter geerbt hatte, nicht durch die

Inflation entwerten zu lassen, ließ er sich in den Ruhestand versetzen, kaufte, obwohl er keine Erfahrung auf diesem Gebiet hatte, eine etwas heruntergekommene Ziegelei in dem kleinen Dorf Reuden, halbwegs zwischen der Lutherstadt Wittenberg und Bitterfeld und am Rande der Dübener Heide gelegen.

Hier wohnten wir: die Eltern, meine Schwester Ingrid, mein Bruder Dieter, der dort geboren wurde, und ich in einem mittelgroßen, für unsere Zwecke etwas modernisierten, architektonisch jedoch unansehnlichen, ländlichen Haus von 1922 bis 1932, von meinem siebten bis siebzehnten Lebensjahr. Und wenn ich sagen sollte, wo meine Heimat liegt, würde ich zuerst dieses Dorf und diese Gegend nennen.

Wenn man die kleine Anhöhe von unserer Ziegelei zur Kiesgrube hinaufgegangen war, konnte man im Norden über eine Ebene von zehn Kilometern die Türme der Stadtkirche von Wittenberg auf dem anderen Ufer der Elbe sehen. Diese kleine Anhöhe mit der Kiesgrube war die erste Erhebung auf dem Westufer des Elbe-Urstrom-Tals gewesen, eine Endmoräne der letzten Eiszeit. In dem Kies fand ich einmal, als ich schon auf das Gymnasium in Wittenberg ging, den versteinerten, gut erhaltenen Unterschenkel eines prähistorischen Menschen, den ich dem Ornithologen, Naturforscher und Leiter des Evangelischen Forschungsheims für Weltanschauungskunde in Wittenberg, Otto Kleinschmidt, brachte, dessen Formenkreislehre mit ihrer Evolutions- und Rassentheorie ich lange anhing. Er nahm den Knochen in seine Sammlung auf, und ich war darauf sehr stolz.

Reuden war ein kleines Dorf von knapp dreihundert Einwohnern. Es hatte nicht einmal eine Schule. Seinen Namen und den des Nachbardorfes Rotta, wo wir zur Schule gingen und wo unsere Kirche stand, leitete man von dem Wort »roden« ab.

Das Dorf war wohl wendischen Ursprungs, um einen Dorfplatz gebaut, wo jetzt die Schmiede stand; dann aber waren weitere Häuser an der Straße zur Ziegelei und nach Kemberg hinzugekommen.

Ein kleiner Bach floß an dem Kolonialwarenladen von Frau Huth und der Schmiede vorbei bis zu Waldemar Schmidts Mühle, die von seinem Wasser getrieben wurde. In Heinzes »Schänke« spielten die Männer abends Skat und gaben ihr Geld für Bier aus. Zur Kirmes, zur Karnevalszeit und zu Pfingsten fanden in dem Tanzsaal »Vergnügen« statt.

An Winterabenden tagte dort der Königin-Luise-Bund, dem meine Mutter vorstand. Da wurde zum Beispiel beschlossen, daß eine Gemeindeschwester angestellt wird; oder die jungen Mädchen verkleideten sich und sagten komische Gedichte auf oder stellten Lebende Bilder oder Scharaden dar.

Von Kemberg fuhr eine private Kleinbahn über Reuden nach Bergwitz, wo Anschluß an die Reichsbahnstrecke nach Wittenberg, Berlin und Halle bestand.

Wir standen im Winter beim Licht von Petroleumlampen auf. Elektrizität gab es in Reuden noch nicht. Und in den Stall oder auf die Straße ging man mit einer Petroleumlaterne. Nachts lief ein alter Nachtwächter durch das Dorf, Veteran des deutsch-französischen Kriegs von 1870/71. Er trug ein Nachtwächterhorn, aber ich habe ihn nur einmal darauf tuten hören, als nämlich Lutzmanns Scheune abbrannte. Der ungewohnte Ton klang ganz furchtbar.

Das Dorf Reuden war arm. Fast alle Einwohner hatten zwar etwas Vieh und einige Morgen Land; im Stall standen ein oder zwei Kühe, die auch als Zugtiere auf dem Feld dienten. Aber nur wenige konnten allein von der Landwirtschaft leben. Die meisten waren Kossäten: Die Männer arbeiteten in der Ziegelei, in den Braunkohlengruben in Bergwitz oder Golpa-Zschornewitz. Die Frauen besorgten Vieh und Landwirtschaft, die Kinder halfen von früh auf mit, und nur am Sonntag arbeiteten die Männer auch auf dem Feld.

Unter den Arbeitern waren viele Kommunisten, gut organisiert, aggressiv und erfolgreich in ihrer Propaganda, zum Beispiel für die 48-Stunden-Woche und einen arbeitsfreien 1. Mai. Max Hölz, der 1920 im Vogtland eine »Rote Armee« gegründet und ein Jahr darauf den Kommunistenaufstand in Mitteldeutschland angeführt hatte, war zwar zu lebenslanger Gefängnisstrafe verurteilt, aber besonders den Jüngeren war er ein Held, auf dessen Wiederkehr wir hofften. Unter den älteren Arbeitern, die im Krieg gewesen waren, fand man viele Deutsch-Nationale, die das »Schmachdiktat von Versailles« nicht verwinden konnten. Die Zahl der Nationalsozialisten war bis Anfang 1932, als wir Reuden verließen, gering. Mein Vater war einer von ihnen.

Die Weimarer Republik nahm man im Dorf hin, aber niemand setzte sich für sie ein oder verteidigte sie gegen Angriffe von links und rechts.

Die Eltern nach der Verlobung 1913.

Sie war doch offensichtlich schwach. Man wünschte einen starken Mann, eine starke Regierung, die sich nach innen und außen durchsetzen konnten.

Die Volksschule

Die Volksschule in Rotta war einen Kilometer entfernt. Meine Mitschüler gingen im Sommer barfuß, im Winter in Holzpantinen zur Schule. Ich war der einzige, der das ganze Jahr hindurch Schuhe tragen mußte, worunter ich natürlich litt. Ich sprach schon bald den kräftig ins Sächsische gehenden Dialekt, aber da ich in der Schule aus dem Lesebuch hochdeutsch vorlas, nannte man mich den »Feinsprecher« und rief es mir, wenn Fehden zwischen uns ausbrachen, auf der Straße nach, was mich jedesmal tief traf, weil ich doch ganz zu ihnen gehören wollte.

Die Schule hatte drei Klassenräume; in jedem wurden zwei oder drei Klassen unterrichtet. Darin ging es natürlich unruhig zu. Wenn es zu laut wurde, stellte der Lehrer Ruhe und Disziplin mit dem Rohrstock her: Der Hauptübeltäter bekam einen Schlag auf die Handfläche, die ganz schön brannte. Niemand sah die Strafe als entwürdigend an. Man nahm sie hin wie das Wetter.

Die Schulferien waren so gelegt, daß die Schüler bei der Getreide- und der Kartoffelernte mithelfen konnten. Aufs Feld mußten sie schon mit zehn Jahren. Im Herbst und Frühwinter gingen sie oft mit ihren Mitschülern in den Wald, um Reisig und Kienholz für den Winter zu sammeln. An solchen Tagen brauchten sie nicht zur Schule zu kommen; auch am »Schlachtfest« nicht. Doch es verstand sich von selbst, daß sie am Tag darauf dem Lehrer einen Topf Wellfleisch und zwei Würste mitbrachten. Wir schlachteten im Winter zwei Schweine. Aber mir wurde es nicht erlaubt, am Schlachtfest zu Hause zu bleiben. Doch da die Hauptaktion schon früh am Morgen stattfand, war ich fast immer dabei und machte mich eben etwas später auf den Weg zur Schule.

Wenn ich nicht in der Schule war oder Bücher las, fand man mich meist in der Ziegelei, der Grube, der Schmiede. Die damals noch einfachen technischen Abläufe waren leicht zu verstehen, und bei Reparaturen wirkte ich bald wie ein Lehrjunge.

Meine Klassenkameraden spielten auf unserem Hof und ich in ihren Häusern, Höfen, Ställen und Gärten. In der Frühstückspause saß ich oft bei den Arbeitern, und nichts schmeckte besser als eine Scheibe trockenes Bauernbrot mit einem Stück Speck, das sie mit dem Taschenmesser von einem größeren abschnitten. Einen Rangunterschied zwischen Gebildeten und Ungebildeten sah ich nicht.

Besonders gern ging ich zu dem Schuster, dessen Haus und Werkstatt gegenüber unserer Volksschule lagen. Wenn Schuhe zu besohlen waren, blieb ich bei ihm und wartete, bis er die Sohlen aus dem Leder geschnitten, dem Schuh angepaßt, sie an den Rändern gefeilt, dann mit dem Pfriem Löcher hindurchgestochen hatte und entweder Holzstifte in die Löcher getrieben oder den Zwirnsfaden, der vorher mit Pech steif gemacht war, durch die Löcher gesteckt und dann festgezogen hatte. Kurzum, bis die Schuhe an den Rändern schwarz angestrichen und mir als besohlt übergeben wurden. Alles faszinierend anzusehen und wunderbar, wie aus einem Stück Leder durch die Kunst und Geschicklichkeit des Schusters zwei feste Sohlen wurden.

Er hieß, so unwahrscheinlich es klingt, Jakob Böhme. Ich weiß nicht, ob er je von seinem älteren Namensvetter gehört hatte; aber jedenfalls dachte auch er über Gott und die Welt nach. Er war ein ernster, stiller Mann. Aber da ich ihm gerne zuhörte und ihn fragte, erzählte er mir, was er bei sich über Gott und die Welt ergrübelt hatte. Das war ungleich interessanter als der Religionsunterricht in der Schule oder die Predigten des Pfarrers in der Kirche. Ein Ende der Welt sah Jakob Böhme, der Schuster zu Rotta, schon in naher Zukunft voraus, und er wußte auch das genaue Datum, wollte es aber trotz vieler Fragen nicht preisgeben. Daß es mit der Welt aber schlecht stehe, bewies er mir an einem farbigen Druck an der Wand, herausgegeben von der Gemeinde der Ernsten Bibelforscher. Dieses große, von einem Laien nicht leicht zu überblickende Bild führte Bibelstellen, vielfach auch illustriert, an, die auf den verderbten Zustand der Welt und das in der Heiligen Schrift unmißverständlich angekündigte Ende durch Gottes Zorn in unserer Zeit hinwiesen.

Albrechts Georg saß in der Volksschule neben mir, seit ich die zweite Klasse übersprungen hatte und zu ihm in die dritte gekommen war. Sonntag nachmittags wurden manchmal in einem Tanzsaal in Kemberg Filme gezeigt. Wir gingen zusammen dahin. Es war von Reuden ein Weg von etwa einer Dreiviertelstunde.

Georg sagt, es gibt wieder Krieg. Das ist doch klar. Das glaube ich aber nicht. Denn im Kellogg-Pakt war doch der Krieg geächtet und verboten worden.

Doch Georgs Bruder Waldemar, der Zimmermann, war auf der Walze, der Wanderschaft also, in Straßburg gewesen, und das ist ja nun leider durch den Versailler Vertrag zu Frankreich gekommen. Der kennt also die Franzosen. Der muß es doch wissen.

Wir erfinden also unterwegs Waffen. Eine Strahlenkanone, die alle Flugzeuge herunterholt. Denn das weiß ja jeder, im nächsten Krieg werden die Franzosen Gasbomben auf alle deutschen Städte werfen, und wer nicht gleich eine Gasmaske bei der Hand hat, ist verloren. Das Fatale an unserer Erfindung ist nur, daß die Flugzeuge, die wir mit unserer Strahlenkanone herunterholen, alle auf deutsches Gebiet fallen, so daß Gas aus den Bomben austritt und alles bei uns vergiftet, auch das Vieh auf den Feldern, einfach alles.

Deshalb erfinden wir eine große durchsichtige Halbkugel aus unsichtbaren Strahlen, aber hart wie Stahl, und die liegt über dem ganzen Deutschen Reich. Da sollen die Franzosen oder Polen mal kommen! Die Flugzeuge prallen gegen die Glocke, gehen kaputt und rutschen einfach ab, zurück nach Polen oder Frankreich, wo sie hergekommen sind. Da kann dann unseretwegen das Gas aus den leck gewordenen Bomben ruhig herauszischen.

Wir halten die Erfindung für bahnbrechend und ganz ausgezeichnet, weil sie auch gegen Artillerie und Infanterie gut ist. Den ganzen Weg über malen wir uns aus, wie Franzosen und Polen sich wundern, wenn es plötzlich nicht mehr weitergeht. Uns unter der großen Glocke aber kann gar nichts passieren.

In Hochstimmung kommen wir bei dem Gasthof in Kemberg an. Im Tanzsaal ist eine Leinwand, nicht viel größer als ein Bettuch, aufgespannt. Davor stehen Holzbänke ohne Lehnen, und hinter ihnen der

Projektor. Ein Mann in einem Arbeitskittel versucht einen Film einzulegen. Er ist verzweifelt, weil es nicht klappt, und außerdem ist das Bild auf der Leinwand ganz unscharf. Aber dann hat er es doch geschafft, und es kann losgehen.

Doch die Leute auf der Leinwand laufen alle ganz schnell rückwärts, und wir können uns vor Lachen kaum auf den Bänken halten. Der ganze Film muß erst zurückgespult werden. All das ist schon hochinteressant. Dann aber fängt es richtig an. Der Film reißt zwar oft, aber nach einer kurzen Pause geht die Vorstellung weiter: Charlie Chaplin. Buster Keaton. Pat und Patachon. Jackie Coogan. Laurel und Hardy. Stummfilm natürlich. Einen Klavierspieler, der den Film begleitet, hat man für die Kindervorstellung nicht engagiert.

Als wir nach dem Film wieder aus dem dunklen Tanzsaal ans Tageslicht kommen, sind wir vor Lachen ganz erschöpft. Auf dem Rückweg entlang den Gleisen der Kleinbahn erfinden wir diesmal nichts, sondern spielen uns noch einmal jede Szene vor: Wie Harold Lloyd hoch über dem Verkehr der Großstadt an dem Zeiger einer großen Turmuhr hängt und verzweifelt hinabblickt, daß auch uns schwindlig wird und wir schreien. Oder wie Charlie Chaplin von einem Bären verfolgt wird. Ob das ein richtiger Bär war? Es sah ganz so aus. Oder wie der Zug in einen ganz engen Tunnel fährt und am anderen Ende zusammengequetscht wieder herauskommt. Oder wie Pat und Patachon hinter einem Zug herrennen.

Wir spielen uns die Szenen auch noch ein zweites Mal vor, und wir können uns jedesmal vor Lachen nicht halten. Wir versuchen ebenso schnell rückwärts zu laufen wie die Leute im Film, als er zurückgespult wurde. Dabei fallen wir natürlich beide hin und müssen so lachen, daß wir nicht mehr aufstehen können.

Das Jahr im Dorf

Ich sah wie meine Freunde im Dorf die Natur naiv. Ihre Schönheit lernte ich erst sehen, als ich in der Stadt lebte. Ich habe in den späteren Jahren vor manchen grandiosen Landschaften gestanden, aber am nächsten fühlte ich mich der Natur dort, wo sie nicht so großartig war, sondern mir in schlichterem, vertrauterem Kleid begegnete, etwa wenn ich mit dem großen Nimrod und Biologen Ludwig Rodewald in den Wiesen und Wäldern am Snagow-See in Rumänien auf einen Bock anstand.

Wir saßen nicht auf einem Hochsitz, sondern hatten uns aus Ästen ein Versteck gebaut. Dem Wild sollte auch eine Chance gegeben werden. Wir saßen in dem Versteck am Waldrand vom späten Nachmittag bis zum letzten Büchsenlicht und erlebten die Geräusche und das vielfältige Leben neben uns: Kleintiere, Vögel, Insekten, aber auch Bauern, die mit ihren Wagen kamen, um in der Dämmerung volkseigenes Heu von den Wiesen zu stehlen, womit sie natürlich alles Wild verjagten.

So ähnlich hätte es auch in Reuden am Rand der Dübener Heide aussehen können.

Das Jahr im Dorf begann mit Rodeln auf dem Abhang der Kiesgrube. Auf Waldemar Schmidts Mühlenteich konnte man Eislaufen. Schlittschuhe besaß kaum einer; aber unter die Holzpantinen hatte jeder zwei parallel laufende Drähte eingelassen, auf denen alle besser liefen als ich auf den Schlittschuhen, die ich zu Weihnachten bekommen hatte. Wenn Schnee und Eis getaut waren, begannen die Mädchen Ball zu spielen und ihn auf zehn verschiedene Arten gegen die Wand zu werfen und zu fangen, während wir Jungens Kreisel spielten, die wir uns aus Tannenzapfen auch selbst herstellten.

Sobald der erste Saft in die Weiden trieb, schnitten wir uns ein Stück aus einer Rute heraus, klopften die Rinden locker, zogen das Holz heraus und machten uns eine Pfeife. Setzte man eine Erbse ein, wurde daraus eine Trillerpfeife.

Dann kam die Zeit, wo wir die Birken anzapften. Wir liehen uns in der Schmiede einen Bohrer und bohrten ein Loch in die Birken, möglichst tief am Boden, wo es nicht auffiel, drehten einen Strohhalm hinein und stellten kleine Flaschen darunter, in die der trübe Birkensaft tropfte. Am nächsten Tag holten wir die gefüllten Flaschen ab und dichteten das Loch in der Birke mit Lehm ab.

Den Birkensaft rieben wir in unser Haar, das sich zwar fest verklebte. Doch wir wußten, daß die Kur den Haarwuchs von uns Achtjährigen wunderbar stärken und uns vor Kahlköpfigkeit bewahren werde. Ähnliche Wunder sollte auch der Saft von Weinreben bewirken, die am Spalier einer unserer Hauswände wuchsen. Die Augen sollten davon gekräftigt und der Blick unerhört geschärft werden. Daran zweifelten wir auch nicht, wenn nach der Anwendung des Weinrebensaftes zunächst nur die Bindehaut gereizt wurde und unsere Augen sich röteten und morgens ganz verklebt waren.

Im April kam die Zeit, die Nester der Krähen und Spatzen auszunehmen, weil diese Vögel schädlich waren. Im Mai brach man die hellgrünen Triebe der jungen Kiefern, wobei man Vorsicht walten lassen mußte, weil auch das verboten war. Die Triebe wurden dann in eine Flasche mit Spiritus gelegt, den man aus der Apotheke in Kemberg holte. Eigentlich hätte die Mixtur nun einige Wochen stehen und ziehen müssen; aber so lange konnten wir es nicht aushalten. Wir rieben uns schon bald Arme und Beine mit der Medizin ein, die, wie wir wußten, gegen rheumatische Leiden hochwirksam war.

Die Arzneien haben sich in der Tat bewährt: Jedenfalls kann ich noch immer gut sehen und leide bis heute weder an Rheuma noch an Kahlköpfigkeit.

Viele Kinder »machten in die Pilze« mit Mutter und Geschwistern oder sammelten in den Wäldern Heidelbeeren und Preiselbeeren, die an Händler verkauft wurden. In den Hundstagen und den Herbstferien hatte ich nur wenige Spielkameraden, weil sie alle bei der Ernte helfen mußten. Sie banden Garben, stellten sie in Mandeln auf oder gingen zur Nachlese über die Stoppelfelder, und im Herbst lasen sie mit den Älteren Kartoffeln. Auch mich schickte mein Vater manchmal mit hinaus auf das Feld; aber ich war nicht so ausdauernd wie die anderen Kinder und merkte bald, daß ich für das Leben eines Landmanns nicht geschaffen war.

Doch wenn der Rücken beim gebückten Lesen der Kartoffeln auch infam weh tat, am Abend, wenn das Kartoffelkraut auf dem Feld verbrannt wurde und der Rauch weit über die Felder trieb, wenn wir um das Feuer saßen und Kartoffeln in die Glut schoben, in der Schale brieten und aßen, dann war der Rücken nicht mehr zu spüren.

Der Herbst war auch die Zeit, wo jeder zu Hause Drachen zimmerte und sie auf den Stoppelfeldern steigen ließ, wo die Mädchen Reifen schlugen, die Jungens Fußball spielten, wo Frauen und Kinder im Wald Reisig suchten und wo man dem Schlachtfest, Weihnachten und dem neuen Jahr mit Rodeln und Eislauf entgegensah.

Das war das Jahr.

Arbeit und Spiel waren miteinander verschlungen. Beides hatte seinen Platz und seine Zeit, und mit jedem Jahr wurde der Anteil an Ernst, Arbeit und Verantwortung, die man sich selbst, der Familie und dem Dorf gegenüber hatte, größer. Der Blick der Menschen war auf die enge Welt gelenkt, in der sie lebten. Nur wenige Menschen aus Reuden waren je über die zehn Kilometer entfernte Kreisstadt Wittenberg hinausgekommen. Fernsehen gab es nicht, ein Rundfunkgerät hatte nur der Pfarrer in Rotta; was in der Welt geschah, konnte man den beiden ersten Seiten des vierseitigen Kemberger *General-Anzeigers* entnehmen. Doch die beiden Seiten des Lokalteils waren ja viel interessanter.

Man lebte in einer engen, vertrauten Welt, und was in ihr machbar war und was nicht, das wußte man. Die Jahreszeiten verliefen gleich, und dennoch erlebte man, erwachsener werdend, das gleiche jedes Jahr anders.

Ich freue mich, die Eingebundenheit der Menschen in das Jahr der Natur und ihres Dorfes, die Sicherheit angesichts des wiederholt Erscheinenden in dieser Welt noch kennengelernt zu haben. Es hat mir einen festen Boden für den Blick in die Welt und auf die Menschen gegeben.

Doch ich bin weit davon entfernt, jenes Leben und jene Zeit zu verklären. Es war einmal und ist nicht zurückzurufen.

Was ich geschildert habe, scheint das Bild einer heilen Welt wie der zu sein, die Großvater Julius Wickert in Fahlenwerder erlebt hatte. Doch heil war diese Welt Reuden keineswegs mehr, wenn auch die meisten noch lebten und dachten wie im 19. Jahrhundert.

Nur wenige nahmen von den Veränderungen der Nachkriegszeit Notiz. Das Verständnis für die Republik, die Politik des Reiches, die Zwänge der Wirtschaft, die Folgen des Ersten Weltkriegs, die Ursachen der Arbeitslosigkeit und Wirtschaftskrise nach 1929 war entsprechend gering, so daß kommunistische und nationalsozialistische Demagogen daraus Nutzen ziehen konnten. Davon war schon die Rede.

Die Gefahren, die von außen auf sie zukamen, sahen sie in der nach innen gerichteten Welt des Dorfes nicht.

Schulzeit

Wittenberger Präludium

Die Aufnahmeprüfung in das Melanchthon-Gymnasium hatte ich zwar bestanden, zur Enttäuschung meines Vaters aber ohne Glanz, ja, um es offen zu sagen, nur knapp. Dennoch war ich nun Sextaner und durfte die Sextanermütze in leuchtendem Blau mit schwarzem Lackschild tragen; jede Klasse trug Mützen in einer anderen Farbe. Die der beiden obersten Klassen, der Oberprima und Unterprima, waren weiß. Wenn vor den Osterferien die Zeugnisse verteilt worden waren, eilten alle zu dem Hutgeschäft in der Kollegienstraße und kauften sich die Mütze der neuen Klasse – nur die nicht, die sitzengeblieben waren. Sie mußten die alte noch ein weiteres Jahr tragen.

Wir hatten vier Stunden in der Woche Deutsch, Latein aber sieben Stunden. Latein und Griechisch waren in den letzten sechs Jahren von der Untertertia bis zur Oberprima die Fächer mit den meisten Wochenstunden.

Wir lernten Latein nach dem »Ostermann«, der schon vielen Generationen vor uns als Lehrbuch gedient hatte. Die Übungssätze prägten uns, ohne daß wir es bemerkten, schon von der Sexta an die Wertbegriffe der römischen Antike ein: den Mut, wenn etwa der *ablativus absolutus* an Mucius Scaevola demonstriert wurde, der seine Hand ins Feuer legte und verbrennen ließ, um seine Unschuld zu beweisen, oder die Tapferkeit an Leonidas und seinen 300 Spartiaten, der, im Kampf gegen die Übermacht der Perser unbesiegt, erst unterlag, als der schändliche Verräter Ephialtes den Persern einen heimlichen Pfad um die Thermopylen gewiesen hatte; oder wenn die *consecutio temporum* an Marcus Curtius aufgezeigt wurde, der in voller Rüstung mit seinem Pferd in eine Erdspalte sprengte, die sich auf dem Forum Romanum aufgetan hatte, sich aber nach seinem Opfer schloß; das *Gerundivum* lernte man an Catos Grundsatz »*Ceterum censeo Carthaginem esse delendam*«.

Als Gründer der deutschen Gymnasien gilt Philipp Melanchthon, Luthers Freund und engster Mitarbeiter. Meine Schule war zwar nach ihm benannt, doch bestanden hatte sie als Lateinschule schon lange vor ihm.

Der War das Melanchthon-Gymnasium eine Eliteschule? Ich selbst habe als Schüler nie darüber nachgedacht, hätte es aber spätestens in der Tanzstunde bemerken können; denn in den Augen der Mädchen hatten wir vor den Mittelschülern viel voraus, worüber wir nicht unglücklich waren.

Wir bildeten uns jedoch nicht ein, eine Elite zu sein, die sich von der *misera plebs* distanzierte, sondern wir waren nur stolz, weil unsere Schule als die schwierigste galt.

Gegner von Eliten, die das Niveau der Begabten auf das der Unbegabten herabdrücken möchten, wollen nicht einsehen, daß die Eliten, wo sie sich nicht auf ererbte Privilegien stützten, meist die historisch bewegenden Kräfte waren.

Das Melanchthon-Gymnasium war nicht wie die britischen *public schools* auf Kinder der Gentry und der Reichen beschränkt. In unserer Sexta saßen viele Kinder von Arbeitern und kleinen Handwerkern; im Laufe der Jahre schieden sie freilich aus, die letzten nach der Untersekunda, also nach dem Abschlußzeugnis der sogenannten »mittleren Reife«. Ihnen und ihren Eltern genügte das als Ausbildung für einen Beruf.

Jahrzehnte später sprach ich mit Albrechts Georg über die Schulzeit. Er war jetzt Klempnermeister in Kemberg und als einziger in Ulbrichts und Honeckers Staat dort keinem Kollektiv beigetreten. Er war der Begabteste unter meinen Mitschülern in der Volksschule gewesen und bedauerte noch immer, daß sein Vater es sich nicht habe leisten können, ihn auf das Gymnasium zu schicken. Doch das traf so nicht zu. Er hätte das Geld ohne weiteres aufbringen können.

In Wirklichkeit blieb Georg auf der Volksschule, weil seine Eltern gar nicht wollten, daß er in eine höhere Schicht aufstieg. Der Aufstieg war möglich, aber nur wenige nutzten die Chance. In ihrer Schicht fühlten sie sich heimisch, da lagen ihre Traditionen. Und vielleicht der wichtigste Grund: Ein Studierter in der Familie war ein Fremder.

Das Gebäude des Melanchthon-Gymnasiums stammte aus dem letzten Jahrzehnt des 19. Jahrhunderts: Es war aus gelben Ziegelsteinen gebaut, reich, großzügig, aber nicht überladen. Die Fenster waren groß, weder in den Treppenhäusern noch in der Weite und Höhe der Klassenräume war an Raum gespart worden.

Sechzig Jahre nach meiner Schulzeit war ich wieder in Wittenberg, in der DDR. Überall wurde zur Feier des 1. Mai geflaggt. Vor dem schmiedeeisernen Eingangstor zum Schulhof standen Schüler. Ich

Das Melanchthon-Gymnasium in Wittenberg.

sprach mit ihnen. Sie fragten mich, was sich seit meiner Zeit verändert habe.

»Nichts«, sagte ich. »Alles sieht aus wie damals.«

»Bis auf die Fahnen«, sagte ein Schüler trocken. *Touché!*

Damals versammelten wir uns sonnabends und montags früh vor dem Unterricht zu Andachten. Die Lehrer saßen in der prächtig ausgeschmückten Aula vor den Schülern in reichgeschnitztem Gestühl, und über ihnen, die Breite und Höhe fast des gesamten Seitenflügels einnehmend, stand Martin Luther vor dem Kaiser und den Großen des Reichs auf dem Reichstag von Worms. Aus der Höhe flogen, von Licht umstrahlt, jubilierende Engel herab und wiesen auf die Heilige Schrift. Ein berühmter Historienmaler jener Zeit hatte das große Freskobild im Stile Anton von Werners gemalt.

Rechts und links davon waren auf Marmortafeln die Namen ehemaliger Schüler eingemeißelt, die in den Kriegen 1864, 1866 und 1870/71 gefallen waren. »Sie starben den Tod für das Vaterland« stand darauf. Die Tafel für die Toten des Ersten Weltkrieges hing im Treppenhaus vor der Aula. Sie enthielt viel mehr Namen. Heinrich Heubner hatte bei der Einweihung die Festrede gehalten und über Horazens Wort *Dulce et decorum est, pro patria mori* gesprochen.

Er war der Direktor. Wenn er, etwa am Verfassungstag oder bei Schulbeginn, in der Aula sprach, unterließ er es nie, die Schmach des Versailler Diktats und die »deutsche Misere« zu beklagen. Wir warteten jedesmal darauf.

Er ging aufrecht und stockgerade, war Major der Reserve, deutschnational, Patriot. Als unsere Sexta einmal eine Freistunde hatte und wir auf dem Schulhof unter seinem Fenster spielten, rief er uns heran, ließ uns antreten, uns ausrichten und übte mit uns »Stillgestanden!«, »Augen rechts!«, »Die Augen links!«, »Rechtsum!« »Im Gleichschritt, marsch!«, »Im Laufschritt, marsch! marsch!« und so weiter. Daraufhin ließen wir uns in Freistunden nie mehr unter seinem Fenster blicken.

Er war Tante Lizes Vetter, von der noch die Rede sein wird, und aus ihren Unterhaltungen erfuhren wir manchmal, daß er menschlich dachte und Schülern und Lehrern, wenn sie in Not waren, von anderen unbemerkt half. Auch mir.

Man sieht schon, das Melanchthon-Gymnasium mochte zwar auf den Ruf einer Eliteschule Anspruch erheben, aber modern war es nicht, und was an Schulreformen in Berlin diskutiert wurde, drang nicht bis in die Provinz- und Lutherstadt Wittenberg.

Den Unterricht empfand ich als lästig. Auf unseren Zeugnissen war vermerkt, welchen Platz, an der gesamten Leistung gemessen, jeder in der Klasse einnahm. Ich lag da meistens im Mittelfeld.

Der Lügner

In der Sexta und Quinta war ich bei Fräulein Kühnhold, einer älteren, unverheirateten und etwas säuerlichen Dame in Pension. Und nur an den Wochenenden fuhr ich mit der Bahn nach Hause. Sie sah meine Hausaufgaben durch, aber einmal, als ich schon in der Quinta war, entdeckte sie, daß ich nicht alle Aufgaben eingetragen hatte. Sie sprach mit dem Klassenlehrer; ich wurde ermahnt, doch ich fuhr fort, lästige, viel Arbeit erfordernde Hausaufgaben zu verheimlichen, wurde indessen wiederum entdeckt.

Da warf man mir Lüge und Betrug vor, mein Aufgabenheft wurde nunmehr täglich vor den Augen der Mitschüler vom Klassenlehrer kontrolliert. Peinlich. Fräulein Kühnhold scheute nicht einmal davor zurück, die Klassenkameraden nach unseren Hausaufgaben zu befragen, wenn sie einen traf.

Ich litt unter dem Mißtrauen, aber sie verteidigte die Kontrolle mit dem Sprichwort: »Wer einmal lügt, dem glaubt man nicht.«

Der Vorwurf, ich sei ein Lügner und Betrüger, verletzte mich tief, gerade weil er zutraf; ich glaubte, nun ein von Gott verlassener rechter Sünder zu sein und ein Zeichen zu tragen, das ich nie mehr loswerden konnte, obwohl ich mir Mühe gab, immer bei der Wahrheit zu bleiben und nichts zu verheimlichen.

Von diesem Grundsatz erlaubte ich mir in meinem verbrecherischen Hang allerdings gelegentlich Ausnahmen, die jedoch, da ich nicht geschickt genug schwindelte, wieder entdeckt und zu neuen Affären aufgebauscht wurden. Ich mußte, durch die Beweise überführt, schließlich zugeben, daß ich Fräulein Kühnhold wieder hatte hinters Licht führen wollen. Auch unter den Lehrern sprach sich herum, daß ich ein Lügner war. Und in meiner Empfindlichkeit sah ich jetzt in jeder, selbst harmlosen Nachfrage ein Zeichen dafür, daß man mir nicht mehr glaubte, sondern mich für einen verworfenen, unverbesserlichen Betrüger hielt. Hatten sie denn aber nicht auch genügend Anlaß, das zu glauben?

Als meine Mutter mich in Wittenberg besuchte, berichtete Fräulein Kühnhold ihr von meinen Verbrechen. Doch meine Mutter nahm das nicht so ernst, was Fräulein Kühnhold nun aber gar nicht verstehen konnte.

Ich war verstört. Meine Mutter nahm mich jedoch in ihre Arme, und das war gut. Sie machte mir keine Vorwürfe wegen meiner Sündhaftigkeit, sondern tröstete mich. Als ich sie zum Bahnhof begleitete, versprach sie, dem Vater nichts zu erzählen, und damit nahm sie mir die größte Sorge.

An ihrer Brust war ich geborgen gewesen; aber als sie weg und ich wieder allein war, kamen die Dämonen wieder und zeigten mit dem Finger auf mich, saßen des Nachts vor dem Fenster und krächzten. Ich habe unter ihnen lange gelitten, und um ihnen zu entgehen, pflegte ich lange Zeit, die Wahrheit auch dann auszusprechen, wenn sie gar nicht gefragt war. Erst von den Chinesen lernte ich, daß Höflichkeit höher steht als unerbetene Wahrheit.

Als ich an einem der nächsten Wochenenden zu Hause war, erzählte ich, Fräulein Kühnhold habe sich gewundert, daß meine Mutter Seidenstrümpfe trage. In Berlin gebe es zwar gewisse Personen, die sie tragen; aber Damen könne man sie nicht nennen.

Am Montag früh mußte Richters Otto, unser Kutscher, die beiden Braunen anspannen, einen Brief meines Vaters bei Fräulein Kühnhold abgeben und alle meine Sachen, die bei ihr waren, abholen. Ich wurde Fahrschüler.

Um 6 Uhr 45 kam die Kleinbahn, die bis Bergwitz fuhr. Dort stieg ich nach kurzem Aufenthalt um in den Personenzug der Reichsbahn nach Wittenberg. Nachmittags kurz vor fünf Uhr kam ich wieder zu Hause an und aß zu Mittag.

Dieser Tagesablauf war, wie sich nach einem Jahr herausstellte, anscheinend zu anstrengend. Ich hatte meist etwas erhöhte Temperatur. Der Arzt diagnostizierte eine leichte tuberkulöse Infektion und empfahl, mich für ein halbes oder ganzes Jahr aus der Schule zu nehmen, was auch geschah.

Doch ich war nicht nur körperlich schwach, mein Lebensgefühl war gedämpft, mein Interesse an der Umwelt schwach. Mit meinen Mitschülern mochte ich über das, was mich bedrückte, nicht reden. Meine Schwester Ingrid war vier, mein Bruder Dieter acht Jahre jünger; sie hätten mich damals nicht verstanden. Meine Mutter war die einzige, die wußte, was mir fehlte, und die mich verstand: Ich hatte Angst.

Ich habe Reuden als eine fast heile Welt beschrieben. Doch das Elternhaus war nicht heil. Wenn kurz vor fünf Uhr nachmittags die Kleinbahn in die Kurve vor Reuden einfuhr, wenn ihr Läutewerk ertönte, stand ich auf. Ich hatte Angst: War er zu Hause?

Wenn ich in der Kurve aufstand, hatte ich vielleicht Glück, und er war nicht da. Auch wenn der Personenzug vor Wittenberg über die Elbbrücke fuhr, mußte ich aufstehen; auf dem Weg vom Bahnhof zur Schule durfte ich nicht auf die Fugen zwischen den breiten Platten treten; denn sonst würde ich Unglück haben.

Sobald ich zu Hause angekommen war, meine Mutter begrüßt und in der Küche gegessen hatte, verkroch ich mich. Ich ging ihm soweit wie möglich aus dem Weg. Er könnte mich ja nach der Schule, der schlechten Note in Mathematik fragen oder gar mir die Vokabeln abhören, in denen ich mich keineswegs sicher wußte. Doch manchmal entging ich ihm nicht. Ich wurde verhört, und das endete gewöhnlich damit, daß ich bis spät abends lernen mußte, auch die Vokabeln der vorhergehenden Lektionen. Und wenn ich Fehler machte, da ich mich vor lauter Angst nicht genug konzentrieren konnte, kam es vor, daß er mir das Buch an den Kopf warf.

Am größten war die Angst vor den Zeugnissen, die wir viermal im Jahr bekamen. Wenn die Noten schlecht waren oder wenn die Zeugnisse Bemerkungen enthielten wie »Aufmerksamkeit: Gut, doch neigt er zum Schwatzen« oder gar »Versetzung gefährdet«, gab es Prügel. Er hielt sie für ein probates Erziehungsmittel.

Danach flüchtete ich zu meiner Mutter, die mich zu trösten suchte. Sie weinte auch.

Es fällt mir schwer, von diesen Demütigungen zu reden; doch wenn ich es nicht täte, würde manches nicht verständlich, besonders nicht mein Verhältnis zum Vater und seinem Geist. Von seinen Zornesanfällen, unter denen wir alle zu leiden hatten, werde ich schweigen.

Mein Vater hat meine Jugend bestimmt, aber nicht indem er mich führte, sondern indem er mich in Furcht hielt. Er wurde mir dadurch zum Gegenbild dessen, was ich werden wollte. Je älter ich wurde, desto entschiedener stellte ich mich in Gegensatz zu seinen Gedanken und Urteilen, die ich für falsch hielt. Mit der Zeit wuchs mein Mut.

Er wollte mich zu dem Menschen formen, der er selbst hatte werden wollen: zum Offizier; notfalls mit Härte. Liebe und Zuneigung zu zeigen, fiel ihm schwer. Er hielt sie wohl für Schwäche. Ich habe nie einen Scherz von ihm gehört. Humor, Heiterkeit, Leichtigkeit gingen ihm ab.

Wenn er nicht dabei war, und wohl als Reaktion auf seine Art, neigte ich zu Übermut, Scherzen, Unsinn und Clownerien. Ich konnte mit Ausdauer albern und blödeln und ging ernsthafteren Menschen damit oft auf die Nerven.

Meine musikalische Ausbildung unterstützte er, obwohl er selbst, im Unterschied zu seinem Vater, nicht musisch begabt war. Dafür bin ich ihm dankbar, auch daß er sich nie über das stundenlange Üben jeden Abend am Klavier beklagte. Doch als ich ihm einmal auf seinen Wunsch meine Vertonungen von Gedichten Klabunds vorspielte und vorsang, beschränkte er sich auf abfällige und sarkastische Bemerkungen über den Text, so daß ich mich auch hierin vor ihm verschloß.

Ich habe erst sehr viel später, als ich ihm längst entwachsen war, versucht, ihn zu verstehen. Er war im Grunde ein unglücklicher Mensch, der seine Ziele stets zu hoch angesetzt hatte und auf dem Weg dahin stürzte. Er war in der Obersekunda vom Gymnasium abgegangen, weil ein Oberpostdirektor ihm geraten hatte, die mittlere, gehobene Beamtenlaufbahn bei der Post einzuschlagen. Ihm schien das verlokkend. Er nahm das Angebot in seinem, wie er schreibt, »unbezähmbaren, wohl angeborenen Selbständigkeitsdrang« an. Er bereute das später, weil ihm durch seinen vorzeitigen Schulabgang ohne Abitur viele Berufe verschlossen waren. Er war, als er meine Mutter im März 1914 heiratete, Postsekretär. Das war ihm zu wenig.

Immerhin hat er in seiner Ausbildung die gute preußische Verwaltung erlernt: Er entschied nicht nur nach Paragraphen, sondern, wenn notwendig, auch unbürokratisch, war aber äußerst korrekt. Er hatte viel gelesen, meistens politische Schriften, und konnte sich gut ausdrücken.

Er hatte immer aktiver Offizier werden wollen, brachte es aber in einem Infanterieregiment nur bis zum Oberleutnant der Reserve. »Schon als Knabe war es mein Traum, Offizier zu werden. Ich konnte mir meine Zukunft nicht anders vorstellen«, schreibt er in unserem Hausbuch. »Man sah es jedem Mann an seiner Haltung an, daß er die militärische Schule zu seinem Vorteil durchgemacht hatte. Die Offiziere bildeten den ersten und vornehmsten Stand.«

Doch mein Vater besaß nicht das beträchtliche Vermögen, über das ein Offizier damals verfügen mußte. Zudem stammte er nicht, wie er schreibt, aus den »gesellschaftsfähigen Kreisen«: Sein Vater Julius Wickert war ja damals nur einfacher Volksschullehrer.

Unter Offizieren und Reserveoffizieren, in Kaserne und Kasino fühlte er sich wohl: Der Dienst war geregelt, es gab keine Zweifelsfälle. Die Kameraden waren national, ja chauvinistisch, nicht anders als die der anderen europäischen Offizierskorps. Sie fühlten sich allen anderen Ständen, Völkern und Rassen überlegen, waren streng monarchistisch gesinnt, hatten ihren eigenen Ehrencodex und waren »schneidig«. Auf Politiker, Wissenschaftler oder »Koofmichs« sahen sie herab. Journalisten waren für sie »catilinarische Existenzen«, und soziale Vorstellungen, die die bestehende Gesellschaftsordnung in Frage stellten, galten als subversiv. Die Geisteshaltung unter den Kameraden war uniform, und wer sie angenommen hatte, wußte immer, was richtig und falsch, was gut und böse war.

Mein Vater hielt sie für preußisch; aber es war nur das wilhelminisch schnarrende Kasinopreußentum: Auch mein Großvater Julius war preußisch gesinnt, aber liberal, wie unsere Pfälzer Vorfahren das Land unter Friedrich dem Großen vorgefunden hatten. Der Großvater war mir Vorbild.

Die Mutter

Meine Mutter war in ihrer Jugend eine schöne Frau. Sie kam aus wohlhabendem Hause. Viele junge Herren machten ihr damals den Hof. Sie ging einige Jahre auf die »Höhere Töchterschule«, wo sie ihr späterer Schwiegervater Julius Wickert unterrichtete, besuchte dann die Haushaltsschule und mußte schon in früher Jugend für ihre fünf jüngeren Geschwister und einen gastfreien, großen Landhaushalt sorgen, weil ihre Mutter dazu nicht imstande war. Sie war weich, liebevoll und liebebedürftig. Scherze und allerlei Schabernack liebte sie bis ins Alter. Bei ihr fanden wir Kinder Verständnis und Schutz.

Mein Vater hatte ihr Vermögen in den Ausbau der Ziegelei investiert und hohe Kredite bei Banken, Verwandten und privaten Geldgebern aufgenommen, um die Ziegelei zu modernisieren und zu vergrößern. Doch vieles war nicht fachmännisch ausgedacht, vieles überflüssig. Meine Mutter und auch ihre Brüder, die große Ziegeleien in und bei Bralitz besaßen, suchten ihn zu beraten und zurückzuhalten. Er hörte nicht auf sie. Es gab Vorwürfe und Streit. Wir waren in den Konflikten stets auf der Seite der Mutter, die doch immer unterlag. Diese Spannungen waren für sie manchmal zu stark, da sie niemand hatte, auf den sie sich stützen konnte. Sie wollte mehr als einmal aufgeben.

Für mich als den Ältesten war dies eine schwerere Last als das, was ich selbst manchmal zu fürchten hatte. Viele Szenen ihrer Verzweiflung bedrücken mich in der Erinnerung bis heute; aber ich kann darüber nicht schreiben.

»Aufmerksamkeit: Genügend, doch nicht gleichmäßig«, stand im Zeugnis; die meisten Lehrer werden den Grund kaum erraten haben.

Jüdenstraße 2

»Erwin sehr nervös und unruhig, hat seine Hände überall und wird uns noch manche Not machen«, schrieb Tante Lize in ihr Tagebuch, von dem mir ihre Erben Auszüge sandten, die mich betrafen. Ich war mit zwölf Jahren in ihr kleines Pensionat eingetreten.

»Hat seine Hände überall«, was sie meinte, war meine Neugier, die ich immer noch nicht abgelegt habe. »Nachmittag nach Hause«, fügte sie hinzu. Sie sah damals noch nicht, daß ich wegen der drohenden Rückfahrt nach Hause, ins Elternhaus, nervös und unruhig war.

Das Haus Jüdenstraße 2 war ein dreistöckiges Mietshaus, wohl in der ersten Hälfte des 19. Jahrhunderts gebaut. Man trat von der Straße in ein dunkles Eingangsgewölbe, aus dem die Treppe, auch sie ohne Fenster, hinaufführte.

Tante Lizes Wohnung im obersten Stockwerk hatte einen großen zur Straße hin gelegenen Salon, der jedoch solange ich ihr Pensionär war, nur einmal, nämlich zur Feier ihres siebzigsten Geburtstags benutzt wurde. Zwei weitere kleine Zimmer, rechts und links vom Salon, sahen auf die Straße, das Wohnzimmer und zwei Schlafkammern auf den schmalen Hof. In den Nebenzimmern wohnten wir

Pensionskinder. Zum Hof hin war der lange Gang gelegen, von dem aus Türen zur Küche, Mädchenstube und am Ende zur Toilette führten. Ein Badezimmer war nicht vorhanden. Tante Lize wusch sich jeden Morgen aus einer Schüssel mit kaltem Wasser ganz ab, wir Pensionäre badeten nur an den Wochenenden, wenn wir zu Hause waren.

Ich lebte vier Jahre, Tante Lize ihr ganzes Leben lang, bis in die Tage, als sowjetische Armeeangehörige sie völlig ausplünderten, in der verwinkelten alten Wohnung, die sie schon von ihrem Vater, dem Komponisten und Stadtorganisten Carl Stein übernommen hatte.

Das Haus stand gegenüber dem alten Gymnasium, einem schmuck-los-nüchternen Gebäude, das auch ein Gefängnis hätte sein können, und war nur hundert Schritte von der Stadtkirche, Luthers Predigtkir-che, entfernt. Die Jüdenstraße, in der bis zu ihrer Austreibung im 15. Jahrhundert die Wittenberger Jüden gelebt hatten, wurde von den Nationalsozialisten in »Wettiner Straße«, von den Kommunisten nach dem Kriege zur »Rosa-Luxemburg-Straße« umbenannt.

Im ersten Obergeschoß wohnte das Ehepaar Odebrecht mit zwei Töchtern. Die älteste war meine erste Liebe. Sie ging zwar ins Lyzeum, aber bis zum Gymnasium hatten wir denselben Schulweg. Wir richte-ten es so ein, daß wir immer zur gleichen Zeit aus dem Haus gingen. Und einmal, als sie sich zu einem Abendspaziergang in die Anlagen verführen ließ, gab ich ihr einen Kuß. Ja, so weit trieben wir es! Sie war über den Kuß sehr erschrocken. Trotzdem führte sie die heimliche Korrespondenz mit mir weiter: Hinter der Haustür war ein Filz angebracht, damit sie beim Öffnen nicht an die Wand knallte. Hinter diesem Filz deponierten wir, obwohl wir uns doch täglich sahen, unsere Briefe, in denen von Liebe und Sehnsucht die Rede war.

Sechzig Jahre später, als ich die DDR besuchte und das vertraute Haus betrat, suchte ich als erstes den Filz. Er war noch da. Aber leer.

Tante Lize war nicht meine Tante, sie war überhaupt niemandes Tante, aber alle Welt nannte sie »Tante Lize«. In Wirklichkeit hieß sie Cäcilie Stein, war nie verheiratet, früher Lehrerin am Lyzeum, pensio-niert, und nun nahm sie auswärtige Schüler in Pension. Wir waren drei Jungen und zwei Mädchen.

Tante Lize war sehr klein, recht wohlbeleibt, aber beweglich, körperlich wie geistig. Sie war einer der wenigen Menschen, die von

Grund auf gut und ohne Arg waren. Sie war fromm und stark im Glauben, bedürfnislos; was sie tat, das tat sie für andere. Anfangs meinten wir, sie sei naiv; doch als uns einmal ihr Tagebuch in die Hände fiel, sahen wir, daß sie uns tiefer durchschaute, als uns lieb war. Ihre Autorität beruhte auf ihrer Güte. Da wir im Unterschied zu ihr keine guten Menschen, sondern rauhbeinige, Unfug treibende, lärmende Jungen waren, taten wir ihr manchen Kummer an; aber sie verzieh uns schließlich immer, auch wenn wir es zuweilen recht arg getrieben hatten.

Allerdings gelang es uns auch, manche Streiche vor ihr geheimzuhalten, zum Beispiel, daß der Leinenbeutel, in dem Werner Langbein sein aus Holzkohle, Salpeter und Schwefel gemischtes Pulver aufbewahrte, bei unseren Experimenten am offenen Fenster verpuffte, so daß dicke, schwarze Rauchschwaden hinauswehten, die Leute auf der Straße stehenblieben, besorgt hinaufsahen und die Feuerwehr holen wollten, während wir beide mit geschwärzten Gesichtern das unerwünschte Publikum von oben mit Gesten zu beruhigen suchten und hinunterriefen, es sei überhaupt nichts geschehen, nur auf dem Küchenherd sei etwas angebrannt.

Wenn wir aus der Schule kamen, aßen wir gemeinsam im Wohnzimmer zu Mittag. Das Essen war einfach. Tante Lize mußte sehr sparen, wenn sie mit dem Pensionsgeld von 110 Reichsmark auskommen wollte. Sie hatte einen Gasherd in der Küche, aber wenn die Kartoffeln im Topf kochten, wurde der Topf, um Gas zu sparen, in eine dicke mit Stroh ausgelegte »Kochkiste« gestellt, damit sie darin gar wurden. Selbst diese Kochkiste haben ihr sowjetische Plünderer nach der »Befreiung« weggenommen.

Nach dem Mittagessen machten wir unsere Schularbeiten, während Tante Lize, ihren Spitz Treu auf dem Schoß, in ihrem Lehnstuhl einnickte. Sie sah nachher unsere schriftlichen Arbeiten durch, fragte uns Vokabeln ab oder half uns beim Übersetzen.

Danach ging sie mit dem einen oder anderen von uns spazieren. Manche gingen allein zu Freunden. Wer Klavierunterricht nahm, hatte jetzt Zeit im Wohnzimmer zu üben. Wir trafen uns alle zum Abendbrot. Über dem großen Tisch im Wohnzimmer hing eine Gaslampe, die einzige in der Wohnung.

Nach dem Abendbrot las sie die Tageslosung der Herrnhuter Brüdergemeinde vor. Gemeinsam sangen wir ein Kirchenlied, am Harmonium begleitet von Werner Langbein oder mir, wobei es uns manchmal gelang, in die Introduktion ein paar Takte aus einem neuen Foxtrott einzuschmuggeln.

Abends las sie uns vor, und wir hörten mit Vergnügen zu, wenn sie uns Dickens' »Oliver Twist« oder in mecklenburgischem Platt Fritz Reuters »Ut mine Stromtid« vorlas. Oder wir spielten Spiele, von denen sie unendlich viele kannte, zum Beispiel geographische Fragespiele, bei denen es etwa darauf ankam, zu wissen, daß Madrid »am Bache Manzanares« lag und daß der östlichste Punkt Afrikas das Kap Guardafui war. Oder wir spielten Quartett oder Schach. Oder wir sahen uns gemeinsam alte *Orbis-pictus-Bände* des 19. Jahrhunderts mit Holzschnitten von fremden Ländern, Städten und Menschen an.

Die Kleinstadt

Man sieht, wir lebten nicht in den wilden zwanziger Jahren, sondern noch tief im 19. Jahrhundert. Nicht nur wir, auch die Stadt. Das einzige neue Gebäude, das in meiner Zeit errichtet wurde, war der »Filmpalast«, der mit Charlie Chaplins »Lichter der Großstadt« eingeweiht wurde. Und das Kopfsteinpflaster der Kollegienstraße, der Hauptstraße also, wurde erst zu meiner Schulzeit mit Asphalt belegt.

Die Lutherstadt Wittenberg hatte damals rund zwanzigtausend Einwohner. Eine Kleinstadt also, nicht weit von der Elbe.

Die Stadtmauern waren Anfang des 19. Jahrhunderts geschleift worden, und an ihrer Stelle zieht sich heute ein Grüngürtel um die Altstadt, deren Form noch deutlich erkennbar ist: nämlich die einer Ellipse, die parallel zum Flußlauf von Osten nach Westen verläuft.

Im östlichen Brennpunkt steht das alte schmucklos-kahle Augustinerkloster, wo Luther, von Erfurt kommend, zuerst gelebt hat, und dahinter in einem weiten Hof mit hohen alten Bäumen sein späteres Wohnhaus – das Lutherhaus: heute eine bedeutende Sammlung und Ausstellung von Zeugnissen des Reformationszeitalters.

Im westlichen Brennpunkt der Ellipse liegt das alte Schloß der sächsischen Kurfürsten aus dem Hause Wettin und die Schloßkirche, an die Luther 1517, am Tag vor Allerheiligen, seine 95 Thesen angeschlagen haben soll. *Soll* – denn urkundlich ist es nicht zu belegen, und deshalb bestreiten einige Historiker den Thesenanschlag überhaupt.

Zwischen Lutherhaus und Schloßkirche aber liegt der Marktplatz mit einem prächtigen alten Rathaus aus der Reformationszeit, Denkmälern Luthers und Melanchthons von Gottfried Schadow, und neben dem Marktplatz steht Luthers Predigtkirche, die Stadtkirche.

Vom Lutherhaus über den Marktplatz zur Schloßkirche, entlang der Mittelachse der Ellipse also, führen die Kollegien- und die Schloßstraße mit Melanchthons Haus, dem alten Universitätsgebäude und Lukas Cranachs Apotheke.

Nördlich der Altstadt hatten reicht Bürger im 19. und Anfang des 20. Jahrhunderts ihre Häuser oder solide Mietshäuser gebaut. Weiter außerhalb lagen die Vorstädte, in denen vorwiegend Arbeiter wohnten. Wittenberg war jedoch eine Stadt des Bürgertums mit einer kleinen Schicht älterer Intellektueller; die Jungen zog es nach Berlin.

Das geistige Leben war rege. Der Leiter des Lutherhauses, Lizentiat Thulin, war eine Autorität in der Reformationsgeschichte. Im Schloß befand sich Otto Kleinschmidts Forschungsheim für Weltanschauungskunde mit einer vollständigen Abgußsammlung aller Urmenschenschädel. Seine große ornithologische Sammlung ist heute Teil des naturkundlichen Museums König in Bonn. In der evangelischen Kirche, die das Forschungsheim unterhielt, warfen ihm manche vor, er versuche in apologetischer Absicht Evolutionstheorie und Schöpfungsgeschichte in Einklang zu bringen. Doch solche Unterstellungen sind inzwischen verstummt. Seine »Formenkreislehre« wurde spätestens in den fünfziger Jahren als ein wichtiger Beitrag zur Evolutionstheorie anerkannt. Ich war oft in seinem Institut. Mein naturwissenschaftliches und – wie ich später sehen sollte – in gewisser Hinsicht auch mein politisches Weltbild wurden durch ihn bestimmt.

Etwa 1929 wurde Georg Kempff als Pfarrer an die Stadtkirche versetzt. Er war ein Wirbelsturm. Als erstes führte er in der Kirche mit berühmten Oratoriensängern den »Messias« auf, wobei er gleichzeitig die Orgel spielte, einen Part – ich weiß nicht mehr, welchen – sang und Chor und Orchester dirigierte. Es war ein großes musikalisches Ereignis, nicht nur für die Stadt. Später folgten die Bach-Passionen. Er gab Orgelkonzerte.

Er war ungestüm, und sein musikalisches Reich war vielleicht noch weiter als das seines Bruders Wilhelm. Wittenberg wurde in wenigen Jahren zu einer bedeutenden Stadt der Kirchenmusik.

Die alten, träge in halben und ganzen Noten dahinfließenden Choräle und Liturgiegesänge ersetzte er durch neue, rhythmische Notentexte. Der bestallte Organist Willy Straube, der mir Unterricht in Klavier und Orgel gab, war unglücklich über den Umgang mit den geheiligten alten Choraltempi. Tante Lize weigerte sich lange, dem neuen Kirchengesang zu folgen.

Rege war das geistige Leben in Wittenberg schon, aber doch mit einem Schwergewicht auf geistlichen Themen. Luther war noch immer in der Stadt, und von dem, was in Berlin und der Welt diskutiert wurde, hörten wir nichts.

Paideia

Auch nicht in der Schule, die viele gute, manche mittelmäßige, aber zwei herausragende Lehrer hatte. Mit diesen meine ich August Kaulbach und Walther Kliche. Beide waren Freunde.

August Kaulbach gab vorwiegend Griechisch und griechische Geschichte; Walther Kliche, den man übrigens nur unter dem Namen des Athener Tyrannen Hippias kannte, unterrichtete Deutsch, deutsche Geschichte und Latein.

August Kaulbach war hager und groß und wirkte zerbrechlich. Er trug einen kurzen grauen Vollbart nach der Art des Thukydides. Er hatte bei Wilamowitz promoviert. Er war ein Ästhet. Den Mädchen gab er gerne Nachhilfeunterricht – wenn sie schön waren.

Er verlangte viel; daß wir die Fakten und Geschichtszahlen kannten und die Sprache einigermaßen beherrschten, war Voraussetzung. Dafür sorgte er schon in der Mittelstufe.

Aber dann lasen wir Homer, Herodot, die Lyriker, die Vorsokratiker und Plato-Sokrates. Auch deftige Dialoge des Aristophanes enthielt er uns nicht vor. Er lehrte uns das schwere, fest gegründete Wesen des Aischylos, die Tragik in den Werken des Sophokles und seine fromme Verzweiflung vor dem unverständlichen Walten der Götter und schließlich das Aufbegehren des Euripides gegen die Götter und ihre Ordnung in der Welt sehen. Die Leidenschaft, Zerrissenheit, Widersprüchlichkeit und Ratlosigkeit des Euripides vor der Welt, seine schon vom Sophismus beeinflußte Dialektik hat er sicher gewürdigt, vielleicht sogar bewundert, aber uns empfahl er – wohl aus pädagogischen Gründen – Sophokles als den größten der Tragiker, gewiß auch zu Recht. Aber das, was er uns bei Euripides als bedenklich modern beschrieb, das gerade war es, was mich an dem letzten der großen Tragiker anzog und noch immer anzieht.

Am Werk des Thukydides lehrte er uns das Wesen der Politik: hohe Ziele und Verantwortung wie bei Perikles, Mut, Tapferkeit, aber auch

*In der Untersekunda des Melanchthon-Gymnasiums
mit dem Klassenlehrer »Hippias« (oben links).
Vor ihm in Pullovern die Zwillinge Albrecht und
Ulrich Pape. Erwin Wickert unten rechts in der Kluft
des »Bibel–Kreises« (1931).*

Feigheit, Demagogie, Gerissenheit, Leichtsinn, Intrigen, Verblendung und Schwanken des Volkswillens, Katastrophen und Tragödien.

August Kaulbach lebte in der Welt der Griechen, er führte uns so in sie ein, daß sie auch uns vertraut wurde. Hippias, bei dem wir Cicero, Sallust und Tacitus lasen, ergänzte es, indem er uns in den lateinischen Historikern die Tendenzen, Auslassungen, Finten, polemischen Übertreibungen, glänzenden Formulierungen und psychologisch überzeugenden Porträts der Staatsmänner zeigte oder selbst finden ließ.

In der Schule hatte ich, ohne daß es mir bewußt geworden war, den griechischen Wertekanon übernommen: Freiheit, Mut, Wert der Bildung, Bewährung im Wettstreit um die Arete – *aien aristeuein kai hypeirochon emmenai allon*, immer der Beste zu sein und ausgezeichnet vor den anderen –, Freude am sinnlich Schönen, kritisches Denken gegen die Meinung der Menge wie sie Heraklit, und unbedingte Treue zu dem, was man als wahr und gut erkannt hatte, wie Sokrates sie uns in seinem Leben und Sterben bewies. Und im römischen Kanon wuchs ich mit den lateinischen Autoren und ihren Tugendbegriffen wie *humanitas, liberalitas, virtus, res publica, constantia, urbanitas* und *severitas* auf.

Doch es wurde uns auch gezeigt, daß diese Tugenden keinesfalls immer Wirklichkeit, sondern nur sittliche Appelle waren, von denen Römer wie Griechen ebensooft abfielen wie Christen und Juden von ihren Zehn Geboten; daß Caesar zwar berühmt war wegen seiner *clementia*, der verzeihenden Milde auch für Feinde, daß sie ihn aber nicht hinderte, Tausende seiner Gefangenen in Gallien umzubringen.

Den Tugend- und Wertekanon übernahm ich nicht bewußt, sondern ich wuchs, wie ich es schon an den ersten grammatischen Übungssätzen der Sexta gezeigt hatte, in ihm auf, und es kam mir gar nicht in den Sinn, an ihm zu zweifeln. Ich hielt ihn für absolut und universal, und er ist auch heute noch weitgehend mein Maßstab.

Erst viel später erkannte ich, daß er nicht ausreicht, die Welt zu verstehen und gerecht zu beurteilen, sondern daß er sich in der Geschichte, auch unserer deutschen, ja selbst in der kurzen Spanne meines Lebens, oft gewandelt hat.

Bei Hippias lernte ich zwar den dramatischen Verlauf der Französischen Revolution kennen; aber daß hier ein absolut neues, der ganzen

Antike unbekanntes Element in die Geschichte eingetreten war, das wurde mir erst sehr viel später klar.

In China und Japan fand ich ein ganz anderes Grundmuster für den Verkehr der Menschen miteinander vor, auf das ich nicht vorbereitet war und dessen Kenntnis ich mir erst mühsam erwerben mußte.

Und auch für die Kunst der Ägypter, Chinesen und Japaner reichen weder die aus der abendländischen Antike noch die aus unserer modernen Ästhetik hergeleiteten Begriffe aus. Sie sind in sich geschlossene Reiche, deren Menschen und Werke nur aus ihrem Boden und ihrer Geschichte zu erklären und zu verstehen sind. Daher führt der immer noch starke Eurozentrismus der Abendländer ebenso zu falschen Ergebnissen bei der Betrachtung ostasiatischer Kunst und Literatur, wie der altüberlieferte kulturelle und nationale Hochmut vieler Chinesen und Japaner, wenn sie mit ihren Maßstäben über abendländische Kultur und abendländisches Denken urteilen.

Schon Herodot beschreibt amüsiert, wie die Unkenntnis anderen Denkens nur zur Ablehnung führen kann: Der Perserkönig Dareios fragte »kalamatische Inder«, die bei ihm zu Gast waren, ob sie die Leichen ihrer Väter verbrennen würden. Da schrien sie auf und baten ihn, nicht solche gottlosen Worte zu reden. Der Großkönig fragte dann seine gleichfalls anwesenden griechischen Gäste, bei denen Feuerbestattung üblich war, ob sie die Leichen ihrer Väter essen würden wie die kalamatischen Inder. Worauf die Griechen über solche schrecklichen, gottlosen Worte aufschrien.

Wir hatten Hippias auch in Deutsch. Er versuchte uns als erstes beizubringen, daß ein einfaches, schlichtes und klares Deutsch schöner ist als ein geschwollenes, mit Modeworten und Modegedanken versetztes. Vergnügen bereitete es uns, Horrorsätze aus der Zeitung oder aus amtlichen Verordnungen in einfache und verständliche Sprache zu übersetzen.

Dennoch hat Hippias mich gehemmt, meine Meinung gelegentlich auch einmal leidenschaftlich, mit Verve und einseitig auszudrücken: Er konnte es sich oft nicht versagen, durch eine beiläufige ironische Bemerkung aus hochgemuten Gedanken der Schüler die Luft herauszulassen. Ich habe mich aus dem Rigorismus, mit dem er uns zu Nüchternheit erzog, erst später unter einem anderen Deutschlehrer befreit, der Hippias sonst in keiner Weise das Wasser reichen konnte.

Unsere Erziehung endete für Hippias nicht mit dem Klingelzeichen. Er lud die Klasse oft am Sonnabend nachmittag zum Tee ein und besprach dabei Bildmappen deutscher Künstler, ging aber nicht über das 19. Jahrhundert hinaus. An klaren Winterabenden lud er uns ein, auf einem Feld mit Ferngläsern zur Betrachtung des Sternenhimmels zu erscheinen. Er lehrte uns die Sternbilder kennen und benennen und sprach mit uns über Raum und Zeit, Ursprung und Größe der Welt, die sich über uns am Himmel ausbreitete:

Er zeigte uns anschaulich unsere unendliche Winzigkeit im Universum. Wenn immer mich später Sorgen plagten oder ich mit mir oder der Welt nicht im reinen war, gab ihr Anblick, der ja selbst Engeln Stärke gibt, auch mir Gelassenheit. Und wenn ich mir vorstellte, wie mein Kummer sich wohl ausnahm, falls man ihn vom, sagen wir, rötlichen Stern Alpha, auch Beteigeuze genannt, Hunderte von Lichtjahren entfernt, im Sternbild des Orion, aus betrachtete, nahm dieser Kummer schnell ab und war schließlich gar nicht mehr wahrzunehmen.

Ein paarmal bat Hippias mich allein in seine Wohnung. Er wollte wissen, was mich bedrückte. Doch ich konnte darüber mit niemand sprechen. Er wird aber wohl aus meinen vagen Antworten das Richtige geahnt haben. Ich habe Jahrzehnte später versucht, ihm in meinem Hörspiel »Der Klassenaufsatz« ein Denkmal zu setzen.

Auch isländische Sagas, die wir in deutscher Übersetzung lasen, und ausführlich an den Originaltexten durchgenommene althochdeutsche und mittelhochdeutsche Texte machte er zu spannender Lektüre. Er selbst war manchmal von ihnen so ergriffen, daß er zum Fenster gehen und eine Weile schweigend hinaussehen mußte.

Bei einem Vergleich des Hildebrandslieds, das wir teilweise in Althochdeutsch auswendig lernten, mit einer Episode aus dem »Königsbuch« des persischen Dichters Ferdausi (um 1000), die ein ähnliches Thema behandelte, kamen ihm die Tränen. Unsere Klassiker brachte er uns mit gleicher Anteilnahme nahe.

Die deutsche Literatur endete bei ihm mit Rilke und George, Börries von Münchhausen und Agnes Miegel. Hier war seine Grenze, wie er in der bildenden Kunst nicht über den Jugendstil und Avenarius' *Kunstwart* hinauskam.

Im Lehrplan war die Gegenwartsliteratur nicht vorgesehen, aber bei Hippias' Teegesprächen erfuhren wir, daß Erwin Guido Kolbenheyer der größte deutsche Erzähler unserer Zeit sei. Hippias las Wilhelm Stapels Monatsschrift *Deutsches Volkstum*, die sein Urteil über die moderne Literatur bestimmte. Ich nehme an, daß ihm dessen Buch »Der christliche Staatsmann« Eindruck gemacht hatte. Stapels antisemitische Glossen muß er wohl überlesen haben, aber sein Urteil über die moralverderbende Berliner »Asphaltliteratur« teilte er. Die Frechheit Brechts, Kästners oder Tucholskys hielt er für verantwortungslos und dem Ernst der Zeit und der Literatur nicht angemessen. Ironie war ihm eine fragwürdige, in der romantischen Schule entwickelte Weise, die Dinge lächerlich zu machen oder sie in der Schwebe zu lassen, um sich vor ernsten Entscheidungen zu drücken.

Gewichtiger schienen ihm die Werke zu sein, die von den Berliner Intellektuellen als »Literatur des platten Landes« verspottet wurden. Zu den Autoren dieser Literatur zählten sie neben Erwin Guido Kolbenheyer unter anderem Hans Grimm, Wilhelm Schäfer, Hermann Stehr, Josef Ponten. Es waren die »völkischen« Dichter, die »Dichter der Scholle«, die sich von den Berliner Caféhaus-Literaten absetzten; sie wollten nicht Literaten, sondern Dichter sein, die wie Rudolf Georg Binding das Lob männlicher Ritterlichkeit sangen und deshalb von allen jungen Mädchen glühend verehrt wurden. Die meisten dieser Dichter, Hans Carossa nehme ich zögernd aus, waren mir aber in ihrem Edelmut, ihrer altväterischen Art, Manieriertheit, altdeutscher Knorrigkeit oder schwülstig-feierlichen Sprache auf die Dauer nur schwer erträglich oder einfach langweilig.

Thomas Mann galt als morbide und dekadent, seine Ironie als bedenklich. Was man von seiner Erzählung »Wälsungenblut« höre, was er im »Tod in Venedig« schildere, das sei doch ein Skandal! Hippias warf ihm vor, er habe kein Verhältnis zu Gott, Religion oder überhaupt zu den aus der Transzendenz erwachsenden Kräften. Tante Lize warnte uns vor ihm. Sie fand es empörend, daß in den »Buddenbrooks« die evangelischen Pastoren alle lächerliche und komische Figuren waren.

Das also waren August Kaulbach und Hippias. Mit den Fakten und Geschichtszahlen, die sie uns beibrachten, hatten wir ein Gerüst der abendländischen Geschichte, in das sich Ereignisse, von denen wir später lasen, einpaßten und mit dem verbanden, was wir von der Zeit schon wußten.

Verloren in der Geschichte sind alle, die nur Einzelepochen aus ihr kennen, wie mancher Lehrplan dies heute in Kauf nimmt, die aber nicht wissen, wie sie sich zu dem gesamten Lauf der Zeiten verhalten.

Mit den Gedichten und langen Texten in Griechisch und Latein, in Alt- und mittelhochdeutsch und modernem Deutsch, die wir auswendig lernen mußten, erwarben wir uns einen Besitz für immer. Ich bin August Kaulbach und Hippias dafür dankbar. Fakten, Zahlen, Namen zu lernen war, wie schon erwähnt, nicht Sinn, sondern Voraussetzung für ihren Unterricht. Sinn war die fortschreitende Bildung des Schülers zu einem gefestigten, kritischen jungen Menschen, der sich der antiken Wertvorstellungen bewußt war, die neben den jüdisch-christlichen die Grundlage der abendländischen Kultur bildeten, und die ihm ein Kompaß durch die moderne Welt sein konnten.

Hippias und Kaulbach wollten die umfassende Bildung ihrer Schüler, die *Paideia*. Hippias war frommer Christ; August Kaulbach war Agnostiker und Ironiker, Epikur und der Stoa gleich nahe. Als die Sowjets 1945 einmarschierten, nahm er sich das Leben.

Die Freunde

Von wem, seit ich fünfzehn Jahre alt war, die meisten Anregungen ausgingen – von diesen Lehrern oder von den Freunden –, wüßte ich nicht zu sagen. Meine engsten Freunde waren die Zwillinge Albrecht und Ulrich Pape, Söhne des Pfarrers an der Stadtkirche. Er hat sie und mich zusammen konfirmiert. Vor Lukas Cranachs Altar und neben Luthers Kanzel.

Mit ihnen und mit Paul Bauer, den ich heute noch manchmal sehe, gingen wir nachmittags spazieren und führten tiefschürfende Diskussionen über unsere Pubertät und die Krisen, die sich dadurch in unserer Persönlichkeitsentwicklung ergeben könnten, ja müßten. Wir nahmen uns sehr ernst. »Uns selbst zu suchen und zu finden« war damals noch nicht modern; sonst hätten wir uns sicherlich auch auf die Suche nach unserem Selbst und unserer Identität gemacht.

Albrecht hatte ein Buch über den Expressionismus gelesen, ich Werfels Bearbeitung der »Troerinnen«. Davon hatten wir in der Schule, die ja in allen Dingen hinter dem Mond war, nichts gehört.

Ulrich war dabei gewesen, als sich sein Vater mit einem anderen Geistlichen über den Berliner Bestseller, Peter Martin Lampels »Revolte im Erziehungshaus«, unterhielt, ein Buch, das damals zu erregten Auseinandersetzungen geführt hatte und heute vergessen ist.

Ich hatte bei einem Verwandtenbesuch in Berlin Emil Jannings und Marlene Dietrich im »Blauen Engel« gesehen. Darüber mußte ich ausführlich berichten. Als einer Professor Unrats Schicksal tragisch nennen wollte, widersprachen wir anderen heftig. Es war traurig, gewiß; aber was tragisch war, das wußten wir ja aus dem Griechisch-Unterricht. Unrat hatte sich in seiner Schwäche sein Schicksal selbst zuzuschreiben.

Ulrich zweifelte, ob eine solche schwache Persönlichkeit überhaupt Gegenstand der Dichtung sein dürfe. Bei den Griechen wäre das unmöglich gewesen, allenfalls in der späten Komödie.

»Mensch, geh uns bloß mit deinen Griechen!« riefen Paul Bauer, Albrecht und ich.

Von den Griechen hörten wir schon genug in der Schule, wir wollten von der modernen Zeit hören. Und die war eben anders.

Ich habe in meinem Leben viele und gute Freunde gefunden, nicht schnell erworbene, schnell vergessene, sondern treue, immer bereite Freunde, mit denen ich, auch wenn wir uns jahrelang nicht gesehen haben, ohne Umschweife in unseren alten Gesprächen über Gott, die Welt, die Zeit und uns selbst fortfahren kann.

Dieses Glück kann ich nicht genug preisen. Sehr viele von denen, mit denen ich gehofft hatte, alt zu werden, sind indessen gestorben: Die Brüder Albrecht und Ulrich Pape, Ernst Günter Focke, der Komponist Ernst-Lothar von Knorr, der Literaturkenner Heinz Schöffler, der Kunsthistoriker Hubert Schrade, der Philosoph Ludwig Giesz und Conrad Ahlers, der mir zuletzt am nächsten stand. Sie leben in meinem Gedächtnis weiter.

Der Bibel-Kreis

Albrecht, Ulrich und ich traten, als wir fünfzehn Jahre alt waren, in den »BK« ein. Die Abkürzung stand unsprünglich für »Bibel-Kränzchen«, aber der Name war natürlich unerträglich. BK wurde zum Kürzel für »Bibel-Kreis«. Auch dieser Name war noch schlimm genug.

Der BK war die evangelische bündische Jugend, die sich zwar zur Kirche und der Bibel bekannte, aber nicht als frömmelnd angesehen werden wollte. Wanderungen, Radfahrten, Zelten, Lagerfeuer zogen uns besonders an, und unterwegs sangen wir keine Choräle, sondern die zünftigen Lieder der Jugendbewegung. Und wir trugen unsere eigene jugendbewegte Kluft, eine hellblaue leinene Russenjacke und darüber einen Ledergürtel mit dem Schloß des BK.

Wir waren rund ein Dutzend Jungen in unserer Gruppe und trafen uns einmal in der Woche im alten Augustinerkloster bei unserem Gruppenleiter, einem Kandidaten des Predigerseminars, der uns manchmal eine ihn bewegende Stelle des Neuen Testamentes deutete, mit dem wir uns aber sonst über alles, was uns bewegte, unterhielten. Ein Kandidat wagte es im nächsten Jahr, Manfred Hausmanns »Lampioon küßt Mädchen und kleine Birken« mit uns zu lesen.

Erwachen

Er war es auch, der mir die »Buddenbrooks« lieh und empfahl. Obwohl Tante Lize das mißbilligend beobachtete, legte ich den Roman nicht mehr aus der Hand, bis ich ihn ausgelesen hatte. Auch die Papes lasen ihn.

Wie Sesemi Weichbrodt, so sagten auch wir »Sei glöcklich, gutes Kind!«, wenn wir uns an der Haustür verabschiedeten. Und manchmal waren uns wie bei Christian Buddenbrook die Nerven auf einer Seite zu kurz, zum Beispiel vor Klassenarbeiten. Wir lebten lange Zeit in Lübeck.

Ich besitze noch das Inselbändchen »Die Augen des ewigen Bruders« von Stefan Zweig mit meiner Eintragung vom Tage meines fünfzehnten Geburtstags. Die feierlich-raunende, altertümelnde Sprache berauschte mich, und die Legende aus dem alten Indien schien mir höchste Weisheit zu verkünden. Verliebt in den hochtrabenden Schwulst der Sprache, sah ich nicht, daß der aus jeder Zeile triefende Tiefsinn banaler Kitsch war.

Mit fünfzehn Jahren begann ich, ernsthaft zu lesen, wahllos und unersättlich. Die Karl-May-Bände, von denen ich Dutzende besaß, wurden weggelegt. Aus der Schülerbibliothek holte ich, was dort an moderner Literatur zu haben war, und in den Sommerferien, allein am Badestrand neben unserer alten Tongrube, las ich fast alle Schauspiele Shakespeares und Schillers, den »Werther«, »Götz«, »Tasso« und »Faust«. Und wenn ich abends nach Hause kam, war ich in einer anderen Welt.

Dann spielte ich auf dem Flügel bis spät in die Nacht. Was mich eigentlich bedrückte, darüber konnte ich mit niemand sprechen. Es suchte seinen Ausdruck, und die Musik war die elementarste Weise, diese Spannungen zu ertragen.

Soll ich Musiker werden?

Das war damals auch die Zeit, in der ich schwankte, ob ich nicht lieber Musiker statt Schriftsteller werden sollte. Ich komponierte Lieder nach Gedichten von Hölderlin, Klabund, Storm, Goethe und später auch von Nietzsche. Sie sind nie gedruckt und aufgeführt worden. Das Publikum ist zu beglückwünschen; es ist ihm viel erspart geblieben.

In den Morgenandachten der Schule am Sonnabend und Montag spielte ich die Begleitung zu den Kirchenliedern auf dem Harmonium. Und in Rotta, in der Dorfkirche neben meiner alten Volksschule, übte ich auf der alten, recht einfachen Orgel aus der Bach-Zeit, brauchte aber immer einen Dorfjungen, der die Bälge trat.

Gelegentlich überließ mir der junge Pfarrer Lasson auch die Orgelbegleitung bei Hochzeiten und Taufen. Er war ein guter Pianist, der mich manchmal einlud, mit ihm vierhändige Klaviermusik des 18. Jahrhunderts zu spielen. Sein Vater hatte die erste Hegel-Gesamtausgabe herausgegeben. Pfarrer Lasson ist im Krieg gefallen.

Er wußte nicht, daß ich mich nach dem Üben auf der Orgel einmal auf dem staubigen Dachboden der Kirche umsah, auf dessen dünne Bretter sich wohl seit Jahrhunderten niemand gewagt hatte. Dort fand ich im hintersten Gebälk den Rest eines gotischen Altars mit zwei holzgeschnitzten Figuren, die ich erst einmal nach Hause mitnahm und vom Staub befreite. Es waren zwei Evangelisten, der eine Johannes, der andere wohl Markus. Ich nahm sie in meiner Schultasche mit nach Wittenberg, zeigte sie Georg Kempff und im Lutherhaus Lic. Thulin, der sie auf die zweite Hälfte des 15. Jahrhunderts datierte. Man hatte sie

*Die gotischen Evangelisten aus der
Dorfkirche zu Rotta.*

anscheinend auf dem Kirchenboden abgelegt, als die Kirche im Jahre 1704 statt des altmodisch-gotischen einen ganz modernen Altar und ein Deckengemälde im Barock-Stil erhielt, einem ziemlich unbeholfenen freilich, dessen Naivität jedoch wiederum rühren kann.

Ich untersuchte die Kirche nun gründlich, kletterte auch in den Glockenstuhl und zeichnete die lateinische spätgotische Inschrift auf den Glocken ab, die ich zu Hause entzifferte. Darauf schrieb ich einen längeren Artikel über die Dorfkirche zu Rotta und die gotischen Evangelisten, der im *Wittenberger Tageblatt* erschien. Ich war stolz, obwohl Hippias einige kunsthistorische Thesen meines Aufsatzes als unhaltbar bezeichnete, was sie in der Tat auch waren. Und Pfarrer Lasson war zu Recht verärgert, daß er von dem Fund auf dem Dachboden seiner Kirche erst aus der Zeitung erfuhr. Er forderte nun die Figuren zurück, die ich eigentlich einem Museum übergeben wollte. Sie stehen heute in der Kirche zu Rotta auf einer kleinen Konsole neben dem Altar.

Die ersten Seiten

Damals war ich sechzehn Jahre alt. Es war meine erste Veröffentlichung.

Zu schreiben hatte ich freilich schon viel früher begonnen. Mit zwölf Jahren hatte ich auf den leeren Seiten eines alten Lateinheftes einen Vulkanausbruch auf Java und die sich daraus für Mensch und Tier ergebenden traurigen Umstände geschildert. In der Kurzgeschichte, die mit der Schilderung einer idyllischen friedlichen Landschaft auf einer Insel begann, wo die Menschen Ackerbau und Viehzucht betrieben, brach schon nach wenigen Absätzen der Vulkan aus: Es krachte, brannte, rauchte, und Flammen und glühende Aschewolken schossen in den Himmel, daß es nur so eine Art hatte. Die Menschen ließen Harken, Milchkannen, Wischtücher und was sie sonst in der Hand hatten, liegen und rannten davon; doch die Bedauernswerten wurden sämtlich von einer haushohen Flutwelle verschlungen, die von See her kam, auch die Kühe und Ziegen auf der Weide. Den wilden Tieren erging es nicht besser, denn der ganze Urwald begann zu brennen, und wohin sie sich wandten, sie liefen geradenwegs in die Flammen:

Elefanten, Tiger, Nashörner, Orang Utans, Wasserbüffel. Es war schrecklich.

Ein etwa zwölfjähriger Junge und seine Schwester, die sich in eine Höhle hatten flüchten können, sahen am nächsten Tage, daß sie die einzigen Bewohner der ganzen Insel waren. Alle anderen waren umgekommen. Der Junge begann alsbald unverzagt aus verkohlten Baumstämmen ein Haus zu bauen, während das Mädchen am Strand Kokosnüsse für das Essen sammelte.

Die Geschichte hätte noch lange fortgesetzt werden können, aber es waren keine leeren Seiten mehr im alten Lateinheft.

In meiner nächsten Geschichte, die ich ein Jahr später schrieb, schilderte ich eine Höhle, die sich Klaus Störtebeker in der Lüneburger Heide gebaut hatte. Sie war voll von Schätzen aus Gold und Silber; Edelsteine lagen überall umher, und von den Wänden leuchteten Petroleumlampen auf das Beutegut, das er von seinen Seeräubereien mitgebracht hatte. Doch die Geschichte brach dann ab, weil ich nicht wußte, was ich nun mit Klaus Störtebeker anfangen sollte.

Karl May war damals mein großes Vorbild, und mein Ehrgeiz war, im Laufe meines Lebens ein literarisches Œuvre zu schaffen, das dem seinen an Umfang und Gedankentiefe gleichkam.

Ich hatte nicht an einem bestimmten Tag und einer bestimmten Stunde beschlossen, Schriftsteller zu werden. Seit ich anfing über mein Leben nachzudenken, stand für mich fest, daß ich Geschichten erfinden und Bücher schreiben würde. Die Ansichten über Themen, Inhalt und Stil wechselten freilich, und es dauerte lange, bis ich fand, was ich suchte. Es war nur eine kurze Zeit gewesen, in der ich geschwankt hatte, ob ich nicht lieber Musiker werden sollte.

Eine Erschütterung wie nie zuvor erlebte ich mit sechzehn Jahren, als ich Nietzsches »Zarathustra« in die Hand bekam. Der feierlich-priesterhafte Stil, in der die Weise seine Weisheiten verkündete, ergriff mich. Es waren ja auch ganz andere Weisheiten, als ich sie bisher gewohnt war. Mit dem Hammer philosophierend zertrümmerte er gerade die Werte, auf die meine Welt erbaut war. Mitleid, Caritas, Fürsorge, Nächstenliebe, Glaube entlarvte er als raffinierte Mittel der Seele, sich selbst zu betrügen. Was sie als hochherzige Selbstlosigkeit hinzustellen beliebte, war nichts als ein nachträglicher rationaler Begründungsversuch für ihren Egoismus und ihre Sklavenmoral.

Ich war überwältigt von diesen Gedanken und sah die Welt nunmehr aus der Sicht der Herrenmoral, gewiß, daß ich als einziger den Umwerter aller Werte verstand. Ich war in einem Rausch. Und wenn ich die Freunde, Lehrer und anderen Menschen meiner Umgebung auch nicht für Untermenschen hielt, so doch als Wesen, die noch im tiefsten Irrtum lebten; sie auf die Höhe meiner Erkenntnis zu heben, würde, dessen war ich sicher, ein hoffnungsloser Versuch sein. Selbst Albrecht und Ulrich Pape wollten mir auf meine Höhe nicht folgen.

Auf einer Radfahrt im nächsten Jahr besuchte ich das Nietzsche-Archiv in Weimar. Frau Förster-Nietzsche war aber für mich nicht zu sprechen. Ich fuhr darauf in das Dorf Röcken bei Lützen, lehnte mein Fahrrad an die Wand der evangelischen Kirche und ging zu ihm selbst. Er liegt dicht an der Kirchenwand unter einer schlichten Steinplatte, auf der nur sein Name und die Lebensdaten geschrieben stehen. Ich sprach mit ihm über die schlimmen letzten Jahre im Hause seiner Schwester, wo er wie ein Kind behandelt und hochgestellten Gästen als Monstrum vorgezeigt worden war.

Hitler steht vor der Tür

Mein Vater war Patronatsherr der Kirche in Rotta; er wünschte daher, daß jeden Sonntag ein Mitglied unserer Familie zum Gottesdienst in der Kirche war. Da Nietzsche aber nun Christentum und Kirche ein für allemal als Sklavenreligion entlarvt hatte, erklärte ich meinem Vater, ich beabsichtige, nicht mehr zur Kirche zu gehen. Ich hätte mit der Kirche gebrochen. Es kam zu einer erregten Auseinandersetzung. Mein Vater holte aus, um mich zu schlagen. Doch ich blieb stehen, und er sah, daß das nicht mehr möglich war. Das war eine Zäsur in unserem Verhältnis. Ich blieb bei meiner Weigerung.

Seitdem ging ich aufrecht. Ich hatte keine Angst mehr. Von jenem Tag an hatte ich Mut und war furchtlos. Hier sollte ich wohl, obwohl der Zeit vorauseilend, einfügen, daß mein Vater im Jahr 1941, als er wieder in den Polizeidienst eingezogen und zum SS-Sturmbannführer ernannt wurde, aus der Kirche austrat, »weil ich«, schreibt er in unserem Hausbuch, »wohl zu Recht vermutete, daß man dies von mir erwartete. Eine Gewissensnot war für mich damit nicht verbunden.«

Meine ekstatische Begeisterung für Nietzsche hielt eine ganze Weile an, bis ich endlich das Pathos des »Zarathustra« nicht mehr hören konnte und bemerkte, wie oft es ins Lächerliche abrutschte.

Etwa um die Zeit, als ich mich weigerte, fortan zur Kirche zu gehen – das war im Jahr 1931 –, legte mir mein Vater die Lektüre von Hitlers Buch »Mein Kampf« nahe; aber ich gab ihm das Buch, ohne es ganz gelesen zu haben, zurück, weil Hitler in seiner Rassentheorie nicht einmal Rassen von Arten zu unterscheiden wisse; außerdem schreibe er ein miserables Deutsch. Diese Antwort in meiner neugewonnenen Überheblichkeit verbesserte das Verhältnis zu meinem Vater natürlich nicht.

Ich kaufte mir anstelle von Hitlers Buch in dem kommunistischen Parteibüro der Jüdenstraße als kleines rotes Heft das »Kommunistische Manifest«. Für kurze Zeit war ich glühender Marxist, und ich überredete auch die Zwillinge Albrecht und Ulrich zu meinem Glauben. Doch als das Büro uns bei einem anderen Besuch aufforderte, an einer Demonstration zugunsten der beiden zum Tode verurteilten Chicagoer Kommunisten Sacco und Vanzetti teilzunehmen, ließ unser Engagement nach.

Der einzige Nationalsozialist unter meinen Altersgenossen in Wittenberg war Kurt Langbein, der mit seinem Bruder bei Tante Lize in Pension war. Er war Mitglied der Hitler-Jugend und nahm an Versammlungen und Propaganda-Umzügen teil. »Kurt nur noch Nazi«, schrieb Tante Lize am 8. August 1931 in ihr Tagebuch. »Er wirbt für das morgige Volksbegehren zum Sturz der Regierung in Preußen.« Und am 23. Januar 1932: »Kurt Abend für Abend bei seinen Nazis, heute in Elster, erst spät zurück.«

Sie bedauerte es, aber wir anderen, auch sein Bruder Werner, nahmen Kurts Wirken in der Hitler-Jugend nicht ernst; wir hielten ihn nicht gerade für den Aufgewecktesten; bei Diskussionen fiel ihm nie etwas ein. Eine antisemitische Bemerkung habe ich übrigens von ihm nie gehört; vielleicht weil sie von Tante Lize nicht hingenommen worden wäre. Auch in der Schule habe ich keinen Antisemitismus bemerkt. Wir wußten, daß einige Mitschüler in der Oberstufe Juden waren; aber den einzigen Unterschied zu uns sahen wir darin, daß sie und die Katholiken an unserem Religionsunterricht nicht teilzunehmen brauchten, sondern dann Freistunden hatten.

Hippias sprach mit uns einmal über Luthers recht drastische antijüdische Bemerkungen; er erklärte uns, daß Luther sich nur gegen ihre mosaische Religion gewandt habe und den Juden vorgeworfen habe, sie seien elend und blind für die Heilswahrheit. Aber als Menschen und als Angehörige einer fremden Rasse habe er sie nie angegriffen und beschimpft. Der jüdische Schriftgelehrte Aurifaber, eigentlich Goldschmied, sei doch sein engster Mitarbeiter bei der Übersetzung des Alten Testaments gewesen. Mein Vater war Antisemit; er schreibt im Jahr 1950, also nach dem Ende des Zweiten Weltkrieges, in unserem Hausbuch über seine Jugendjahre:

Als ich in den Beruf getreten war (1901), standen mir als Postbeamtem täglich die Zeitungen aller politischen Richtungen zu Gebote. Während man es in den Tageszeitungen nur zwischen den Zeilen lesen konnte, brachten die periodisch erscheinenden »Deutschsozialen Blätter«, welche von den Vorsitzenden der antisemitischen Partei-Hospitanten der Konservativen – Liebermann von Sonnenberg und Rektor Ahlwardt – herausgegeben wurden, die interessantesten Enthüllungen in aller Offenheit. Ich las sie sehr gern und schreibe ihnen einen wesentlichen Einfluß auf meine politische und weltanschauliche Entwicklung zu. Vor allen Dingen zeigten sie die Machenschaften der Juden, des internationalen Kapitalismus, des Ultramontanismus usw. auf. In den Parlamentswahlen, zu denen ich bald wahlberechtigt wurde, wählte ich den am weitesten rechts stehenden Kandidaten, der Aussicht hatte gewählt zu werden.
Anfang der zwanziger Jahre gehörte ich eine Zeitlang dem Bund zur Pflege nordischer Kunst und Wissenschaft an. Als infolge Versagens der demokratischen Regierung große Teile der Arbeiterschaft sich von der Sozialdemokratie usw. abwandten und zur neugegründeten nationalsozialistischen Partei Hitlers hinüberschwenkten, traten auch meine Frau und ich Ende 1931 dieser Partei bei.

Mein Vater beschließt am 16. November 1950 die Eintragungen über seine politische Einstellung mit den Worten:

Wir hoffen auf die Wiederkehr des Nationalsozialismus, der unter den jetzigen Umständen allerdings viel radikaler ausfallen wird, als Hitler und auch wir es uns jemals gewünscht haben.

Später mögen ihm wohl einige Zweifel gekommen sein, im Grunde aber blieb er bei dieser Ansicht bis zu seinem Tod im 94. Lebensjahr; denn er wollte sich, selbst im hohen Alter, nicht eingestehen, daß alles, woran er geglaubt hatte, falsch und mit Recht gescheitert war.

Seit der Auseinandersetzung mit meinem Vater, als ich mich geweigert hatte, fortan zur Kirche zu gehen, war ich selbstbewußter geworden. Ich war jetzt auch meiner Mutter eine Stütze. Da traf uns die Katastrophe.

Die Katastrophe

»Vater hat geweint«, sagte meine Mutter.

»Wie? Was?« fragte ich. »Vater geweint?«

»Vater hat geweint?« fragte meine Schwester Ingrid ungläubig.

Er war und blieb in seinem Arbeitszimmer. Wir sahen ihn den ganzen Tag nicht.

»Die Ziegelei wird in vierzehn Tagen versteigert«, sagte unsere Mutter.

»Und dann?«

»Das Haus wird auch versteigert. Alles.«

»Auch der Flügel?« fragte ich.

»Ja. Auch der Flügel.«

»Was machen wir dann?«

»Wir müssen hier raus.«

»Wohin?« fragte Ingrid.

Meine Mutter zog die Schultern hoch und ließ sie fallen. Bisher war sie gefaßt gewesen, jetzt kamen ihr die Tränen.

»Vielleicht«, sagte sie, »werden wir uns trennen müssen.« Ingrid und ich verstanden es nicht. Wir fragten, was sie damit meine, aber sie gab uns keine Antwort. »Und die Schule?« fragte ich.

»Wir haben dann gar kein Geld mehr.«

»Aber er war doch Polizeihauptmann. Er kriegt doch Pension.«

Mutter schüttelte den Kopf.

»Er hat sie, soweit wie möglich, verpfändet und das Geld in die Ziegelei gesteckt. Was ihm bleibt, reicht nicht für uns alle.«

Wir wußten nicht weiter. Mutter auch nicht.

Berlin

Die Reichshauptstadt

Es war ein unfreundlicher Märztag. Es nieselte. Ingrid und ich stiegen auf dem Anhalter Bahnhof aus, gingen nach vorn zum Gepäckwagen, holten unsere Fahrräder heraus und trugen sie die Treppe hinab zum Eingang. Wir schnallten unsere Schultaschen auf den Gepäckträger. Ich sah mir auf der Berlin-Karte noch einmal den Weg genau an. Ingrid fürchtete sich vor dem Großstadtverkehr. Sie war damals zwölf Jahre alt, ich war schon siebzehn. Sie sollte einfach hinter mir herfahren. Es ging.

Das Haus in der Klopstockstraße 1 hatte einen großartigen Eingang mit viel Marmor und vielen hohen Spiegeln. Der Läufer auf der Marmortreppe war allerdings schon ziemlich abgewetzt. Wir ließen die Fahrräder im Flur und schlossen sie an das Treppengeländer an. Im dritten Stock klingelten wir. Eine alte Dame öffnete und rief nach unserem Vater. Er gab uns die Hand, begrüßte uns und stellte uns der Wirtin, Fräulein Walther, vor. Dann führte er uns in das Zimmer. Es war groß. Wie eben das reiche Bürgertum vor der Jahrhundertwende in Berlin gewohnt hatte.

Im Zimmer standen zwei Betten und eine Chaiselongue, auf der Ingrid schlafen sollte.

Vater ging in die Küche. Er brachte eine Terrine Erbssuppe mit Würstchen. Er hatte gekocht, und wir hatten Hunger.

Mutter und unser Bruder Dieter, der damals acht Jahre alt war, hatten uns in Reuden zur Bahn gebracht. Sie kamen nicht mit. Sie standen auf dem Bahnsteig und winkten, als der Zug abfuhr. Wir konnten sie durch unsere Tränen nur verschwommen sehen. Sie wollten nach Bralitz zu Großmutter Dornbusch ziehen. Meine Mutter und mein Vater hatten sich getrennt. Ingrid und ich sollten beim Vater bleiben.

Er hatte Schulgeldbefreiung in einem Gymnasium und einem Lyzeum für uns beantragt. Er wollte auch in Zukunft für uns kochen, sagte er. Er habe jetzt einhundertachtzig Mark Pension im Monat. Das sei das Existenzminimum, und das könne man nicht weiter pfänden. Wenn er aber, was bei sechs Millionen Arbeitslosen ziemlich aussichtslos sei, Arbeit fände, werde der Lohn gleich gepfändet, denn er habe aus dem Konkurs noch 80 000 Mark Schulden.

Er trug sein Los ohne Klage. Ingrid und ich gaben uns Mühe, es ihm zu erleichtern.

Die Rotte Korah

Ich war der Neue aus der Provinz, und um mich stand die Rotte Korah. Sie sprachen doppelt so schnell wie ich, und alles, was sie sagten, war witzig. Sie wußten alles und waren gern bereit, von ihrem Wissen mitzuteilen. Sie machten sich keine Gedanken über den Einfluß der Pubertät auf die Entwicklung ihrer Persönlichkeit. Dafür aber wußten sie hochinteressante Sachen, zum Beispiel, was man alles mit den Mädchen anfängt – und sie mit unsereinem. Sie erzählten kaum glaubliche Geschichten von Primanerinnen im Privatlyzeum »De Mugica«, dort schräg über der Straße; alles weit übertrieben, aber vor dem Neuen aus der Provinz spielten sie sich auf. Was alles in einer Großstadt wie Berlin möglich war! Woher kommste? Wittenberg? Nie jehört.

Es war eine harte Gesellschaft. Gefühle zeigte man nicht. Sentimentale Neigungen und sonstige schwache Stellen bei einem Mitschüler wurden schnell aufgespürt. Man sprach todernst und liebevoll mit ihm, bis er schließlich merkte, daß sie ihn nur zum besten hielten. Manchmal ging man dabei auch zu weit. Aber wer sich durch einen Witz verletzt fühlte, über den alle in der Klasse gelacht hatten, der sollte mitlachen. Die Klasse war nicht hart oder gefühllos, im Grunde waren die neuen Mitschüler sogar warmherzig, ja weich und hilfsbereit; sie konnten nur niemand ertragen, der sich wichtig nahm. Das mußten sie ihm, auch wenn er gar nicht dazu neigte, als erstes klarmachen.

»Nur wer geschunden wird, wird erzogen«, ist das Motto des ersten Teils von »Dichtung und Wahrheit«. In griechisch natürlich.

Ich habe nie soviel gelacht wie in den beiden letzten Jahren im Luisen-Gymnasium zu Berlin. Der Witz in Berlin ist schnell, absolut respektlos und gut. Der Neue aus der Provinz mußte ihn lernen, um Gehör zu finden. Tod, Tragik und Tränen waren nicht erlaubt.

Das Luisen-Gymnasium hatte einen humanistischen Zweig, aber eine Eliteschule war es nicht. Man lernte, um das Abitur zu bestehen. Die Schule war in Moabit, gleich neben dem Kriminalgericht. Ein politisch unruhiges Viertel, in dem Kommunisten und Nationalsozialisten sich häufig schlugen und umbrachten.

Einen Kommunisten hatten wir nicht in unserer Klasse, nur einen SA-Mann: Hans Ottow. Seine Familie kam aus dem Baltikum, der Vater war Gynäkologe an der Charité, überzeugter Nationalsozialist. Hans Ottow und ich hatten denselben Schulweg. Hansi war ruhig, besonnen, beliebt. Er meinte, die Zahl der Kommunisten werde wachsen, wenn die Regierung weiterhin ohne Reichstag, nur mit Notverordnungen regiere, die Wirtschaft stagniere und die sechs Millionen Arbeitslosen keine Arbeit bekämen. Dann übernähme Rotfront die Macht.

»Wenn wir nicht wären! Du siehst sie doch jeden Tag, wenn sie hier auf ihrem Lastwagen grölend die Turmstraße rauf und runter fahren. Und die ständigen Überfälle hier im Wedding und in Neukölln! Hitler ist der einzige, der Ordnung schaffen und den Staat wieder auf die Beine stellen kann. Du wirst sehen.«

Wir diskutierten, aber wir stritten uns nie ernsthaft. Aber alle sagen doch, Hitler will den Krieg?

»Quatsch!« sagte Hans Ottow.

Hinter mir saß Günther Sommerfeld. Sein Gesicht, seine Haut überhaupt, war gelblich. Zwei Finger über den dichten Augenbrauen wuchs ihm schon das schwarze Haar. Er war ganz behaart, selbst seine Handrücken. Es kam ihm aus der Nase und den Ohren. Er war lang, dünn, steif und ungelenk. Vom Sport war er befreit. Er sah aus, als falle er um, wenn man ihn nur anblies. Er war scheu, lachte nie, konnte sich nur schwer verständlich machen und schaffte das Pensum bloß mit Ächzen.

Ich besuchte ihn einmal, um ihm bei einem Hausaufsatz zu helfen. Es war eine große, hochherrschaftliche Wohnung in einer Seitenstraße der Flensburger Straße, aber dunkel wie eine Höhle. Er ließ sich zwar helfen, aber er war einsilbig. Ich bekam keinen Kontakt zu ihm, den anderen aus der Klasse ging es ebenso. Er war immer allein und wollte immer allein sein. Zum Autistischen neigend, wäre heute wohl die Diagnose. Er tat allen ein bißchen leid, auch den Lehrern, weil ihm nicht zu helfen war. Sonst hätte er es auch kaum bis zur Oberprima geschafft.

Im Abitur fiel er dann durch. Er wäre aber auch durchgefallen, wenn er kontaktbegabt und sehr intelligent gewesen wäre; denn als das Examen stattfand, war Hitler schon über ein Jahr an der Macht, und die Sommerfelds waren streng orthodoxe Juden. Sie wanderten bald aus.

Reinhold Pfeil war neu, am selben Tag wie ich zum Luisen-Gymnasium gekommen. Wir sahen ihn schon in der Pause. Er war groß und massiv. Graues Haar. Brille.

Die Klasse beschloß, ihn gebührend zu empfangen, um zu sehen, wieweit man mit ihm gehen könne. Der Kartenständer wurde mit Mantel, Hut und Schal dekoriert und hochgestellt. Ein Bindfaden um den Hals, der an einem Nagel befestigt war. Ein Gehenkter. Ein Happening, würde man heute sagen. Nicht gerade geschmackvoll als Willkommensgruß.

Pfeil trat ein, streifte das Gebilde mit einem Blick. »Ich wollte eigentlich in die Unterprima«, sagte er. »Aber das ist wohl die Sexta.«

»Nein«, rief Burckhard, »Sie sind schon richtig.«

Er kam zweifelnd herein. An die Wandtafel hatte Burckhard eine Karikatur von ihm gemalt. Pfeil ließ sie stehen und schrieb oben, wo noch Platz war, seinen Namen. Unleserlich.

»Ich zeichne ›Pfeil‹«, sagte er. »Sie werden bald merken, daß ich gemein bin und daß es bei mir Vieren und Fünfen hagelt. Wir schreiben jede Woche eine kleine Klassenarbeit, abwechselnd in Geographie und Geschichte.« Die Klasse stöhnte, aber er fuhr ohne Unterbrechung fort: »Auf losen Blättern. Oben links steht Ihr Name, rechts das Datum. Tag und Jahr in arabischen, der Monat in römischen Ziffern. Natürlich jeweils durch Punkte getrennt.

Unter Ihren Text schreiben Sie: Inhalt Doppelpunkt, Ausdruck Doppelpunkt, Fehler Doppelpunkt, Schrift Doppelpunkt. Darunter: Gesamturteil Doppelpunkt.«

Die Klasse stöhnte laut und hingebungsvoll. Es war demütigend! In der Prima noch Noten für Handschrift! Er schien schwieriger zu sein, als wir vermutet hatten.

Wir schrieben nach dieser Einführung gleich eine Arbeit auf Seiten, die wir aus einem Heft herausrissen. Namen oben links, Datum rechts, und zum Schluß Inhalt, Ausdruck, Fehler, Schrift, Gesamturteil, jeweils mit Doppelpunkt.

Das Thema sollte das Verhältnis des einzelnen zur Gesellschaft behandeln. Jeder konnte sich einen Blickpunkt wählen. Die meisten schrieben über den einzelnen als Führer, als Glied oder als Produkt der Gesellschaft. Ich schrieb über den einzelnen als Gegner der Gesellschaft und dachte dabei an Männer, die im Widerstand gegen die Gesellschaft Größe gewonnen hatten.

Pfeil sah mich prüfend und nachdenklich über seine Brille an, als er an meiner Bank vorbeiging und die Überschrift gelesen hatte.

Er hielt, was er uns in der ersten Stunde verkündet hatte. Es galt schon als Fehler, wenn wir hinter die Jahreszahl keinen Punkt gesetzt hatten! Er hat uns zwei Jahre lang geschunden, aber wir hätten ihn gegen keinen anderen eingetauscht. Er war der populärste, was wir ihn aber nicht merken ließen. Es hagelte in der Tat bei ihm Vieren und Fünfen, aber im Abitur schonte er uns, die Schwachen wie Sommerfeld besonders.

Ein eigenes Zimmer

Wir zogen im ersten Berliner Jahr dreimal um, immer in möblierte Zimmer, immer im Hansa-Viertel am Tiergarten. Gewöhnlich kochte der Vater; manchmal aßen wir in der Volksküche der evangelischen Gemeinde. Mein Vater arbeitete dort ehrenamtlich mit und wurde, da er sich zu den »Deutschen Christen« bekannte, nach Hitlers Machtantritt Kirchenältester. Er arbeitete ferner ehrenamtlich in nationalsozialistischen Organisationen, zuerst im Arbeitsdienst, dann bei der Deutschen Arbeitsfront. Dort leitete er das Büro für die Postverteilung. Dafür erhielt er ein monatliches Taschengeld, erst von fünfzig, dann von hundert Mark, und als er sich einige Jahre danach mit seinen Gläubigern verglichen hatte, wohl auch mehr. Warum er, obwohl »Alter Kämpfer«, keinen höheren Posten erhielt, weiß ich nicht.

Nach einem Jahr versöhnte er sich mit meiner Mutter. Wir zogen wieder zusammen, und zwar in eine Zweieinhalbzimmer-Wohnung. Mir wurde das halbe Zimmer zugesprochen, in dem ein Bett, ein kleiner Tisch und ein Stuhl Platz hatten. Dort war ich ungestört, konnte dichten und lesen.

Das Ende der zwanziger Jahre

Die wilden zwanziger Jahre waren, als ich im März 1932 nach Berlin übersiedelte, noch nicht vorbei; neun Monate lang erlebte ich sie noch. Sie endeten am 30. Januar 1933. Max Reinhardt führte noch Regie im Deutschen Theater.

Der Stehplatz im obersten Rang kostete eine Mark, und man konnte immerhin etwa zwei Drittel der Bühne einsehen. Seine Aufführung des »Prinzen von Homburg« mit Friedrich Kayssler, Helene Thimig, Paul Wegener habe ich dreimal gesehen. Grete Mosheim und Oskar Homolka in »Pygmalion« im Theater am Schiffbauerdamm. Ins Romanische Café kamen noch die Schriftsteller, die »Asphaltliteraten«, die damals von sich reden machten. Sie saßen bei gutem Wetter auf der Terrasse.

Im Kronprinzenpalais hing Klees »Zwitschermaschine«; von Lovis Corinth das große »Ecce Homo« und einige Walchensee-Landschaften; Slevogt, Beckmann, Berlin-Bilder von Lesser Ury; wuchtige van-Goghs gleich neben dem Eingang. An Plastiken: Bellings »Dreiklang« aus Messing, von Kolbe die »Tänzerin«.

Das Alte Museum, das Kaiser-Friedrich-Museum und die Nationalgalerie mit dem ganzen 19. Jahrhundert von Caspar David Friedrich bis Hans von Marées und Max Liebermann. Im Eingang stand, schlecht beleuchtet, August Gauls »Menschenaffe« aus Granit oder Basalt, sein letztes Werk, monumental, beunruhigend, dämonisch, das unerlöste Tier, das mich später zu meiner Dissertation über das »Tier- und Menschenbild in der modernen Kunst« anregte.

Die ägyptische Kunst faszinierte mich so, daß ich den Altmeister der Ägyptologen, Heinrich Schäfer, im Ägyptischen Museum aufsuchte und ihn fragte, wie man Ägyptologe werden könne. Er riet davon ab, die nationale, wirtschaftliche und internationale Lage seien zu unsicher. Ich schrieb dann eine freiwillige Abitur-Arbeit über Tierdarstellungen in der ägyptischen Monumental- und Kleinplastik und illustrierte sie mit Federzeichnungen der besprochenen Plastiken.

Die Staatsoper! Ein Klassenkamerad führte mich bei Herrn Kunze ein. Herr Kunze war Leiter der Komparserie. Wir waren dann mindestens einmal in der Woche als Statisten auf der Bühne. Mit der Zeit rückte ich in die Klasse der zuverlässigen Statisten auf, mußte in

»Rienzi« Trompete blasend über die Bühne schreiten, das Instrument natürlich gleichzeitig mit dem Trompeter im Orchester ansetzen. In »Salome« stand ich zwei Stunden lang grimmig und in schwerer, schwarzer Rüstung unter heißen Scheinwerfern als Wächter am Portal. Zur Erstaufführung der »Arabella« fertigte man für ein halbes Dutzend von uns, auch für mich, Fräcke nach Maß an.

Die Proben der Neuinszenierungen fanden meist am Vormittag statt; dann gingen wir eben nicht zur Schule. Die Gage erreichte bei »Arabella« die unerhörte Höhe von zehn Reichsmark. In den »Meistersingern« waren wir dagegen an die hundert »Wimmler« auf der Festwiese für eine Mark.

Doch die Gage war uns nicht wichtig; denn wir konnten ja die schönsten Aufführungen mit den größten Sängern jener Zeit auf der Bühne oder durch die Kulissen sehen und hören. Pfitzner dirigierte seinen »Palestrina«. Emil von Reznicek seine »Donna Diana« mit der schmissigen Ouvertüre. Besonders gerne war ich Statist in Verdi-Opern, die meistens Leo Blech dirigierte.

Ein Jahr lang nahm ich, auch mit einem Freund aus meiner Klasse, einmal in der Woche an Professor Leyhausens Sprechchor in der Universität teil. Geprobt wurden die Chöre der »Perser«. Uns wurde eine Reise nach Athen und eine Aufführung im Dionysos-Theater in Aussicht gestellt. Doch als die Chöre perfekt sprechen und sich bewegen gelernt hatten, fielen Reise und Aufführung ins Wasser.

Natürlich las ich die »Asphaltliteratur« – Thomas Mann, Döblin, Stefan Zweig, Wassermann, Renn, Bronnen, Werfel –, kurz, die Autoren, die in Berlin im Gespräch waren. Ich holte sie mir aus einer Leihbücherei.

Aber am stärksten wirkten nächst Thomas Mann auf mich Dostojewski, Tolstoi, Knut Hamsun, Stendhal, Fontane – zu deren Romanen ich auch heute noch immer am liebsten greife.

Ich dichtete, und ab und zu erschien auch ein Gedicht in der Zeitung *Der Tag*, später auch in der *Berliner Börsenzeitung* oder der *Deutschen Allgemeinen Zeitung*. In den Gedichten war von Sternen, der Uhr und Zeit oder Musik, zum Beispiel einer Trauerfuge, die Rede. Aus gegebenen Anlässen schrieb ich auch Liebesgedichte, nur für mich. Der Öffentlichkeit enthielt ich sie aus guten Gründen vor.

Doch einige von ihnen sowie ein paar von allgemeineren Themen

Als Landsknecht in der Staatsoper Berlin.

sandte ich an Stefan Zweig, in dem ich damals einen bedeutenden Autor sah, und bat ihn, mir zu sagen, was er von den Gedichten halte. Er antwortete mir aus seinem Haus am Kapuzinerberg zu Salzburg in einem überaus freundlichen und ermutigenden Brief, in den er auch Weisheiten einfließen ließ, die mir damals so bedenkenswert erschienen, daß ich eine in der Randnotiz zu seinem schon erwähnten Insel-Buch »Die Augen des ewigen Bruders« festhielt. Sie lautet: »Es ist die einzige und edelste Flucht aus der Zeit, sie durch Schaffen zu überwinden.«

Das ist alles, was von dem Text seines Briefes noch erhalten ist. Ich habe ihn in seiner schönen, wohlgestalteten und wohlproportionierten Handschrift noch immer vor Augen. Er war die erste Anerkennung durch einen Mann, der für mich damals eine Autorität war. Der Brief ist im Krieg mit anderen handschriftlichen Briefen, die ich während meiner Studentenzeit von Alfred Kubin, Ernst Jünger und Ernst Barlach erhalten hatte, verbrannt.

Holland und Kaiser Wilhelm

Ich wohnte eine Woche in einer Arbeiterfamilie. Werner Niepmann, Schüler wie ich, kam aus Bocholt. Wir hatten uns auf der Landstraße getroffen, als wir beide mit dem Fahrrad auf dem Weg nach Holland waren. Ich wollte mir das Rijksmuseum in Amsterdam und das Mauritshuis in Den Haag ansehen. Er war in den Sommerferien von entfernten Verwandten in Den Haag eingeladen und brachte mich gleich mit. Ich wurde wie selbstverständlich aufgenommen. Die Hausfrau brachte uns ständig etwas zu essen.

In der Familie waren zwei Söhne, Anfang Zwanzig, Sozialdemokraten, politisch sehr wach, und wir diskutierten jeden Abend. Sie sahen, wie auch ich, mit Sorge das Anwachsen des Nationalsozialismus. Wir fürchteten den Bürgerkrieg. Gerade in jenen Sommertagen fand in einer Straße im Wedding, nicht weit von unserer Schule, eine Straßenschlacht zwischen Rotfront-Anhängern und der SA statt. Es gab über dreißig Tote.

Nach acht Tagen schied ich von den Söhnen als Freunden.

Ich sah das Mauritshuis mit den herrlichen Vermeers, dann in Amsterdam das Rijksmuseum mit den Rembrandts. Ich schlief in Jugendherbergen und ernährte mich von Butterbroten, Wurst und gekochten Eiern.

In der kleinen Stadt Doorn übernachtete eine Jugendgruppe des monarchistischen deutschen Kyffhäuserbunds. Sie sollten am nächsten Vormittag von Kaiser Wilhelm II. empfangen werden, der dort in einem kleinen Wasserschloß im Exil lebte. Ich wollte mich ihnen anschließen, aber sie wollten nichts davon wissen. Sie seien doch von Seiner Majestät eingeladen, ich aber nicht.

Doch als sie am Tor des Schloßparks von dem Hofmarschall empfangen wurden, stellte ich mich dazu, räumte ein, daß ich keine
Einladung erhalten habe, aber doch den ganzen Weg von Berlin mit
dem Fahrrad gekommen sei, nur um Seine Majestät zu sehen. Der
Hofmarschall war ein guter Mensch. Er ließ mich ein, was die Jungens
vom Kyffhäuserbund verstimmte; denn nur sie waren eingeladen. Wir
warteten im Park, nicht weit von der Brücke, die über den kleinen
Schloßgraben führte. Ich holte mein Skizzenheft heraus und zeichnete
das Schloß.

Der Kaiser kam mit zwei Begleitern schnellen Schritts aus einer
anderen Ecke des Parks. Er habe, sagte der Hofmarschall, dort, wie
jeden Morgen, zur Körperertüchtigung Holz gehackt. Daß er das tat,
war damals jedem bekannt: Bei kommunistischen Demonstrationen
fehlte selten ein Wagen, auf dem der frühere Kaiser beim Holzhacken
dargestellt wurde.

Er war sportlich angezogen: Breeches und Tweedjacke, ging zuerst
auf die Schloßbrücke. Ein Diener kam aus dem Portal des Schlosses und
hielt ihm eine große Silberplatte hin, von der er Brotstückchen nahm
und sie den Enten im Schloßgraben zuwarf. Dann kam er zu uns mit
festem Schritt. Seine verkrüppelte linke Hand hielt er zwischen den
Brustknöpfen der Jacke. Er trug einen weißen Spitzbart.

Er war damals, im Juli 1932, 73 Jahre alt. Ich hatte in unserer
Schülerbibliothek eine Sammlung seiner Marginalien zu Berichten und
Briefen gelesen. Ihre großspurige, rechthaberische und oft dumme
Kritik stießen mich ab. Für mich war er dennoch eine historische
Persönlichkeit, die allerdings durch ihr unstetes, bramarbasierendes,
unberechenbares Wesen dem Reich großen Schaden zugefügt hatte.
Sehen wollte ich ihn trotzdem.

Wir waren auf Befehl des Hofmarschalls angetreten. Mich stellten
die Kyffhäuser ans Ende, denn ich war ja nicht eingeladen wie sie. Er
begrüßte jeden mit Handschlag und stellte die bei solchen Gelegenheiten üblichen Fragen. Bei mir fing er an.

Er fragte, was ich später einmal werden wolle.

Schriftsteller natürlich; aber das wagte ich nicht zu sagen. Denn das
war doch kein Beruf.

»Ich möchte Römische Geschichte studieren«, antwortete ich. »Römische Geschichte?« fragte er zweifelnd, sah mich dann mit dem

blitzenden Hohenzollernblick an, wie er ihn wohl von der Meininger Hofschauspieltruppe gelernt haben mochte, und sagte stramm: »Die deutschen Kaiser nicht vergessen!«

Ein Wort fürs Leben – so war es wohl gemeint –, das ich aber nicht mit dem gebotenen Ernst beachtet habe.

Es bereitet mir auch heute noch keine Schwierigkeiten, die Daten etwa für den Tod des Sokrates, die Schlacht von Salamis oder am Trasimenischen See oder für den Tod des Tiberius zu nennen; aber als Hubert Schrade uns im Kunsthistorischen Seminar in Heidelberg unvermutet fragte, welcher deutsche Kaiser im Jahre 1000 regiert habe, wußte keiner die richtige Antwort. Wir holten deutsche Kaisergeschichte mit roten Ohren nach.

In Doorn: Ein Diener kam und gab jedem von uns einen großen braunen Briefumschlag mit der Autobiographie des letzten Kaisers, seinem Bild und Autogramm, das immer noch die Schnörkel IR – Imperator Rex – enthielt. Das Autogramm war gestempelt. In der Tüte fand ich ferner eine Schrift Hindenburgs, der behauptete, der Kaiser sei keineswegs im November 1918 geflohen, und dann einige Sonderdrukke: Eine Predigt des Kaisers, wie er sie bei seinen Sonntagsgottesdiensten in der Schloßkapelle zu halten pflegte, und schließlich einen Vortrag, den er über Hammurapi, den großen altbabylonischen Herrscher und Gesetzgeber, gehalten hatte.

Somit reich beschenkt, wurden wir nun in seinen Rosengarten entlassen. Die Kyffhäuser-Jugend ging für sich und wollte nichts mehr von mir sehen.

Ich kehrte zur Jugendherberge zurück, schrieb in mein Tage- und Skizzenbuch, wie sich alles zugetragen hatte, und schnallte den Rucksack auf das Fahrrad.

Kloppen

Von Arnhem fuhr ich nach Süden und wieder über die Grenze nach Deutschland. Ich hatte das Fahrrad in den Straßengraben gelegt, saß auf der Böschung, schnitt mit dem Taschenmesser beachtliche Stücke von dem Edamer Käse und aß sie zu einer dicken Scheibe Brot.

Da kam einer auf einem alten Fahrrad. Auf dem Gepäckträger lag ein

Karton, mit Bindfaden verschnürt. Er mochte zwanzig Jahre alt sein. Unrasiert. Er legte sein Fahrrad neben meins in den Straßengraben und setzte sich zu mir. Er roch nach Schweiß, hatte sich wohl lange nicht richtig gewaschen.

Ich frage ihn, ob er etwas abhaben wollte.

Er wollte.

Er griff zu, vor allem nach dem Edamer. Nach einer Weile fragte er: »War das alles? Viel war es nicht.«

»Für einen hätte es gereicht.«

»Stimmt«, antwortete er. »Dann holen wir uns noch was. Wir gehn kloppen.«

»Kloppen?« fragte ich. »Was ist kloppen?«

»Kloppen ist eine Kunst. Du wirst sehen. Los!«

Der Bauernhof stand an die hundert Meter von der Landstraße entfernt mitten im Feld.

»Die Fahrräder lassen wir hier«, sagte er. »Es sieht besser aus, wenn wir zu Fuß kommen.«

Wir stellten sie an einen Baum, und ich schloß meins ab. Als wir an der Haustür waren, sagte er: »Du mußt jetzt kloppen, und ich rede.«

Ich klopfte. Eine Bauersfrau kam heraus. Sie sah uns mißtrauisch an.

»Zwei Wanderburschen«, sagte der andere, »auf dem Weg nach Basel. Tischlergesellen. In Arnhem haben sie uns das Geld und die Papiere geklaut. Ob Sie vielleicht für uns etwas zu essen haben. Eine Suppe vielleicht? Oder ein Wurstbrot?«

Er übersah mit schnellem Blick den Flur, ging etwas zur Seite, um auch einen Blick in ein Zimmer werfen zu können. Die Bauersfrau prüfte uns, zuletzt wurde ihr Blick etwas weicher. Sie sagte nichts, kehrte ins Haus zurück, machte die Tür zu und schloß sie hinter sich ab.

»Und jetzt?« fragte ich.

»Abwarten«, sagte der andere. Er hieß übrigens Karl.

Wir warteten lange, und ich wollte schon gehen. Da hörten wir sie zur Tür kommen, sie schloß die Tür wieder auf. Sie hatte für jeden zwei große Schmalzbrote in der Hand, dick mit Schinken belegt.

Ich nahm und bedankte mich.

»Gott vergelt's!« sagte Karl.

Die Frau sah uns an, freundlicher als zu Anfang; sie lächelte sogar.

»Ein Sohn von uns ist auch unterwegs«, sagte sie.

Wir aßen wieder im Straßengraben.

»Du bist Tischlergeselle?«

»Ach was«, antwortete er, »arbeitslos.«

»Und was willst du in Basel?«

»Habe ich doch nur so gesagt. Ich weiß noch nicht, wo ich hingehe. Vielleicht ins Elsaß. Das ist nicht schlecht. Mal sehen. Ich habe ja Zeit.«

Er erzählte, in welchen Ländern er schon gewesen war; aber das meiste war wohl fantasiert.

Vor München-Gladbach – so schrieb es sich damals – gingen wir noch mal »kloppen«. In einem Bauernhaus öffnete ein Mann die Tür. Als er uns sah, machte er sie gleich wieder zu und drehte den Schlüssel zweimal um, bevor Karl seinen Spruch von uns beiden Tischlergesellen sagen konnte. Karl lachte, und als wir gingen, pinkelte er ans Hoftor, um zu zeigen, was er von dem Bauern hielt.

In München-Gladbach wollte ich zur Jugendherberge fahren. »Du bist verrückt«, sagte Karl. »Das kostet doch Geld.«

»Eine Mark«, sagte ich.

»Na also! Wir gehen ins Obdachlosenasyl. Das ist hier ebensogut wie deine Jugendherberge und kostet nichts. Außerdem gibt's da Abendbrot. Höchstens, daß wir morgen früh noch den Schlafsaal fegen müssen.«

Ich ging mit ihm. Wir stellten die Fahrräder im Hof ab, gaben unsere Pässe beim Hausvater ab, belegten ein Bett, schlossen unsere Sachen in einen Blechschrank und sahen uns die Stadt an. Es war aber nicht viel.

Als wir in das Asyl zurückkehrten, wurde es dunkel. Jeder bekam von der Hausmutter einen Napf Linsensuppe, die wir an einem Holztisch im Schlafsaal aßen. Langsam füllte er sich. Es waren auch ein paar unrasierte und recht unappetitliche Typen darunter. Damals waren Zehntausende »unterwegs«.

Am nächsten Morgen trennten wir uns. Ich wollte nach Köln, Karl wollte mal sehen, was es in Aachen gab. Wir brauchten den Schlafsaal nicht auszufegen.

Danach schlief ich in Jugendherbergen. Allein ging ich nicht mehr »kloppen«.

Karl war ein Landstreicher, ein Schlawiner. Er nahm nichts ernst. Er spielte die Demut ja nur. Er lachte über die Leute, die ihm wütend die

Tür wiesen ebenso wie über die Gutmütigen, die seine Fabeleien glaubten und ihm Essen gaben oder ihn gar in ihre Wohnung ließen, so daß er mit schnellem Griff etwas einstecken konnte.

Betteln war für mich zu schwer; Bettler dürfen nicht stolz sein. Und dennoch war ich auch wieder froh, es gewagt, es einmal mit Karls Hilfe versucht und, wenn auch nur kurz, zu den bettelnden Landstreichern gehört zu haben; zu wissen, wie es ist, wenn man Menschenwürde und Scham an den Nagel gehängt hat und nun nackt und in vorgetäuschter Demutshaltung die Hand ausstreckt und scheinbar unterwürfig weggeht, wenn man abgewiesen wurde. Meine Neugierde. Ich wollte alles wissen.

Ich hatte kein Zuhause, das mir Halt gab. Ich schwankte zwischen dem, was ich in Wittenberg gelernt und gelebt hatte, und der Permissivität, dem Zynismus und der Scham- und Bedenkenlosigkeit der Berliner Welt, der neuen, anderen Welt: Versuchungen, die ich als solche gar nicht erkannte. Ich empfand sie vielmehr als eine neue Freiheit.

Die amüsante Brutalität

Der oft berufene Geist der zwanziger Jahre Berlins lebte noch immer, aber er wehte nicht mehr so wild daher wie früher. Man hörte schon ein Rumoren in der Tiefe, und es wurde schnell lauter und drohender.

Im Tiergarten- und Hansa-Viertel, in dem wir wohnten, wurden immer mehr Wohnungen leer. Hier lebten viele Juden, und SA-Kolonnen marschierten deshalb besonders gerne des Abends im Gleichschritt durch die Straßen, daß die Marschstiefel auf den Asphalt knallten, und sangen:

> Ja, wenn das Judenblut vom Messer spritzt,
> Ja, dann geht's noch mal so gut.

Sie wollten Gruseln und Angst verbreiten, und sie hatten ihren unheimlichen Spaß daran, sich hier als die Wilden aufzuspielen und die Juden, aber nicht nur sie, sondern die Bürger überhaupt zu erschrekken. Sie fühlten sich groß und gewaltig als Bürger- und Judenschreck, und es war ihnen recht, wenn viele Juden lieber das Land verließen, als sich Abend für Abend diese blutrünstigen Lieder anzuhören. Sie sollten nur auswandern. Aber einen Massenmord an ihnen konnten auch sie sich nicht vorstellen. Die meisten SA-Marschierer haben vermutlich die Strophe als einen grotesk-makabren Text verstanden.

Die zunehmende politische Brutalität war aber nicht harmlos. Als fünf SA-Männer in dem oberschlesischen Dorf Potempa einen kommunistischen Arbeiter in bestialischer Weise zu Tode getrampelt hatten und als sie daraufhin aufgrund der Verordnung gegen politischen Terror zum Tode verurteilt worden waren, versicherte Hitler in einem Telegramm »die Kameraden seiner unbegrenzten Treue«.

Doch man soll sich nicht täuschen. Die Brutalität kam nicht nur von der SA oder den Rotfront-Bataillonen. Sie war längst da. Wir kennen inbrünstige, in liebevollem Detail ausgemalte Marterdarstellungen schon aus dem Mittelalter bis zu Tizians großartiger »Schindung des Marsyas«. Wir kennen sie von Grimmelshausen. Auch von Goya. Sie sind also nicht ausschließlich deutsch.

Im deutschen Expressionismus aber wurde die Brutalität, das Grausame hohes Thema der Kunst und Literatur. Hohn über die Moral wurde schick. Die Zeit, wo man sich am Schrecklichen ergötzte, begann in der Kunst schon am Ende des Ersten Weltkriegs. Gottfried Benns Morgue-Gedichte, die Bilder von Otto Dix, George Grosz, Max Beckmann, Oskar Kokoschka und Ludwig Meidner erschütterten durch ihre Darstellungen des Krieges und der Gewalt, aber sie ästhetisierten das Schreckliche auch – *pour épater les bourgeois*, bei George Grosz am deutlichsten. Im Vergleich zu diesen Werken ist Picassos »Guernica« eine klassische Totenklage. Für die großen Maler Frankreichs waren Krieg, Brutalität und Gewalt kein Thema. Auch nicht für Pablo Picasso.

Die deutsche expressionistische Literatur war gewalttätig, zerstörerisch, begeisterte sich an der Oktober-Revolution, bejahte die Gewalt. In Bert Brechts »Maßnahme« geht es nicht darum, ob der Mord an einem Genossen moralisch oder unmoralisch ist, sondern ob er dem Vormarsch der revolutionären Massen dient. Nicht nur in der revolutionären, auch in der bürgerlichen Gesellschaft war Moral Nebensache. Theodor Lessing sprach zu Recht von der »Wolfsmoral« der deutschen Nachkriegsgesellschaft.

Ein Ganove wie Mackie Messer galt als Held, und die Bürger

erkannten sehr wohl, daß es Brecht in der »Dreigroschenoper« gar nicht darum ging, die bürgerliche Moral zu verurteilen, sondern daß er die Verbrecher romantisierte, so daß das bürgerliche Publikum, das sich seiner Unmoral bewußt und darauf sogar stolz war, die Songs kräftig mitsingen konnte.

Die Berliner amüsierten sich über die Brüder Saß, berüchtigte Geldschrankknacker und Bankräuber. Sie wurden zu Helden, da sie unglaublich logen und da man sie selten überführen konnte. Sie hatten Starverteidiger, und über die Prozesse, die gegenüber unserer Schule im Kriminalgericht von Moabit stattfanden, berichteten die Zeitungen, als seien es Kabarettvorstellungen.

Man genoß und lachte über die Geschichte von den Ringvereinen »Immertreu« und »Redlichkeit«, die in Kneipen am Alexanderplatz tagten, angeblich nur, um Geselligkeit zu pflegen, statt dessen aber dort ihre Verbrechen planten.

Unmoral, Verbrechen und Gewalt wurden nicht verurteilt, sondern bewundert. Freikorpskämpfer, Attentäter, die linke Politiker umgebracht hatten, rühmten sich ihrer brutalen Taten.

»Es liegt eine Leiche im Landwehrkanal«, sang man, als man die ermordete Rosa Luxemburg dort gefunden hatte. Aber auch unpolitische Schlager zeugten von der zunehmenden Brutalisierung der Menschen und der bis zur äußersten Geschmacklosigkeit getriebenen Freude am Makabren, wenn man zum Beispiel von dem Hannoverschen Massenmörder Fritz Haarmann sang:

> Warte, warte nur ein Weilchen,
> Bald kommt Haarmann auch zu dir
> Mit dem Hacke-, Hackebeilchen
> Und macht Leberwurst aus dir.

Die Bedankenlosigkeit, der Leichtsinn und der Zynismus jener Jahre verführten auch mich, indem ich nun über Dinge und Verhaltensweisen lachte, von denen ich mich früher, in meiner Wittenberger Zeit, streng abgewandt hätte.

Leichtsinn, Bedenkenlosigkeit und laxe Moral waren eines, die Brutalisierung im Umgang mit politisch Andersdenkenden aber stieß mich ab. Ich sah damals nicht, daß beides zusammenhing.

Die Welt war aus den Fugen. Die Gewalt auf der Straße nahm zu. Auseinandersetzungen zwischen den Trupps des Rotfront-Kämpferbundes und der SA waren in Moabit und im Wedding an der Tagesordnung. Das waren nicht selten Messerstechereien, Schußwechsel und Überfälle auf einzelne Gegner wie auf Versammlungslokale.

Die Sozialdemokratie hatte den Kampfverband »Eiserne Front« gegründet, der aber gegen die beiden großen, straff organisierten radikalen Kampftruppen der Kommunisten und Nationalsozialisten nur ein schwacher, müder Verein war, ebenso wie die Veteranen- und Frontkämpferorganisation »Der Stahlhelm«.

Der »Jungdeutsche Orden« war ein Wehrverband, der die Weimarer Demokratie schützen wollte. Mich zog er an, weil er aus der bündischen Jugendbewegung hervorgegangen war. Und auch gewisse Anlehnungen des »Jungdo« an mittelalterliche Ritterordensverfassungen machten auf mich Eindruck. Er war jedoch, nicht nur wegen solcher romantischen Züge, neben den großen Kampfverbänden völlig bedeutungslos.

Wählen konnte ich noch nicht, meine Sympathie aber schwankte zwischen der Staatspartei, der der »Jungdo« nahestand, und der nationalliberalen, von Stresemann gegründeten Deutschen Volkspartei: Auch diese beiden Parteien verloren ständig an Bedeutung.

Die Bodenrefomvorschläge Adolf Damaschkes, der heute fast vergessen ist, schienen mir so bedeutend, daß ich wünschte, die eben genannten beiden Parteien könnten sie durchsetzen. Man sieht also: Meine politischen Neigungen zeugten weder von jugendlichem, revolutionärem Elan, noch hatte ich eine Vorstellung von der Macht und dem Wirken politischer Kräfte. Romantische Vorstellungen aus der Jugendbewegung wirkten noch nach.

Schon auf der Straße konnte ich im Sommer 1932 die zunehmende Spannung erkennen. Mir schien alles auf einen Bürgerkrieg hinauszulaufen.

Ähnliche Befürchtungen hatte, wie mir zehn Jahre später mein Chef,

Botschafter Eugen Ott, in Tokio erzählte, auch die Reichswehr. Er war enger Mitarbeiter des damaligen Reichkanzlers und Reichswehrministers General Schleicher gewesen und hatte in seinem Auftrag im Dezember 1932 den Operationsplan zur Niederschlagung eines nationalsozialistischen Gewaltstreichs ausgearbeitet. Doch Teile der Reichswehr, besonders ostpreußische Regimenter, waren schon von Hitler-Anhängern durchsetzt, so daß er sie nicht mehr für zuverlässig hielt.

Gruppen von Arbeitslosen standen schon am Vormittag im »Kleinen Tiergarten« in Moabit zusammen und diskutierten. Sie hatten ja Zeit. Am späten Nachmittag und Abend zogen sie die Uniform des Rotfront-Kämpferbundes oder der SA an und marschierten im dröhnenden Gleichschritt, Kampflieder singend durch die Straßen. Sie legten es oft darauf an, durch die Viertel zu gehen, in denen ihre Gegner die Übermacht hatten, um sie herauszufordern und um Macht und Mut zu zeigen. Dann wurde es oft brenzlig.

Oder sie fuhren in Kolonnen, dicht gedrängt auf offenen Lastwagen sitzend oder stehend, schnell durch die Stadt, schwenkten ihre Fahnen und schrien ihre Parolen im Sprechchor hinaus. Gemütlich war es nicht.

Manchmal fielen auch Schüsse. Im Juni 1932 wurde das Verbot der SA aufgehoben, in den folgenden fünf Wochen ereigneten sich, wie Joachim Fest in seiner Hitler-Biographie schreibt, allein in Preußen an die fünfhundert Zusammenstöße mit rund hundert Toten und elfhundert Verletzten. Wir Schüler nahmen, wenn Marsch- oder Lastwagenkolonnen herankamen, Zuflucht in Hauseingängen.

Massen

Die Abneigung gegen Massen und Auseinandersetzungen, in denen die Lautstärke entscheidet, ist wohl in mir angelegt. Jetzt aber verstärkte sie sich. Ich war durch das, was ich damals, und noch mehr durch das, was ich in den folgenden Jahren sah, entsetzt über die unheimliche Verwandlung sonst ganz vernünftiger Menschen, die sich in der Masse ihres kritischen Verstandes begaben und nun Parolen brüllten, die ihnen nüchtern und im Gespräch mit Freunden nie über die Lippen gekommen wären.

Ich verstehe nicht, daß Elias Canetti sich, wie er wiederholt bekennt, von Massen faszinieren lassen konnte, die doch in einer nicht geheuren Weise Menschen zu vernunftlosen, nur noch Emotionen folgenden Individuen reduzieren. So, wie Kirke die Gefährten des Odysseus mit einem Stab berührte, sie damit in Schweine verwandelte und ihnen nur einen Restverstand ließ.

An Massenversammlungen in Deutschland habe ich nie teilgenommen, sondern sie nur im Rundfunk und den Wochenschauen beobachtet.

In Japan und den Vereinigten Staaten aber habe ich religiöse Veranstaltungen erlebt, in denen die Menschen wie von Sinnen und überhaupt nicht mehr ansprechbar waren. Ich bin ziemlich furchtlos, doch solche Massen verwandelter, unmenschlicher Wesen bereiten mir Angst.

Disziplin täte mir gut

Mein Vater wollte, daß ich Offizier werde. Die militärische Disziplin täte mir gut. Der Offiziersberuf sei noch immer der geachtetste in der Gesellschaft, glaubte er. Ich bezweifelte das. Außerdem wollte ich nicht Offizier werden. Ich hatte andere Pläne. Er erwiderte, bei sechs Millionen Arbeitslosen hätte ich in keinem zivilen Beruf Chancen. Ich suchte einen Berufsberater auf; er bestätigte das.

Ich solle mich erst einmal als Offiziersanwärter bewerben, riet mein Vater. Ein Studium werde er mir kaum finanzieren können. Ich erwiderte, auf irgendeine Weise würde ich es doch fertigbringen zu studieren.

»Was? Welches Fach?« fragte er.

Darauf konnte ich keine befriedigende Antwort geben. Am liebsten hätte ich alle geisteswissenschaftlichen Fächer gleichzeitig belegt.

Er hatte sich schon zwei recht feudale Regimenter in Potsdam und eins in Wunsdorf ausgesucht. Dort meldete er mich an.

Ich konnte mich nicht widersetzen, glaubte aber, es mit Leichtigkeit so einrichten zu können, daß man mich als untauglich abwies. Doch so leicht war das dann gar nicht. Wir waren viele Bewerber. Zuerst wurden wir in Allgemeinwissen geprüft; und wer bringt es da über sich, zu schweigen, wenn er zufällig eine Frage beantworten kann? Ebenso war es in den leichtathletischen Prüfungen: Kann man es ertragen, daß das ganze Feld der Bewerber beim Langlauf an einem vorbeizieht, wenn man selbst schneller ist?

Das Ergebnis war, daß ich in allen Prüfungen unter den ersten fünf landete.

Beim Abendessen mit den Offizieren wollte man sehen, ob wir mit Messer und Gabel umgehen konnten, und wissen, warum ein jeder von uns Offizier werden wollte.

Ich antwortete wahrheitsgemäß, daß nicht ich, sondern mein Vater das wolle. In der Woche danach erhielt ich vom Regiment die Ablehnung.

So spielte sich das in allen drei Fällen ab. Mein Vater konnte sich das nicht erklären. Er hielt die Entscheidung für falsch und erkundigte sich bei den Regimentsstäben, die aber über den Grund der Ablehnung keine Auskunft erteilten.

Der 30. Januar 1933

Von wem ich am 30. Januar erfahren habe, daß der Reichspräsident von Hindenburg Hitler zum Kanzler einer neuen Regierung ernannt hatte, weiß ich nicht mehr.

Es war die vierte Regierung der letzten acht Monate. Ich gab ihr keine Chancen.

Hitler, Frick als Innenminister und Göring als Minister ohne Geschäftsbereich waren ja die einzigen Nationalsozialisten im Kabinett.

Die Meinungen in der Klasse am nächsten Morgen waren geteilt. Hansi Ottow war natürlich mit seinem SA-Sturm durch das Brandenburger Tor und dann in der Wilhelmstraße, eine Fackel tragend, an Hitler vorbeimarschiert. Er wollte im 30. Januar ein historisches Datum sehen, aber wir rieten ihm, mit solchen Behauptungen erst noch ein bißchen zu warten.

Wir werden ja sehen, wie lang er sich hält.

Als der Zug abends in Trient hielt, sahen wir die erste Palme. Wir sahen sie uns während des ganzen Aufenthaltes an. Ich zeichnete sie auf die erste Seite meines Skizzenblocks. In aller Frühe kamen wir in Venedig an. Alexander, Wolfgang und ich waren müde, denn wir waren die ganze Nacht in der Holzklasse gefahren. Wir rieben uns die Augen, nahmen unsere Rucksäcke und fuhren mit einem Vaporetto auf den Canale Grande bis zur Station 1. Dann gingen wir am Hotel Monaco e Gran Canal vorbei, und als wir, ohne zu wissen, wohin wir uns wenden sollten, durch die dunklen Kolonnaden traten, lag er auf einmal im Weiß der Morgensonne blendend vor uns – der Markusplatz. Er nahm uns den Atem. Eine Weile konnte keiner von uns sprechen. So etwas hatten wir noch nie gesehen. Ich war glücklich, daß es so etwas Schönes gab und daß ich es sehen durfte.

Dabei kannten wir ihn doch von den Bildern der Reiseprospekte, die wir uns in Berlin von all den Städten besorgt hatten, die wir sehen wollten. Wir hatten uns gut vorbereitet, in der Abendschule des *Fascio Italiano* am Kurfürstendamm sogar Italienisch gelernt. Wir waren in derselben Oberprima und gemeinsam als Anhalter auf Lastwagen bis zur Grenze gefahren.

Zum zehnten Jahrestag seines Marschs auf Rom hatte Mussolini beschlossen, in einer Ausstellung in Rom der Welt die Erfolge des Faschismus vor Augen zu stellen. Wer sie besuchte und dies mit dem Eintrittsstempel belegen konnte, durfte für 32 Reichsmark vom Brenner nach Rom und wieder bis zur Grenze zurückfahren.

Darüber blieben jedem von uns noch etwa fünfzig Mark für vier Wochen. Wir kamen damit aus. Denn wir lebten von Weißbrot, Milch, Minestrone und ab und zu von einem Teller Pasta. Wir schliefen in Bauernscheunen, wo wir einmal morgens voller Hühnerläuse im Haar aufwachten, manchmal im Freien – es war im Juli, in unseren Sommerferien. In Florenz aber übernachteten wir auf meinen Rat im Obdachlosenasyl und zuletzt noch einmal im Mailand, wo wir allerdings nicht den Morgen abwarteten, weil wir die Wanzen nicht mehr ertragen konnten.

Ebenso glücklich wie in Venedig waren wir in Bologna, Florenz, Siena, Orvieto. Überwältigt waren wir von Rom. Wir wohnten dort billig im katholischen Gesellenheim in einer kleinen Gasse, der Via dei Pettinari, nahe dem Campo dei Fiori. Alexander hatte uns die Herberge durch seine kirchlichen Verbindungen besorgt. Er wollte Geistlicher werden, besuchte daher auch nach dem Abitur als Priesterkandidat das Collegium Germanicum in Rom. Als ich ihn im ersten Kriegsjahr wiedertraf, hatte er sich allerdings anders besonnen. Er war, wie er verlegen lächelnd gestand, sogar verlobt.

Es waren zwei Wochen seligen Entdeckens in Rom: Wir sahen auf dem Forum Romanum den *Lapis Niger*, den Mittelpunkt des Erdkreises, die Rostra, die Rednertribüne, an der früher die Rammsporne der Schiffe aus der Seeschlacht von Antium angebracht waren und an denen man Kopf und Hände des ermordeten Cicero ausgestellt hatte; den Altar, den Octavian an der Stelle errichtet hatte, an der Caesars Leiche verbrannt worden war. Wir sahen im Konservatorenpalast die Wölfin, mit deren wölfischen Gedanken ich vierunddreißig Jahre später den Roman »Der Purpur« einleitete, sahen Roms nicht größten, aber schönsten Platz, den vor dem Kapitol, und Roms nicht größtes, aber monumentalstes und schönstes Gebäude, das Pantheon, sahen die Sixtinische Kapelle, die Kirchen, die Paläste.

Unseren Lateinlehrer Zillich (»Zinke«) grüßten wir mit einem Distichon:

> *Urbe ex aeterna salutant carum magistrum*
> *tres ex classe eius felices iuvenes.*

Zinke war so taktvoll, uns nach den Ferien zu sagen, das Versmaß sei jedenfalls in Ordnung gewesen, und auch sonst das meiste.

Wir fuhren nach zwei Wochen spät abends wieder ab. Auf dem Weg zum Bahnhof blieben wir an der Fontana di Trevi stehen und nahmen Abschied von Rom. Mir wurden die Augen feucht vor so viel Schönheit.

Rein in die SA

Nun sei es aber Zeit, sagte mein Vater, als ich wieder zu Hause war, in die SA einzutreten. Ich widersprach: Im März sei unser Abitur, auf das ich mich vorbereiten müsse, so daß ich für solche Quisquilien, wie sie in der SA getrieben werden, keine Zeit hätte. Er meinte aber, ich könnte ja meine Statistentätigkeit an der Staatsoper oder die Sprechchorproben der »Perser« einschränken. Ich hätte keine Aussicht auf ein Universitätsstipendium oder in einem Beruf, wenn ich nicht einer nationalsozialistischen Organisation beitrete. Es seien doch schon fast die Hälfte meiner Mitschüler in die SA eingetreten. Das war zwar richtig, ich erwiderte aber, ich wollte noch abwarten. Ich wollte meine Sonntage nicht für Geländeübungen auf der Tegeler Heide, die Abende für primitive politische Schulungsvorträge opfern. Doch mein Vater meinte, gerade Wehrübungen und politische Aufklärung täten mir gut. Ich war achtzehn Jahre alt, minderjährig. Ich konnte den Widerstand nicht aufrechterhalten.

Er hatte schon alles mit seinem Parteigenossen, dem Sturmführer Teubert, abgesprochen, ging selbst mit mir in ein Geschäft, wo er mir ein Braunhemd, eine braune Hose, Schaftstiefel, eine Hakenkreuz-Armbinde, einen schwarzen Schlips und eine SA-Mütze kaufte. Es war für ihn ein finanzielles Opfer. Und abends führte er mich im »Sturmlokal« ein, einer kleinen, typischen Berliner Kneipe nicht weit von uns am Spree-Ufer. Ich war nun SA-Anwärter. Wenn ich mich bewährte, würde ich in einiger Zeit ein SA-Mann werden, der schwarze Spiegel am Kragen tragen durfte. Er war stolz, mich in dieser Uniform zu sehen.

Die Kneipe war verräuchert. Der Untersturmführer, ein sympathischer Student und überzeugter alter Kämpfer, las einen Leitartikel aus dem *Völkischen Beobachter* vor und wollte mit uns darüber diskutieren. Doch keiner wollte etwas sagen. Deshalb wurde nach kurzer Pause das »Absingen der alten Kampflieder« befohlen.

Es waren nur wenige alte SA-Männer im Sturm; viele waren eingetreten, weil sie im Nationalsozialismus die Rettung sahen. Viele aber waren Opportunisten, die erst nach dem Wahlsieg der Nationalsozialisten im März gekommen waren: Das konnte ja für die Karriere nur von Vorteil sein. Man nannte sie die »Märzgefallenen«.

Etwa die Hälfte der Anwesenden waren Rotfront-Kämpfer. Sie waren ohne Skrupel zur SA übergewechselt, zum einen, weil sie ins Konzentrationslager gekommen wären, wenn sie weiter gegen die SA gekämpft hätten, und zum anderen, weil sie annahmen, bei der SA sei wenigstens noch etwas los. Doch dem war nicht so. Die SA war ein müder Verein geworden, denn sie hatte keine Gegner und keine politische Aufgabe mehr. Mit wem sollte sie sich noch Straßenschlachten liefern! Man brauchte sie nur noch für Absperrungen, als Saalordner oder für große Aufmärsche am 1. Mai oder bei den Parteitagen in Nürnberg.

Die Kampflieder sangen auch die alten Rotfront-Kämpfer laut und mit rauher Stimme mit. Die kannten sie ja. Die hatten sie früher auch gesungen, nur mit anderen Texten. Und einige Lieder stammten sogar aus dem Zupfgeigenhansl der Jugendbewegung.

Es wurde nun Bier bestellt, weil die Kehlen vom Singen trocken geworden waren. Zu Anfang bestellte sich jeder eine »Molle«, nachher stiftete irgendeiner einen »Stiefel« Bier, so heißt ein Glas, an die dreißig Zentimeter hoch, in Form eines Stiefels. Das machte dann die Runde. Und wenn es leer war, stiftete ein anderer noch einen Stiefel. Selten kam man vor Mitternacht, nie nüchtern nach Hause.

Die neuen SA-Kameraden waren nicht uneben: Es waren einige Primaner aus anderen Schulen, einige Studenten darunter, die meisten aber waren Arbeiter und Arbeitslose aus dem Norden, mit denen ich gut auskam, auch den Kommunisten, die sich sofort integriert hatten.

Sie hatten den respektlosen, schnellen Berliner Witz, und wir lachten viel, vor allem über politische Witze, von denen es stets gute und neue gab; sie nahmen alle Eigenheiten und Schwächen des neuen Regimes und alle seine Führer aufs Korn – mit einer Ausnahme: Witze über Hitler gab es nicht. Sie waren zu riskant.

An den »Sturm-Abenden«, an denen ich teilnahm, war von Politik ernsthaft nie die Rede, abgesehen von dem obligaten politischen »Schulungsaufsatz«, der vorgelesen wurde und den man ohne Fragen und Diskussionen über sich ergehen lassen mußte, um möglichst schnell zur Sache, das heißt zum Bier und zum gemütlichen Teil zu kommen.

Unerträglich waren jedoch sonntags, wenn ich gerne gelesen hätte oder in die Museen gegangen wäre, die »Ausmärsche« in die Tegeler Heide, wo wir antreten, stillstehen, marschieren, uns hinlegen, kriechen, robben, und uns im Laufschritt, marschmarsch, bewegen mußten. Den Sinn sah ich nicht ein.

Eines Abends wurden acht von uns, darunter zwei Mitschüler und ich, abkommandiert, vom nächsten Morgen an drei Tage und Nächte im ULAP, einem Lagergelände am Lehrter Bahnhof, Wache zu halten.

Ich erhob keine Einwände, weil ich damit meinem Vater ja beweisen konnte, daß der SA-Dienst mir nicht erlaubte, mich auf das Abitur vorzubereiten.

Wir schliefen in einer Wachstube auf Feldbetten. Essen wurde uns gebracht. Wenn wir Wache hatten, gingen wir jeweils zu zweien durch das weite, nachts mit Scheinwerfern beleuchtete Gebäude, durch die hohen Hallen, in denen nur einige Kisten lagerten. Die meisten Hallen waren verschlossen, und wir hatten nur die Schlösser zu prüfen. Warum nicht die Reichsbahn, sondern wir das ULAP-Gelände bewachen mußten, wurde uns nicht erklärt. Wir nahmen an, daß die SA hier ein geheimes Waffenlager angelegt hatte.

Als wir nach drei Tagen morgens abgelöst wurden, ging ich vom ULAP gleich in die Schule, die nur zehn Minuten entfernt war, und zwar in Uniform, was seit einigen Monaten viele Mitschüler taten, ich aber zum erstenmal.

Auf dem Flur begegnete ich Reinhold Pfeil. Ich konnte ihm nicht mehr aus dem Weg gehen. In einer kleinen philosophischen Arbeitsgemeinschaft lasen wir zu dritt »Vom Nutzen und Nachteil der Historie«.

Er blieb stehen, sah mich von der SA-Mütze bis zu den Schaftstiefeln an und sagte: »Wickert, Sie auch?«

Er wandte sich um und ging.

Ich war tief getroffen, begab mich nach Hause, zog mich um und kam wieder zur Schule. Wir hatten ihn in der letzten Stunde. Er mußte bemerkt haben, daß ich keine Uniform mehr trug; aber er sagte nichts. Er ließ mich von nun an die neue Distanz fühlen.

Für mich war der Dienst in der SA lästige Zeitverschwendung. In meinen politischen Ansichten fühlte ich mich weiterhin frei.

Pfeil aber glaubte offenbar, ich hätte ein unwürdiges *sacrificium intellectus* begangen, meine Ansichten verraten und mich aus Opportunismus zum Nationalsozialismus bekannt. Nun war es für mich nicht mehr nur lästig und eine Zeitverschwendung, in der SA zu sein; es war ein *pudendum* geworden, ein Grund, mich zu schämen. Ich war niedergeschlagen. Doch ich brachte es nicht über mich, Pfeil den eigentlichen Grund für meinen Eintritt in die SA zu nennen. Viele traten ein, weil sie sich von dem neuen Regime eine nationale Erneuerung erhofften; andere, weil sie glaubten, es sei opportun.

Diese moralisch zu verurteilen, ist leicht; aber oft waren die Motive so komplex, daß es schwer war, hier gerecht zu urteilen; denn ein totalitärer Staat kennt viele sanfte, indirekte, aber auch massive und direkte Zwänge, die Menschen zum Beitritt zu veranlassen.

In den meisten Berufen wurde erwartet oder gefordert, wenn nicht der Partei, so doch mindestens einem nationalsozialistischen Fachverband, etwa dem Journalistenverband oder der Reichspressekammer beizutreten. Wer ein Buch oder regelmäßig Essays veröffentlichen wollte, *mußte* der Reichsschrifttums- und Reichskulturkammer beitreten. Damit war er, wie auch mein Ausweis vermerkt, gleichzeitig Mitglied der Deutschen Arbeitsfront, der nationalsozialistischen Einheitsgewerkschaft.

Wer sich in Hitlers Staat diesen Forderungen entzog, dem nahm oder beschränkte der Staat die Möglichkeit, einen Beruf auszuüben, und zwar nicht für kurze Zeit, sondern solange das Regime an der Macht war. Daß Hitlers Regiment nur zwölf Jahre dauern würde, wußte man damals ja nicht. Es hätte bis heute dauern können. Das sowjetische hat sich seit 1917 gehalten.

Mein eigenes SA-Beispiel paßt in keinen dieser Fälle, weil ich mich nicht einem politischen Zwang, sondern der väterlichen Autorität gebeugt hatte.

Student

Sie sah aus wie Serena

Ihr Haar war dunkel, recht kurz geschnitten. Es legte sich schräg über ihre Stirn, ließ die Augen aber frei: ungewöhnlich große, dunkle Augen. Sie sah sich die Leute an, die an ihrem Tisch vorbeigingen, kritisch und manchmal anscheinend auch amüsiert. Ihr Kleid war weiß, ärmellos, elegant. Es kontrastierte zu ihrer dunklen, aber nicht sonnengebräunten Haut.

Als ich sie zum Tanz auffordern wollte, war schon ein anderer vor mir da. Sie tanzten, und ich setzte mich wieder auf meinen Stuhl. Der andere brachte sie nach dem Tanz an ihren Tisch zurück. Er hatte Pickel im Gesicht.

Es war zum Tanztee im Café Berlin. Bevor Adalbert Lutter wieder die Geige ans Kinn legte und das Zeichen zum Einsatz gab, war ich schon aufgestanden. Aus den Augenwinkeln sah ich, daß der Jüngling mit den Pickeln wieder umkehrte.

Sie lag beim Tanz leicht in meinem Arm. Ich fragte sie, was sie an den Leuten gesehen hatte, die vorhin an ihrem Tisch vorbeigekommen waren. Sie hatte die komischsten Beobachtungen gemacht, und wir lachten viel. Der Jüngling mit den Pickeln hatte beim letzten Tanz überhaupt kein Wort mit ihr gewechselt. Ich fand ihn unsympathisch.

Ich fragte, ob ich mich an ihren Tisch setzen dürfe oder ob sie lieber an meinen kommen wolle.

»Warum?« fragte sie.

»Weil ich Sie dann die ganze Zeit ansehen kann.«

»Warum wollen Sie mich ansehen? Vielleicht ist mir das gar nicht angenehm.«

»Weil Sie so schön sind«, sagte ich.

»Merci!«

Ich durfte mich zu ihr setzen.

Ihre Haut hatte einen leicht ins Grünliche gehenden Schimmer, der aber, von der Seite gesehen, auch silbern glänzen konnte. Die Freigelassene Serena, Geliebte Walter Carows, eines meiner liebsten Geschöpfe

aus meinem eigenen Roman vom »Verlassenen Tempel«, fünfzig Jahre
später geschrieben, hatte auch solche Haut, grünsilbern wie die Blätter
des Ölbaums im Wind. Sollten die beiden verwandt sein?

Sie sprach gebrochen Deutsch mit einem französischen Akzent, der
in meinen Ohren wie Musik klang. Sie sprach ohne Rücksicht auf
Grammatik und ohne Angst vor Fehlern drauflos, lebhaft und lustig,
und wir hatten keine Schwierigkeiten, uns zu verstehen.

Wir tanzten, und dann legte sie ihren Kopf an meinen. Sie hieß Edith
und kam aus Vevey am Genfer See. Da war sie aufgewachsen, und als
ihre Eltern vor drei Jahren nach Berlin gezogen waren, hatten sie sie
dort in einem Internat gelassen, bis sie vor ein paar Monaten die
Abschlußprüfung bestanden hatte.

»Nur ganz knapp«, sagte sie, »wegen angeblicher Frechheit.« Der
Tanztee im Café Berlin hörte schon um sieben oder halb acht auf. Ich
durfte sie nach Hause bringen. Sie wohnte in Dahlem. Wir fuhren mit
der U-Bahn bis Dahlem-Dorf. Die Fahrt war viel zu kurz. Wir hatten
so viel zu erzählen. Sie sagte, von dem U-Bahnhof bis zu ihrem Haus
müßten wir zehn Minuten gehen. Wir gingen langsam, immer langsamer, und sie wurde, je näher wir ihrem Hause kamen, desto stiller. Ich
fragte sie, ob ich irgend etwas Unpassendes gesagt hätte.

»Nein«, sagte sie. »Dort ist unser Haus. Es ist besser, wenn meine
Eltern uns nicht sehen. Sie sind schrecklich.«

Es war eine große Villa. Im Garten und in der Einfahrt brannten
Laternen.

»Es ist doch schon dunkel«, sagte ich. »Wann sehe ich Sie wieder?
Morgen?«

Sie schüttelte den Kopf.

»Übermorgen?«

Sie schüttelte den Kopf.

»Wann?«

»Ich danke Ihnen für diesen Abend. Es war wunderbar. Wir werden
uns nie wiedersehen.«

»Warum? Habe ich etwas Falsches gesagt? Oder getan? Habe ich Sie
verletzt?«

Sie schüttelte den Kopf.

Ich nahm sie in die Arme, sah ihr in die Augen; aber sie schlug sie
nieder.

»Ich bin nichtarisch. Jüdisch.«

»Mein Gott!« rief ich. »Was reden Sie für Unsinn!«

Ich zog sie fest an mich, küßte sie, obwohl sie sich zuerst etwas wehrte. Wir mußten uns viel zu früh trennen: Sie hatte ihren Eltern versprochen, spätestens um neun Uhr zu Hause zu sein.

Wir trafen uns am nächsten Nachmittag wieder und gingen in den Grunewald.

Wir saßen eng nebeneinander in einem kleinen Pavillon aus rohen Fichtenstämmen. Da fragte sie mich, warum ich diesmal so verschlossen sei. Ich schüttelte den Kopf.

»Bin ich verschlossen?«

»Ja«, sagte sie, »Sie sind heute ganz anders als gestern. Ich weiß. Wegen der Sache, die ich Ihnen gestern erzählt habe. Ich bin so traurig.«

»Ich schwöre Ihnen: Das ist es nicht.«

Wir sagten immer »Sie« zueinander wie die Franzosen, weil sie die Formen des »Du« im Deutschunterricht nie richtig gelernt hatte.

»Was ist es aber dann? Ich habe Ihnen alles gesagt. Aber Sie sagen mir nicht alles. Sie haben ein Geheimnis. Ich weiß: Sie haben eine andere Freundin?«

»Es ist viel schlimmer«, antwortete ich. »Wenn ich es Ihnen sage, werden Sie aufstehen und weggehen und mich nie wiedersehen.«

»Wir lieben uns aber doch. Wir müssen uns alles sagen.«

Ich konnte es nicht sagen, aber dann gestand ich es doch:

»Ich bin in der SA.«

Sie schwieg. Ich hatte es ja gewußt.

»Nun werden Sie aufstehen und weggehen, und wir werden uns nie wiedersehen.«

Sie war verstummt, und sie regte sich nicht. Ihre Augen waren größer als vorher, ernst. Ihr Gesicht war nicht mehr silbern-olivgrün wie die Blätter von Ölbäumen. Es war grau.

Es dauerte lange, bis sie etwas sagte. Sie fragte:

»Weinen Sie?«

»Nein!« antwortete ich.

»Ich sehe aber eine Träne.«

»Ach was! Ich weine nicht.«

Sie küßte sie weg.

»Bitte«, sagte sie. »Ich will versuchen, es zu verstehen.«

Ich erzählte.

Wir blieben noch lange in dem Pavillon und verabschiedeten uns um neun vor ihrem Haus. Am Tag darauf trafen wir uns wieder. Dann konnten wir uns einige Tage nicht sehen, weil ich ins mündliche Abitur mußte.

Die Trennung von drei Tagen war kaum auszuhalten, und obwohl sie es mir wegen ihrer »schrecklichen Eltern« verboten hatte, rief ich sie jeden Tag an. Da sie Angst hatte, sprach sie so schnell und so lange und so aufgeregt, bis sie jemand kommen hörte. Dann sagte sie mitten im Satz: »Es kommt jemand!« und hängte ein.

Raus aus der SA

Nach dem Abitur verabschiedete ich mich in dem »Sturmlokal« von meinen SA-Kameraden und bat, mich aus der Liste der SA-Angehörigen zu streichen, weil ich nach Ostern mein Pflichthalbjahr beim Freiwilligen Arbeitsdienst ableisten müsse. Der Student-Untersturmführer von Mutius sagte, es sei schade, daß ich nicht warten wollte, bis man mich von einem Anwärter zu einem richtigen SA-Mann machte. Das hätte man doch richtig feiern können.

Ich mußte nun das ganze Geld, das ich in der Tasche hatte, für »Stiefel«-Runden ausgeben.

Ediths Mutter

Ich sollte bei Ediths Mutter zum Tee erscheinen. Edith war nervös. »Sie ist so taktlos«, sagte Edith. »Sie wird es fertigbringen, daß Sie mich hassen und nie wiedersehen wollen.«

»Warum Sie immer solchen Unsinn reden! Wird Ihr Vater auch dabei sein?«

»Nein. Gott sei Dank! Er ist noch schlimmer.«

Edith war aufgeregter als ich.

Ein Hausmädchen in Häubchen und weißer Schürze empfing mich

im Vestibül und führte mich durch das Empfangszimmer in den Salon. Ein Gobelin hing an einer Seitenwand. Teppiche überall, Gemälde an den Wänden, 19. Jahrhundert. Schwere Möbel aus dunkler Eiche mit gedrehten Füßen und geschnitzten Türen. Vertiko, Kredenz, ein Buffet so groß wie ein Schiff.

Nicht mein Stil. Ich war damals für Bauhaus, allerdings sollten die Zimmer wenigstens eine Ecke haben, in der man gemütlich sitzen konnte; aber die gab es im Bauhaus-Stil natürlich nicht.

Die Mutter saß sehr gerade in einem Sessel. Ich begrüßte sie mit Handkuß, wie in der Tanzstunde gelernt; sie grüßte gemessen wieder. Sie hatte ein gutgeschnittenes Gesicht. Ihre Augen waren klein, es waren nicht Ediths Augen.

Edith stand vor Aufregung auf, als ich ihr die Hand gab. Ihre Augen waren ganz groß. Sie vergaß zu lächeln.

»Sie haben das Abitur bestanden, höre ich«, sagte die Mutter. Sie sprach fast ohne Akzent. »Mit Glanz, nehme ich an.«

»In Mathematik konnte es nicht schlechter sein: eine glatte Fünf.«

»Aber er hatte Ausgleich in allen anderen Fächern«, ergänzte Edith, die nichts auf mich kommen lassen wollte.

»Nur in einigen«, verbesserte ich.

»Und was wollen Sie jetzt tun?«

»Ich fange nächste Woche als Volontär in einem Verlag an, der ›Büchergilde Gutenberg‹. Im Lektorat.«

»Ein Nazi-Verlag, sicherlich.«

»Er gehörte den Gewerkschaften.«

»Die sind ja nun gleichgeschaltet.«

»So ist es. Mein Chef ist Max Barthel. Er hat Lenin die Hand gegeben, Münzenberg, Radek, Trotzki. Er war jahrelang in der Sowjetunion, hat großartige Gedichte über Karl Marx geschrieben. Die sind in der ›Büchergilde Gutenberg‹ erschienen.«

»Ein Kommunist also. Das ist genauso schlimm. Sind Sie Kommunist?«

»Nein.«

»Dann sind Sie vielleicht in der Hitler-Jugend oder der SA oder SS?«

»Auch nicht.«

»Wie kann man denn dann das Abitur bestehen!«

»*Mais Maman!*« rief Edith entsetzt.

»Edith ist unser einziges Kind. Sie ist erst achtzehn Jahre alt. Und Sie?«

»Neunzehn.«

»Sie war bisher in einem Internat, war dort behütet und umsorgt. Sie ist noch naiv und unschuldig und kennt die Welt und ihre Gefahren nicht.«

»*Mais Maman!*« sagte Edith, »*je ne suis plus une petite enfant!*«

Ach, im Grunde waren wir, Edith und ich, damals doch noch so naiv und unschuldig.

»Kurz, was ich sagen will: Mein Mann und ich haben Edith in den letzten Jahren nur während der Ferien gesehen. Wir wünschen, daß sie abends nicht mehr so spät nach Hause kommt. Wir möchten sie wenigstens beim Abendessen sehen. Wir essen um halb acht.«

»*Mais Maman!*« rief Edith alarmiert. »Die Kinos fangen doch erst um sieben Uhr an, manche noch später.«

Am Abend gelang es ihr, mit Tränen und hundert anderen Argumenten, sich mit den Eltern auf neun Uhr zu einigen, und in besonderen Fällen auf zehn. Dafür versprach sie ihnen, nicht mehr jeden Abend mit mir auszugehen. Sie übernahm es jedoch freiwillig, fortan spätnachmittags den Hund im Grunewald auszuführen. Bis zum Abendessen.

Max

»Sie wollen also Schriftsteller werden«, war Max Barthels erste Frage, als ich eintrat. Er sah mich skeptisch durch die dicken Brillengläser an.

Ich kann mich dieses Gesprächs, überhaupt aller Gespräche, die ich hier wiedergebe, gut entsinnen. Ich denke nie in indirekter Rede. Der Dialog steht immer vor mir, wenn auch nicht jedes Wort so gesagt wurde, wie ich es hier schreibe; aber im ganzen verliefen die Gespräche so.

»Ihr Platz ist an dem Schreibtisch mir gegenüber. Da habe ich einen Haufen Manuskripte hingelegt. Die sollten Sie lesen und mir eine kurze Inhaltsangabe sowie eine Beurteilung vorlegen. Schriftsteller wird man nicht. Man ist es.«

»Sie sind auch der erste, mit dem ich davon gesprochen habe.«

»Mit Recht«, antwortete er. »Ich verstehe die Kollegen, die sich genieren, das zuzugeben; denn es ist ja auch kein bürgerlicher Beruf. Schriftsteller und Dichter sind fragwürdige Gestalten. Im Grunde Vagabundenseelen.«

»Goethe auch? Oder Thomas Mann?«

»Alle! Alles fragwürdige Gestalten. Sie haben das Unstete verdrängt und auf ihre Gestalten übertragen. Als Ersatz für ihre Sehnsucht. Bürger war keiner von Ihnen, nicht einmal Thomas Mann ist einer, obwohl er so gerne einer sein will.

Einen Bürger kann man leicht von einem Dichter oder dichtenden Schriftsteller unterscheiden: Wenn Sie einem Bürger eine Million Mark unter der Bedingung anbieten, er dürfe nie in seinem Leben ein Gedicht oder einen Roman schreiben, wird er Ihre Hand küssen und schnell das Geld nehmen, bevor Sie es sich anders überlegen.

Goethe, Fontane, Thomas Mann – sie alle würden sagen: Behalten sie Ihr verdammtes Geld! Das ist der Unterschied zwischen Bürger und Schriftsteller.«

»Aber warum nennen Sie sie fragwürdige Gestalten?«

»Weil sie Schwindler sind. Sie machen dem Publikum Hokuspokus vor und behaupten, was sie erfunden haben, sei die Wahrheit. Sie lügen also wie der Schauspieler auf der Bühne, der glaubt und glauben macht, er sei König Lear. Sie erfinden Geschichten, die schön und spannend komponiert sein können; sie machen, daß selbst das Böse und Schreckliche das Publikum erbaut und amüsiert.

Aber die Wahrheit? Die Wahrheit ist anders. Ihr ist das Publikum ganz egal. Die Wahrheit amüsiert und unterhält das Publikum nicht, sondern schlägt ihm ständig in die Fresse, rechts-links, rechts-links, rechts-links.

Doch das mag das Publikum nicht, und das wissen wir; und deshalb spritzen wir immer buntglänzenden Lack auf das Schreckliche. Wir sind alle Schwindler, wir haben keine Moral. Und ich bin einer von ihnen, und ich sage Ihnen: Es macht mir gar nichts aus. Ich schäme mich nicht einmal mehr. Das ist eben meine Vagabundenseele.«

Er kokettierte damit nicht. Er war vor 1914 durch Italien und viele Länder Mitteleuropas vagabundiert, hatte dithyrambische Gedichte geschrieben, glücklich, daß ihm, dem Gelegenheitsarbeiter mit Volksschulbildung, solche Verse gelangen. Er war vier Jahre im Krieg

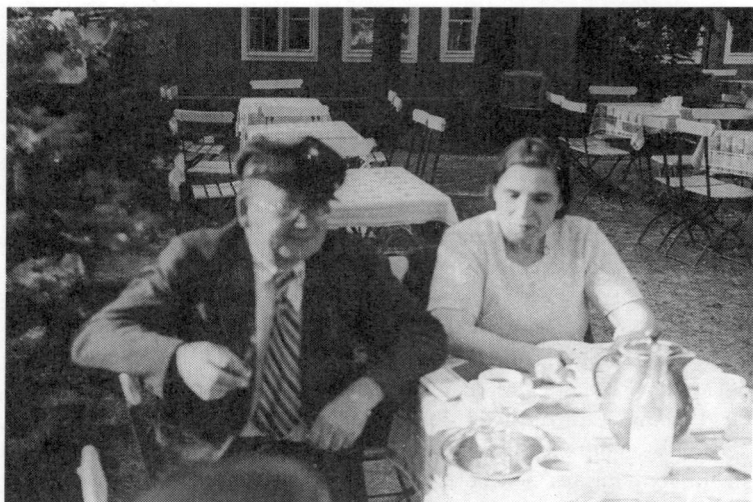

Max Barthel mit seiner Frau Lisa.

gewesen; seine »Verse aus den Argonnen« machten ihn weithin bekannt. Nach dem Krieg wurde er Kommunist, arbeitete jahrelang in der Sowjetunion für die Internationale Arbeiterhilfe und schrieb wiederum dithyrambische Verse, diesmal auf den Kommunismus, Leningrad, Karl Marx, die Weltrevolution.

Sah die Grausamkeiten der Revolution, kam ernüchtert nach Deutschland zurück, war nun als »Arbeiterdichter« anerkannt. Und jetzt war er Lektor in einem renommierten Verlag und Buchklub, den die Gewerkschaften einmal eingerichtet, den die Nationalsozialisten aber gleichgeschaltet hatten. Und gleichgeschaltet hatten sie auch Max Barthel. Sie hatten einen Parteigenossen als Leiter eingesetzt, der nicht aussah, als hätte er jemals ein Buch gelesen. Er ließ Max Barthel arbeiten, sorgte nur dafür, daß alle Bücher, die den Sozialismus, Kommunismus oder die Weltrevolution priesen, vernichtet wurden, auch Max Barthels Gedichtbände.

Die meisten anderen Mitarbeiter des Verlages, von dem vorzüglichen Grafiker Rudolf Dörwald bis zur Herstellung, dem Vertrieb und der Verwaltung, waren noch altgediente Sozialdemokraten. Und dasselbe war im Druckhaus Tempelhof nebenan, früher dem Muster- oder Lehrbetrieb der Schriftsetzergewerkschaft, der Fall. Hier wurden die Bücher des Verlages noch im Handsatz hergestellt.

Max Barthel entdeckte John Knittel, er veröffentlichte zwölf Bücher Jack Londons, die Bücher B. Travens, den er noch als Marut gekannt hatte, aber keine Parteiliteratur. Max und ich wurden Freunde, obwohl er zweiundzwanzig Jahre älter war als ich. Wir gingen oft nach Feierabend nebenan in eine Kneipe und tranken dort ein Bier. Er war, wie er es selbst gesagt hatte, eine Landstreicherseele. Er hatte keine Moral, und er hatte keine Scham.

Er liebte seine Frau Lisa vor allen anderen Frauen, die ihm begegneten. Er liebte seine Kinder, und Freunden war er ein treuer Freund. Ich blieb ihm, wenn er auch wilder und unbedenklicher war als ich, und ich nicht alles mitmachen konnte, immer freundschaftlich verbunden.

Politik war für ihn ein zynisches Geschäft: Man mußte sich nur durchwinden. Es war eine zynische Zeit, in der ihm nur eins wichtig war: zu überleben.

Ich kann nicht behaupten, daß solche Ansichten, die ich bald überall hören konnte, mich unbeeindruckt ließen.

Er hatte Hanussen abgeholt

Es war eine gute Stimmung unter den Mitarbeitern der Büchergilde Gutenberg. Doch einer nach dem anderen nahm mich beiseite und sagte: »Der Fahrer – Vorsicht!«

»Weil er immer in SA-Uniform herumläuft?«

»Nein, es ist etwas anderes.«

Der Fahrer war ein waschechter Berliner, hatte einen großen Mund und sprudelte nur so von spontanen witzigen Formulierungen, daß jeder lachen mußte, der ihn hörte. Warum sollte ich mich vor ihm vorsehen?

»Weil er Hanussen in den Wald gefahren hat«, verriet mir schließlich eine Sekretärin. »Er sagt zwar, er sei nur der Fahrer des Lieferwagens gewesen. Vielleicht. Aber vielleicht war er auch einer von denen, die ihn umgebracht haben. Im Suff war er sogar stolz, daß er da hat mitmachen dürfen.«

Hanussen war der berühmte Hellseher der schicken Welt vom Kurfürstendamm gewesen, zu der die Parteiführer nicht gehörten. Im Jahr 1933 verschwand er auf einmal, aber niemand wußte wohin. Doch bald hörte man das Gerücht, die SA habe ihn abgeholt und außerhalb Berlins »auf der Flucht erschossen«.

Der Fahrer wurde mir nun unheimlich, gerade weil er gar nicht so aussah, wie ich mir Polit-Killer vorstellte. Ich mied ihn wie die anderen, die verschwanden, wo er erschien. Er spürte das natürlich; sein Humor ließ nach, er wurde aggressiv und begann zu denunzieren.

Tag der Arbeit, Tag des Verrats

Der 1. Mai 1934. Überall hingen Hakenkreuzfahnen aus den Fenstern, auch aus denen der Büchergilde Gutenberg und des Druckhauses Tempelhof in der Dreibundstraße. Seit dem frühen Morgen marschierten Kolonnen der SA und der Betriebsgruppen vorbei zum Tempelhofer Feld, wo Hitler zu den Massen sprechen sollte.

Am Abend vorher waren Heinrich Lersch und Karl Bröger angekommen. Sie und Max Barthel galten als die drei großen deutschen Arbeiterdichter. Max Barthel und Karl Bröger waren Gelegenheitsarbeiter gewesen, Heinrich Lersch Kesselschmied.

Alle drei waren im Krieg bekannt geworden: Max Barthel durch seine »Verse aus den Argonnen«. Sie waren volksliedhaft und klingend. Er hatte mit seinen Worten »buntglänzenden Lack auf das Schreckliche gespritzt«.

> Eine große Knochenmühle ist die Front,
> Mahlt in heißem Schlachtgewühle,
> Mahlt auch in der Winterkühle,
> Grauenhaft am Horizont.

Von Karl Bröger stammen die Verse

> Herrlich zeigte es aber deine größte Gefahr,
> Daß dein ärmster Sohn auch dein getreuester war.

Heinrich Lersch wurde während des Ersten und Zweiten Weltkriegs überall mit den Versen zitiert: »Deutschland muß leben, und wenn wir sterben müssen!«

Nach dem Krieg besangen Lersch und Barthel die Revolution und den Kampf des Proletariats; nur Karl Bröger, vom Sozialismus enttäuscht, schrieb katholische Arbeiterlegenden und träumte von einer freien Sterngenossenschaft aller Menschen. Alle drei waren Lyriker, aber von den Gedichten konnten sie nicht leben. Max Barthel, der Verlagslektor, gab ihnen Aufträge. Sie schrieben Romane für die Büchergilde Gutenberg, auch Max Barthel: Schön im Handsatz hergestellt, aber langweilig, denn Poeten sind nicht immer gute Erzähler.

Am Vormittag des »Tags der Arbeit« traf ich sie im Lektorat der Büchergilde. Die Cognac-Flasche stand auf dem Tisch, und es war vor allem Max Barthel, der sich bediente. Er hatte am Abend vorher den Text einer Erklärung entworfen, den seine Sekretärin gerade abschrieb.

Karl Bröger, klein und still und mit einem widerspenstigen Haarschopf, sprach nur, wenn man ihn fragte. Er stand immer am Rande, aber er redete warmherzig, wenn man sich allein mit ihm unterhielt.

Auch Heinrich Lersch war klein; noch ein Kind, hatte er schon in den engen Dampfkesseln, halb kniend, halb kauernd die dampfführenden Rohre genietet. Sein Gesicht war mager und scharf geschnitten. Ihn mochte ich am liebsten. Er war nicht so ungezügelt wie Max Barthel, sondern ernst und nachdenklich. Wir schrieben uns später, und als ich in Amerika war, mußte ich ihm von da berichten.

Er war wohl damals schon krank; krank von der Arbeit in seiner Jugend. Zwei Jahre später starb er, erst neunundvierzig Jahre alt.

Die Sekretärin brachte den Text herein, und Max Barthel las ihn vor. Was er vorlas, klang wie ein Weihegesang. Es war eine Ergebenheitsadresse – an Joseph Goebbels gerichtet. Die Arbeiterdichter, die früher die proletarische Revolution gewollt und verherrlicht hatten, wie Max Barthel Lenin die Hand gedrückt und in der Sowjetunion gearbeitet hatten, bekannten sich nun zum Nationalsozialismus, weil er den deutschen Arbeiter vor dem Bolschewismus gerettet hatte.

Heinrich Lersch hörte sich die Erklärung ernst an.

»Die Arbeiter haben unsere Verse zum Lob der Revolution noch im Ohr«, sagte er. Auch Karl Bröger hatte Bedenken. »Aber wir hören die Arbeiter doch draußen vorbeimarschieren und singen«, sagte Max

Barthel. »Sie haben früher auch an Lenin und Ernst Thälmann geglaubt. Sie sind geheilt wie wir. Sollen wir sie in dem Glauben lassen, wir beteten noch für die Weltrevolution?«

Sie unterschrieben alle drei die Erklärung. Max Barthel bat den Partei-Verlagsleiter herein und übergab sie ihm zur Weiterleitung. Der Verlagsleiter hatte sie ja angeregt. Und Max hatte die anderen beiden dazu überredet. Am Abend hörten wir sie im Rundfunk, und am nächsten Tag konnten wir sie in den Zeitungen lesen. Die alten SPD-Mitarbeiter im Verlag und der Druckerei waren entsetzt. Rudolf Dörwald, der mir vormittags Unterricht in Schriftgrafik gab, sagte überhaupt nichts, so deprimiert war er. Sie sahen in Max Barthel und seinen Freunden Verräter der Arbeiterklasse.

Ein halbes Jahr später, am 27. Oktober 1933, legten 88 namhafte deutsche Dichter, wie Harry Graf Keßler in seinem Tagebuch notierte, Hitler ein Gelöbnis treuester Gefolgschaft ab.

Edith muß weck

Ich hatte Ende April einen Brief von Edith bekommen. Er ist verloren, aber ich habe den Text und die Stationen der ersten großen Liebe damals in dem geheimen dicken Heft notiert; einem Heft, in das ich alle meine Verse eingeschrieben habe, das ich durch Krieg, Brand und über alle Umzüge bis heute gerettet habe, und in das noch niemand hineingesehen hat.

Und wer doch heimlich hineingesehen haben sollte, hätte es wohl kaum lesen können, weil alles in der längst nicht mehr gelehrten Kurzschrift Stolze-Schrey geschrieben ist.

Ediths Brief:
Lieber Geliebter,
Ich habe eine große Nachricht zu erzählen. Ich fahre morgen wieder in Schweiz um sieben Uhr ungefähr. Bitte nicht versuchen zu telefoniert oder schreiben. Das kann für mich große Unannehmlichkeiten passiert. Ich sage hier auf wiedersehn für immer. Vielen Dank für die Abende und Nachmittage wo wir waren zusammen. Ich bin sehr traurig.

Aber ist wegen Politik, daß ich weck muß. Ich erzähle nicht weiter...
Ein große, lange Kuß.

Als ich ihren Brief bekam, saß sie schon im Zug unterwegs »in Schweiz«. Ich ging in mein Zimmer, warf mich auf das Bett und schrie in die Kissen. Ich sollte ihr nicht schreiben, aber ihre Adresse in Vevey hatte sie doch angegeben. Natürlich schrieb ich ihr und sie mir. Bis andere kamen.

Ich fuhr später noch einmal nach Dahlem. Die Fensterläden waren geschlossen. Das Tor war zu. Das Haus unbewohnt.

Doch er verstand die Kinder

Am Abend des 1. Mai saßen die drei Arbeiterdichter in Maxens kleiner Wohnung im Berliner Norden zusammen. Lisa Barthel, eine dunkle, südländisch wirkende, schon etwas füllige sächsische Schönheit, hatte zwei Kisten Bier und eine Flasche Korn bereitgestellt.

Maxens Freund Willy Sachse, der in der Nähe wohnte, war auch gekommen. Er war im Krieg Matrose gewesen, im Jahr 1918 als Meuterer zum Tode verurteilt, aber vom Kieler Aufstand gerettet, in Hitlers Reich wegen seiner kommunistischen Vergangenheit aus der Reichsschrifttumskammer ausgeschlossen worden. Er schrieb jetzt unter einem Pseudonym Groschenromane. Im Jahr 1943 wurde er wegen Hoch- und Landesverrats zum zweitenmal zum Tode verurteilt, diesmal wurde das Urteil vollstreckt. Die vier nahmen mich als Sohn der jungen Generation in ihren Kreis auf.

Max Barthel war klein, und wenn auch nicht dick, so doch wohlbeleibt, sein Haar mittelblond, und seine Sprache behielt auch in Berlin den Ton seiner Dresdner Heimat. Er mußte eine Brille mit dicken Gläsern tragen.

In seinem Gesicht, das dem Max Regers ähnlich war, ereignete sich immer etwas. Ich sah es, wenn er mir am Schreibtisch gegenübersaß und ein Gedicht schrieb oder es auch nur abschrieb. Seine Stirn, sein Mund zuckten. Er sah und hörte nicht mehr, was um ihn vorging. Das Gesicht war zerrissen, die Augen auf das Papier fixiert, auf das er in seiner wilden, aber harmonischen Schrift Verse schrieb, durchstrich, verbesserte, ergänzte. So, wie man sich den Dichter, das Aug' in holdem Wahnsinn rollend, vorstellt.

Er liebt das Wilde, auch das Balladenhafte, konnte aber auch zart und leise sein. Er verstand die Kinder und ihre Sprache. Seine Verse konnten klingen, oft jedoch klingelten sie nur, sie schmetterten und dröhnten Passagen, die großartig klangen, aber hohl waren.

Je länger der Nationalsozialismus währte, desto weniger hatte Max Barthel mit ihm im Sinn. Doch er hatte ihm in der Erklärung der Arbeiterdichter seine Reverenz erwiesen und galt nun bei den Altkommunisten und Altsozialdemokraten als Verräter. Und auch nationalsozialistische Arbeiter empfanden die Ergebenheitsadresse als peinliche Anbiederung.

Das Propagandaministerium hatte deshalb für ihn keine Verwendung mehr. Die Partei sah in ihm wohl einen politischen Opportunisten, was ja auch nicht ganz falsch war. Als ein neuer Mann die Leitung der Büchergilde Gutenberg übernahm, kündigte er ihm von einem Tag auf den anderen. Darauf schrieb Max Abenteuerromane, Groschenromane, zehn Seiten am Tag. Er stellte das später, nach dem Krieg, als seinen Protest gegen das Regime hin, das ihm die Möglichkeit ernster literarischer Arbeit genommen habe.

Doch das war nicht die ganze Wahrheit: Seit das Feuer der proletarischen Revolution in ihm erloschen war, hatte er nichts mehr zu sagen. Nach seinen Gesängen auf das Heldentum der roten Proletarier fand er kein Thema mehr. Doch er schrieb einige schöne Kinderlieder. In seiner Biographie »Kein Bedarf an Weltgeschichte« suchte er sich für seine Kompromisse mit den Nationalsozialisten zu rechtfertigen.

Nach dem Krieg, als er in Bad Breisig lebte, versiegten die Quellen seiner Poesie. Nur selten gelang ihm noch ein Gedicht. Es war traurig anzusehen.

Der Arbeitsmann

Als wir das graue Drillichzeug, Stiefel, derbe Schuhe, Gürtel, Mütze und Spaten bekommen hatten und auf dem sandigen Hof vor den Baracken angetreten waren, fragte der Oberfeldmeister, ob unter den neu Angekommenen auch ein Schriftenmaler sei. Ich hob sofort den Arm; denn das war keine Schwerarbeit, die ich möglichst zu meiden suchte. Und hatte ich nicht auch bei Rudolf Dörwald acht Tage lang alle gängigen Schriften von der Antiqua bis zur modernen Grotesk geübt? Doch wie rührte man Ölfarben an? Zum Glück war unter den Neuen auch der Malerlehrling Hans Prill, der mir auf meine Bitte zugeteilt wurde und mir die Grundkenntnisse des Malerhandwerks beibrachte.

Uns wurde befohlen, zuerst den Briefkasten zu streichen, dann die Fahnenstange mit einer schwarz-weiß-roten Spirale zu bemalen und schließlich ein neues Schild über dem Lagertor anzubringen und zu beschriften.

Die anderen marschierten am nächsten Morgen singend aus dem Lager, um Gräben auszuheben; das war im Rhin-Luch, etwa sechzig Kilometer nordwestlich von Berlin.

Wir mußten viele sarkastische Bemerkungen über unser bequemes Leben von den anderen hören, die am Spätnachmittag mit Blasen an Händen und Füßen zurückgekommen waren und abends kaum noch laufen konnten, weil sie jeder Muskel schmerzte. Der Hinweis auf unsere ständige Konzentration und Sorge sowohl um Harmonie der Buchstaben wie um Konsistenz der Farben, die nicht tropfen durften, und was wir sonst noch zu entgegnen hatten, alle diese Argumente wurden nur mit Hohn aufgenommen.

Mit den »Arbeitskameraden« vertrug ich mich trotzdem gut. Wir waren alle aus Berlin. In meiner Stube waren wir drei Abiturienten, die anderen Arbeiter und Arbeitslose. Einer war geistig zurückgeblieben, aber er hatte den Fahrplan aller – aller! – Berliner Straßenbahnen, Busse und der Stadtbahn mit allen ihren Haltezeiten und Anschlüssen im Kopf. Ein ungewöhnliches Phänomen. Wegen seiner Einfalt hatte die Berliner Verkehrsgesellschaft ihn jedoch nicht eingestellt. Jahre später traf ich ihn dann in der Straßenbahn, nun doch mit der Schaffnermütze auf dem Kopf. Er war stolz und glücklich. Jeder sah es ihm an.

Es war für mich ein Gewinn, im Zusammenleben mit diesen Kameraden Rücksicht auf die Gemeinschaft, Toleranz, Selbstbeherrschung und die Kunst des Zurückstehens zu lernen und zu üben, woran es mir zuweilen gefehlt hatte.

Nach sechs Wochen wurden Hans Prill und ich auch in die Gräben geschickt. Wir mußten fünf Kilometer bis zur Arbeitsstelle marschieren und abends, wenn wir den Spaten nur noch müde heben konnten, fünf Kilometer zurück. Das gefiel uns gar nicht. Die Arbeit war hart und bitter.

Der militärische Drill nach der Arbeit und der Sadismus, mit dem uns einer der Feldmeister bis zur Erschöpfung exerzieren ließ, um uns

Im Arbeitsdienst beim Stiefelputzen.

»fertigzumachen«, gingen mir zutiefst wider die Natur. Als ein Jahr darauf die allgemeine Wehrpflicht eingeführt wurde, glaubte ich, daß ich noch einen solchen Versuch, den Menschen zu demütigen, nicht würde ertragen können.

Die meisten Kameraden hatten wie ich den Arbeitsdienst bald satt und zählten die Tage bis zur Entlassung. Ich schrieb in der Zeitung *Der Deutsche* einen Artikel, der von den noch nicht ganz gleichgeschalteten Blättern fleißig zitiert wurde.

> Gegen die Idealisten von Beruf!
> In mein Arbeitsdienstlager kamen viele Pressevertreter, die schrieben am nächsten Tage, obwohl sie gar nichts gesehen hatten, wie froh und wie glücklich wir alle aussahen, wenn wir zur Arbeit ausmarschierten. Wir wunderten uns nur, warum sie dann nicht gleich bei uns geblieben sind.
> Ein deutscher Philosoph hat von einem »ruchlosen Optimismus« gesprochen; was von dem Glück der Arbeit gesagt wird, ist ruchloser Idealismus... Nun müssen wir es einmal allen ins Gesicht schreien: Unsere Gesichter und Gedanken waren beim Arbeitsdienst beim Ausmarsch zur Arbeitsstelle oft ernst und bitter.

Das war wohl richtig gesehen, aber die dann folgenden Reflexionen, zum Beispiel, daß das Wort vom Glück der Arbeit aus der Tragik der Arbeit geboren ist, waren Pathos und Phrasen aus dem Geist der Zeit. Auch ich konnte mich dem nicht entziehen.

Nicht ganz entziehen. Denn in einem Artikel, den ich im Juli 1935 in der Zeitschrift *Der Aktivist* schrieb, sprach ich von Helden wie Parzival, dem »tumben Tor«, von Eulenspiegel, Don Quixote und Simplizissimus. »Ist euer Heldentum nicht ebensogroß wie das der großen Gebärde?« fragte ich. Und ich zitierte Ernst Jünger mit dem Satz:

> Die erste Seite, auf der Rabelais schildert, wie Panurg sich vor Angst in die Hose macht, hat stärkeren Saft als alle Bücher, die über heroische Weltanschauung geschrieben sind.

Von Helden war in meinen Gedichten bisher nie die Rede gewesen. Aber jetzt war das gelegentlich der Fall; doch es waren damit nie die siegreichen Schlagetots gemeint, sondern immer nur die leidenden Helden, von denen ich sprach. Die wegen ihres mühseligen Lebens von mir so bedauerten »Helden der Arbeit« zum Beispiel. Oder Prometheus. Und schließlich die von ihrem Geschick niedergeworfenen und nun klaglos untergehenden Helden und Götter.

In Hitler habe ich nie einen Helden gesehen. Dennoch sah ich ihn seit der Arbeitsdienstzeit, also von Mitte 1934 an, für ein bis anderthalb Jahre weniger kritisch. Er war offenbar gar nicht der Barbar und radikale Brüller, wie ich ihn aus den Rundfunkübertragungen seiner Wahlreden kannte, sondern ein gemäßigter Staatsmann.

Mich überraschte schon im März 1933, wie er nicht in Braunhemd und Stiefeln, sondern im Cut mit dem alten Reichspräsidenten von Hindenburg die Potsdamer Garnisonskirche besuchte, in der Friedrich der Große begraben war.

Wie er sich hier und ein anderes Mal vor der Neuen Wache in Berlin, ebenfalls im Cut, tief vor Hindenburg in seiner Generalfeldmarschallsuniform verneigte. Ich zog daraus den Schluß, daß er an die altpreußischen Traditionen anknüpfen wollte, die ich nicht für die schlechtesten hielt.

Daß die Reichsregierung auch mit den Kirchen zusammenarbeiten wolle, zeigte das Konkordat mit dem Vatikan, wenn das auch Papens Werk war. Deutsche und französische Frontkämpfer des Ersten Weltkriegs trafen sich unter nationalsozialistischer Schirmherrschaft in Frankreich und in Deutschland und schworen, daß nie wieder Krieg zwischen den beiden Nationen sein werde.

Ich hatte gefürchtet, Hitler werde sich den Korridor und das Land, das die Polen sich in Oberschlesien ohne gültige Rechtstitel angeeignet hatten, bei nächster Gelegenheit mit Gewalt zurückholen. Doch er schloß statt dessen einen Nichtangriffspakt und ein Freundschaftsabkommen mit Polen, und die Parteipresse schrieb freundliche Artikel über Polens autoritären Führer Marschall Pitsudski. Im Mai 1934 hatte Hitler im Reichstag ein Friedensprogramm in 13 Punkten vorgelegt.

Der britische Lordsiegelbewahrer Anthony Eden hatte Hitler im Februar besucht und war nicht nur von seiner »smarten, fast eleganten Erscheinung« überrascht, sondern auch von seinem Friedenswillen überzeugt.

Die deutsche Presse verbreitete freundliche Kommentare ausländischer Gäste, die Hitler das Ansehen eines Staatsmannes geben sollten, der zwar entschlossen auf der Gleichberechtigung Deutschlands bestand, aber auch friedliche Beziehungen zu den Nachbarstaaten wünschte.

Die bürgerkriegsähnlichen Zustände in Berlin hatten aufgehört; die Rotfront-Kämpfer waren ja in der SA. Die Arbeitslosigkeit ging zurück. Arbeiter und Arbeitgeber waren gemeinsam in der »Arbeitsfront«.

Die Arbeiter sahen in der Organisation »Kraft durch Freude« eine soziale Bereicherung, und das war sie auch, möge Dr. Ley sie auch weniger aus sozialer Fürsorge gegründet haben, als vielmehr in der Absicht, die Arbeiter für Hitler zu gewinnen. Die herablassenden Urteile heutiger Kritiker über die Organisation »Kraft durch Freude« zeigen, daß ihnen ein differenzierter Blick schwerfällt. Unsere Gewerkschaften heute fordern zwar ständig und ohne Rücksicht auf Rentabilität und Produktivität mehr Urlaub und kürzere Arbeitszeiten bei vollem Lohnausgleich; aber ihre Fürsorge für die Arbeiter und ihre Fantasie reichen nicht so weit, ihnen genügend Anregungen zur Nutzung der Freizeit zu geben und ihnen zu billigen Ferien zu verhelfen, was selbst der sonst wenig nachahmenswerte Freie Deutsche Gewerkschaftsbund der DDR konnte.

Ich hatte mir schon als Primaner und später als Student Geld verdient, indem ich Gruppen von Arbeitern, die für wenige Reichsmark in »Kraft durch Freude«-Sonderzügen aus allen Gegenden des Reiches nach Berlin gereist waren, durch die Stadt oder Gruppen von Kunstbeflissenen durch die Nationalgalerie führte. Sie alle waren begeistert: Die meisten waren noch nie aus ihrer Heimat herausgekommen. Autos besaßen sie ja damals nicht. Aber jetzt konnten sie dank »Kraft durch Freude« alle Gegenden Deutschlands besuchen, ja, mit den Kreuzfahrtschiffen auch das Ausland.

Natürlich war das Negative, die Propaganda und Selbstbeweihräucherung, die Unfreiheit auch im ersten Jahr Hitlers nicht zu übersehen. Vom Antisemitismus habe ich schon gesprochen.

Auch von dem Konzentrationslager Oranienburg, nördlich von Berlin, hatte ich gehört; daß Gegner des Regimes dort interniert waren und zu Landarbeit gezwungen wurden. Es war 1934 noch verhältnismäßig klein. Die Behandlung der Insassen war, wie man hörte, entwürdigend. Die Bestialitäten in Oranienburg kamen wohl erst später, als das Konzentrationslager Himmler unterstellt wurde.

Ich hielt das Konzentrationslager Oranienburg – das einzige, wie ich damals glaubte – für eine vorübergehende Erscheinung, die verschwinden würde, wenn das Regime sicher war, daß die Insassen – zumeist kommunistische Aktivisten, soweit ich wußte – kein politisches Risiko mehr seien. Temporäre Konzentrationslager, nicht zu verwechseln mit den späteren Vernichtungslagern, waren ja schon aus dem amerikanischen Bürgerkrieg und dem Burenkrieg bekannt. Daß sie zu einer bleibenden Einrichtung des Staates, einem politischen Terror-Instrument würden – das sah ich damals noch nicht.

Zum Streit mit meinem Vater kam es, als er den Boykott jüdischer Geschäfte, die Enteignungen, die Verbote jüdischer Schriftsteller verteidigte. Ich hielt das für eine Schande und war darüber empört, daß Mitschülern wie den Brüdern Liebknecht aus der Parallelklasse das Studium unmöglich gemacht wurde.

Ich war weder antisemitisch noch prosemitisch. Ich hielt die Diskussion über Rassen für eine naturwissenschaftliche, aber keine politische Frage. Pfarrer Otto Kleinschmidts Forschung und Lehre, in denen ich aufgewachsen war, waren fern von den Folgerungen, die Hitlers Rassenlehre zog.

Das war natürlich naiv und falsch und nur aus Trotz gegen das gedacht, was ich täglich von meinem Vater hören mußte. Die politische Bedeutung der Rassenfrage ging mir erst später auf, als ich ihr auch in den Vereinigten Staaten begegnete.

Allerdings sah ich natürlich auch vorher schon in Deutschland, daß die vielfach aus dem 19. Jahrhundert überkommene überproportionale Besetzung mancher Berufe und Gewerbezweige durch Juden und ihre Versuche, diese Vorzugs-, manchmal sogar Monopolstellung aufrechtzuerhalten und Nichtjuden auszugrenzen, ein soziales Problem war, das dem Antisemitismus jahrzehntelang Nahrung gegeben hatte.

Aber ich verglich es mit der Präponderanz des Adels in der höheren Verwaltung, den Ministerien und dem Offizierskorps und der Ausgrenzung der Bürgerlichen bis zum Ende des Ersten Weltkriegs, die ein vielleicht noch gravierenderes soziales Problem in einer auf Chancengleichheit bedachten Gesellschaft gewesen war. Es hatte sich in der Weimarer Republik fast von selbst gelöst, und ich glaubte, wiederum recht naiv, daß das Übergewicht des jüdischen Bevölkerungsanteils in bestimmten Berufen, soweit es die Chancengleichheit störte, sich ebenfalls ohne restriktive Maßnahmen, allein durch eine geschickte Sozial- und Wirtschaftspolitik ausgleichen ließ.

Auf jeden Fall konnte das Übergewicht von Juden in manchen Berufen die brutale Verfolgung durch Hitler in keiner Weise rechtfertigen. Im Grunde waren ja auch nicht diese ökonomischen und sozialen Tatsachen, sondern primitiver, irrationaler, atavistischer Haß das Motiv für den Antisemitismus der Nationalsozialisten.

Ich hatte mir schon in der Schule vorgenommen, Ciceros Methode, *in utramque partem* zu plädieren, zu meiner eigenen zu machen, nämlich erst die eine, dann die andere Seite eines Tatbestandes zu erörtern. Diese Methode, die zwar nicht die Wahrheit, aber der Weg zu ihr ist, wurde das Hauptprinzip meines Denkens und Schreibens überhaupt, was am augenfälligsten die Handlungsabläufe meiner Romane zeigen.

Unser Fernsehen und Rundfunk ziehen es dagegen meistens vor, dem Publikum nur *eine* Ansicht zu präsentieren, obwohl sie uns doch besser informieren würden, wenn sie anschließend auch die Gegenseite zu Worte kommen ließen. Manchmal hat man den Eindruck, als solle uns nur diese eine Seite aufoktroyiert werden.

Alles, das mir bekannte Negative wie das Positive gegeneinander abwägend, kam ich nun zu dem Schluß, daß Hitler eine gemäßigte Politik treiben werde, und daß Übergriffe, von denen man immer wieder hörte, wie die Ermordung Hanussens, auf das Konto alter SA-Rabauken und Revoluzzer kämen, die sich wie die alten Freikorpskämpfer nicht mehr an eine staatliche Ordnung gewöhnen konnten. Ich glaubte, irgendwann werde Hitler solche Exzesse unterbinden, die Konzentrationslager auflösen und den Antisemitismus dämpfen und diesen Kurs einstellen, der so gar nicht zu der Mäßigung paßte, die ich ihm unterstellte.

Trotzdem habe ich nie, weder damals noch später, ein Gelöbnis für ihn unterzeichnet, nie ein Gedicht, nie einen Vers über ihn geschrieben. Ja, in meinen Büchern und in meinen Zeitungs- und Zeitschriftenartikeln, die ich vor 1945 veröffentlicht habe, kommt er überhaupt nicht vor, und auch vom Nationalsozialismus ist bei mir nie die Rede, auch nicht, als ich mit neunzehn und zwanzig Jahren in Hitler einen gemäßigten Staatsmann sah.

Im Rückblick finde ich das seltsam; denn natürlich habe ich mit

Freunden und Kommilitonen über ihn und die politische Lage oft und heftig, pro und contra diskutiert. Ich hatte offenbar so tiefe, mir selbst nicht bewußte Vorbehalte gegen Hitler und den Nationalsozialismus, die wohl aus der Opposition gegen meinen Vater erwachsen sind, daß es mir schwer wurde, etwas über ihn zu schreiben; Vorbehalte, die sich bald verstärkten und dann in kritischen Artikeln gegen die Kulturpolitik, den Antisemitismus und später gegen die außenpolitischen Vorstellungen ausdrückten. Nur einmal habe ich über Hitler geschrieben; nach Kriegsbeginn, davon werde ich noch berichten. Aktiven Widerstand gegen das Regime als Ganzes leistete ich nicht; er wäre mir damals, Mitte der dreißiger Jahre, auch aussichtslos erschienen. Allerdings sah ich das Schlimmste auch nicht, da ich von den zwölf Jahren seiner Herrschaft nur fünf in Deutschland war.

Doch meinen niederländischen Bekannten in Den Haag schrieb ich 1934 aus dem Arbeitsdienst, daß ich Hitlers Politik nicht mehr so negativ beurteilte wie damals, und daß – alles in allem – das Positive zu überwiegen beginne. Ich war damals neunzehn Jahre alt. Sie antworteten mir darauf nicht mehr. Ich wollte mit ihnen reden, aber sie hatten mich abgeschrieben. Wie einen Verräter. Das glaubte ich nicht verdient zu haben.

Pourvu que ça dure

Es muß im April oder Mai 1934 gewesen sein. Ich saß mit meinem früheren Mitschüler Kai Graf Brockdorff auf einer Bank im Kleinen Tiergarten. Als ich von der positiven politischen Tendenz sprach, die ich entdeckt zu haben glaubte, entgegnete er nur trocken und im Versuch, Mutter Laetitias korsischen Dialekt nachzuahmen: »*Pourvu que ça dure.*«

»Wieso?«

»Weil die zweite Revolution vor der Tür steht. Gregor Strasser und seine Freunde werden Hitlers Verrat des Sozialismus nicht dulden. Die SA hat er kastriert; aber Röhm, Heines, Ernst und die anderen SA-Führer lassen sich das nicht gefallen. Sie wollen aus der SA eine Miliz machen und fordern Waffen, um die Revolution zu vollenden. Sie wollen die Goldfasane der Partei, die schon jetzt in bürgerlichem

Wohlstand erlahmt sind, absetzen und einsperren. Alle reden doch davon. Anscheinend bist du, seit du aus der SA ausgetreten bist, nicht mehr auf dem laufenden. Aber das Militär will die Waffen nicht herausrücken. Du wirst sehen, die SA wird sie sich nehmen.«

Ich erzählte von meinen Wachen im ULAP, dem, wie ich vermutete, geheimen Waffenlager der SA.

»Na, siehst du!« antwortete er. »Alles, was man hört, paßt zusammen und läuft auf die Nacht der langen Messer hinaus.«

Das klang beunruhigend.

Aktivistenrummel

Die Wochenzeitschrift *Der Aktivist* war anfangs Organ des Nationalsozialistischen Studentenbunds an der Berliner Universität und nannte sich im Untertitel »Blatt der Berliner Arbeiter und Studenten«. Ich hatte im Juni 1934, als ich noch im Arbeitsdienst war, ein paar Artikel darin gelesen, die mir gefielen. Der Chefredakteur Heinz Schmoll, den ich anrief, um einen Artikel anzubieten, sagte mir, die Freunde der Zeitschrift veranstalteten am Samstag im Studentenhaus in der Dorotheenstraße einen »Aktivistenrummel« mit Tanz. Ich sei eingeladen, und da könnten wir uns ja sehen.

Am frühen Abend stand ich vor dem Studentenhaus. An der Tür hing ein Zettel »Aktivistenrummel fällt aus«. Nichts weiter. Ich fuhr nach Hause, und da erzählte mein Vater, Hitler habe einen Putschversuch Röhms und seiner SA mit großer Härte niedergeschlagen.

Später erfuhr ich von Heinz Schmoll, daß er den »Aktivistenrummel« auf diese Nachricht hin sofort abgesagt habe. Unglücklicherweise habe die Nummer des *Aktivist*, die gerade in den Kiosken auslag, einen Artikel des Heidelberger Studenten K. A. Götz über »Die heimlichen Jakobiner im Reich« enthalten. Er sei damit sofort zu seinem Freund, dem SS-Standartenführer Sixt, ins Gestapo-Hauptquartier gefahren und habe die SS gebeten, ihm zu helfen, alle Exemplare der Zeitschrift aus dem Verkehr zu ziehen. Heinz Schmoll selbst geschah nichts, da er als zuverlässiger alter Parteigenosse galt.

Er war schon ein älteres Semester, der längst bei dem Zeitungswissenschaftler Dovifat hätte promovieren sollen. Doch als dem *Aktivi-*

sten, weil er »antinationalsozialistisches Gedankengut verbreitet« hatte, sein Charakter als Hochschulzeitschrift abgesprochen wurde, beschloß er, sie eben als unabhängige Zeitschrift weiterzuführen.

Sie erschien eine Zeitlang unter dem Titel *Der Vorsprung* und, als die gesetzliche Karenzzeit verstrichen war, wieder als *Aktivist* mit einer Auflage, die selten die zehntausend überschritt. Sie hatte zwar viele Studenten als Leser verloren, doch einen festen Leserkreis hinzugewonnen, als Heinz Schmoll durch ein vertrauliches Abkommen mit der kritischen Wochenzeitschrift *Blick in die Zeit* erreichte, daß nach ihrem Verbot der *Aktivist* den Beziehern als Ersatz geliefert wurde. Das bewährte sich, bis dieser im Sommer 1937 selbst gezwungen wurde, sein Erscheinen einzustellen.

Der oberste Gerichtsherr

Im Reichstag suchte Hitler in einer langen Rede die Morde der SS bei dem sogenannten Röhm-Putsch zu rechtfertigen.

Die Revolution, rief er, sei kein Dauerzustand. Die Existenz der Nation werde nur durch innere Ordnung und Sicherheit garantiert. Es gebe im Staat nur einen Waffenträger, die Wehrmacht. In dieser Stunde sei er verantwortlich für das Schicksal der deutschen Nation und des deutschen Volkes oberster Gerichtsherr gewesen. Er habe daher Befehl gegeben, die Hauptschuldigen an dem Verrat zu erschießen.

Erich Kordt fragte mich später, wie ich das alles hätte glauben können. Nun, ich wußte ja von Brockdorff, daß die SA von einer »Nacht der langen Messer« geträumt hatte. Ich glaubte, daß sie in der Tat eine zweite Revolution gewollt, Waffen gefordert und einen Putsch geplant habe, dem Hitler nur in letzter Minute zuvorgekommen sei. Daß auch Unbeteiligte, wie Schleicher und seine Frau, dabei umgekommen waren, entschuldigte ich nicht, erklärte es aber mit der allgemeinen Verwirrung bei der Niederschlagung eines Staatsstreichs. Und alle Zweifel beseitigte Hindenburgs Telegramm, der Hitler seinen tiefempfundenen Dank aussprach, weil er das deutsche Volk aus einer schweren Gefahr errettet habe. Ich hoffte, die revolutionäre Phase werde nun endlich zu Ende sein, und Hitler werde, wie er verkündete, Ordnung und Sicherheit garantieren.

Daß Hitler in dieser, wie ich glaubte, nationalen Krise das Recht des obersten Gerichtsherrn für sich in Anspruch nahm, schien mir, in antiker Geschichte erzogen, dem Ernst der Lage durchaus angemessen. Hatte nicht auch Cicero auf dem Höhepunkt der Krise die römischen Agenten des Catilina erwürgen lassen, was nach Mommsen eigentlich ein Justizmord gewesen war? Hatte nicht auch Tiberius, als ihm schließlich aufging, daß sein Statthalter in Rom, Sejan, die Macht usurpieren wollte, diesen in einem Brief an den Senat angeklagt und befohlen, den Ahnungslosen unverzüglich zu ergreifen und ohne Gerichtsverfahren zu töten?

In dem Wahlspruch Kaiser Ferdinands I., Gerechtigkeit müsse walten, wenn darüber auch die ganze Welt untergehe – *fiat iustitia, pereat mundus* – sah ich nur den Ausdruck perversen, das wohl der Menschen mißachtenden Denkens.

Barbarisches Gelächter

Ich wollte eigentlich alles studieren, alle Fächer zumindest der philosophischen Fakultät. Schließlich belegte ich Vorlesungen von Nicolai Hartmann, Julius Petersen, Romano Guardini, Dovifat, Rodenwaldt und anderen. Natürlich viel zuviel.

Doch ich las in den ersten Semestern mehr, als ich hörte. Überwältigt stand ich in den Katalogsälen der Staats- und der Universitätsbibliothek. Ich wollte alles lesen.

Ich las jeden Tag bis spät in die Nacht.

Nicht immer die richtigen Bücher, wie ich heute meine: Naturmystik, Paracelsus, Johannes Kepler, Jakob Böhme, Schelling, Novalis, Klages, Paul Kranhals und sogar den Evolutionsmythos des Geologen Edgar Daqué »Urwelt, Sage und Menschheit«, nicht weit entfernt von den phantasiereichen Spekulationen, wie sie später Erich von Däniken anstellte.

Von exakten Wissenschaften hielt ich überhaupt nichts. Schon gegen Ende meines ersten Semesters ritt ich in einem Artikel »Barbarisches Gelächter« im *Aktivist* einen frontalen Angriff gegen die Wissenschaft überhaupt, der »der Mut zur großen Theorie, d. h. der dichterischen Schau« fehle, und die Wissenschaftler, die »in Wahrheit nur die ewig

Student in Berlin
(1935).

Zweiten sind, die hinter den wahrhaft Großen herlaufen und das, was ihnen entfallen ist, auflesen«.

Man sieht, an Selbstbewußtsein hat es mir damals nicht gefehlt.

Ich zitierte in dem Artikel ausführlich eine ältere Schrift von Richard Benz, der eine Wissenschaft forderte, die »Werte setzt und aus dem Leben wiederum Leben, nicht aber bloßes Wissen zu gewinnen trachtet«.

Sein zweibändiges Werk »Die Stunde der deutschen Musik« hatte mich begeistert, weil es eine große, wenn auch subjektive Zusammenschau war. Er sah alle Musik nach 1800 als Abfall von der Musik Bachs und Mozarts an. Er veröffentlichte später ein bedeutendes Buch über die Romantik.

Ich schrieb ihm, und er freute sich, daß seine Gedanken wiederaufgenommen wurden. Er lebte als Privatgelehrter in Heidelberg, und ich habe ihn später dort oft besucht.

Karl Jaspers war zwar offen auch für ganz fremde Denkweisen, zum Beispiel die von Ludwig Klages; aber ich zweifle, ob er Richard Benz' »Stunde der deutschen Musik« ebenso begeistert aufgenommen hatte wie ich. Dennoch erzählte mir Frau Jaspers später, ihr Mann und Richard Benz hätten im Krieg zueinander gefunden und sich öfter getroffen. Ich vermute, daß es in erster Linie die gleiche politische Gesinnung war, die sie zusammenführte.

In die naturmystische Phase war ich durch Werner Haverbeck und seinen Bund »Glaube und Heimat« gekommen, der schon damals manche Programmpunkte der Grünen vorwegnahm. Er war eine Siegfriedsgestalt, kam aus der Jugendbewegung und begeisterte Menschen, die die Rettung der Welt in einer engeren Verbindung des Menschen zur Natur sahen. Sein Bund hatte, glaube ich, fünf Millionen Mitglieder.

Ich wurde zu einer Tagung des Bundes auf der Burg Friedberg in Hessen eingeladen. Dort traf ein Telegramm von Goebbels ein, in dem Werner Haverbeck abgesetzt und der Bund aufgelöst wurde.

Zu dem Bund gehörten die »Werkscharen«, die man als Bund junger sozialistischer Arbeiterjugend bezeichnen konnte. Mit einer Gruppe von ihnen gründete ich im Siemens-Werk einen Sprechchor, wie ich schon im Arbeitsdienst einen gegründet hatte. Wir sprachen Chöre aus der antiken Tragödie, aus »Faust II«, der »Braut von Messina« und von Heinrich Lersch, Max Barthel und Karl Bröger. Aber dann wurden auch die Werkscharen verboten. Daß das auch das Ende des Sprechchors bedeutete, nahm ich mir nicht zu Herzen; denn ich hatte den Glauben an seine künstlerischen Möglichkeiten ohnehin verloren.

Ernst Laurenze vom Reichssender Berlin ließ mich einmal oder zweimal im Monat das Manuskript für das populäre »Schatzkästlein« schreiben, das Sonntag vormittags gesendet wurde. Es bestand aus Lyrik und Prosa der deutschen Literatur und klassischer Zwischenmusik. Die Sendungen standen jeweils unter einem Thema wie »Das Meer«, »Der Wald«, »Das Wandern«, »Die Wolken«.

Das Honorar von achtzig Reichsmark war mir höchst willkommen. Der *Aktivist* zahlte keine Honorare. Wir Mitarbeiter, junge Studenten, waren froh, hier ein Sprachrohr für unsere Ideen zu haben.

Ich vermittelte dem *Aktivisten* Artikel von Heinrich Lersch, Karl Bröger, Richard Benz. Und natürlich sorgte ich dafür, daß dort einmal auch ein halbes Dutzend meiner Gedichte erschien.

»Sie haben nichts zu tun mit jener gewissen Schallplattenlyrik, die sich als heroisch ausgibt und doch nur neben den Zeiterscheinungen herläuft«, schrieb Max Barthel in einem Geleitwort und fügte preisende Worte hinzu, die wir hier weglassen können.

Ich rezensierte neue Bücher. Zu Ernst Jüngers Buch »Blätter und Steine« schrieb ich:

> Jünger deckt schon die Grenzen einer geistigen Haltung auf, während die anderen noch nicht an die Grenzen glauben. Das Buch ist eines der entscheidendsten und gefährlichsten unserer Zeit.

Und ich zitierte den Schweizer *Bund* aus dem Jahr 1886 über »Jenseits von Gut und Böse«:

> Wir legen in die Bezeichnung »gefährliches Buch« keine Spur von Tadel gegen den Autor und sein Werk. Der geistige Sprengstoff, wie der materielle, kann einem sehr nützlichen Werk dienen, es ist nicht notwendig, daß er zu verbrecherischen Zwecken mißbraucht werde. Nur tut man gut, wo solcher Stoff lagert, es deutlich zu sagen: »Hier liegt Dynamit!«

Im August 1934, noch im Arbeitsdienst, hatte ich im Amsterdamer *Telegraaf*, den ich gelegentlich kaufte, um mich in Holländisch zu üben, eine Polemik gegen Bruno E. Werners Buch »Vom bleibenden Gesicht der deutschen Kunst« gelesen. Der holländische Autor wollte die alte niederländische Kunst nicht, wie Werner es tat, zur deutschen Kunst rechnen, während ich in einem Gegenartikel, obwohl ich weder das Buch kannte noch wußte, wer Bruno E. Werner war, meinte, sie sei eine deutsche Regionalkunst gewesen; von einer nationalen niederländischen Kunst könne man, da die Niederlande bis 1648 zum Deutschen Reich gehört hatten, vorher nicht sprechen. Manche meiner Argumente waren, wie ich heute sehe, ziemlich schwach. Der Austausch von Polemiken, jeweils eine ganze Zeitungsseite, wurde fortgesetzt, bis sie schließlich auch in die *Deutsche Allgemeine Zeitung* (DAZ), die große konservativ-liberale Berliner Zeitung, Eingang fand. Erst da erfuhr ich, daß Bruno E. Werner ihr Feuilletonchef war.

Das Kameradschaftshaus

Studenten mußten damals die ersten beiden Semester in einem Kameradschaftshaus wohnen. Das kostete monatlich hundert Reichsmark mit Verpflegung. Mein Vater, der sich mit seinen Gläubigern verglichen hatte und jetzt etwas mehr verdiente, erklärte sich bereit, die Kosten zu übernehmen. Das verpflichtete mich ihm, was mir zwar nicht ganz behaglich war; aber ich nahm sein Angebot an.

Günther G. war, als wir zum Semesteranfang einzogen, zum Führer des Kameradschaftshauses ernannt worden, weil er schon seit 1932 in der SS war. Im Februar, zum Semesterende, kam er eines Abends in mein Zimmer. Ich las an meinem kleinen Tisch, er setzte sich aufs Bett.

»Es steht eine Villa im Grunewald«, sagte er. »Und sie steht leer.«

»Da stehen jetzt viele Villen leer. Ich weiß.«

»Sie war früher Klubhaus einer Freimaurerloge. Großer Salon, Eßsaal, ein Dutzend Einzelzimmer. Alles prächtig eingerichtet.«

»Warum erzählst du mir das?«

»Weil ich dich fragen will, ob du mit mir und zehn Kameraden aus unserem Haus dort einziehen willst.«

»Wir müssen aber doch noch ein Semester im Kameradschaftshaus wohnen.«

»Das Haus im Grunewald wird als Kameradschaftshaus gelten. Wohnen und Essen sind frei, es kostet uns nichts. Wir kriegen eine Köchin und einen Hausmeister.«

»Klingt gut«, antwortete ich, »und wer bezahlt das alles?«

»Eine Bedingung«, fuhr er fort. »Bist du arisch? Ich meine nicht nur von den Großeltern her, sondern bis 1800 oder so.«

»Mein Vater sagt: ja. Er hat die Familie bis ins 16. Jahrhundert erforscht. Alles Bauern und Protestanten. Warum? Wer will das denn wissen?«

»Die SS.«

»Ich dachte mir schon, daß so was dahintersteckt. Ich bin aus der SA ausgetreten und habe keine Lust, jetzt in die SS einzutreten. Ich will studieren und nebenbei etwas schreiben. Ich habe einfach keine Zeit für Militärspiele, Ausmärsche, stumpfsinnige SS-Abende. Ich kenne das doch von der SA. Ich will mein Studium so bald wie möglich hinter mich bringen.«

»Mein Gott, du hast doch gerade erst angefangen. Du kannst außerdem ganz beruhigt sein: Du brauchst nicht in die SS einzutreten. Die lassen dich nicht mal eintreten, wenn du einen Antrag stellst. Weil sie dich noch gar nicht kennen.

Wir spielen im Grunewald nicht Militär. Wir wollen keine stumpfsinnige politische Schulung, höchstens Diskussionsabende. Vielleicht auch mal einen wissenschaftlichen Vortrag. Sonst nur Frühsport im Grunewald. Die wollen ja, daß wir studieren.«

»Warum? Warum sind sie an uns so interessiert?«

»Führungsauslese. Sie greifen sich die Intelligenz. Nach ein paar Semestern gucken sie uns an, ob sie uns brauchen können. Wenn ja, ist unsere Karriere gesichert. An dir sind sie interessiert, weil du schreiben kannst.«

»Gedichte!«

»Na ja! Du brauchst dich zu nichts verpflichten.«

»Und wenn es mir nicht gefällt?«

»Kannst du jederzeit wieder austreten. Aber da wir nichts zu bezahlen brauchen, wärst du in dem SS-Mannschaftshaus nicht mehr von deinem Alten Herrn abhängig. Denk mal darüber nach!«

Ich sagte zu.

Es stimmte: Man ließ uns in Ruhe. Das einzige, was ich von der SS sah, waren ein paar SS-Männer in weißen Kitteln in einem Institut, in dem wir gewogen und gemessen wurden; vermutlich um zu sehen, ob wir auch nordisch genug waren. Ich brauchte nichts zu bezahlen, ging in Vorlesungen, las bis spät nachts, schrieb manches nebenbei, arbeitete beim Rundfunk und beim *Aktivist* mit, der jetzt unter dem Titel *Vorsprung* erschien, und wurde Heinz Schmolls nächster Mitarbeiter.

Ein großes Glück

Es kam Eva, innig und bitter-süß. Und dann Martha, weltkundig, intelligent, leidenschaftlich, ein mediterraner Typ. Ich habe ihr Gesicht vor einiger Zeit wiedergesehen: in einem der zweitausend Jahre alten Porträts von Faiyum, den Bildern der Toten auf den Deckeln von Holzsärgen. Nicht schön wie Aphrodite, aber unvergeßlich der eindringliche Blick ihrer Augen.

Sie war über ein Jahr mit einem Zirkus durch die Ukraine und den Kaukasus gereist, bettelarm in Frankreich angekommen und hatte sich dort elend durchschlagen müssen. Darüber sprach sie nie. Wenn wir uns in der Unterhaltung einmal der Zeit näherten, verstummte sie. Jetzt war sie freischaffende Journalistin. Natürlich schrieb sie bald auch für uns »Aktivisten«. Sie zog mich aus meinem naturmystischen Halbdunkel wieder ans helle Licht des Tages. Mit klugen Fragen und leichtem Spott holte sie mich aus hohen Sphären romantischen Überschwangs sanft auf die Erde zurück. Sie war drei Jahre älter als ich und mindestens drei Jahre reifer und für mich ein großes Glück.

Antisemitismus und Sexualität

Julius Streicher, Gauleiter von Franken, einer der ältesten Mitkämpfer Hitlers, gab seit 1923 in Nürnberg die antisemitische Hetzzeitschrift *Der Stürmer* heraus. In vielen Orten des Reiches standen Schaukästen, in denen sie aushing. Auf der ersten Seite rechts oben zeigte gewöhnlich eine Karikatur fette Juden mit Hakennasen, die blonde »nordisch« aussehende Mädchen verführten und mit ihnen »Rassenschande« trieben.

Ich schlug Heinz Schmoll einen Artikel gegen diese Verbindung von Antisemitismus und Pornographie vor. Auch er hielt den *Stürmer* für unerträglich; aber er sagte, ein frontaler Angriff gegen den Antisemitismus würde nicht nur das Ende des *Aktivisten* bedeuten, sondern auch unser eigenes. »Wir stehen ohnehin auf der Abschußliste.«

Er meinte deshalb, wir müßten vor allem deutlich machen, daß der *Aktivist* nicht Hitlers kardinalen Glaubensartikel, den Antisemitismus, verurteile, sondern nur die Pornographie in Streichers *Stürmer*.

Kritik war unter Hitler nicht an den Grundsätzen, sondern allenfalls an partiellen Erscheinungen des Nationalsozialismus möglich. Öffentliche Kritik in einer Diktatur, sei es der Nationalsozialismus oder Kommunismus, ist nur als systemimmanente Kritik möglich. Das heißt, es darf kein Zweifel darüber bestehen, daß der Autor die Linie der Partei bejaht, aber bestimmte Phänomene der Durchführung mit Sorge betrachtet und für verbesserungswürdig hält. Das erfordert manchmal Mut, da die Grenzen nicht festgezogen sind; Widerstand gegen das Regime aber ist es nicht.

Kritik ist auch möglich, wenn hinter dem Artikel eine Organisation der Partei steht, die einen Angriff gegen eine andere Formation vorträgt. Dann wird der Autor von seiner Organisation gedeckt.

Wer aber einer systemkritischen Organisation angehört oder zuge-rechnet wird, zum Beispiel der Bekennenden Kirche oder den Ernsten Bibelforschern, kann sich keine offenen Worte mehr erlauben. Selbst Prominente wie Pastor Niemöller kamen ins Konzentrationslager.

Ähnlich war es in der DDR. In der *Frankfurter Allgemeinen Zeitung* berichtet Mark Siemons (12.5.1990) von einem Gespräch mit einem Arzt aus Halle:

> Man diskutierte unter den Studenten viele Mißstände im Sozialis-mus, wohl wissend, daß auch der eine oder andere Stasi-Informant unter den Kritikern gewesen sein dürfte. Niemals aber hätte man in einer solchen Diskussion das Ende des Sozialismus gefordert – man wußte, daß das auch das Ende des eigenen Studiums bedeutet hätte... Und im übrigen, fügte er (der Arzt) mit einem leisen Lächeln hinzu, habe es für ihn außerhalb des Denkbaren gelegen, daß der Sozialismus jemals enden könne in der DDR.

Wahrer politischer Widerstand wäre nur der Angriff auf das System als Ganzes und seine Erzglaubensartikel gewesen. Damals, im Jahr 1936, gab es nur einzelne, die ihn wagten. Friedrich Reck-Malleczewen zum Beispiel mit seinem historisch getarnten Roman »Bockelson«. Die Folge: Dachau und Ermordung. Für das Regime war sein Buch nicht mehr als ein Mückenstich. Es geriet dadurch nicht ins Wanken.

Öffentliche Kritik in Diktaturen argumentiert – um einen Vergleich aus der Poetik zu benutzen – trochäisch, das heißt, der erste Versfuß ist stark betont: Zustimmung zur Parteilinie, auf ihn folgt die Senkung auf dem zweiten Versfuß – der die Kritik enthält und derentwegen der Autor den Artikel überhaupt geschrieben hat. Die Leser in einer Diktatur aber lesen ihn so, wie er gemeint war, nämlich jambisch: Der zweite, unbetonte Fuß ist für sie entscheidend, denn er enthält die Botschaft.

Um ein erfundenes Beispiel zu geben: Ein Artikel der *Komsomolskaja Prawda*, sagen wir aus der Ära Breschnews, hebt die Erfolge der sowjetischen Landwirtschaftspolitik hervor, nennt Zahlen, zitiert Le-nin und die Beschlüsse des letzten ZK-Plenums. Alles längst bekannt und langweilig. Erst am Ende weist der Artikel darauf hin, daß bis zu einem Drittel der Eier, der Milch, des Fleisches, des Gemüses in der Sowjetunion – er nennt wiederum Zahlen – von den Privatparzellen stammt, die nur 3 Prozent des bebauten Bodens einnehmen: eine rätselhafte und nicht ganz verständliche Tatsache, die mit den Prinzipien der offiziellen Landwirtschaftspolitik logisch nur schwer zu vereinbaren ist, und die deshalb ernsthaft und pragmatisch untersucht werden müsse – und jeder, der das liest, weiß, daß der ganze Artikel nur darauf hinauswollte, die Vorzüge der Privatwirtschaft darzulegen.

Manche Urteile heutiger Historiker sind schief, weil sie Texte aus Diktaturen nicht mehr lesen können wie die Leser von damals und weil sie naiv voraussetzen, jeder Journalist habe damals geschrieben, wie man heute schreiben würde; jeder Leser habe damals gelesen, wie man heute lesen würde.

Mir hat die Erfahrung in der Redaktion des *Aktivist* Anfang der siebziger Jahre, als ich Botschafter im Bukarest Ceauçescus war, viel genutzt. Ich war mit meinem Kollegen, dem DDR-Botschafter Voß, in der Analyse der rumänischen Politik und Presse öfter einig als mit meinen NATO-Kollegen, die die kommunistische Presse nicht richtig lesen konnten.

Unser Artikel »Antisemitismus und Sexualität« sollte daher möglichst glaubwürdig beteuern, daß es dem *Aktivisten* fernlag, die antisemitischen Grundsätze des Nationalsozialismus in Frage zu stellen. Es sollte bloß gezeigt werden, daß der *Stürmer* mit seinem Versuch, die Leser durch pornographische Karikaturen aufzugeilen, undeutsch und unsauber sei, und daß er uns diskreditiere.

Als wir das diskutierten, kamen wir uns außerordentlich mutig vor. Wir einigten uns, daß ich die Argumente gegen den »Stürmer« formulieren und Heinz Schmoll geben, er aber den Artikel schreiben solle, der ungezeichnet erscheinen sollte. Wenn er jedoch in Schwierigkeiten komme, solle er mich als Autor nennen. Denn dann sei ich längst über alle Berge.

Ich habe den Artikel jetzt wiedergelesen. Er kam mir auf den ersten Blick gar nicht mehr so mutig vor, wenn er auch die antisemitische Pornographie attackiert:

Ekeln nicht jeden die Berichte unreiner und schmutziger Skandale an?... Man verunreinige nicht den deutschen Geist damit, sexuelle Sensationsberichte zu vertreiben. Man überlasse solche Fälle der Justiz. Rechtsprechung ist Sache der Besten aus dem Volke, keine Sache der tobenden Volksseele.

Zu dem letzten Satz ist zu sagen, daß der Artikel am 1. September 1935, vierzehn Tage vor den »Nürnberger Gesetzen« erschien. Von da an bot auch die Justiz keinen Schutz mehr, sondern mußte im Sinne des *Stürmers* entscheiden – so es die Richter nicht schon ohnehin taten.

Jetzt beim Wiederlesen schien mir die salvatorische Klausel jedoch viel zu sehr in der Parteisprache geschrieben, wenn der Artikel von der »Reinheit des deutschen Blutes und Geistes« sprach.

Wollte Heinz Schmoll insgeheim doch die Reinheit der nordischen Rasse wahren? Ich prüfe. Ich stelle ihn mir vor, wie er das schrieb. Nein, bei ihm, dem großen Zyniker, war das nicht anzunehmen. Er hatte das nicht ernst gemeint, er wollte nur ganz dick auftragen. Ich kannte ihn doch. Aber ich habe in den vergangenen Jahrzehnten wohl selbst verlernt, Artikel von damals in dem Geiste zu lesen, in dem wir sie geschrieben haben. Erst beim zweiten Lesen fielen mir die Frechheiten alle auf. Er hatte recht daran getan, dick aufzutragen, um Sätze schreiben zu können wie: »Die erbittertste Kolportage einer Schweinerei bleibt doch im Thema die Wiedergabe einer Schweinerei.«

Der Artikel erschien mit der Balkenüberschrift »Antisemitismus und Sexualität« auf der ersten Seite. Ungezeichnet. Er fand, wie mir Heinz Schmoll »über alle Berge« schrieb, bei unseren Lesern viel Zustimmung. Streicher selbst aber habe wilde Drohungen ausgestoßen und gesagt: »Die jungen Burschen werden das nicht mehr lange machen!« Indessen, vorerst geschah gar nichts.

Vom Ende der Welt und der Zeit

Meine erste erfundene und in einem alten Lateinheft niedergeschriebene Geschichte hatte von dem Ausbruch eines Vulkans in Indonesien erzählt. Man entsinnt sich wohl. Ich war damals zwölf Jahre alt.

Das Bild von der großen Vernichtung, dem Ende der Welt und der Zeit ruhte seit jeher tief in mir. Ich weiß nicht, ob ich davon träumte. Ich erinnere mich nicht. Aber das Bild war verborgen immer gegenwärtig. Ohne Anlaß tauchte es aber manchmal auf und überfiel mich, während ich vor mich hin an ganz andere Dinge dachte.

Ich sah den Boden schwanken. Häuser und Türme fielen zusammen. Die Bäume brannten. Menschen und Tiere rannten hierhin und dort-

NR. 8
3. JAHRGANG

PREIS JE HEFT 15 PFENNIG

Der Aktivist

WOCHENSCHRIFT FÜR POLITIK UND WISSEN

Lesen Sie heute:

Antisemitismus und Sexualität

Zum Thema Rassenschande

Der Kampf gegen das Judentum geht nicht allein um die Reinheit des deutschen Blutes sondern ebenso um die Zauberkraft des deutschen Geistes. Manche Methoden eines zwar gutgemeinten Kampfes gegen die Verunreinigung des deutschen Blutes sind

sches". Im Zölibat begibt sich noch heute die katholische Priesterschaft ihrer lebendigen Zeugungskraft. Es ist dies der eine Weg, der Reinheit des Geistes zu erhalten, ein Weg, der sehr oft an der Lüge scheitert. Vor allem ein Weg, der wider die Natur ist.

Ein Negerfilm vom lieben Gott

Seltsame Erlebnisse / Ein kurioser Film und ein ernster Hintergrund

New York, Anfang August 1936. Es gibt Amerikaner, die behaupten,

Die Neger wollten kein Geld für die Kollekte geben. Der Pastor

Junge, da sollten sie sich man vorsehen! Er würde gleich zu Moses gehen und

WOCHENSCHRIFT FÜR POLITIK UND WISSEN

Fronten in Fern-Ost

Sonderbericht unseres kürzlich aus Ostasien zurückgekehrten Schriftleitungsmitgliedes Erwin WICKERT.

Gewöhnlich sollte ein Leitartikel Fronten klarstellen, Einzelheiten zum

nicht von der japanischen Regierung unterstützt würde.

fluß Nankings; man redet davon, daß sie von Japanern bedrohen worden sind. Die Ausdräuung ist nicht so gut mit die der Zentralprovinzen und des Südens. Trotzdem will die Mel-

WOCHENSCHRIFT FÜR POLITIK UND WISSEN

Was wird Japan machen?

Von unserem Mitarbeiter Erwin Wickert, Tokio

Die außenpolitischen Absichten aller Länder um den Stillen Ozean sind klar, außer denen Japans. Von diesem Lande aber hängt das Geschick des Pazifik ab.

alles sei nichts anderes mehr als ein Manöverfeld für diese beiden Mächte. Es gibt andere Leute, die Japan schon in Amerika sehen. Seltsamerweise überwiegt der Pessimismus der weißen Rasse. Warum könnten nicht die USA. einmal plötzlich in Japan sitzen?

zeigt die Tatsache, daß in Hokkaido heute noch Ureinwohner, die Ainus, leben. An Sachalin oder Kamtschatka für die Japaner gar nicht zu denken. Das kalte Winterklima ist auch ein Argument gegen Japans Ausdehnung nach Westen.

WOCHENSCHRIFT FÜR POLITIK UND WISSEN

Auslandsberichterstattung

Zwei Auslandsbriefe an einen deutschen Schriftleiter

Chicago, den . . . . .

Da muß ich Dir einmal etwas Grundsätzliches über das Thema "Auslandsberichterstattung" sagen.

Für die amerikanische Tagespresse

der ganzen Welt. Hinzukommt die Absicht, mit derartigen Sensationsmeldungen Greuelpropaganda zu treiben, die allerdings schon nicht mehr ernst genommen wird.

hin; ich blieb stehen, versuchte mich aufrecht zu halten. Es hatte keinen
Sinn zu fliehen, denn der Abgrund würde sich öffnen. Und das war das
Ende. Was ich sah, ängstigte mich nicht. Ich nahm es als eine Voraus-
schau auf das Schicksal der Menschheit. Ich lernte, mit diesem Gedanken zu leben.

Im Frühjahr, als ich in das SS-Mannschaftshaus einzog, hatte ich
schon einmal versucht, das Bild zu beschreiben. Aber was ich schrieb,
klang mir zu sehr nach Wagner und Götterdämmerung. Doch einmal
im Sommer, als ich nachmittags am Fenster meines Zimmers saß,
überfiel es mich wieder. Ich versuchte noch einmal, es festzuhalten. Es
war ein langes Gedicht. Ich änderte viel daran, schrieb es in verschiedenen Fassungen. Ich habe es nie veröffentlicht. Es wäre damals wohl
auch kaum möglich gewesen.

I

Einmal,
Wenn das Maß voll ist.
Die Gedanken erstarren
Und die Natur sich beugt
Unter dem Joch der Maschinen;
Wenn der Wahnsinn
Grinsend über der Erde hängt,
Dann verschwindet
Die Nacht von dem Erdball.
Ein Licht umstrahlt rings die Kugel
Ungeheuer und grell.
Da wanken die Reiche.
Die Städte erschrecken,
Und die Tiere fliehen
Ratlos und wirr
Durch das Gelände.

II

Dann aber heult das Todesgeschoß,
An dem Jahrtausende getragen,
Über die Berge.
Dann dröhnt die Feste
Von Kapstadt bis Bergen

Und bis nach Sachalin.
Die Gebirge rollen in ihren Lagern.
Die Seen stürzen
In schwarze Schlünde.
Das Feuer frißt
Die hängenden Wolken.
Am Himmel brennen riesige Bilder.
Der Mond tränt feurig springende Funken,
Schwelt flammenspurend aus der Bahn.
Es betet die Erde
In fremder Sprache,
Dumpf und grollend
Ins Weltall.
In ihrem Schweiße liegt sie,
Und dann am Ende
Bersten die Lüfte
In tödlichem Schrei.

Ich kann keinen Grund für diese Visionen des Endes finden. Mir ist, als
hätten die Bilder mich wie auf unterirdischen Strömen aus unsicherer
Kindheit begleitet, und dann auf einmal brachen sie hervor. Ich finde in
dem geheimen Buch, in das ich meine Gedichte notiert habe, noch
andere, ähnliche Fragmente. Das ist merkwürdig, denn ebenso wie
meine Freunde hielt ich den Gedanken an einen Krieg in unserer Zeit,
auf der noch die Erinnerung an den Weltkrieg lastete, für ganz absurd.
Dennoch begann ich ein Gedicht:

Wenn auf den Schlachtfeldern der Welt
Die Völker verwesen
Und die letzten Gasschwaden
Über zerschossenen Städten verfliegen
Wenn das Gesicht der Erde
Todlächelnd und bleich
In den Raum starrt...

Ja, was geschieht dann? Es blieb Fragment. Ich wollte fort. Ich wollte
festen Boden unter meinen Füßen haben.

Sie hielt sich im großen und ganzen daran: Sie ließ uns in Ruhe. Manches war freilich etwas anders, als ich es mir vorgestellt hatte: Wir brauchten zwar keine Uniform zu tragen, aber »Räuberzivil«, das heißt: eine schwarze Hose in Schaftstiefeln und ein braunes Hemd. Wir brauchten keine militärischen Übungen mehr zu machen; aber sonntags wurde doch gelegentlich ein Ausflug angesetzt. Wir diskutierten viel; unsere Ansichten gingen oft weit auseinander.

Die SS hatte Günther zum Führer unseres Mannschaftshauses ernannt. Wir waren mit ihm zufrieden. Er war ruhig, tolerant und hilfsbereit. Zu den selbständig denkenden Intellektuellen war er freilich nicht zu rechnen.

Bei Tisch machte er einmal eine abfällige Bemerkung über »den Juden Einstein, der behaupte, alles sei relativ«. Damit kam er aber bei Richard nicht an, der Mathematik studierte und solchen Unsinn nicht noch einmal hören wollte. Er hielt uns nach Tisch eine kleine Vorlesung über Einsteins Bedeutung.

Als ich einmal gebeten wurde, ein Referat über »Karl den Sachsen-schlächter« zu halten, stellte ich ihn als eine der größten Gestalten der europäischen Geschichte dar, den Begründer des christlichen Abendlandes, das die germanischen wie die romanischen Völker umfaßte.

Günther konnte sich mit dieser Ansicht nicht befreunden, und die Meinung unter den anderen war geteilt. Niemand versuchte, mir eine andere Meinung aufzudrängen; dennoch empfand ich es als wenig sinnvoll, Zeit auf die Diskussion solcher Germanenromantik zu verwenden.

Günther sagte mir nach Pfingsten, eigentlich seien zwar nur zwei Semester Kameradschaftshaus obligatorisch, aber wenn ich wollte, könnte ich im Mannschaftshaus bleiben. Bis zu meinem Examen. Auch wenn wir nicht immer derselben Meinung seien, hätten wir uns doch gut vertragen.

Daß wir uns gut vertragen hätten, sei richtig, antwortete ich. Aber ich hätte mich gerade beim Akademischen Austauschdienst um ein Stipendium in den Vereinigten Staaten – beginnend mit dem nächsten Semester – beworben.

»Schade«, erwiderte Günther.

Amerika

New York

»Amerika!« rief einer laut. Wir gingen alle schnell steuerbords. Rechts in der Ferne, dicht über dem Wasser schimmerte das Land weiß durch den Dunst. »Long Island«, sagte einer, der wohl Bescheid wußte.

Nach einer Weile sah ich die ersten Segelboote. Acht Tage lang, von Cuxhaven an, war das Wasser sauber gewesen, blau-schwarz. Jetzt war es schmutzig grün. Frachtdampfer kamen uns entgegen.

Gegen Mittag rief einer: »Manhattan!« Ich sah nichts. Ich sah nur Dunst über dem Wasser.

»Nicht da unten! Oben!«

So war es. Über uns, in Bergeshöhe hatte sich der Dunst geöffnet. Bis dort hinauf ragten die Wolkenkratzer. Nirgends in der Welt gab es dergleichen.

Mit Eike hatte ich in einem Berliner Aschinger-Restaurant bei Bier und trockenen Brötchen gewettet, daß einen Kasten Bier bezahlen müsse, wer von uns beiden wieder über den Atlantik nach Deutschland zurückkehren würde. Jetzt gingen wir beide durch die Schluchten zwischen den turmhohen Häusern, und immer wieder blieben wir stehen und sahen hinauf. *Unlimited possibilities* – wir sahen jetzt, was das hieß. Wir waren wie berauscht von dem, was wir sahen, und in dem expressionistischen Pathos meiner zwanzig Jahre schrieb ich damals:

Wir gehen durch die Straßen, klein und ungesehen. Zu beiden Seiten stehen stahlkalte Wände. Die Häuser zerreißen das Blau des Himmels, und die Wolken schwimmen zerfetzt um die steinigen Kanten in der Höhe.

In der Tiefe aber brennt der Feuerkessel der Menschen. Amerikaner und Italiener, Deutsche, Iren, Juden, Chinesen und Neger erhitzen diesen kleinen Fleck der Erdkugel und beugen sich unter der Last der steinernen Türme. In allen Teilen brennt diese Stadt: Unterwelt und Halbwelt, Negertanz und Nacktschauen, kalte

Ausbeutung des Nächsten, über allem wieder das Kreuz der Barmherzigkeit und Choräle, die aus einer offenen Haustür in Harlem tönen. Glänzende, märchenhafte Revuen und festungsähnliche Bankgebäude. Lichter tanzen in allen Farben...
Noch steht der babylonische Turm und ragt herrisch über das lärmende Gewirr der Sprachen. Unten aber fluten das Leben und der Schmutz über Long Island hinaus und versinken langsam draußen im Meer, in dem auch einmal diese Stadt untergehen wird wie das gewaltige Atlantis.

Da war sie wieder, die Endzeit-Vision. Doch es war nur ein letztes Nachbeben, dann wankte die Erde nicht mehr. Auf Jahre hinaus.

College und Kleinstadt

Das Dickinson College ist ein kleines College, in dem zu meiner Zeit, 1935/36, rund 600 Studenten und Studentinnen immatrikuliert waren. Presbyterianer hatten es im Jahr 1770 gegründet, seit 1833 gehörte es der methodistischen Kirche an.

Es liegt in Carlisle, mitten in Pennsylvanien, halbwegs zwischen Philadelphia und Pittsburgh, nur wenige Kilometer von der Hauptstadt Harrisburg entfernt, in einer Landschaft sanft rollender Hügel. Alle Felder sind bebaut, und in ihnen stehen breite und behäbige Einzelgehöfte mit Silos und Scheunen. Die Wälder auf den Hügeln und in Tälern sind Laubwälder. Einen Monat nach meiner Ankunft färbten sie sich in dem berühmten *Indian summer*, etwa unserem Altweibersommer vergleichbar, feurig rot.

Carlisle war damals eine ländliche Kleinstadt, die die umliegenden Dörfer und landwirtschaftlichen Betriebe mit den notwendigsten städtischen Produkten versorgte. Es hatte ein Kino, und nicht zu vergessen das Bronzedenkmal Molly Pitchers vor dem Rathaus, das realistisch darstellte, wie Molly im Revolutionskrieg, des feindlichen Feuerhagels nicht achtend, den Truppen Kanonenkugeln brachte.

Nicht zu vergessen auch die Bahnstation, die nur aus einem Frachtschuppen bestand. Die Eisenbahn, von einer Dampflokomotive gezogen, fuhr zweimal täglich auf der Hauptstraße mitten durch die Stadt, im Schrittempo natürlich sowie ständig läutend, und wenn ein Auto auf den Schienen geparkt hatte, pfiff sie durchdringend.

Die meisten Einwohner waren Weiße, *Gentiles* – oder genauer und abgekürzt *WASPs* –, das heißt: *Whites, Anglo-Saxons and Protestants* –, mit all ihren ethnischen und religiösen Vorurteilen. Viele stammten aber auch von deutschen Einwanderern ab. Die Namen verrieten es. Else Rickenbaugh zum Beispiel, die in einer Vorlesung neben mir saß, und deren Vorfahren Reichenbach hießen.

Pennsylvania Dutch, das mit englischen Sprachbrocken vermischte pfälzerdeutsche Idiom (»Die Cow ist über den Fence gejumpt«), wurde in Carlisle nicht gesprochen. Heute ist diese Sprache in Pennsylvanien fast ausgestorben. Doch die deutschen Werbeagenturen lassen sie bei uns wiedererstehen: »Je wetter desto better«, las ich kürzlich in einer Anzeige für wasserdichte Schuhe. Wer kauderwelscht, gibt sich weltläufig. Und merkt gar nicht, wie affig seine Worte klingen. Wer lange im Ausland gelebt hat und ein Verhältnis zur Sprache hat, wird sich immer bemühen, sowohl seine Muttersprache wie die Landessprache von fremden Brocken freizuhalten.

In Emaus bei Bethlehem im Staat Pennsylvanien lernte ich Dr. Harvey T. Wickert kennen, der achtzig Jahre alt war und gerne mit mir in *Pennsylvania Dutch* sprach. Wir verstanden uns ohne Schwierigkeiten. Seine Kinder sprachen nur noch englisch.

»Uncle Harvey« zeigte mir in der Einwanderungsliste den Namen seines Vorfahren Johan Peter Wickert, der 1749 aus Pfalz-Zweibrücken kommend in Philadelphia gelandet war. Er trug also dieselben Vornamen wie mein Vorfahr, der zwei Jahre zuvor, ebenfalls aus Pfalz-Zweibrücken, nach Preußen ausgewandert war und in Berlin dem König gehuldigt hatte.

Die Straßen in Carlisle waren sauber, die Häuser, meist weiß gestrichen und aus Holz, hatten nie mehr als zwei Stockwerke; sie sahen gepflegt aus. Mietwohnblöcke gab es nicht. Der Rasen vor den Villen im Residenzbezirk war stets gemäht und die Blumen in den Rabatten der Vorgärten geschnitten. Die Bürger der Stadt lebten in bescheidenem bis behäbigem Wohlstand. Aufwendige Pracht und Reichtum waren nirgends zu sehen.

In Carlisle wohnten ein paar hundert Neger. Die Zahlen, die mir genannt wurden, schwankten. Der Ausdruck »Neger« wurde damals noch nicht als abwertend empfunden; deshalb verwende ich ihn für die damalige Zeit hier auch noch manchmal.

Sie wohnten in einem Stadtteil, der zwei Straßenblöcke nördlich vom Campus begann. Ihre Häuser waren ärmlich, einige auch ziemlich heruntergekommen; aber es war kein Slum, es war eine Stadt für sich. Die Schwarzen kamen zum Putzen, zur Straßenreinigung, zur Arbeit in Garagen oder an Tankstellen in die Stadt der *Gentiles*, sonst aber ließen sie sich dort nicht sehen, wie die Weißen sich nicht bei den Farbigen sehen ließen. Ich ging nur hin, wenn ich meine Wäsche zu einer Waschfrau brachte. Doch Mark Kistler, Freund und Mitstudent, ging oft in ihre Kirche, um sie singen zu hören. Er sagt, damals seien elf Prozent der Bevölkerung Schwarze gewesen.

Heute sind die Schwarzen weggezogen. Ich weiß auch nicht, warum. In Carlisle konnte es mir niemand erklären, ja, manche Studenten bezweifelten überhaupt, daß vor dem Kriege so viele Farbige in Carlisle gewohnt haben sollten.

Die Studenten kamen aus der näheren und weiteren Umgebung. Sie wohnten in dem Studentenwohnhaus Conway Hall oder einem der zwölf Verbindungshäuser, den *Fraternities*, die rings um den Campus lagen: einige Häuser im amerikanischen Kolonialstil mit einer Säulenfront, andere bescheidene kleine Villen. Es gab arme und es gab wohlhabende, es gab feudale und weniger feudale Verbindungen; solche, die auf hohes wissenschaftliches Niveau, andere wiederum, die auf sportliche Leistungen Wert legten. Auf beiden Gebieten herrschte heißer Wettbewerb um die zu erreichenden Punkte. Diese Verbindungen waren nur für *Gentiles* offen. Die jüdischen Kommilitonen, die zumeist aus New York oder New Jersey kamen, besaßen zwei eigene Verbindungen, auch diese nahe dem Campus.

Die Studentinnen wohnten etwas außerhalb der Stadt in Metzger Hall, von grimmigen Matronen streng bewacht und gegen bedenkliche Annäherungen durch erfindungsreiche Studenten ziemlich gut gesichert. Die Studentinnen sprachen daher von *Metzger Jail*.

Mein Stipendium bestand aus zwei Zuwendungen: Das College befreite mich von den Studiengebühren, die damals für ein Studienjahr rund eintausend Dollar betrugen – heute zwölftausend. Die nichtjüdischen *Fraternities* andererseits gewährten mir Freitisch, das heißt: Ich aß reihum jeweils eine Woche – von Montag bis Sonnabend früh – in einer von ihnen. Als Gegenleistung gewährte der Deutsche Akademische Austauschdienst einem Studenten des Dickinson College ein Jahresstipendium an einer deutschen Universität. Am Wochenende mußte ich mich auf eigene Kosten verpflegen.

Ich erhielt vom Deutschen Akademischen Austauschdienst monatlich vierundzwanzig Dollar. Mein Vater, meine Mutter und meine Schwester sandten mir darüber hinaus jeden Monat je zehn Reichsmark; das war der Höchstbetrag an Devisen, den man damals monatlich ins Ausland überweisen konnte, und dadurch erhöhte sich mein Budget um rund sieben Dollar auf einunddreißig.

Damit konnte ich nur knapp meine Ausgaben für die Wochenendverpflegung, Wäsche, Kino, Teilnahme an Bällen und so weiter bestreiten. Dennoch, sparsam lebend und essend, konnte ich mir bald mein erstes Auto kaufen, einen alten Essex mit hinten senkrecht abfallendem Verdeck. Für acht Dollar. Etwa Jahrgang 1925. Doch schon nach zwei Monaten, nachts auf der Landstraße zwischen Harrisburg und Carlisle, explodierte er unerwartet mitten in der Fahrt, die bis dahin glatt und völlig problemlos verlaufen war. Das Abschleppen kostete zehn Dollar.

Dann kaufte ich einen Buick für vierundzwanzig Dollar, den ich vor einer Fahrt mit anderen deutschen Austauschstudenten nach Florida für einen nur vier Jahre alten Cadillac, der vierzig Dollar kostete, in Zahlung gab.

Ich war nicht der einzige, der arm war. Ein Mitstudent erzählte mir, sein Vater, ein Farmer, habe ihm vor dem Eintritt in das College – waren es nun zwanzig oder dreißig oder mehr? – Bushel Weizen gegeben. Die sollte er verkaufen und für den Erlös vier Jahre studieren.

Der Vater eines anderen Kommilitonen machte bankrott, und der Student kam vom Wochenende nicht mehr ins College; aber »Red« Malcolm, der energische und populäre Kanzler des College, rief bei ihm zu Hause an und forderte ihn auf, sofort zurückzukehren: Er werde ihm ein Stipendium und eine Nebenarbeit besorgen. Diese bestand dann darin, daß er in einer Studentenverbindung das Haus, die Küche, den Einkauf und den Betrieb verwaltete; dafür gewährte ihm die Verbindung eine Freistelle.

Freund Skip Boulton fuhr jeden Morgen um sechs Uhr mit dem Fahrrad Zeitungen aus. Wir wohnten beide in dem Studentenwohnhaus Conway Hall.

Zufall?

Zehn Jahre später, Oktober 1945. Japan.

Die amerikanischen Truppen waren gerade gelandet und begannen, das Land zu besetzen.

Ich war aus unserem Dorf an einem der Fuji-Seen nach Tokio gefahren, um das Ereignis zu beobachten, und kehrte nun wieder in mein Dorf zurück.

In Oiso mußte ich in eine Kleinbahn umsteigen. Sie war überbesetzt. Selbst außen auf den Trittbrettern standen Japaner. Ich ging daher nach vorn zur elektrischen Lokomotive, stieg in das kleine Führerabteil und stellte mich, ohne ein Wort zu sagen, neben den Fahrer.

Er fragte mich nicht, er sagte nichts. Vielleicht hielt er mich für einen amerikanischen Besatzungssoldaten in Zivil.

Als er einen Hebel umwarf und anfuhr, sprang ein Soldat in das Abteil, in dem es nun wirklich sehr eng wurde. Er trug eine amerikanische Offiziersuniform. Ich schätzte, Oberleutnant oder Captain.

Er erzählte gleich, er wolle zum Fuji-View-Hotel am Kawaguchi-See. Wohin meine Reise gehe? Ich sagte ihm, mein Haus liege fünfhundert Meter vom Hotel entfernt. Doch ich müsse ihn warnen: Ich sei Deutscher, und ihm sei doch Fraternisierung mit Japanern und anderen feindlichen Ausländern verboten.

Er fragte, wo ich Englisch gelernt hätte.

»In einem College in den Vereinigten Staaten.«

»Wo?«

»Sie werden es nicht kennen: Dickinson College.«

»Dickinson? Wo haben Sie da gewohnt?«

»In Conway Hall, dem Studentenwohnhaus.«

»Welches Zimmer?«

Da hatte ich es: Er nahm mich also für einen *obnoxious German*, wie wir in der Terminologie der Besatzungsmacht hießen. *Obnoxious* heißt: anrüchig, verdächtig, widerlich. Er wollte mich verhören, aufs Glatteis führen, meine Angaben aber später prüfen, Fehler oder vermeintliche Widersprüche finden und mich dann verhaften. Denn ich hatte überhaupt keinen Erlaubnisschein für die Reise.

»Im Zimmer 102«, sagte ich.

Mein erstes Auto.

Er sah mich ungläubig an und schüttelte den Kopf.

»Nein!« sagte er.

»Doch, Zimmer 102.«

Ich war nun sicher: Er wollte mir etwas anhängen. Aber was? Ich hatte doch die Wahrheit gesagt.

Er sah mich immer noch wortlos und mit großen Augen an und schüttelte den Kopf.

»Das kann nicht sein.«

»Es ist aber so. Ich habe im Zimmer 102 gewohnt.«

»Ich auch«, antwortete er nach einer Weile. »Da habe ich auch gewohnt.«

Jetzt glaubte ich ihm nicht. Ich sagte: »Unter meinen Fotos ist eines von Conway Hall. Kommen sie, ohne weiter mit mir zu fraternisieren, an unserem Haus vorbei! Ich werde mit dem Foto vor die Tür treten, und Sie deuten mit dem Finger auf das Zimmer 102.«

Er kam und zeigte auf die beiden richtigen Fenster.

Im Dickinson College hatte er zwar nicht studiert, aber doch einen bei Kriegsbeginn eingeführten halbjährigen Offizierskurs absolviert.

Bill Aicardi hielt den Zufall unseres Treffens für einen mysteriösen Wink aus einer anderen Welt. Er kam jedes freie Wochenende mit seiner Freundin ins Fuji-View-Hotel und zu uns. Sie erzählten uns vom Krieg auf ihrer Seite und wir vom Krieg, wie wir ihn in Japan erlebt hatten. Als wir zwei Jahre später nach Deutschland repatriiert wurden, kaufte er unseren Drahthaar-Foxterrier Bauschan, den wir nicht mitnehmen konnten.

Prettyman

»Das akademische Niveau unseres Colleges ist niedrig«, sagte Professor William Prettyman, der als Leiter der deutschen Abteilung den deutschen Austauschstudenten in seine Obhut genommen hatte. »Aber deshalb sind Sie ja wohl auch nicht zu uns gekommen. Sie sollen bei uns *The American Way of Life* kennenlernen. Darum haben wir es so eingerichtet, daß Sie rundum in den *Fraternities* verkehren.

Senta, kommen Sie hierher! Wenn ich noch einmal sehe, daß Sie an den Fransen des Teppichs kauen, müssen Sie raus!«

Daß man sich mit seiner Geliebten siezt, konnte ich gut verstehen, Senta aber war der Hund.

Prettyman war nur konsequent: Er lehrte in seinem Deutschunterricht nicht die zweite Person des Singulars und Plurals; er hielt das für unnötig, weil man, wie er meinte, diese Formen doch erst brauche, wenn man gut Deutsch sprechen könne. Er sagte deshalb sowohl zu Senta wie zu Lotte, seiner deutschen Frau, »Sie«.

»Aber trotzdem sollen Sie hier nicht auf der faulen Haut liegen«, fuhr er fort. »Das würde bei Ihren Kommilitonen wie bei der Fakultät einen schlechten Eindruck machen. Sie sollten am Ende Ihres Studienjahrs das Abschlußexamen des *Bachelor of Arts* bestehen.«

»Ich wollte Volkswirtschaft bei Professor Fink und Politische Wissenschaften bei Professor Prince hören«, antwortete ich. »Die anderen Studenten hören diese Fächer nun schon ein oder zwei Jahre und werden mir weit voraus sein.«

»Dann müssen Sie sich eben auf den Hosenboden setzen und pauken. Sie haben uns geschrieben, Sie interessierten sich für Literatur. Warum wollen Sie dann bei Fink und Prince hören?«

»Weil ich wissen möchte, was in einer Demokratie anders ist als bei uns und wie bei Ihnen die Wirtschaft funktioniert.«

»Na schön, aber ich bitte Sie, auch meinen Deutschkurs für Fortgeschrittene zu belegen. Ihr Englisch ist noch recht dürftig, milde gesagt, und wie die anderen Studenten in unseren Übersetzungsübungen ihr Deutsch, so werden Sie bei mir Ihr Englisch verbessern.«

Prettyman sah jovial und gutmütig aus; aber er hatte ein scharfes Auge. Keiner der Studenten konnte ihm etwas vormachen. Selbst schwierige Probleme löste er mit leichter Hand. Er war gerecht und konnte notfalls auch streng sein. Später wurde er Präsident des Colleges. Alle liebten ihn.

Als er einmal sah, daß in seiner Vorlesung ein Student eingeschlafen war, winkte er uns zu. Wir verließen alle auf Zehenspitzen den Hörsaal. Der Kommilitone war überaus verwirrt, als er im leeren Hörsaal aufwachte und draußen von Prettyman und uns lärmend empfangen wurde.

Prettyman und seine deutsche Frau Lotte nahmen mich auf, als gehörte ich zu ihrer Familie, und halfen mir, mich zurechtzufinden. Er war am Ende meines Studienjahres besonders hilfreich, als ich das Examen des *Bachelor of Arts* beinahe nicht bestanden hätte, weil ich zu oft die Morgenandacht geschwänzt und dadurch zu viele Minuspunkte angesammelt hatte. Er und »Red« Malcolm fanden einen Ausweg.

Candler und die Neger

Candler Lazenby stammte aus Alabama und versuchte ohne Erfolg, seinen Südstaaten-Akzent loszuwerden, den ich jedoch gerne hörte: Er war so weich, gelassen und melodiös. Candler gab als Prettymans Assistent Deutsch für Anfänger. Er war sieben Jahre älter als ich und wohnte im Flur von Conway Hall mir gegenüber. Als Mitglied der *Faculty*, des Lehrkörpers also, sollte er ein Auge auf das Treiben der Studenten im Wohnheim haben.

Er war Quäker und ein wahrhaft guter Mensch, so gut, daß man verzweifeln konnte, weil man nicht so war und nie so werden konnte wie er. Wir saßen oft des Abends zusammen, und er sprach dann über sein Lieblingsthema: die Neger.

So schrieb er in einem Beitrag zu unserem Rundbrief der Austauschstudenten:

Ein beträchtlicher Teil der amerikanischen Kultur – und ich stelle die These auf, daß Amerika eine Kultur hat – ist unmittelbar von dem großen farbigen Element unserer Bevölkerung beeinflußt worden. Wir Südstaatler waren dem Einfluß des farbigen Menschen besonders ausgesetzt. Das trifft nicht nur auf die Sprache zu – ihre Eigenart, die Intonation, Wortwahl und ihr Tempo oder vielmehr den Mangel an Tempo –, sondern ebenso auf das Benehmen, die Gedanken und Vorstellungen, die Emotionen, die allgemeinen Ansichten über das Leben und zahllose andere Aspekte. Meine Theorie ist, daß die Seele des Weißen Mannes der Südstaaten zum Teil schwarz ist.

Er war zwar im tiefen Süden aufgewachsen, aber er sah auf die Neger nicht hinab, sondern er liebte sie und hatte Verständnis auch für ihre Schwächen. Er brachte sie mir nahe durch ihre Volkslieder, durch die *Spirituals* und die Musik des *Ragtime*, des *Blues* und des *Jazz*: Sicher war das für den Anfänger die beste Einführung zum Verständnis ihres Wesens. Obwohl die Poesie und Musik, die er mir nahebrachte, für das Verständnis der politischen Ambitionen der Neger ziemlich belanglos waren.

Candler Lazenby war sich aber des wachsenden politischen Drucks und Einflusses der Neger in den Vereinigten Staaten bewußt, obwohl er ihre damit gleichfalls zunehmende Wildheit, Gewalttätigkeit und Aggressivität im Kampf um die Emanzipation nicht voraussah. Dazu waren seine Anschauungen noch zu sehr von dem gemächlich dahintreibenden Leben und kolonialen Lebensstil in Alabama geprägt.

»Die Zukunft«, schrieb er dennoch, »wird schließlich die totale Emanzipation der Farbigen bringen, ob die Weißen es wollen oder nicht.«

Das war eine kühne Voraussage zu einer Zeit, als die meisten Weißen sich nach Candler Lazenbys Worten »bequem zurücklehnten, um ihre eigenen Angelegenheiten kümmerten und der festen Überzeugung waren, daß der *Status quo* für immer gewahrt bleiben werde«.

Daß Candler die Neger in mancher Hinsicht romantisierte und noch in der Tradition von »Onkel Toms Hütte« stand, sah ich damals nicht, weil ich die Schwarzen ja nur aus seinen Erzählungen kannte; dennoch weckte er in mir die Achtung für sie als Menschen, für ihre Kultur und ihr Streben nach Gleichberechtigung. Ich gab diese Erfahrung in Artikeln weiter, und einmal machte Heinz Schmoll eine Nummer mit meiner Besprechung des Films »*The Green Pastures*« auf, dem nur von Farbigen gespielten Film der biblischen Geschichte.

Austauschstudenten, die New York besuchten, führte ich durch das schwarze Harlem, obwohl das auch damals schon als nicht ganz unbedenklich galt, und dort in Abendgottesdienste. Und wie überrascht waren wir, als wir einmal in einer Kirche einer farbigen Gemeinde alte, reine A-capella-Chormusik des 17. Jahrhunderts hörten!

Nur an dem Abend, an dem Max Schmeling den »Braunen Bomber« Joe Louis k. o. schlug, wagte ich mich nicht dahin.

Richard Wright

Zwei Jahrzehnte später, als wir in Paris wohnten, lernte ich Richard Wright kennen. Ich kannte seinen Roman »*Native Son*«, in dem ein junger Farbiger aus Angst vor den Weißen zum Mord getrieben wird, beschrieben in unerbittlicher Logik wie der Zwang zum Mord in »Schuld und Sühne«.

Er wollte Hörspiele schreiben, und ich half ihm dabei. Ich übersetzte auch ein Hörspielmanuskript für den Norddeutschen Rundfunk, und wir sahen uns danach öfter.

Er war einer der prominenten amerikanischen Kommunisten gewesen, hatte aber 1936 mit der Partei gebrochen, weil selbst die Kommunisten ihn als Schwarzen nicht ernst nahmen. In dem Buch »*The God that Failed*« hat er das beschrieben. Er erzählte uns von der schweren Zeit, die seinem »Verrat« folgte, den ihm seine alten Genossen mit unbarmherzigem Terror heimzahlten.

Als ich ihn im Jahr 1956 kennenlernte, bemühte er sich – vergeblich –, eine *Présence Africaine* als Organisation der *Négritude* zu schaffen. Er war verzweifelt darüber, daß die afrikanischen Neger ihn gar nicht verstanden und nur über ihn lachten. Sie konnten, sagte er, nicht einmal begreifen, daß er, ein Schwarzer, Schriftsteller war.

»Es gibt überhaupt keine Neger«, sagte er einmal. »Ich habe den Verdacht, sie sind nur eine Fiktion der Weißen. Ich habe in der letzten internationalen Konferenz nur schwarze Belgier, Franzosen, Briten, Kubaner und Haitianer getroffen.«

Er haßte die Weißen nicht. Nicht mehr. Aber etwas von seinem alten Mißtrauen besonders gewissen wohlmeinenden, liberalen Amerikanern gegenüber war geblieben: »Ich hörte einen Weißen lieber sagen, er hasse die Neger – das konnte ich verstehen –, als, er respektiere sie; das machte ihn mir verdächtig«, schrieb er einmal.

Es reizte ihn, dem Haß, dem Unverstand und den merkwürdigen Reaktionen der Schwarzen und Weißen, wenn sie sich begegneten, bis in die verstecktesten Winkel ihrer Seele nachzugehen. Und wenn er ihnen auf die Schliche gekommen war, lachte er mit seiner hohen Kopfstimme, so daß unser Hund unruhig wurde. Richard warf den Kopf zurück und riß den Mund weit auf, daß man das helle Zäpfchen am Gaumensegel sah. Dabei schüttelte es ihn am ganzen Körper. Er lachte laut und gerne.

Er lebte in Paris, weil er da mit seiner weißen Frau Ellen auf der Straße gehen und im Restaurant essen konnte, ohne daß die Leute sich nach ihm umdrehten. Paris war ihm eine Freistatt, wo man nicht Neger oder Weißer, sondern Mensch war.

Der Haß der amerikanischen Neger auf die Weißen war seiner Ansicht nach von der Natur gesetzt und konnte deshalb nicht durch politische Mittel, sondern nur durch Einkehr, Umkehr und Anstrengung jedes einzelnen Schwarzen und Weißen überwunden werden.

Wir wurden bald Freunde. Daß er eine schwarze Hautfarbe hatte, fiel mir überhaupt nicht auf. Man hätte ihn übrigens, obwohl beide Eltern Neger waren, fast für einen Südländer halten können, bis man die urtümliche Kraft um Mund und Kinn und seine geschmeidigen Gebärden bemerkte. Doch schon bei dieser Beschreibung höre ich ihn lachen: »Da sieht man es wieder!« hätte er wohl im Scherz gesagt. »Als Schwarzer bin ich euch nicht respektabel genug. Erst wenn ihr mich einem südeuropäischen Weißen ähnlich gemacht habt, wollt ihr mich akzeptieren.« Erst nach seinem Tod erfuhr ich, daß er eine weiße Großmutter hatte.

Als die amerikanische Regierung Ende der fünfziger Jahre einen Neger zum Botschafter in einem der neu entstandenen afrikanischen Staaten ernannt hatte, hielt er das für Sentimentalität und darüber hinaus für eine politischen Fehler: »Die Neger werden keinen Respekt vor ihm haben; denn er ist ja schwarz wie sie. Und sie werden fragen: Sind wir den Vereinigten Staaten so wenig wert, daß sie uns als Botschafter nur einen Schwarzen schicken?«

Wir wollten zusammen ein Hörspiel schreiben. Über den dialektischen Materialismus und die »Wissenschaftlichkeit« seiner historischen Voraussagen. Er hatte da eine amüsante Idee. Doch es kam nicht mehr dazu. Ich sah ihn zum letztenmal wenige Wochen vor seinem Tod Ende 1960.

Ich verdanke diese Freundschaft im Grunde Candler Lazenby, von dem ich die unvoreingenommene und entspannte Haltung den Farbigen gegenüber übernommen hatte, so daß mir Richard Wrights Hautfarbe gleichgültig war und ich in ihm nicht den Neger, sondern den bedeutenden Schriftsteller und Menschen sah.

Der Senator

»Die Politik«, sagte Professor Prince in seiner Vorlesung über Politische Wissenschaft, »wird bei uns meistens von unehrenhaften Männern gemacht und ist im allgemeinen ein schmutziges Geschäft. Unsere Verwaltung ist korrupt.«

Er mußte es ja wissen. Er war Senator des Staates Pennsylvanien. Er fuhr fort:

»Wie steht es denn aber mit der Verwaltung in Ihrem Lande, Erwin?«

»Sie ist nicht korrupt. Korruption in unserer Verwaltung mag vorkommen, aber selten«, antwortete ich.

»Worauf führen Sie das zurück?«

»Auf die alte Tradition des Berufsbeamtentums, wie sie sich vor allem in Preußen entwickelt hat. Schon im 18. Jahrhundert.«

Über die Korruption der nationalsozialistischen Parteifunktionäre wurde zwar geklagt; aber man hörte selten etwas Konkretes. Sie war ja damals, im Jahr 1935, auch erst am Anfang, und das meiste kam erst nach dem Kriege ans Licht.

»In dieser Hinsicht sind Sie also zu beneiden«, sagte Senator Prince, »aber ich lebe lieber in der Freiheit einer miserabel verwalteten Demokratie als in einer von ehrenhaften Beamten treu verwalteten Diktatur.«

Er war querschnittgelähmt. Zwei Studenten unseres Kurses holten ihn zu Hause ab, fuhren ihn in seinem Rollstuhl zum College, hoben ihn heraus, trugen ihn auf verschränkten Händen in den Hörsaal und setzten ihn auf dem Kathederstuhl ab.

Er war leicht und von zarter Statur, hatte ein feingeschnittenes Gelehrtengesicht, und sein Haar war silberweiß. Er war überhaupt ganz aus Silber.

Er lud mich, was ungewöhnlich war, zu sich zum Tee ein. Ich fürchtete, es hänge mit meinem schlechten letzten Test zusammen. Als seine farbige Haushälterin mich hereinließ und zu ihm führte, saß er im Rollstuhl vor einem niedrigen Tisch. Er goß mir Tee ein.

»Ich kenne Ihr Land nicht«, sagte er, »würde es aber gerne kennenlernen; denn man hört so widersprüchliche Urteile darüber. Was ist Ihnen nun aber bei uns als besonders bemerkenswert aufgefallen?«

»Mir fallen jeden Tag so viele bemerkenswerte Dinge auf. Ich weiß nicht, wo ich anfangen soll. Gestern nahm mich Mark Chatham in seinem Wagen mit nach Chambersburg. Wir kamen von einem kleinen Feldweg zur Hauptstraße. Da stand ein Stopp-Schild. Auf der Hauptstraße war rechts und links meilenweit nichts zu sehen. Mark sah das auch, aber er hielt trotzdem an, blickte nach rechts und links und bog dann in die Hauptstraße ein.

Ich sagte zu ihm: ›Du hast doch gesehen, daß die Straße rechts und links auf Meilen hinaus frei war. Warum hältst du denn da an dem Stopp-Schild?‹

Mark antwortete, und er sagte, als sei es ganz selbstverständlich: ›Warum? Weil das ein Gesetz ist. Und da wir uns die Gesetze gegeben haben, sollten wir sie auch halten.‹

So etwas habe ich bei uns noch nie gehört. Vor allem nicht von Altersgenossen. Bei uns hätte kein Mensch an dem Schild gestoppt.«

»Warum wohl?« fragte Senator Prince.

»Ich weiß nicht. Vielleicht weil wir uns keine Gesetze geben. Sie werden ganz oben beschlossen, und wir haben ihnen zu gehorchen; aber in Wirklichkeit versuchen wir sie, wenn sie uns nicht passen, zu umgehen. Die meisten von uns Jüngeren sind Zyniker, was Gesetze anbetrifft, aber auch überhaupt.«

»Mark kommt eben aus einer der alten frommen Familien vom Lande, die, wenn sie vom Krieg sprechen, immer noch den Unabhängigkeitskrieg von 1775 meinen. Wir sollten stolz darauf sein, daß es noch Leute gibt, die so denken wie Mark. Ich freue mich, daß das auch auf Sie Eindruck gemacht hat.

Aber Sie machen einen Fehler, wenn Sie Marks Haltung verallgemeinern. Er ist eine Ausnahme. Es gibt nur ganz wenige, die so denken. Die meisten würden ihn für einen schrecklichen Pedanten halten, weil er stoppt, wo weit und breit kein anderer Wagen zu sehen ist. Auch bei uns versuchen die meisten, sich über unbequeme Gesetze hinwegzusetzen. Wahrscheinlich sogar mehr als bei Ihnen, wo alles streng überwacht ist und man Übeltäter gleich erwischt und ins Konzentrationslager einsperrt.«

Ich lachte. »Aber nicht, wenn sie ein Halteschild überfahren haben.«

»Nein? Na, ich war mir darin nicht ganz sicher. Ich versuche«, fuhr er fort, »Ihnen in meinem Kurs immer wieder den Unterschied zwischen den hehren Zielen unserer Verfassung und Gesetzgebung auf der einen und der Wirklichkeit auf der anderen Seite deutlich zu machen. Ich habe manchmal den Eindruck, daß Sie die Unterschiede nicht immer richtig erkennen und manche Phrasen ernst nehmen, mit denen wir uns etwas vormachen.

Wissen Sie, wieviel Schwarze in Carlisle wohnen?«

»Ich schätze, einige hundert.«

»Und wieviel Farbige studieren auf dem College?«

»Ich habe nur eine gesehen. Ich weiß nicht, wie sie heißt. Sie ist in der Klasse der *Sophomores*.«

»Ja, sie wohnt bei ihren Eltern in Carlisle. Sie hätte natürlich nie eine Chance gehabt, bei den weißen Studentinnen in Metzger Hall aufgenommen zu werden.

Die Verfassung unseres Colleges erkennt Unterschiede in Rasse und Religion nicht an. Wie kommt es aber dann, daß nur eine Farbige bei uns studiert? Haben Sie sich einmal Gedanken darüber gemacht? Weil sich außer ihr keine anderen qualifizierten Farbigen beworben haben? Nein. Es haben sich auch andere beworben. Einer von ihnen war sogar sehr gut. Aber er wohnte nicht hier. Hätten wir ihm ein Zimmer in Conway Hall geben dürfen? Das wäre doch unmöglich gewesen.

Aber Sie sehen, wir nehmen eine Farbige auf. Das genügt als Alibi. Und ebenso ist es mit den jüdischen Studenten. Auch für sie besteht ein *numerus clausus*.«

»Ist er von der Fakultät festgesetzt?« fragte ich.

»Nein, er ist überhaupt nicht festgesetzt. Und darüber wird auch nie gesprochen. Bei der Aufnahmeprüfung sind wir ohne jede Absprache stillschweigend darüber einig, wie viele farbige oder jüdische Bewerber wir aufnehmen. Wenn wir bei unserer Aufnahmekonferenz sehen, daß einer der Kollegen nur die Stirn etwas runzelt, finden alle anderen, daß wir jetzt genug Nicht-*Gentiles* aufgenommen haben.«

»Wissen das meine Kommilitonen?«

»Natürlich.«

»Aber sie haben mir nie davon erzählt.«

»Eben. Man spricht nicht darüber. Man spricht vielmehr davon, daß wir ein College der methodistischen Kirche sind, das keine Diskriminierung nach Rasse und Religion kennt. Man kann ja Beispiele für unsere liberale Haltung anführen: die kleine Schwarze in der *Sophomore*-Klasse und die drei Dutzend oder mehr jüdischen Studenten in den *Fraternities* Phi Epsilon Pi oder Sigma Tau.

Sie werden korrekt behandelt, aber es gelingt nur wenigen, eingeladen zu werden, wenn die Verbindungen der *Gentiles* einen Ball geben. Ist es da ein Wunder, wenn sie es später in den Berufen, wo sie vorherrschen, etwa in der Presse, dem Film, dem Pelz- oder Diamantengeschäft, den *Gentiles* schwermachen, Fuß zu fassen?«

»Aber solche heimliche Diskriminierung bei der Aufnahme in unser College – das ist doch Heuchelei. Ist das nicht der *Cant*, den man gewöhnlich den Engländern vorwirft?«

»Sie haben recht. Vielleicht ist Ihnen Hitler lieber. Er ist doch wenigstens aufrichtig. Er sagt wenigstens, was er mit den Juden vorhat. Sie haben das sicher in seinem Buch ›Mein Kampf‹ gelesen?«

Ich antwortete nicht.

»Müssen Sie es nicht auswendig lernen?«

Ich lachte. »Nein. Aber ich habe natürlich schon hineingesehen.«

»Vielleicht sollten Sie es ganz lesen. Und immer wieder. Es tut mir leid, wenn ich Sie eben verletzt haben sollte.«

»Sie haben mich nicht verletzt, Senator.«

»Sie haben ja recht mit Ihrem Vorwurf der Heuchelei. In unserer Politik und auch auf unserem College ist viel Unwahrhaftigkeit. Mir ist auch nicht wohl dabei, aber ich sehe andererseits auch, daß unser College seinen Charakter als Methodisten-College wahren und sich vor Überfremdung schützen muß. Im Grunde halte ich unsere Art, mit dem Problem diskret fertig zu werden, für menschlicher als eine antisemitische Propaganda, die zwar aufrichtig sein mag, aber den Juden als Untermenschen zeichnet und Haß sät. Ich hasse weder die Juden noch die Neger.

Ich sage Ihnen das alles, damit Sie die Verhältnisse bei uns realistischer beurteilen. Sie sind noch jung und naiv. Sie müssen aber sehen lernen, daß die eigentlichen politischen Gewalten nur selten offen zutage treten. Bei uns sind sie am stärksten meist da, wo man nicht von ihnen spricht. Sie da aufzuspüren, das ist die wichtigste Kunst der *Political Science*, die ich lehre. Die möchte ich Ihnen auf den Weg geben, bevor Sie uns wieder verlassen. Ich dachte, ich kann Ihnen das alles bei einer Tasse Tee besser erklären als im Hörsaal. Und glauben Sie mir, es tut mir leid, wenn ich Sie verletzt haben sollte, als ich Hitlers Antisemitismus kritisierte.«

»*Don't mention it, Senator!*« sagte ich lachend. »Sie haben mich nicht verletzt. Ich denke ja ebenso darüber wie Sie. Ich danke Ihnen. Ich werde nicht vergessen, was Sie mir heute gesagt haben.«

Ich ging und machte mir Notizen über das Gespräch. Seine Bemerkung, er lebe lieber in der Freiheit einer miserabel verwalteten Demokratie als in einer von ehrenhaften Beamten treu verwalteten Diktatur, übernahm ich in meinen nächsten Artikel für den *Aktivisten*.

Der Organisator

Jimmy Kleinschmidt war der Sohn reicher Eltern. Er war, wie man heute sagen würde, antiautoritär erzogen. Mit anderen Worte, er war eine Pest. Das waren unter den neu eintretenden Studenten übrigens viele. Die Eltern hatten ihnen jede Freiheit gelassen und jeden Wunsch erfüllt und hielten sich deshalb für fortschrittlich; in Wirklichkeit war ihnen die Erziehung ihrer Kinder nur lästig gewesen.

Als Jimmy nun ins College eintrat, erfuhr er, daß er als *Freshman* grüne Socken tragen mußte, und wenn er sein Zimmer verließ, eine grüne Kappe. Ältere Studenten, denen er auf der Straße begegnete, hatte er zu erkennen und zu grüßen! Er durfte nicht auf den Querwegen über den Campus laufen, sondern mußte stets um den Campus herumgehen. Rauchen und Trinken eines *Freshman* wurde vom Studentensenat als Exzeß und ernste Verletzung der Regeln bestraft. Auch die Mädchen unter den *Freshmen* trugen grüne Socken und dazu ein grünes Band am Arm.

Oberste Autorität für das Verhalten der ersten beiden Semester war der Studentensenat, der sich aus den Studenten des ältesten Jahrgangs, den *Seniors*, zusammensetzte. Er verhängte gegen Studenten, die als vorlaut, widerspenstig oder uninteressiert auffielen, auch Strafen ohne besonderen Grund, nur aus *General Principles*. Man sieht also: Reine Willkürherrschaft, und von moderner Pädagogik hatten die zwanzig alten *Seniors* noch nie etwas gehört. Sie waren der Meinung, den jungen, in ihrem Elternhaus unerzogenen Semestern müßten zuerst Mores beigebracht werden.

Natürlich protestierten die *Freshmen* gegen diese Tyrannei, ohne Erfolg. Jimmy Kleinschmidt, der im Sommer mit seinen Eltern in Europa gewesen war, beschloß, die *Freshmen* nach dem Modell der Hitler-Jugend zu organisieren.

Doch das kam gleich raus. Er mußte vor dem Studentensenat erscheinen und wurde verurteilt, eine Woche lang mit einer leeren Konservenbüchse an jedem Bein herumzulaufen, um jedermann vor dem Nahen dieses gefährlichen subversiven Subjekts zu warnen, und ein Schild tragen *I am an Organizer*.

Daß solche pädagogischen Mittel recht fragwürdig sind, sei unbestritten. Ich war deshalb froh, daß ich *Senior* war, weil ich schon zwei Semester in Berlin studiert hatte.

Natürlich opponierten die jungen Studenten gegen die Tyrannei des Studentensenats; aber wo Opposition ist, bildet sich auch Solidarität. Daher war der Zusammenhalt jeder der vier Klassen – der *Freshmen*, der *Sophomores*, der *Juniors* und der *Seniors* – in sich stark.

In den Verbindungen war das Zusammenleben locker, aber man sah doch streng darauf, daß die ungeschriebenen Forderungen, die die meist kleine Gemeinschaft an den einzelnen stellte, auch befolgt wurden: Aufrichtigkeit, verantwortliches und kameradschaftliches Verhalten, gentlemanhaftes Benehmen, Humor, Toleranz, Rücksicht auf andere und Ertragen von Härten standen an erster Stelle. »Werde ein Mann!« war ein bei ihnen beliebtes Motto.

Um sich als hart zu erweisen, schliefen in einigen Verbindungen die Studenten in ungeheizten Dachräumen bei offenem Fenster, auch bei hartem Frost. Es war ihnen nur eine Wolldecke erlaubt, was mir sehr übertrieben schien; ich besorgte mir in Conway Hall jedenfalls eine zweite. Die Mutproben, die die *Fraternities* den Initianten auferlegten, waren manchmal so gefährlich, daß das College Verbote aussprach.

Bei dem wöchentlichen Wechsel meines Tisches lernte ich die Unterschiede zwischen den Verbindungen kennen – im Niveau der Gespräche und des Geistes, des Benehmens, des wissenschaftlichen Interesses und der sozialen Stellung der Alten Herren, die die Häuser unterhielten. Die Unterschiede waren groß. Biergelage fanden nicht statt.

Ehrgeiz aller *Fraternities* war, im Sport oder in den Examen die ersten zu sein und sich in der Teilnahme an den *Activities* auszuzeichnen: an der Redaktion der wöchentlichen Campus-Zeitung, dem literarischen oder dem internationalen Klub oder den Sportgruppen.

Der Sport stand in den meisten Verbindungen an vorderster Stelle. Dennoch hatte unsere Mannschaft wegen ihrer vielen schmählichen Niederlagen im *Football* einen miserablen Ruf, was dem Ansehen von Dickinson College sehr abträglich war und sich sowohl auf die Zahl der Bewerber als auch auf die der Förderer und Stiftungen auswirkte, von deren Beiträgen das College lebte.

Von akademischer Freiheit wie in Berlin konnte am Dickinson College keine Rede sein. Ich mußte mich wieder an Schulbetrieb und häufige Klassenarbeiten gewöhnen. Das Pensum war beträchtlich, und um mich auf Volkswirtschaft und Politische Wissenschaften zu konzentrieren, schrieb ich mich daneben nur in Fächer ein, für die ich nicht zu arbeiten brauchte: Deutsch, Griechisch und Musik.

Die Erziehung der Studenten durch ihren eigenen Senat und durch die Verbindungen, der freiere Umgang mit den Professoren, die Toleranz, die ich als Deutscher aus Nazi-Deutschland erfuhr, auch von den jüdischen Kommilitonen, der ungezwungene Zusammenhalt, die Freiheit von politischer Bevormundung sah ich bald als große Vorzüge an. Ich stellte daher, nicht nur im *Aktivisten*, sondern auch in anderen deutschen Zeitungen und Zeitschriften diese studentische Erziehung als beispielhaft hin.

Deutsche Studenten in Amerika

Wir waren rund fünfzig deutsche Austauschstudenten und sahen uns so oft wie möglich, um uns über unsere Erfahrungen zu unterhalten. In den Weihnachtsferien trafen sich rund vierzig von uns in Miami. Oft sahen wir uns in New York. Ich fuhr als Anhalter in den Osterferien zu einem deutschen Mitstudenten nach Indiana und nahm mit ihm an einer soziologischen Exkursion nach Chicago teil.

Verbindungen hielten wir durch einen monatlichen *Rundbrief*, in dem wir über das, was uns aufgefallen war, berichteten. Der *Rundbrief* bestand aus 18 engzeilig beschriebenen Seiten. Da man mir die Arbeit übertragen hatte, mußte ich ihn redigieren, auf Matrizen schreiben, abziehen, heften, frankieren und verschicken.

Die ersten Hefte zeigten eine recht kritische und negative Einstellung zu den USA, besonders dem akademischen Leben gegenüber: Die amerikanischen Studenten seien oberflächlich, interessierten sich nur für *Dates*, Rendezvous also, Fußball, Baseball, Filme und Filmstars und die kleinen Skandale und Verrücktheiten, von denen die Zeitungen berichteten. Die Uniformität, berechnende Kälte der Studentinnen, ihr Konkurrenzkampf um möglichst viele *Dates* wurden von uns kritisiert – bis wir auch Ausnahmen kennenlernten. Über Weltpolitik, Wissenschaft, Geschichte, Kultur, das Leben könne man mit den männlichen Kommilitonen nicht reden. Die Eltern hätten ihnen im College eine teure *Education* gekauft, und die schluckten sie wie eine ihnen verordnete Medizin, ohne sich mit dem, was gelehrt wurde, auseinanderzusetzen.

Die Zeitungen seien oberflächlich, und über das, was außerhalb der Vereinigten Staaten vor sich ging, berichteten sie kaum etwas.

Wir hörten, wie in manchen Städten und Staaten eine politische »Maschine«, eine korrupte, mafiaähnliche Organisation die Macht übernommen hatte, gegen die der einzelne nicht ankommen konnte. Kurz vor unserer Ankunft war einer der mächtigsten Bosse der Südstaaten, Huey Long, von einem aufgebrachten Bürger erschossen worden. Wir erfuhren von den Zwangsmethoden der Gewerkschaftsbosse, denen es überhaupt nicht um das Wohl der Arbeiter, sondern nur um ihre Macht ging, und von der Rücksichtslosigkeit der Kapitalisten, denen jedes Gefühl für soziale Verantwortlichkeit abging.

Mit der Zeit änderte sich aber der Ton im *Rundbrief*: Die meisten von uns lernten Studenten kennen, mit denen wir über diese Fragen diskutieren konnten; auch mit Professoren und Leuten aus der Stadt, die die Probleme ihres Landes durchaus kritisch sahen, aber guten Mutes waren, daß sie gelöst werden konnten, nicht durch Anordnungen von oben, sondern in einem sicher langsameren, aber freien demokratischen Prozeß.

Die Vereinigten Staaten waren damals ein unproblematischeres Land als heute: Sie waren isolationistisch. Vor allem die Studenten wollten in die Händel der Welt nicht mehr hineingezogen werden. Die USA waren noch keine Supermacht, die eine Verantwortung für die Welt und in der Welt auf sich genommen hatte. Probleme der Rüstung, der nuklearen Entwicklung, der Emanzipation der Farbigen und der Regierung von Großstädten wie New York waren noch nicht akut. Der optimistische Glaube, daß die Möglichkeiten in diesem Lande unbegrenzt seien, war überall lebendig.

Am Ende des Studienjahres stimmten alle von uns, trotz mancher Kritik an Einzelheiten, dem *American Way of Life* zu mit seiner Freiheit, Großzügigkeit, dem Optimismus und unbeschwerteren Umgang der Menschen miteinander und mit den gesellschaftlichen Problemen.

Das Erlebnis der Freiheit vor allem aber war es, das wir als größte und wichtigste Erfahrung mitnahmen. Die Welt war dadurch für uns anders geworden, und wir würden sie nie wieder so sehen wie vorher.

Mein Verhältnis zu Deutschland änderte sich in dem amerikanischen Jahr. Angriffe der amerikanischen Medien auf das nationalsozialistische Deutschland reizten mich anfangs zu Widerspruch, obwohl ich selbst in Deutschland manchmal ähnlich gedacht hatte.

Im Lesesaal der Bibliothek hing der *Völkische Beobachter*, das nationalsozialistische Parteiorgan, aus. Es war mir bald nicht mehr möglich, ihn zu lesen: Die politischen Phrasen, der rüde Ton, die Verherrlichung Hitlers wurden mir unerträglich, und der Gedanke, daß ich in dieses Land zurückkehren sollte, wenn im Herbst meine Aufenthaltserlaubnis ablief, begann mich mehr und mehr zu bedrükken. Nicht zuletzt auch der Gedanke an die militärische Dienstpflicht, die Hitler gerade von einem Jahr auf zwei Jahre verlängert hatte.

Zum Glück hatte die Bibliothek des Colleges auch die *Frankfurter Zeitung* abonniert.

Ein Hungerlohn

Ulrich Freiherr von Gienanth war der große Wohltäter. Er selbst hatte die Universität erst vor einigen Jahren verlassen und war jetzt Vizekonsul beim Deutschen Generalkonsulat am Battery Place in New York. Als wir Austauschstudenten im Herbst in New York angekommen waren, hatte er uns leichtsinnigerweise gesagt, wenn einer von uns New York besuche, könne er bei ihm auf dem Sofa schlafen. Seitdem war seine Wohnung – 102 West 85th Street – eine Karawanserei. Fast immer übernachteten ein oder zwei oder gar drei Studenten bei ihm auf den Sofas oder auf dem Teppich. Rudi Steg, der sein Referendar-Halbjahr in New York absolvierte, wohnte ein halbes Jahr bei ihm auf dem Sofa. Es war ja so bequem, und Rudi scheute Anstrengungen, war nie aus der Ruhe zu bringen und stets heiter und zufrieden. Er hatte mir seine Arbeitsstelle im Informationsbüro der Deutschen Reichsbahn überlassen, weil er wieder nach Hause fuhr.

Ich zog nun auch in Ulrich Gienanths Wohnung ein, der ausgezogen war, um endlich allein sein zu können. Er hatte sich im *Downtown Athletics Club* eingemietet, wo nur Mitglieder zugelassen waren.

Der schwarze Hausmeister warf mich aber nicht hinaus. Erst zwei Monate später, als die Wohnung wieder vermietet wurde, mußte ich ausziehen. Er stellte mir jedoch für zwei Dollar wöchentlich ein Bett in eine fensterlose Gerätekammer unter einem Treppenwinkel. Waschen und Duschen hinter der Portiersloge. Dort wohnte ich einen Monat.

Nach dem Examen des *Bachelor of Arts* und Abschied vom Dickinson College hatte ich in Philadelphia für eine germanistische Zeitschrift Abonnenten zu werben versucht; aber das brachte nichts ein.

Die Deutsche Reichsbahn zahlte mir einen Hungerlohn: sechzehn Dollar die Woche. Ich wollte Geld verdienen, um über den Pazifik zu reisen; doch mehr als drei Dollar konnte ich, auch wenn ich wenig aß, von dem Wochenlohn nicht sparen.

In dem Büro der Reichsbahn mußte ich die amerikanische Presse auf Artikel über die Olympischen Spiele durchsehen, die im August in Berlin beginnen sollten. Ich brauchte die Stellen nur rot anzustreichen; eine farbige Büroangestellte schnitt sie aus und klebte sie auf. Man wünschte einen lückenlosen Überblick. Die Sonntagsausgabe der *New York Times*, die mir am Montag bei Dienstbeginn um halb neun vorlag, hatte weit über hundert Seiten; aber nach kurzer Zeit sprang einem das Wort *Olympic Games* schon beim Aufschlagen der Seite in die Augen.

Nachmittags um halb drei bekam ich die Abendblätter, die ich bis zum Dienstschluß um halb fünf gelesen hatte. Dann fuhr ich nach Hause, also in Gienanths Wohnung oder in meine Ecke unter dem Treppenabsatz, arbeitete eine Stunde oder zwei an einem Roman über den Schweizer August Sutter, der 1838 nach Kalifornien auswanderte, während des Goldfiebers ein riesiges Vermögen erwarb, später aber verarmt in Pennsylvanien starb, wo ich sein Grab auf dem Friedhof einer kleinen Stadt besuchte. Das Manuskript, zur Hälfte fertig, ist mir im Krieg verbrannt. Somit brauchte ich es nicht selbst zu verbrennen.

Ist Amerika verrückt?

Die Vereinigten Staaten waren mit einem Blick nicht zu erfassen, mit einem ganzen Buch in ihrer Vielfalt nicht zu beschreiben, Deutschland dagegen war klein, eng und wurde jetzt soweit wie möglich ideologisch gleichgeschaltet. Man konnte Amerika nur verstehen, wenn man Gutes und Böses zusammen sah, zugleich aber auch die großen Möglichkeiten des einzelnen und die Freiheit der Wähler in das Bild einbezog. Die deutsche Presse zeichnete dagegen eine Karikatur von Amerika. »Ist Amerika verrückt?« hieß die Überschrift eines Artikels, den ich damals im *Aktivisten* schrieb und beklagte, daß unsere Presse nur Kuriositäten berichtete: Hollywood-Girls, die auf

Tanks fahren; Ginger Rogers, die angeblich zum Admiral ehrenhalber ernannt wurde; Froschwetthüpfen, Gangsterüberfälle und so weiter. Eine seriöse Berichterstattung über das Land, seine Möglichkeiten und Probleme sei selten.

Ich kritisierte die Journalisten, die »auf Grund eines leichtsinnigen und bequemen Chauvinismus oder verantwortungsloser Unwissenheit die anderen, die Amerikaner, auf einer tieferen Kulturstufe glauben«.

Herbert Sonthoff war Austauschstudent in Georgia gewesen und wollte im August nach Deutschland zurückkehren. Er war ein wilder Bursche. Er war vor seiner Heimreise zu mir in Gienanths Wohnung, als sie noch leerstand, eingezogen. Der Korrespondent des Deutschen Nachrichtenbüros hatte ihn und mich zum Abendessen eingeladen.

Wir benahmen uns bei ihm wie die Barbaren, einfach unmöglich. Wir waren über seine neueste, ganz absurde Meldung über die Verhältnisse in den USA so empört, daß wir ihn gleich beim Aperitif, als seine Frau in der Küche war, fragten, wie er solche oberflächlichen, flapsigen und falschen Nachrichten überhaupt verantworten könne.

Unser Gastgeber wurde darauf sehr ärgerlich und wunderte sich, daß das Deutsche Reich junge Burschen wie uns, die die neue Zeit offenbar noch nicht verstanden hatten, mit großartigen Stipendien ins Ausland schickte. Es kam zu lautem Streit und groben Beleidigungen. Unser Gastgeber meinte, über unsere Ansichten und die kritiklose Amerika-Anbetung könnte er auch einmal nach Hause berichten. Herbert Sonthoff fragte, ob er diesen Bericht an das Deutsche Nachrichtenbüro oder an die für Denunziationen zuständige Stelle, offenbar seine eigentlichen Arbeitgeber, schicken wolle.

Herbert und ich standen auf, gingen erhobenen Hauptes hinaus, schlugen die Tür hinter uns zu und fühlten uns wie Helden, weil wir diesem Kretin furchtlos die Meinung ins Gesicht geschleudert hatten.

Herbert war wild, ich sagte es schon; er trug immer einen Revolver bei sich, den ich für eine Attrappe gehalten hatte; doch das war eine Täuschung. Er kehrte, als wir schon im Fahrstuhl waren, noch einmal zurück und schoß vor Wut unserem Gastgeber in die Tür. Worauf wir uns eiligst davonmachten.

Herbert arbeitete später in Berlin bei der katholischen Zeitung *Germania*, in der Hauptsache aber für den amerikanischen Nachrichtendienst, konnte jedoch das Land vor Kriegsbeginn mit dem letzten

Schiff verlassen. Er lehrte dann an einer amerikanischen Universität, kehrte aber, soviel ich weiß, nie wieder nach Deutschland zurück.

Abschied vom Times Square

Sechzehn Dollar die Woche war zu wenig. Um vier Dollar zurücklegen zu können, mußte ich mehrere Mahlzeiten ausfallen lassen. Ich bat um eine Lohnerhöhung von zwei Dollar. Auch Rudi Steg hatte zuletzt achtzehn Dollar bekommen. Die Deutsche Reichsbahn konnte sich das aber nicht leisten.

Ich kündigte deshalb, übergab Herbert Sonthoff, der nun mit dem Schiff nach Deutschland zurückkehrte, meinen Überseekoffer mit allen meinen Sachen. Mir blieben ein kleiner und ein ganz kleiner Handkoffer, die ich notfalls auch im Laufschritt tragen konnte.

Am letzten Abend stand ich am *Times Square*, sah die laufende Leuchtschrift mit den neuesten Nachrichten; die Reichen fuhren mit Chauffeur an den Theatern vor und gingen in Smoking und langen Abendkleidern in das Foyer, andere hielten vor den teuren Restaurants. Daneben lag ein Betrunkener auf dem Bürgersteig, den niemand sah. Schuhputzer standen mit ihren Ständen an einer Straßenecke. Männer boten *smutty pictures* an, die sie schnell aus der Jackentasche zogen und ebenso schnell verschwinden ließen. Der Strich der Nutten war in den Seitenstraßen.

Weil ich so lange wie wartend dastand, sprach mich ein älterer Herr an, der sich wohl Hoffnungen machte. Polizeiautos kamen mit Sirenen durch den dichten Verkehr der Straße. An einem Auto flatterten lange weiße Bänder: in ihm saß das Hochzeitspaar, und hinter ihnen fuhr laut hupend die Autokolonne der Gäste. Vor der U-Bahnstation schlugen sich zwei Schwarze. Es war ihnen ernst, und es sah aus, als wollten sie sich umbringen. Die Leute machten einen Bogen um sie.

Hier war die Welt mit all ihren grellen Widersprüchen, ein leuchtender, noch jetzt um Mitternacht lärmender Hexenkessel des Reichtums, des Elends, der Eleganz, der Theater, der Mitleidlosigkeit, der Chancen, der Korruption, des Verbrechens – und niemand war da, der alles in geordnete Bahnen lenkte und ihm die Farbe nahm.

Ich stand lange da. Als ich mich abwandte und zum Eingang der

Subway ging, wurden mit die Augen feucht. Wie das? Beim Abschied von Rom, damals an der *Fontana di Trevi* – das war schließlich zu verstehen. Da wurden die Augen vor all der Schönheit feucht, die man zurückließ. Aber hier?

Hier auch!

Schön war mir die Welt nicht nur in ihren gewaltigen, lieblichen oder harmonischen Ansichten, in den bedeutenden Menschen, in dem strahlenden Glanz junger Frauen, in Rom, Florenz oder Venedig.

»Die Schönheit, was das ist, das weiß ich nit«, hatte Dürer geschrieben. Er sah die Schönheit auch in dem alten, ausgemergelten Gesicht seiner Mutter, und er unterwies den Lehrling in seiner Proportionslehre, »wie man lieblich *und* häßlich Dinge möge machen«. Giorgione malte die Schönheit in dem alten Weib, dessen Bild in der Accademia zu Venedig hängt, Goya zeigt die Schönheit auch in den grausamen Gesichtern mancher spanischer Marquesa. Das war die irdische Schönheit, die mir ans Herz ging, nicht die hoheitsvolle, himmlische Schönheit der Sixtinischen Madonna.

Schön war die Welt, wo sie lebte und in allen ihren Widersprüchen vibrierte. In Deutschland waren Gespräche mit Freunden und Freundinnen, Bücher, Natur, Musik, Kunst und Geschichte der Mittelpunkt meines Lebens gewesen. Hier war ich zufrieden, nur sehen zu dürfen.

Kierkegaard hätte diesen Blick, der nicht kritisch bedenkt, was er sieht, sondern alles schön findet, scharf mißbilligt. Wo war da der ethische Ernst, aus dem allein man Gut und Böse erkennen und aus dem man entscheiden kann? Auf meinem Standpunkt, von dem aus ich die ganze Welt ästhetisch betrachtete und zu erfassen suchte, standen doch Krethi und Plethi. Leute wie Goethe zum Beispiel.

War man etwa zu bequem und gleichgültig, um die nächste Stufe hinaufzusteigen und die Welt in ethischer Strenge zu sehen, kritisch zu scheiden – «Entweder-Oder« – und zu handeln? Nun, mit größtem Respekt, aber Kierkegaard war schon in jungen Jahren ein sauertöpfischer Geselle gewesen, und auf dem *Times Square* wäre er zutiefst über das Böse der Welt erschrocken und schnell in seine Kutsche gestiegen. Eine schöne Welt? Nein, eine Hölle. Und er hätte diesmal jedenfalls Hegel recht gegeben, welcher meinte, bevor man einem

Schüler zu denken aufgebe, müsse man dafür sorgen, daß ihm erst einmal Hören und Sehen vergehe.

Die Suche nach dem Wunder

Am Morgen nahm ich Abschied von dem schwarzen Hausmeister, fuhr mit der Hochbahn bis zur Ausfallstraße, Richtung Buffalo und Niagarafälle, die ich natürlich sehen wollte. Ich reiste mit leichtem Gepäck auf der Suche nach dem Abenteuer.

Nun war ich frei und leicht. Alle Gewichte waren von mir gefallen. Ich stand auf der Straße. Den kleinen Koffer hatte ich nach Los Angeles vorausgeschickt; der ganz kleine stand neben mir. Auf ihm klebte der dreieckige *College Sticker* von Dickinson Collge, so daß jeder sehen konnte, woher ich kam und daß ich Student war. Da stand ich, hob den Daumen, wenn Autos vorbeikamen, und hoffte, mitgenommen zu werden.

Über vierzig Jahre später fragte mich Mao Zendongs Nachfolger, der chinesische Partei- und Regierungschef Hua Guofeng, als ich ihn auf einer Reise begleitete, warum ich mich damals auf den Weg nach China gemacht hätte.

»Weil ich das Abenteuer suchte«, antwortete ich.

Er nickte, aber er verstand es nicht; das konnte er auch nicht verstehen. Aber er wollte das nicht zeigen und fragte nicht weiter. Das war doch nicht vernünftig, wird er gedacht haben. Das war doch sogar riskant. Abenteuer – das war etwas ganz Unchinesisches. Dem ging man so weit wie möglich aus dem Wege. Linkes oder rechtes Abenteuertum in der Partei war etwas ganz, ganz Gefährliches.

Ich war kein Aussteiger. Ich suchte das Abenteuer, und das Abenteuer war die Suche nach dem Wunder. Ich hatte nur rund hundert Dollar, und wie ich damit über den Pazifik kommen wollte, wußte ich noch nicht. Vielleicht konnte ich auf einem Schiff anheuern. Man mußte sehen.

Ich war sicher, daß mir das Wunder irgendwo begegnen würde. Und auf dem Wege würde ich die Menschen und die Welt von oben und von unten sehen. Meistenteils wohl von unten. Keine von American Express organisierte Reise würde mir das bieten können. Ich wollte sehen und erfahren. Ich war frei. Und ich behielt mir vor, wann und wo ich die Freiheit später wieder aufgeben würde. Vielleicht nie, vielleicht bald. Ich war frei.

In Berlin hatte ich mit Eike Dornbach gewettet, daß ich nicht über den Atlantik nach Deutschland zurückkehren würde. Ich war mir jetzt aber noch gar nicht darüber klar, ob ich überhaupt zurückkehren sollte.

Andererseits: Ich wollte Schriftsteller sein. Ich sprach, dachte und träumte jetzt meist in Englisch; aber wenn ich schrieb, schrieb ich deutsch. Ich glaubte nicht, daß ich Englisch je so würde beherrschen können wie Deutsch. Heute glaube ich, daß ich mir zu wenig zugetraut hatte.

Und ich wollte auch mein Studium in Deutschland beenden. Ich wußte schon, wo und bei wem. Ich war also nicht frei. Die Nabelschnur zu Deutschland war noch nicht durchtrennt. Ich konnte mich nicht entscheiden. Vielleicht, dachte ich, wird sich unterwegs eine Entscheidung wunderbar und ganz unerwartet von selbst ergeben.

Floyd LeRoy und die Gewerkschaft

Ein schwerer Tag für Anhalter: immer nur kleine Strecken. Aber dann nahm mich einer mit, der bis nach Rochester im Staat New York fuhr. Er hieß Floyd LeRoy, war Polsterer in einem Zulieferbetrieb für eine Autofirma in Detroit. Er nahm mich mit nach Hause. Er, seine Frau und ich saßen den ganzen warmen Sommerabend auf seiner kleinen Veranda zum Garten hin und erzählten.

Als sie heirateten, verdiente er vierzig Dollar die Woche. Es arbeiteten in seiner Fabrik immer zwei Mann zusammen. Sein Partner war Jack, ein Schwarzer mit Muskeln. Man brauchte Kraft beim Pressen der Polster. Floyd und seine Frau mußten die Raten für die Möbel abzahlen, dann kamen die Raten für Radio, Staubsauger und Kühlschrank dazu. Jack und Floyd arbeiteten im Akkord und kamen bald auf fünfundvierzig Dollar in der Woche.

Da kam es zum Streit mit der Gewerkschaft, die meinte, wenn sie so viel schafften, werde die Norm heraufgesetzt. Ein Viertel der Belegschaft war in der Gewerkschaft.

Floyd und Jack wollten mit ihr nichts zu tun haben. Sie wollten arbeiten und Geld verdienen. Floyd wollte ein kleines Haus kaufen. Doch Jack und Floyd wurden getrennt; das war das Werk von den drei gewerkschaftlich organisierten Vormännern.

Sie mußten nun mit ausgesucht langsameren Kollegen zusammenarbeiten. Floyds Lohn sank wieder auf vierzig Dollar.

Als er und Jack sich bei einer Diskussion im Betrieb gegen zuviel Einmischungen der Gewerkschaft beschwert hatten, wurden sie zur Personalabteilung gerufen. Man fragte nach ihren Familienverhältnissen und beiläufig auch, ob sie in der Gewerkschaft seien oder eintreten wollten. Sie antworteten, das sei nicht ihre Absicht. Sie wollten wie die Mehrzahl der Kollegen nichts weiter als arbeiten und Geld verdienen. Die Personalabteilung honorierte das. Sie wurden Vormänner und verdienten nun fünfzig Dollar die Woche.

Damit begann der heiße Krieg zwischen der Gewerkschaft und der Betriebsleitung.

Die Gewerkschaft forderte aus vorgeschobenen, unwahren Gründen die Entlassung von Jack und Floyd. Die Betriebsleitung weigerte sich.

Floyd verstand das alles gar nicht: »Da sind doch so viele andere Unorganisierte, die nicht belästigt werden. Die Betriebsleitung hat uns nichts getan. Und wir haben der Gewerkschaft nichts getan. Ich will doch nur meinen Frieden haben und arbeiten. *It's a free country.*«

An einem der nächsten Tage flog der erste Stein gegen die Heckscheibe seines Autos. Jack fiel von einer Leiter, die jemand unter ihm weggezogen hatte, und mußte mit einer Gehirnerschütterung ins Krankenhaus.

Floyd hatte gesehen, wer sich an der Leiter zu schaffen gemacht hatte. Er meldete ihn der Betriebsleitung. Der Kollege wurde entlassen, die Gewerkschaft forderte, ihn sofort wieder einzustellen. Es kam zu einem Streik, den die Gewerkschaft nach drei Wochen abbrach. Aber die Betriebsleitung versetzte Floyd und Jack.

»Hierher nach Rochester«, sagte Floyd. »Mit neunzig Dollar die Woche. Vor einem Jahr.«

»Ich gratuliere.«

»Danke«, antwortete Floyd. Er stand auf und holte noch eine Dose Bier.

»Aber in der letzten Woche«, sagte seine Frau, »hat uns wieder jemand einen Stein durch die Windschutzscheibe geworfen.«

»Ja«, fuhr Floyd fort, als er die Bierdose aufmachte, »aber vielleicht war es auch nur ein Zufall.«

Die Geschichte war noch viel länger; ich habe sie ein Jahr später in meinem ersten Buch ausführlich erzählt. Es war ja mein altes Thema: Der einzelne gegen die Gesellschaft.

Unterwegs

Einen ganzen Nachmittag fuhr ich mit einem Vertreter, der mich nur mitgenommen hatte, um mir sein philosophisches System vorzutragen, und der bei jeder Tankstelle tankte – Bier. Ein anderes Mal mit einem Anhänger der *Christian-Science*-Bewegung, der über die europäische Politik besser Bescheid wußte als ich. Ein Farmer, der nach Süden abbiegen mußte, setzte mich weit vor Sheridan in Wyoming auf einer unendlich langen und geraden Straße ab, mitten in der Wüste. Den ganzen Nachmittag kam kein Auto. Es stürmte, aber der Sturm war heiß. Ich nahm den Koffer und ging etwas; aber das war zwecklos: Zu Fuß war es bis Sheridan zu weit, und ob dazwischen noch eine Tankstelle lag, wußte ich nicht. Bei dem geringen Verkehr auf der Straße war es unwahrscheinlich.

Ich habe damals auch über diesen Tag berichtet: übersteigert, die Wüste ins Mythische erhoben, wie es damals meine Art war. Nicht nur meine, auch die anderer Reisender, wie Alfons Paquet zum Beispiel. Ich sah die Welt noch im Pathos des Expressionismus und der Jugend.

Am Abend legte ich mich, verzweifelt, müde und durstig, unter einen überhängenden Felsen, der noch warm von der Sonne war. In der Nacht aber wurde es kalt.

Am nächsten Tag kam ich doch bis Sheridan. Wenn ich weiter nach Westen wollte, mußte ich über die Bighorn Mountains, von denen ich bisher noch nie etwas gehört hatte; dabei ist ihr höchster Gipfel über viertausend Meter hoch. Ein Farmer nahm mich mit; aber als ich im Auto saß, sagte er, das Mitnehmen über den Paß koste einen Dollar. Wir schlossen einen Kompromiß. Ich zahlte ihm fünfzig Cent.

Ich kam nur langsam voran. Am Nachmittag hielt ein vollbesetztes altes Auto. Innen war kein Platz für mich; aber das machte nichts, sie könnten meinen Koffer nehmen, sagten sie. Ich solle mich auf das Außentrittbrett und den Kotflügel legen, könne mich ja auch am Außenschweinwerfer neben der Tür festhalten. Eine solche Haltung war nur bei diesem alten Modell möglich. Abenteuerlich. Als der Fahrer nach einer Stunde tankte, wollte er, daß ich die Hälfte des Benzins bezahle. Er machte ein lautes Geschrei und war mit all den anderen Insassen des Wagens in der Überzahl. Außerdem wollte ich meinen ganz kleinen Koffer wiederhaben. Es blieb mir also nichts anderes übrig, als ihm einen Dollar zu geben.

Es war Spätnachmittag, es kamen keine Autos mehr, und so wartete ich bis es dunkel wurde und legte mich dann hinter zwei große Reklametafeln am Wegesrand auf den Boden. Ich war hier über tausend Meter hoch und fror erbärmlich. Auch gegessen hatte ich den ganzen Tag nichts. Ein junger Mormone las mich morgens an der Landstraße bei den Reklameschildern auf und nahm mich bis nach Pocatello mit. Er wollte mich bekehren und im nächsten Jahr in Berlin besuchen. Solche Auslandsmission gehöre zu seiner Ausbildung. Ich gab ihm aus reinem Übermut Eikes Adresse in Dahlem, der da bei seinem Onkel wohnte.

Dort erschien der Mormone dann auch im nächsten Sommer, traf aber nur den Onkel an, den berühmten Germanisten Julius Petersen, der sich nicht bekehren lassen wollte und den wohlmeinenden Heiligen der Letzten Tage, der immer wieder seine lange Fahrt mit Eike erwähnte, schließlich unwirsch verabschiedete.

An der Ausfallstraße von Pocatello sagte mir ein Anhalter, der schon dastand und daher auch Vorfahrt hatte: »Nach Kalifornien? Als Anhalter? Keine Chance. Du mußt die Bahn nehmen.«

»Die Bahn?«

»Güterzüge natürlich. Wie die *Hobos*.«

Jack London: »Abenteurer des Schienenstrangs«. *Hobos!* Landstreicher also. Veritable *Bums* also. Das gab es alles noch?

»Du mußt die Lokomotive 308 nehmen«, sagte er. »Die kommt gegen elf Uhr abends. Manchmal auch später. Nummer 308! Steht vorne dran.«

Die Sonne war schon längst hinter den Bergen westlich des Großen Salzsees untergegangen. Ich machte mich also zum Bahnhof von Salt Lake City auf und ging dann möglichst unauffällig und in Deckung von Güterwagen bis in die Nähe des Lokomotivschuppens.

Eine der großen Transkontinentallokomotiven, die hier vor einer Stunde abgestellt worden war, kam langsam herangefahren und blieb auf einem Nebengleis stehen. Ich setzte mich neben sie; denn da war es schön warm. Ich spürte, daß das Salz, das nach dem Baden im Salzsee auf der Haut lag, in kleinen Flocken abfiel. Die Haut war noch warm, wohl auch von der Sonne; die Füße aber wurden kalt, als ich wartete.

Elf Uhr war schon längst vorbei. Der Güterbahnhof war still. Ich stellte meinen kleinen Koffer hinter einen Rangierhügel und lief schnell noch einmal in die Stadt, um mir ein paar Hamburger und ein paar Dosen Coca-Cola für unterwegs zu kaufen. Aber Salt Lake City ist eine streng religiöse Stadt. Hier schließen, anders als in New York, die Imbißbuden schon um zehn Uhr.

Ich setzte mich wieder neben meinen Koffer. Nach einer Weile kam eine große Lokomotive aus dem Schuppen und hielt wenige Gleise von mir entfernt. Preßluft wurde durch die Roste gepumpt und der Kessel angeheizt. Nach einer halben Stunde wurde ein Güterzug angekoppelt, der schon bereitstand. Er gehörte zur *Southern Pacific Line*. Ich aber mußte auf die *Western Pacific Line* warten.

Es fuhr ein Personenzug aus dem Bahnhof. Er hatte, als er an mir vorbeikam, schon ein ganz schönes Tempo. Wie sollte ich, wenn Nummer 308 auch so schnell fuhr, da hinaufspringen! Es kamen noch mehrere Züge. Nach jedem Zug wurde es eine Stunde lang still. Die Bahnarbeiter waren in ihrem warmen Aufenthaltsraum und tranken ihr Bier.

Um fünf Uhr begannen die Sterne zu verblassen. Über den Bergspitzen im Nordosten wurde es grünlich hell. Ich lief etwas zwischen den Gleisen hin und her, um warm zu werden.

Da kam ein Zug von Osten. Die Wagen fuhren über eine klappernde Weiche. Die Lokomotive schob sich schwer um die Kurve. Der große, blendende Prärriescheinwerfer erfaßte und blendete mich, so daß ich das Nummernschild auf der Stirnseite der Lokomotive überhaupt nicht sehen konnte. Ich trat etwas beiseite. Als die Lokomotive langsam und fauchend an mir vorbeizog, erkannte ich die Nummer 308 an der Tür.

Ich war aufgeregt. Vorsicht! Zehn Wagen fuhren vorbei; sie waren alle geschlossen. Man spürte, daß der Zug langsam Fahrt aufnahm. Ich wußte noch nicht, daß man auch auf die kleinen Treppenstufen springen kann, die zu der Plattform über und hinter den Puffern führen.

Es kam ein Wagen mit einer offenen Tür. Ich rannte neben dem Zug auf dem Schotter her, warf den kleinen Koffer hinein, faßte mit der linken Hand den Griff. Da glaubte ich, der Zug reiße mir den Arm aus dem Schultergelenk: Er hatte doch mehr Fahrt, als ich erwartet hatte.

Meine Beine schlenkerten außen umher, bis ich mich hochgezogen und den Boden des Wagens unter meinen Füßen hatte.

Jetzt konnte ich aufatmen.

Den Koffer stellte ich in eine dunkle Ecke, wollte mich an die Tür setzen und hinaussehen – da flog ein Kleiderbündel an mir vorbei. Ein Mann rannte drei, vier schnelle Schritte auf dem Schotter neben dem Zug her, faßte den Griff und schwang sich mühelos auf die Ladekante an der Tür. Er hatte ein dunkles Gesicht unter seinem Filzhut, sah mich verlegen lächelnd an, verkroch sich in einer Wagenecke und legte sich mit dem Kopf auf das Bündel.

Ich saß derweilen an der offenen Wagentür, ließ die Beine hinaushängen, erholte mich von der ersten Aufregung und sah hinaus in die weiße Salzwüste, in der nichts wuchs außer einigen Sagegrasbüscheln hier und da.

Die Sonne stieg über die Berge, und bald mußte ich die Augen zukneifen, weil sie von dem kristallenen Blinken der Salzkörnchen geblendet waren.

Ich wurde müde und legte mich auf die Decke zu meinem Koffer, hielt ihn ganz fest. Der Dunkle in der anderen Ecke würde mir doch nicht etwa alles stehlen, wenn ich schlief? Und mich dann aus dem Wagen werfen?

Es war Mittag, als ich wieder aufwachte. Er saß jetzt an der offenen Tür, ließ die Beine hinaushängen wie ich vorhin und sah hinaus. Ich setzte mich neben ihn.

»¿Habla Español?« fragte er.

»No, señor.«

Sein Englisch war holprig. Er war ein Indianer, vom Stamm der

Ein Krähenindianer fährt mit
im Güterwagen.

Krähen, wie er sagte, wohnte aber nicht mehr in der Reservation, und von seinem Stamm wußte er auch nicht viel. Er war älter als ich, aber ich konnte nicht schätzen, wie alt. Seine Gesichtszüge waren deutlich, aber nicht scharf geschnitten, sein Haar blauschwarz. Er sprach wenig, antwortete aber auf alle Fragen. Er schien ein gutmütiger Kerl zu sein.

Wir hatten schon längst den landwirtschaftlich kultivierten, bewässerten Mormonenstaat Utah mit seinen Terrassen, grünen Feldern und Obsthainen hinter uns gelassen. Wir fuhren über den Grund des Salzmeers, das vor Millionen von Jahren die Ebene bis zur Sierra Nevada bedeckt hatte.

Hier in Nevada war nur Salzwüste, und die gerade schwarze Straße, die neben den Schienen herlief, war das einzig Feste in dem flimmernden Weiß. Im Süden, halb verborgen von Dunst, standen Berge, die manchmal nahe an die Bahnlinie herantraten, so daß man die Ufer erkennen konnte, die einst das Salzmeer in ihren Fuß geschnitten hatte.

Wir sahen in die Wüste, durch die seine Vorfahren einst als Herren geritten waren. Er fuhr statt dessen als Blinder Passagier in einem Güterwagen, ein *Bum*, ein Landstreicher. Ob ihm solche Gedanken kamen? Ich glaube nicht: Er sah nicht aus, als habe er Geschichte. Nur Gegenwart.

Er sagte, er suche Arbeit in Kalifornien. Er sei im vorigen Jahr auch schon dagewesen, während der Saison.

»Was für Arbeit?«

»Rosinenpflücken.«

Ich dachte, es werden nur Trauben gepflückt, dann getrocknet, und das sind dann die Rosinen. Aber er hatte gesagt, er wolle Rosinen pflücken. Ich ließ es dabei.

»Und wieviel zahlen die Farmer?«

Er hob die Hände etwas und ließ sie fallen.

»Man muß sehen. Vielleicht anderthalb Dollar.«

»Die Stunde?« fragte ich überrascht. Das wäre ja auch etwas für mich.

Er schüttelte den Kopf.

»Am Tag.«

Auf der Autokarte, mit der ich durch die Vereinigten Staaten reiste, waren einige Orte angegeben: Elco, Battle Mountain, Winnemucca und Imlay. Aber jetzt sah ich sie in Wirklichkeit: es waren gar keine Ortschaften, jeweils nur ein paar Häuser, bei denen der Zug hielt und wo die Lokomotive aus einem dicken Rohr, das man über sie schwenken konnte, Wasser nahm. Nach wenigen Minuten fuhr der Zug weiter.

Dann waren wir wieder in der Wüste. Nur selten sah man an einem Hügel eine Farm mit dem hohen Windrad für die Wasserpumpe. Gelegentlich fuhren wir an halbwilden Pferden vorbei, die davonstürmten, als der Zug näherkam. Wo sie hier Gras fanden, konnte ich mir nicht erklären.

Noch mehr beschäftigte mich aber der Gedanke, wo ich selbst etwas zu essen bekommen konnte. Der Indianer aß eine Art Brot oder

Fladen. Ich schlief, als es dunkel wurde, hungrig und durstig ein. Am Tag war es heiß gewesen, aber des Nachts wurde es jetzt kalt, vor allem auf dem Paß von Portola. Außerdem schüttelten die Wagen unangenehm, und die Hüften wurden von der Kälte wie von dem Schütteln ganz steif und taten weh.

Als der Zug am nächsten Tag an einer Station in der Sierra Nevada hielt, hörte ich das Scheppern einer Glocke, die an einer Kiefer neben dem handgeschriebenen Schild *Beanery* hing. Das Wort war mir unbekannt. Der Indianer sagte mir, dort könnten wir warme Bohnensuppe bekommen.

So war es. Etwas unterhalb der Weichen und dem Nebengleis, auf dem Güterzüge hielten, um Personenzüge vorbeizulassen, fünfzig Meilen von der nächsten Station entfernt, hatte ein unternehmender *Bum* sich eine kleine Holzhütte gebaut und sie mit Blech und Pappe abgedichtet. Vor ihr standen ein paar alte Benzinfässer, in denen jetzt Wasser war. Wir konnten uns da waschen. Und vor der Hütte hatte der Besitzer über einer primitiven Feuerstelle Bohnensuppe in einem Waschkessel warmgemacht: einen Pappteller voll für, kaum zu glauben, zehn Cents. Und dennoch wird er das nicht alles aus reiner Menschenfreundlichkeit geboten haben. Oder doch?

Ich fragte ihn, wie das Geschäft gehe.

»Gut«, antwortete er, »ich mache mit einem Kumpel dreihundert Meilen weiter westlich noch eine *Beanery* auf. Es ist hier viel Verkehr: alle die Leute, die durchkommen und Arbeit suchen. Es rentiert sich.«

»Aber zehn Cents?«

»Die haben aber doch alle kein Geld!«

Jetzt erst merkte ich, daß sehr viele *Bums* mit dem Zug fuhren. Sie kamen alle herunter.

Auch ein Bremser von unserem Zug holte sich einen Teller Bohnensuppe. Er sagte, er habe in unserem Zug hundertdreißig *Hobos* gezählt. Es seien so viele, weil am Tag vorher ein »Bulle« – so hießen sie dort damals schon – vierzig Mann von einem Zug geworfen hatte, der eine wertvolle Ladung fuhr. Und das mitten in der Nacht, Meilen von der *Beanery* entfernt und natürlich während der Fahrt! Reine Schikane! Der »Bulle« hätte doch etwas warten können. Von ihm distanziere er sich energisch. Unser Bremser verurteilte sein Verhalten laut, so daß wir alle es hören konnten; er fürchtete, die Abgeworfenen würden sich nun an der *Western Pacific Line* rächen, der Einfachheit halber gleich an unserem Zug.

Ich aß drei Teller, trank Wasser aus einem Trinkwasserfaß, und als ich wieder zum Zug kam, stieg ich auf einen offenen Wagen, der Holz transportierte. Es war wieder warm, aber da oben wehte Wind, und man konnte von dort die Berge und Schluchten, durch die wir fuhren, besser sehen. Wir waren etwa zehn *Hobos* da oben. Ich saß neben zwei Brüdern, die über Kalifornien nach Mexiko fahren wollten, um dort in einer Erzgrube zu arbeiten. Als ich sagte, ich käme aus Deutschland, erzählte einer von ihnen, er sei gleich nach dem Kriege bei den amerikanischen Besatzungstruppen im Rheinland gewesen und habe sich von dort seine Frau mitgebracht, mit der er immer noch verheiratet sei, wie er stolz hinzufügte. Er freute sich, in mir einen Fast-Landsmann getroffen zu haben, und erzählte viel von seiner Zeit bei uns. Ich

Fahrt durch Nevada mit den Hobos auf einem Güterwagen.
In der Mitte der frühere Besatzungssoldat im Rheinland.

hatte bis dahin gar nicht gewußt, daß nach dem Ersten Weltkrieg amerikanische Besatzungstruppen im Rheinland stationiert gewesen waren.

Unter dem Schutz dieser beiden »Touristen« – wie die auf Arbeitssuche Reisenden etwas geringschätzig von den professionellen *Hobos* genannt werden – holte ich meine Kamera heraus und machte schnell eine Aufnahme.

»Steck das Ding weg!« riefen die beiden gleich.

Und ich sah, daß einige Mitreisende mich nicht sehr freundlich ansahen. Sie wollten nicht fotografiert werden und hatten dafür wohl auch ihre Gründe.

In Sacramento sprang ich ab, als der Zug langsam fuhr; einige andere *Bums* taten desgleichen. Es war schon spät in der Nacht. Ich suchte ein billiges Hotel und fand erst nach langem Suchen eins, badete gleich, denn von dem Rauch und Ruß der Lokomotive war ich, als ich oben auf dem Holzwaggon gesessen hatte, ganz schwarz geworden. Dann wusch ich mein Hemd, hängte es zum Trocknen auf und schlief bis tief in den nächsten Vormittag.

Ich fuhr am Abend mit einer *Box-car*, also einem geschlossenen Waggon mit Türen an beiden Seiten, weiter. Jack London nennt sie »Pullman mit Seitentüren«; sie waren sicher allen anderen Wagen vorzuziehen, besonders wenn es draußen kalt war. Aber um eine *Box-car* in einen wirklichen Pullman umzuwandeln, wäre noch viel zu tun gewesen: Vor allem hätte man die ekelhaften Ritzen zustopfen oder überkleben müssen, durch die der Wind pfiff, und die Achsen hätten wenigstens etwas gefedert werden müssen.

Am nächsten Morgen war ich in San Francisco, stieg über einige Zäune des Güterbahnhofs auf die Straße und sah mich in der Stadt um. Gegen Mittag klingelte ich an der Tür der Pension Andermahr in der Eddy Street.

Warum ich meine Wette nicht verlor

Herr Andermahr kam selbst zur Tür. Ich fragte, ob hier ein Herr Eike Dornbach wohne.

»Eike!« rief er.

Eike sah eigentlich aus wie Jung-Siegfried, und wer mit ihm ausging, hatte bei den Mädchen keine Chance. Sie sahen nur ihn. Jetzt aber trug er eine lange weiße Schürze und sah darin keineswegs wie ein germanischer Held, eher wie eine Krankenschwester aus dem Jahr 1914 aus. Er kam aus der Küche, wo er Geschirr abgewaschen hatte. Denn damals gab es noch keine Geschirrspülmaschinen, und deshalb mußte jeder, der Millionär werden wollte, als Tellerwäscher anfangen.

Eine halbe Stunde später trug auch ich eine solche lange Schürze und half Eike. Ich bin trotzdem kein Millionär geworden. Vermutlich eine Ausnahme.

Wir durften – uns abwechselnd – bei Herrn Andermahr morgens den Pensionsgästen das Frühstück servieren und sie mittags und abends bei Tisch bedienen. Und wir durften bei ihm umsonst essen und wohnen. Aber unsere Arbeit ging Herrn Andermahr, einem kompakt gebauten, flinken Alemannen, nie schnell genug. Am Wochenende gab er dennoch jedem von uns zwanzig Dollar. Das war großzügig. Denn er wußte, daß wir nur für ein paar Tage aushelfen wollten.

Irgendwann, so hatte ich gehofft, wird sich von allein entscheiden, ob ich hier bleiben oder nach Deutschland zurückkehren werde. Aber das Wunder, daß mich ein Millionär für ein unerwartet hohes Gehalt engagierte und mir die notwendigen Aufenthalts- und Arbeitspapiere vermittelte – dieses Wunder war ausgeblieben.

Eike und ich gingen nach dem Abwaschen abends immer noch aus und tranken ein Bier.

»Ich habe immer, schon damals in Berlin bei Aschinger, davon geträumt, China und Japan zu sehen«, sagte ich.

»Warum?« fragte Eike.

»Vielleicht ist es eine ganz andere Welt; vielleicht denken die Menschen dort anders. Und außerdem möchte ich wissen, ob Deutschland von dort vielleicht ganz anders aussieht.«

»Jedenfalls viel kleiner«, bemerkte Eike. »So sieht es ja schon aus, wenn wir uns von hier nach Deutschland umsehen.«

»Aber Ostasien ist noch weiter von Deutschland entfernt. Wenn auch vielleicht nicht nach Kilometern; aber um dahin zu fahren, brauchst du von Bremen mit dem Schiff mindestens vier Wochen. Viel weiter geht es ja gar nicht. Aber«, fuhr ich fort, »ich muß das alles leider aufgeben.«

»Was!« rief Eike. »*Was* mußt du aufgeben?«

»Die Reise mit dir nach Japan und China. Und warum? Die Fahrt kostet 65 Dollar auf dem billigsten Schiff. Ich habe nur noch achtzig Dollar. Das reicht knapp für die Busfahrt nach New York. Ich habe die Rückfahrkarte der HAPAG von New York nach Hamburg. In vierzehn Tagen könnte ich zu Hause sein.«

»Was dich einen Kasten Bier kosten würde«, bemerkte Eike.

»Das ist ein gewichtiger Einwand«, sagte ich. »Ich würde den äußerst ungern bezahlen.«

»Und dann«, fügte er hinzu, »kannst du dich gleich für zwei Jahre beim Barras melden.« Ich sagte dazu nichts.

Eike war reich, er hatte drei- oder vierhundert Dollar gespart, denn sein Stipendium war viel großzügiger gewesen als meins in Dickinson. Er konnte sich die Reise über den Parzifik leisten.

»Du kannst jetzt nicht aufgeben«, sagte er.

»Natürlich nicht. Du hast ja recht. Aber ich muß.«

»Und wenn ich dir das Geld für die Überfahrt leihe?«

»Ich nehme keinen Cent von dir. Mein Stolz, weißt du. Eher würde ich mit den *Hobos* kreuz und quer durch das Land fahren.«

Ich schlief in der Nacht ganz schlecht. Am Morgen ging ich zum Reisebüro der Deutschen Reichsbahn. Es war nur eine kleine Filiale. Den zweiten Mann kannte ich schon von der New Yorker Zentrale her. Er hatte dort neben mir gearbeitet.

Er hörte sich an, was ich ihm erzählte. Dann sagte er, er kenne einen Mitarbeiter der japanischen Schiffahrtslinie *Osaka Shosen Kaisha*; mit dem wolle er einmal sprechen.

Am nächsten Tag rief er mich bei Andermahrs an: »Sie haben recht: Die Überfahrt von Los Angeles nach Yokohama kostet im Zwischendeck fünfundvierzig Dollar mit japanischem Essen. Mein japanischer Bekannter empfiehlt jedoch europäisches Essen. Dann müssen Sie fünfundsechzig Dollar bezahlen. Das nächste Schiff ist die Buenos Aires Maru; sie befördert gewöhnlich japanische Auswanderer nach Brasilien und ist jetzt auf der Heimfahrt, voll mit Rückkehrern und Heimaturlaubern. Sie kommt in sechs Tagen in Los Angeles an und legt am selben Tag auch wieder ab.«

»Ich habe aber doch nur noch achtzig Dollar. Mir blieben dann für die Reisen in ganz Ostasien gerade noch fünfzehn Dollar.«

»Ach so, das habe ich ja vergessen«, fügte er hinzu. »Die Japaner nehmen natürlich Ihre Rückfahrkarte New York–Hamburg in Zahlung. Da kriegen sie sogar noch was raus. Mindestens fünfzig Dollar.«

»Gilt das auch für meinen Freund?«

»Natürlich!«

»Yippie! Eike!« rief ich in die Küche, »Koffer packen! Komm und hör dir das an!«

Eike wollte mit dem Bus fahren

Eike war ein vorsichtiger Mensch. Er wollte mit dem Bus nach Los Angeles fahren.

»Mit dem *Bus*!« rief ich. »Von Minnesota bis hierher bist du als Anhalter gefahren!«

»Ja, gut; aber manchmal war es doch auch mühsam. Wenn man da im Regen am Straßenrand stand, und ein Auto nach dem anderen fuhr vorbei. Stundenlang. Es war demütigend.«

»Im Regen habe ich andere Erfahrungen gemacht. Für mich waren das die besten Zeiten; da haben mich sogar Leute mitgenommen, die sonst nie einen *Hitch-hiker* mitnehmen. Aus Mitleid.

Wenn ich einmal einen Wagen habe, werde ich nie an einem Anhalter vorüberfahren. Ich werde sie immer mitnehmen. Ganz sicher aber, wenn es regnet.«

Ach, ich bin ganz anders geworden. Leider. Ich habe heute ein Herz von Stein, fahre an ihnen vorüber und lasse sie stehen. Auch im Regen. Ich schäme mich immer, wenn ich vorbei bin; schäme mich, daß ich nicht tue, was ich mir damals vorgenommen hatte, und ich rede mich damit heraus, daß man früher in Amerika auch nie von Verbrechern unter den Anhaltern gehört hatte. Oder ich rede mich heraus mit den Worten des großen Predigers der Sünde und dem, der sich am listigsten herausreden konnte und das auch wußte: »Das Gute, das ich will, tue ich nicht; aber das Böse, das ich nicht will, das tue ich.«

»Außerdem brauchst du auf der Strecke nach Los Angeles nicht im Regen zu stehen«, sagte ich zu Eike, »einmal, weil es in Kalifornien nicht regnet, und zum andern, weil wir auf Güterzügen fahren.«

»Als *Hobo*?« rief Eike entsetzt. »In dem Dreck und Ruß? So, wie du hier ankamst?«

Er sah wieder aus wie Siegfried, aber nach *aventiuren* stand dem Recken nicht der Sinn.

Wir hatten uns nur Hemd und Hose angezogen und fuhren am frühen Abend mit der Straßenbahn bis zum Güterbahnhof Bayshore, gingen durch ein Tor, das offen stand, und dann, immer Deckung hinter Güterwagen nehmend, zu den Abstellgleisen. Dort sahen wir hinter einem Wagen einen *Hobo*.

»Nach L.A.?« fragte ich.

»*Yep.*«

»Weißt du, wann der Zug abfährt?«

»Kann jederzeit abfahren.«

Einsilbig.

Wir gingen weiter auf den Bahnhof zu und warteten in einer Kurve, weil der Zug hier noch langsam fahren mußte.

Ein Bahnangestellter mit einem langen Eiseninstrument sah uns. Er klopfte damit gegen die Räder und das Fahrgestell. Er kam nach einer Weile wieder zurück. Wir fürchteten, er werde uns jetzt einem der Bullen der Bahnpolizei melden und stiegen in einen Güterwagen mit zwei offenen Seitentüren, der auf dem Nebengleis stand.

Es kam kein Bulle.

Wir hörten von den Schienen her das Stampfen eines Zuges. Das müßte unserer sein. Der große Scheinwerfer traf, als die Lokomotive aus der Kurve kam, unseren Wagen, und wir traten etwas ins Dunkel zurück und warteten, bis sie vorbei war. Wir sahen schon die schweren Kolben und Zylinder, als die Lokomotive neben uns war, und gerade wollten wir herausspringen und uns einen Wagen aussuchen, als unsere Tür zurollte.

War es vielleicht der Bahnbeamte gewesen, der uns hier in dem Wagen fangen wollte? Eike und ich aber sprangen schnell zur gegenüberliegenden Tür hinaus, liefen hinter einer Reihe leerer Wagen entlang und krochen unter einem Puffer durch, bis wir wieder neben dem fahrenden Güterzug standen. Da hielten wir uns in Deckung und warteten, ob eine *Box-car* mit offenen Seitentüren vorbeikam. Es kam aber keine, sie waren alle verschlossen, und der Zug nahm Fahrt auf.

Wir mußten also auf ein Trittbrett springen, das auf eine Puffer-plattform führte. Eike rannte zu lange neben dem Zug her, ebenso wie ich bei meinem ersten Versuch in Salt Lake City, dann griff er zu, hing an dem Eisenbügel wie an einer Reckstange und wußte nicht, wohin mit den Füßen. Da kam schon der nächste Wagen. Ich warf meinen kleinen Koffer auf die Pufferplattform, machte drei Sprünge in der Fahrtrichtung wie der Krähen-Indianer es mir vorgemacht hatte, und war oben.

Jetzt saß Eike auf den Puffern des einen, ich auf denen des nächsten Wagens. Ein Waggon war zwischen uns. Ich hatte sie mir aber früher

Als Hobo auf den Puffern eines Güterwagens.
Das umgebundene Taschentuch sollte die Haare vor dem
Rauch in den Tunnels schützen.

schon gut angesehen und kletterte jetzt auf den festen Leiter-sprossen der hinteren Schmalwand auf das Dach. Auf dem Scheitel des Daches lagen über die ganze Länge des Wagens führend zwei leicht nach innen geneigte Bretter, insgesamt etwa einen halben Meter breit.

Die Professionellen und die Bahnangestellten gehen auf ihnen auch während der Fahrt völlig sicher und springen sogar von einem Wagen auf den anderen, selbst wenn die Dächer nicht gleich hoch liegen. So professionell war ich nun doch nicht. Ich kroch dagegen vorsichtig, den Koffer neben mir herziehend, bis zum anderen Wagenende. Eike war ziemlich überrascht, als ich die Sprossen an seiner Stirnwand herabkam und mich neben ihn setzte.

Der Zug fuhr jetzt schneller, und es wurde kälter. Gegen Mitternacht glaubten wir, wir könnten es kaum noch aushalten. Wir waren dicht zusammengerückt und hatten seine Reisedecke um uns gewickelt. In den Tunnels tropfte uns Wasser auf die Köpfe. Wir hielten uns dort gegen den Qualm der Lokomotive die Decke vor die Nase und banden uns Taschentücher über das Haar, damit es nicht ganz verrußte. Es ging lange bergauf, und es wurde noch kälter. Wir hatten keine Jacken mitgenommen; denn wir wußten ja, daß es in Los Angeles jetzt im Spätsommer immer noch heiß war. Wir krochen zur Schmalwand des Wagens vor uns und hielten uns an der Sprossenleiter fest. Somit waren wir wenigstens etwas gegen den Fahrtwind geschützt, aber lange konnten wir es in dieser Stellung nicht aushalten. Wir krochen wieder auf Eikes Pufferplattform und saßen eng Rücken an Rücken.

Es war zwei Uhr, als der Zug hielt. Wir wollten lieber im Freien schlafen, als in dem Zugwind über den Puffern. Wir gingen den Zug entlang. Alle *Box-cars* waren verschlossen und mit einer Plombe versiegelt. Ein Siegel aufzubrechen, galt als Verbrechen. Ein Bahnpolizist, der einen dabei erwischte, durfte ohne Anruf schießen, hieß es. Wir fanden aber auf einem flachen Wagen einen Traktor, der uns guten Windschatten bot. Als der Zug fuhr, merkten wir, daß es trotzdem immer noch erbärmlich kalt war.

Um vier Uhr hielt der Zug noch einmal. Er hängte viele leere Wagen an sein Ende, unter denen wir auch eine *Box-car* mit einer offenen Seitentür fanden. Wir stiegen unbemerkt hinein, schlossen die Rolltür vorsichtig und legten uns in eine Ecke.

Als der Zug wieder anfahren wollte, ging die Tür langsam und leise auf. Aber es kam kein Bulle. Im Licht einer der Bogenlampen des Bahnhofs sahen wir, daß es ein alter Neger war. Er setzte sich in die andere Ecke. Wir schliefen in dem Gedanken ein, daß wir am Abend schon in dem warmen Los Angeles sein würden.

Als wir aufwachten, stand der Zug. Es war hell. Der Neger war nicht mehr da. Er hatte die Tür offengelassen. Wir schlossen sie wieder zur Hälfte, damit man uns nicht entdeckte. Es war elf Uhr vormittags und schon sehr warm. Wir setzten uns an die Tür und sahen auf eine trostlose, trockene Landschaft, in der nur vereinzelt Büsche wuchsen. Andermahr hatte uns einen ganzen Beutel Butterbrote mitgegeben, und da wir hungrig waren und am Abend ja in Los Angeles uns einen Hamburger oder einen *Pancake* mit Ahornsirup kaufen konnten, aßen wir sie alle auf. Draußen war es ruhig. Der Zug hatte offenbar einen langen Aufenthalt.

»Nun könnte er aber langsam weiterfahren«, meinte Eike nach einer halben Stunde.

»Geduld!«, belehrte ich ihn. »Was denkst du, wie lange ich in Salt Lake City auf meinen ersten Zug gewartet habe!«

»Wo sind wir hier eigentlich?« fragte er.

»Keine Ahnung! Geh doch mal raus und frage den Lokomotivführer! Vielleicht müssen wir hier warten, damit ein Zug uns überholen kann. Siehst du! Da kommt er schon.«

Ein Schnellzug fuhr auf dem anderen Gleis an uns vorbei.

Dann war es wieder ruhig.

Ich sah durch den Spalt schräg gegenüber ein Schild, auf dem stand Watsonville.

»Wo ist Watsonville?« fragte Eike.

»Weiß ich auch nicht, aber vielleicht schon in der Nähe von Los Angeles. Wir sind ja die ganze Nacht gefahren.«

Ich hoffte auch, unser Zug werde sich nun bald in Bewegung setzen; aber er schien noch auf einen anderen Schnellzug zu warten. Der kam aber nicht.

Wir öffneten die Tür etwas weiter und untersuchten, ob wir uns ungesehen von Bahnpolizisten zwischen die Puffer stellen und Wasser lassen konnten. Es war niemand zu sehen.

Als wir ausgestiegen waren, sahen wir auch, warum wir hier so lange warteten: Unser Wagen und drei andere *Box-cars* standen allein auf einem Nebengleis. Eine Lokomotive war auf dem ganzen Bahnhofsgelände nicht zu sehen. Und auch kein Mensch. Man hatte unsere Wagen abgekoppelt und hier stehen gelassen; deshalb war der Neger ausgestiegen und hatte sich vorne in den weiterfahrenden Wagen einen Platz gesucht.

»Scheiße!« riefen wir beiden.

Watsonville war ein kleines Dorf, aber es hatte einen *diner*, das heißt ein kleines Restaurant, das aussah wie ein ausrangierter Speisewagen und vielleicht sogar einer war. Wir tranken jeder eine Coca-Cola.

Das Mädchen hinter der langen Theke sagte, bis nach Los Angeles seien es etwa vierhundert Meilen, und ein anderer Güterzug nach Los Angeles komme gewöhnlich gegen drei Uhr.

Er hielt in Watsonville. Eike und ich suchten uns die Puffer eines Öltankwagens aus, von denen wir sehen konnten, ob man ihn abkoppelte, und fotografierten uns gegenseitig, damit man uns später zu Hause auch glaubte. Auf der Fahrt war es warm.

Am späten Nachmittag begann der Zug zu steigen. Entweder war er zu lang oder die Steigung war zu steil, jedenfalls wurde noch eine Lokomotive vorgesetzt, und eine dritte mußte hinten schieben. An einem Halt kamen noch zwei Landstreicher auf unseren Ölwagen. Zwei junge Burschen, ein Italiener und ein Pole, beide ursprünglich aus der Bronx, aber schon lange unterwegs. Wir erfuhren von ihnen viel über die Strecke, die sie eine *tough line* nannten, weil Bullen, je mehr wir uns Los Angeles näherten, desto ekelhafter wurden und Leute aus reinem Sadismus *ditch*-ten, das heißt in den Graben springen ließen.

Die Fahrt war schön, die Sonne schien, und es war immer noch warm. Die Bahnpolizisten gingen an uns vorbei, als hätten sie uns gar nicht gesehen. Sie benahmen sich ganz verschieden. Die meines nächsten Zuges waren wieder ganz rabiat.

Auf der Paßhöhe vor San Luis Obispo wurden die Reservemaschinen abgekoppelt. Es dämmerte schon. Wir waren wieder hungrig. Ich ließ den Koffer bei Eike, sprang von unserem Ölwagen und lief den ganzen langen Güterzug entlang zum Bahnhofsrestaurant, das wiederum an die fünfhundert Meter hinter unserem Zug lag, um ein paar Hamburger zu kaufen. Die beiden *Hobos* aus der Bronx kamen auch mit. Der eine hieß Marco, der ander Luke. Es dauerte lange, bis das Mädchen hinter der Theke die Hamburger gebracht und sie zusammen mit Relish und Ketchup in ein aufgewärmtes Brötchen getan hatte – das alles vierfach.

Als wir mit unseren Hamburgern herauskamen, sahen wir nur noch die roten Lichter des letzten Wagens von unserem Zug. Eike war natürlich über den Puffern des Ölwagens sitzengeblieben – mit meinem kleinen Koffer. Er konnte ja nicht wissen, ob wir nicht doch noch einen der letzten Wagen des langen Zuges erwischt hatten.

Die anderen beiden fluchten die ganze Zeit, weil sie ihre Bündel auf dem Zug gelassen hatten und kein Eike darauf aufpaßte und sie ihnen später wiedergab. Sie kannten die Strecke gut und wußten, daß in der Nacht noch ein Güterzug fällig war.

Wir gingen ein paar hundert Meter hinter dem Bahnhof in den »Dschungel«, der unter hohen und alten Bäumen lag. Dschungel nannte man die Plätze, auf denen sich die *Hobos* treffen und wo sie bleiben, wenn sie längere Aufenthalte haben. Man findet solche Dschungel an jedem wichtigeren Halt der Güterzüge.

Es war kalt hier oben auf der Paßhöhe; ich hatte nur Hemd und Hose an und fror. Ich hatte geglaubt, Kalifornien sei warm. Nirgends in Amerika habe ich soviel gefroren wie in Kalifornien im August und September. An der Feuerstelle zwischen drei großen Steinen lag nur noch Asche. Brennholz fehlte. Wir aßen unsere Hamburger, ich auch den zweiten, der für Eike bestimmt war, und dann gingen wir in verschiedene Richtungen, um Holz zu sammeln. Marco und ich fanden nichts, aber Luke, der Pole, kam mit einem Arm voll Latten zurück, die er aus einem Zaun herausgebrochen hatte.

Als es dunkel wurde, fanden sich zwei alte *Hobos* ein, sie waren im Dorf gewesen und hatten eine bemerkenswerte Whiskey-Fahne. Sie zeigten uns eine kleine Schutzhütte, die versteckt im Gebüsch lag und die eigentlich nicht viel mehr war als eine Ecke aus Wellblech und Pappe. Vor ihr stand ein primitiver Herd aus lose übereinandergelegten Ziegelsteinen.

Die beiden anscheinend hier residierenden *Hobos* mit der Whiskey-Fahne holten einen Topf hinter der Wellblechwand hervor. In ihm war Wasser, und unter einem Brett hatten sie Kaffee versteckt. Es war bei ihnen Gesetz, daß sie von dem, was sie erbettelt oder gestohlen hatten, hier aßen und tranken, aber den Rest nicht mitnahmen, sondern im Dschungel ließen.

Mit einem Güterzug aus Los Angeles kamen noch zwei *Bums*. Man hatte sie beim Halt auf dem Bahnhof entdeckt und weggeschickt. Die Kontrollen auf dem Zug und hier, sagten sie, seien verteufelt scharf. Wer weiß, was der Zug beförderte. Der Mond ging auf, Vollmond, und wir saßen alle um unser Feuer. Sie fragten, woher ich komme, und als ich es ihnen gesagt hatte, meinten sie, Hitler würde jeden Bullen, der nachts einen *Hobo* vom Zug warf, gleich erschießen lassen. Als ich sagte, in Deutschland gebe es aber keine *Hobos*, fragten sie: »Warum?«

»Weil Hitler sie von den Zügen runterholen, einsammeln und in ein Arbeitslager stecken würde. Da könnten sie dann Sand für eine neue Autobahn schaufeln.«

Die beiden hielten das für unglaubwürdig. Sie schüttelten den Kopf, weil ich solche Greuelmärchen über Hitler verbreitete, fragten mich nicht weiter und sprachen nicht mehr mit mir. Sie hielten viel von ihm.

Es wurde kälter, und wir rückten näher um das Feuer. Wir legten ständig Holz nach; doch es war knapp: in der Nähe waren schon lange keine trockenen Äste mehr zu finden. Als ich an die Reihe kam, Holz zu suchen, mußte ich ziemlich weit in den Dschungel hineingehen. Ich fand aber den Holzzaun, von dem Luke schon Latten abgerissen hatte.

Als ich mit einem Arm voll Latten zurückkam, stieß ich im Dschungel auf ein Steinkreuz, von Büschen verdeckt, und stolperte fast darüber: es war nichts als ein aufrecht stehender Stein, wie er zur Begrenzung von Bürgersteigen dient; ein ebenso langer Stein war quer darüber gelegt. Auf dem Kreuz, mit Draht befestigt, hing ein Pappdekkel. Auf ihm stand, und ich notierte es mir am nächsten Morgen:

> *Here lies Ten-Day-Tom*
> *Who never did any harm to man or beast.*
> *He died by hand unknown.*
> *His body was lying*
> *Where stands this stone.*
> *May his soul rest in eternal peace.*

Man sieht, es waren auch Dichter unter den *Hobos*.
Ich übersetzte das Gedicht und schrieb auch die Übersetzung in mein Tagebuch, und da hörte es sich *so* an:

Zehn-Tage-Tom liegt hier.
Vergriff sich weder an Mensch noch Tier.
Und niemand kennt die Hand.
Die ihn erschlug hienieden,
An diesem Stein, an dem man seine Leiche fand.
Mag seine Seele ruhn in ew'gem Frieden!

Die beiden Einheimischen erzählten, vor einigen Wochen hätten sie da, wo jetzt das Kreuz stand, die Leiche eines alten Negers gefunden. Sein Name sei Tom gewesen und man habe ihn *Ten-Day-Tom* genannt, weil er zehn Tage hier gewohnt habe. Er sei ein freundlicher Mensch gewesen. Irgendeiner habe ihm den Schädel eingeschlagen. Wer ihn umgebracht habe, wisse niemand. Wahrscheinlich sei es zu Streit gekommen. Obwohl man mit *Ten-Day-Tom* eigentlich keinen Streit habe bekommen können. Man habe ihn gleich beerdigt, bevor sich die Polizei einmischte.

Die Bahnpolizisten kümmerten sich nicht darum, was die *Bums* im Dschungel anstellten. Sie waren Angestellte der privaten Eisenbahngesellschaften und hatten nur dafür zu sorgen, daß die Züge und die Güter sicher ankamen. Die öffentliche Sicherheit war Sache der staatlichen Polizei, aber die ließ sich am Güterbahnhof nie blicken.

Leicht hatten es die Bahnpolizisten nicht. Viele Gesellschaften ließen die *Hobos* ohne weiteres mitfahren, um Scherereien zu vermeiden; denn auch die *Hobos* konnten, wenn man sie reizte, Schaden anrichten. Andere Gesellschaften oder ihre Bullen waren strenger.

Die Bahnpolizisten hatten es meist mit einer Überzahl von Landstreichern zu tun und mußten sich vor ihnen in acht nehmen. Oft hatten sie Angst und waren dann besonders scharf. Sie trugen immer einen Revolver, die *Bums* waren unbewaffnet; aber sie konnten einem Bullen, der als Sadist bekannt war, hinter einem Güterwagen auflauern und ihm eins mit einer Brechstange auf den Kopf geben. Sie hatten hundert Mittel, um die Bahn und ihre Angestellten zu terrorisieren.

Im Dschungel erzählte man sich gerne solche Geschichten. In Arizona »schmiß« ein mieser, haßerfüllter Bulle einmal vierzig *Hobos* während der Fahrt ohne besonderen Grund vom Zug. Darauf lockerten diese in einer Kurve die Schienen und ließen den nächsten Güterzug entgleisen.

Die beiden Einheimischen am Dschungelfeuer sagten, auf harten Linien oder wenn sie im Krieg mit den Bullen waren, hätten sie während der Fahrt manchmal die Druckluftleitung zwischen den Puffern unterbrochen, so daß der hintere Teil des Zuges bremste oder überhaupt abriß. Oder sie preßten, wenn der Zug stand, Tabak zwischen Bremshebel und Bremsblock. Bevor der Zug anfuhr, pinkelten sie auf den Tabak, daß er quoll und während der Fahrt die Bremsen anzog, bis sich die Räder heißliefen.

Es war den ganzen Abend nur von Bullen und harten oder leichten Linien die Rede. Der eine Alte mit der Whiskey-Fahne holte von irgendwoher aus dem Dunkel einen alten Mantel, in dessen Tasche eine Flasche steckte. Er nahm einen kräftigen Schluck und gab sie dann seinem Kumpan, der den Rest trank. Dann fütterte er seinen Mantel mit Zeitungspapier und legte sich neben dem Feuer schlafen. Wir drei – Marco, Luke und ich – blieben am Feuer sitzen, weil wir keine Decke und keinen Mantel hatten, und froren die ganze Nacht.

Die beiden Alten im Dschungel warnten mich am nächsten Morgen, bis nach Los Angeles durchzufahren. Auf dem Bahnhof würden alle aufgegriffen, einem berüchtigten, widerlichen Richter vorgeführt, der jeden *Hobo* wegen Landstreicherei – *vagrancy* – zu vier Wochen Gefängnis verurteile; und wenn er gerade Streit mit seiner Frau gehabt habe, dann gebe er acht Wochen oder mehr. Ich müsse in dem Vorort Glendale, wo der Zug gewöhnlich halte, runter und könne dann mit der Straßenbahn oder dem Bus nach Los Angeles reinfahren. Ich machte mir jetzt Sorgen um Eike, der das nicht wußte, und nahm mir vor, ihn in Los Angeles gleich im Gefängnis zu besuchen und dann unseren Konsul zu alarmieren.

Als die Geschäfte öffneten, kaufte ich mir in der kleinen Stadt Sandwichs und ein paar Bananen. Im Laufe des Tages wurden es immer mehr *Bums* im Dschungel. Man fragte sich, woher sie auf einmal alle kamen. Wir, Marco, Luke und ich, aber legten uns in die Sonne und schliefen erst einmal.

Gegen fünf Uhr kam mein Zug: Er führte nur Rübenwagen, einen nach dem anderen, und am Ende lief ein Pullman, kein Pullman mit Seitentüren, sondern ein richtiger, und dahinter, zum Schluß, kam die *Caboose*, der Wagen mit dem Bremserhäuschen für den oder die Zugbegleiter.

Der Pullman war verdächtig, vermutlich ohnehin verschlossen. Als der Zug anfuhr, stiegen die *Bums* auf die Puffer der Rübenwagen oder oben auf die Rüben. Ich sprang auf den letzten Rübenwagen, und während der Fahrt wechselte ich auf den Pullman über, der aus irgendeinem Grunde doch unverschlossen war. Ich fuhr jetzt wie ein zahlender Passagier auf grünen Plüschpolstern. Bis zur nächsten Station. Ich war ganz allein im Wagen.

Es standen immer mehr Häuser neben den Gleisen. In vielen brannte Licht. Der Zug fuhr durch einen Vorort und langsam in den Güterbahnhof von Santa Barbara ein. Wir stiegen alle ab, weil wir fürchteten, Wagen würden hier abgehängt, und verdrückten uns in die Büsche neben den Gleisen. Der Zug nahm viele Obstwagen auf, in denen Obst eisgekühlt transportiert wurde.

Ich ging mit einem anderen *Hobo*, der nicht älter war als ich und Jim hieß, über den Bahnhof hinaus. Luke und Marco aus der Bronx wollten mit dem Pullman fahren; aber mir war das zu riskant. Jim und ich stellten uns neben den Gleisen auf und warteten. Unser Zug kam recht langsam aus dem Bahnhof. Der Pullman lief jetzt in der Mitte. Wir sahen, als er vorbeifuhr, die *Bums* wieder darin; aber die ersten wurden schon von einem Bullen von der hinteren Plattform »geschmissen«.

Ich sprang auf die Pufferplattform eines Kühlwagens, und Jim kam hinterher. Ich kletterte auf den Sprossen die Stirnwand hoch und rief ihm zu, die Wagen seien leer und die Eisschächte seien offen; darin sei es nicht zu kalt.

Er hatte eine Jacke an und außerdem eine Decke bei sich, ich aber fror schon in meinem Hemd.

Die Obstwagen waren damals noch nicht elektrisch gekühlt; sie hatten nur an jeder Stirnseite einen Schacht, der mit Eisstangen gefüllt wurde. Das Loch über jedem Schacht war schmal, so daß nur schlanke *Bums* durchkriechen konnten. Unten dagegen nahm der Eisschacht die ganze Wagenbreite ein. In unserem Wagen war jedoch kein Obst und daher auch kein Eis.

Die Deckel waren zwar jetzt offen, aber wenn sie zufielen, schlossen sie von selbst und waren von innen nicht zu öffnen. Es wurde erzählt, daß solche Wagen mit geschlossenen Deckeln manchmal auf kleinen Güterbahnhöfen, fern von Häusern, abgestellt wurden, und niemand wußte, daß *Bums* in ihnen gefangen waren; niemand hörte, wenn sie gegen die Wände trommelten. Die armen Kerle sollen darin meist durch Hitzschlag umgekommen sein, denn die Temperatur wird in den fast luftdicht schließenden Wagen bei prallem Sonnenschein unerträglich.

Ich einigte mich mit Jim: Er ließ sich in den vorderen, ich mich in den hinteren Schacht hinab, so daß wir uns im Notfall helfen konnten, wenn etwa ein gemeiner Bulle den Deckel der einen Seite schließen sollte.

Es war hier bei weitem nicht so kalt wie draußen, weil wir vor dem Fahrtwind geschützt waren. Der Mond schien, und wir konnten uns beide durch den leeren Wagen hindurch sehen, wenn wir gerade unter der Öffnung standen. Vom Laderaum selbst waren wir durch Drahtnetze getrennt. Leider konnten wir uns weder hinsetzen noch hinlegen; denn wir standen auf einem lockeren und wackelnden Eisenrost mit Spitzen, die nach oben standen und die Eisblöcke festhalten sollten, damit sie nicht schlingerten.

Die Knie zitterten mir. Jim rief, er könne es auf dem schüttelnden Rost nicht mehr aushalten; oben sei es bequemer, und außerdem könne er da sehen, wenn ein Bulle komme. Er kletterte auf das Dach und ließ die Beine in den Laderaum baumeln. Mir war es wegen des Windes hier unten angenehmer.

So fuhren wir eine Weile. Dann hörte ich oben eine laute Stimme. Es konnte nur ein Bulle sein, der den Zug von *Hobos* säubern wollte. Ein gewissenhafter, tüchtiger und furchtloser Mensch also.

Ich kletterte, wie in einem Kamin mich an den Wänden rechts und links abstützend, bis dicht unter die Decke, aber soweit wie möglich von dem Einstiegsloch in der Mitte des Daches entfernt. Er kam, leuchtete mit seiner Taschenlampe in den Schacht, auf den Boden, und rief, ich solle rauskommen, aber schnell. Doch er war zu bequem, den Kopf richtig in das Einstiegsloch zu stecken. Nur dann hätte er mich sehen können. Vielleicht wagte er es auch nicht, weil Jim neben ihm stand und ihn bei den Beinen hätte packen und vom Dach schmeißen können.

Ich rührte mich nicht. Ich fürchtete, er werde nun den Deckel zuwerfen; aber auch das tat er nicht. Er gab Jim Befehl, auf das Dach des nächsten Wagens zu springen. Ich hätte das nicht gewagt; aber Jim tat es, war vielleicht ein ausgekochter Professioneller, so daß es ihm nichts ausmachte, oder der Bulle hatte den Revolver gezogen, so daß ihm nichts andere übrigblieb. Der Bulle wird ihn mit in den Pullman genommen und in Los Angeles dem gemeinen Richter überantwortet haben: vier Wochen im Staatsgefängnis von Los Angeles. Wenn das nicht gerade ein Tag war, wo der Richter Ärger mit seiner Frau gehabt hatte.

Ich ließ mich wieder hinab auf den Rost. Es war jetzt ruhig, und ich blieb im Schacht, bis meine Knie so zitterten, daß ich nicht mehr stehen konnte. Da kletterte auch ich aufs Dach und ließ die Beine in den Schacht hängen. Der Bulle kam nicht wieder.

Wir fuhren jetzt durch ein Tal. Es war wärmer. Der Mond war schon untergegangen. Ein roter Schein leuchtete über einem Berggipfel. Nach einer Kurve sah ich den Waldbrand. Das Feuer fuhr auf breiter Front in die Höhe – unheimlich und zu gewaltig für die Menschen. Sie ließen es einfach brennen. Die Rauchwolke stieg auf, wurde dann aber vom Wind zu uns hinabgeweht. Unser Zug fuhr hindurch. Ich hatte den Geruch noch lange in der Nase.

Es wurde heller. Kleine Dörfer und Städte zogen vorbei. Die Straßenlampen brannten noch. Reklameschilder standen neben den Gleisen. Die Siedlungen standen enger zusammen, die Landschaft sah nun städtischer aus. Der Zug fuhr langsamer, und ich wurde unruhiger. An einem Schornstein las ich im Vorbeifahren unerwartet *Glendale Dairy*.

Eigentlich sollte der Zug doch in Glendale halten; er fuhr zwar langsam über die Weichen des Güterbahnhofs. Aber der Lokomotivführer dachte gar nicht daran zu halten, und mir schien, er fahre schon wieder etwas schneller.

Ich stieg daher die Sprossenleiter an der Stirnseite des Wagens hinunter, trat auf die Pufferplattform, hing mit dem linken Arm an dem Eisenbügel, stand mit dem linken Fuß auf der untersten Stufe der kleinen Treppe, und mit dem rechten Bein fühlte ich vor, wie schnell der Zug wohl fuhr. Dann ließ ich plötzlich los und sprang hinab. Die Beine liefen schnell über den Schotter, aber nur zwei, drei Schritte, dann lag ich schneller, als ich gedacht hatte, auf dem Schotter neben dem Gleis. Die Handflächen und die Knie waren ganz schön aufgeschrammt, aber schlimmer war, daß die Hose über den Knien handgroße Löcher hatte, so daß ich mich nirgends sehen lassen konnte. Ich hatte noch eine andere Hose, aber die war im Koffer. Und wo der war, wußte ich nicht.

In Glendale wusch ich mir in der Toilette einer Tankstelle Gesicht und Hände, trank in einer Cafeteria Kaffee, aß *Pancakes* mit Ahornsirup und nahm den Bus in die Stadt. Ich hielt immer die Hände über die Knie und kaufte mir als erstes bei einem Altkleiderhändler für vier Dollar neunundneunzig eine getragene Flanellhose, die ich gleich bei ihm anzog. Ich bemerkte erst später, daß sie an den Knien schon ganz dünn und abgetragen war.

Dann suchte ich Eike. Im Konsulat war er nicht, hatte sich dort auch nicht gemeldet. Bei der Hauptpost hatte er keinen postlagernden Brief für mich hinterlassen. Sollte ich jetzt bei der Polizei oder im Gefängnis nachfragen?

Ich traf ihn bei der japanischen Schiffahrtslinie *Osaka Shosen Kaisha*, wohin wir unsere etwas größeren Koffer vorausgeschickt hatten. Eike war schon vor Santa Barbara von einem Bahnpolizisten erwischt worden, der ihn aber nicht schmiß, sondern laufen ließ, als Eike ihm einen Dollar gegeben und versprochen hatte, in Santa Barbara zu verschwinden.

Von dort war Eike nach Los Angeles gefahren. Mit dem Bus natürlich.

Zwischendeck

Der Gestank nahm uns fast den Atem, als wir vom Deck auf einer engen Treppe ins Zwischendeck hinabstiegen. Es roch nach Öldämpfen, Karbol, Toiletten und lange nicht gelüfteten Laderäumen. Das Zwischendeck war ein großer rechteckiger Saal, nicht höher als zwei Meter. In seiner Mitte war ein freier Platz, gerade unter der Ladeluke, die aber geschlossen war; der freie Platz lag etwas erhöht auf der Decke einer unteren Ladeluke, die in den Bauch des Schiffes, in die Frachträume, führte. Sie war mit Segeltuch bedeckt. Darauf standen fünf Tischreihen und Bänke. Ein paar Japanerinnen mit kleinen Kindern saßen daran und aßen aus kleinen Schalen Reis und scharf riechendes Pökelgemüse. Ich sah zu, wie geschickt schon die Kinder mit den Stäbchen umgehen konnten. Eike hielt sich ein Taschentuch vor die Nase.

Rings um den Mittelplatz standen die eisernen Betten in fünf Reihen und einmal aufgestockt. Wir nahmen zwei Betten, die übereinander neben einem Bullauge und einer elektrischen Birne lagen. Dann würden wir unterwegs frische Luft haben und könnten im Bett auch lesen.

Leider wurden wir enttäuscht. Das Bullauge wurde schon geschlossen, bevor wir die hohe See erreicht hatten, und als sie später etwas unruhiger wurde, schraubte ein Matrose einen eisernen Deckel darüber. Die elektrische Birne lockte, wenn sie brannte, Hunderte von Käfern aus den Ritzen der Bordwand. Für Ernst Jünger wäre das ein Platz der Lust gewesen, wir aber fanden die Käfer widerlich und schraubten die Birne heraus. Das Licht der Deckenlampe über dem Eßplatz war leider viel zu schwach, um dabei zu lesen.

Der Dampfer nahm noch Ladung auf, die in die achteren Laderäume hinabgelassen wurde. Kohle hatte man schon am Vormittag geladen. Wir standen an der Reling und sahen noch immer Passagiere kommen: Japaner, oft ganze Familien. Sie alle, auch die Frauen und Kinder, gingen hinunter in unser Zwischendeck. Als wir abfuhren, war kein Bett mehr frei.

Der Dampfer hieß »Buenos Aires Maru«. Was »Maru« bedeutet, ist dunkel; es ist jedenfalls ein Wort, das dem Namen aller japanischen Handelsschiffe hinzugefügt wird. Die »Buenos Aires Maru« war ein alter, noch vor dem Ersten Weltkrieg gebauter Dampfer, der zwischen Brasilien und Japan hin- und her fuhr und auch Fracht aufnahm. Nach Brasilien beförderte er japanische Auswanderer, auf der Fahrt zurück Heimaturlauber und alte Leute, die den Lebensabend im Heimatland verbringen und dort begraben werden wollten.

Als die Sirene dreimal tief tutete, die dicken Seile von den Dalben genommen wurden, warfen die neu an Bord gekommenen Passagiere Konfettibänder auf den Kai, und die zurückbleibenden Verwandten und Freunde, meist mit Taschentüchern vor den Augen, nahmen nun die Bänder und hielten sie, bis sie rissen, als der Dampfer rückwärts fahrend langsam ablegte.

Die kalifornische Küste lag den ganzen Nachmittag und Abend steuerbords. Eike und ich saßen an Deck. Los Angeles lag schon weit hinter uns, aber noch sahen wir die Lichter: Amerika, das wir verließen.

Die ostasiatische Welt sollte später sehr wichtig für mein Leben werden. Doch als ich an der Reling der »Buenos Aires Maru« stand, ahnte ich das noch nicht.

Japan und China lagen für mich im Nebel. Ich wußte nur wenig von ihrer Geschichte und Kultur. Meine Welt war das Abendland mit seinen Wurzeln in der Antike; und jetzt stand ich unter dem Eindruck des amerikanischen Jahrs.

Ich wollte nur einen Blick in eine exotische Welt werfen. Dort, hatte ich gelesen, dachte und fühlte man ganz anders, was als Hintergrund zur abendländischen Denkweise zu beobachten sicher reizvoll und lohnend sein konnte; aber es werde mich, meinte ich, nicht weiter berühren. Ostasien werde für mich nur ein Durchgang durch eine Welt sein; es lag mir fern, den Schlüssel zu dieser Welt zu suchen.

Mein erster Blick war rückwärts gewandt, zu den Lichtern an der Küste. Kein fremdes Land hat mich mehr geprägt als dieses. Auch China, auch Japan nicht – später? Nun, das weiß ich nicht; vielleicht ebenso stark insofern, als die Welt Ostasiens vieles, was ich vom Abendland her dachte, relativierte.

Mit Wehmut sah ich die Lichter an der Küste schwächer werden. Das Leben in diesem Land hatte mich befreit. Der Alptraum vom Weltenbrand war verweht.

Ich war aus der politischen Enge und Unfreiheit der deutschen Heimat ausgebrochen. Was der *Völkische Beobachter* schrieb, empörte mich nicht mehr, weil ich ihn nicht mehr las, nicht mehr lesen konnte.

Es waren nun andere Erscheinungen, die mich bewegten, nicht selten aber auch meine Kritik herausforderten. Ich war der oft so oberflächlichen Gespräche überdrüssig, die nicht über die letzten *football*-Ergebnisse hinausgingen; der kühl berechnenden Technik, mit der die Mädchen mit ihren standardisierten Hollywood-Gesichtern ihre Netze nach Männern auswarfen. Ich war unzufrieden, wenn meine Freunde kontroversen Themen auswichen und die Augen vor unbequemen Tatsachen verschlossen. Sie sprachen von Freiheit und Demokratie, und was den Nationalsozialismus betraf, sagten sie selbstsicher: »*It can't happen here*«.

Aber war nicht vor einem Jahr Huey Long noch Gouverneur von Louisiana gewesen, dessen Methoden den faschistischen verzweifelt ähnlich sahen? Bis ihn vor einem Jahr einer erschoß. Doch korrupte Parteibosse hatten sich auch in vielen anderen Städten und Regionen der USA fest etabliert und hatten die Einwohner eisern im Griff. Es war vieles großartig, aber es war auch vieles faul in den Vereinigten Staaten, und es wurde mir nicht leicht, mit den Widersprüchen fertig zu werden.

Ich hatte mehr Armut, Not und unverschuldetes Elend in den Vereinigten Staaten gesehen als in Deutschland; aber auch einen Reichtum, von dem man sich bei uns keine Vorstellung machen konnte. In Pittsburgh, Detroit, Chicago hatte ich einen Eindruck von dem riesigen wirtschaftlichen und industriellen Potential des Landes bekommen. Auf den langen Fahrten hatte ich die Weite des Raums erlebt, Landschaften, durch die man stundenlang fahren konnte, ohne auf ein Haus oder Dorf zu treffen, und in denen man eine Einsamkeit erfahren konnte, wie nirgendwo in Mitteleuropa.

Das Jahr war voller Begegnungen gewesen. Ich hatte die ungewöhnliche Hilfsbereitschaft und Güte auch von Menschen erlebt, die mir fremd waren. Mit erfrischender Offenheit sprachen sie von ihren Freuden und Sorgen. Ich hatte viele fromme Menschen getroffen, die, wie der Quäker Candler Lazenby, durch und durch gut und keiner bösen Tat fähig waren.

Ich möchte hier ein Erlebnis aus viel späterer Zeit einfügen, das, soviel ich weiß, nie beschrieben worden ist, aber doch ein bewegendes Zeugnis für die Frömmigkeit eines oft mißverstandenen Amerikaners ist.

Chruschtschow hatte im November 1958 ultimativ gefordert, den Vier-Mächte-Status von Berlin aufzuheben. In einer Gipfelkonferenz in Paris beschloß die NATO, sich dem Ultimatum nicht zu beugen. Das war vor allem das Werk des amerikanischen Außenministers John Foster Dulles, der schon von seiner Todeskrankheit gezeichnet war, aber unermüdlich mit der Peitsche knallend umherlief und die wie immer schwankenden und ängstlichen Europäer zusammentrieb, aufrichtete und beschwor, Berlin nicht fallenzulassen.

Niemand wußte, ob der unberechenbare Chruschtschow nun West-Berlin besetzen und damit die Welt in einen neuen, einen vielleicht atomaren Krieg stürzen würde.

Ich nahm, damals politischer Referent unserer NATO-Vertretung, an der Konferenz teil. Die westlichen Staatsmänner waren besorgt, ja bedrückt. Wie konnte ein Mensch die Verantwortung für diese Folgen tragen!

Lord Ismay, der Generalsekretär der NATO, wollte die Konferenz schließen, da bat Dulles noch einmal ums Wort. Er sagte, er habe nie vor einer schwierigeren Entscheidung gestanden; aber wir NATO-Mitglieder seien verpflichtet, die Freiheit West-Berlins und seiner Bewohner zu verteidigen. Wenn Chruschtschow auf den Beschluß der NATO hin West-Berlin militärisch besetzte, könnte das der Beginn eines neuen Weltkriegs sein, eines nuklearen Weltkriegs mit unvorstellbarer Vernichtung. Dessen sollten wir uns heute bewußt sein.

Er bat um die Erlaubnis, ein Gebet sprechen zu dürfen. Die Regierungschefs und Außenminister waren höchst überrascht. Das hatte es im Palais de Chaillot noch nie gegeben. Sie erhoben sich, manche etwas verlegen, und hörten einem kurzen, ernsten Gebet Dulles' um Frieden zu. Sie alle waren, als sie sich setzten, bewegt. Auch meine französische Kollegin Marcelle Campana, die Korsin, und ich, wir beiden Skeptiker in der zweiten Reihe. Wir packten unsere Notizblöcke zusammen und gingen still hinaus.

Ich schiebe diese Episode aus späterer Zeit hier ein, weil sie zeigt, welches Risiko unsere Verbündeten für uns und unsere Freiheit auf sich nahmen, während wir Deutschen uns, wo wir können, vor internationaler Verantwortung und jedem Risiko zu drücken pflegen, daß man sich schämen muß.

Doch nicht nur deshalb habe ich die Episode erwähnt, sondern weil sie auch ein Zeugnis für den religiösen Grund ist, auf dem die amerikanische Politik in großen Krisen eigentlich beruht, und die ihr den Mut zu großen Entscheidungen gibt, was sich hier auch bei einem Mann zeigte, dem man heute gerne *Brinkmanship* vorzuwerfen pflegt, also eine bedenkenlose Politik am Rande des Abgrunds. Daß West-Berlin frei blieb, haben wir ihm zu verdanken. Er war ein großer Mann, und ich denke mit hoher Achtung an ihn zurück.

Ich sitze mit Eike auf dem Vorderdeck der »Buenos Aires Maru«. Die Lichter an der kalifornischen Küste liegen tiefer am Horizont als vorher. Ich bin nicht nur frommen Amerikanern, sondern manchmal auch einer nur schwer erträglichen Bigotterie begegnet, wie ich sie bei Deutschen nur selten angetroffen habe.

Wir hatten erst in letzter Zeit gesehen, daß es galt, die Widersprüche des amerikanischen Lebens zusammenzusehen und in einer Synthese zu vereinen. Dabei halfen uns Amerikaner, die viele Phänomene ebenso ablehnten wie wir und uns in unserer Kritik bestärkten, die uns nicht mit *Small talk* langweilten, sondern uns ihr Land, seine Schwächen, Stärken und Möglichkeiten kenntnisreich und weitblickend erklärten, manche unserer unausgegorenen Urteile zwar tolerant anhörten, uns aber durch ihre Einwände nachdenklich und weidlich schwitzen machten.

Und wir sahen auch, daß bedeutende amerikanische Schriftsteller von Sinclair Lewis bis John Steinbeck das Spießbürgertum der *Babbits*, die Bigotterie, die Großmannssucht der *Gatsbys*, die sozialen Zustände, kapitalistische Brutalität und politische Korruption schärfer und schonungsloser verurteilten als wir. Wir, die wir – wie Jugend zumeist – nichts lieber taten, als das Bestehende in Frage zu stellen, fanden es großartig, daß solche Kritik in diesem Lande, anders als bei uns, nicht nur möglich war, sondern auch gehört wurde und Zustimmung fand.

Die Zeit in den Vereinigten Staaten hatte mich nicht nur befreit: Während ich früher aus meinem selbstgezimmerten Weltbild heraus, so unvollkommen es war, urteilte und Fakten voraussetzte, hatte ich jetzt gelernt, erst einmal zu sehen – die Vielfalt überall aufzuspüren und aufzunehmen. Das kam auch meiner eingeborenen Neugier entgegen. Das Sehen war das Erste und das Wichtigste. Erst dann konnte man vergleichen und abwägen und schließlich auch urteilen. Wir blieben an Deck, bis die Lichter der kalifornischen Küste nicht mehr zu sehen waren.

Japan und China – zum erstenmal

Unser Schiff fuhr sechzehn Tage, den 12. September mitgerechnet, den wir aber übersprangen, als wir die Datumsgrenze passierten. Am 14. Tag notierte ich in meinem Tagebuch: »Delphine. Später Walfische mit hohen Wasserfontänen.« Am nächsten Tag flog ein kleiner Vogel an Deck. Er verbarg sich in einer dunklen Ecke und bewegte sich nicht. Japanische Kinder stellten einen Napf mit Wasser und einen mit gekochtem Reis vor ihn. Er rührte sich nicht. Er war zu erschöpft. Eine alte Japanerin sprach mit den Kindern und holte sie zu einem Spiel auf die andere Seite des Decks, damit sie den Vogel in Ruhe ließen.

Am selben Nachmittag flatterte ein brauner Schmetterling auf den Liegestuhl, in dem ich lag und die letzten Seiten des gerade erschienenen Romans »*Gone with the Wind*« las. Auch der Schmetterling blieb lange regungslos auf dem Rahmen des Liegestuhls sitzen. Dann war er auf einmal verschwunden. Und als ich darauf den erschöpften Vogel suchte, fand ich auch ihn nicht mehr.

Am nächsten Morgen in aller Frühe sahen wir backbords durch leichten Dunst in der Ferne den makellos reinen Umriß des Fuji. Alle Japaner kamen an Deck. Die Mütter zeigten ihn den Kindern. Sie waren ergriffen, und einem alten Ehepaar liefen Tränen die Nase und die Wangen herab.

Mittags fuhren wir in den Hafen von Yokohama ein.

Wie klein hier alles war! Wir sahen kein einziges Hochhaus, die Häuser waren in der Regel nur ein oder zwei, selten drei Stockwerke hoch. Die Japaner waren einen Kopf kleiner als wir, und wenn man mit ihnen sprach und sie sich verbeugten oder aus Höflichkeit uns nicht ansahen, sondern zum Boden hin redeten, waren sie noch kleiner.

Herr von Weegmann war schon uralt, ich schätze an die Sechzig; sein Haar war weiß, und er hatte das Gesicht eines Gelehrten, der nur an seine Forschung denkt. Eike und ich sahen ihn, als wir in der Bibliothek der Ostasiatischen Gesellschaft in Tokio die *Frankfurter* lasen, wie er etwas gebückt an uns vorbei, zielbewußt auf ein Regal zuging, mit sicherem Griff das Buch, das er gerade brauchte, herausholte – er hätte es auch mit verbundenen Augen gefunden – und sich dann in sein Arbeitszimmer zurückzog.

Als er eine Teepause machte, setzte er sich zu uns. Eike und ich fragten ihn viel über Japan, und er gab uns geduldig Auskunft. Ebenso beantworteten wir seine Fragen nach amerikanischen Universitäten.

Er war ein Menschenfreund. Als wir zu verstehen gaben, daß wir sehr sparen müßten, bot er uns an, im Umkleide- und Schminkzimmer hinter der kleinen Bühne des Festsaals zu übernachten, wenn uns das nicht zu primitiv sei. Wir nahmen sein Angebot dankbar an.

Eine Amah brachte Bettwäsche, breitete zwei *Futons*, japanische Steppdecken, auf dem Fußboden aus, legte weiße Laken und zwei mit Reishülsen stramm gefüllte Rollen als Kopfkissen darauf und deckte alles mit leichten Seidenwolle-Steppdecken zu. Hier war für viele Wochen unsere Heimat.

Die Ostasiatische Gesellschaft (OAG), gegründet im Jahr 1873, war das Zentrum der deutschen Japanologie, die seit Engelbert Kämpfer (1652–1716), Philipp Franz von Siebold (1796–1866) und Johannes Justus Rein (1835–1918) zur Erforschung Japans, seiner Geschichte, Natur, Sprache und Kunst viel beigetragen hatte. Das Haus der Gesellschaft war gar nicht großartig; es stand klein und bescheiden in einer Seitengasse des ziemlich zentralen, aber ruhigen Stadtteils *Kojimachiku* auf etwas erhöhtem Gelände. Man hatte es nicht weit zur Deutschen Botschaft und dem Kaiserpalast.

Man kam von der Straße durch ein Tor mit geschwungenem Dach in einen kleinen Vorhof. In einem Rondell stand eine höchstens zwei Meter hohe, gedrungene Palme. Sie galt als sehenswert, weil man sie seit zweihundertfünfzig Jahren mit großer Kunst und immerwährendem Zwang klein gehalten hatte, Japaner lieben so etwas; wie der Baum darüber denkt, danach fragen sie nicht.

Das Gebäude war einstöckig wie die meisten japanischen Häuser. Im rechten Flügel befanden sich die reichhaltige, aber noch immer übersichtliche Japan-Bibliothek, ein Lesesaal und die Büroräume der Gesellschaft, im linken unter anderem ein großer, niedriger Saal, an seinem Kopfende hinter dem Vorhang eine kleine Bühne für Laienaufführungen und wiederum dahinter das Umkleidezimmer für die Schauspieler, in dem Eike und ich wohnten.

In dem Saal fanden einmal im Monat Vorträge statt. Auch die britische *Asiatic Society of Japan* hielt hier ihre Sitzungen ab. Ein Teil des Saals war abgetrennt: Da trafen sich mittags Kaufleute, Durchreisende, Journalisten oder Wissenschaftler zum Essen in ruhiger Umgebung. Aber schon ein paar Tage nach unserer Ankunft wurden Tische im ganzen Saal aufgestellt, ein Rednerpult auf die Bühne gebracht und mit der Hakenkreuzfahne behängt.

Der Saal war an jenem Abend gedrängt voll, als die Vorsitzenden der elf deutschen Klubs in Tokio und Yokohama, einer nach dem anderen, zum Rednerpult gingen und verkündeten, daß sie ihren Klub freiwillig – so sagten sie – auflösten und Gebäude und Vermögen der Deutschen Gemeinde Tokio zur freien Benutzung für alle Deutschen übertrügen. Bisher hatten einige Klubs nämlich streng darauf gesehen, daß nur zahlende Mitglieder zu ihren Räumen Zutritt hatten.

Mir schien der Zusammenschluß vernünftig, da die Aufsplitterung der Kolonie von zweitausend Deutschen in elf Klubs, wie wir hörten und uns auch vorstellen konnten, oft zu kleinlichem Streit, Eifersucht und unwürdigen Intrigen geführt hatte.

Obwohl der Ortsgruppenleiter der Partei viel von Hitler und dem Nationalsozialismus geredet hatte, war, wie es schien, nicht zu befürchten, daß die Gemeinde zur Befehlsempfängerin der Partei würde. Wir merkten das bald: Die Deutschen ringsum an den Tischen waren meist viele Jahre, oft schon jahrzehntelang hier, verkehrten nicht nur mit Japanern, sondern auch mit Amerikanern, Engländern und Franzosen. Wie diese, so waren auch die Deutschen zwar zumeist Patrioten, auch manche Nationalsozialisten darunter, aber die meisten waren doch kosmopolitisch eingefärbt, und die Japan-Deutschen unter dem Hakenkreuz stramm gleichzuschalten, wäre wohl ziemlich aussichtslos gewesen. Das wurde auch gar nicht ernsthaft versucht. Der Landesgruppenleiter war ein weltgewandter, seriöser Kaufmann, Chef einer der größten deutschen Firmen in Japan, und auch der Ortsgruppenleiter schien ideologisch nicht verbohrt zu sein. Die Gefahren für die Deutschen kamen später von ganz anderer Seite, wie wir noch hören werden.

Dieters und Werners Gesänge

Nach dem offiziellen Teil wurde Bier ausgeschenkt. Eike und ich wurden freigehalten, und auch Dieter und Werner, zwei alte Freunde und Austauschstudenten aus Amerika, die wie wir den Weg zurück über Asien genommen hatten und die nun bei uns hinter der Bühne einzogen.

Das Erlebnis Amerikas war an ihnen vorbeigegangen; besonders Dieter war und blieb begeisterter, gutgläubiger Nationalsozialist, der in Deutschland wenig sah, was zu beanstanden gewesen wäre. Sie besuchten jede deutsche Schule in Japan, der Mandschurei und China, sangen dort zur Begeisterung der Schüler die Lieder der Hitler-Jugend und waren glücklich, wenn sie sogar den kleinen Japanern und Chinesen Lieder beigebracht hatten wie:

Es zittern die morschen Knochen
Der Welt vor dem roten Krieg.
Wir haben den Schrecken gebrochen,
Für uns war's ein großer Sieg.
Wir werden weiter marschieren,
Wenn alles in Scherben fällt;
Denn heute (ge)hört uns Deutschland,
Und morgen die ganze Welt.

Ach, Hans Baumann, der Autor dieses Textes und der mitreißenden Melodie! Ich hatte ihn während meines ersten Semesters in Berlin getroffen, als ich einmal mit Heinrich Lersch verabredet war. Hans Baumann war Volksschullehrer. Ich erlebte ihn in dieser Begegnung als einen sympathischen, bescheidenen, scheuen und verträumten jungen Mann meines Alters. Wir waren damals beide zwanzig.

Gewiß hatte er nicht die Welt erobern wollen; gewiß hat er nicht gewünscht, daß alles in Scherben fiel. Er war wohl nur von der Vision einer neuen, schönen Welt, die aus dem »großen Sieg« und den Scherben der alten Welt aufsteigen würde, hinweggetragen und trunken, so daß er nicht mehr hörte, was seine Verse sagten.

Ich habe ihn nie wiedergesehen, aber mir manchmal vorgestellt, wie unglücklich er gewesen sein muß, als sein Lied Wirklichkeit wurde und als man weiter und weitermarschierte, an Millionen Toten vorbei, als schon alles verloren und in Scherben gefallen war.

Von Arbeitern in Japan und Arbeitern überhaupt

Auf dem Schiff hatte ich mir vorgenommen, mich in Japan nicht nach Kunst, Philosophie oder esoterischen Sekten umzusehen, sondern nach der Expansionspolitik zu fragen und zu sehen, wie das Volk, das vor hundert Jahren noch in mittelalterlich-feudaler Ordnung lebte, die Öffnung zur Welt verarbeitet hatte. Dabei wollte ich mich weniger um die Reichen, sondern mehr um Arbeiter und Bauern kümmern. Für den *Aktivisten* hatte ich bereits Artikel über die Arbeiter in den Vereinigten Staaten, über ihre Probleme und über die Gewerkschaften geschrieben.

Ich bot jetzt der Zeitschrift *Arbeitertum*, die von der »Arbeitsfront« herausgegeben wurde, eine Artikelserie über Arbeiter im Fernen Osten an. Die Redaktion war bereit, mir vier Artikel für ein ansehnliches Gesamthonorar abzunehmen. Damit glaubte ich gerettet zu sein; aber mein Honorar für den ersten Artikel erhielt ich erst in Suez auf der Heimreise.

In unserer Ziegelei in Reuden hatte ich gerne mit den Arbeitern gevespert und zugehört, wenn sie über das sprachen, was sie bewegte. Mit ihren Kindern und in ihren Häusern hatte ich gespielt. Im Arbeitsdienst oder wenn ich mit den *Hobos* im Dschungel saß, mit Floyd LeRoy über den Terror der Gewerkschaft oder später mit japanischen Arbeitern sprach oder als Messejunge an Bord der »Trave« arbeitete – nie habe ich eine soziale Distanz gespürt.

Ich konnte mit ihnen nicht über Literatur, Musik, Philosophie und viele andere Fragen sprechen, die mich beschäftigten; sie hatten andere, für sie wichtigere Probleme zu bedenken. Ich hatte auch nie das Gefühl, ihnen sozial überlegen zu sein. Ich brachte ihnen nie, nur weil sie Arbeiter waren, besonderes Wohlwollen oder soziales Mitgefühl entgegen. Und Sentimentalität, etwa weil sie mit der Hand arbeiteten und weil sie als unterprivilegiert galten, war überhaupt nicht im Spiel. Ich unterhielt mich nur gerne mit ihnen, weil ich sehen wollte, wie sie mit dem Leben zurechtkamen. Oft war es eindrucksvoll, wie sie mit ihrer Situation fertig wurden und Not klaglos ertrugen.

Selbstmitleid ist mir in den Vereinigten Staaten selten begegnet, vielleicht weil jeder wußte, wie gefährdet er durch unvermutete Schicksalsschläge war, und weil er sah, daß es nichts half, die Gesellschaft, den Staat oder Gott im Himmel aufzufordern, nun endlich Gerechtigkeit walten zu lassen und Wiedergutmachung zu gewähren. *Nobody owes me nothing* – niemand schuldet mir irgend etwas – war das Motto eines selbstbewußten Farmers, den ich einmal traf. In Ostasien habe ich Selbstmitleid nie erlebt, auch nicht, als ich dort Arme sah, die vor dem Hungertod standen, gräßlich durch Krankheiten entstellt, durch Unfälle verstümmelt waren, die ihre Kinder verloren hatten oder aus Not hatten verkaufen müssen oder die in Fabriken und Gefängnissen Unmenschliches leiden mußten. Im tiefsten Elend verstummt der Mensch.

Bei meinen deutschen Landsleuten war Selbstmitleid in der Not der ersten Nachkriegsjahre auch selten, mit zunehmendem Wohlstand aber, und als der Staat und unzählige Wohlfahrtseinrichtungen den Menschen vor solchem Elend, wie eben beschrieben, schützten, traf ich viele Leute, die sich in Selbstmitleid und Klagen ergingen.

Ich war überrascht, als ich bemerkte, daß hohe kommunistische Funktionäre in Ceauçescus Rumänien und in Deng Xiaopings China, Sozialisten also, ungerne hörten, daß ich mich unter Arbeitern durchaus wohl befunden hätte. Sie fühlten sich als Herren. Von der Armut, aus der sie selbst kamen, wollten sie nichts mehr wissen. Mit Armen verkehrten sie nicht. Sie verkehrten nur untereinander. Und daß ein Botschafter einmal arm gewesen war und mit Arbeitern an einem Tisch gesessen hatte, davon sollte er besser schweigen: Armut war Schande.

Doch ganz so verschieden war es nicht von dem, was ich einmal auch von einer deutschen Freundin hörte: Sie sei dankbar, daß ihr der Umgang mit Arbeitern, wie ich ihn erlebt hatte, erspart geblieben sei. Sie könne den Geruch in den Häusern armer Leute nicht ertragen.

Eine andere Freundin, sehr reich, erzählte mir Jahrzehnte später einmal, sie habe im Sommer 1933 in einem alten Renaissance-Palazzo bei Florenz ihren ersten Kurs in Kunstgeschichte gehört.

»Damals war ich auch in Florenz«, sagte ich, mich ritt der Teufel. »Aber ich habe im Obdachlosenasyl übernachtet.«

Sie blickte mich prüfend an, ob das vielleicht ein Scherz sei. Sie merkte, daß es keiner war. Es war für sie wohl ein kleiner Schock. Sie ließ sich aber nichts anmerken, atmete nur einmal tief durch und sagte: »Schade, daß wir uns nicht schon damals getroffen haben!«

In Lohmeyers deutscher Schlächterei nahe der Ginza, wo man Erbsensuppe, Eisbein, Sauerkraut und andere deftige deutsche Gerichte an kleinen Tischen essen konnte, billig noch dazu, lernte ich die japanischen Germanistik-Studenten Watanabe, Kawabata und Terano kennen. Sie alle nahmen sich meiner rührend an, opferten viel Zeit, führten mich in Kleinbetriebe, zeigten mir, wo Arbeiter wohnten, und dolmetschten, wenn ich mit diesen sprach, übersetzten Statistiken, fuhren mit mir nach Nikko, Kamakura und auf die Insel Enoshima, besuchten mit mir eine Aufführung im Kabuki-Theater, erklärten mir alles und priesen offen die japanische Expansionspolitik. Bald würde ihnen ganz China gehören, der ganze Pazifik, Australien, Indien.

»Und die ganze Welt?«

»Na, vielleicht nicht die ganze Welt; denn Europa würden wir uns mit Ihnen teilen, haha!«

Sie erklärten mir vieles, was ich nicht verstanden hatte, und konnten sich dabei, was sie als Glücksfall ansahen, die ganze Zeit in deutscher Konversation üben.

Vieles, was ich über Arbeiter erfuhr, war überraschend. Ihr Reallohn war in den vorausgegangenen zehn Jahren um 30, in manchen Branchen gar um 50 Prozent gesunken. Wie war es möglich, daß es nicht zu landesweiten Unruhen kam? Ich las, daß 93 Prozent der Bauern Pächter waren und daß sie sich immer tiefer verschuldeten.

Die Armut in den Städten war überall sichtbar, aber weder in Tokio noch in Yokohama oder den Millionenstädten Osaka und Kobe traf ich Slums an wie in den Vereinigten Staaten. Selbst die Armenviertel Japans waren sauber und gepflegt. Ich erfuhr, daß die Japaner durchschnittlich zehn Stunden täglich arbeiteten und daß Urlaub praktisch unbekannt war. Über 16 Prozent der Textilarbeiter waren jünger als sechzehn

Jahre; dafür setzte man sich aber schon mit fünfzig Jahren zur Ruhe; nicht einmal zwei Prozent der Arbeiter waren älter als fünfzig.

Umfangreiche Sozialgesetze waren vor fünf Jahren auf Druck des Kapitals gestrichen worden. Die Oberschicht fühlte keine soziale Verpflichtung, und auch der Tenno, der das Volk nie sah und der hoch über den Wolken thronte, machte sich keine Sorgen über die Not und die unaufhaltsame Verelendung der Bauern. Er wußte davon gar nichts; man wagte es nicht, ihn mit solchen lästigen Quisquilien zu beunruhigen. Er war dagegen ein Tierfreund, und das Leiden der Tiere, wo es ihm begegnete, gab ihm jedesmal einen Stich ins Herz.

Japan war kein Paradies der Arbeiter und Bauern. Viele lebten am Rande des Existenzminimums; aber da die Familie mehr zusammenhielt als bei uns und den Notleidenden half, war extreme Not seltener, jedenfalls aber seltener sichtbar als in den Vereinigten Staaten. Ganz anders als in China, wo sie dem Vorübergehenden ans Herz griff.

Begegnung mit einem Journalisten

Ich fragte Herrn von Weegmann, der mein Mentor geworden war, ob er mich mit einem Journalisten bekanntmachen könne, der sich in Japan und seiner Politik gut auskenne. Er stellte mich darauf dem Korrespondenten der *Frankfurter Zeitung* vor. Er war hochgewachsen, hatte ein grobknochiges Gesicht und einen vollen Mund, schleppte ein Bein etwas nach, was auf eine Kriegsverwundung zurückzuführen war, wie ich später erfuhr. Er lud mich gleich zum Mittagessen in der Ostasiatischen Gesellschaft ein und erkundigte sich erst einmal wohlwollend, ein wenig ironisch nach mir und meinen Plänen. Er sprach salopp und drastisch, sah sportlich und verhältnismäßig jung aus, war aber, wie sich herausstellte, doppelt so alt wie ich; das heißt, schon einundvierzig. Er hieß Richard Sorge.

In Japan war er seit drei Jahren, kannte auch China gut und war gerade von einer Reise in die Innere Mongolei zurückgekommen. Er hatte darüber in der *Frankfurter Zeitung* berichtet. Den eigentlichen Zweck dieser Reise erfuhr ich erst Jahrzehnte später.

Da ich schon die Adresse eines Schweden in Urga hatte, wo ich übernachten konnte, und deshalb auch einen Abstecher in die Innere

Mongolei machen wollte, fragte ich ihn nach diesem unbekannten Land. Er erzählte von der einsamen, unwirtlichen, nur von Nomaden bewohnten Region, die zwar zu China gehöre, in der er aber überraschend viele Japaner angetroffen habe, die sicher weder Touristen noch Zivilisten waren. Er riet ab, dorthin zu fahren: es gebe nichts zu sehen. Aber gerade die Weite, die Zivilisationsferne, das völlig andere reizten mich. Leider wurde dann nichts daraus.

Der Staatsstreich junger Armee-Offiziere vom 26. Februar 1936 war ein Ereignis, das mir schwer verständlich war. Ich fragte ihn danach. Sorge antwortete, ihm sei dies ein Schlüsselerlebnis gewesen, das ihm mit einem Schlage die wahren Machtverhältnisse in diesem Staat offenbart habe. Die jungen Offiziere hätten sich zwar ergeben, nachdem sie hohe, auch dem Kaiser nahestehende Politiker ermordet hatten. Einige seien dann auch erschossen worden; im Grunde aber habe noch immer jedermann Angst vor der anonymen, überhaupt nicht faßbaren Kamarilla junger Hitzköpfe, die schon lange die Armee und ihre Politik regierten.

Und die Generale?

»Die Generale«, sagte er, »sind in ihrer Hand. Als Oberst gehören sie vielleicht gerade noch dazu; sobald sie aber zum Generalmajor befördert sind, müssen sie auf die radikalen jungen Leute Rücksicht nehmen, die die Expansion Japans betreiben und die Herrschaft über ganz Ostasien wollen.«

Und der Tenno?

»Ach, der Tenno! Er ist ein armer Mensch. Er ist doch auch in der Hand des Militärs und kann nichts tun. Die eigentliche Ursache des Radikalismus in der Armee ist die Notlage der Bauern. Es sind ja vor allem Bauernsöhne, die in der Armee dienen, sich emporarbeiten und den radikalen Kurs bestimmen.«

Eine große soziale Reform?

Sorge lachte.

»Ja, eine radikale, bis an die Wurzeln gehende Reform! Wäre schön! Aber die ist gegen das Kapital und bei dem festgefahrenen Parteienbild und angesichts der chauvinistischen Überheblichkeit der Armee und ihrer Anhänger politisch nicht möglich. Es wird bei der Expansionspolitik bleiben. Und wenn sich ein Staatsstreich wiederholt, erst recht.«

Bevor ich Wochen später abreiste, lud er mich zu einem Drink in die

Bar des *Imperial Hotels* ein, der sich hinzog, bis wir Hunger bekamen, im Restaurant etwas aßen und dann wieder in die Bar gingen, wo er mich über Amerika ausfragte. Warum ich mich für Arbeiterfragen interessierte. Von den *Hobos* konnte er nicht genug hören. Das waren ja Abenteuer! Und das war offenbar nach seinem Geschmack.

Es war noch gar nicht so spät, als er sagte, er habe noch eine Verabredung. Er nahm mich auf seinem Motorrad mit und setzte mich an der OAG ab. Die Fahrt war nur kurz, aber er raste, fuhr über Bordsteine und legte sich abenteuerlich schräg in die Kurven. Ich hatte Angst, vom Rücksitz zu fallen; lieber tausend Meilen auf Güterzügen einer *tough line*.

Regen in Japan

Es regnete. Es regnete stark; drei Tage lang, weil der Ausläufer eines Taifuns über Tokio zog. Ich stand im Trockenen unter dem Eingangstor der OAG und sah auf die Gasse. Es kamen weniger Leute. Bei dem Regen ging nur vor die Tür, wer dringend etwas zu tun hatte. Gelegentlich fuhr ein Auto vorbei, und dann sprang ich schnell zurück, um nicht angespritzt zu werden. Manchmal kam eine Frau mit einem großen Ölschirm. Sie ging auf *Getas* mit hohen Holzklötzen unter den Holzsohlen und wich den Pfützen aus. Ein Student in seiner dunkelblauen Uniform, auch unter einem Ölschirm, kämpfte gegen Wind und Regen an. Er war schon ganz naß. Aber nicht so naß wie der Rikscha-Kuli, der nur ein ärmelloses Hemd und Hosen trug und ganz ungeschützt dem Regen ausgeliefert war, sich gelegentlich mit einem Schweißtuch, das ihm um den Hals hing, das Wasser von Stirn und Augen wischte, während der Passagier unter einem Verdeck saß und eine Wachstuchdecke über den Knien liegen hatte. Der Kuli lief barfuß. Der Sommer war schon längst vorbei, der Herbst hatte begonnen, und es war kühl; aber wer eine Rikscha ziehen muß, kommt auch an einem kühlen Herbsttag ins Schwitzen.

Ich ging zurück in den Leseraum, in dem ich einen Artikel für Heinz Schmoll schrieb, und zwischendurch erholte ich mich in dem langen Gang, der vor den Bibliotheksräumen lag. Durch seine Glasfensterwand sah man in einen japanischen Zwerggarten.

Der Regen kam schräg in Fäden auf die Wand aus Bambus herab, eine dichte Wand aus dünnen Bambusstämmen, in die der Regen und der Wind fuhren, daß die Wand den Wind wie eine Welle aufnahm, sich vor ihm zurückbog, die Bewegung weitergab und sich dann wieder schwellend vorlegte, immer wieder bog und immer wieder zurückfederte, bog und sich wieder aufrecht stellte. Man konnte der Bewegung immer zusehen, ohne ihrer müde zu werden.

Der Regen fiel auf niedrig gehaltene Kiefern und Ahorn und in einen kleinen Teich und auf Trittsteine, über die man durch einen zwei Hände breiten Bach schreiten konnte. Ein leichter Dunst lag über dem Garten.

Es hörte nicht auf zu regnen; alle Menschen hatten Zuflucht in den Häusern gefunden. Es war nicht die Zeit hinauszugehen. Das Leben der Welt war gedämpft, der Weg in sie verregnet. Man war auf sich selbst zurückgenommen.

Seit jenen Tagen liebe ich den Regen in Japan, beziehe diese besinnliche Stimmung auch nur, oder doch vor allem, auf jenes Land. Die alten japanischen Maler gingen mit Vorliebe, wenn es regnete, trübe oder dunstig war, hinaus in die Landschaft, selten bei Sonnenschein. Bei mir hängt Hiroshiges berühmter Farbholzschnitt »Plötzlicher Schauer über der Ohashi-Brücke«.

Und entsinnt man sich der eindrucksvollen Szene schon im Eingang von Kurozawas Film »Rashomon«, wie der Mönch und der Räuber vor dem Regen unter das Tempeltor fliehen und wie sich von dort aus die Geschichte entwickelt?

Ich habe Jahre später, als ich wieder in Japan war, oft auf der *Roka*, dem kleinen verglasten Gang vor dem Zimmer meines japanischen Hauses im Dorf Katsuyama gesessen und in den Regen hinausgesehen, wenn die Umrisse der Nachbarhäuser mit ihren schweren Strohdächern grauer und schwächer wurden, wenn Bauern, ihren breiten Strohhut mit einer Hand festhaltend und einen Strohumhang über den Schultern, nach Hause gingen; wenn die Bergzüge sich gegen den grauen Himmel nur noch andeuteten.

Oder ich saß dort mit meinen beiden Söhnen, die damals vier und fünf Jahre alt waren, und wir sahen in die gewaltigen Gewitter vor dem Berg Fuji.

Ich ging zurück in die Bibliothek, wanderte von einem Regal zum anderen, zog hier und dort ein Buch heraus, blätterte darin, stellte es wieder ein. Als ich zur Abteilung Chinesische Philosophie kam, von der ich noch nichts wußte, nahm ich ein gelbes Buch heraus, dessen Titel geheimnisvoll klang: »Das wahre Buch vom südlichen Blütenland«. Ich setzte mich damit an einen Tisch. Es enthielt Gleichnisse und kürzere oder längere Geschichten.

Ein Mann namens Zhuang Zhou träumte, er sei ein Schmetterling, der in der Sonne umherflatterte und sich glücklich fühlte. Doch dann wachte er auf und war wieder Zhuang Zhou. Nun fragte er sich: Hatte er geträumt, er sei ein Schmetterling? Oder träumte der Schmetterling, er sei jetzt Zhuang Zhou?

Eine seltsame Philosophie, die die Objekt-Subjekt-Spaltung einfach ignorierte und die nicht dezidiert verkündete, daß ich bin – *cogito ergo sum* –, sondern die es für möglich hielt, daß ich nur geträumt werde.

Ich las weiter von einem Gärtner, der in den Brunnen hinabstieg, jeweils einen Eimer Wasser heraufholte und damit den Garten bewässerte. Da kam ein Schüler des Konfuzius und erklärte ihm, daß man mit einer ganz einfachen Einrichtung, nämlich einem Hebelarm, der hinten beschwert ist, vorne aber einen Schöpfeimer trägt, hundertmal soviel bewässern könne.

Der Gärtner antwortete: »Wer eine Maschine benutzt, arbeitet maschinenhaft; er bekommt ein Maschinenherz, und seine Einfalt geht verloren. Ich kenne die Einrichtung des Ziehbrunnens wohl, aber ich schäme mich, sie anzuwenden.«

In China wollte man also schon vor über zweitausend Jahren nichts vom technischen Fortschritt wissen. Von dem Verfasser Zhuang Zi (Dschuang Dse) stammen alle Grünen und »Alternativen« ab.

Was er aber von der Kunst des Herrschens sagte, wollte mir gar nicht einleuchten. Wollte er Unordnung und Anarchie?

Die Welt ist so groß, daß man ihr mit Lohn oder Strafe nicht beikommen kann. Wenn ein großer Mann sich mit der Regierung der Welt abgeben muß, so ist es am besten, er tut überhaupt nichts.

Allein durch Nicht-Handeln erreicht er, daß die Verhältnisse der natürlichen Ordnung bestehen bleiben.

Das verstand ich nicht. Wenn ein Herrscher nicht handelte, wie wollte er sein Reich und sein Volk in der Welt des Wolfsrechts und der wölfischen Nachbarn erhalten? Wollte der Autor denn keinen Staat, kein Recht, keinen Schutz vor Verbrechen, vor Eroberung?

Ich las weiter, holte mir auch das danebenstehende Buch aus dem Regal. Ein dünnes Buch. Anscheinend Gedichte. Ich schlug auf und war empört:

Je weiter einer reist,
desto weniger weiß er.
Der Weise kommt an, ohne zu gehen.

Und mein Widerspruch wuchs, als ich las:

Ohne aus seiner Tür zu gehen,
Weiß er alles unter dem Himmel.

Das war ja damals in Deutschland noch meine Art zu räsonnieren gewesen: Ohne die Fakten und Zusammenhänge zu sehen, aus der Tiefe des Gemüts Weisheiten zu verkünden, die auch manchmal danach waren. Das hätte gut zu meinem Artikel gegen die deutschen Auslandskorrespondenten gepaßt, den ich gerade an Heinz Schmoll gesandt hatte, darin hatte ich gerügt, daß sie sich nicht im Lande umsehen, sondern nur schreiben, was sie von Kollegen hören und was zu Hause gut ankommt.

Doch es kam in dem Buch noch schlimmer:

Verbannt die Menschlichkeit, werft die Moral weg!
Das Volk wird gehorsam und mitfühlend sein.

Und es hieß:

In alter Zeit haben die Ahnen...
das Volk unwissend gehalten.
Je mehr das Volk weiß,
Desto schwerer ist es zu beherrschen...

Lao Zi (Lao Dse) hieß der Autor des kleineren Buchs, und der Übersetzer schrieb, mit Konfuzius und ihm habe die chinesische Philosophie begonnen.

Was war das aber für ein Mensch? Ein trübsinniger Eremit, ein Zyniker, ein Despot, der Menschlichkeit und Humanität verachtete und das Volk unwissend halten wollte, damit man es besser regieren könne?

Ich war empört über diese Philosophie, die sich Daoismus (Taoismus) nannte und vorgab, dem WEG, dem DAO der Welt zu folgen, über den sie natürlich – ohne vor die Tür zu gehen – bestens Bescheid wußte.

Der Alte, der solche absurden Weisheiten verkündete, sagte ich Herrn von Weegmann, war wohl betrunken, als er das schrieb. Gut, man könne sich auch fragen, ob Heraklit immer nüchtern war, und manche der griechischen Sophisten hätten wohl dem Lao Zi wegen seiner zynischen Forderung, das Volk dumm zu halten, Beifall geklatscht – heimlich, da sie es aus Angst um ihre horrenden Honorare öffentlich sicher nicht gewagt hätten.

Aber die Welt sich selbst überlassen, jede Ordnung verwerfen, Nicht-Handeln fordern, Menschlichkeit und Moral verachten, in der Klause sitzen und warten, daß die Welt zu einem kommt, und dunkle Sprüche raunen – diese ganze Lehre war gegen den Menschen gerichtet, verantwortungslos und schlug allem, was wir von unseren Philosophen der letzten zweieinhalbtausend Jahre gehört hatten, direkt ins Gesicht.

Herr von Weegmann hörte sich meine Klage über die Daoisten an. Er sagte, er denke über sie milder.

Wenn man in chinesisches Denken eindringen wolle, und das gelte ebenso für den Buddhismus, müsse man unser Abendland erst einmal vergessen.

Lao Zi und Zhuang Zi forderten bewußt Widerspruch heraus, wollten sogar ein Ärgernis, ein Skandalon sein, wie die großen Meister der Zen-Philosophie auch. Sie wollten aufrütteln und den Übermut derer erschüttern, die sich auf die Vernunft verließen wie Konfuzius.

»Lao Zi und Zhuang Zi würden sich freuen«, sagte er, »daß ihre Worte Sie so aufgebracht haben.«

Beim Mittagstisch in der OAG lernten wir Menschen kennen, die uns Auskunft über Japan geben konnten – Kaufleute, Deutschlehrer, Missionare, Japanologen, Botschaftsangehörige –, und oft luden sie uns auch zu sich ein. Auf diese Weise lernten wir Japan aus vielen Augen kennen.

Die japanische Eisenbahn stellte mir, als ich mich als Korrespondent auswies, eine Freifahrtkarte für alle Eisenbahnlinien Japans, Koreas und der Mandschurei aus.

Eike und ich hatten jeder eine lange, vor anderen streng geheimgehaltenen Liste von Menschenfreunden im Fernen Osten, die Studenten wie uns kurze Zeit aufnehmen würden oder die uns über die Situation in ihren Ländern gut unterrichten konnten. Ich hatte viele Adressen im Laufe des letzten Jahres gesammelt; darüber hinaus hatte mir einer meiner Vorgänger am Dickinson College, Jürgen von Oertzen, der auch über Ostasien nach Deutschland zurückgekehrt war, seine alte Liste geschenkt. Sie war ausgezeichnet.

Um die Gastgeber nicht zu sehr zu belasten, fuhren Eike und ich getrennt, trafen uns aber immer in den großen Städten. Die Menschenfreunde waren zumeist Kaufleute, aber auch Lehrer, Missionare oder Ärzte, die gerne von jungen Leuten hörten, was sie in der Welt erlebt hatten und wie sie über Deutschland dachten. Viele waren im Zweifel, wie sie es beurteilen sollten.

Nur wenige kannten die Ereignisse der letzten Jahre aus eigener Anschauung. Damals war es nicht üblich und nicht möglich, jährlich einen Heimaturlaub von einem Monat zu nehmen. Die Heimreise über Sibirien dauerte zehn bis vierzehn Tage, die bequemere mit dem Schiff vier Wochen.

Sie lebten in einer vorwiegend angelsächsisch geprägten Welt, lasen die englischen Zeitungen Schanghais oder Hongkongs oder die *Nippon Times*, und was sie aus Deutschland hörten, beurteilten sie aus dieser Perspektive. Viele lebten ja schon seit Jahrzehnten in Ostasien. Sie waren ostasiatische Kosmopoliten, die Englisch wie Deutsch sprachen.

Gegen die Juden hatten sie nichts, nur gegen die Japaner. Es gab eine Solidarität der Weißen gegen sie. Daß die deutsche Propaganda der japanischen Aggressionspolitik zustimmte, mißbilligten die meisten Ostasien-Deutschen.

Wir erfuhren von ihnen, was wir aus der Presse nie erfuhren, aus unserer deutschen schon gar nicht. *Ihnen* waren wir willkommen, weil wir vom Leben in Amerika und Deutschland erzählen konnten.

Besetzte Länder

Ich reiste mit Eike weiter nach Korea, das seit einem halben Jahrhundert de facto eine japanische Kolonie war. Es war noch das alte Korea, in dem Männer und Frauen weiße, wallende Gewänder trugen, die Männer seltsame Hüte, über deren Mitte ein Zylinder stand, aus Roßhaar geflochten und durchsichtig. In der Stadt standen nur ein- oder zweistöckige Häuser. Von Industrie war nichts zu sehen, die Japaner förderten sie nicht; Korea sollte ein vorindustrielles Agrarland bleiben. Nur billige Bergarbeiter führte Japan aus Korea ein.

Es war erst Ende Oktober, aber in Mukden, der historischen Hauptstadt der Mandschurei, dem chinesischen Shenyang von heute, wehte ein scharfer, frostiger Wind aus Sibirien. Eike und ich wohnten bei einem Deutschen, der Roßhaar aufkaufte und für den Export herrichtete. Auch Dieter und Werner kamen und zogen bei uns ein. Sie gingen zur deutschen Schule, um zu singen.

Mukden war die erste chinesische Stadt. Es war alles viel farbiger, viel lebhafter, ungeordneter, vergnügter als in Japan, wo es ernst und gemessen zuging. Auf dem Markt mußte ich mich durch das Gewimmel der Chinesen und zwischen den Buden hindurchdrängen. Noch heute habe ich die Melodie im Ohr, mit der die Verkäufer in ihren Ständen die Hosen und Jacken, deren hervorragende Qualität und deren lächerlich niedrige Preise vergnügt und übermütig ausriefen und auch die Erscheinung von uns gelbhaarigen Langnasen zur Belustigung des chinesischen Publikums in ihrem Singsang kommentierten, von dem wir leider nichts verstanden. Mit Gesten baten sie uns, doch einmal die Kinderhosen anzuprobieren, die »Blitzhosen« genannt wurden, weil sie hinten einen stets offenen Schlitz hatten, was sich bei Kleinkindern in plötzlichen Notsituationen offenbar als sehr praktisch erwies.

Auch Hsinking war eine chinesische Stadt, von den Japanern zur Hauptstadt gemacht. Der Herrscher des Kaiserreichs Mandschukuo residierte hier: Kaiser Puyi, als Kind einige Jahre auf dem Thron in Peking, damals Puppe einiger Hofpolitiker und Eunuchen, jetzt der Japaner.

Die Regierung vom Ministerpräsidenten bis zum Hofminister waren Chinesen. Zu sagen aber hatten sie nichts. Das Sagen hatte allein die Kwantung-Armee der Japaner. Sie hielt das Land in eisernem Griff. Das Land? Nun, jedenfalls die wichtigsten Städte.

Sich bis zu den Kaisergräbern in den Außenbezirken Mukdens zu wagen, war schon riskant.

In dem D-Zug nach Hsinking waren die beiden Sitze an den Türen für japanische Soldaten bestimmt, die ihre Gewehre neben sich stehen hatten.

Hsinking war der Versuch, eine Hauptstadt mitten in eine Ebene zu setzen: ein niederdrückender Anblick. Trostlos.

Hier stand an einer breiten Asphaltstraße mitten in der Ebene hinter einer gewaltigen Säulenfront das Gebäude der Mandschurischen Zentralbank, vier Stockwerke hoch, hundert Meter breit und hundert Meter tief. Ringsum lag Brachland. Einen Kilometer weiter stand, dreimal so groß, das Gebäude des mandschurischen Telegrafenamtes. Und in der Ferne waren andere Gebäude zu erkennen. Es war ein weiter Weg für meine Pferdedroschke bis zum Hauptquartier der Kwantung-Armee, über dessen Bürotrakt japanisch geschwungene Dächer lagen. Hier war das Zentrum der Macht. Von hier aus wurde das Land regiert.

Die Offiziere und Beamten, die ich hier sprach, malten ein märchenhaftes Bild von den Entwicklungschancen dieses Landes, das aber doch ein besetztes Land war, in dem 32 Millionen Chinesen lebten, beherrscht von hunderttausend Japanern.

Wo immer ich war – in Mukden, Hsinking, der riesigen Tagebaugrube in Fushun oder in Dairen –, überall hatte ich mir Arbeiter angesehen und mich erkundigt, wie sie lebten. Japaner waren nur als Aufseher, Ingenieure, Direktoren anzutreffen. Die Arbeiter waren immer Chinesen.

Japans Expansionismus

Unterwegs schrieb ich einen Artikel über Japans Expansionspolitik, mit dem Heinz Schmoll dann eine Nummer des *Aktivisten* aufmachte, weil ich darin unserer Überschätzung der militärischen und politischen Möglichkeiten Japans widersprach und weil ich den »Fehlschlag seiner kolonialen Ausdehnung auf das asiatische Festland« darstellte.

Der Reiseschriftsteller Colin Ross behaupte, so schrieb ich, der Pazifik sei nichts anderes mehr als ein Manövrierfeld der USA und Japans; und es gebe sogar Leute, die Japans Soldaten schon in Amerika sähen.

Aber warum könnten nicht die USA einmal plötzlich in Japan stehen? Und das wäre im Kriegsfall sogar das Wahrscheinlichere... Mit einem Vorstoß Japans nach der Westküste der USA kann nur rechnen, wer keines von beiden Ländern kennt... In einer militärischen Auseinandersetzung würde Japan nach dem jetzigen Stande der Technik den kürzeren ziehen.

Durch das Schlagwort »Volk ohne Raum« und geopolitische Vorstellungen Karl Haushofers verleitet, hatte ich ursprünglich geglaubt, Hauptgrund für Japans Expansionismus sei die Überbevölkerung des Landes. Japan müsse eine schnell wachsende Bevölkerung in Übersee ansiedeln. Auch Japaner hatten mir ihren Expansionismus damit begründet. Jetzt sah und schrieb ich, daß es weder in Korea noch in der Mandschurei gelungen sei, Japaner in nennenswerter Zahl anzusiedeln. Die Armee, die Motor der Expansion war, habe andere Gründe für ihr Vordringen: Territoriale Ausdehnung und Macht an sich. Sie strebe nach einem von ihr beherrschten großen Markt für die japanische Wirtschaft und Zugang zu Rohstoffen, um das Militär und die Rüstungsindustrie Japans unabhängig und unerpreßbar zu machen.

Die bisherigen Siedlungsversuche sind trotz starker amtlicher Unterstützung fehlgeschlagen. Japaner, die im Ausland studiert haben, erkennen den Fehlschlag der kolonialen Ausdehnung auf das asiatische Festland. Sie befürworten einen wirtschaftlichen Vormarsch an Stelle eines militärischen.

Doch es sei zweifelhaft, schloß ich, welche Meinung siegen werde.

Ich habe meine Japan-Artikel von damals jetzt wiedergelesen; sie sind etwas holzschnitthaft, insgesamt aber stellen sie die Situation von damals zutreffend dar. Der japanischen Politik gegenüber war ich kritisch; für die Menschen hatte ich etwas übrig: Im Vergleich zu ihnen waren wir oder die Amerikaner grob, groß und plump. Sie dagegen waren leiser, diskreter und hatten viel empfindlichere Antennen für ihre Gesprächspartner. Sie waren zurückhaltend, schwiegen, wenn sie fürchteten, einen Fehler zu begehen, schienen allzu direkte Fragen nicht zu verstehen oder wollten sie nicht verstehen.

Sie liebten Chrysanthemen, Kirschblüte, Gedichte, Blumenstecken und die Tee-Zeremonie. Das ganze Leben war ästhetisiert. Doch wie gehörten Kirschblüte und Tod zusammen? Und Schwert? Und Ehre? Und Opfer für die Ausdehnung des Reichs? Wie das zu vereinbaren war, konnte ich mir nicht erklären.

Das alte Peking

In Peking traf ich Eike vor dem Tor der Deutschen Botschaft in der *Legation Street*, da wo die beiden alten Marmorlöwen standen. Er war auch gerade angekommen und hatte gehört, daß Dieter und Werner als Gäste des Deutschen Hospitals in einem leeren Patientenzimmer wohnten. Sie hatten am Abend vorher einen »Schwestern-Singeabend« gegeben.

Obgleich die meisten unserer Lieder sehr rauh warnen, schrieb Dieter in seinem Reisebericht, fanden sie doch riesigen Zuspruch. Eine besondere Freude konnten wir dem Chefarzt Dr. von Wolff machen. Er ist Berliner SS-Mann. Schon lange hatte er die schmissigen Lieder aus der Kampfzeit nicht mehr gehört. Mehrere Male mußten wir an diesem Abend sein Lieblingslied singen: »Durch Groß-Berlin marschieren wir / Für Adolf Hitler kämpfen wir«... »Es zittern die morschen Knochen« erklang auch in den stillen Hallen des Krankenhauses zum ersten Male. Selten haben wir so dankbare Zuhörer gefunden. Selbstverständlich mit Ausnahme der kleinen Singfanatiker der Deutschen Schule in Mukden!

Soweit Dieter in seinem Reisebericht »Brücken zur Heimat«.

Der Chefarzt Dr. von Wolff war ein freundlicher und urbaner Mann, dem man nicht ansah, daß er in Schaftstiefeln singend durch Groß-Berlin marschiert war; er sagte Eike und mir, es sei selbstverständlich, daß wir als Freunde von Dieter und Werner auch Gäste des Hospitals seien. So zogen wir ebenfalls in das Zimmer 47.

Unser Wohltäter war der deutsche Friseur Kümpel. Er führte uns Austauschstudenten abends in den Internationalen Klub, der unter dem Namen *The Black Hand* besser bekannt war. Friseur Kümpel kaufte und schenkte uns Tanzcoupons, die wir den *Taxi Girls* gaben, damit wir mit ihnen tanzen konnten. Ein Coupon – ein Tanz. Und einmal führte er uns auch in den *Alcazar*, den anderen, auch nicht gerade wohlbeleumdeten Ort des Pekinger Nachtlebens.

Da die Tanzdielen erst in den frühen Morgenstunden schlossen, das Hospital aber schon um zehn Uhr, mußten wir über die Mauer in den Hof des Hospitals und dann durch das Fenster in unser Patientenzimmer klettern. Bei einem Nostalgie-Spaziergang vierzig Jahre später kam ich dort wieder vorbei. Die Mauer war zweieinhalb Meter hoch, und ich staunte über unsere sportliche Kondition von damals.

Die jungen Damen, mit denen wir tanzten, waren Angestellte der »Schwarzen Hand« oder des *Alcazar*, teils Chinesinnen, teils Weißrussinnen, deren Eltern früher der begüterten Oberschicht angehört hatten und nach der Oktober-Revolution vor der Roten Armee über Sibirien nach Harbin, Peking und Schanghai geflohen waren. Sie lebten oft in elenden Umständen, da sie nie zu arbeiten gelernt hatten und auch wenig Neigung verspürten, damit nun noch anzufangen.

Da waren die jüdischen Emigranten, die Ende der dreißiger Jahre aus Deutschland nach Schanghai flohen, ein ganz anderer Schlag. Sie kamen ohne Geld an. Sie hatten meist alles zurücklassen müssen. Aber sie scheuten keine Arbeit, und viele von ihnen bauten sich in kurzer Zeit eine bescheidene Existenz auf; doch sie ließen ihre Töchter nicht als *Taxi Girls* in Tanzhallen arbeiten.

Das Gesandtschaftsviertel war ein anderthalb Kilometer langer und siebenhundert Meter breiter Stadtteil mitten in Peking und grenzte an den Platz des Himmlischen Friedens, der damals ein Zehntel so groß war wie heute. Es war eine europäische Kleinstadt, in dem Stil gebaut, der vor dem Ersten Weltkrieg modern war. Dort lagen die Gesandtschaften oder Botschaften, die Klubs verschiedener Nationen, die ausländischen Banken, darunter die Deutsch-Asiatische Bank, eine protestantische Kirche, die Niederlassung der größten britischen China-Handelsfirma Jardine, Matheson, das *Grand Hôtel des Wagons-Lits* und Hartungs Fotoladen, wo unter dem Ladentisch die von Touristen so begehrten Grußpostkarten für die Lieben daheim lagen und zu kaufen waren: Originalfotos von chinesischen Enthauptungen durch das Schwert.

Die kaiserliche chinesische Regierung hatte dieses Viertel den diplomatischen Missionen als eine Art Ausländer-Ghetto zugewiesen. Im Sommer 1900 wurde es von der ausländerfeindlichen sogenannten Boxer-Sekte unter Duldung der kaiserlichen Regierung angegriffen und fünfundfünfzig Tage belagert, bis ein internationales Truppenkontingent es entsetzte. Danach zwangen die ausländischen Mächte die chinesische Regierung, die Exterritorialität des Gesandtschaftsviertels anzuerkennen. Chinesische Behörden hatten hier fortan keine Rechte mehr. Chinesen durften hier überhaupt nicht mehr wohnen. Diese exterritoriale ausländische Enklave mitten in der alten Hauptstadt war ein demütigendes Denkmal für alle Chinesen.

Die Deutsche Botschaft lag in der Hauptstraße dieses Gesandtschaftsviertels, in der *Legation Street*, die später unter Mao zur »Antikapitalistenstraße« wurde. Unsere Mission bestand aus etwa fünf Häusern, die in einem kleinen Park lagen, rückwärts an die prächtige alte Stadtmauer gelehnt. Residenz und Dienstgebäude des Botschafters war ein bescheidenes einstöckiges Holzhaus. Doch unsere diplomatische Mission war arbeitslos, weil die chinesische Regierung nach Nanking umgezogen war.

Peking war eine verzauberte Stadt, eine Insel, in deren Stille der Lärm der Welt nicht drang. Ich durchstreifte einen Tag lang den Kaiserpalast, die sogenannte Verbotene Stadt, ging zum Himmelstempel. Der Austauschstudent Fritz Sellmeyer zeigte mir andere, verborgener liegende Sehenswürdigkeiten; wir fuhren mit der Bahn zur Großen Mauer, ritten auf Eseln zu den Kaisergräbern der Ming-Dynastie; doch nach einer Woche hatten wir erst einen Bruchteil gesehen.

Wohin man sich wandte, ob man in die Jade-, die Silber- die Seiden-, die Stempelschneider-, die Bildergasse oder ob man zum Diebesmarkt ging, immer sah man Dinge, die Auge und Sinn gefangennahmen. Von der Hoheit und Schönheit des Himmelstempels, der Harmonie der Höfe, Hallen und Dächer des Kaiserpalastes in der Verbotenen Stadt gar nicht zu reden.

Nicht wenige Fremde verfielen dem Traum von der Stadt, die jahrhundertelang Mittelpunkt des Reichs der Mitte der Welt gewesen war. Die Kaiser thronten nicht mehr in der Verbotenen Stadt, das Reich war zerfallen – in Peking aber lebte man noch wie zur Zeit der Kaiserinwitwe Zixi. Nichts hatte sich geändert.

Man hörte noch immer die hundert *Cries of Peking*, die Rufe der Wasserverkäufer, der Garköche, das Holzklappern der Bettelmönche, das Geschrei der Rikscha-Kulis, die Zimbeln, Flöten und Trommeln der Trauerzüge. Die Teehäuser, Bordelle, die kleinen, oft aber berühmten Kaufläden. Restaurants, Apotheken, Opernhäuser waren noch in Betrieb und standen noch in ihren alten Straßen, die klangvolle, romantische Namen trugen. Die Lamas sangen in ihrem Tempel mit tiefem Baß ihre Litaneien und veranstalteten im Februar noch immer die Teufelsaustreibungstänze vor großem chinesischem Publikum. Man sah bei jedem Ausgang Seltsames und Schönes.

Worin der Zauber der Stadt lag? Mit einem Wort? »Die Schönheit, was das ist, das weiß ich nit.« Vielleicht, daß die Stadt den Fremden, wenn er den Erscheinungen nachging, magisch in ihren Traum hineinzog, in eine längst vergangene Zeit und eine dort noch immer lebendige ganz andere Kultur, Denkweise, Tradition und Geschichte, und daß man der Gegenwart entrückt war?

Von all dem Zauber ist heute nichts übriggeblieben. Nichts, bis auf einige auf Postamente gestellte alte Denkmäler. Es war eine bedeutende Leistung kommunistischer Barbaren, um ihrer Illusion von einer neuen sozialistischen Utopie willen, die alte Stadt, ihren Geist und ihren Zauber so radikal zu vernichten.

Ich habe das alte Peking, wie ich es damals, dann im Krieg und zuletzt zur Zeit Deng Xiaopings erlebte, oft beschrieben. Ich will daher aufhören, um mich nicht zu wiederholen.

Als ich Peking nach einer Woche wieder verließ, glaubte ich, es gebe für mich nur zwei Städte der Welt, in denen es sich zu leben lohnte: Peking und Rom.

Noch war Peking unter chinesischer Verwaltung; aber die Angehörigen der japanischen Kwantung-Armee, die in der Nachbarprovinz
Jehol stand, demonstrierten hier schon ihre Macht. Oft rasten ihre
Lastwagen durch die stille, verschlafene *Legation Street*, um die Ausländer zu provozieren. Da Beschwerden zu nichts führten, ließ das
Diplomatische Korps, das das exterritoriale Gesandtschaftsviertel verwaltete, kaum bemerkbare, nur wenige Zentimer hohe Asphaltschwel-
len quer über die Straße legen. Der Fahrer des nächsten durchrasenden
japanischen Militärlastwagens wurde bei der ersten Schwelle gegen das
Dach seines Fahrerhauses geschleudert und schwer verletzt. Danach
hatte man Ruhe. Aber nicht lange.

Ein Dreivierteljahr später, am 7. Juli 1937, kam es zehn Kilometer
östlich von Peking an einer Marmorbrücke, die schon Marco Polo
beschrieben hatte, zu einem Feuergefecht zwischen japanischen und
chinesischen Truppen. Die japanische Armee nahm diesen Zwischenfall zum Anlaß, die Eroberung Nordchinas, dann auch die Mittel- und
Südchinas anzuordnen: ein Unternehmen, das nach Anfangserfolgen
bald steckenblieb.

Mit dem »China-Zwischenfall« – das Wort »Krieg« vermied man auf
beiden Seiten, auch als es schon zu großen Schlachten gekommen war –
betrat die japanische Armee einen Weg, der mit erschreckender
Zwangsläufigkeit, wie in einer attischen Tragödie, zur Konfrontation
mit den Vereinigten Staaten von Amerika, zum Krieg und zur Niederlage Japans führte.

Die fröhlichen Bauern

Der Prokurator der Steyler Mission in Yanshou-fu, rund fünfhundert
Kilometer südlich von Peking in der Provinz Shandong, war – was
Wunder? – ein wahrer Menschenfreund. Nach zwei Tagen Bahnfahrt
in der vollbesetzten dritten Klasse und einem Tag in Jinan konnte ich
baden und durfte das Gästezimmer beziehen. Zum Abendbrot kam der
Prokurator und brachte eine Flasche Rotwein mit, eigenes Gewächs
der Missionsstation.

Er hatte mir einen Rikscha-Kuli bestellt, der mich am nächsten
Morgen in aller Frühe nach Qüfu zum Grabe des Konfuzius begleiten

sollte und abends wieder zurück. »Es wird ein tüchtiger Fußmarsch sein«, sagte er. »Der Weg führt durch Felder und Dörfer, und Sie werden sehen, wie die Bauern hier leben.«

Han, der Kuli, holte mich in der Morgendämmerung ab und führte mich durch die engen Gassen der kleinen Stadt Yanshou. Vor den niedrigen Häusern knieten Frauen, sie knieten vor einem kleinen irdenen Ofen, nicht größer als ein Eimer, und zogen einen Blasebalg mit zwei Kammern, der einen gleichmäßigen, ununterbrochenen Luftstrahl unter den Rost blies – eine geniale, wohl schon sehr alte chinesische Erfindung. Der Rauch zog durch die Gassen und stieg in die frische Morgenluft auf.

Vor den Haustüren standen jeweils auf einem dicken alten abgesägten Baumstamm in Brusthöhe Steinplatten, und darauf rollte im Kreis eine schwere Steinwalze an einer Stange; Kinder hielten die Stange und liefen immer um den Baumstamm herum. Zwischendurch häufelten sie das Korn vor der Walze auf, das dadurch gequetscht und angebrochen wurde.

Seit wieviel tausend Jahren bereiteten die Menschen sich so ihre Nahrung? Ich war nicht mehr in unserer Zeit, ich war im Altertum.

Bauern waren auf den Feldern und hackten. Ein paar Bauern sangen Lieder. Ein Mann ging im Geschirr, weit nach vorn gebeugt, und zog den Holzpflug durch den festgebackenen Lehm, seine Frau führte den Pflug. Sie hielten an und riefen Han Bemerkungen zu, die wohl mich und mein Aussehen betrafen; der Kuli Han antwortete, und der Mann im Geschirr und seine Frau lachten.

Gaoliang, eine Hirseart, war schon gemäht. Kinder waren auf den Feldern bei der Nachlese, und in den Dörfern worfelten die Bauern und Bäuerinnen auf Lehmtennen das Getreide, daß die Spreu vom Wind weggeweht wurde.

Ich war in biblischer Zeit.

Als wir in der Abenddämmerung wieder zurückkamen, gab es wieder ein freundliches Wortgeplänkel mit Han. Sie trugen ihre Hakken und ihr Ackergerät über die Schulter und gingen müde nach Hause. Wie Han und ich. Der Bauer vor dem Pflug aber zog noch immer seine Furchen.

Der Prokurator kam abends wieder zu einem Glas Wein zu mir ins Gästezimmer.

»Die Bauern hier«, sagte ich, »haben nichts, sie können sich nicht einmal ein Fahrrad leisten. Ich habe einen Mann gesehen, der selbst im Geschirr ging und einen Pflug zog.«

»Das machen hier alle. Zugvieh ist viel zu teuer.«

»Heute früh und heute abend saßen die Frauen im Rauch vor ihren Häusern und buken Mehlfladen. Und im Haus brannte eine kleine Petroleumlampe. Sie lachten und waren fröhlich. Ich verstehe es nicht. Ich habe in Amerika mit Straßenarbeitern gesprochen. Sie kamen mit Autos, arbeiteten nur acht Stunden am Tag, hatten zu Hause einen Eisschrank, in denen Steaks, Butter und Bier lagen. Samstags gingen sie ins Kino. Da sahen sie, daß andere Leute viel reicher waren. Das wollten sie auch sein. Keiner dachte daran, zu singen oder auch nur zu pfeifen. Sie sahen grimmig und unzufrieden aus. Sind die Bauern hier vielleicht glücklicher?«

»Was nennen Sie Glück? Sie sind zufrieden, wenn keine Räuber und keine Soldaten eines *War Lords* kommen und ihnen das Saatgetreide oder die Hühner wegnehmen. Oder wenn sie selbst nicht verschleppt werden und ein Gewehr tragen müssen. Und wenn keine Trockenheit und keine Überschwemmung die Ernte vernichten. Und wenn keine Hungersnot über das Land kommt. Oder Krieg. Und wenn ihnen viele Jungens geboren werden, die mithelfen können, daß sie vielleicht mehr Getreide ernten und etwas davon verkaufen und dafür einen größeren Acker pachten können.

Glücklich? Ich weiß nicht. Was nennen Sie glücklich? Zufrieden? Vielleicht.

Sie kennen sich alle. Ihre Familien kennen sich seit vielen Jahrhunderten. Sie leben in dieser Gemeinschaft. Das ist ihre Welt. Wenn sie in Ordnung ist, ja, dann sind sie vielleicht glücklich. Oder jedenfalls zufrieden.«

»Das ist in Amerika anders«, sagte ich. »Die Straßenarbeiter, von denen ich sprach, haben alles; sie wollen reich werden. Aber was ihnen fehlt, das ist das, was die Bauern hier haben und zufrieden macht: die Geborgenheit in ihrem Dorf und ihrer Zeit.«

»Die Bauern hier wissen gar nicht, daß sie arm sind«, sagte der Prokurator. »So wie jetzt haben sie seit Jahrhunderten gelebt.«

»Und wie ist es mit Fabrikarbeitern?« fragte ich.

»Darüber weiß ich zu wenig. Da müssen Sie Herrn Klicker fragen.

Der leitet in Zaozhuang eine große Kohlenzeche. Sie fahren bis Linsheng, wo damals der Schanghai-Expreß von Räubern überfallen wurde, und dann etwa fünfzig Kilometer mit der Kleinbahn landeinwärts.«

Der König von Zaozhuang

Ich hatte mich nicht angemeldet, aber er lud mich gleich ein. Ich blieb zwei Tage bei ihm, besichtigte die Zeche, fuhr mit ihm in die Stollen ein. Er war ein stämmiger, nicht sehr großer Mann, um die Fünfzig, stammte aus der Pfalz, sah in seiner braunen Lederjoppe aus wie ein Jäger. Er wurde nicht nur von seinen Arbeitern, sondern von der ganzen Stadt verehrt. Er war der König von Zaozhuang.

Früher war der *Durchschnitts*lohn für einen zwölfstündigen Arbeitstag 30 Cent, bei Herrn Klicker aber war der *Mindest*lohn 50 Cent, das waren 35 Pfennig pro Tag.

»Aber manche, die damals so klein angefangen haben«, sagte Herr Klicker, »verdienen heute 500 China-Dollar im Monat.

Urlaub? Nein, sie sind ja hier, um Geld zu verdienen und sich später davon Ackerland zu kaufen oder um ihre Familie zu ernähren. Nein, Urlaub würden sie ablehnen; das sähe ja aus wie eine halbe Kündigung.«

Er zeigte mir das kleine Hospital, das er angelegt hatte, und eine große, weiträumige Barackenwohnsiedlung für seine Arbeiter. Da wohnten sie besser und sauberer als in der Stadt. Sie hatten sogar eine Wasserleitung.

Er sagte, er habe die neuesten deutschen Maschinen. Die Wetterführung unter Tage könne im Ruhrgebiet nicht besser sein. Die Produktivität seiner Arbeiter unterscheide sich nicht von der europäischer Bergleute. Bei ihm arbeiteten nur Nordchinesen, große, kräftige und fröhliche Menschen, die – so sagte er – doppelt soviel leisteten wie Japaner. Auf die Japaner war auch er schlecht zu sprechen.

»Glauben Sie, daß sie so gut arbeiten und daß sie so an mir hängen würden, wenn ich sie behandelte wie Kulis?« Ich notierte alles für meinen Artikel im *Arbeitertum*.

Die kleine Stadt Zaozhuang war von einer hohen alten Stadtmauer umgeben. Auf ihr patrouillierten Soldaten. Nachts wurden die Tore

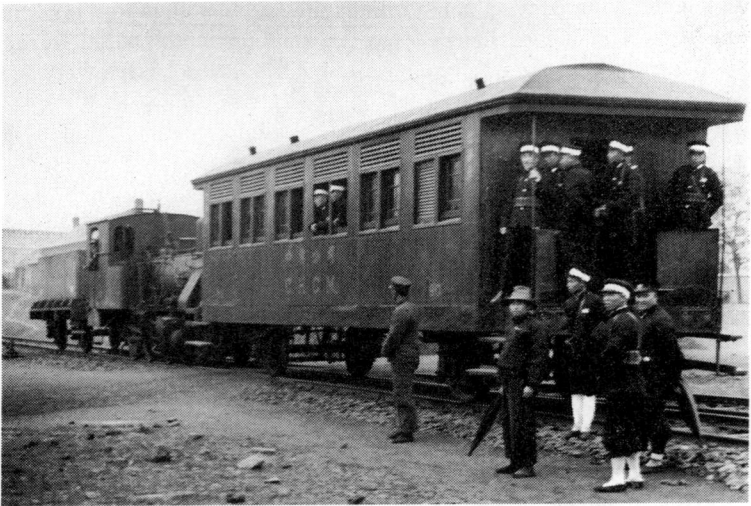

*In einem Sonderzug und unter militärischem
Schutz sandte Herr Klicker den Autor durch das Gebiet
der Räuberbanden zurück in sichere Gegenden.*

geschlossen, Scheinwerfer leuchteten das Gelände vor der Mauer ab. Herr Klicker war stets, selbst unter Tage, von einem Soldaten begleitet.

»Der Vorstand meiner Gesellschaft fürchtet, er müsse zuviel Lösegeld zahlen, wenn ich entführt werde«, sagte er. »Wir haben eine Belegschaft von dreitausend Mann, könnten uns also schon wehren; dennoch sind hier zusätzlich achthundert Soldaten mit Gewehren und Maschinengewehren stationiert.«

Ich blieb noch einen Abend. Wir tranken Beck's Bier aus Bremen.

Am nächsten Mittag brachte Herr Klicker mich zum Bahnhof, vielmehr zu der Haltestelle auf freiem Feld; aber der Zug war schon am Vormittag gefahren. Herr Klicker, keineswegs überrascht, bestellte einen Sonderzug für mich, der auch nach kurzer Zeit aus einem Depot kam; eine Dampflokomotive mit einem Personenwagen; und zu meiner Sicherheit gab er mir ein Dutzend Soldaten mit.

Es war das erste und einzige Mal, daß mir ein Sonderzug gestellt wurde.

John Rabe blieb in Nanking

In Nanking war es Anfang Dezember noch warm wie an einem schönen Herbsttag. Ich ging auf der Stadtmauer spazieren, die sich damals noch um ganz Nanking zog. Sie war hoch und breit. Zwei Wagen konnten auf ihrer Krone bequem nebeneinanderfahren.

Der erste Kaiser der Ming-Dynastie hatte sie im 14. Jahrhundert bauen lassen, als er diese Stadt zu seiner Residenz machte und sie Nanking, das heißt Südliche Hauptstadt, nannte. Jetzt war Nanking wieder Hauptstadt des Landes, aber nicht die eines Kaisers, sondern des Generalissimus Tschiang Kaischek.

Sie war im Laufe der Jahrhunderte heruntergekommen. Majestät, barfuß und in Lumpen. Der alte Mauergürtel war ihr viel zu weit. Man konnte von ihrer Höhe aus zwar in die Ferne sehen. Doch wo war die Stadt? Hier und da hinter Baumkronen einige Bürohäuser, dann wieder Äcker, eine Straße, auf der Bauernwagen fuhren, Rikschas, dann der Lotos-See mit einem Teehäuschen auf einer Insel, Gärten, Villen, Bauernhäuser, Hütten und wieder Äcker. Aber keine Paläste, keine alten Tempel, keine Pagode.

Ich war allein. Zwischen den Steinfugen der Mauer wuchsen Gras und Kräuter. Sie gingen mir bis zu den Knien. Vor mir im Gras sah ich eine hellrote Kindermütze; ich hob sie auf, ließ sie aber gleich wieder fallen. Ich war so erschrocken.

Sie hatte auf dem Hinterkopf eines Kindes gelegen. Der Kopf war halbverwest. Die wimmelnden dicken weißen Maden waren das Schlimmste. Die Leiche des Kindes in grauer Jacke und Hose lag wie plattgedrückt im Gras. Ich sah sie erst, als ich mich abwenden wollte. Das Kind lag auf dem Bauch und Gesicht.

Am Abend, als seine Frau aus dem Zimmer gegangen war, erzählte ich John Rabe davon. Er war Vertreter von Siemens in Nanking. Er stand auf meiner Liste der Menschenfreunde. Mein Erlebnis beunruhigte ihn.

»In Schanghai«, sagte er, »ist das an der Tagesordnung. In Nanking nicht. In Nanking liegen keine Toten herum. Unser Polizeipräsident sorgt dafür.«

Er rief ihn am nächsten Tag an. Ich brauchte die Polizeistreife nicht zu begleiten; es genügte, ihr den Fundort zu beschreiben.

»China ist ein elendes Land«, sagte John Rabe. »Und war es immer. Ich habe entsetzliche Greuel in Dörfern und Städten gesehen, die die *War Lords* und ihre Truppen begangen haben. Es gibt Berichte von Massakern aus Suzhou und Hangzhou aus dem vorigen Jahrhundert, die so schlimm sind, daß man sie kaum lesen mag. Auch hier aus Nanking.

Hier residierte vor siebzig Jahren der ›Himmlische König‹, ein halbverrückter Dorfschullehrer aus Südchina, der behauptete, der jüngere Bruder Jesu zu sein, und der mit seiner absurden Theologie eine Massenbewegung erzeugte, halb China überrannte und hier das ›Himmlische Reich des Großen Friedens‹ gründete.

Damals verloren zwanzig bis dreißig Millionen Chinesen ihr Leben. Vielleicht mehr. Es war der sogenannte Taiping-Aufstand, wohl der größte Bürgerkrieg der Geschichte. Als die Kaiserlichen Truppen schließlich Nanking einnahmen, haben sie hier alle Einwohner umgebracht, über hunderttausend.«

Ich wohnte eine Woche bei Rabes; John war ein alter Chinakaufmann, und er schilderte aus eigener Erfahrung farbig, konkret und detailliert die alles durchdringende Korruption unter dem Regime Tschiang Kaischeks, dessen Familie ungeniert ihren Anteil an allen staatlichen Aufträgen einforderte und sich unerhört bereicherte.

Ein Jahr nach meinem Besuch bei John Rabe eroberte die japanische Armee Nanking. Sie richtete ein entsetzliches Blutbad an. Zehntausende wurden wahllos auf den Straßen und in Häusern aufgegriffen und erschossen. Tausende von Frauen wurden vergewaltigt. Im Tokioer Kriegsverbrecherprozeß im Jahre 1946 berichteten Zeugen von der unbeschreiblichen Bestialität und dem wochenlangen Wüten der Soldaten. Es sind, so schätzt man, hunderttausend Chinesen umgebracht worden.

Die meisten Ausländer hatten die Stadt schon verlassen.

Auch Tschiang Kaischek hatte sie aufgegeben und sich mit seiner ganzen Regierung nach Hankau zurückgezogen. John Rabe aber war geblieben.

Die Ausländer wählten ihn bei der Eroberung Nankings zum Vorsitzenden eines Internationalen Sicherheitskomitees, das siebzig Berichte mit Namen, Daten, Orten von Tausenden japanischer Greuel der Japanischen Botschaft übergab, die sie nach Tokio weiterleitete. Doch sonst unternahm sie nichts, konnte nichts unternehmen, weil sie selbst von der Armee terrorisiert wurde. John Rabe informierte, sobald das möglich war, auch die Deutsche Botschaft in Hankau, die darüber dem Auswärtigen Amt berichtete. Ribbentrop schwieg dazu.

Mit seiner Schmalfilm-Kamera ging John Rabe unerschrocken durch die besetzte Stadt und filmte Greuelszenen. Sein Film war ein unwiderlegbares dokumentarisches Zeugnis von dem Massaker.

Als er ein Jahr darauf zum Heimaturlaub nach Deutschland kam, zeigte er ihn im engsten Bekanntenkreis.

Er wurde denunziert, verhaftet, sein Film beschlagnahmt. Er kehrte nicht mehr nach China zurück. Ich habe ihn, obgleich ich es versuchte, nicht mehr zu sehen bekommen.

Er hatte mit Hitler auf Festung gesessen

Wie ein Revoluzzer sah er nicht aus. Er hatte ein deutliches Doppelkinn, und sein Embonpoint war auch nicht zu übersehen. Das Haar auf seinem Haupt war licht und gerade noch zu bemerken; dafür hatte er schwere dunkle Augenbrauen, unter denen seine Augen kritisch-mißtrauisch blickten. Sein Mund war – jedenfalls für einen Revoluzzer – zu weich.

Doch daß der ehemalige Oberstleutnant Hermann Kriebel militärischer Führer des schwarz-weiß-roten Kampfbundes gewesen war und daß er, dem General Ludendorff nahestehend, an Hitlers Münchener Putsch im Jahre 1923 teilgenommen hatte, das hatte das Gericht festgestellt und ihn deshalb mit Hitler und Rudolf Heß zu fünf Jahren Festungshaft in Landsberg verurteilt. Dort saß er fest, bis Hitler und er nach einem Jahr amnestiert wurden.

Er wird Hitler in dieser Zeit gut kennengelernt haben.

Vor dem Putsch soll er nach Joachim Fest einem Besucher gesagt haben, Hitler »komme für eine leitende Stelle selbstverständlich nicht in Frage, er habe ohnehin nur seine Propaganda im Kopf«.

Hermann Kriebel,
Generalkonsul in Schanghai (1936).

Oberstleutnant Kriebel hatte wohl eher an eine offene oder verdeckte Diktatur der Reichswehr mit national gesinnten Männern an der Spitze gedacht, wie ihn selbst zum Beispiel, die das Reich vor Kommunisten, Sozis und anderen vaterlandslosen Gesellen bewahren sollte, als an eine Diktatur des politischen Fantasten, der in der Zelle nebenan sein Buch »Mein Kampf« schrieb.

Kriebel war ein Mann, der wohl Truppen ausbilden und bewegen, Nachschub organisieren, Feldzugspläne generalstabsmäßig ausarbeiten konnte. Über Massenbeeinflussung, Arier und Semiten, Erziehungsgrundsätze des völkischen Staates oder Weltanschauung und Partei, die Themen Hitlers, wird er weniger nachgedacht haben.

An Hitlers Aufstieg und Kampf um die Macht nahm er nach der Entlassung aus der Festungshaft nicht teil. Er reiste vielmehr 1929 nach

China und war dort eine Zeitlang Leiter von Tschiang Kaischeks deutschem Militärberaterstab, konnte sich aber nicht recht durchsetzen. Er scheint darüber hinaus dem empfindlichen Generalissimus manchmal auf die Füße getreten zu sein. Seine Nachfolger wurden nacheinander die Generale Wetzel, Seeckt und Falkenhausen. Kriebel blieb im Stab der Militärberater bis 1933. Nach Hitlers Machtantritt wurde er deutscher Generalkonsul in Schanghai.

Ich machte bei ihm nach meiner Ankunft Besuch, denn Dieter und Werner hatten acht Tage in seinem Gästezimmer wohnen dürfen. Er lud auch mich ein, und ich gehörte, solange ich in Schanghai war, wie zur Familie. Frau Kriebel war eine fürsorgliche, gebildete, an Kunst wie an Politik interessierte Frau.

Nach dem Abendessen behielten mich Kriebels manchmal unten in ihrem Salon. Ich mußte ihnen von Amerika erzählen, pries die freiheitliche Erziehung und wandte mich gegen die Unterschätzung der amerikanischen Wissenschaft und Kultur in unserer Presse. Noch Jahre später erinnerte sich Kriebel daran, wie man noch hören wird.

Revolutionäre Aussprüche hörte ich von ihm nie, auch an Bekenntnisse zum Nationalsozialismus oder zu Hitlers Politik kann ich mich nicht erinnern. Ich hatte dergleichen eigentlich erwartet. Er schien enttäuscht und resigniert zu sein. Doch er sprach gerne und ausführlich über die chinesische Politik und ihre Probleme. Nur einmal sprach er von Hitler:

Am 25. November wurden wir von der Nachricht überrascht, Deutschland und Japan hätten einen gegen die Komintern, also den internationalen Kommunismus und seine Moskauer Zentrale gerichteten Pakt geschlossen. Ich kritisierte das etwas vorlaut und sagte, es wäre gewiß besser gewesen, ein solches Abkommen mit Tschiang Kaischek abzuschließen, der große Truppenverbände gegen seine kommunistischen Gegner wie Mao einsetzen müsse. Unser Pakt mit Japan aber begründe eine Brüderschaft mit einem Staat, dessen Expansionismus doch jedermann, mit dem ich in China gesprochen hätte, fürchte.

Kriebel wies mich keineswegs zurecht, er stimmte zu. Er sagte, die immer deutlicher werdende deutsche Option für Japan werde unseren Chinahandel ebenso beeinträchtigen wie den Einfluß des deutschen Militärberaterstabs bei Tschiang Kaischek. Aber das sei der Reichsregierung offenbar egal. Und wenn die japanische Armee weiter nach

China vordringe, marschiere sie geradenwegs auf eine ernste Auseinandersetzung mit den anderen westlichen Großmächten zu, denen der chinesische Markt eben nicht egal sei.

Ich fragte ihn, ob es nicht helfen würde, wenn er dem Führer das alles in einem Brief auseinandersetzte? Er kenne ihn doch schon seit frühester Zeit und aus nächster Nähe. Doch er hatte ihn da anscheinend nur zu gut kennengelernt. Kriebel antwortete kurz: »Ich habe ihm zweimal geschrieben. Einen dritten Brief schreibe ich ihm nicht mehr.«

Er galt in Berlin als prochinesisch. Man berief ihn deshalb im Jahr 1938 ab und machte ihn zum Chef der Personalabteilung des Auswärtigen Amts, wo sein Einfluß auf die Politik gering war. Eine große Karriere war das nicht für einen Mann, der ein Jahr mit Hitler auf Festung gesessen hatte.

Bankrott

In Schanghaier Textilfabriken, die ich besuchte, sah ich, unter welchen schrecklichen Bedingungen die Chinesen und Chinesinnen arbeiten mußten. Ein solches Elend hatte ich noch nie gesehen. Ich las darüber im Archiv der *North China Daily News* und erkundigte mich danach bei jungen Mitarbeitern der *Young Men's Christian Association*.

Dort, im YMCA, hielt ich einen Vortrag über deutsche und amerikanische Erziehung. Aber ich bekam, während ich sprach, plötzlich ungewohnt starke Kopfschmerzen und einen Schwindelanfall.

Hermann Kriebel sagte mir, der Kapitän eines deutschen Frachters könne mir Arbeit bis Colombo geben. Am nächsten Vormittag sollte ich mich bei ihm melden. Ich fühlte mich den ganzen Tag über zwar etwas unsicher auf den Beinen, ging aber trotzdem abends mit Frau Kriebel ins Kino.

Am nächsten Morgen konnte ich nicht aufstehen. Ich hatte hohes Fieber, und der Arzt ließ mich in das deutsche Paulun-Hospital bringen. Man stellte einen Paratyphus fest, der mit unklaren Mischinfektionen einherging. Sulfonamide und Antibiotika waren damals noch nicht bekannt.

Der Frachter nach Colombo war längst weg, als ich nach drei Wochen entlassen wurde. Ich blieb zur Rekonvaleszenz noch ein paar

Tage bei Kriebels und dann bei dem jungen und intelligenten Konsul Richard Kempe, der mir später in einer kritischen Lage sehr helfen sollte.

Ich hatte kein Geld mehr. Was nun? Nach Hause und dann zwei Jahre Dienst beim Militär?

Das große Wunder, auf das ich insgeheim gehofft hatte, war mir nicht begegnet. Ich mußte mich nun entscheiden. Ich hätte mich um eine Anstellung in Schanghai bemühen können; aber auch dort hätte mich die Einberufung zum Militärdienst erreicht. Ich konnte mich nicht entschließen, die deutsche Staatsangehörigkeit und damit meine deutsche Herkunft, Bildung, Sprache aufzugeben und mich um die amerikanische Staatsbürgerschaft zu bemühen. Das alles aufgeben – nur weil ich nicht zwei Jahre beim Militär dienen wollte? Nein, ich wollte doch außerdem mein Studium abschließen und dann Bücher schreiben. In Deutsch.

Vielleicht begegnete mir das Wunder auch zu Hause.

Ich war in keiner Krankenversicherung, aber die Ärzte und Schwestern und vielleicht auch Kriebels sorgten dafür, daß die Rechnung nicht zu hoch ausfiel. Trotzdem war ich bankrott und mußte mich nach Arbeit umsehen.

Auf See

Moses

Das Motorschiff »Trave«, 12 000 Bruttoregistertonnen, gehörte dem Norddeutschen Lloyd. Sein Kapitän hieß Tom Dieck. Er war schon alt, jedenfalls aus meiner Sicht, sicher schon hoch in den Fünfzigern.

Er sah mich prüfend an.

Er schien seine Zweifel zu haben, ob ich arbeitsfähig sei, aber dann sagte er doch: »Na gut. Wir wollen es probieren, weil der Generalkonsul Sie empfohlen hat. In vier Stunden legen wir ab. Die Stelle als Moses bei den Ingenieursassistenten ist frei geworden, weil der bisherige Moses Dummheiten gemacht hat. Heute haben wir keine Zeit mehr, Sie im Generalkonsulat anmustern zu lassen. Das holen wir in Hongkong nach, wenn Sie es bis dahin schaffen.«

Das war das einzige Mal, daß ich »den Alten« zu Gesicht bekam. Er war Kapitän und weit, weit oben, wohnte in der Kapitänskajüte und kam nie herab auf das Deck, auf dem ich arbeitete. Ich war Decksjunge, Messejunge, in der Seemannssprache der »Moses«, und darunter gibt es nichts mehr. Von der Brücke des Kapitäns aus ist ein Moses mit bloßem Auge gar nicht wahrzunehmen.

An Bord wehte ein scharfer Wind. Selbst hier im Hafen.

Ich kam rechtzeitig, gefolgt von dem Kuli, der die geschnitzte Truhe aus Teak- und Kampferholz auf dem Rücken trug, die ich in Schanghai mit meinem letzten Geld gekauft hatte und meinen Eltern schenken wollte.

Der erste Steward zeigte mir meine Kajüte. Sie hatte vier Kojen.

»Das sind die beiden Kochsmaaten«, sagte der Steward. »Die schlafen in den unteren Kojen.«

Bruno, der dicke Schlachter, und Heinz, der lange Bäcker, saßen an einem Tisch. Der Küchenmoses Klaus lag oben in einer Koje und sah neugierig herunter.

»Du schläfst da oben rechts«, sagte der Schlachter. »Was ist denn das? Ein Sarg?« fragte er, als der Kuli die Kampferkiste abstellte. »Hast du deinen Sarg gleich mitgebracht? Der Sarg kommt nicht in die Stube. Der riecht ja nach Kampfer. Das macht doch impotent. Den kannst du gleich in den Lagerraum tragen. Laß dir vom Steward Bettzeug geben und die Arbeit zeigen!«

Die Kampferkiste war mir zu schwer, und ich wußte auch nicht, wo der Lagerraum war. Schlachter und Bäcker blieben an dem kleinen Tisch unter dem Bullauge sitzen und rührten keinen Finger. Der Küchenjunge Klaus half mir schließlich.

Der Steward dachte nicht daran, mich einzuweisen. Das konnte Heino, der Kajütsjunge, tun, der heute ohnehin noch den Dienst machte, den ich am nächsten Morgen antreten sollte.

Heino wies mich ein. Er sagte mir, welche Ingenieursassistenten morgens, mittags und abends geweckt werden wollten. Elektriker Schulze wollte um vier Uhr ein Glas heißes Wasser haben.

»Jeden Tag?«

»Klar, jeden Tag. Die Kopfkissenbezüge werden jeden Sonnabend gewechselt, die Bettbezüge und Laken alle vierzehn Tage. Einmal im Monat mußt du die Matratzen rausnehmen und in die Sonne legen. Kajütsjunge, Küchenjunge und Messejunge haben abwechselnd Dienst im Baderaum. Dosenmilch gibt es alle vierzehn Tage im Proviantraum. Marmelade kriegst du vom Bäcker. Butter und Brot gibt er dir morgens kurz nach sieben, auch die frischen Brötchen. Nachmittags um drei ist Ausgabe von Brotbelag für das Abendbrot und in den Tropen auch Eis. Alles klar?

Morgens um sechs Aufstehen, Kaffeekochen und Tisch für die Ingenieursassistenten decken. Anfangen, ihre Zimmer sauberzumachen. Halb acht kannst du Frühstück für dich und die Wache in der Küche holen. Um acht mußt du den Assistenten Frühstück servieren. Halb neun Backwasch.«

»Was ist denn das?«

»Weißt du nicht, was Backwasch ist? Backschaft? – Geschirr abwaschen und wegräumen. Neun Uhr zehn die Zimmer saubermachen, Teppiche rausnehmen und abbürsten, Betten machen, Wassergläser ausspülen und abtrocknen, Staubwischen und so weiter. Zehn Uhr Messingputzen. Elf Uhr Mittagstisch decken. Halb zwölf Essen servieren. Halb eins Backwasch.«

»Und wann essen *wir*?«

»Wenn wir fertig sind. Außerdem hast du von ein Uhr zehn bis drei Uhr Pause. Dann Kaffee servieren, Proviant holen, Messing putzen. Um fünf Uhr Tisch decken. Sechs Uhr Abendessen servieren. Halb sieben Backwasch. Acht Uhr zwanzig für dich und die Wache in der Küche Essen fassen. Alles klar?«

In Hongkong ging der Dritte Offizier mit mir zum Generalkonsulat, und ich musterte als Decksjunge auf dem Frachter MS »Trave« an. Am Nachmittag bekam ich Fieber, das auch noch am nächsten Tag anhielt; aber es merkte keiner, und tags darauf war es überstanden.

Wir nahmen Kurs auf Medan, das auf Sumatra liegt, kamen also in die Tropen, und es wurde warm. Wir trugen Baumwollhosen, ein Netzhemd und ein Schweißtuch, das wir um den Hals gebunden hatten und das man in der Hitze, vor allem in der Küche, ständig brauchte.

In den ersten Tagen kam ich mit meinem Programm nicht immer durch, worüber sich die Ingenieursassistenten lauthals beklagten. Eben ein Student. Geistesarbeiter. Herr Doktor. Aber kein Seemann. Nicht mal ein Seefahrer. Schon beim ersten Abendessen gab es Krach.

Ich hatte Kaffee mahlen wollen. Die Kaffeemühle war da, sie war ja auch an der Wand festgeschraubt, der Kaffee aber nicht. Ich hatte ihn in den Proviant-Wandschrank gelegt, aber vergessen, den Schlüssel abzuziehen. Jetzt war der Kaffee weg. Ich konnte mir nicht vorstellen, warum einer an Bord Kaffee stehlen sollte. Aber der Kaffee war weg.

Ich ging zum Bäcker, erzählte von meinem Unglück und bat ihn, mir Kaffee zu geben oder wenigstens zu leihen. Aber er fühlte sich als Pädagoge. Er antwortete nur ungerührt: »Morgen nachmittag bei der Proviantausgabe.«

Ich lernte. Nach ein paar Tagen war die Arbeit Routine.

Einige Schwierigkeiten hatte ich aber, als wir später im Indischen Ozean Sturm bekamen und ich mit vielen Schüsseln auf dem Tablett auf dem Weg von der Küche zur Messe drei Türen zu passieren hatte, die bei Sturm geschlossen waren, und außerdem die enge Schiffstreppe hinabsteigen mußte, die bei dem starken Wellengang ständig fiel und dann wieder emporschnellte. Doch auch das war zu lernen.

Die Ingenieursassistenten, die ich zu bedienen hatte, waren ein schwieriger Haufen. Sie sahen scheel auf die Ingenieure, weil sie selbst alles ebensogut wußten wie diese, die in weißer Tropenuniform vorsichtig in den ölstinkenden Motorenraum kamen, Sorge hatten, sich

Erwin Wickert als
»Moses« auf dem Motorschiff ›Trave‹.

schmutzig zu machen, und die lauthals Weisungen erteilten, die absolut unnötig waren.

Als ich einmal bei kräftigem Backstagswind die Fulbraß, zu Land den Abfalleimer, ganz ordnungsgemäß über Bord kippte, rutschte ich elegant aus, der Eimer flog über Bord, der Inhalt aber nicht ganz; einige Spritzer, eigentlich nicht der Rede wert, wehten zurück und mir und dem Mann hinter mir auf die Jacke. Und das war der Erste Ingenieur in weißer Tropenuniform.

Beim Abendessen der Assistenten wurde von nichts anderem gesprochen. Sie waren wie die Kinder.

Die Stewards waren von allen geächtet, und Bruno der Schlachter machte mir das schon am ersten Tag klar: »Sie sind kein Umgang für uns, denn sie nehmen Trinkgeld, für Trinkgeld tun sie alles. Sie denken an nichts anderes. Alle Stewards auf allen Schiffen. Laß dich nicht mit ihnen blicken!«

Der Koch Bruno wurde an Bord nur der Schlachter genannt. Er und der Bäcker Heinz, die beiden Kochsmaaten also, waren geachtete und wichtige Persönlichkeiten. Alle waren höflich zu ihnen, weil man von ihnen auch zu ungewöhnlichen Zeiten, nach Feierabend etwa, ein Eis, eine Flasche Bier oder ein Schinkenbrot bekommen konnte – wenn man höflich fragte.

Der Schlachter Bruno war dick, reizbar, Choleriker und brutal. Dem Küchenmoses Klaus gab er öfter eins hinter seine weit abstehenden Ohren.

Das tat er bei mir zwar nicht, aber wenn er am Herd Essen ausschöpfte, und ich mit der Fleischplatte nicht schon bereitstand, hielt er den Schöpflöffel so hoch, daß das Fleisch auf die Platte klatschte und das heiße Öl mir auf die bloßen Arme spritzte. Als ich mich einmal darüber beschwerte, warf er den Schöpflöffel hinter mir her. Ein anderes Mal das große Schlachtermesser, das mich aber nicht traf, sondern zwischen meinen Beinen hindurchfuhr.

Er mochte es nicht, wenn ich abends in meiner Koje lag und etwas in mein Tagebuch schrieb. Er sah das mit tiefem Mißtrauen und sagte wütend. »Was schreibst du denn da eigentlich die ganze Zeit? Was über uns? Lies mal vor!«

Ich antwortete, das sei etwas für meine Freundin, und das eigne sich nicht zum Vorlesen. Das verstand er und ließ mich in Frieden.

Bruno war im Grunde gar nicht so übel. Er wollte mir nur zeigen, daß der Herr Student sich hier an Bord nichts herausnehmen dürfe, wo er nichts anderes als der Moses sei. Als er dann sah, daß ich mir überhaupt nichts herausnahm, wurde er friedlicher. Bald kam es so, daß wir drei den Küchenmoses Klaus rumschickten, zum Beispiel wenn wir abends um neun wieder Heißhunger bekamen und ihm Weisung erteilten, uns ein solennes Bauernfrühstück mit viel Eiern und viel Speck zu machen oder ein paar Flaschen Bier aus dem Eisschrank zu holen. Mittags mußte er uns immer pünktlich um drei aus der Siesta wecken, und wenn Landgang war – auf Sumatra, in Singapore, in Port Said, in London –, mußte er um zehn Uhr wieder an Bord sein.

Der Bäcker Heinz war ein ruhiges norddeutsches Gemüt, der geräuschlos seine Arbeit machte. Er war, wie man in seiner Heimat sagt, etwas pomadig. In Sumatra kamen mit der Ladung auch Koprakäfer an Bord, die bald überall waren: im Spind, in den Betten, in den Hosen, den Schuhen, in der Suppe, im Tabak. Heinz mischte sie seelenruhig mit in seinen Brötchenteig.

»Ach wat«, sagte er, »ob wir die nun *in* oder *auf* die Brötchen essen!«

Freunde wurden mir bald zwei Motorenreiniger, Franz Florian, früher Schneider in Mannheim, und der Plöner Schwerathlet Günther Wulff. Abends lagen wir oft bis spät in die Nacht auf der Persenning der Ladeluke, erzählten oder träumten jeder für sich in den Tropenhimmel. Franz spielte dann gerne sentimentale *Shanties* auf dem Schifferklavier.

Wir haben uns nie aus den Augen verloren: Franz, der seit Jahrzehnten in Kanada lebt, und ich berichten uns jedes Jahr zu Weihnachten, was wir im vergangenen Jahr erlebt hatten, und Günther traf ich erst im letzten Jahr wieder in Eutin, wo er Boote baut.

Es war eine lange Fahrt, und was fern in der Welt vor sich ging, wurde gleichgültig. Ich war in eine kleine Gemeinschaft eingebunden, in der jeder und alles seinen Platz und seine Zeit hatten. Ich hatte Freunde. Ich war glücklich.

Im Roten Meer war die Hitze fast unerträglich gewesen, nach Suez zogen wir uns Jacken an. Und bei Kap Finisterre kamen wir in einen schweren Sturm, der in der Biskaya noch schlimmer wurde, so daß wir wenig Fahrt machten. Das Schiff ächzte in allen Fugen, und unter der Hand wurde davon geredet, der Kapitän liege in seiner Kajüte, habe das Essen zurückgeschickt und sei seekrank.

Das ganze Schiff, alle Kajüten und Gänge, waren schon gestrichen und gewaschen. Bei mir fehlten noch zwei Räume. Alle Messingstücke mußten abgeschraubt und geputzt werden, und davon gibt es mehr, als der Laie sieht. Die Bullaugen mußten spiegelblank sein, und an den Messingrahmen dufte kein Flecken Grünspan sitzen. Ich hatte die Backbordseite zu besorgen, und der Wind kam in den letzten Tagen zwischen Rotterdam und Bremerhaven scharf von Norden, so daß er die Scheiben immer wieder mit Seewasser bespritzte. Außerdem war es kalt, und die Finger froren. Es war nun schon Februar.

Zwei Tage lagen wir wegen dichten Nebels vor dem Feuerschiff und konnten nicht in die Weser einlaufen. Radar gab es noch nicht. Die Stimmung an Bord wurde gereizt; denn die Frauen und Mädchen warteten am Pier, und die Mannschaft, die nach der Ladearbeit wieder hinausfuhr, diesmal nach Südamerika, hatte nur zwei Tage Urlaub, die ihr hier im Nebel verlorengingen.

Bruno half mir, in Bremerhaven die Kampferkiste vom Schiff zu tragen, und Franz und Günther begleiteten mich zum Seemannsamt, wo ich abmusterte und mir die Heuer auszahlen ließ.

Heimkehr

Die Eltern und Geschwister freuten sich, als sie mich wiedersahen, braungebrannt, gesund und kräftig und viel schwerer als bei der Abreise. Meine Mutter hatte Blumen auf den Tisch gestellt. Mein Vater fragte, warum ich nicht vom Lehrter Bahnhof mit der Stadtbahn bis zum Bahnhof Bellevue gefahren und dann die paar Schritte nach Hause zu Fuß gegangen sei. Das wäre doch billiger gewesen als ein Taxi. »Das stimmt«, antwortete ich, »aber mein Gepäck war zu schwer.«

Ich schleppte die geschnitzte Kampferkiste vom Flur herein. Sie war für die Eltern, und darin lagen ein chinesischer Seidenstoff für meine Schwester und ein altes, etwas verrostetes chinesisches Schwert für meinen Bruder Dieter, der damals vierzehn Jahre alt war.

Ich besuchte die alten Freunde. Der *Aktivist* lag in den letzten Zügen. Heinz Schmoll war von der Schriftleiterkonferenz im Propagandaministerium ausgeschlossen worden, weil er einige nicht genehme Artikel gebracht hatte. Er wartete auf das Verbot; es kam im Sommer.

Günther Neumann vom SS-Kameradschaftshaus hatte mir nach Tokio geschrieben, man erwarte mich spätestens zum Sommersemester 1937. Doch ich hatte ihm geantwortet, nach dem Studium in Amerika könne ich nicht mehr in Schaftstiefeln marschieren. Ich traf ihn jetzt in Berlin und versuchte es ihm zu erklären. Er meinte es gut, aber er verstand mich nicht und hielt meinen Entschluß für falsch.

Meinem Vater sagte ich, ich würde gerne in Heidelberg studieren. Ich hätte die Bücher zweier Heidelberger Professoren gelesen, bei denen ich promovieren möchte, des Philosophen Karl Jaspers und des Kunsthistorikers Hubert Schrade.

Mein Vater warf mit Recht ein, das koste aber doch Geld, während ich hier im SS-Mannschaftshaus nichts zu bezahlen brauchte. Die SS werde zur wichtigsten politischen Macht im Staat, und wer in ihren Reihen marschiere, der könne sicher sein, etwas zu werden. Ohne Mitglied einer Kampforganisation der Partei oder der Partei selbst zu sein, könne ich nichts werden.

»Das ist mir klar«, antwortete ich. »Aber es kommt auch darauf an, *was* man ›werden‹ will.«

Ich wolle jetzt frei sein und mich ganz auf das Studium und das Examen konzentrieren. Da bot er mir überraschend von sich aus einen ausreichenden Monatswechsel an, wenn ich unbedingt in Heidelberg studieren wolle. Er wünsche jedoch, daß ich in die Partei eintrete. Aber ich antwortete, das habe doch noch Zeit, bis ich mein Examen gemacht hätte.

Max Barthels Ratschläge

»Dein Vater hat aber recht«, sagte Max Barthel, als ich mit ihm eine Tour durch die Bierlokale der Friedrichstraße in Berlin unternahm. »Irgendwo mußt du eintreten.«

»Aber doch nicht gleich in die Partei«, antwortete ich. »Du bist ja auch nicht drin.«

»Mensch, mich würden die doch gar nicht nehmen! Ich habe mit Lenin und Trotzki gesprochen, Radek hat mein Gedicht ›Leningrad‹ übersetzt und mir lange Briefe geschrieben. Und außerdem brauchen die mich jetzt nicht mehr.«

Ich glaube, wenn die Partei es ihm angeboten hätte, wäre er doch eingetreten; vielleicht hätte er dann irgendwo einen Posten bekommen, so daß er nicht mehr Groschenromane hätte schreiben müssen. Es wäre für ihn keine Frage der Überzeugung, sondern allein der Zweckmäßigkeit gewesen. »Es kommt darauf an, zu überleben.« Das war die Losung unter Intellektuellen. Man hörte sie überall. Max war in der Sowjetunion ein Zyniker geworden, war ohne Scham. Wie Bert Brecht.

Und doch konnte er von einem Augenblick zum anderen in ekstatische Begeisterung geraten, dithyrambisch deklamieren, romantisch oder sentimental werden.

»Irgendwo mußt du eintreten«, sagte er. »Wenn du abseits stehst, bist du tot. Wie Barlach. Wie Nolde. Wie ich.«

»Ernst Jünger kann publizieren. Und die Gedichte Friedrich Georg Jüngers, in denen er Goebbels und das ganze ›Historiengeschmeiß‹ schwer beleidigt? Sie sind in Ernst Niekischs Widerstandsverlag erschienen. Du mußt sie lesen.«

»Du bist nicht Ernst und du bist nicht Friedrich Georg Jünger. Du bist jetzt zweiundzwanzig und fängst erst an. Das Dritte Reich wird vielleicht nicht tausend Jahre währen, aber vielleicht hundert, jedenfalls solange du lebst. Nur wenn du in irgendeiner Organisation bist, kannst du dir erlauben, auch mal den Mund aufzumachen und etwas zu schreiben, was die Partei nicht mag. Selbst ich bin organisiert.«

»Du?«

»Ich bin in der NS-Kriegsopferversorgung. Na bitte!«

Ich lachte.

»Und ich bin im Arbeitskreis ›Junges Schaffen‹ der Hitler-Jugend«, sagte ich, »aber ich weiß nicht, was das ist.«

»Das klingt aber nicht schlecht«, meinte er. »Vielleicht genügt es. Wie bist du da reingekommen?«

»Ich weiß auch nicht. Ich bekam vor meiner Abreise nach Amerika einen Brief, in dem stand, der Reichsjugendführer Baldur von Schirach habe einen Arbeitskreis ›Junges Schaffen‹ gegründet. Ihm gehörten die nachfolgend genannten jungen Schriftsteller und Künstler an.

Es waren rund fünfzig. Ich kannte nur Hans Baumann und Wolfgang Fortner, den Komponisten. Mein Name war auch darunter. Seitdem habe ich nichts mehr davon gehört.«

»Erkundigen!« sagte Max Barthel. »Die wollen Talente in ihren Reihen sammeln. Vielleicht genügt die Verbindung zur HJ.«

Fritz Helke hatte »Brandenburgische Geschichten« und »Preußische Erzählungen« geschrieben. Er war auch in der Mark Brandenburg geboren.

»Ich bin, wie mein Großvater, ein liberaler Preuße«, sagte ich.

»Liberaler Preuße klingt in meinen Ohren gut«, sagte Fritz Helke dazu. »Mein Lieblingsschriftsteller ist Theodor Fontane.«

»Meiner auch«, sagte ich. »Fontane und Thomas Mann.«

Er trug die Hitler-Jugend-Uniform mit viel Gold auf den Schultern. Er war Oberbannführer in der Reichsjugendführung, ein recht hoher Rang, und dort für »Schrifttum« verantwortlich.

Wir verstanden uns. Auf meine Frage sagte er, soviel er wisse, habe der HJ-Mann Hermann Roth aus dem Berliner Funkhaus, ein Siebenbürger, mich für den Arbeitskreis »Junges Schaffen« nominiert. Bisher sei der Kreis noch nie zusammengekommen, aber vielleicht demnächst.

Ich erzählte von Amerika und Ostasien, und er schlug mir sofort vor, darüber ein Buch zu schreiben. Er werde gleich mit einem jungen Leipziger Verlag, den er kenne, Kontakt aufnehmen. Mir schien nach diesem Gespräch, es genüge durchaus, dem Arbeitskreis »Junges Schaffen« der Reichsjugendführung anzugehören, und es sei unnötig, in die HJ oder eine andere Parteiorganisation einzutreten.

Heidelberg

An der Bergstraße standen schon die Kirschbäume weiß und weißrosa in voller Blüte. Es war ein milder Frühlingstag, als der Zug in den alten Bahnhof einfuhr. Ich ging durch seine schönen Rotsandstein-Arkaden zur Alten Universität und gab dort mein Studienbuch ab, um meine Immatrikulation zu beantragen, suchte mir eine Bude und fand sie gleich ein paar Schritte weiter in der Hauptstraße 160. Das war damals, als im Sommersemester 1937 an der Universität nur 2024 Studenten eingeschrieben waren, nicht so schwer wie heute.

Dann ging ich über die Alte Brücke die Hirschgasse hinauf zum Philosophenweg. Auch hier blühten schon rosa und rosa-weiß die Mandel- und Kirschbäume. Ich blieb in der Hölderlin-Anlage stehen, las sein Heidelberg-Gedicht, das dort in Stein eingegraben ist: konventionelle, erhaben dahertrabende Verse, die Anmut und Schönheit der Stadt und Landschaft nennen, aber uns nicht lebendig vor Augen stellen.

Vor mir lagen in leichtem Dunst der Neckar, Heidelberg, die Stadt, das Schloß und darüber der Königstuhl und der Himmel. Später habe ich noch oft – ich weiß nicht, wie oft – da oben gestanden, bezaubert von diesem fünfstimmigen Akkord – Neckar, Stadt, Schloß, Königstuhl und Himmel –, der oft mit Licht, Wolken und Nebel wechselte: Wenn etwa Dunst über dem Neckar und der Stadt lag und Schloß und Berg allein über ihm sichtbar waren oder wenn Nebel das Schloß verhüllte, die Sonne aber auf die alte Neckarbrücke und die Molkenkur über dem Schloß schien, oder wenn die Abendsonne über dieser idealen Landschaft lag und man bis weit in die Rheinebene blicken konnte.

In Heidelberg regnet es zwar immer, jeder weiß es, aber die Heidelberger leugnen es: Nun, jedenfalls regnet es oft, niemand wird das zu bestreiten wagen; aber ich kann mich, wenn ich zurückdenke, kaum daran erinnern. In meiner Erinnerung ist dort immer Sonne; Sonne im Frühling, Sommer und Herbst. Gab es auch unwirtliche Wintertage? Ich kann mich ihrer nicht entsinnen.

Ich kam am 1. April 1937 an. In den ersten zehn Tagen schon traf ich die Menschen, die mein Leben, mein Handeln und Denken zutiefst lenken und bestimmen sollten und deren Hand oder Geist ich auch heute noch spüre. Es waren drei. Die beiden ersten sind meine Lehrer Hubert Schrade und Karl Jaspers.

Die spärliche Bibliothek des Verkehrsbüros der Deutschen Reichsbahn in New York enthielt ein Buch über die Berliner Museen. Auf der Seite, die ich aufschlug, sah mich August Gauls »Menschenaffe« an. Schon als Schüler konnte ich im Eingang der Nationalgalerie nie an dieser Skulptur, August Gauls letztem Werk, vorbeigehen, ohne innezuhalten und es anzusehen. Sein Schüler Max Esser hatte mir erzählt, wie er es, als August Gaul den Meißel schon nicht mehr führen konnte, vor seinen Augen vollenden mußte.

Der riesige Affe, noch Tier, noch ohne Bewußtsein, aber auf dem Weg zum Menschen. Wußte er schon? Ahnte er schon, wohin der Weg einmal führen würde?

Mir wird immer bange, wenn ich diese Tiere ansehe, sagte Goethe am 26. Februar 1824 zu Eckermann über die Tierdarstellungen von Johann Heinrich Roos. »Das Beschränkte, Dumpfe, Träumende, Gähnende ihres Zustandes zieht mich in das Mitgefühl desselben hinein; man fürchtet zum Tier zu werden und möchte fast glauben, der Künstler sei selber eins gewesen.

In Gauls »Menschenaffen« sah ich eine dämonische, der luziden, hellen Vernunft fremde unheimliche Kraft, die ich nicht verstand und auch mich »bange machte«, mich zugleich aber fesselte, daß ich mich nur schwer von ihr lösen konnte.

Als ich das Buch wieder in die Bibliothek einräumte, wußte ich, daß ich nicht in Philosophie, sondern in Kunstgeschichte promovieren und eine Dissertation über das Tier- und Menschenbild schreiben wollte.

Ich fragte nach meiner Rückkehr von der großen Reise bei Hubert Schrade an, ob er eine Arbeit über dieses Thema annehmen würde. Er antwortete, er könne die Frage nicht beantworten, da das entscheidende Wort in meinem Brief leider unleserlich sei. Ich wiederholte meine Frage nun in einem maschinengeschriebenen Brief, und er erwiderte, er halte das Thema für interessant. Ich solle kommen.

Ich meldete mich bei ihm im Kunsthistorischen Institut, das damals in dem Trakt zwischen dem Hauptgebäude der Neuen Universität und dem Hexenturm untergebracht war.

Er war siebenunddreißig Jahre alt; aber er sah viel älter aus, trug – was damals selten war – einen Schnurrbart in seinem großen, pferdeknochigen Gesicht und ähnelte von ferne einem Waldschrat, wie er wohl noch in den Wäldern um Alleinstein, seiner masurischen Heimat, umherstreifen mochte.

Noch in Berlin hatte ich Schrades Buch »Schicksal und Notwendigkeit der Kunst« gelesen. Da wurden ganz andere Fragen gestellt, als ich sie aus den Vorlesungen in Berlin, aus den Büchern von Dehio, Wölfflin oder Dvorak kannte. Hubert Schrade sprach von den Gefährdungen und der Krise der Kunst, beschrieb und diskutierte sie von der Inschrift an Lukas Mosers Tiefenbronner Altar (1431, »Schrî, kunst, schrî und klag dich ser, din begert jecz niemer mehr. So o we.« Inzwischen als Fälschung erkannt), von Dürer und Vasari bis zur Gegenwart. Er schrieb, es sei »nicht möglich, Nationalsozialist zu sein, kulturell aber Anschauungen zu vertreten, die sich von denen des 19. Jahrhunderts nur durch ihre Tarnung mit nationalsozialistischen Schlagworten unterscheiden.«

Das waren Gedanken, die mich neugierig machten. Was meinte er damit? Er war offenbar keiner der kunstpolitischen Phrasendrescher. Ja, von ihnen suchte er sich sogar abzusetzen.

Mich berührte seine meisterhafte Beschreibung eines Bildes, das ich oft in der Nationalgalerie gesehen hatte, doch nur als ästhetisches Bravourstück bewundert, nie so empfunden hatte, wie er es deutete: Menzels »Balkonzimmer«:

Der Wind kommt durch das Fenster, bläht die Gardinen – und spürt man ihn nicht im ganzen Zimmer? Das Licht scheint durch die Gardine, es flimmert, verstreut sich, es sammelt sich zu Streifen auf dem Boden – das wäre kein Geschehen? Und dann ist ja auch noch das Werk des tätigen Lichts, daß der Spiegel zum Spiegeln kommt, und daß die Schatten ihr Wesen treiben können. Das alles geschieht aber in der größten Stille, und je tiefer wir von ihr umfangen werden, um so geheimnisvoller erscheint uns das Geschehen, das des Menschen nicht bedarf, denn es ist ja kein menschliches Gesche hen. *Gottes* Sonne und *Gottes* Wind sind im Zimmer und wirken ihr unfaßbares Geschehen.

Hubert Schrade fragte, ob Kunst gemeinverständlich sein könne. Die meisten Museumsbesucher, die Menzels Bild sehen, »bleiben in den Vorhöfen der Würdigung stehen, in denen nur die artistische Seite des Werkes sichtbar wird... Es ist demnach ein grober Trugschluß, daß Gemeinverständlichkeit imstande sei, ein echtes und inniges Verhältnis zwischen Volk und Kunst zu schaffen.«

Das waren Gedanken, die der gängigen Kunstpropaganda keineswegs entsprachen. Ich hatte aus seinem Buch den Eindruck, daß er in allen Fragen der Kunst und Kunstgeschichte eigene Ansichten vertrat und diese durch historische Beispiele und Zitate zu belegen vermochte.

Er unterhielt sich nur kurz mit mir, als ich mich bei ihm meldete, und gab mir schon an einem der nächsten Tage in seinem Seminar über die deutsche Romantik ein Referat über Carl Gustav Carus als Maler auf.

Ich hatte, zu meiner Schande muß ich es hier gestehen, bislang noch nie von ihm gehört. In seinem Seminar waren wir acht Studenten und zwei Studentinnen. Einer der Studenten war Hermann Lenz, der uns aber im nächsten Semester schon verließ.

Außerdem hörte ich bei August Grisebach, dem anderen Ordinarius für Kunstgeschichte, einem vornehmen, leisen, älteren Herrn. Seine Vorlesung über die Architektur Venedigs, zurückhaltend, ohne Theorien, anschaulich, poetisch, lehrte mich, Architektur zu sehen. Oft verließ ihn die Sprache vor zu großer Schönheit, und er zeigte uns nur, an der Leinwand stehend, mit dem langen Zeigestock die Proportionen, die Aufteilung der Front eines Palazzo durch Fenster, Kolonnaden, Säulen und Lisenen; und wir verstanden ihn, auch ohne Worte.

Antrittsbesuch bei Karl Jaspers

Karl Jaspers las über Logik unter dem Titel »Wahrheit und Wissenschaft«. Der Hörsal 10, der größte, war bis auf den letzten Platz besetzt. Einige mußten stehen. Er trat ein, hochgewachsen, etwas vorgeneigt, grüßte mit leicht erhobener Hand, dem angedeuteten obligatorischen »Deutschen Gruß« und setzte sich hinter das Katheder. Das Auditorium begrüßte ihn mit lautem Klopfen zur ersten Vorlesung des Semesters.

Er begann sofort zu reden, frei, nur selten auf eine Notiz blickend, mit sehr hoher Stimme, die nicht weit trug, aber bis in die letzte Reihe verstanden wurde, da es im Hörsaal ganz still war. Ich verstand dennoch kein Wort seiner mir gänzlich fremden Sprache, lauschte nur dem fließenden Duktus seiner Rede, schaute nur auf das löwenhafte Haupt über den breiten Schultern – und hatte doch, als er hereinkam, bemerkt, wie schmal, fast nur eine Handspanne breit, er, von der Seite gesehen, eigentlich war.

Nach der Vorlesung ging ich über den Hof in das Seminarienhaus. Dort, im ersten Stock, über dem Zeitungslesesaal, im Philosophischen Institut hatte er Sprechstunde. Ich fragte ihn, ob ich an seinem Seminar teilnehmen könne, das, wie er am Schwarzen Brett angekündigt hatte, Kierkegaards »Krankheit zum Tode« behandeln sollte. Er antwortete, es hätten sich zwar schon zwölf Studenten angemeldet, von denen einige seit mehreren Semestern bei ihm studierten; aber ich sollte einmal nachmittags zu ihm nach Hause kommen, damit wir in Ruhe sprechen und sehen könnten, ob er mich auch noch aufnehmen könne. Er wohne hinter der Bibliothek, am Anfang der Plöck, Nummer 66.

Das kleine Bändchen 1000 der Sammlung Göschen, Jaspers' »Die geistige Situation der Zeit«, war 1931 erschienen. Reinhold Pfeil nannte es das wichtigste Buch über die Gegenwart. Ich las es als Schüler, dann als junger Student, und es bewegte mich jedesmal mehr, am meisten aber, als ich es nach der deutschen Kapitulation im Sommer 1945 wiederlas.

Ich war schon, als ich es zum erstenmal in den Händen hatte, beeindruckt von dem Mut und dem sittlichen Ernst dieses Mannes, der sich nicht damit begnügte, ein großes philosophisches Gebäude zu errichten, sondern der seine Philosophie und die daraus erwachsenden ethischen und politischen Forderungen auf die Wirklichkeit übertrug und in einem gewaltigen Rundumschlag bewies, daß weder eine soziologische Ideologie wie der Marxismus noch die Rassenlehre, noch die Psychologie ihren Anspruch aufrechterhalten konnten, den Menschen zu erkennen. Erfrischend war, wie er die Verschleierungen und

Verlogenheiten der Sprache und des Denkens der Massengesellschaft und der Ideologien aufdeckte.

Er wohnte im zweiten Stock eines kleinen, klassizistisch anmutenden Hauses aus dem 19. Jahrhundert. Seine Frau Gertrud öffnete und sagte mir, als sie mich in sein Arbeitszimmer führte, ich sollte mich möglichst kurz fassen.

Sein Arbeitszimmer war klein. Er saß an seinem Schreibtisch vor einer Bücherwand, in der ich Werkausgaben der großen Philosophen erkannte, er begrüßte mich, dabei weiten Abstand zu mir haltend. Wir setzten uns in Sessel, die neben einem kleinen Tisch standen, auch weit auseinander.

Er fragte mich, warum ich Philosophie studieren wolle. Ich erwähnte, daß ich in Berlin zwar Nicolai Hartmann gehört, aber bei ihm nicht intensiv studiert hätte, erzählte, wie stark mich Nietzsches Gedanken in meiner Jugend bewegt hatten, und von dem tiefen Eindruck von Parmenides und Plotin, die ich während meines Studiums im Dickinson College gelesen hätte. Im übrigen aber müsse ich meine Ignoranz in der Philosophie bekennen: Ich hätte zwar alles mögliche studiert, aber nichts systematisch.

Doch schon als Schüler hätte ich die »Geistige Situation der Zeit« gelesen. Dieses Buches wegen käme ich zu ihm.

»Ihr Name ist mir bekannt«, sagte er plötzlich.

Ich war überrascht und erwiderte: »In der letzten Zeit habe ich regelmäßig nur in einer Wochenschrift geschrieben, die man hier aber sicherlich nicht kennt. Sie heißt *Der Aktivist*.«

»Die meine ich. Ich habe sie abonniert.«

Ich fand das merkwürdig, denn die Auflage des *Aktivist* war klein, das Niveau der Artikel sehr unterschiedlich. Heute denke ich mir, daß Richard Benz, den ich vor Jahren um Mitarbeit gebeten hatte, ihn vielleicht auf unsere Zeitschrift aufmerksam gemacht hatte.

»Wir haben Mangel an Mitarbeitern, weil wir keine Honorare zahlen. Wir stehlen uns oft die Artikel aus ausländischen Blättern. In der letzten Nummer zum Beispiel habe ich einen aus dem *Reader's Digest* übersetzt, der die Faszination brennender Scheunen oder Häuser auf die Menschen schildert. Er war sicher unreflektiert.«

»Nein, das war er nicht. Ich habe ihn gelesen«, antwortete Jaspers. »Er schilderte bildhaft und eindringlich die Lust des Menschen an der

Vernichtung. Der Autor wußte ja, daß seine Lust Unrecht war; dennoch konnte er sich der Faszination des Feuers und der Zerstörung nicht entziehen.«

Er fragte mich nach dem Studium in den Vereinigten Staaten, meiner Ansicht über die Lage in Ostasien, und mir schien, als höre er, was ich berichtete, gerne und mit Zustimmung.

Wir waren mitten im Gespräch, als Frau Jaspers kam und sagte, es sei jetzt Zeit.

Wir standen auf, und er verabschiedete sich von mir mit den Worten: »Also morgen im Seminar!«

Anders als in der Vorlesung hatte ich hier in seiner Wohnung jedes seiner Worte durchaus verstanden.

Das Abenteuer

»Das Abenteuer« stand über dem Leitartikel auf der ersten Seite der Sonntagsausgabe der *Deutschen Allgemeinen Zeitung* vom 4. April. Ich hatte sie am Zeitungskiosk vor der Hauptpost am Heidelberger Bahnhof gesehen und gekauft. Geschrieben hatte den Leitartikel Bruno E. Werner, der Feuilletonredakteur der Zeitung.

Er beschrieb in seinem Artikel meine Reisen in den Vereinigten Staaten und Ostasien. Die Fahrten als Blinder Passagier auf Güterzügen schienen großen Eindruck auf ihn gemacht zu haben.

Er hatte sich den Wind um die Ohren blasen lassen und saß nun strahlend und frisch vor uns mit der inneren Sicherheit, die das überstandene Abenteuer und die errungene Selbständigkeit verleiht, und freute sich auf die neue ruhige Arbeit an der Universität. Das sind zwei Jahre Abenteuer, wie sie jeden jungen, frischen Menschen als geheimen Traum und Wunschvorstellung begleiten. Aber... wir glauben fast, daß die Finger der Hände genügen, um die Zahl derjenigen anzuzeigen, die alljährlich zu einem solchen Abenteuer die geordneten Gleise des deutschen Lebens verlassen. Wichtig ist es, ob aus der Jugend noch Männer hervorgehen können, die sich einmal – ohne daß ihnen der Staat oder ein Vorgesetzter die Verantwortung abnimmt, ohne daß sie sich in die Geborgenheit eines Mengenschicksals retten können – nur auf sich selbst gestellt, mit dem ihnen innewohnenden Trieb zur Romantik und zum Abenteuer praktisch auseinandersetzen können.

Der Staat wolle zwar den latenten Abenteurerwillen der Jugend, in der Hitler-Jugend zum Beispiel, erfassen. Dann jedoch »steht er nicht mehr bei seinem Abenteuer allein gegenüber Gott und der Welt, wo er sich nun behaupten muß.«

Bevor ich nach Heidelberg fuhr, hatte ich Bruno E. Werner besucht und gefragt, ob er noch mehr Artikel über meine Beobachtungen und Erlebnisse in Ostasien und den Vereinigten Staaten haben wolle. Er bat mich darum.

Ich hatte schon von Amerika gelegentlich für ihn geschrieben, war aber jetzt froh, daß er mir generell Platz in seinem Feuilleton anbot; denn der *Aktivist* war eine Art *Hyde Park Corner* zorniger, junger Studenten, wo man auch unkonventionelle Gedanken verbreiten konnte; aber so ganz ernst wurde die Zeitschrift nicht genommen, selbst im Propagandaministerium hatte man kritische Artikel und Frechheiten lange übersehen.

Ich suchte einen Ort, von dem aus ich eine weitere literarische Öffentlichkeit erreichen konnte. Die *Deutsche Allgemeine Zeitung*, aus Bismarcks »Kanzlerblatt«, der *Norddeutschen Allgemeinen* hervorgegangen, war nach dem Untergang des *Berliner Tageblatts* neben der *Frankfurter* die einzige große überregionale Zeitung, die sich bis zum Kriege eine gewisse Unabhängigkeit erhalten konnte.

Sie war wegen ihrer kritischen Haltung zu Anfang des »Dritten Reichs« von Hitler drei Monate lang verboten gewesen und hat einen harten Kampf mit dem Propagandaministerium und der Partei ausfechten müssen.

Ihr Chefredakteur, Karl Silex, zog nach einem Affront von Goebbels im Jahre 1943 die Konsequenzen und übernahm als Reserveoffizier der Marine das Kommando eines Minenräumers. Er hat mir nach dem Kriege, als er Chefredakteur des neugegründeten *Heidelberger Tageblatts* war, die Stelle als Feuilletonredakteur angeboten, die ich aber ausschlug, weil ich damals Hörspiele schreiben wollte.

Bruno E. Werner war ein Herr, weltmännisch gewandt, weit gebildet, der sich gerne ein mondänes Air gab. Mitte der dreißiger Jahre gründete er eine auf teurem Glanzpapier gedruckte Monatszeitschrift für die elegante Welt: *die neue linie*. Sie war modern, forsch, wagemutig. In ihr las ich zum erstenmal von dem jungen Dirigenten Karajan, dessen Stil klarer und unromantischer sei als der Furtwänglers, dem er als Dirigent aber durchaus ebenbürtig sei.

Bruno E. Werner leitete weiterhin das Feuilleton der DAZ, bis er eines Tages zu Karl Silex ins Zimmer trat und sagte, jetzt könne er sich nur noch eine Kugel in den Kopf schießen: als er sich um den angeforderten Ariernachweis bemühte, habe er festgestellt, daß sein Vater erst für die Eheschließung die Genehmigung zur Änderung seines Namens beantragt und erhalten habe. Er sei Jude gewesen, sein Name Salinger. Mit diskreter Hilfe eines Ministerialrats im Propagandaministerium wurde das Geheimnis verhüllt.

Doch als Werner ein paar Jahre später seine arische Abstammung bis zum Jahr 1800 nachweisen sollte, wurde seine Lage schwierig. Ein halbes Jahr vor Kriegsende drohte der Zugriff der Geheimen Staatspolizei. Werner tauchte unter und irrte bis zur Kapitulation, gehetzt und gesucht, von einem Unterschlupf zum anderen durch Deutschland. Ich traf ihn nach meiner Rückkehr aus Japan Ende 1947 als Feuilletonredakteur der amerikanischen *Neuen Zeitung* in München wieder. Seine ersten Worte waren: »Es ist gut, Sie wiederzusehen. Ich glaube, politisch hat sich keiner von uns beiden etwas vorzuwerfen.«

»So scheint es mir auch manchmal; aber was mich betrifft, will ich darüber noch etwas nachdenken.«

Der Ginkgo-Baum zu Heidelberg

Am 11. April 1937, einem sonnigen Sonntagnachmittag, schlenderte ich durch den Schloßpark in Heidelberg. Ich war allein.

Von den rückwärtigen Terrassen hörte ich Musik aus einem Café. Es war das Schloßparkkasino, und Sonntag nachmittags war dort Tanztee. Ich ging hinein, bestellte einen Kaffee und sah mich um. Es saß an den Tischen der näheren und weiteren Umgebung nur eine junge Dame, die mir bemerkenswert erschien; doch sobald ein neuer Tanz begann, war schon ein wohlgekämmter und elegant gekleideter junger Mann zur Stelle und forderte sie zum Tanz auf.

Es gelang mir jedoch, ihm bei einem Tanz zuvorzukommen. Die junge Dame sagte, sie habe eigentlich gerade gehen wollen; aber sie tanzte dennoch diesen und den nächsten und auch den übernächsten Tanz mit mir; und dann durfte ich sie hinab in die Stadt begleiten. Wir kamen an dem Ginkgo-Baum vorbei, der entwicklungsgeschichtlich zwischen Nadel- und Laubbaum steht. Ich zitierte die beiden ersten, mir damals noch einigermaßen gegenwärtigen Strophen von Goethes Gedicht:

Dieses Baums Blatt, der von Osten
Meinem Garten anvertraut,
Gibt geheimen Sinn zu kosten,
Wie's den Wissenden erbaut.

Ist es ein lebendig Wesen,
Das sich in sich selbst getrennt,
Sind es zwei, die sich erlesen,
Daß man sie als Eines kennt?

Ich pflückte und überreichte ihr ein zweigeteiltes und doch zusammengehörendes Blatt des Baums, und wir gingen den Schloßberg hinab. Ich erfuhr, daß sie, wie auch ich, am 1. April nach Heidelberg gekommen war und daß sie jetzt Röntgenassistentin im Samariterhaus der Universitätskliniken sei, wo sie Krebspatienten bestrahlte. Als wir an der Hauptpost vorbeikamen, erzählte ich ihr von Bruno E. Werners Leitartikel, der im Zeitungskiosk leider nicht mehr aushing. Sie ließ aber nicht erkennen, daß dies auch nur den geringsten Eindruck auf sie machte.

Vor dem Eingang zum Samariterhaus schrieb sie mir auf die Rückseite eines Briefumschlags ihren Namen und auf meine Bitte hin auch ihre Telefonnummer. Sie hieß Ingeborg. Es war nicht zuletzt ihre offene, klare und schöne Schrift, die mich bewog, sie schon ein paar Tage später anzurufen und mich mit ihr zu verabreden. Am selben Abend hatte sie keine Zeit, aber am nächsten.

Erst viel später gestand sie, daß sie sich im Schloßparkkasino für diesen Abend mit dem feinen Pinkel, ihrem ersten Tänzer, verabredet hatte und daß es auch nicht bei diesem einen Treffen geblieben war. Ich war entsetzt.

Er hieß Weber, erhielt von seinem Vater einen Monatswechsel von zweihundertfünfzig Reichsmark, doppelt soviel wie ich, und konnte sie deshalb immer in die feinsten Cafés und Weinstuben einladen. Mit der Zeit kam alles raus.

Doch es kam noch schlimmer. Als wir vierzehn Tage darauf mit einigen meiner neuen Freunde und Kommilitonen ihren 21. Geburtstag in einer hübschen, kleinen Bierstube feierten, wollte einer dieser »Freunde« mit ihr aufs Schloß gehen und die Stadt bei Mondschein betrachten. Um diese Zeit, um elf Uhr nachts! Ich habe diesen Freund nie wiedergesehen, aber ich weiß noch heute, wie er hieß. Er hieß Blahut und war Österreicher. Sie hielt seinen Gedanken eine ganze Weile für durchaus erwägenswert, und meine Gegenvorstellungen wollte sie gar nicht gelten lassen, ja, sie hörte überhaupt nicht hin.

Dabei war sie doch in der Schule der Ursulinen zu Köln streng katholisch erzogen worden. Übertrieben streng und ganz unzeitgemäß, wie ich schon hatte feststellen müssen. Vorstellungen wie im vorigen Jahrhundert.

Sie ging dann doch nicht aufs Schloß.

Immerhin machte Bruno E. Werners Leitartikel, den ich ihr natürlich bei erster Gelegenheit zu lesen gegeben hatte, schließlich doch den erwünschten Eindruck. Oder was war es sonst, das sie bewog, ihre Verabredungen mit dem eleganten Herrn Weber einzuschränken, bald ganz aufzugeben und nur noch Zeit für mich zu haben?

Es verging kein Tag mehr, an dem wir uns nicht trafen. Wir konnten es einfach nicht ertragen, uns einen ganzen Tag nicht zu sehen. Selbst in ihrer Mittagspause mußten wir miteinander telefonieren.

In den Seminaren

Hermann Lenz, der Erzähler, behauptet, als Hubert Schrade uns im ersten Romantik-Seminar eine Bleistiftzeichnung Goethes vorführte, hätte ich gesagt, sie sei künstlerisch völlig belanglos. Schrade sei über dieses vorlaute, naseweise Urteil sehr verstimmt gewesen.

Sicher mit Recht. Denn ich lernte erst bei ihm, Bilder zu sehen; erkannte erst bei ihm, daß man viele Bilder erst verstand, wenn man beschrieben und mit Namen genannt hatte, was zu sehen war.

Mein Referat über Carl Gustav Carus war ein Mißerfolg, gelinde gesagt. Ich würzte es, wie ich es im Dickinson College gelernt hatte, einleitend mit munteren Sprüchen, die das kleine Auditorium zum Lachen brachten. Hubert Schrade hörte sich das aber nur einige Minuten an, und bevor ich zu Carus' Bildern und dem Ernst meiner Darstellung kam, übernahm er selbst das Referat.

Im Seminar von Karl Jaspers brauchte ich kein Referat zu übernehmen; es hatten sich schon so viele von den alten Schülern gemeldet, darunter auch Ludwig Giesz, der nach dem Kriege im selben Gebäude Philosophie lehrte und später einer meiner besten Freunde wurde.

Einer der Seminarteilnehmer war blind und wurde von einer Freundin geführt. Er sprach nie.

Jaspers war sehr empfindlich, wenn einer der Studenten zu spät in seine Vorlesung kam. Dann unterbrach er seine Rede, bis der Störenfried sich gesetzt hatte. Aber noch schlimmer war es, wenn ein Hörer vor der Pause den Hörsaal verließ.

Der Blinde, dessen Name mir entfallen ist, tat es einmal im Seminar. Er stand plötzlich auf, wandte sich Jaspers zu, verbeugte sich und ging eilends, geführt von der Begleiterin, mit dem Blindenstock aufstoßend, hinaus. Jaspers blickte ihm erstaunt nach, hielt in seinem Vortrag kurz inne – er pflegte die ihm wichtig erscheinenden Teile der Referate seiner Studenten vorzulesen und zu kommentieren –, fuhr dann aber fort, weil er vermutete, der Blinde verlasse das Seminar aus einem triftigen, vielleicht mit seiner Blindheit zusammenhängenden Grund.

Dem war aber nicht so. Er gehörte nur zu dem kleinen und exklusiven »Donnerklub«, dessen Mitglieder bei dem ersten in Heidelberg zu hörenden Donnerschlag unverzüglich jede Beschäftigung zu unterbrechen und sich in der Gastwirtschaft »Zum Schwanen« zu versammeln hatten. Der Letzte zahlte die Runde.

Auf das Seminar war ich in keiner Weise vorbereitet. Vergeblich suchte ich zu verstehen, was Kierkegaard meinte, wenn er sagte: »Das Selbst ist ein Verhältnis, das sich zu sich selbst verhält; oder ist das im Verhältnis, daß das Verhältnis sich zu sich selbst verhält; also nicht das Verhältnis, sondern daß das Verhältnis sich zu sich selbst verhält.« Ich weiß heute noch nicht, was Kierkegaard damit eigentlich meinte. Den anderen aber bereiteten solche Worte nicht die geringsten Schwierigkeiten.

Sie rückten Kierkegaards Buch über die »Krankheit zum Tode« mit den Begriffen von Jaspers' Existenzphilosophie zu Leibe. Worte wie Grenzsituation, das Sein des Umgreifenden, die Chiffren des Seins, Existenzerhellung und Möglichkeiten der Kommunikation kamen wie geölt über ihre Lippen. Ich mochte die Art nicht, in der die meisten, sobald sie im Seminar das Wort ergriffen, sich nicht mehr ihrer eigenen Sprache bedienten, sondern die Terminologie des Meisters benutzten und damit seinen Beifall suchten; ihn oft, wie mir schien, auch fanden. Sie liefen Schlittschuh und drehten geläufig ihre Pirouetten mit seinen Begriffen, die bei ihm neu und selbsterfahren klangen, bei ihnen aber zu einem Jargon geworden waren.

Nie, das wurde mir klar, würde ich mit gleicher Beredtheit und Unbetroffenheit über diese Fragen sprechen können.

Ich war niedergeschlagen, denn alle anderen wußten viel mehr. Wenn ich mit meinen neuen kunsthistorischen Freunden Hans Fegers und Matthias Schrecklinger im Café Scheu saß und sie Schrades letzte Vorlesung kritisierten, konnte ich überhaupt nicht mitreden. Die ersten beiden Semester in Berlin hatte ich überall in den Vorlesungen der philosophischen Fakultät herumgehört, hatte aber nie ernsthaft ein Fach, nie auf ein Ziel hin studiert. Im Dickinson College hatte ich *The American Way of Life* studiert, das heißt alles und nichts. Volkswirtschaft und Politische Wissenschaften waren meine Hauptfächer gewesen.

Mein ganzes Studium bisher war ein abenteuerliches Umherschweifen in den Wissenschaften gewesen. Ohne Ernst.

»Ich bin nur durch die Welt gerannt,
Ein jed' Gelüst ergriff ich bei den Haaren,
Was nicht genügte, ließ ich fahren,
Was mir entwischte, ließ ich ziehn.

Der große Katzenjammer: Ich war jetzt in meinem fünften Semester, hatte großspurig ein Thema für die Dissertation angemeldet; aber was wußte ich von Kunstgeschichte? Gar nichts. Wie lange wollte ich denn noch studieren! Die meisten Kommilitonen promovierten im neunten oder zehnten Semester. Hans Fegers war schon im elften, und wir alle zogen ihn auf, weil er es mit seinem Phlegma wohl auch im zwölften nicht schaffen würde.

Soviel Zeit glaubte ich nicht zu haben. Ich begann nun systematisch zu arbeiten, nahm mir Dehios deutsche Kunstgeschichte vor, machte Auszüge, lernte Kunstgeschichtszahlen, zeichnete die Grundrisse der wichtigsten Kirchen und prägte sie mir auf diese Weise ein. Doch da mein monatlicher Wechsel nicht reichte, ich zudem meine Freundin und Geliebte abends ausführen wollte, mußte ich Artikel schreiben: kurze Geschichten, längere Geschichten, Berichte über amerikanische Erziehung, Negerfilme, Arbeiterfragen. Ich schrieb für die *Berliner Börsenzeitung*, die *Deutsche Allgemeine Zeitung* und verschiedene Rundfunksender. Allmählich, wenn auch immer zu spät, kamen die ersten Honorare. Der *Aktivist* stellte im Juni auf amtliche Anordnung sein Erscheinen ein.

Ernst-Lothar von Knorr war »entartet«

Ich hatte ihn durch Max Barthel kennengelernt, als ich in der Büchergilde Gutenberg volontierte. Er war völlig anders als Max. Er ging, hielt sich und handelte wie ein Herr, vornehm und mit stiller Verachtung für alle, die vorgaben mehr zu sein, als sie waren. Er gab sich nicht wie ein Künstler. Man hätte ihn, in anderem Kostüm, für einen großen skeptisch-ironisch-stoischen Nobelmann des 18. Jahrhunderts halten können.

Er wohnte in einem bescheidenen Haus am Waldhüterpfad in Berlin-Zehlendorf, war an die fünfzehn Jahre älter als ich, wurde mir aber bald ein väterlicher Freund. Er und seine Frau halfen mir oft mit gutem Rat, wenn ich vor schwierigen Entscheidungen stand.

Das Wehrkreiskommando hatte mich aufgefordert, zur Musterung zu kommen. Ernst-Lothar kannte meine Abneigung gegen den Wehrdienst, teilte sie auch. Er riet mir, Aufschub bis zur Dissertation zu verlangen. Dann könne man weitersehen. Vielleicht sei dann der ganze Spuk überhaupt vorbei.

Jahre später erinnerte er mich daran, wie ich bei meiner Rückkehr aus den USA und Fernost von den Verhältnissen »und dem ganzen Nazi-Spuk« bei uns angewidert war.

Das war ich auch, aber das waren damals so viele meiner Bekannten und Freunde, eigentlich alle, daß ich meinte, es werde alles nicht mehr lange dauern. Das erwartete damals auch Ernst-Lothar von Knorr. Wir verkannten die Situation völlig, weil wir nur nach dem urteilten, was unter kritischen Intellektuellen geredet wurde.

Die Gewerkschaften hatten ihm öfter Aufträge für Festmusiken und Kantaten zu ihren Kongressen sowie für Lieder gegeben. Wer das heute liest, wird meinen, hier irre der Autor wohl. Er irrt nicht. Die Gewerkschaften glaubten damals, auch eine kulturelle Aufgabe zu haben und nicht nur die, mehr Lohn und Arbeitszeitverkürzungen mit vollem Lohnausgleich zu fordern.

Doch nicht seine Verbindung zu den Gewerkschaften wurde Ernst-Lothar von Knorr angekreidet, sondern seine Kammermusik. Sie wurde Mitte der dreißiger Jahre für entartet erklärt. Unter anderem wurde eine Sonate für Klavier und Saxophon beanstandet, dieses Musikinstrument des dekadenten amerikanischen »Nigger-Jazz«.

Er meldete sich zum Militär, weil er da vor Angriffen einigermaßen sicher war. Er erhielt eine Aufgabe in einer Musik-Abteilung im Oberkommando der Wehrmacht. Doch er litt sehr in der Gesellschaft der stupiden Heeresmusiker, die sich zum Beispiel darüber mokierten, daß er zu Hause einen Schreibtisch hatte und noch nach Dienstschluß daran arbeitete. Er schrieb weiter Kammermusiken und sandte mir einmal unerwartet die Vertonung eines meiner Gedichte.

Sein Manuskript ist mir in einem Bombenangriff verbrannt. Ihn hat es viel schlimmer getroffen: Alles, was er in den Jahren bis 1945 geschrieben hatte, hundertundsechzig Manuskripte, ging, obwohl an verschiedenen Vororten ausgelagert, in den zwanzig Minuten eines Luftangriffs auf den Raum Frankfurt verloren.

Die Zwangsemeritierungen

In Heidelberg studierten einige junge Amerikaner. Betty Jones, die Schönheitskönigin der Universität Atlanta zum Beispiel, und Jackie, dessen Nachnamen niemand kannte. Wir hatten den Eindruck, daß er einem amerikanischen Nachrichtendienst berichtete, was uns aber nicht störte. Beide gehörten bald mit zu einem Freundeskreis, in den auch ich aufgenommen wurde.

Überraschend traf ich John Himelick wieder, der mit mir an der sozialkundlichen Exkursion nach Chicago teilgenommen hatte und der jetzt Austauschstudent in Heidelberg war.

Er hörte sich meine Klagen über die politischen Verhältnisse in Deutschland eine Weile an; dann fragte er mich brüsk, wenn mir in Deutschland offenbar nichts mehr passe, warum ich dann nicht in den Vereinigten Staaten geblieben sei. Ich antwortete: »Weil es auf euren Universitäten keine solchen Lehrer gibt wie Hubert Schrade, Karl Jaspers, Heinrich Zimmer und August Grisebach.«

Einige Wochen später, Ende Mai, als ich ihn auf der Hauptstraße vor

Karl Jaspers (1966).

der Alten Universität traf, rief er mir im Vorübergehen zu: »Hast du schon gehört? Jaspers, Grisebach und Zimmer werden gefeuert.«

»Wieso? Warum?«

»Nichtarische Frauen!«

Nein, das hatte ich noch nicht gehört. Ich glaubte es auch nicht.

Heinrich Zimmer war Indologe; aber seine Vorlesungen waren immer überfüllt, weil er auch den entlegendsten Sanskrittext in einer so lebendigen und geistreichen Weise interpretierte, uns andere Fragen eines ganz anderen Kulturkreises und andere Antworten vorstellte, um uns den abendländischen Hochmut gegenüber fremden Hochkulturen zu nehmen. Wir genossen das. Seine Frau war eine Tochter Hugo von Hofmannsthals.

Auch im Kunsthistorischen Institut hörte ich jetzt die Gerüchte. Aber es war nichts Bestimmtes zu erfahren. Die drei Betroffenen hatten selbst anscheinend auch nur Gerüchte gehört. Sie wurden, wie wir heute wissen, erst im letzten Augenblick informiert.

Im letzten Kierkegaard-Seminar sagte Jaspers nichts zu den Gerüchten, und niemand wagte, ihn danach zu fragen. Wir wußten immer noch nichts, als wir zu seiner Semesterschlußvorlesung kamen. Der Hörsaal war diesmal voller als sonst. Viele standen im Gang und eng an die Wand gedrängt.

Wenn Jaspers wirklich den Entlassungsbescheid erhalten hätte, würde er, so erwarteten wir, diese Gelegenheit zu einer großen Kritik der Zeit, zu einem philosophisch-politischen Testament nutzen, nicht nur für uns Studenten in Heidelberg, sondern für das ganze Land, und er würde der Partei und Regierung zeigen, wie sie sich in dem unerbittlichen Spiegel seiner Philosophie und Ethik ausnahmen.

Doch er hielt sich in Eiseskälte an sein Thema, die Logik. Die Spannung wuchs. Wann würde er abbrechen und etwas über sich und seine Ansicht zur Zeit sagen. Als es im Flur geklingelt hatte, fuhr er im gleichen Ton wie vorher fort: »Ich beende heute meine Vorlesungen. Die Philosophie aber wird weiterleben.«

Er stand auf und ging hinaus, wie immer, ohne sich noch einmal umzusehen.

Wir trampelten noch lange Beifall und lärmten mit den Pultdeckeln. Unser Beifall, Huldigung für ihn und Protest gegen die Entlassung, folgten ihm und hörten auch nicht auf, als er längst im Seminarienhaus sein mußte. Wir waren erschüttert über die Resignation, die aus seinen knappen letzten Worten sprach, und gingen still hinaus.

Er war für mich, für viele von uns, die große moralische Instanz. Er hatte geschwiegen. Ich konnte mir das nicht erklären. Ich war enttäuscht. Sein Wort wäre ein Manifest gewesen, das sich auch ungedruckt im ganzen Volk verbreitet hätte. Heute nehme ich an, daß er das Risiko gescheut hatte, das er damit für sich und seine Frau eingegangen wäre; daß er nicht den Mut für ein politisches Testament aufbrachte und deshalb schwieg.

Seine Sprache vom Katheder und im Seminar hatte ich zu verstehen gelernt. Der Ernst und die Unerbittlichkeit seines Fragens und seiner Antworten bewirkte, daß ich mich mancher meiner früheren leichtsinnigen Handlungen und Worte schämte. Er war für mich Mittelpunkt und Wegweiser geworden.

Das Entlassungsdokument ist erhalten. Es datiert vom 25. Juni 1937. Darin teilt der Kultusminister dem Rektor der Universität Heidelberg mit, der Herr Reichsstatthalter habe »im Zuge von Maßnahmen gegen jüdisch versippte Hochschullehrer« den ordentlichen Professor der Philosophie Dr. Karl Theodor Jaspers in den Ruhestand versetzt.

Im nächsten Semester wohnte ich in der Plöck 56, nur wenige Häuser von seinem entfernt. Ich traf ihn oft, und als er einmal in seinem schwarzen, wie ein Umhang wirkenden Mantel groß und hager aus der Buchhandlung Ziehank kam, begleitete ich ihn nach Hause.

Ich fragte ihn nun geradeheraus, warum er in seiner letzten Vorlesungsstunde uns nicht eine große, zusammenfassende Kritik der Zeit gegeben habe. Er sah mich erstaunt an und sagte streng und zurechtweisend:

»Sie kennen doch meinen Standpunkt. Ich habe ihn in meiner Philosophie und allen meinen Vorlesungen so klar und deutlich gemacht, daß jeder sehen kann, wie ich über diese Zeit denke.«

Liebe, Freunde, Studium

Das wichtigste in diesem Sommersemester war die Liebe.

Danach kamen die Freunde.

Wir waren etwa ein Dutzend Kunsthistoriker. Ältestes Semester war Hans Fegers, der so viel wußte, daß er, wenn er von einem Bild sprach, immer gleich das Entstehungsdatum und Format hinzufügte. Er wußte alles, aber er traute sich immer noch nicht zur Promotion; in seiner Dissertation warf er immer wieder alles um, baute es neu auf und feilte und feilte.

Und Matthias Schrecklinger aus Trier! Von hoher Intelligenz, der sich nicht überarbeitete, sondern beschlossen hatte, sich zurückzulehnen und das vorbeifließende Leben zu genießen und es mit ironischen Glanzlichtern zu versehen, zu lesen und, wenn es ihn ankam, zu malen: Er war früh weise und ein Mensch wie von dem damals viel gelesenen Flamen Felix Timmermans erdichtet.

Und die Runde von Freunden aus anderen Fakultäten, darunter die Juristen: Ulrich Meister, Heinrich König und Hanns-Martin Schleyer, der Philosoph Willy Kunz, der Komponist Karl Michael Komma. Andreas war Reichsstudentenführer gewesen, aber wegen angeblicher Fahrerflucht abgesetzt und zu einem halben Jahr Gefängnis verurteilt worden, das er in Mannheim absaß. So streng konnte die Partei gelegentlich sein, wenn einer der höheren Parteiführer einen anderen auf Andreas' Posten sehen wollte. Wir besorgten ihm die Fachbücher, und einer brachte sie ihm in die Zelle, in der er in aller Ruhe und ohne Ablenkung durch uns seine Dissertation schreiben konnte.

Als ich vom nächsten Semester an mein Studium selbst finanzierte, gewährte mir Hans Öchsle, der Leiter des Studentenwerks, ein Stipendium von 60 Mensa-Essensmarken monatlich. Ein Mittag- oder Abendessen in der Mensa kostete 60 Pfennige. Es war nicht berühmt. Ich verkaufte deshalb die Marken billiger und aß statt dessen mit Hans Fegers und Matthias Schrecklinger im »Ritter«, dem alten Renaissancebau gegenüber der Heilig-Geist-Kirche, wo wir für das Mittagessen im Abonnement 1.10 Reichsmark zahlten. Abendbrot aß ich bei der Geliebten in ihrem Zimmer des Samariterhauses. Sie war natürlich, ebenso wie Matthias' Braut Edith, in unseren Freundeskreis einbezogen.

Jackie und Betty, die Schöne aus Atlanta, gehörten auch dazu. Nach dem Mittagessen trafen wir uns an unserem Stammplatz im Storchennest des Café Scheu und übten harte Kritik an den Tagesereignissen und den Professoren.

Wir waren absolut respektlos. Doch eine Kritik an Karl Jaspers habe ich nie gehört: Seine Zwangsemeritierung sowie die der anderen Professoren fand bei niemandem von uns Zustimmung. Auch nicht bei denen, die sich zum Nationalsozialismus bekannten. Davon gab es einige, es waren lautere und wohlmeinende Kommilitonen. Wenn auch unsere politischen Ansichten oft verschieden waren, unsere Kritik an den Zuständen war einhellig scharf; wir waren alle überzeugt, daß wir ein anderes, besseres Deutschland schaffen müßten.

Als ich mit dem Motorschiff »Trave« nach Deutschland zurückkam, glaubte ich, das Regime sei instabil; jetzt aber lernte ich in diesem politisch wachen Kreis, daß es nicht möglich war, Hitler und sein festgefügtes, durch überall spürbare Sicherheitsmaßnahmen unverwundbares Regime in einer Zeit zu stürzen, in der er einen außenpolitischen Erfolg nach dem anderen verzeichnen konnte, wo jeder Arbeit hatte und wo die Mehrheit des Volkes ihn wählte, verehrte, ja, anbetete.

Dennoch war unsere Kritik scharf. Doch nie hat einer aus unserer Runde einen anderen verpfiffen oder seine Kritik an Partei und Regierung übelgenommen und sich nicht mehr mit ihm vertragen.

Einer von uns, ein Bannführer der Hitler-Jugend aus der Pfalz, erzählte uns einmal voller Empörung, und daß alle Gäste es hören konnten, sein Bruder, ein SS-Mann, habe gesehen oder von Augenzeugen gehört, daß ein SS-Mann im Konzentrationslager Oranienburg, der mit einer Gruppe von Häftlingen zur Kartoffelernte aufs Feld gegangen war, einen Häftling erschossen hatte, der nur hinter einen Strauch gegangen war, um dort seine Notdurft zu verrichten. Der Vorfall habe für den schießwütigen Bewacher überhaupt keine Folgen gehabt. Es sei nicht einmal eine Untersuchung angeordnet worden.

Unser Freund, der das erzählte, studierte Jura. Er war sehr aufgeregt, und wir alle waren entsetzt, daß so etwas vorkommen konnte. In der Sowjetunion – ja. Aber bei uns?

Das war im Jahr 1938. Sicher: Man hörte, daß sich schlimme Dinge im Dunkeln ereigneten; aber wenn man nachforschte, war nie etwas Konkretes zu erfahren. Grausamkeiten an Gegnern des Regimes und an Juden wurden geheimgehalten. Selbst die Opfer wagten nicht, anderen davon zu erzählen. Außerdem war Heidelberg schon damals Provinz.

Dennoch finde ich es heute erstaunlich, daß wir zwar die Außenpolitik, die Kulturpolitik, die Propaganda und überhaupt alles heftig kritisierten, von diesen unheimlichen Dingen aber so wenig wußten, daß uns diese Nachricht aus dem Konzentrationslager ganz aus dem Gleichgewicht bringen konnte. Das Schlimmste war für uns, daß dem SS-Bewacher überhaupt nichts passierte und daß seine vorgesetzte Behörde den Mord ignorierte. Was war denn das für ein Land, in dem wir lebten?

Das dritte war das Studium. Unser Kreis im Kunsthistorischen Institut, in dem auch einige Damen waren, war klein. Wir lernten mit- und voneinander und hatten viel Spaß. Die beiden Professoren kannten jeden und sahen, ob man arbeitete und Fortschritte machte. Wir gingen mit Grisebach und Schrade auf Exkursionen und mit Schrade, der ja nur fünfzehn Jahre älter war, danach auch noch in Gaststätten, in denen wir lange zechten.

Kunstgeschichtliche Streitfragen, Urteile über Neuerscheinungen, die nationalsozialistische Kunstpolitik wurden lange und leidenschaftlich diskutiert, und wir ließen auch Hubert Schrades fragwürdige Ansichten zur Politik und manchmal gewagte und provokante Theorien zur Kunst nicht durchgehen. Dennoch respektierten wir ihn als Autorität wegen seiner weiter gefaßten, tieferen Kenntnisse der Kunst und seiner unerwarteten, oft ins Theologisch-Philosophische gehenden Fragen. So wurde ich eingeführt in kunsthistorisches Denken.

Frühmorgens ging ich als erstes in den kleinen Zeitungs- und Zeitschriftenlesesaal im Seminarienhaus, wo ich die *Deutsche Allgemeine*, die *Frankfurter* und die *Times* las. Das allein nahm gewöhnlich zwei Stunden in Anspruch.

Ich arbeitete für das Studium, schrieb aber nebenbei Artikel und Kurzgeschichten. Ich weiß nicht, wie es möglich war – aber es blieb dennoch Zeit für die Liebe, für Spaziergänge auf den Königstuhl und Heiligenberg, Schwimmen in der Badeanstalt von »Boots« im sicherlich schon damals nicht mehr einwandfreien Wasser des Neckars, für Freundschaften und manche abendliche Weinrunde mit den Freunden. Es war keineswegs so, daß wir, bedrückt von der politischen Lage, in den Heidelberger Jahren nur Trübsal bliesen. Wir waren trotz unserer Kritik an den Zuständen ausgelassen und fröhlich.

Von einem unserer Ausflüge sandte ich eine Ansichtskarte nach Hause, die auch sie unterschrieb.

Es war ein Semester der Liebe, der Freundschaft und endlich auch des Einstiegs in die Geschichte der Kunst und in philosophisches Denken.

Ich war glücklich, ungeachtet der unnötigen Schmerzen und Wunden, die Liebende einander zuzufügen pflegen.

Nach Semesterschluß fuhr ich mit der Bahn zurück nach Berlin. Die Trennung wurde uns beiden schwer.

Zu Hause wurde ich schon am ersten Abend verhört, wer die Dame sei, die die Postkarte unterschrieben hatte. Arisch? Evangelisch? Beruf? Beruf der Eltern? Alter?

Am nächsten Tag sagte mir mein Vater, ich sollte künftig wieder in Berlin studieren. Es sei ja auch viel billiger, wenn ich bei den Eltern wohnte. Ich erwiderte, das sei nicht möglich, weil Schrade mein Dissertationsthema schon akzeptiert hatte. Mein Vater wollte mich im Hause und unter Kontrolle haben.

Meine Mutter wußte, ohne daß ich ihr das lange zu erklären brauchte, was mich an Heidelberg band; sie suchte meinen Vater zu überreden, mir weiterhin das Studium in Heidelberg zu finanzieren. Doch sie hatte keinen Erfolg.

Ich schrieb nun jeden Tag an dem Buch über meine Erlebnisse in der Welt, das der junge Leipziger Arwed-Strauch-Verlag so bald wie möglich haben wollte.

Dem Buch gab ich den Titel »Fata Morgana über den Straßen«. Heute stört mich die großsprecherische, laute Art, mit der ich das Abenteuer für den jugendlichen Leser dramatisieren zu müssen glaubte, und überhaupt die unreife Darstellung von Menschen, die nie lebten oder lebendig waren. Was mich eigentlich in Amerika und Asien bewegt hatte, ist in dem Buch nicht zu finden.

Ende September unterrichtete ich meinen Vater, daß ich zum Semesterbeginn nach Heidelberg zurückkehren werde und keine finanzielle Unterstützung von ihm mehr erwarte. Es war ein kühler Abschied. Meiner Mutter hatte ich viel von der Geliebten erzählt. Sie hatte alles versucht, es nicht zum Bruch mit dem Vater kommen zu lassen. Sie litt sehr.

Krise

Ich war nun frei, kam wohlgemut in Heidelberg an, von der Geliebten am Bahnhof empfangen, und fand schnell ein Zimmer bei Fräulein Ellwanger in der Plöck 56, das zwar 45 Reichsmark monatlich Miete kostete, aber sonnig, ruhig, gemütlich und nicht zu klein war.

Der Verlag sandte mir das vereinbarte Vorschußhonorar. Es waren, glaube ich, siebenhundertundfünfzig Mark. Bei Erscheinen des Buches im Frühjahr sollte ich den gleichen Betrag erhalten, noch mehr bei der Aufnahme in den Jugendbuchring. Natürlich rechnete ich damit, daß das Buch glänzend gehen und die Honorare dann nur so fließen würden. Doch es war klar: Ich mußte schnell auf das Examen hinarbeiten. Ich las von früh bis spät über alle Epochen der europäischen Kunst. Hans Fegers, Matthias Schrecklinger und ich sprachen den ganzen Tag über Themen der Kunstgeschichte. Nicht nur darüber, Gott behüte, aber wir kamen doch immer wieder darauf zurück, kritisch gestimmt und diskutierend.

Philosophie hörte ich nicht mehr. Ordinarius und Nachfolger von Jaspers war Ernst Krieck, einst Volksschullehrer, der nun auch Rektor wurde. Er hatte eine völkisch-nationale, nationalsozialistische Art von Philosophie, Pädagogik und kulturpolitischen Vorstellungen entwickelt, gab die Monatszeitschrift *Volk im Werden* heraus, deren Artikel er fast alle selbst schrieb. Er starb kurz nach dem Krieg in einem amerikanischen Internierungslager.

Man hat ihn seiner Schriften wegen hart angegriffen. Sie boten in der Tat Angriffspunkte auf allen Seiten. Man hat ihn auch persönlich verunglimpft, zu Unrecht. Er war ein braver, redlich denkender Mann, der vor der Wirklichkeit des Nationalsozialismus die Augen verschlossen hatte und in einer Fantasiewelt lebte. Er half Verfolgten, auch Jaspers nach seiner Zwangsemeritierung, soweit er konnte; aber als Lehrer der Philosophie nahm ich ihn nicht ernst; es nahm ihn, soweit ich weiß, niemand wirklich ernst. Ich habe nur eine seiner Vorlesungen besucht.

Ende Januar erkältete ich mich. Der Studentenarzt Wachsmuth, Oberarzt der Universitätspoliklinik, SS-Sturmbannführer, später mein großer Wohltäter, stellte eine Lungenentzündung fest, die sich zu einer Wanderpneumonie entwickelte, einmal hier und einmal dort wieder aufflackerte, so daß ich fast sechs Wochen im Bett liegen mußte.

Als es mir etwas besser ging, fuhr ich nach Hinterzarten und mietete mich dort für eine Woche bei einem Bauern ein und ging täglich spazieren. Trotzdem war ich noch schwach auf den Beinen, als ich auf Bitte meiner Mutter zur Konfirmation meines Bruders Dieter nach Berlin fuhr, wo sich Familie und Bekannte zu einer Feier versammeln wollten und wo die Mutter eine Versöhnung des Vaters mit mir erhoffte. Auch Tante Lize kam.

Sie schrieb in ihr Tagebuch, aus dem mir ihre Erben die folgenden Eintragungen mitteilten:

> Sonntag, den 20. März 1938 – Okuli
> Von Mahlsdorf aus mit der S-Bahn bis Tiergarten. Auf dem Weg zur Kaiser-Friedrich-Gedächtniskirche Erwin getroffen, der sehr herzlich war und mich bis hin brachte, selbst aber fernblieb (hat Grippe gehabt und ist noch recht hohl). Pfarrer Eichstädt hatte die Einsegnung und sprach recht eindringlich zu den Kindern über ›Sei getreu...‹, nachdem er als D.C. Hitlers Werk gebührend gewürdigt und ihn als Muster der Treue hingestellt hatte.

D.C. war ihre Abkürzung für »Deutscher Christ«, jene Protestanten, die den Nationalsozialismus mit dem Christentum vereinbaren konnten. Sie enthielt sich eines Kommentars. Über das anschließende Zusammensein in der Familie schreibt sie:

> Wickert klagte mir sein Leid, daß wieder mit Erwin nichts anzufangen sei. Seine Krankheit sei eingebildet. Gegen des Vaters willen studiere er in Heidelberg, trotzdem er keine Unterstützung bekomme. Er halte es mit einem katholischen Mädchen und habe in Amerika ganz demokratische Ansichten angenommen. Leider haben sich Vater und Sohn nie gut verstanden.

»Demokratische Ansichten« waren in den Augen meines Vaters so verwerflich wie es heute etwa »faschistische Ansichten« wären.

Es gab keine Versöhnung.

Als ich nach Heidelberg zurückkam, war ich mit meinem Geld am Ende. Die Geliebte wollte mir etwas leihen; ich wies es zurück. Schließlich mußte ich es doch annehmen, konnte es ihr aber schon einen Monat später zurückzahlen.

Da das *Arbeitertum* die vereinbarten Honorare noch nicht gezahlt hatte, drohte ich der Arbeitsfront mit einer Klage. Darauf bekam ich das restliche Honorar, und die Artikel erschienen auch. Außerdem kam bald wieder ein Honorar vom Leipziger Verlag. Ich war vorübergehend gerettet.

Hubert Schrade und Karl Jaspers

Von Hubert Schrade spricht heute kaum mehr jemand. Es sind nur seine Schüler, soweit sie noch leben, die seiner gedenken, dankbar und mit hohem Respekt. Ende der dreißiger Jahre aber waren seine öffentlichen Vorlesungen, etwa über die Romantik, über Breughel, über Rubens in Heidelberg ein Ereignis, an dem die ganze Stadt Anteil nahm.

Er war umfassend und in einer Weise gebildet, die man auch damals nur noch selten antraf. Als er mit 34 Jahren zum ordentlichen Professor ernannt wurde, begrüßte ihn in der Philosophischen Fakultät ihr Dekan, der Altphilologe Meister, mit einer lateinischen Ansprache, auf die Hubert Schrade aus dem Stegreif in Altgriechisch antwortete.

Als er mich nach dem Krieg bei der Lektüre der »Alkestis« antraf, schüttelte er den Kopf darüber, daß ich sie in deutscher Übersetzung las. »Wenn es Aischylos wäre – gut, der ist manchmal etwas schwierig. Aber Euripides! Den liest man doch im Original!«

Den liest *man* doch im Original!

Das Verhältnis zwischen ihm und den Studenten – es waren ja nicht viel mehr als ein Dutzend – war eng, nicht gleichmäßig, versteht sich: Einige standen ihm näher als andere. Wir alle aber waren ihm eine Echowand, an der er seine Gedanken und Fragen prüfte. Er lud uns gelegentlich zu sich nach Hause ein, wo wir über Kunst, Kunstgeschichte, Wissenschaft und die Welt im allgemeinen diskutierten. Solche Abende zogen sich oft lange hin und wurden am frühen Morgen regelmäßig durch einen Kaffee mit Cognac abgeschlossen.

Er war ein trinkfester Ostpreuße. Und unsere Abendausflüge, zu denen Hans Fegers, Matthias Schrecklinger und ich ihn oft hinzuzogen, endeten ebenfalls meist erst am frühen Morgen mit Kaffee und Cognac. Wir waren – sagen wir einmal – nicht immer ganz nüchtern, wenn er um 9 Uhr c. t. seine Vorlesung begann. Aber es war selbstverständlich, daß niemand fehlte.

So kritisch wir manchmal seine Thesen beurteilten, so kritisch war er sich selbst und uns gegenüber. Wir lernten von ihm, unsere Urteile hin und her zu wenden und von allen Seiten zu betrachten, bevor wir uns festlegten.

Eine von Jaspers' bedeutenden Lehren ist die von der »liebenden Kommunikation«, die weit von dem heute gängigen Begriff der Kommunikation entfernt ist. Sie bedeutet bei ihm die innige und nur auf die Wahrheit gerichtete Verständigung zwischen zwei sich nahestehenden, ja liebenden Menschen. Dennoch waren die Momente solcher Kommunikation mit Jaspers selten. Viele haben sie überhaupt nicht erlebt und klagten über seine Kälte.

Er hielt nicht nur äußerlich Distanz, indem er Besucher immer weit von sich entfernt auf einen Sessel plazierte: Wegen seines schweren lebenslangen Leidens an Bronchiektasien mußte er jede Infektion vermeiden. Aber er gab dem Besucher oft auch das Gefühl einer inneren Distanz. Man sprach zu ihm hinauf, weil man dem Gestrengen, dem folgerichtig und nur aus seiner Philosophie lebenden und niemals von ihr abweichenden Menschen gegenübersaß.

Jaspers schrieb einmal:

In Max Weber begegnete mir nicht ein Freund. Denn zum Freund gehört das *al pari*. Er verhielt sich von sich aus der Form nach zwar völlig *al pari*, hätte nichts anderes anerkannt, aber mein Respekt vor der Größe dieses Mannes war derart, daß ich ihm gegenüber schüchtern war.

Ähnlich ging es mir auch lange mit Karl Jaspers. Nicht daß ich schüchtern war, aber ich achtete die Distanz, die er selbst, auch bei zunehmender Vertrautheit, wahrte.

Erst später, als ich wieder im Auswärtigen Dienst arbeitete und mit ihm vorwiegend über Politik sprach, in der ich mehr zu Hause war als er, änderte sich das, und wir diskutierten eher *al pari*.

Hubert Schrade jedoch praktizierte mit den jüngeren Freunden unter seinen Studenten diese »liebende Kommunikation«, in der es nicht um Rechthaben, um Sieg oder Niederlage eines Arguments oder gar um Angriffe, sondern um die Suche nach einem Resultat, ja, der Wahrheit ging. Nach dem Kriege, als wir uns oft sahen, bot er mir das Du an.

August Grisebachs Vorlesungen waren manchmal poetisch. Er liebte die Schönheit. Er zweifelte nicht an der Kunst. Hubert Schrade desto mehr. Täuschte der Künstler, der die Mimesis der Wirklichkeit in seinen Bildern wollte, nicht die Menschen, wenn sie eine auf die Nase

Hubert Schrade (1960).

eines Porträtierten täuschend echt gemalte Fliege wegscheuchen wollten? Ja, selbst Vögel, die schon nach antiken Anekdoten Bilder für wirklich nahmen und an den gemalten Trauben pickten? Waren die Künstler nicht eigentlich Betrüger, wie Thomas Mann ja auch den Dichter als fragwürdige Gestalt und trügerischen Erfinder wahrer Geschichten darstellte?

Es ist bezeichnend für Hubert Schrade, daß er nicht nur über Künstler und die »Wirklichkeit des Bildes«, sondern unter dem Pseudonym »Fritz Mendax« auch ein amüsantes Buch über die Kunstfälscher und den dubiosen Reliquienhandel des Mittelalters schrieb.

Immer wieder fragte und untersuchte er, welche Macht ein Bild hatte, daß Menschen es einmal als wundertätig verehrten und daß die Lollarden auf dem Scheiterhaufen verbrannt wurden, weil sie sich weigerten, Bilder anzubeten und ihnen Opfer darzubringen; daß die Menschen ein andermal aber in einer Bildersturm-Hysterie alle Bilder vernichteten: das, was die Bilder darstellten, und das, was sie wirklich waren.

Er hielt es für bezeichnend, daß die moderne abendländische Kunst das Gottesbild nicht mehr kennt: »In der modernen Kunst spielt selbst das Bild Christi keine sinnweisende Rolle mehr.« Er beschrieb dagegen, wie im Alten Orient das Bild des Gottes der Gott selbst war.

Wie aber sah man den Künstler, der den Gott im Bilde geschaffen hatte?

Im 18. und 19. Jahrhundert wurde die Kunst heilig, und die Kunstgalerien und Museen wurden, was Schrade auch an ihrem Bau bewies, »ästhetische Kirchen« – eine Formulierung, die die Kunstgeschichte übernommen hat.

Dies alles waren Fragen, die weit über die ästhetische oder formale Betrachtung eines Bildwerks, die Schrade freilich voraussetzte und mit der er immer begann, hinausgingen und die uns faszinierten.

Hubert Schrade starb Ende der sechziger Jahre. Ein Jahrzehnt später sprach ich mit Dolf Sternberger über ihn.

»Schrade«, sagte er, »der Nazi?«

»Das war er wohl. Eine Zeitlang. Im Grunde aber ein religiöser Mensch. Er haderte mit Gott schon in dem Gedichtband, den er in den zwanziger Jahren veröffentlicht hat. Er hatte sich vom Nationalsozialismus eine Erneuerung der nationalen Kunst erhofft – jedenfalls in den ersten Jahren nach Hitlers Machtergreifung. Dann haderte er auch mit dem Nationalsozialismus, weil er die Hoffnungen nicht erfüllte, die er auf ihn gesetzt hatte.«

Was ihn ursprünglich zum Nationalsozialismus gezogen hat, weiß ich nicht. Ich vermute, daß Auseinandersetzungen und ein Zerwürfnis mit seinem Bruder, dem Musikwissenschaftler Leo, der emigrierte, eine Rolle gespielt haben. Doch das allein wird es nicht gewesen sein.

Er glaubte an die Nation und an eine nationale Kunst der Völker, und er meinte, daß wir als Deutsche uns eher in der deutschen Kunst wiederfinden könnten als in einer Weltkunst, einer Allerweltskunst, wie sie zum Beispiel von Harry Graf Keßler oder Meier-Graefe und überhaupt vom Kunstmarkt gewünscht wurde. Die nur ästhetische Betrachtung eines Kunstwerks, die *l'art-pour-l'art*-Forderung, der Hinweis auf »künstlerische Qualität« (Karl Scheffler) schienen ihm zu flach zu sein und die wesentlichen Fragen an das »Werk des Künstlers« – wie eine von ihm herausgegebene Zeitschrift hieß – zu ignorieren.

Er hielt es für notwendig, um uns selbst zu erkennen, die großen Epochen unserer Malerei in der Dürerzeit, der Architektur in Romanik und Barock, der Musik im 18. und 19. Jahrhundert, der Literatur in der Zeit der deutschen Klassik, ihre Größe, aber ebenso ihre Gefährdungen, historischen und religiösen oder weltanschaulichen Voraussetzungen zu studieren und damit auch unseren Blick für die Kunst anderer Nationen zu schärfen.

Er stellte die deutsche Kunst dabei keineswegs über die Kunst anderer Völker. Sein Seminar über Chartres, seine Vorlesungen über die Frührenaissance, sein Buch über Giotto, seine Studien über die frühromanische norditalienische Malerei, um nur einiges zu nennen, zeugen davon ebenso wie die Untersuchungen über das Gottesbild im Vorderen Orient und bei Homer.

Im Grunde war seine Kunstbetrachtung theologisch. Ich will das erklären: Schon in Menzels anmutig und scheinbar leicht hingeworfenem menschenleeren »Balkonzimmer« sah er »Gottes Sonne und Gottes Wind«. Er stellte in einem Vortrag einmal Rubens' Doppelbildnis mit »Isabella Brant in der Geißblattlaube« (Pinakothek, München) dem Doppelbildnis »Rembrandt mit Saskia auf dem Schoß« (Dresden) gegenüber, wie dieser lärmend dem Zuschauer zuprostet. Die ernste, stille und liebevolle Zuneigung des Paares in der Geißblattlaube, dagegen Rembrandt, der laut lachend über seinen erotischen Gewinn, Saskia, lacht und das Weinglas hebt.

Aus Rubens' Bild sprach für ihn ein höherer sittlicher Rang des Verhältnisses zu seiner jungen Frau als in Rembrandts ordinärer, wiewohl glänzend gemalter Szene. Hubert Schrade gab – wie auch Jacob Burckhardt – stets Rubens den Vorzug vor Rembrandt. Hier folgten wir, seine Studenten, ihm jedoch nicht.

Schrades meist auf den Inhalt, die Idee hinausgehende Betrachtung der Bilder und die Vernachlässigung des Malerischen, überhaupt der Macht, mit der ein Bild den Menschen treffen kann, haben mein ursprüngliches Verhältnis zur Kunst lange gelähmt. Wenn immer ich *nach* dem kunsthistorischen Studium den Saal eines Museums betrat, begann ich unbewußt zuerst die Bilder zu datieren, die Maler oder ihre Zeit zu benennen. Selbst heute noch manchmal. Vorher war das anders: Von Altdorfers »Alexanderschlacht«, von August Gauls »Menschenaffen« war ich ergriffen und überwältigt, ohne zu wissen, warum.

Erst zehn Jahre nach meiner Promotion, als ich in der Alten Pinakothek in München Tizians »Dornenkrönung« wiederbegegnete, warf mich ein Bild nieder, und ich fragte weder nach Datum noch Format, noch kunsthistorischer Einordnung. Und ebenso ging es mir, als ich vor den archaischen Kouroi und den Tympanonskulpturen des alten Parthenon im Akropolismuseum zu Athen stand.

Schrade hatte während des Krieges an der Universität Straßburg über das Gottesbild in der Kunst gelesen. Als ich 1947 aus Japan zurückkehrte, arbeitete er die Vorlesung über das Gottesbild bei Ägyptern, Assyrern, Babyloniern und dem Volk Israel für ein Buch aus. Er hatte zu diesem Zweck Hebräisch gelernt.

Er fragte mich, was wohl in der Bundeslade des Volkes Israel gewesen sein könnte. Ein Bild Jahves vielleicht.

»Ich nehme eher an«, antwortete ich, »es wär nichts drin. Nichts, was der Mensch sehen konnte. Nichts außer Jahve. Pneuma. Der Geist Gottes.«

Hubert Schrade war überrascht; denn das hatte er auch schon vermutet.

»Wie kommen Sie darauf?« fragte er.

»Wir haben jahrelang neben einem Shinto-Schrein in einem japanischen Dorf gewohnt. Der Schrein war leer. Das Bild einer Gottheit darin wäre undenkbar gewesen. Vielleicht war auch die Bundeslade leer – mit menschlichen Augen gesehen; aber Gott war in ihr gegenwärtig. Wäre das angesichts der Bilderfeindlichkeit des mosaischen Gesetzes so befremdlich? Und beteten nicht auch die Germanen, wie wir von Tacitus hören, das Unsichtbare an?«

Obwohl seine Straßburger Vorlesungsreihe sich bis ins Mittelalter erstreckte, veröffentlichte er daraus nur den Band »Der verborgene Gott« über das Gottesbild in Ägypten und dem Nahen Orient und den Band über »Götter und Menschen Homers«.

Auf mich machten darin einen tiefen Eindruck die Kapitel über den Schreckensglanz Jahves, seine scheinbare Ungerechtigkeit, und die Grausamkeit der homerischen Götter. Das kam mir entgegen; denn von dem Gott, der uns nach seinem Bilde geschaffen hat und den man nach den Vorstellungen, die unsere Zeit gerade von Güte und Gerechtigkeit hat, gut und gerecht nennt, hatte ich mich längst abgekehrt und in dem Göttlichen das ganz Andere zu denken begonnen, dessen Wirken und Wesen sich nicht von unseren anthropomorphen Ansichten über wünschenswerte Eigenschaften und Werke Gottes herleiten läßt.

Nur über das *tremendum* führt der Weg zur Erfahrung Gottes, des Seins und der Zeit. Es trifft immer nur den Einzelnen und Einsamen. Bei den Propheten sehen wir es zum Beispiel.

Annäherung an Karl Jaspers

Als ich die ersten Exemplare meines ersten Buchs »Fata Morgana über den Straßen« in den Händen hatte, brachte ich Karl Jaspers ein. Er freute sich, daß ich es ihm mit dem homerischen geflügelten Wort *dosis obligé te philé te* – als »geringe, aber liebe Gabe« – widmete. Er überreichte mir als Gegengabe mit einer Widmung sein Buch über Max Weber.

Wir gingen, als ich ihn das nächste Mal vor seiner Haustür traf, ein wenig spazieren.

»Am meisten schmerzt«, sagte er, »daß ich nun den Vortrag meiner Vorlesungen nicht mehr vervollkommnen kann. Ich war auf dem Wege dahin, und ich glaube, in ein paar Jahren hätte ich damit einigermaßen zufrieden sein können.« Das sagte *er*, dessen Vorlesungen viermal wöchentlich das größte Auditorium der Universität gefesselt hatten. Er sagte es nachdenklich, nicht aus falscher Bescheidenheit.

Es gingen Gerüchte, er habe einen Ruf der Universität Basel und einer niederländischen Universität, ich glaube, man sprach von Leyden oder Groningen, erhalten oder er sei dort zu Gastvorlesungen eingeladen worden.

Ich sagte: »Man läßt Sie heute nicht reden, man läßt Sie nicht publizieren. Wollen Sie nicht einen Ruf oder eine Einladung zu Gastvorlesungen im Ausland annehmen und dann mit Ihrer Frau dort bleiben?«

»Wie?« fragte er, als habe er nicht recht verstanden. »Sie denken an Flucht? Heidelberg verlassen? Wo Hegel und andere große Geister gelehrt haben? Bedenken Sie: Es gibt auch eine Treue zum Ort!«

Ich ging vielleicht einmal im Monat nachmittags zu ihm, ohne Anmeldung. Manchmal bestellte seine Frau Gertrud mich auf einen anderen Tag, aber meist war ich auch unangemeldet willkommen. Ich hielt die Dreiviertelstunde Besuchszeit ein. Gelegentlich bat er mich zu warten, ging in die Toilette, hustete das Sekret der Bronchiektasien ab, kam dann wieder und setzte das Gespräch fort.

Er war isoliert, hörte aber von mir, was in der Universität vor sich ging und was die Studenten dachten. Wir sprachen über die politische Entwicklung, und ich berichtete, was mir in der *Times* und dem *Manchester Guardian* aufgefallen war. Er saß so viel in seiner Stube und wollte immer wissen, was sich draußen in der Welt ereignete.

Einmal fragte er mich unvermutet, welches seiner Bücher mir das wichtigste sei.

»Immer noch ›Die geistige Situation der Zeit‹.«

»Aber das ist doch nicht mehr als nur die Einführung in die Gedanken meines Hauptwerks.«

»Es hat aber auf mich und auf das Publikum die größte Wirkung gehabt. Seinetwegen bin ich nach Heidelberg gekommen. Mein Exemplar zeigt zwei Jahre nach Erscheinen schon eine Auflage von 50 000.«

»Nun gut! Die drei Bände der ›Philosophie‹ sind zwar nur in einer Auflage von zweitausend Exemplaren erschienen; aber die Auflage ist fast verkauft, und sie stehen in jeder Universitätsbibliothek und jedem philosophischen Seminar bis hin nach Kalifornien, Australien und Japan.«

Ach, ich konnte doch nicht zugeben, daß ich die drei Bände der »Philosophie« noch gar nicht gelesen hatte!

Wir sprachen auch über Personen, am liebsten sprach er von Max Weber.

Ich erwähnte einmal, daß es in Heidelberg noch den einen oder anderen »Georgiasten« gebe, Anhänger Stefan Georges, der lange in einer Villa am Schloßberg gelebt hatte. Jaspers war ihm nur einmal bei einer Tee-Einladung begegnet.

»Und da hat eine unglückliche Serviererin ihm Tee über die Hose geschüttet. Der Bediensteten und der Gastgeberin zuliebe geht man doch so schnell wie möglich darüber hinweg. George aber war in hohem Maße erregt. Er sah seine Würde verletzt, konnte über den kleinen Unfall nicht hinwegkommen, stand auf und verabschiedete sich kurz und mißgestimmt.«

Ich sagte, ich hätte seit jeher eine Abneigung gegen selbsternannte Eliten wie den George-Kreis gehabt und darüber hinaus gegen feudale schlagende Korps und hochmögende Kapitalisten und Aristokraten, die den Anspruch erhoben, in eine Elite hineingeboren zu sein, aber auch sogenannte Eliteformationen oder feudale Garderegimenter.

»Sie haben sicher in der ›Geistigen Situation‹ gelesen, daß der Adel sich verfälscht, wenn er sich als Auslese verstehen will. Der wahre Adel ist anonym als Anspruch des Menschen an sich selbst. Der falsche wird Gebärde und Anspruch an andere.«

Ich stimmte ihm zu: Eliten beweisen sich durch ihre Leistung und Haltung, nicht durch ihre Ansprüche. Einen Adel, der aus eigener Leistung besondere Ansprüche stellen darf, gibt es bei uns nicht. Und der Stolz auf Leistung der Vorfahren oder Alter des Geschlechts ist bestenfalls eine stolze Familienerinnerung, obwohl Gesinnung, Moral und Handlungsweise des Adels vor der Emanzipation des Bürgertums im 19. Jahrhundert oft fragwürdig genug waren. Ich habe unter Aristokraten unserer Zeit ebenso viele edle wie unedle, hervorragende wie mediokre Menschen getroffen wie unter Bürgern, Bauern und Arbeitern. Nur daß die mediokren unter den alten Aristokraten oft unbegründete Ansprüche auf eine hervorragende gesellschaftliche Stellung erhoben, die ihnen heute allenfalls noch von gewissen Illustrierten honoriert werden. Eine Persönlichkeit wie Jaspers ist mir unter ihnen bisher nicht begegnet. Thomas Mann spricht in einem Buchtitel vom Adel des Geistes. Jaspers gehörte dazu.

Er fragte mich einmal nach Heidegger. Ich antwortete, ich könne mit einer Philosophie, die ihren Grund immer wieder in der Sprache, in der Etymologie der Semantik sucht, nichts anfangen. Er schreibe eindrucksvoll über die Angst als Grundbefindlichkeit des Menschen; aber auf keiner Seite in »Sein und Zeit« sei die Rede von einer anderen, mächtigen Grundbefindlichkeit des Menschen, von der Liebe nämlich. Doch ich hätte sonst noch nichts von ihm gelesen.

»Sie haben recht: Was Sie als Mangel empfinden, ist merkwürdig. Es ist wichtig. Aber Sie sollten dennoch mehr von ihm lesen und Ihre Kritik vertiefen.«

Er hielt sich im übrigen in seinem Urteil zurück, wohl weil ich mich noch nicht genug mit Heidegger beschäftigt hatte. Daher kann ich zur Diskussion über das Verhältnis der beiden Philosophen zueinander nichts beitragen.

Wir sprachen einmal länger über die Kirche. Ich habe mir nachher nichts notiert, aber mir ist in Erinnerung, daß ich sagte: »Ich kann nicht mehr in die Kirche gehen und überlege, ob ich nicht austreten soll.«

»Warum?«

»Ich glaube nicht mehr, daß Christus am Kreuz für die Menschen gestorben und daß er wiederauferstanden ist. Und ein persönlicher Gott, der sich um den Jammer jedes Menschen kümmert, ist für mich undenkbar. Ich bin Historiker, glaube an die Zeit und an die Geschichte, aber nicht, daß sie durchbrochen wurde, als Gott seinen Sohn in die Welt sandte, um die Menschen, wie Paulus meint, von der Sünde zu erlösen. Welcher Sünde denn?«

Jaspers sagte nichts.

»Ich kann mich doch nicht zwingen, etwas zu glauben, was ich nicht glauben *kann*. Ich bin in Wittenberg zur Schule gegangen. Luthers Geist war in der Schule, in der Stadt überall lebendig, auch in mir. Ich war in der evangelischen Jugendbewegung. Ich bringe es vielleicht nicht übers Herz, aus der Kirche auszutreten. Ich weiß, was sie ist und dem Menschen sein kann. Aber ich kann in der Kirche nicht das Glaubensbekenntnis mitsprechen. Es wäre eine Lüge.«

»Es treten heute viele aus, die SS-Leute zum Beispiel. Es ist Mode geworden«, sagte Jaspers.

»Die haben andere Gründe als ich. Natürlich leugne ich nicht den historischen Jesus. Viele seiner Aussprüche werden echt sein, bewegende Worte. Er steht mir, soweit er überhaupt sichtbar wird, näher als das, was Paulus aus ihm gemacht hat.«

»Sie erinnern sich an Kierkegaards Wort, daß die historische Forschung für den Glauben gleichgültig ist.«

»Ja«, antwortete ich, »für den Glaubenden. Aber ich glaube nicht mehr. Ich stehe, würde Kierkegaard vielleicht sagen, nicht in der Gnade. Was kann ich dagegen tun?«

»Abwarten, ausharren«, sagte Jaspers. »Sie sagen, Sie haben den Glauben verloren; Sie treten deshalb aus der Kirche aus. Aber wenn Sie sich nun eines Tages von Gott verlassen fühlen? Wenn Sie ihn brauchen? Wenn Sie das Gefühl haben, beten zu müssen? Würden Sie dann nicht zu ihm zurückfinden?

Oder wollen Sie dann bewußt eine andere, eine bequemere Offenbarung wählen, die Ihnen gelegener kommt und Ihnen weniger Glauben abfordert?

Ich kann mich mit dem Gedanken nicht befreunden. Wer in der Kirche bleibt, auch wenn er ihr fernsteht, kann jederzeit wieder zu ihr zurück – zu der Kirche, in die er geboren ist. Aber bewußt einen Glauben zu wählen, das wäre ein höchst fragwürdiges Unternehmen. Sehen Sie sich doch nur die Leute bei uns an, die Moslems oder Buddhisten geworden sind. Talmi.«

Ich trat nicht aus, bin ihr bis heute ferngeblieben, obwohl Denker wie Augustinus mit ihrer aus dem Glauben erwachsenden Philosophie mich tief bewegen und in der Erkenntnis des Seins und der Zeit weitergeführt haben.

Ich eile nun weit voraus, weil ich das Kapitel nicht als Fragment stehen lassen will und nicht weiß, ob sich später noch einmal eine Gelegenheit gibt, davon zu sprechen: Als ich im Oktober 1947 aus Japan repatriiert war und im Lager Ludwigsburg festgehalten wurde – *detained for questioning* –, schrieb ich Jaspers. Er sandte mir postwendend seine ersten beiden nach dem Kriege veröffentlichten Bücher, »Die Schuldfrage« und »Nietzsche und das Christentum«.

»Die Schuldfrage« war mir ein ergreifendes, notwendiges und klärendes Buch. Jaspers unterscheidet darin zwischen krimineller Schuld, für die die Gerichte zuständig sind; politischer, für die das ganze Volk haftet; moralischer, über die das Gewissen des einzelnen richtet und metaphysischer, für die Gott allein die Instanz ist. Eine Kollektivschuld des deutschen Volkes verneint er.

Jaspers prüft streng die Verstrickung der Deutschen in den Nationalsozialismus, berücksichtigt auch die Zwänge, unter denen die Menschen lebten, aber kommt auch den vielen Versuchen auf die Schliche, einer Schuld auszuweichen.

Dennoch treibt er seinen Rigorismus manchmal zu weit, wenn er meint, Irrtum sei bereits Schuld, oder wenn er Kompromisse als moralisch schuldhaft verdächtigt, zu denen der einzelne gezwungen war, um seinen Beruf auszuüben, etwa durch Beitritt zu Standes- oder Parteiorganisationen oder dem Briefabschluß mit »Heil Hitler!« oder dem Hitler-Gruß mit hochgerecktem Arm.

Doch dergleichen war mitnichten ein moralisches Versagen. Mein Freund Erich Kordt war sich bewußt, daß alle solche Kompromisse abscheulich waren, daß er diese erzwungenen Loyalitätskundgebungen aber für irrelevant hielt und sie für nichts achtete. Sie waren notwendig, nicht nur, um zu überleben, sondern um in wirklich entscheidenden Fragen moralisch handeln zu können. Im Widerstand zum Beispiel.

Zu diesen Gedanken war Jaspers nicht flexibel genug. Er mißtraute ihnen als einer Ausrede. Je älter er wurde, desto stärker wurde sein Mißtrauen in dieser Hinsicht.

Trotz mancher Einwände ist »Die Schuldfrage« für mich auch heute noch eins seiner bewegendsten Bücher – von hoher Warte der Humanität, mit eindrucksvoller logischer Stringenz, Einsicht in die Motive menschlichen Handelns im totalitären Staat und mit dem Pathos schlichter Worte geschrieben, die ihm sonst nicht immer zu Gebote standen.

Nicht einig war ich mit ihm über die metaphysische Schuld am Krieg. Die heidnische Antike, an der ich mich orientierte, kannte sie nicht. Die Jahre in Ostasien mögen mich in meiner Ablehnung bestärkt haben, wo man eine konkrete Schuld, etwa eines Soldaten an einem Kriegsverbrechen, durchaus einsehen, wo man aber Jaspers' Worte, »daß wir leben, ist unsere Schuld«, nicht verstehen würde.

Dolf Sternberger war einmal überrascht, als ich ihm sagte, ein solcher Begriff metaphysischer Schuld sei weder universaler Natur, noch sei er ein philosophisch-theologisches Axiom. Das Lamm Gottes, das die Schuld der Welt trägt, Christus, der uns von der eingeborenen Schuld und der Erbsünde erlöst hat – das sind ostasiatischem Denken fremde Gedanken. Welcher Schuld denn? Welcher Erbsünde denn? Es sind Begriffe, die christlich-jüdischem Denken entspringen und auf Christen und Juden, eine Minorität der Menschheit, beschränkt sind.

Auch der Antike war er fremd. Ödipus leidet nicht unter seiner Schuld, sondern unter dem Fluch des Pelops gegen seinen Vater Laios. Dieses Fluches wegen haben ihn die Götter in die Verbrechen des

Vatermordes und des Inzests mit der Mutter gestoßen. Und Christian Meyer hat unrecht, wenn er Caesar moralisch und historisch schuldig spricht, weil er den Rubicon überschritten hatte. Dies wurde in der späten Römischen Republik zwar als politisches Wagnis, aber längst nicht mehr – außer in politischer Polemik – als Verbrechen, geschweige denn als moralische Schuld angesehen.

Als ich aus dem Internierungslager entlassen war, suchte ich Jaspers sogleich auf. Es war das alte Haus. Frau Jaspers öffnete die Tür der Wohnung im Obergeschoß. Sie ging mit mir in das Eßzimmer und behielt mich erst einmal bei sich. Sie bedankte sich für den Tee, den ich ihnen während des Krieges aus China und Japan gesandt hatte. Sie wisse noch, wie ich damals immer mit offenem Kragen zu ihnen gekommen sei. »Noch so jung!«

Doch dann überkam es sie: Sie klagte über ihre ständige Angst während des Krieges, in ein Vernichtungslager verschickt zu werden. Viktor von Weizsäcker (Ordinarius für Innere Medizin, Bruder des Staatssekretärs Ernst von Weizsäcker) habe sie gelegentlich gewarnt, wenn Abholungen zu befürchten waren. Aber sonst habe ihr kein einziger Deutscher geholfen. Nur ein Italiener, der Obsthändler Bertolini in der Hauptstraße, habe sie versteckt. »Mein Mann, der ja Philosoph ist«, und sie selbst hätten immer Gift bei sich gehabt. Sie könne das Leben in Deutschland nicht mehr ertragen.

Ich habe sie niemals wieder so außer sich gesehen.

Ihn fand ich in dem alten, kleinen, verwohnten, mit Büchern vollgestellten Arbeitszimmer, das zum Garten hin gelegen war. Auch er klagte, aber gedämpfter. Eine Neuordnung der Universität sei nicht möglich, obwohl er in dem Chirurgen Karl-Heinz Bauer einen großen Helfer habe. Sein Buch »Die Schuldfrage« habe überhaupt keine Wirkung gehabt. Ich widersprach und sagte ihm, wie ergriffen ich davon war. Meine Einwände gegen seine Ansicht von der metaphysischen Schuld erwähnte ich nicht, um ihn zu schonen.

Er war aber nicht überzeugt, daß das Buch eine Umkehr im Volke bewirkt habe. Er spiele manchmal mit dem Gedanken, eine Professur in Basel anzunehmen, vor allem seiner Frau wegen: Sie habe hier zuviel durchgemacht. Ihr Verhältnis zu den Deutschen sei gestört.

Ich antwortete: »Ich verstehe das. Aber ich erinnere mich auch, wie

Sie mir – es war wohl 1938 – einmal von der Treue zum Ort gesprochen haben.«

»Habe ich das? Ja. – Aber ich sehe hier keine große Aufgabe mehr für mich. Die konservativen, alten Gegenkräfte sind zu stark. Ich würde mich an ihnen aufreiben. Ich brauche Ruhe, um mein philosophisches Werk fortzuführen.«

Als ich im Januar wieder in Heidelberg war, hörte ich das Gerücht, er werde in den nächsten Tagen oder Wochen nach Basel ziehen. Ich ging zu ihnen. Frau Jaspers empfing mich. Sie sagte, sie wisse schon, warum ich komme; aber es sei alles entschieden, und sie bitte, ihren Mann in Ruhe zu lassen. Er habe lange genug gebraucht, um diesen Entschluß zu fassen.

»Er tut es meinetwegen«, fügte sie hinzu.

So war es wohl auch. Daß daneben materielle Überlegungen, zum Beispiel bessere Versorgung und dergleichen, die Entscheidung beeinflußt haben, wie vermutet wurde, ist möglich. Er war Sohn eines Bankiers und in Geldsachen umsichtig und geschickt. Aber ich glaube nicht, daß solche Erwägungen, auch wenn sie für ihn mit dem Alter zunehmend wichtiger wurden, für den Umzug ausschlaggebend waren.

Der Umzug war ein Fehler. Später in Basel haben sie es wohl beide eingesehen. Dennoch kann man seinen Entschluß verstehen: Man hatte ihnen nach seiner Zwangsemeritierung in der Tat übel mitgespielt.

Er hatte gebeten, die Entlassung in eine Entpflichtung umzuwandeln, weil er dann formell weiterhin dem *Corpus* der Universität angehört hätte. Der Rektor Ernst Krieck befürwortete das Gesuch. Der Kultusminister lehnte es ab.

Im April 1939 hieß er im Heidelberger Telefonbuch auf einmal »Karl *Israel* Jaspers«, weil er, wie die Reichspostdirektion Karlsruhe dem Heidelberger Rektor auf seine Anfrage mitteilte, in der Judenkartei geführt werde. Das traf aber nicht zu, und die Eintragung wurde auf die Beschwerde des Rektors hin berichtigt.

Er wurde 1941 zu zweijährigen Gastvorlesungen an die Universität Basel eingeladen. Er ersuchte um Genehmigung. Der neue Rektor Paul Schmitthenner und der Vorgänger Ernst Krieck befürworteten das Gesuch. Der Reichserziehungsminister lehnte es ab.

Der Präsident der Reichsschrifttumskammer drohte ihm im Jahr 1943 Strafe an, weil er angeblich das Publikationsverbot verletzt habe.

»Arischen« Hausgehilfinnen war die Arbeit in einem »jüdisch versippten« Haushalt untersagt. Jaspers bat, ihm die Hausgehilfin zu belassen. Der Rektor befürwortete das Gesuch und wandte sich deshalb sogar an den Reichsinnenminister und zwei weitere Stellen. Die Geheime Staatspolizei aber genehmigte das Gesuch nicht. Die Hausangestellte wurde dem Ehepaar Jaspers entzogen.

Der Rektor der Universität und der Reichsstudentenführer Scheel setzten sich 1942 dafür ein, »bei etwaigen Maßnahmen gegen jüdische Mischehen Jaspers als Ausnahmefall zu behandeln«. Man sprach täuschend und tarnend nur von der »zwangsweisen Trennung jüdischer Mischehen« – nicht von der Verschickung in ein Vernichtungslager. Aber man wußte offenbar Bescheid. Das Reichssicherheitshauptamt der SS antwortete, das müsse zu gegebener Zeit überprüft werden. Der Rektor bat im Oktober 1944, die Überprüfung in einem für Jaspers positiven Sinne schon jetzt durchzuführen. Keine Antwort. Er wiederholte die Bitte 1945 dringender in Briefen an den Sicherheitsdienst Himmlers. Keine Antwort.

Ja, man hat dem Ehepaar Jaspers übel mitgespielt und sie widerlich schikaniert; aber Ernst Krieck, der Philosoph der Nationalsozialisten, wie auch Paul Schmitthenner haben sich tatkräftig und nicht nur beiläufig für beide eingesetzt.

Bei einem Besuch im Jahr 1961 sagte mir Frau Jaspers über jene Zeit, nun mit etwas mehr Abstand als bei meinem ersten Besuch nach dem Kriege: »Es gab eine Reihe von Schwaben, die mich im Hitler-Reich verstecken wollten; aber ich bin bei meinem Mann geblieben, weil er stets pflegebedürftig war.«

Daß sie Heidelberg verließen, hatte mich enttäuscht. Ich besuchte sie erst 1957 wieder, als ich politischer Referent bei unserer NATO-Botschaft in Paris war. Jaspers hatte einen Rundfunkvortrag über die Atombombe gehalten und wollte jetzt ein Buch darüber schreiben. Da ich mit der Theorie der atomaren Abschreckung zu tun hatte, außerdem zwei Jahre vorher Hiroshima besucht und dort viele Überlebende befragt hatte, schrieb ich ihm, und er lud mich ein.

Sein Haus in der Austraße 160 zu Basel war dem in der Plöck sehr ähnlich, auch sein Arbeitszimmer. Es war vielleicht fünf mal vier Meter groß und damit etwas geräumiger als das Heidelberger. Auch hier standen sein Sessel und der Besuchersessel drei Meter auseinander, da er noch immer besorgt sein mußte, sich von Infektionsquellen fernzuhalten. Er zeigte mir ein schwenkbares kleines Buchpult, das über seinem Sofa angebracht war, so daß er auch im Liegen lesen konnte.

Ich sagte, ich hätte den ersten Band der »Großen Philosophen« gelesen und freute mich schon auf die folgenden Bände. Aus seiner Disposition sähe ich, daß er Jacob Burckhardt nicht aufnehme. Das tue mir leid, denn er sei mir seit meiner Heidelberger Zeit, besonders im Kriege, stets Trost und Mentor gewesen. Doch Jaspers meinte, er gehöre wohl doch nicht in die Reihe der Philosophen.

Ich merkte, er vermißte bei ihm systematisches Denken in abstrakten Begriffen und logischer Folgerichtigkeit. Burckhardt Darstellung der Welt aus historischer Sicht, aus Vergleichen und Erfahrung schien ihm logisch nicht zwingend und verbindlich genug, um ihn unter die Philosophen, die großen zumal, aufzunehmen.

Er wolle, sagte er, den nächsten Band über die großen Philosophen vorderhand zurückstellen und erst das Buch über die Atombombe fertigschreiben. Ich gab ihm dazu Auskünfte.

Frau Jaspers, von der ich mich meistens in ihrem Zimmer im Erdgeschoß verabschiedete, sagte, sie wünsche ebenfalls, daß er bald mit der Arbeit am zweiten Band der »Großen Philosophen« Ernst mache. Auch bei späteren Besuchen bedauerte sie, daß er sich jetzt immer mehr mit der Politik beschäftigte. Dabei sei das doch nicht sein Metier. »Am liebsten möchte ich mich weigern, diese Manuskripte für ihn abzuschreiben.« Sie schrieb sie immer aus der Handschrift mit der Maschine ins reine, dabei auch, wie sie lächelnd sagte, ihn manchmal korrigierend.

»Die Eltern unseres Dienstmädchens, das neun Jahre bei uns ist«, sagte sie einmal, »haben sich gleich 1933 gegen den Nationalsozialismus gestellt. Mein Mann hat ihn damals nicht gleich kapiert.« Jaspers selbst hat sich übrigens ähnlich ausgesprochen.

Er unterhielt sich mit mir gerne über politische Fragen und entwarf viele utopische Pläne, denen ich widersprach. Zum Beispiel – und ich zitiere aus meinen Notizen, die ich mir immer gleich nach den Gesprächen aufzeichnete:

In einem »Separatfriedensvertrag« solle die Sowjetunion der DDR die Verpflichtung auferlegen, die Zufahrtswege nach Berlin offenzuhalten; dafür sollte die Bundesrepublik die DDR anerkennen, wenn sie freie Wahlen unter internationaler Kontrolle innerhalb von zwei bis drei Jahren durchführe.

Oder er schlug vor, West-Berlin gegen ein sowjetzonales, an der Zonengrenze liegendes Gebiet auszutauschen.

Dann wieder wollte er die DDR neutralisiert wissen. Es sei »unsere Aufgabe, die nationale Wiedervereinigungsbewegung zu unterdrücken.«

Ein anderes Mal wollte er freie Wahlen in der DDR mit zehn Milliarden Mark von der Sowjetunion erkaufen.

Auf sein Buch »Wohin treibt die Bundesrepublik?« sandte ich ihm eine harsche Kritik. Ich zitiere aus meinem Entwurf:

> Zu falschen Schlußfolgerungen kommen Sie überall dort, wo Sie nicht hinreichend informiert sind. Von Ihren Urteilen über maßgebende politische Persönlichkeiten will ich nicht einmal sprechen. Hier ist ja jedes Urteil subjektiv.

Er meinte, das deutsche Volk solle mehr auf seine Schriftsteller hören. Ich antwortete, Erhards Wort über die Schriftsteller als »Pinscher« sei vielleicht nicht ganz geschickt gewesen. Ihren empörten Aufschrei verstünde ich nicht ganz, da sie sich oft ganz andere Ausdrücke gegen ihn und seine Regierung geleistet hätten. Im übrigen

> ... bezog er (Erhard) sich auf einen der törichtsten und leichtfertigsten Aufsätze, die ich je gelesen habe – von Hochhuth über volkswirtschaftliche Themen... Ich kenne viele Schriftsteller, gehöre zur Hälfte ja zu ihnen, aber ich habe bei den Belletristen unter ihnen zwar viel hehre Gesinnungsethik, die nichts kostet, ansonsten aber nur Mangel an Sachverstand, leichtfertige Urteile, Ignoranz und Arroganz angetroffen. Eine gräßliche Mischung.

Seine Darstellung der Lage in Osteuropa bezeichnete ich als nachweislich falsch und begründete das ausführlich. In einer Unterredung im Jahr 1961 hatte er sich skeptisch über Brandt ausgesprochen. Ich antwortete laut meinen Notizen:

... daß die SPD auch einmal an der Macht beteiligt sein müsse. Gefahr sonst für die Staatsgesinnung der Opposition. Paternalistische Stimmung breite sich aus, politische Desinteressiertheit nehme zu. Auch große Koalition begrüßenswert, um einige Dinge in Ordnung zu bringen, z. B. auf Gebiet der Kulturhoheit und dergl. Erwähnte Kiesinger als Mann, der hierfür in Frage komme, er sei stets koalitionsgesinnt. Jaspers stimmte zu.

Damals hatte er zugestimmt. Im Januar 1967 schrieb ich ihm zum letzten Mal:

Heute schreibe ich Ihnen wegen der harten Worte, die Sie im Fernsehen über Bundeskanzler Kiesinger gebraucht haben. Ich halte Ihr Urteil für ungerecht, simplifiziert und falsch. Herrn Kiesiger kenne ich schon seit langer Zeit... Am Vorabend seiner Nominierung durch die CDU/CSU Anfang November habe ich lange mit ihm gesprochen. Ich habe ihm zugeraten, sich in der schweren Krise, als die Bundesrepublik Deutschland steuerlos dahintrieb, einem Ruf – sei es als Außenminister (das stand in diesem Augenblick zuerst zur Debatte), sei es als Kanzler – nicht zu versagen.

Ich schloß meinen langen Brief, der auch vollständig veröffentlicht ist[*], mit den Worten:

Ich bin über Ihr Urteil betrübt und frage mich, ob Sie es nicht über Tatsachen gefällt haben, in denen – wie Sie in der »Schuldfrage« schrieben – Instanz nur das eigene Gewissen und die Kommunikation mit dem Freunde und Nächsten sein kann.
Bitte nehmen Sie mir meine offenen Worte nicht übel. Auch wo ich von Ihrer Auffassung abweiche, fühle ich mich Ihnen und Ihrem Werk, dem ich Entscheidendes verdanke, eng verbunden.
Mit herzlichen Grüßen, auch an Ihre Gattin, bleibe ich stets
Ihr Erwin Wickert.

[*] Begegnungen mit Kurt Georg Kiesinger. Herausgegeben von Dieter Oberndörfer. Stuttgart 1984, S. 118-123.

Ich habe die Beschreibung meines Verhältnisses zu ihm weit über die zeitliche Grenze fortgeführt, die ich dieser Biographie gesetzt habe, weil ich glaubte, zeigen zu müssen wie er, der vor dem Kriege dem jungen Studenten Wegweiser und Halt gewesen war, nach dem Kriege, sobald er sich aus Basel zur deutschen Tagespolitik äußerte, ein oberflächlicher, der Realität entfremdeter Beobachter wurde, den man nicht immer ernst nehmen konnte; zum Beispiel, wenn er im Jahre 1960 zu Rudolf Augstein sagte, »die Bundesrepublik müsse, um ihre hitlerische Vergangenheit zu sühnen, auf die Wiedervereinigung verzichten«.

Doch man sollte ihn nicht nur nach seinen letzten Jahren beurteilen, in denen ich bei dem lebenslang Kranken nun auch Ausfallserscheinungen, Starrsinn, gesteigerte Empfindlichkeit und Mangel an Konzentration bemerkte.

Noch Anfang der sechziger Jahre aber hatte er das bedeutende Buch über den »Philosophischen Glauben angesichts der Offenbarung« geschrieben, in dem keine Schwächen des Alters zu bemerken sind.

In wesentlichen Fragen folge ich noch immer dem Weg, den er mir in Heidelberg gezeigt hatte.

Ich lernte von ihm schon aus der »Geistigen Situation der Zeit«, daß der Mensch mehr ist, als man von ihm erfahren kann; daß auch das Urteil über politische und historische Situationen, das Verhältnis von Menschen zueinander sich nur der Wahrheit nähert, wenn man es nicht »fest-stellt«, sondern in der Schwebe hält. Daß man nicht dem Hochmut verfallen dürfe, die Wahrheit zu besitzen.

Jaspers' ethischer Rigorismus jedoch, in dem sogar Goethe als Libertin erschien, hat auch mich lange in Fesseln geschlagen, zuweilen meine Urteile starrer gemacht, als es eigentlich meine Art ist, so daß ich die bunten Farben des Lebens und der Welt nur durch den grauen Schleier strenger ethischer Gebote sah. Erst in einer großen Leidenschaft habe ich mich später daraus befreit, ohne doch den Ernst seines Fragens und Denkens aufzugeben.

Heidegger spricht nicht von Liebe, Jaspers nicht von Leidenschaft.

In meinem Volksempfänger hatte ich die Nachricht vom Anschluß Österreichs, den Einmarsch deutscher Truppen, den unbeschreiblichen Jubel und Taumel des österreichischen Volkes vernommen. Auch ich war für den Anschluß wie fast alle Deutschen und Österreicher.

Schon 1920 und 1921 hatten verschiedene österreichische Länder mit mehr als 90 Prozent für den Anschluß gestimmt, bis die Entente-Mächte weitere Abstimmungen verboten. Ihr Verbot der Zollunion, die beide Länder betrieben hatten, verstärkte nur den Wunsch nach einer Vereinigung und Korrektur der Bismarckschen kleindeutschen Lösung.

Am 16. März 1938 fand eine Volksabstimmung statt. Ich schwankte, wie ich stimmen sollte: Denn teuflisch war, daß ich nicht gefragt wurde, ob ich mit Hitlers Politik einverstanden sei, sondern ob ich dem Anschluß Österreichs zustimme; und es war sicher, daß Hitler daraus gleichzeitig auf meine Billigung seiner gesamten Politik schließen würde.

Ich war hin- und hergerissen, erst auf dem Weg zum Wahllokal entschloß ich mich, für den Anschluß Österreichs zu stimmen. Es war meine erste und einzige Wahl zu jener Zeit. Ich hatte für den Anschluß gestimmt und nahm in Kauf, daß er es als Zustimmung zu seiner Politik ausgab.

Im Spätsommer heizte Hitler eine neue Krise an, die Sudetenkrise. Hans Fegers, Matthias Schrecklinger, Inge und ich trafen uns abends meist bei Schrecklingers Freundin Edith, die im obersten Stockwerk der »Anatomie« wohnte. Dort hörten wir die Nachrichten und sprachen über die politische Lage. Matthias hatte Goebbels' Roman »Michael« in einem Antiquariat gefunden und las daraus zu unserer Gaudi vor. Er suchte auch an Goebbels' Dissertation zu kommen, der bei dem »nichtarischen« Gundolf promoviert hatte, wie wir alle glaubten. Aber die Dissertation war in der Universitätsbibliothek strengstens sekretiert. Erst Jahrzehnte später erfuhr ich, daß er zwar Gundolf verehrte, alle seine Vorlesungen besuchte und bei ihm hatte promovieren wollen, daß dieser jedoch überhaupt keine Doktoranden annahm. Goebbels promovierte deshalb bei seinem Kollegen Max von Waldberg, der ebenfalls »nicht-arisch« war.

Ich war täglich früh, bevor andere die Zeitungen ausleihen konnten, im Kleinen Lesesaal und belegte die *Times* und den *Manchester Guardian* mit Beschlag.

Die Sudetenkrise regte unseren Freundeskreis sehr auf. Wir fürchteten, Hitlers riskante Politik könne zum Krieg führen; daß er Krieg wollte, unterstellte ihm niemand, aber man fürchtete, er könne den Bogen überspannen, so daß die Briten und Franzosen sich zum Krieg gezwungen sahen. Andererseits bemerkte ich, daß die Stimmen, die ein *Appeasement* befürworteten, in den englischen Zeitungsartikeln häufiger wurden, bis die *Times*, anscheinend aus schlechtem Gewissen über den Versailler Vertrag, das Selbstbestimmungsrecht für alle Deutschen und die Vereinigung des Sudetenlandes mit dem Deutschen Reich forderte und damit ausdrückte, eigentlich habe Hitler mit seinen Forderungen ja ganz recht.

Wir fürchteten dennoch, Großbritannien und Frankreich würden die Geduld verlieren, weil Hitler seine Forderungen immer wieder erhöhte. Es war Hubert Schrade, der uns entgegenhielt, Hitler wisse genau, wie weit er gehen könne; er werde alles ohne Krieg erreichen. Und in der Tat: Die vier europäischen Großmächte einigten sich in München. Schrade hatte recht gehabt. Wir hofften nun auf ruhigere Zeiten. Doch nicht lange nach dem Münchener Abkommen sagte uns eines Morgens ein Kommilitone, die Synagoge vor dem Marstall sei in der Nacht abgebrannt. Ich hielt das anfangs für ein gewöhnliches Schadenfeuer, bis ich hörte, daß dies eine Nacht- und Nebelaktion der SA war, die sich über das ganze Reich erstreckte, von Hitler und Goebbels angeordnet. Wir waren alle empört und fürchteten Pogrome. Ich habe niemand getroffen, der Verständnis für eine solche Barbarei zeigte. Niemand. Auch Schrade schwieg bedrückt.

Doch als Hitler im März 1939 Prag besetzte, war ich sicher, nun würden die Westmächte mobil machen; denn Hitler hatte gezeigt, daß es ihm gar nicht um die Selbstbestimmung der deutschen Minderheit ging, sondern nur um Macht- und Gebietserweiterung. Schrade glaubte nicht, daß die Westmächte Hitler militärisch entgegentreten würden.

Er behielt wieder recht. Hitler kam ungestraft davon. Daß wir in unseren Befürchtungen ständig widerlegt wurden, war deprimierend, und schließlich fragten wir uns, ob Schrade nicht doch recht hatte und ob Hitler seine Gegenspieler nicht richtiger einschätzte als wir.

Das Tier in der Kunst

Meine Dissertation, die ich Schrade im März 1939 eingereicht hatte, ist eine rechtschaffene Sammlung, Beschreibung und Interpretation der Tierdarstellungen in der neueren deutschen Kunst und des Verhältnisses des Menschen zum Tier. Mehr nicht.

Um die Mitte des 18. Jahrhunderts wurde der Glauben an Genesis 1,28 – »... und herrschet über Fische im Meer, und über alle Vögel unter dem Himmel, und über das Vieh und über alles Getier, das auf Erden kriechet« – abgelöst von der Ansicht, der Mensch sei »das vornehmste der Tiere« (Shaftesbury). Sein Wille möge noch so frei sein, Neigungen und Leidenschaften beherrschten ihn. Der vollkommene Mensch sei schuldlos, wenn er nur »gemäß der Natur« lebe, während die Kirchenväter – ähnlich auch Plato im »Staat« – gefordert hatten, das »Tier in uns« zu beherrschen.

Die Dissertation schildert, wie sich das Verhältnis des Menschen zum Tier weiter ändert, beeinflußt etwa durch Schopenhauer, Ludwig Büchner, Darwin, Alfred Brehm, die Tierschutzbewegung und Nietzsche bis hin zu Strindberg und Zola, und belegt die gleiche Entwicklung in der deutschen Bildenden Kunst durch Bilder, Illustrationen und Skulpturen von Maler Müller bis zu Franz Marc.

Dessen theoretische Forderungen, vor allem seine Grundthese, daß man ein Tier so malen müsse, »wie es sich selbst denkt«, hielt und halte ich für Unsinn, weil der Mensch nicht wissen kann, wie das Tier »sich denkt«. Anzunehmen ist vielmehr, daß es sich überhaupt nicht denkt und daß der Mensch das einzige Wesen ist, das sich selbst zum Objekt werden kann.

Doch wenn moderne Bildende Künstler anfangen, das, was sie im Bild ausdrücken wollen, in Worte zu fassen, werden sie für denkende Menschen meist unverständlich, wenn auch der Galimathias, mit dem manchmal moderne Kunstkritiker vornehmlich abstrakte Bilder deuten, noch weit schlimmer ist. Man sollte sich von solchem blühenden Unsinn abwenden und lieber die Bilder betrachten.

Franz Marcs Bilder, durch seinen Tiefsinn verdunkelt, erstrahlten erst wieder, als ich seine Meditationen vergaß. In Wirklichkeit ging es ihm ja auch gar nicht, wie er meinte, um das Tier und »sein Denken«, sondern eine neue Malerei.

Um das Tier selbst ging es dagegen viel mehr August Gaul. Ich endete die Dissertation mit seinem »Menschenaffen« in der Nationalgalerie, von dem schon so viel die Rede war.

Die an Michelangelo erinnernde Gebärde (schrieb ich ziemlich hochgreifend), mit der die rechte Hand vorwärtstappt, und wie ihr die zurückschleppende Linke gegenübergestellt ist, oder wie der gewaltige Oberkörper sich ganz leicht nach links wendet – das alles gibt ihm eine fühlbare Spannung; man glaubt die mächtigen Muskelpartien in der langsamen Bewegung des Tieres sich verschieben zu sehen, das wie ein Sinnbild urwüchsiger, wilder Kraft erscheint.

Ich sah in dem Werk

… die dämonischen Triebe, die auch dem Menschen innewohnen und ihn vernichten können. Zwar ruhen sie noch in dem Affen, aber ihre Gefahr ist auch in der Ruhe offenbar. Wir können uns diese unheimliche Bestie wohl vorstellen, wie sie in blinder Raserei alles zerschlägt, was ihr nahe ist… wir werden ergriffen von dem triebhaften Tappen, jener urwelthaften Kraft, die auch uns »immer bange werden läßt« und uns vor der unheimlichen Gewalt der dämonischen Triebe erschauern läßt. Denn das Dämonische gehört auch zum Menschen, und der ganz von Dämonen getriebene Mensch geht seinen Weg in der gleichen hellseherischen »intuitiven« Art. Wehe aber, wenn diese Kräfte nicht mehr durch das Gesetz, wie Plato, durch die Vernunft, wie Philo oder durch die Klugheit, Helle, Härte und Logizität, wie Nietzsche sagte, gebändigt werden!
Ein auch politisch gemeinter Ausblick.

Das Rigorosum

Examensbeschreibungen sind selten interessant. Mein *Rigorosum*, abgesehen von der schweren Prüfung bei Hubert Schrade, war eine Farce und *darum* vielleicht eine kurze Beschreibung wert.
Als Datum hatte ich mir den 24. April gewünscht. Ich hatte mich in den Nebenfächern Zeitungswissenschaft bei Adler und Philosophie bei Krieck gemeldet, weil ich für diese Fächer am wenigsten arbeiten mußte.

August Gaul: Menschenaffe.
Basalt.

Adler ließ sich in der Prüfung etwas über meinen Besuch in einer amerikanischen Zeitungsredaktion und ihre Arbeitsweise erzählen. Nach zwanzig Minuten sah er nach der Uhr und erklärte die Prüfung, die eigentlich eine halbe Stunde hätte dauern sollen, für beendet. Er gab mir die Note *summa cum laude*.

Im Nebenfach Philosophie konnte man einige Gebiete oder Philosophen angeben, über die man geprüft werden wollte. Ich hatte Ranke, Burckhardt und Nietzsche genannt.

Krieck hatte das wohl vergessen. Er war immer ziemlich zerstreut. Er hatte, als ich eintrat, meine Dissertation vor sich, die er offenbar noch nie angesehen hatte. Er schlug sie auf und sah, daß ich auf der ersten Seite »Die absolute Religion« von Hegel zitiert hatte. Karl Jaspers hatte mich darauf aufmerksam gemacht.

»Hegel!« rief Krieck. »Und herausgegeben von Lasson! Sie wissen doch!«

Natürlich wußte ich, daß er »nicht-arisch« war. Ich kannte doch seinen Sohn, den Pastor in Rotta.

»Es ist aber«, antwortete ich, »die einzige Werkausgabe.«

»Leider!« sagte Krieck, und er klagte über die Unzuverlässigkeit der Hegel-Ausgaben, soweit sie auf Kollegnachschriften beruhen.

Er fing an gegen Hegel zu wettern. Ich hielt es für unzweckmäßig, ihm zu widersprechen, und Hegels Art, die Welt ungesehen in Begriffe zu zwängen und dann den Anspruch zu erheben, sie erkannt zu haben, war mir auch zuwider. Ich nahm an, er werde bald auf Ranke kommen.

Als er das nicht tat, steuerte ich, um auch etwas zu sagen, kritische Bemerkungen Goethes über Hegel, seine Undeutlichkeit und das Hereinziehen der Religion in die Philosophie bei, und daß Hegel einem anderen Autor das natürliche unbefangene Anschauen ausgetrieben habe.

Ich hoffte, Krieck werde mich nun endlich nach Ranke, nach Burckhardt oder Nietzsche fragen; aber nichts dergleichen! Meine Hinweise auf Goethes Verhältnis zu Hegel bewogen ihn vielmehr, sich noch heftiger gegen Hegel auszusprechen – bis zum Ende der Prüfungszeit. Dann brach er befriedigt ab und gab mir die Note *summa cum laude*.

Hubert Schrade, bei dem ich im Hauptfach promovieren wollte, würde schwieriger werden. Er wußte ja, was ich wußte und nicht wußte. Eine Stunde war vorgesehen.

Warum ich Kunstgeschichte und nicht Germanistik studiert habe?

Weil ich dann vielleicht versucht gewesen wäre, Romane nach zweifelhaften germanistischen Theorien zu schreiben, antwortete ich.

Er nickte, und dann begann er im Ernst, fragte kreuz und quer durch die europäische Kunstgeschichte, und als Schrade auf die Uhr sah, war die Prüfungszeit schon um eine halbe Stunde überzogen. Er gab mir nicht eine Eins wie die anderen beiden Prüfer, sondern nur *magna cum laude*, eine Zwei also.

Das war gerecht, und ich war damit zufrieden und froh; denn auf vielen Gebieten war ich noch recht schwach, was ich vor anderen einigermaßen zu tarnen verstand, aber nicht vor Hubert Schrade. Von meinen acht Semestern hatte ich ja nur vier Kunstgeschichte studiert und darüber hinaus in dieser Zeit noch allerlei literarische Allotria betrieben.

Es war Mittagspause. Ich rief im Samariterhaus an, gratulierte der Geliebten, die an diesem Tag 23 Jahre alt wurde, zu ihrem Geburtstag und erwähnte nebenbei, daß ich eben das Examen bestanden hätte. Sie hatte davon nichts geahnt; wir hatten am Abend vorher noch lange in einem Bierlokal gesessen. Jetzt verabredeten wir uns für eine Feier am Abend mit Hans und Matthias.

Das Paradies im Westen

Das war im April 1939. In den letzten drei Semestern hatte ich neben der Dissertation und der Vorbereitung auf das mündliche Examen einen Roman »Das Paradies im Westen« geschrieben, um das Studium bis zum Examen zu finanzieren. Ein junger mit dem Kohlhammer Verlag verbundener belletristischer Verlag in Stuttgart wollte einen Abenteuer-Roman »für gehobene Ansprüche«.

Ich schrieb die Geschichte des jungen englischen Offiziers George Frederic Ruxton, der in den vierziger Jahren des 19. Jahrhunderts durch Mexiko und die Rocky Mountains geritten war und darüber zwei Bücher hinterlassen hat. Die Reise- und Sittenschilderungen übernahm ich zum Teil wörtlich, was im Nachwort natürlich gebührend vermerkt wurde: dazu schrieb ich eine Rahmenhandlung.

Ich habe erst jetzt wieder in das Buch hineingesehen und dabei erkannt, daß Ruxton, wie die Rahmenhandlung ihn darstellt, eigentlich ein »Grüner« war: Die Indianer mit der abendländischen Zivilisation »zu überziehen« und Kanada auf diese Weise zu erobern, hielt er für ein Verbrechen, da die meisten Indianer das nicht überleben würden. Er wollte ihnen ihre Ursprünglichkeit, ihr Leben in der Freiheit der Natur und in ihrem Glauben erhalten, der besser sei als der bigotte Protestantismus der englischen Gesellschaft.

Er wollte die Indianer retten, verhandelte mit ihnen, besorgte ihnen Waffen und Munition; doch sie nahmen zwar seine Waffen und Munition; im übrigen aber wetteiferten sie miteinander um die besten Chancen im Handel mit den Weißen, um Reichtum, Alkohol und die Segnungen der Zivilisation.

George Frederic Ruxton scheiterte.

Jahrzehnte später klagte mir in Honolulu der Hotelwirt, die Vereinten Nationen hätten ihn schändlich behandelt. Gleich nach dem Kriege hätten sie ihm als ehemaligem Stabsoffizier die Verwaltung einer Inselgruppe in der Südsee übergeben. Die Eingeborenen hätten in Hütten gewohnt, die mit Palmblättern gedeckt waren, und in der Regenzeit sei darin natürlich alles ganz naß geworden. Sie hätten die Kokosnüsse mühsam mit Haueisen aufbrechen müssen, um das Fruchtfleisch herauszuholen und daraus Kopra herzustellen.

Er habe daher aus Militärbeständen billige Betonhütten bauen lassen und ihnen Motorsägen zur Verfügung gestellt; damit habe nun ein einziger Mann ohne Mühe soviel Nüsse aufsägen und Kopra herstellen können wie vorher ein ganzes Dorf. Er tat also das Gegenteil von dem, was George Frederic Ruxton wollte.

Die Vereinten Nationen aber, fuhr der Hotelier fort, hätten ihm das ohne Angabe von Gründen verboten und den Eingeborenen doch tatsächlich zugemutet, so weiterzuleben wie zuvor. Als er diese unsinnigen Weisungen nicht befolgte, habe man ihn von einem Tag auf den anderen gefeuert.

»Wissen Sie, wer dahintersteckte?« fragte er.

»Nein.«

»Na, die Sowjets, doch klar!«

Zurück nach Heidelberg! Im März 1939 hatte ich in der *Frankfurter Zeitung* eine kurze Meldung Hermann Pörzgens aus Moskau über das

Gerichtsverfahren gegen den Funker einer Arktisexpedition gelesen, der während des Winters auf einer Eisscholle die kleine Expeditionsmannschaft durch fingierte Funksprüche beherrscht und gefügig gemacht habe. Er sei deshalb verurteilt worden. Pörzgen schrieb nicht, wozu; aber man konnte es sich denken.

Die Nachricht regte mich zu einer längeren Erzählung an, die ich im Sommer 1939 schrieb. Der Titel lautete »Die Adamowa«.

Ich schilderte darin, wie der Funker angebliche ideologische Kursänderungen in Moskau benutzte, um die Expeditionsmannschaft wegen ihrer bisherigen falschen politischen Haltung und konterrevolutionären Antworten im politischen Unterricht zu terrorisieren und zu manipulieren, besonders aber einen, der seinem Werben um Kira Adamowa im Wege stand. Was im Sommer, als die Mannschaft abgelöst wurde, natürlich alles herauskam.

Ein nicht ganz unbedenkliches Thema. Die parteiamtliche Prüfungskommission für nationalsozialistisches Schrifttum in Berlin untersagte im Jahr 1940 die Veröffentlichung. Als ich nach dem Grund fragte, wurde mir erwidert, die Sowjets, die ja seit letztem Jahr unsere Freunde seien, könnten sich vielleicht verletzt fühlen. Natürlich eine Ausrede.

Ich schrieb also ein kurzes Vorwort und erklärte darin, das Buch enthalte kein Urteil über den Sowjetstaat. Es gehe nur um das Spiel der Kira Adamowa mit der politischen Macht, die sie in unerlaubter Weise ausnütze. Und das gelte auch für den Funker, der die politische Macht und die politische Furcht mißbrauchte.

Ein junger Mitarbeiter im Sowjetreferat des Auswärtigen Amtes, Meyer-Heidenhagen, den ich flüchtig kannte, war sofort bereit, mir, ohne das Buch auch nur anzusehen, schriftlich zu bestätigen, daß nach dieser Vorbemerkung die Sowjets keinesfalls mehr beleidigt sein könnten. Die parteiamtliche Prüfungskommission erteilte darauf, wenn auch nur unter Bedenken, die Druckerlaubnis, so daß das Buch im Herbst 1940 erscheinen konnte. Doch das war noch nicht das Ende.

Beide Bücher sind literarisch ebenso belanglos wie mein erstes, »Fata Morgana über den Straßen«. Am liebsten würde ich sie alle verleugnen.

Die letzte Musterung

Schon im ersten Heidelberger Sommersemester war ich gemustert worden, hatte mich Ernst-Lothar von Knorrs Rat folgend bis zum Examen zurückstellen lassen. Als ich im Mai 1939 wiederum zur Musterung bestellt wurde, hatte ich mein Examen aber schon bestanden.

Ich fürchtete, die zwei Jahre Militärdienst nicht aushalten zu können; nicht weil ich die Anstrengungen scheute, ich war auch nicht Pazifist, sondern weil ich glaubte, man lege es beim Militär darauf an, zuerst den freien Willen des Rekruten zu brechen. Dagegen würde ich mich zwar mit allen Kräften wehren, aber als der Schwächere fertiggemacht werden. Ernst-Lothar von Knorr hatte mir einmal von einem jungen Musiker erzählt, der sich deshalb das Leben genommen hatte.

Meine Sorge war gewiß übertrieben. So viele andere, viel Schwächere, hatten die Demütigungen des Dienstes und die beiden Jahre Stumpfsinn ertragen. Es war wohl die Erinnerung an meine Kindheit und an meinen Vater, die mich zu dieser heftigen Verweigerung geführt hatte. Er hatte aus mir einen Offizier machen wollen mit dem Hintergedanken, das Militär werde mir die intellektuellen Flausen schon austreiben und mir eine nationalsozialistische oder wenigstens doch eine kämpferisch deutsch-nationale Gesinnung einbleuen.

Ich ging zu dem Studentenarzt und SS-Sturmbannführer Dr. Wachsmuth und erklärte ihm ganz offen, daß ich, jetzt gerade Doktor der Philosophie geworden, nicht noch zwei Jahre bei der Wehrmacht dienen könne und wolle. Die Kurzausbildung von sechs Wochen – na, in Gottes Namen. Ich brauchte es ihm nicht lange zu erklären. Er sah das gleich ein. Er gab mir in einem verschlossenen Umschlag ein Attest für die Musterungskommission mit, den ich zu Hause natürlich öffnete und das Attest las.

Er hatte meine verschiedenen, meist kleineren Leiden, die er behandelt hatte, so dramatisch dargestellt, daß die Musterungskommission mich nicht für einen zweijährigen Militärdienst vorzusehen wagte, sondern mir nur die sechswöchige militärische Ausbildung zumuten zu können glaubte. Ich bin ihm dankbar.

Ich war selten so glücklich wie an diesem Tage.

Es war Mitte Juni 1939. Die Welt sah friedlich aus. Hermann Kriebel war jetzt Ministerialdirektor und Leiter der Personalabteilung im Auswärtigen Amt. Sein Adlatus war Richard Kempe, den er sich aus Schanghai mitgenommen hatte. Kriebels Zimmer lag im ersten Stock des alten Amtsgebäudes in der Wilhelmstraße.

Er bedankte sich für das Buch »Fata Morgana über den Straßen«, gratulierte zum Doktorexamen. Er fragte, was ich nun vorhätte.

»Ich soll im Herbst Assistent im Kunsthistorischen Seminar in Heidelberg bei Hubert Schrade werden.«

»Hm«, sagte Kriebel, »haben Sie sich schon verpflichtet?«

»Nein, es ist geplant.«

Er sagte: »Ich hatte Sie gebeten, einmal bei mir vorbeizukommen, weil Sie mir damals in Schanghai soviel von der amerikanischen Erziehung, Kultur und den Universitäten erzählt haben. Das Auswärtige Amt will versuchsweise Kulturattachés ernennen, darunter einen in Washington. Wäre das nicht etwas für Sie?«

Wenn ich mehr darüber wissen wolle, würde er mich bei Geheimrat Rühle in der Kulturabteilung anmelden.

Unter einem Geheimrat hatte ich mir einen würdigen alten Herrn, womöglich mit langem Bart, vorgestellt. Rühle aber war nur sechs Jahre älter als ich. Im Knopfloch trug er das goldene Parteiabzeichen, das nur Parteigenossen mit einer Mitgliedsnummer unter hunderttausend erhielten. Er war mittelgroß, hager, blaß und nervös. Er trug natürlich keinen Bart.

Er erklärte, die Idee stamme vom Herrn Reichsaußenminister. Ich würde vorerst nur Angestellter, also nicht in die reguläre Diplomatenlaufbahn aufgenommen; aber das könne später ja alles noch kommen. Der Kulturattaché werde zunächst im Range eines dritten Sekretärs, also eines geprüften Attachés stehen. Das Gehalt für Washington könne er mir nicht nennen; aber es werde sicherlich mehr als nur ausreichend sein.

Nach Kriebels Anruf sah er es als bereits entschieden an, daß ich Kulturattaché in Washington werde. Er fragte nicht einmal, ob ich in der Partei sei, sondern bat mich nur, in Heidelberg bereit zu stehen, auf sein Telegramm hin kurzfristig zu Ribbentrops Sommerresidenz

Schloß Fuschl im Salzburgischen zu kommen. Er wolle mich und zwei Kandidaten für andere Kulturattachéposten dem Herrn Reichsaußenminister vorstellen.

Ich wartete in Heidelberg. Aber ich hörte nichts mehr. Es kam weder ein Telegramm noch ein Brief.

Die Polenkrise begann. Hitler forderte Danzig und freien Durchgang durch den polnischen Korridor, der das Reich von Ostpreußen trennte. Er steigerte seine Forderungen ständig. Die Hektik der Vorschläge, Gegenvorschläge, massive Drohungen aus Warschau, Berlin, London und Paris machten das deutsche Volk, nicht nur das deutsche, sie machten die Welt nervös.

Briten und Franzosen verhandelten in Moskau mit Stalin. Ein Zweifrontenkrieg, den Hitler in seinem Buch »Mein Kampf« doch verurteilt hatte, stand vor der Tür. Die Spannung wurde unerträglich, alle meine Freunde und ich waren die ständige Hasard-Politik im Angesicht von Katastrophen, Hitlers Pokern mit immer höheren Forderungen leid. Wir sahen nervös und besorgt in die Zukunft. Nur Schrade widersprach und gab sich frohgemut.

»Der Führer sieht sicherlich besser als Sie, wie weit er gehen kann.«

So schien es uns dann in der Tat, als in den letzten Augusttagen wie eine Bombe die Nachricht von einem Treffen Ribbentrops mit Stalin eintraf und tags darauf von einer Verständigung der beiden.

Schrade hatte also wiederum recht behalten. Wieder waren wir Kleingläubigen es, die Hitlers Genie nicht erkannt hatten.

Doch dann marschierte Hitler am 1. September in Polen ein. Großbritannien und Frankreich erklärten uns zwei Tage später den Krieg. Man sah überall, in den Straßen, in der Universität, in Restaurants, besorgte Gesichter. Selbst Schrade war nachdenklich geworden.

Begeisterung? Zuversicht? Nirgends. Die Schrecken des Ersten Weltkrieges, die Materialschlachten, der Hunger, die Niederlage von 1918 und Versailles waren auch der Jugend durch Filme, Bilder und Bücher bekannt. Wir fürchteten, alles werde sich wiederholen, nur schlimmer als zuvor. Unsere Truppen würden vor der Maginot-Linie in Schutzgräben und Bunkern steckenbleiben. Millionen würden fallen. Wir sahen Gasangriffe auf deutsche Städte voraus. Gasmasken wurden ja schon verteilt, Lebensmittelkarten ausgegeben. Niemand von denen, die ich sprach, sah ein, daß dieser Krieg notwendig war.

Und trotz aller Beklemmung fühlte ich doch eine Spur der Erleichterung: Die ständige, zehrende, bedrückende Ungewißheit und Spannung waren nun vorbei. Die Entscheidung war nun gefallen, der Krieg war da.

Matthias war schon, Hans wurde jetzt eingezogen. Im Storchennest des Café Scheu, wo sich unsere Freundesrunde täglich traf, war ich der einzig Übriggebliebene. Nur Jackie, der Amerikaner, kam noch gelegentlich.

Auch Hubert Schrades Assistent Herbert Rudolph, dessen Nachfolger ich werden sollte, war beim Militär. Hubert Schrade hatte ebenfalls einen Gestellungsbefehl erhalten. Er war ja erst neununddreißig Jahre alt. Im Kunsthistorischen Institut waren nur noch einige Damen verblieben.

Und ich?

Man sagte mir, als ich mich im Wehrkreiskommando erkundigte, wann ich zu meiner Kurzausbildung einberufen werde, an Ungedienten sei man zur Zeit gar nicht interessiert. Aber irgendwann, dessen war ich gewiß, würde irgend jemand kommen und mich zu einer Aufgabe einziehen, die mir vielleicht ganz zuwider war.

Ich suchte Jaspers auf und schilderte ihm meine Lage. Er hörte mich schweigend an.

»Irgendwer wird mich einfangen«, sagte ich. »Ich trage nun diese schwarzgefärbte SA-Hose mit Marschstiefeln und ein Braunhemd. Damit sehe ich dann schon nicht mehr ganz wie ein Zivilist aus.«

Jaspers lächelte, sagte aber nichts.

»Ich sitze im Institut und soll ein Proseminar über Stilmerkmale der kunstgeschichtlichen Epochen vorbereiten, und draußen höre ich den harten Schritt der Weltgeschichte.«

»Schritt der Weltgeschichte?« fragte Jaspers. »*Ich* höre ihn nicht.«

»Vielleicht«, erwiderte ich, »haben die Griechen ihn während der Schlacht von Marathon auch nicht gehört.«

»Ich bin sicher«, sagte Jaspers heftig, »daß sie ihn hörten. Sie kämpften für die Freiheit gegen persische Knechtschaft. Aber heute?« Er schüttelte den Kopf. »Nein.«

»Wird aber die Welt nach diesem Krieg nicht ganz anders aussehen als jetzt?«

»Das hoffe ich sehr. Nämlich, daß wir den Spuk bei uns los sind. Aber wenn Sie die Unsicherheit nicht ertragen können – warum fragen Sie nicht beim Auswärtigen Amt an, ob das alte Angebot noch gilt?«

»Ich habe nicht mehr nachgefragt; denn man wird wissen wollen, ob und seit wann ich in der Partei bin. Und damit würde das Angebot dann entfallen.«

»Ich bin nicht so sicher. Lassen Sie es darauf ankommen!« antwortete er. »Vielleicht ist man im Auswärtigen Amt weiterherziger als anderswo. Außerdem wird man Ihnen diese Frage auch stellen, bevor Sie als Assistent im Kunsthistorischen Institut angestellt werden.«

Daß er den Schritt der Weltgeschichte nicht hören wollte, verstand ich nicht. In meinen Ohren dröhnte er gewaltig. Er wehrte sich wohl nur gegen meinen Gedanken, weil er Hitler nicht als Beweger der Weltgeschichte anerkennen wollte.

Ich rief Geheimrat Rühle an. Er sagte, ich solle sofort nach Berlin kommen.

Da traf ich Gustav Adolf Sonnenhol, der Austauschstudent in Frankreich gewesen und jetzt Attaché oder Legationssekretär im Auswärtigen Amt war.

Wir gingen im Tiergarten spazieren; er in der schwarzen Uniform eines SS-Mannes.

Er sagte: »Merke dir! Ganz sicher ist zum ersten: Der Krieg wird sehr viel länger dauern, als wir jetzt annehmen. Und zum zweiten: Wir werden so aufs Haupt geschlagen, wie wir es noch nie in unserer Geschichte erlebt haben.«

Mir schien diese Voraussage aus dem Munde eines SS-Mannes so bemerkenswert, daß ich sie nie vergessen habe. Wir wurden und blieben fortan gute Freunde.

Der Dämon und das Dämonische

Im Deutschen Akademischen Austauschdienst in Berlin gab ich einen Artikel für einen Heimatrundbrief ehemaliger Austauschstudenten in den USA ab. Er handelte von Hitler; es ist das einzige Mal, daß ich zu seinen Lebzeiten über ihn geschrieben habe. Ich sprach ihm in dem Artikel sogar Größe zu.

Zum Anlaß hatte ich einen Leitartikel der *Chicago Daily Tribune* zu seinem 50. Geburtstag genommen, in dem der amerikanische Journalist schrieb: »*Napoleon was a much more explicable figure and his progress followed a logical and reasonable line of development which could be understood.*«

Adolf Hitler aber sei »neurotisch«; damit meinte er, Größe könne ihm nicht zugesprochen werden.

Der amerikanische Journalist verstand Napoleon; Goethe dagegen verstand ihn nicht. Für ihn war, so schrieb ich, Napoleon keineswegs eine erklärliche Gestalt.

Er sagte am 2. März 1831 zu Eckermann, das Dämonische sei »dasjenige, was durch Verstand und Vernunft nicht aufzulösen ist«. Als Eckermann einwarf, Napoleon scheine dämonischer Art gewesen zu sein, antwortete Goethe: »Er war es durchaus, im höchsten Grade, so daß kaum ein anderer ihm zu vergleichen ist.«

Ich behauptete kühn, es gebe in der amerikanischen Geschichte keinen Menschen, dem man – Washington, Lincoln und Franklin in Ehren – uneingeschränkt den Namen »Der Große« beilegen könne. Hitler sei nicht »neurotisch«, sondern eine dämonische Figur.

Es gibt (schrieb ich) in der amerikanischen Geschichte keinen Mann, der eine solche »dämonische«, unerklärliche Gewalt gehabt hätte... Sein Handeln ist nicht aus der »vernünftigen Entwicklungslinie« zu erklären. Sein Weg ist nicht vorauszusehen.

Bis vor kurzem hatte ich geglaubt, Hitler sei, wenn auch nicht verrückt, so doch ein höchst gefährlicher Spieler, der bedenkenlos das Schicksal des deutschen Volkes für seine politischen Ideen aufs Spiel setzte. Doch immer, wenn ich Unglück und Katastrophen dieser Politik vorausgesehen hatte, widerlegte er mich mit seinem Glück, das ihn zu begleiten schien, wie es Julius Caesar begleitet hatte. Es ging nicht mit rechten Dingen zu.

Ich begann, ihn jetzt anders zu sehen, nämlich als eine historische, vielleicht sogar notwendige Existenz, die als »Wille des Zeitalters« erscheinen konnte, von der Jacob Burckhardt sprach.

Ich glaubte nun, Hitler bisher zu streng und moralisierend beurteilt zu haben, indem ich von ihm auch Güte, Nachsicht, Großherzigkeit, Geduld und Rechtschaffenheit erwartet hatte. Wo doch Burckhardt sagte, das große »Individuum weiß, was die Nation eigentlich *wollen müßte*, und vollzieht es«. Ihm werde sogar eine »merkwürdige Dispensation vom Sittengesetz« erteilt, heißt es in seinem Aufsatz über die historische Größe in den »Weltgeschichtlichen Betrachtungen«, die ich immer mit mir geführt habe. Neben Eckermann.

Dennoch war ich weit davon entfernt, Hitler zu verehren und zu bejubeln und die Unfreiheit, den Terror, die antisemitische Politik zu billigen, die Politik am Rande des Abgrunds gutzuheißen. Er war mir nur immer rätselhafter und unheimlicher geworden – dämonischer.

Schon lange hatte ich in dem Dämonischen eine der urtümlichsten und stärksten Kräfte gesehen, die uns entgegentreten und, von August Gauls Menschenaffen ausgehend, mit diesem Gedanken auch meine Dissertation beendet. Freilich war »das Dämonische« nur ein Wort für das Unerforschliche, das schicksalhaft, von uns Menschen nicht beeinflußbar, unseren Weg bestimmte, und dem wir uns, wie ich meinte, nicht entziehen konnten, sondern das wir tragen und dem wir uns unterwerfen mußten.

Im 20. Kapitel von »Dichtung und Wahrheit« überfiel mich dann unerwartet Goethes gewaltiges Bild von der Macht und dem Wirken des Dämonischen in der Weltordnung. Eine erregende, ungeheure Schau auf die Welt und das, was sie bewegt. Ein, zwei Seiten, nicht mehr. Urworte, orphisch. Sie ergriffen mich und ließen mich nicht mehr los, als seien sie ganz auf meine Zeit und meine Ahnungen gerichtet.

Das Dämonische, schreibt er, den Begriff ins Kosmische ausweitend, das sich in allem Körperlichen und Unkörperlichen (!) manifestieren kann, sich ja auch bei den Tieren aufs merkwürdigste ausspreche, stehe

> vorzüglich mit dem Menschen im wunderbarsten Zusammenhang und bildet eine der moralischen Weltordnung, wo nicht entgegengesetzte, so doch sie durchkreuzende Macht, so daß man die eine für den Zettel, die andere für den Einschlag könnte gelten lassen...

Am furchtbarsten aber erscheint das Dämonische, wenn es in irgend einem Menschen überwiegend hervortritt... Es sind nicht immer die vorzüglichsten Menschen, weder an Geist noch an Talenten, selten durch Herzensgüte sich empfehlend; aber eine ungeheure Kraft geht von ihnen aus, und sie üben eine unglaubliche Gewalt über alle Geschöpfe, ja sogar über die Elemente, und wer kann sagen, wie weit sich eine solche Wirkung erstrecken wird? Alle vereinten sittlichen Kräfte vermögen nichts gegen sie; vergebens, daß der hellere Teil der Menschen sie als Betrogene oder Betrüger verdächtigen will, die Masse wird von ihnen angezogen... Sie sind durch nichts zu überwinden, als durch das Universum selbst, mit dem sie den Kampf begonnen, und aus solchen Bemerkungen mag wohl jener sonderbare, aber ungeheure Spruch entstanden sein: *Nemo contra deum nisi deus ipse.*

Jaspers wehrte sich dagegen. In einem Vortrag nach dem Kriege fragte er, ob Goethe dieses Wort nicht zu früh ansetzt und dadurch am konsequenten Durchdenken gehindert wird. Eine Denkungsweise, »die zur Folge hat, daß ihm vielleicht mehr als notwendig die Antwort auf letzte Fragen ausbleibt und zu früh durch ein ungefährliches, wenn auch ungemein eindrucksvolles, andeutendes oder symbolisches Sprechen ersetzt wird«.

Ein guter Einwand, nur kann auch Jaspers keine »durchdachte, klare« Erklärung dessen geben, was Goethe das »Dämonische« nannte. Und in seinen begrifflichen Deutungsversuchen nähert er sich ihm nur scheinbar um einige Schritte. Das Entscheidende entzieht sich auch philosophischem »klaren Durchdenken«. Es bleibt, wie oft auch bei Heidegger, bei einem großartigen, kunstvollen begrifflichen Umkreisen eines Phänomens, in dessen Kern man dann aber doch nicht eindringen und das man nicht verstehen kann. Man ist also auch nicht weitergekommen als Goethe, der es angeblich »zu früh« dämonisch genannt hatte.

Die Folge des Nachdenkens über die historische Größe und das Dämonische war, daß mein Widerspruch zu den bedrückenden politischen Erscheinungen bei uns zwar blieb, daß mich aber der Gedanke an unser »Knirpstum«, von dem Burckhardt sprach, lähmte und daß ich keinen Weg sah, wie man einer dämonischen Gewalt in den Arm fallen konnte, deren Erfolge und deren Glück nicht geheuer waren.

Ein ernsthafter, tätiger Widerstand gegen die außerdem festgefügte und allseits abgesicherte Macht dieses Mannes und des Staates kam mir damals nicht in den Sinn. Ich hätte keinem solchen Versuch auch nur die geringste Chance eines Erfolges gegeben. Es blieb uns nichts übrig, fürchtete ich, als das Schicksal auf uns zu nehmen. Ich konnte allenfalls von einem anderen, einem freien Deutschland träumen. Diese Meinung änderte ich erst, als Glück und dämonischer Genius Hitler im Rußlandkrieg verließen und seine Statur in meinen Augen auf das Maß normaler Sterblicher schrumpfen ließ, und er nicht mehr gefeit zu sein schien. Da hielt auch ich Widerstand für möglich, ja notwendig.

Eine unnötige Eheschließung

Bei Geheimrat Rühle herrschte Mitte September 1939, zwei Wochen nach Kriegsausbruch, offenbar Durcheinander. Er ließ sich meinen »Vorgang« kommen und war selbst erstaunt, als er darin las, daß alles bereits geplant und entschieden war: Ich sollte in etwa drei Wochen, am 12. Oktober, mit einem amerikanischen Schiff über Genua nach New York ausreisen und meinen Posten als Kulturattaché bei der Deutschen Botschaft in Washington unverzüglich antreten. Eine Vorstellung beim Reichsaußenminister sei nicht mehr vorgesehen. Ich habe ihn überhaupt nie zu Gesicht bekommen.

Ich rief sofort in Heidelberg an. Die Geliebte, fürchtete ich, könnte mir, während ich in Amerika war, verlorengehen. Konnte ich sie überhaupt jetzt im Krieg allein hier sitzen lassen? Ich fragte sie daher, ob sie mich noch vor meiner Ausreise heiraten würde.

»Aber das kommt so plötzlich. Ich weiß gar nicht. Es ist das erste Mal, daß wir so konkret darüber reden. Datum und alles.«

»Willst du denn nicht?« fragte ich, und meine Knie wurden schwach.

»Doch, ja, natürlich will ich. Gleich!«

Ich unterzeichnete also in der Wilhelmstraße einen Anstellungsvertrag als Wissenschaftlicher Hilfsarbeiter. Richard Kempe in der Personalabteilung hatte schon alles vorbereitet. In den folgenden drei Wochen sollte ich mich in der Kulturabteilung einarbeiten.

Doch zuerst fuhr ich nach Heidelberg und beantragte auf dem Standesamt unsere Eheschließung.

»Vor dem 12. Oktober? Aber das sind ja nur drei Wochen!« rief der Standesbeamte. »Unmöglich! Wir brauchen Ihre Ariernachweise, Leumundszeugnisse und was nicht sonst noch alles.«

Was nicht sonst noch alles – das waren vermutlich die Auskünfte von den Sicherheitsbehörden.

»Sind Sie überhaupt arisch?«

»Ja.«

»Warum wollen Sie aber dann nach Amerika?« fuhr er fort. »Für immer? Wir haben doch Krieg. Sind Sie eigentlich uk-gestellt?« fragte er, das hieß: der Wehrmacht als »unabkömmlich« gemeldet und vom Militärdienst freigestellt.

»Ich muß das noch in Berlin beantragen. Ich arbeite im Auswärtigen Amt.«

Das schien ihn gar nicht zu interessieren.

»Und haben Sie und Ihre Verlobte einen Ariernachweis? Bis zu den Großeltern?«

Er war wenig hilfsbereit und sah nur Probleme.

»Und wie wollen Sie denn heutzutage überhaupt nach Amerika kommen?«

Ich antwortete: »Das darf ich Ihnen nicht sagen.«

»Warum nicht?« fragte er und richtete sich auf.

»Es ist geheim.«

Er sah mich lange prüfend an und überlegte. Dann ging er in ein Nebenzimmer. Es dauerte eine ganze Weile, bis er wieder herauskam. Er sagte mit einem leisen Seufzer: »An welches Heiratsdatum hatten Sie denn gedacht?«

Wir heirateten am 2. Oktober. Inges Mutter, meine Eltern und meine Schwester waren auch gekommen. Das Zerwürfnis mit meinem Vater war, obwohl meine Mutter es versucht hatte, wiederum nicht beigelegt worden. Im Gegenteil. Er mißbilligte die Heirat.

Ich fuhr am Tag darauf nach Berlin, wo mir der Leiter der Kulturabteilung streng verkündete, daß ich erstens ohne Genehmigung des Auswärtigen Amtes gar nicht hätte heiraten dürfen, und daß zweitens die Eheschließung überhaupt unnötig gewesen sei, denn meine Reise nach Amerika sei abgesagt worden. In New York werde ein Informationszentrum unter einem Herrn Schmitz eingerichtet, und deshalb sei keine Planstelle für einen Kulturattaché in Washington mehr vorhanden. Ich sollte erst einmal weiter im Referat Kult/U, das heißt »Universitäten« der Kulturabteilung, arbeiten.

Meine Frau – wie ungewohnt das jetzt klang! – kam nach Berlin. Wir fanden zwei elegant möblierte Zimmer bei einer Frau Heinersdorf in Lankwitz.

Als Gehalt bekam ich 350 Reichsmark im Monat, 150 Mark gingen davon ab für die Miete. Wir besuchten meinen Onkel Martin Dornbusch in Bralitz bei Freienwalde, der die Ziegeleien meines Großvaters geerbt hatte. Als er hörte, wieviel ich verdiente, steckte er uns gleich fünfhundert Mark zu. Außerdem fand er, daß meine Frau, meine Schwester und unzählige Verwandte und Bekannte den Namen Inge trugen. Er nannte meine Frau daher »Franz«. Ich fand den Namen nicht schlecht, weil der Navigator in der Pilotenkanzel des Flugzeugs, der den Kurs angibt, auch »der Franz« ist, der aufpassen soll, daß man sich nicht verfranzt.

Der Name blieb ihr bis heute; sie hat sich daran gewöhnt und die mit dem Namen verbundene Aufgabe auch immer wahrgenommen. Ich werde sie deshalb von jetzt an auch hier »Franz« nennen.

Auswärtiges Amt

Mit dem Regime arrangiert?

Man hat mich nach dem Kriege gefragt, warum ich mich »mit dem Nationalsozialismus arrangiert habe und freiwillig in Ribbentrops Auswärtiges Amt eingetreten sei«. Wenn ich zurückfragte, was die Fragenden denn an meiner Stelle gemacht hätten, schwiegen sie, wußten es nicht oder antworteten mit Plänen, die damals absolut undurchführbar gewesen wären. Ich will dazu etwas sagen. Nicht um mich zu verteidigen; denn dafür sehe ich keinen Grund, auch sonst nirgendwo in diesem Buch, sondern ich will nur die Zeit und meinen Weg in ihr schildern und erklären, damit man beides verstehen kann.

Die Verhältnisse in Hitlers Staat sind heute schon so schwer zu verstehen, als liege die Zeit Jahrhunderte zurück. Auch mir fällt es nicht immer leicht, was in den Kriegsjahren in Deutschland vor sich ging zu begreifen, als ich in Ostasien war. Es bedarf oft einiger Mühe und Überwindung zu erkennen und manchmal auch des Mutes zu sagen, wie es damals eigentlich gewesen ist. Das Bild des »Dritten Reichs« ist schon früh verfälscht worden, schon seit der Entnazifizierung, als jeder ein Widerstandskämpfer gewesen sein wollte, und später durch die eingängigen, aber primitiven Vorstellungsklischees, mit denen die Achtundsechziger-Generation aufwuchs.

Welche Möglichkeiten hatte ein junger Mann, der bei Kriegsbeginn als angehender kunsthistorischer Assistent in einem Institut saß? Sicher war, daß diese Tätigkeit nicht als »kriegswichtig« angesehen wurde und daß er deshalb entweder zum Wehrdienst eingezogen oder von irgendeiner anderen Behörde des Staates oder der Partei zu einer kriegswichtigen Aufgabe dienstverpflichtet würde. Daß er sich bis zum Ende des Kriegs unbemerkt im Kunsthistorischen Institut hätte verbergen können, war undenkbar, und wenn ich gesagt hätte, ich wolle *nicht* Kulturattaché werden, hätte das Auswärtige Amt ohne weiteres von sich aus die Dienstverpflichtung aussprechen können.

Natürlich hätte ich abwarten können; aber die Gefahr bestand, daß mich dann eine andere Behörde, vielleicht eine unsympathischere, eingezogen und, da ich schon in Zeitungen geschrieben hatte, zum Beispiel in eine Propaganda-Kompanie gesteckt hätte, um Heldenberichte zu schreiben oder Gegner des Nationalsozialismus zu schmähen. Es lassen sich noch weit unangenehmere Beispiele denken.

Einen unpolitischen Beruf aussuchen?

Es gab, wenn ich die Lage von damals zu rekonstruieren versuche, vom Militär abgesehen, allenfalls zwei unpolitische Berufe, in denen man sich einer Dienstverpflichtung mit einiger Aussicht hätte entziehen können: als Arzt oder als Geistlicher. Für beide war ich durch mein Studium nicht qualifiziert.

Aber auch sie hätten keine volle Sicherheit geboten. Meine beiden Wittenberger Schulfreunde Albrecht und Ulrich Pape sind in einer und derselben Woche in Rußland gefallen: Albrecht als Wehrmachtspfarrer und sein Zwillingsbruder Ulrich als Wehrmachtsarzt.

Die Arbeit als Kulturattaché in Washington wäre für mich eine Aufgabe gewesen, in der ich verhältnismäßig selbständig hätte handeln können. Ein Glücksfall.

So sah Karl Jaspers es ja auch.

Im Auswärtigen Amt gab es zudem viele selbständig denkende und handelnde Männer, die unter Gefahren versuchten, Hitlers Politik anders zu lenken, von Staatssekretär Ernst von Weizsäcker, Erich und Theo Kordt zu Etzdorf, Johnny Herwarth bis zu Scheliha, Haeften, Hassel, Schulenburg und anderen, die im Widerstand umgekommen sind.

Ein Amt ablehnen heißt, seine Pflicht vergessen. Wer nur seine persönliche Reinheit und Unschuld bewahren will, der findet sich mit der Unordnung in den gesellschaftlichen Beziehungen ab. Der gebildete, edle Mensch dagegen übernimmt öffentliche Ämter und verwaltet sie pflichtgemäß. Daß die Gebote der Sittlichkeit sich nicht durchsetzen werden, das weiß er.

So sprach vor zweieinhalbtausend Jahren Konfuzius zu allen, die unter Unrechtsherrschaft lebten und leben.*

* Gespräche, Lun Yü, XVIII, 7.

Die Kulturabteilung war, da sie im Auswärtigen Amt zwar als schmük-
kendes, im übrigen aber belangloses Anhängsel galt, nicht in der
Wilhelmstraße, sondern in einem alten Haus in der Kronenstraße
untergebracht.

Ich arbeitete bei einem Legationsrat, der wußte, daß er nie eine
Beförderung erwarten durfte, ja, daß er froh sein mußte, wenn man ihn
überhaupt in Ruhe ließ und möglichst vergaß: Seine Frau war Polin.

Da es nichts zu tun gab, versuchte ich die Heidelberger Universität
zu überreden, eine absolut unpolitische, illustrierte Vierteljahreszeit-
schrift *Old Heidelberg* für die ehemaligen amerikanischen Studenten
herauszugeben. Ich verhandelte auch mit der Universität; aber es
wurde nichts aus dem Projekt, weil ich es nicht weiter verfolgte.

Mir waren nämlich in der Kronenstraße einige alte Austauschstudenten begegnet – Georg von Lilienfeld aus den USA, Günter Diehl
und Adolf Sonnenhol aus Frankreich. Hans Schirmer aus England –,
die berichteten, Rühle errichte ein Referat für den Auslandsrundfunk.
Von den bisher engagierten Mitarbeitern seien viele alte Austauschstudenten. Ich meldete mich gleich bei Rühle, der mich mit Aufbau und
Leitung der Nachrichtenzentrale des neuen Referats Kult/R beauftragte. Das Referat wurde später eine große, selbständige Abteilung, die
dann in die Saarlandstraße, nicht weit vom Anhalter Bahnhof, umzog.

Bei mir liefen nun die Meldungen des Deutschen Nachrichtenbüros
und Transozeans, der Wirtschafts- und Auslandsinformationsdienste
sowie die immer umfangreicher werdenden Abhörberichte der Auslandssender zusammen. Meine Aufgabe war, sie schnell an die Redaktionen, soweit sie dort interessieren konnten, weiterzuleiten.

Ich erhielt vier Mitarbeiter, so daß die Nachrichtenzentrale Tag und
Nacht besetzt war. Kreativ war die Arbeit zwar nicht, aber ich war über
alles, was Presse und Rundfunk des Auslands berichteten, sofort
informiert und las auch den vertraulichen, nicht zur Veröffentlichung
bestimmten Dienst des Deutschen Nachrichtenbüros (DNB) mit den
Berichten unserer Auslandskorrespondenten.

Hans Schirmer, Rühles Stellvertreter, unterrichtete uns täglich in
einer Konferenz über die »Sprachregelung« der Wilhelmstraße, an der
als Vertreter der Presseabteilung Ernst-Günter Focke teilnahm, früher

Austauschstudent in Italien, dessen respektlose und ironische Kommentare zu den Ereignissen in Deutschland und der Welt uns unentbehrlich wurden und der mir bis zu seinem viel zu frühen Tod ein guter Freund blieb.

Die Rundfunkabteilung zählte bald hundert Mitarbeiter oder mehr, die alle Sprachen bis zu Maghrebinisch, Hindi und Urdu kannten. Der Ausstoß der Redaktionen an Nachrichten und Kommentaren war gewaltig. Die Texte wurden an den Reichsrundfunk weitergeleitet.

Gesendet wurde davon freilich nichts. Fast alle Manuskripte landeten im Papierkorb oder in den Akten, was dasselbe ist; denn das Auswärtige Amt hatte ja keine Rundfunksender. Alle Sender unterstanden dem Reichspropagandaminister Goebbels, der seinen eigenen Stab von Auslands-Rundfunk-Redakteuren hatte und keine Einmischung duldete.

Der Kampf zwischen Ribbentrop und Goebbels um die Kompetenz für die Auslandspropaganda wurde mit äußerster Härte und Verbissenheit bis zum Ende des Krieges geführt. Im Jahr 1940 engagierte Rühle daher Kurt Georg Kiesinger, den Star-Repetitor der Berliner Juristen, als Rechtsberater.

Er hatte ein »Verbindungsbüro« im Funkhaus in der Masurenallee, und manchmal gelang es ihm, in Zusammenarbeit mit der Wehrmachtszensur, den einen oder anderen Kommentar aus Rühles Abteilung unterzubringen. Doch starke Möbelpacker trugen eines Tages, als Kiesinger an seinem Schreibtisch saß, alle Akten und Möbel auf den Flur, so daß er sich schließlich auf dem Linoleum niederlassen mußte. Ein Adjutant Ribbentrops und einige SS-Leute drangen mit gezogenen Revolvern ins Funkhaus ein und brachten Kiesinger einen Eßkorb. Die Möbel aber blieben draußen, und mit dem Verbindungsbüro zum Funkhaus war es aus.

Die Rundfunkabteilung des Auswärtigen Amtes war, was ihre eigentliche Arbeit betraf, ein Phantom. Sie war fast ausschließlich damit beschäftigt, Punktsiege im Kampf gegen das Propagandaministerium zu gewinnen. Es war eine den ganzen Krieg über andauernde, kaum glaubliche Groteske, aus den umfangreichen Akten belegt, am besten von Kiesinger aus eigener Erfahrung in seinen Memoiren beschrieben.

Kiesinger habe ich damals nicht kennengelernt, weil ich kurz nach seiner Einstellung ins Ausland ging und weil sein Büro nicht bei uns, sondern im Rundfunkhaus in Charlottenburg war, erhielt aber, als er Nachfolger Schirmers und stellvertretender Abteilungsleiter geworden war, auf meinem neuen Posten fast täglich Telegramme von ihm.

Erst nach dem Kriege fanden wir zusammen, als er in Heidelberg einen Vortrag über Alexis de Tocqueville hielt. Ich blieb ihm seitdem eng verbunden. Noch kurz vor seinem Tod wählte er mich als Partner für ein Fernsehgespräch, in dem wir über Politik, Geschichte, die Welt und unsere Zeit meditierten.

Ich greife jetzt weit voraus, wenn ich eine spätere Begebenheit berichte, die etwas die Art und Weise politischer Entscheidungen in unserer Bundesrepublik beleuchtet:

Am 8. November 1966 sollte die CDU/CSU-Fraktion des Bundestags den Nachfolger des Bundeskanzlers Erhard nominieren. Kandidaten waren Schröder, Gerstenmaier, Kiesinger und Barzel.

Am 7. November, einen Tag vor der Nominierung, versammelte Kiesinger seine alten Mitarbeiter aus der Rundfunkabteilung – Hans Schirmer, Adolf Sonnenhol, Günter Diehl und mich – in der Baden-Württembergischen Landesvertretung in Bonn, um sich mit uns zu beraten. Kiesinger war nervös und besorgt wegen eines Artikels in der *Washington Post*, in dem ihr Bonner Korrespondent Anatol Shub ihm vorwarf, *SA-Officer* und *Political Commissar* gewesen zu sein. Solche Vorwürfe, meinte er mit Recht, könnten seine Nominierung am nächsten Tag verhindern. Er schilderte uns lang und breit seine Beziehungen zum Nationalsozialismus, die wir doch kannten; doch er meinte immer, er müsse sich rechtfertigen.

Draußen, in einem anderen Zimmer, berieten inzwischen die Landesvorsitzenden der süddeutschen CDU über die Vorwürfe der *Washington Post*, und ob sie unter diesen Umständen seine Nominierung unterstützen könnten. Kiesinger sagte uns, er bestehe auf einer Vertrauenserklärung der CDU. Wenn er die nicht bekomme, wolle er seine Folgerungen daraus ziehen.

»Doch nicht etwa Ihre Kandidatur für das Amt des Bundeskanzlers zurückziehen, bevor diese Vorwürfe widerlegt sind!« fragte ich.

»Nein«, rief Kiesinger, »aus der Partei austreten!«

»Langsam, langsam!« riefen Günter Diehl und ich. »Erst mal abwarten. Keine vorschnellen Entscheidungen!«

Kiesinger sah das ein. Ich nahm ein Stück Papier und entwarf eine Erklärung zu den Anschuldigungen der *Washington Post*.

Kiesinger war gerade von Gerhard Schröder gekommen, der ihm das Außenministerium angeboten hatte, unter der stillschweigenden Voraussetzung, die Partei werde ihn als Nachfolger Erhards zum Bundeskanzler vorschlagen. Die außenpolitischen Möglichkeiten, habe Schröder gesagt, seien zwar gering, aber Kiesinger könne sicher etwas zur Verbesserung der Atmosphäre im Verhältnis zu Frankreich tun.

»Ein bißchen großspurig«, war Kiesingers Kommentar.

Schröder schien mir nach den Gerüchten über die Stimmenzahl in der Tat der aussichtsreichste Kandidat zu sein, und da ich einer seiner engeren Mitarbeiter gewesen war und ihn unter den Anwesenden am besten kannte, riet ich Kiesinger, das Angebot anzunehmen. Er werde sich sicher manchmal über ihn ärgern, aber Schröder werde stets zu ihm stehen. Schröder sei bisher an einer folgerichtigen, konstruktiven Außenpolitik, besonders gegenüber den Staaten Osteuropas, durch die CSU, jedoch auch durch manche Abgeordnete der CDU und die Vertriebenenverbände gehindert worden, die ihm immer wieder Knüppel zwischen die Beine geworfen hätten; und Erhard habe ihn nie gedeckt.

Kiesinger wiegte den Kopf. Dann, sagte er, müsse er aber im Vorzimmer warten, wenn ausländische Regierungschefs sich zu einem Vier-Augen-Gespräch mit dem Bundeskanzler zurückzögen. Das behage ihm gar nicht.

Adolf Sonnenhol warf mir vor: »Aber siehst du denn nicht, daß der künftige Bundeskanzler neben dir sitzt?«

»Nein«, antwortete ich, »das sehe ich nicht. Bisher sieht es so aus, als ob Schröder die meisten Chancen hat. Aber wenn Sie« – zu Kiesinger gewandt – »die Mehrheit der Fraktion bekommen können, wäre die Kombination auch umkehrbar: Sie könnten Schröder dann Außenminister bleiben lassen.«

Kiesinger mußte oft zu den süddeutschen Landesverbandsvorsitzenden gehen, die immer noch schwankten.

Wir diskutierten noch bis halb zwei. Als die anderen gegangen waren, schrieb Günter Diehl meinen Erklärungsentwurf zu dem Artikel der *Washington Post* ins reine. Aber Kiesinger wollte am nächsten Tag keine Erklärung veröffentlichen. Günter Diehl und ich benutzten ihn deshalb für ein Telegramm Kiesingers an den Herausgeber der *Washington Post*, das dann auch die deutsche Presse publizierte.

Von Giselher Wirsing, dem Chefredakteur der Wochenschrift *Christ und Welt* erfuhr ich, Strauß habe ihm gesagt, er werde für Gerstenmaier als Kanzler stimmen; er fliege gleich nach München, um die CSU darauf einzuschwören.

»Ja, Strauß wird für Gerstenmaier stimmen«, sagte Kiesinger amüsiert, als ich ihm das berichtete. »Aber von ihm abgesehen wird die gesamte CSU mich wählen. Das habe ich längst in München mit ihrem Generalsekretär Jaumann verabredet.«

Am Tag darauf hörten wir, der *Spiegel* werde ein Dokument veröffentlichen, aus dem hervorgehe, daß mein Nachfolger in der Nachrichtenzentrale der Rundfunkabteilung, Dörries, und der USA-Referent Ahrens, Kiesinger im Jahr 1944 beim Reichssicherheitshauptamt der SS wegen seiner defätistischen Haltung denunziert hätten: Er denke an Verhandlungen mit Großbritannien. Besonders aber warfen die Denunzianten ihm vor, antisemitische Propaganda zu verhindern, wofür sie viele Beispiele anführten.

Kiesinger hörte zum erstenmal davon, war enttäuscht von der Illoyalität seiner früheren Mitarbeiter. Politisch aber kam ihm die Nachricht in diesem Augenblick gerade recht. Conrad Ahlers hatte das Dokument ausgegraben und veröffentlicht, ohne Augstein zu unterrichten, wie dieser später mit deutlichem Unwillen über Conrad Ahlers' eigenmächtige Handlungsweise erzählte, der, wie er meinte, damit nur seine Berufung zum stellvertretenden Regierungssprecher habe fördern wollen.

Ein paar Tage später, als Kiesinger von der Fraktion bereits nominiert worden war und er zur Beratung der Kabinettsliste den noch amtierenden Außenminister Gerhard Schröder aufsuchte, hatte dieser Kiesingers Personalakte vor sich auf dem Tisch und sagte, er sehe hier, Kiesinger sei Blockleiter der Nationalsozialistischen Partei gewesen. Wenn dies publik würde, wäre der Schaden für ihn und für das Ansehen des Bundeskanzleramts in der Welt nicht abzusehen. So erzählte es Kiesinger.

»Polizeiministermethoden! Wie Fouché! Reine Erpressung!«
Kiesinger war sehr aufgebracht. Seitdem war das Tischtuch zwischen beiden zerschnitten.

In seiner Abneigung gegen Schröder traf er sich mit dem Alt-Bundeskanzler Adenauer. Kiesinger erzählte später, bei seinem letzten Besuch an Adenauers Krankenbett, wenige Tage vor seinem Tode, habe dieser ihn beschwörend vor Schröders »Falschheit« gewarnt. Ich berichte das so, wie Kiesinger es mir erzählt hat, verstehen aber kann ich es nicht; denn ich habe Schröder immer als Ehrenmann erlebt und nie Falschheit an ihm entdeckt.

Als Kiesinger zum Bundeskanzlerkandidaten nominiert worden war, habe ich ohne sein Wissen im Archiv des Auswärtigen Amtes die Akten der Rundfunkabteilung durchgesehen, aber keinen einzigen ihn kompromittierenden Hinweis gefunden.

Eine heimliche, unheimliche Botschaft

Doch ich bin meiner Biographie weit vorausgeeilt. Deshalb, und bevor ich mich in der Erinnerung an spätere Zeiten verliere, zurück zur Rundfunkabteilung des Auswärtigen Amtes in Berlin!

Im Frühjahr 1940 traf ich einen mir flüchtig bekannten älteren Beamten aus der Wilhelmstraße in der Rundfunkabteilung. Es war gerade Mittagszeit, und wir gingen in ein kleines Restaurant ganz in der Nähe. Beim Essen fragte er mich: »Wohnen Sie nicht bei Frau Heinersdorf?«

»Ja«, antwortete ich. »Sie ist eine freundliche und gebildete Dame. Sieht für ihr Alter auch noch gut aus. Aber Sie kennen sie wohl?«

(Für ihr Alter! Sie war höchstens Mitte Vierzig!)

»Nicht direkt«, sagte er. »Wohnt ihr Mann jetzt auch bei ihr? Oder kommt er manchmal?«

»Nein. Er lebt in Paris. Er ist Maler. Im Flur hängt eine ganze Galerie herrlicher Bilder von Pechstein, mit dem er wohl befreundet war. Frau Heinersdorfs Mann hat vor allem Glasfenster für Kirchen gemalt.«

»Für Kirchen? Aber soviel ich gehört habe, ist er doch Jude.«

»Ja, ich weiß.«

»Ach, Sie wissen es?« Als wir den Eintopf ohne Marken bestellt hatten, kam er zur Sache. Er sagte:

»Ist es für einen Angehörigen des Auswärtigen Amtes nicht etwas ungewöhnlich, dann bei Frau Heinersdorf zu wohnen?«

»Wieso?«

»Na, mit einem Juden verheiratet, der emigriert ist. Ihre Tochter ist Halbjüdin.«

»Ja und? Wir sprechen überhaupt nicht über Politik.«

»Aber es sieht seltsam aus – jedenfalls in den Augen von Leuten, die von Berufs wegen neugierig sind. Neugierig sein müssen. Sind Sie eigentlich in der Partei?«

»Nein, aber ich bin im ›Arbeitskreis Junges Schaffen‹ der Reichsjugendführung.«

»Das hindert Sie aber doch nicht, in die Partei einzutreten.«

»Sie ist aber, soviel ich weiß, gesperrt.«

Er lächelte über dieses Argument.

»Aber doch nicht für Angehörige des Auswärtigen Amtes, die den ernsthaften Wunsch haben einzutreten.«

Dann sprach er von etwas ganz anderem; ich hatte jedoch seine Botschaft verstanden.

Ich war zornig und fuhr nach Dienstschluß zu Ernst-Lothar von Knorr.

»Sie dürfen es dem Mann nicht übelnehmen«, sagte er. »Ich glaube beinahe, er meinte es gut mit Ihnen. Er wollte Sie bloß warnen. Sie haben jetzt nur die Wahl: in die Partei einzutreten oder bei Frau Heinersdorf auszuziehen. Am besten beides.«

Also die Wahl, bei Frau Heinersdorf auszuziehen, weil ihr Mann Jude und Emigrant war, oder einen Akt zu vollziehen, mit dem die Partei mich zur Loyalität verpflichten wollte.

Ich blieb bei Frau Heinersdorf wohnen. Ich zog nicht aus.

In der nächsten Woche aber stellte ich bei der Ortsgruppe Berlin-Lankwitz den Antrag, mich in die Partei aufzunehmen. Ich sah das als Nötigung an.

In der Nacht vom 9. zum 10. Mai ließ Ribbentrop unter strikter Geheimhaltung im ehemaligen Reichspräsidentenpalais lange Erklärungen in alle wichtige Fremdsprachen übersetzen, in denen er den Angriff an der Westfront bekanntgab und die Verletzung der belgischen und niederländischen Neutralität zu rechtfertigen suchte. Sie sollten als erstes in aller Frühe der Welt verkündet werden. Rühle sollte das veranlassen.

Ich hatte davon keine Ahnung, denn es war ja alles so geheimgehalten worden. Beim Frühstück am nächsten Morgen hörte ich Goebbels' Stimme im Rundfunk: Die deutschen Truppen seien im Westen auf breiter Front zum Angriff angetreten. Die von Rühle übergebenen Erklärungen hatte Goebbels einfach in den Papierkorb geworfen. Ribbentrop hatte, als Goebbels früh um sechs den Angriff zum erstenmal verkündet hatte, sofort Rühle zu sich bestellt, getobt und ihn angeschrien, weil Goebbels ihm die Schau gestohlen hatte: Alle die schönen Erklärungen waren jetzt Makulatur! Er werde Rühle wegen Sabotage erschießen lassen. Die ganze Rundfunkabteilung sei sofort entlassen.

Rühle war, blaß und völlig verstört, noch vor Dienstbeginn im Büro erschienen.

Er traf dort als einzigen den wissenschaftlichen Hilfsarbeiter und Arabisten Munzel an. Auch Rühle begann nun nervös herumzuschreien, daß in dieser historischen Stunde niemand im Büro sei. Er selbst solle erschossen werden. Alle Mitarbeiter sind entlassen. Sofort! Wegen Sabotage!

Der Arabist Munzel aber war ein ganz ruhiger Mensch. Er hörte sich das an, und als Rühle eine Atempause machte, sagte er: »Herr Geheimrat, Sie haben sich an Ihrem Mantel den einen Ärmel ganz weiß gemacht.«

Da brach Rühle zusammen.

Es war im Mai, etwa acht Tage später. Hans Schirmer rief mich in sein Zimmer.

»Die niederländischen Rundfunkstationen Hilversum und Huyzen sind besetzt und in unserer Hand. Rühle hat sich schon mit Seyß-Inquart in Verbindung gesetzt, der morgen Reichskommissar in den Niederlanden werden soll. Die beiden Sender dürfen auf keinen Fall in Goebbels' Hände fallen.«

»Klar«, sagte ich. »Auf keinen Fall. Was willst du tun?«

»Dir den Auftrag geben, im Stab von Seyß-Inquart dafür zu sorgen, daß die Sender sofort von uns übernommen werden. Im Ausland hat Goebbels ja keine Kompetenzen, aber wir hätten endlich ein paar Sender für das, was in unserem Hause produziert wird, vor allem in Sendungen nach England.«

»Dann müßte ich wohl nach Holland umziehen.«

»Ja, natürlich. Wenigstens bis auf weiteres. Du kriegst dann natürlich Auslandsgehalt, ich weiß nicht wieviel, aber es wird wohl drei- bis viermal soviel sein wie das, was du jetzt bekommst. Und essen kann man da, soviel man will. Ohne Marken.«

»Gib mir eine halbe Stunde Bedenkzeit«, sagte ich. »Die Antwort fällt mir nicht so leicht. Ich will darüber mit Franz sprechen.«

Aber ich brauchte es gar nicht mit ihr zu besprechen. Ich kam nach ein paar Minuten wieder zu ihm und sagte: »Ich kann es nicht. Ich möchte nicht in einem besetzten Land arbeiten. Ich habe noch von früher Freunde in Den Haag. Ich könnte ihnen begegnen. Vielleicht findest du einen anderen.«

Hans Schirmer verstand das, aber er jammerte, daß er bis zum Abend einen Mann benennen mußte.

»Auch nicht für ein, zwei Wochen«, fragte er, »bis ich einen anderen gefunden habe?«

Ich schüttelte den Kopf.

Der mich als Kind vor einem Sturz bewahrt und so sanft die Treppe hinabgetragen hatte – ich meine Polen-Irmas Schutzengel –, der hatte, ich bin gewiß, all die Zeit an meiner Seite gestanden.

Seyß-Inquart wurde im Nürnberger Kriegsverbrecherprozeß zum Tode durch den Strang verurteilt.

Meine Sorge, es würde wie im Ersten Weltkrieg zu einem Stellungs-
krieg mit Millionen Toten kommen, war wiederum unberechtigt gewesen. Nach wenigen Tagen hatten die Niederlande und Belgien kapituliert, nach knapp sechs Wochen folgte Frankreich.

Auch ich war froh, daß der Westfeldzug nicht in Grabenkrieg oder
gar mit unserer Niederlage, einem zweiten Versailles geendet hatte. Ich
habe nie, auch später nicht, unsere militärische Niederlage gewünscht.
Den Sieg über Frankreich schrieb ich, wie alle Welt, Hitlers Genie und
seinem Glück zu, das mir immer unheimlicher wurde.

»Vielleicht«, sagte Ernst-Günter Focke, »hat er einmal um Mitternacht einen Pakt abgeschlossen. Mit seinem Blut unterschrieben. Das
würde alles erklären.«

»Möglich, aber ich denke an das Glück des Polykrates, das Ägyptens
König ebenso unheimlich war, so daß sich der Gast mit Grausen
wandte. Bloß – wohin können wir uns mit Grausen wenden?«

Wir gingen an Görings Luftfahrtministerium, an Speers heroisch-
pathetischer Reichskanzlei, dann am Propagandaministerium in der
Wilhelmstraße vorbei. »Daß Hitler siegen kann«, sagte Ernst-Günter,
»läßt sich nicht bestreiten; man soll ihn lassen. Aber danach müssen wir
uns einen anderen suchen: Sieh dir diese Architektur an! Ich komme
hier jeden Tag vorbei. Sie ist einfach zum Kotzen.«

Der »China-Experte«

Mitte August 1940, als ich einen kurzen Urlaub auf dem Lande in
Reuden verbrachte, rief Hans Schirmer an: »Du mußt sofort nach
Schanghai fahren. Du bist ja China-Experte.«

»Hans!«

»Na, jedenfalls bist du unter uns der einzige, der jemals in Schanghai
war.«

»Was soll ich denn da?«

»Da hat die Deutsche Gemeinde einen kleinen Sender errichtet, und
den will Goebbels übernehmen.«

»Was?« sagte ich. »Goebbels? Ich komme!«

China – ein zweites Mal

Der Landesgruppenleiter

Die Nationalsozialistische Partei hatte eine »Auslands-Organisation« (AO) mit Sitz in Berlin. Ihr Chef war Gauleiter Bohle. Ihm unterstanden Landesgruppenleiter überall in der Welt, wo Deutsche lebten; und jede Landesgruppe bestand wieder aus Ortsgruppen. In der Personalpolitik des Auswärtigen Amtes mußte jede Einstellung, Beamtung und Beförderung seine Genehmigung haben.

Den Landesgruppenleiter China, Siegfried Lahrmann, lernte ich erst in Schanghai kennen; aber manches erfuhr ich schon in Berlin: Er sei etwa vierzig Jahre alt, vierschrötig, habe ein rotes Gesicht, trinke viel und sei cholerisch. Als Kaufmann habe er bankrott gemacht; darauf sei er dann Landesgruppenleiter geworden.

Von der Ortsgruppe Schanghai der Partei war die »Deutsche Gemeinde, Schanghai« streng zu unterscheiden. Ihr gehörten alle zweitausend Deutsche in Schanghai an, ob Nationalsozialisten oder Gegner oder politisch Neutrale.

Sie half ihren Mitgliedern, wenn sie in Not waren, schlichtete Streit, den sie mit Chinesen hatten, und tat überhaupt viel Gutes. Nicht zur Gemeinde gehörten die vielen in den letzten Jahren in Schanghai eingetroffenen deutschen Emigranten. Sie galten als staatenlos.

Die Gemeinde unterstand nicht der Partei. Sie hatte auf dem Dach der Kaiser-Wilhelm-Schule in Schanghai einen kleinen Sender errichtet, der auf Mittelwelle praktisch nur im Stadtgebiet, abends auf Kurzwelle auch darüber hinaus bis Nanking oder manchmal sogar in Peking gehört werden konnte. Er sendete auf Mittelwelle mit 300 Watt und mit 800 Watt auf der Kurzwelle, brachte täglich Nachrichten in deutsch und deutsche Musik und einmal am Tage auch Nachrichten in englisch. Zwei Sendestunden waren an den *Fascio Italiano* vermietet. Die deutschen Sendungen wurden von freiwilligen Mitarbeitern der Ortsgruppe der Partei betrieben.

Siegfried Lahrmann war im August in Berlin und suchte finanzielle

Unterstützung für den Sender. Das Propagandaministerium war dazu sofort bereit, um auf diese Weise einen, wenn auch nur kleinen, Auslandssender unter seine Kontrolle zu bekommen.

Begegnung im Transsibirien-Expreß

Die Wagen des Transsibirien-Expreß stammten noch aus der Zarenzeit. Das Abteil für Franz und mich war ein kleines Zimmer mit einer Toilette nebenan. Die beiden Betten waren tagsüber hochgeklappt. Das Zimmer rollte auf den Schienen, aber nicht besonders expreß. Birkenwälder zogen an uns vorbei. Ihr Laub färbte sich schon gelb, und je weiter wir nach Sibirien kamen, desto herbstlicher wurde es.

Man hatte im Auswärtigen Amt die Amtsbezeichnung »Rundfunkattaché« erfunden, und ich war der erste dieser Gattung, sollte bei der Dienststelle der Deutschen Botschaft in Schanghai arbeiten, aber dem Geschäftsträger der Botschaft in Peking unterstellt sein.

Es gab kein Telefon. Es kam keine Post. Man konnte ruhig lesen und von Zeit zu Zeit zum Fenster hinaussehen. Ich hatte Ernst Jüngers »Marmorklippen« mitgenommen, die gerade erschienen waren, und Leo Tolstois »Krieg und Frieden«.

Das Frühstück wurde uns im Abteil serviert, nachdem die Betten hochgeklappt waren. Mittags und abends ging man in den Speisewagen für die Reisenden Erster Klasse. Da gab es Borschtsch oder Fettschwanz-Hammel – mittags, abends und jeden Tag. Aber ohne Marken. Großartig! Doch ich hatte bei dem Zwischenaufenthalt in Moskau in meinem Übermut ein kleines, wenn auch riskantes Privatgeschäft mit einem Kellner im Hotel »Metropol« gemacht. Für zehn US-Dollar hatte er mir ein großes Glas, wie wir es als Einmachglas für Kürbis kannten, mit Malossol-Kaviar gebracht, eingewickelt in ein nicht ganz sauberes Handtuch. Das war unser Nachtisch.

Und da wir davon so reichlich hatten, luden wir abends Gäste aus den Nachbarabteilen ein. Dazu tranken wir Krimsekt, der für Devisen preiswert zu erhalten war und im Abteil serviert wurde.

Ein angenehmer, auch den Augen wohltuender Kaviargast war Hilde Stennes, die den größten und schönsten Schäferhund, den wir je gesehen hatten, in ihrem Abteil mitführte.

Hermann Kriebel hatte mich bei meinem Abschiedsbesuch gebeten, ihr auf der Reise behilflich zu sein. Sie fuhr nach Schanghai wie wir.

Walter Stennes, ihren Mann, den alten Revoluzzer, einst Freikorpsführer und Polizeihauptmann, kannte ich dem Namen nach schon aus meiner Schulzeit. Er war damals OSAF-OST gewesen, das heißt Oberster SA-Führer Ostdeutschland, hatte im Sommer 1930 mit der Berliner SA wegen des zunehmenden Bonzentums der Partei gegen Hitler revoltiert, das Parteibüro des Gaues Berlin gestürmt und den Abfall der ostdeutschen SA von der Partei betrieben. Es gelang Hitler nicht ohne Mühe, diese Revolte mit Hilfe der SS zu unterdrücken. Stennes wurde aus der Partei ausgeschlossen, gründete dann in Berlin eine »Nationalsozialistische Kampfbewegung«, die sich gegen den kapitalistischen Trend der Partei richtete. Sie hatte überhaupt keinen Erfolg.

Wie es zu ihrer ersten Ausreise nach China kam, erzählte Hilde uns am letzten Abend unserer Fahrt bei Kaviar und Sekt.

Als Hitler 1933 zur Macht kam, wurde Walter Stennes sofort verhaftet und im Columbus-Haus am Potsdamer Platz von Görings preußischer Polizei gefangengehalten. Hilde konnte ihn dort einmal besuchen. Er gab ihr seine Wäsche mit, darunter ein Hemd, das im Rücken voller Blutstriemen war.

Hilde war nicht nur eine schöne, sondern auch eine mutige Frau. Sie ließ sich bei Hermann Göring melden, holte, als er sie begrüßt hatte, das blutige Hemd aus der Handtasche, breitete es aus und hielt es ihm vor. »Walters Hemd«, sagte sie. »Ich wollte es Ihnen nur zeigen.«

Göring kannte Stennes schon seit Anfang der zwanziger Jahre. Sie waren gute Kameraden gewesen. Der Auftritt von Hilde Stennes war ihm peinlich. Er ließ sich mit dem Columbus-Haus verbinden und brüllte den Wachhabenden an.

Und da sich auch der Kölner Kardinalerzbischof Schulte für seinen Neffen Walter Stennes einsetzte, durfte dieser nach China ausreisen, mußte sich aber verpflichten, über die Vorgänge im Columbus-Haus zu schweigen. In China wurde er auf Kriebels Fürsprache in den Stab der deutschen Militärberater aufgenommen und erhielt als früherer Polizeihauptmann die Aufgabe, eine Leibgarde für den Präsidenten Chinas, Marschall Tschiang Kaischek, aufzubauen und zu leiten.

Hilde fuhr jetzt zu ihrem Mann nach Schanghai. Sie waren dorthin übergesiedelt, seit der Marschall sich vor den japanischen Truppen in den Westen, nach Tschungking (Chongqing), zurückgezogen hatte.

Stennes hatte wohl Aufträge vom Marschall oder von Madame, die in Schanghai Grundstücke besaßen. Sie sprachen nie darüber, und wir fragten nicht. Wir sahen uns dann in Schanghai viel, fast jede Woche, und wurden gute Freunde.

Nach dem Kriege wurde Stennes wieder Chef der Leibgarde und begleitete den Marschall, als er vor Mao Zedong floh, nach Taiwan. Doch Walter, der alte Revoluzzer, hatte oft eigenwillige Ideen, die mit denen des Marschalls nicht immer übereinstimmten.

Er schenkte in seiner Großmut dem Marschall dennoch den großen Schäferhund, den Hilde im Transsibirien-Expreß mitgebracht hatte. Gute Hunde wechseln ihre Loyalität nicht, und sie spüren, wenn jemand ihrem alten Herrn nicht wohl will.

Eines Tages, als Marschall Tschiang Kaischek Stennes anfuhr, biß der Hund den Marschall ohne Respekt vor seiner historischen Größe daher ins Bein.

Das war, behauptete Walter Stennes, der eigentliche Grund dafür, daß er sein Kommando abgeben mußte. Er kehrte 1949 nach Deutschland zurück, wohin Hilde schon vorausgefahren war.

Krieg und Frieden

Schon vor dem Ural hatte ich mich von dem Oberförster verabschiedet und die »Marmorklippen« beiseite gelegt. Von jetzt an begleiteten mich Natascha, Pierre Besuchow und Fürst Andrei und hundert andere Menschen, die Tolstoi geschaffen hat und die noch heute leben. Und ich lebte in ihrer Welt.

In vielen Abteilen der Wagen Erster Klasse reisten jüdische Emigranten. Fast alle wollten nach Schanghai. Sie waren froh, das nationalsozialistische Deutschland hinter sich gelassen zu haben.

In Irkutsk hielt der Zug stundenlang. Auf dem Nebengleis stand ein Güterzug, und aus den offenen Türen kamen Hunderte von zerlumpten, weinenden polnischen Juden – Männer, Frauen und blasse, hohläugige Kinder – und bettelten um Brot. Sie sagten, sie seien schon seit Monaten in diesem Zug unterwegs, würden hin und her verschoben, aber wohin man sie schließlich bringen werde, wisse niemand.

Es war ein bedrückender Anblick, vor allem aber für die in dem Luxuszug in die Freiheit reisenden deutschen Juden. Manch einer hatte Tränen in den Augen.

Jenseits des Baikal-Sees hatten die Birken ihr gelbes Laub verloren und standen nun kahl in der Landschaft. Wir fragten uns, wo die polnischen Juden wohl im sibirischen Winter bleiben würden. Doch nicht in den Güterwaggons? Niemand von uns hat es je erfahren.

Wir näherten uns nun China. Ich verabschiedete mich von Pierre Besuchow und Gräfin Marja und von der einst so anmutigen und temperamentvollen Natascha, die, nun verheiratet mit vier Kindern, breiter geworden war, sich den Gästen gegenüber nicht mehr so freundlich und liebenswürdig wie früher zeigte, am liebsten ungekämmt und schlampig im Morgenrock durchs Haus lief und nur noch für die Familie da war. Pierre stand ganz unter ihrem Pantoffel.

Welch großartiger Epilog, der über das *Happy-end* hinausgeht, und die gewaltige Kurve der Handlung in der Zeit danach anders und durchaus verständlich führt – freilich, die Ansicht, daß sich ihre frühere Anmut und heiße Liebe aus dem Fortpflanzungstrieb hergeleitet habe, der jetzt, seit sie genug Kinder bekommen hatte, erloschen und durch den Muttertrieb ersetzt sei, war eine arge Entgleisung.

Es kam die Grenzstation Mandschuli. Wir wechselten in das kleinere, aber modernere Abteil eines chinesischen Zuges, der lange warten mußte, weil die deutschen Emigranten ihr Gepäck auf Tischen im Freien ausbreiten mußten, damit die Zöllner es ganz auseinandernehmen und wie mit einer Lupe durchsuchen konnten. Ihr Leiden war noch nicht zu Ende.

Uns dagegen hatten sie einfach weitergewinkt.

Das Haus in Schanghai

Unser Haus stand in der *Route Henri Rivière*, einer kleinen Straße der Französischen Konzession. Es war viel zu groß, hatte zehn Zimmer, aber es war einfach kein kleineres auf dem Markt, auch keine passende Wohnung.

Schanghai war damals mit fast vier Millionen Einwohnern die fünftgrößte Stadt der Welt, konnte Wolkenkratzer vorweisen, die über zwanzig Stockwerke hoch in den Himmel ragten. Das gab es weder in Europa noch sonstwo in der Welt – nur noch in den Vereinigten Staaten, natürlich.

Der größte und bedeutendste Teil der Stadt war die Internationale Niederlassung. Die Briten hatten im Jahr 1842 die Kaiserliche Regierung in Peking gezwungen, ihnen das Gelände der kleinen Kreisstadt Schanghai und Umgebung abzutreten. Die Franzosen errichteten daneben eine kleine Französische Konzession. Die Stadtteile erklärten sich bald darauf für exterritorial, das heißt, sie übten auf ihrem Territorium ihre eigene Gerichtsbarkeit aus und verwalteten es selbst.

Die Stadt liegt am Huangpu, der in Chinas größten Strom, den Jangtse, mündet. Über seinen Nebenfluß, den Soochow Creek, führte die *Garden Bridge* nach dem Stadtteil Hongkou, den die Japaner besetzt hatten. So war Schanghai also dreigeteilt: in die Internationale Niederlassung, die Französische Konzession und das japanisch besetzte Hongkou. Die Stadtteile gingen unbemerkt ineinander über. Nur auf der *Garden Bridge* stand ein japanischer Soldat, vor dem alle Passanten den Hut ziehen oder sich verbeugen mußten.

Es lebten im Jahr 1940 an die siebzigtausend Ausländer in Schanghai, darunter zweitausend Deutsche. Im Stadtrat gaben die Briten und Amerikaner den Ton an. Die Chinesen, die 98 Prozent der Stadtbevölkerung ausmachten, erhielten erst 1928 eine Stimme im Stadtrat, *eine*.

Der Teil der Französischen Konzession, in dem wir wohnten, sah aus wie das Villenviertel einer französischen Kleinstadt. Hier lebten wohlhabende Chinesen und Ausländer, die sich mit ihren harten Devisen die Miete leisten konnten. Auch wir lebten jetzt im Wohlstand. Unser Monatsgehalt belief sich auf dreizehnhundert Reichsmark. Dabei war das Leben in Schanghai so billig.

Schuhmacher Wildt, Emigrant aus Deutschland, dessen Laden in der teuren *Nanking Road* lag, hatte eine Werkstatt mit Dutzenden billiger chinesischer Arbeiter. Maßgefertigte Schuhe aus bestem Leder waren bei ihm billiger und viel besser als maschinell hergestellte. Das Paar kostete sieben Reichsmark. Er hatte unsere Maße, und man suchte sich bei ihm nur die Machart und das Leder aus und kam drei Tage danach zur Anprobe.

Für einen maßgeschneiderten Anzug aus bestem englischen Tuch nahm der böhmische Schneider Buchmann in der *Avenue Foch*, auch er Emigrant, fünfzig Reichsmark.

Wir hatten jetzt sogar eine Dienerschaft, im Vergleich zu anderen Häusern zwar klein an Zahl; aber für uns war es eine Heerschar: Es waren der Koch Dzian, der Boy Yüe, der Kuli Schu, die Wasch-Amah und später der Chauffeur.

Zusammen erhielten sie ein Monatsgehalt von sechsunddreißig Reichsmark und zu Weihnachten einen Sack Reis, verköstigten sich im übrigen selbst. Für sie war das eine fürstliche Bezahlung. Der Koch erhielt dazu von den Geschäften eine Rückkommission für die einge-kauften Lebensmittel; das war ortsüblich, man nannte es *squeeze*.

Er war Chef der Equipe, die er auch zusammengestellt hatte. Sie kamen alle aus seiner Heimat, der nördlichen Provinz Shandong. Er und Schu, der Kuli, sprachen Pidgin-Deutsch; sie hatten es in Tsingtao (Qingdao), der Hafenstadt des kaiserlich-deutschen »Pachtgebiets« gelernt. Wir werden später noch ein Beispiel dieser leider gänzlich untergegangenen Sprache kennenlernen. Amah und Boy sprachen Pidgin-Englisch.

Das Wort *Pidgin* kommt von *Business*. Jede der beiden Pidgin-Sprachen bestand aus höchstens fünfhundert deutschen oder engli-schen Wörtern; Grammatik und Syntax waren chinesisch; aber aus-drücken konnte man damit alles. Franz und die Amah saßen bei ihren Hausarbeiten manchmal stundenlang zusammen. Die Amah erzählte ihr ganzes Leben und zeigte Franz auch einmal ihre verkrüppelten Füße, die in ihrer Kindheit unter großen Qualen eingebunden worden waren. »Lilienfüße« galten in der alten Zeit als elegant.

Ich hatte mir einen gebrauchten Chevrolet gekauft, mit dem ich täglich zur Dienststelle der Deutschen Botschaft am *Huangpo*, Ecke *Peking Road* und *Bund* fuhr.

Mit der Dienerschaft bildeten wir eine festgefügte kleine Familie, und ich mit meinen fünfundzwanzig Jahren war der Patriarch. An unseren neuen Wohlstand mußten wir uns erst gewöhnen; aber das fiel nicht weiter schwer und ging auch schnell.

Morgens, bevor ich ins Büro fuhr, gab uns ein alter Chinese eine Stunde Unterricht in Mandarin-Chinesisch, das man nur im Norden spricht, nicht aber in Schanghai. Der Kuli Schu holte die Zettel mit

unseren ungelenken Versuchen in chinesischer Schrift aus dem Papierkorb und zeigte sie in der Küche herum, und alle waren stolz und voll
des Lobes, daß wir ihre Sprache und Schrift zu lernen versuchten.

Wenn wir einmal abends ausgehen wollten, fuhren wir zu *Jimmy's
Kitchen*, aßen einen Hamburger und nachher einen *Chocolate Sundae*.
Und wir blickten ohne Neid auf unsere Nachbarn, Chinesen wie
Ausländer, die sich eine Schar von zwanzig oder mehr Dienstboten
leisten, abends in den Spielsalons von *Farren's Nightclub* Tausende von
Schanghai-Dollars verlieren oder Abend für Abend große Diners geben
konnten.

Die ruchlose Stadt

Die Stadt Schanghai? Ach, ich habe diese großartige, von Energie
berstende, von Reichtum glänzende und im Reichtum verkommene,
von bitterster Armut, Prostitution und allen denkbaren Lastern und
Verbrechen heimgesuchte Stadt schon oft beschrieben.*

Wer sie noch erlebt hat, wird stets mit heimlicher Sehnsucht an sie
zurückdenken. Die *Shanghailander*, wie sie sich gern nannten, waren
stolz auf sie und brüsteten sich sogar mit ihrer Verruchtheit und
prahlten, oft maßlos übertreibend, mit ihren Sünden und Lastern.

Schanghai hatte kein Mitleid mit den Randgruppen, die es im Elend
versinken ließ, den Mutlosen, den Larmoyanten, denen, die voll
Selbstmitleid Tränen über ihr Los vergossen, den Labilen. Sie gingen
unter, und niemand weinte ihnen eine Träne nach. Schanghai war die
Stadt der aktiven, flexiblen, optimistischen, zupackenden, in ihren
Methoden oft bedenkenlosen Menschen, die nichts anderes wollten, als
Geld machen.

Sie fanden ihr Vergnügen in Tanzhallen, wo weißrussische und
chinesische *Taxi-Girls* arbeiteten, bei Pferde- und Windhundrennen,
in unzähligen Bars, verschwiegenen Opium-Etablissements, Spielsä-
len, Bordellen aller Klassen und dem Vergnügungspalast »Die große
Welt«, der dem Unterweltsboß Huang Jinrong gehörte.

* China von innen gesehen. Stuttgart 1982; Der fremde Osten. Stuttgart 1988.

Vor dem Schrecklichen, dem Bösen, den Verbrechen, dem entsetzlichen Elend, dem Hungertod von Zehntausenden auf den Straßen hatten die *Shanghailander* kapituliert. Um das Elend auszurotten, hätten sie die ganze Stadt abreißen und von den Fundamenten her neu aufbauen müssen, aber das wollten sie denn doch nicht. Sie wollten sich nicht von dem ablenken lassen, was ihnen das Wichtigste war: Geld, Luxus und dem, was sie als Vergnügen ansahen. Darin fanden sie ihr Glück. Die im Dunkel sahen sie nicht.

An Armen und Elenden gab es Millionen. Im Jahre 1938 wurden nach amtlicher Statistik 101 407 *unwanted bodies*, unerwünschte Leichen, von den Straßen aufgelesen. Wenn ich morgens ins Büro fuhr, sah ich sie auf den Bürgersteigen der Hauptdurchfahrtsstraßen unter Strohmatten liegen: Menschen, die in der Nacht in einer der Seitenstraßen oder in Hauseingängen gestorben waren.

Diebstahl, Entführungen, Raub und Mord waren an der Tagesordnung. Gelegentlich streikte die Polizei; dann ließen alle Geschäfte die eisernen Läden herab und postierten innen schwer bewaffnete private Wächter, am liebsten Polizisten, die des Streiks wegen keinen Dienst taten.

Das war Schanghai. Der Krieg war fern. Fern in Europa. Davon erfuhr man nur aus den Zeitungen oder dem Radio.

Das Radio

In Schanghai arbeiteten an die vierzig Privatsender, die von Werbung lebten und daneben Musik und lokale Nachrichten verbreiteten. Sie sendeten meist aus einem kleinen Zimmer: Der Sender stand auf einem Tisch, und in einem Regal an der Wand lagen Stapel von Schallplatten. Der deutsche Sender im obersten Stockwerk der Kaiser-Wilhelm-Schule war dagegen großartig: Er verfügte über drei, später sogar vier Zimmer.

Am liebsten hörten die *Shanghailander* die amerikanische Station XMHA. Ihr Nachrichtensprecher war witzig, aggressiv und sprach mit einer dröhnenden Stimme. An Popularität stand ihm der Sender der Zeitung *Evening Post and Mercury* mit dem scharfzüngigen Sprecher Sam Taitelbaum nur wenig nach.

Der deutsche Sender führte das Rufzeichen *XGRS*; *X* war das Zeichen für China, die übrigen Buchstaben standen für *German Radio Station*. Er sandte in deutscher, nachmittags zwei Stunden in italienischer Sprache, nur einmal abends Nachrichten in englisch; aber der Sprecher der englischen Texte hatte einen deutschen Akzent; außerdem las er langweilige deutsche Propaganda-Artikel vor. Die aber wollte niemand hören. Auch von den Deutschen nur wenige.

Der Pachtvertrag

August Glathe besaß eine kleine Import-Export-Firma. Er war einer jener sagenhaften *Old China Hands*, die schon vor dem Ersten Weltkrieg in Schanghai gelebt hatten. Die Chinesen im Innern des Landes kannten sie in der Regel zwar wenig, da sie nur selten aus den Hafenstädten herausgekommen waren; aber sie verfügten über einen Sack von Anekdoten und Schnurren über ihre Erfahrungen mit chinesischen Geschäftsfreunden, die oft absurden Ereignisse in der Stadt und der chinesischen Politik.

August Glathe, nun schon Mitte Sechzig, weißhaarig und weise, war Leiter der Deutschen Gemeinde. Ihr gehörte der Sender. Da sie Werbesendungen als unwürdig ansah, mußte sie den Betrieb finanzieren. Das kostete nicht wenig.

Ich schlug Glathe vor, den Sender während der Kriegsdauer für fünftausend Reichsmark monatlich der Rundfunkabteilung des Auswärtigen Amtes zu verpachten. Sie würde ihn betreiben, technisch erheblich verstärken, Mitarbeiter einstellen, das Programm erweitern und für alle Unkosten aufkommen. Der Sender bleibe Eigentum der Gemeinde.

Wir setzten einen Vertragstext auf, den sowohl die Rundfunkabteilung in Berlin als auch der Rat der Deutschen Gemeinde in Schanghai billigten. Noch im Oktober. Alle waren zufrieden. Die Gemeinde brauchte kein Geld mehr für den Sender auszugeben, sondern erhielt eine ansehnliche Pachtsumme. Und wir hatten den Sender Goebbels vor der Nase weggeschnappt. Nun konnten wir anfangen, ein anständiges Programm zu machen.

Ich stellte aus der großen Zahl der freiwilligen Mitarbeiter der Partei den bisherigen Nachrichtensprecher für Deutsch und einen Nachrichten- und Schallplattenarchivar fest an. Außerdem engagierte ich für das englische Abendprogramm als Sprecher und Kommentator Herbert Moy, einen Chinesen, der in den Vereinigten Staaten aufgewachsen und dessen Muttersprache Amerikanisch war. Er wurde bald der Star des Senders.

Das deutsche Programm lief jetzt nur noch von mittags bis neunzehn Uhr. Dem *Fascio Italiano*, der nachmittags zwei Sendestunden bei uns gemietet hatte, kündigte ich zum nächstmöglichen Termin. Die Ortsgruppe der italienischen Faschisten war zwar anfangs etwas traurig, hätte sich aber leicht Sendezeit bei einem anderen Sender mieten können. Sie entschloß sich schließlich jedoch, einen eigenen kleinen Sender zu errichten.

Zu den Hauptsendezeiten der Frühnachrichten und abends von neunzehn Uhr bis Mitternacht gab es jetzt bei uns nur noch ein englisches Programm. Die Deutschen in Schanghai sprachen ohnehin alle Englisch. Ich wollte aus der deutschen Station einen Sender auch für das internationale Publikum Schanghais machen.

Herbert Moy kaufte die neuesten amerikanischen Schallplatten – *Hot Jazz* und modernen *Swing*: Wir waren ja beide erst fünfundzwanzig Jahre alt. Dafür verschwanden in den untersten Fächern des Archivs die bisher im Sender beliebten Schnulzen wie »Die Mühle im Schwarzwald«, »Frühlingsrauschen«, »Der japanische Laternentanz« sowie die Militärmärsche und die Auszüge aus Wagner-Opern. Ich abonnierte die beiden amerikanischen Nachrichtendienste *Associated Press* und *United Press*, die japanische Agentur *Domei*, aber auch *Reuters*, obwohl wir mit den Briten im Krieg waren. Natürlich wurden neben ihren Meldungen auch die des Deutschen Nachrichtenbüros gesendet, so daß das Publikum nicht mehr einseitig informiert wurde, sondern verschiedene Versionen der Ereignisse hören und sich selbst einen Vers darauf machen konnte.

Der Landesgruppenleiter Lahrmann hatte dem Sender den romantischen, aus der Welt Rudyard Kiplings entlehnten Namen *Call of the Far East* gegeben; ich änderte ihn in *The Voice of Europe*, um damit das neue Programm des Senders anzukündigen.

Ein etwas voreiliges Programm, eine Utopie, ein Traum von einer neuen Welt, einem Europa, das mit einer Stimme sprach. Als ich mir den Namen ausdachte, hoffte ich, viele Hörer würden ihn weiterträumen, über die Nachrichten vom Krieg hinaus.

Die Rundfunkabteilung in Berlin war mit der Programmreform, soweit ich darüber berichtete, einverstanden. Sie entsandte noch vor Weihnachten 1940 den Deutsch-Amerikaner Carl Flick-Steger, der Deutsch nur mit schwerem, amerikanischem Akzent sprach. Ich konnte ihm den laufenden Betrieb des Senders übergeben. Ein Techniker für den Senderausbau folgte.

Herbert Moy und Flick-Steger arbeiteten gut zusammen. Wir mieteten die ganze Abendsendezeit bei einem wegen seiner Tanzmusik beliebten Sender der eurasischen Miss Robertson und kündigten in ganzseitigen Anzeigen der großen englischsprachigen Zeitungen an, daß Miss Robertson von jetzt ab keine störenden Werbespots mehr sende, sondern nur noch Musik, Musik, Musik.

Das war etwas völlig Neues. Nach drei Wochen veröffentlichten wir wieder große Anzeigen und rieten, die große Überraschung in Miss Robertsons Sender abends um acht Uhr zu hören. Auch die seriöse britische *North China Daily News* brachte die Anzeige groß über die ganze Seite.

Die Überraschung in Miss Robertsons Abendsendung am Sonnabend aber war ein humoristischer Sketch, in dem Bill & Mac eine britische Kabinettsitzung veralberten. Herbie Moy und Flick-Steger hatten den Text verfaßt und sprachen ihn auch selbst.

Es gab am nächsten Tag Streit zwischen der britischen und amerikanischen Presse, weil die amerikanische *Evening Post and Mercury* als einzige die Anzeige nicht gebracht hatte und man ihr vorwarf, sie habe Bescheid gewußt, aber ihre Kollegen nicht gewarnt. Für Schanghai wieder einmal ein schöner Skandal.

Miss Robertson bekam einen Sack voll protestierender und beleidigender Briefe. Bill & Mac ließen Danksagungskarten an alle Briefschreiber drucken: »*Thank you for the flowers*« stand darauf und die Mitteilung, daß die Unterhaltungen zwischen Bill & Mac von jetzt an jeden Sonnabend von dem Sender *The Voice of Europe* zu hören seien.

Im Frühjahr 1955 – ich eile wieder meiner Biographie voraus – flog ich von Hongkong nach Taipeh: Ich war als Korrespondent des »Süddeutschen Rundfunks« unterwegs. Damals gab es noch nicht die großen Luxushotels. In dem bescheidenen *Friends of China Club* hatte ich mein Zimmer bezogen, duschte gerade, als es an die Tür klopfte. Ich wickelte mich in das Badetuch und öffnete. Draußen stand ein dicker Chinese und lachte von einem Ohr zum anderen.

»*Don't you know me anymore?*« fragte er.

Ich kannte ihn nicht.

»*But I am Chen. I used to work for you!*«

Da erkannte ich ihn, und er fiel mir vor Freude um den Hals.

Er war der junge Mann, der im Jahr 1940 in der *Avenue Edward VII* in der Internationalen Niederlassung von Schanghai eine winzige Rundfunkstation betrieben hatte. Er hatte sich erboten, für einen geringen Betrag, nicht mehr als hundert Mark monatlich, die Nachrichten der deutschen Station in chinesisch zu senden. Wir wurden uns einig. Als ich ihn im Frühjahr 1941 einmal in seiner Rundfunkstation besuchte, die in einem Raum von der Größe eines kleinen Badezimmers untergebracht war, erklärte er mir, er sei ein Patriot, und sobald er etwas Geld beisammen habe, wolle er sich durch die japanischen Linien zu Tschiang Kaischek in Tschungking durchschlagen. Er werde uns aber rechtzeitig kündigen.

Ich lud ihn zum *Tiffin* ein, wie man in Schanghai zum Mittagessen sagte, gab ihm beim Abschied einen Vorschuß für drei Monate und ließ durchblicken, daß wir verstehen würden, wenn er sich nun bald auf den Weg machte. Eine Woche später war er verschwunden.

Fünfzehn Jahre später: Chen war jetzt wohlbestallter Legationsrat im Außenministerium von Taiwan, hatte meinen Einreiseantrag gesehen und genehmigt und fragte nun, wen ich sehen wollte. Er vermittelte mir zuerst ein langes Interview mit Tschiang Kaischek.

Der Marschall saß an einem wohlaufgeräumten Schreibtisch. Er trug eine olivgrüne Uniform ohne Rangabzeichen. Er war jetzt achtundsechzig Jahre alt. Sein Gesicht war weicher, sein Schnurrbart weiß geworden.

Er sprach leise und konzentriert, sah überhaupt nicht wie ein

Marschall aus, eher wie ein Gelehrter oder Künstler. Draußen im Vorzimmer hatte ich vier Hängerollen mit kalligraphisch geschriebe-

Tschiang Kaischek schreibt eine kalligraphische Widmung für Erwin Wickert. Links der Chef des Informationsamtes in Taipeh (1955).

nen Versen gesehen. Der Chef des Informationsamtes sagte mir, zwei seien vom Marschall, zwei von Madame.

John Foster Dulles wurde am nächsten Tag erwartet. Er hatte gerade in Washington erklärt, die USA hätten sich nicht verpflichtet, Tschiang Kaischek militärisch zu unterstützen, wenn die Festlandchinesen die beiden von Taiwan gehaltenen Inseln Quemoy und Matsu angriffen.

Tschiang zögerte lange, als ich fragte, ob das denn zutreffe. Schließlich antwortete er: »Wir hätten die Insel vor einigen Monaten nicht geräumt, wenn wir uns nicht definitiv mit den USA über ihre Verteidigung verständigt hätten.«

Elegant formuliert. Das hieß also: Mit Dulles hatte er sich verständigt, aber Eisenhower hatte das widerrufen.

Als ich mich verabschieden wollte, fragte ich ihn, ob er mir nicht auch eine Probe seiner kalligraphischen Kunst geben könne. Er lächelte, griff einen Pinsel aus dem Pinselständer und schrieb mir ein paar Zeilen. Ich bewahre sie heute neben dem Autogramm auf, das mir Deng Xiaoping einmal auf einen Holzschnitt geschrieben hatte.

Chen vermittelte mir noch andere Interviews mit dem Ministerpräsidenten, dem Außenminister und führte mich bei Tschiang Kaischeks Sohn Weiguo ein, der als deutscher Gebirgsjäger beim Anschluß Österreichs in Salzburg einmarschiert war. Chen und er sorgten für mich bis zu meinem Abflug nach Japan.

Ein Clown?

Zurück nach Schanghai ins Jahr 1940! Eines Tages wurde mir im Büro eine Visitenkarte gebracht. Auf ihr stand »Peter Waldbauer – The Bath Club, Oxford«.

Erst viele Jahre später gestand er mir, daß der *Bath Club* in Oxford keineswegs ein vornehmer englischer Club war, sondern etwas Ähnliches wie der schon erwähnte Donnerklub in Heidelberg.

Er trat ein. Mit einer blauen Sonnenbrille. Sein roter Schnurrbart stand rechts und links über die Backen hinaus. Die Engländer nennen ihn *handlebar moustache*, also etwa Lenkstangen-Schnurrbart. Er trug einen schwarzen Anzug mit breiten weißen Nadelstreifen. In der Hand hatte er einen dicken Rohrspazierstock und gelbe Lederhandschuhe.

Eine Karikatur aus dem »Punch«? Er hätte, so wie er war, im Zirkus auftreten können.

Er wollte Kommentare für den Sender schreiben und auch sprechen. In englisch. Er sei in Österreich geboren, habe aber lange in England gelebt.

Also mit Akzent, dachte ich. Auf die Frage nach seinem Beruf und seiner Tätigkeit, antwortete er, er sei vor kurzem geschieden.

Ein Clown?

Ich schickte ihn hinterhältig weiter zu Flick-Steger in den Sender und vergaß ihn.

Herbert Moy rief mich eines Abends an und riet mir, in unserem Sender einen Kommentar von Reginal Hollingsworth zu hören.

»Wer ist das?«

»Eine Neuerwerbung«, antwortete er.

Reginald Hollingsworth sprach in reinstem, hochnäsigem, maßlos übertriebenem Oxford-Englisch über den englischen Brauch, häufig *Tea breaks* während der Arbeit einzulegen, und welche unausdenklichen Folgen das haben könne, wenn man sie in kritischen Augenblicken ansetze; kein Wort politischer Propaganda, aber eine der amüsantesten Glossen, die ich bisher im Rundfunk gehört hatte. Das war es, was unser Sender brauchte.

Autor und Sprecher war Peter Waldbauer. Wir stellten ihn ein.

Schanghai zog wie ein Magnet die farbigsten Originale, Abenteurer, Schwindler und Narren der Welt an.

Jesco von Puttkamer und der Lamapriester

Ignacz Trebitsch Lincoln habe ich nur einmal auf der Straße gesehen. Ein strenges, hageres Gesicht. Er trug eine schwarze Seidenkappe und ein langes schwarzes Seidengewand. Man sagte, er sei Abt eines kleinen Lamatempels in der *Bubbling Well Road*; aber das war eine der vielen Legenden um ihn. Ein Lamapriester war er freilich.

Etwa zehn Jahre zuvor hatte er in Wien seine Autobiographie unter dem Titel »Der größte Abenteurer des Jahrhunderts« veröffentlicht.

Ignacz Trebitsch war 1879 als Sohn eines jüdischen Kaufmanns in Ungarn geboren, wurde schon mit siebzehn Jahren wegen Uhrendiebstahls von der Polizei gesucht, reiste nach London, suchte dort Juden zum Christentum zu bekehren, ließ sich mit zwanzig Jahren in Hamburg protestantisch taufen, konvertierte darauf zur presbyterianischen Kirche und arbeitete für sie in Kanada als Missionar, konvertierte wieder, diesmal zu den Anglikanern, reiste nach England, wurde Brite, ließ sich für die Liberalen zur Wahl aufstellen, wurde tatsächlich gewählt und *Member of Parliament*. Er nannte sich fortan Trebitsch Lincoln.

Im Ersten Weltkrieg spionierte er für Engländer und Deutsche gleichermaßen, kam nach dem Kriege deshalb in London ins Gefängnis, nahm 1920 in Berlin am Kapp-Putsch teil, und als ihm nach weiteren Putschplänen in Ungarn der Boden zu heiß wurde, begab er sich nach China, besorgte einem der chinesischen *War Lords* Waffen, konvertierte noch einmal, diesmal zu Lamaismus, wurde zum Priester geweiht, nahm den Namen Chao Kung an und wollte Klöster und eine lamaistische Bewegung in Europa und Amerika gründen. Es wurde aber nichts Rechtes daraus.

Jetzt nun, sechzig Jahre alt, lebte er in einem bescheidenen Zimmer im Hause der *Young Men's Christian Association* in Schanghai.

Ribbentrop hatte einen seiner alten Freunde, den Transportunternehmer Luther, nachdem ein Unterschlagungsverfahren gegen ihn eingestellt worden war, zum Unterstaatssekretär gemacht. Zum Dank dafür lieferte Luther einige Jahre später Himmler Beweise dafür, daß der Reichsaußenminister geistig unzurechnungsfähig sei. Doch die Intrige platzte; Himmler ließ ihn in ein Konzentrationslager bringen.

Luther, damals noch in hohen Würden, schickte einen neuen Mann nach Schanghai, der die Chinesen durch geschickte Propaganda von der deutschen Sache überzeugen sollte. Er hieß Jesco von Puttkamer, war ein umtriebiger, lauter Mensch, der sich mit kräftigen Ellbogen und Intrigen überall vor- und zwischendrängte, unter anderem auch mich und den Sender in seine Kompetenz zu bekommen suchte.

Er entdeckte Trebitsch Lincoln. Dieser wollte ihm Tibet nicht allein für die deutsche Propaganda, sondern auch als militärische Basis für die Kriegsführung gegen Indien zur Verfügung stellen. Puttkamer war begeistert und sah schon das britische Weltreich dank Trebitsch Lincoln in Trümmer sinken. Er erzählte überall davon und wollte auch nach Berlin berichten. Doch der deutsche Generalkonsul Martin Fischer, ein weiser Diplomat der alten Schule, durchkreuzte diese abenteuerlichen Pläne mit leichter Hand.

Im Mai 1941 kam jedoch der Polizeiattaché der Botschaft Tokio, Joseph Meisinger, nach Schanghai, ein gefährlicher Mann; wir werden noch von ihm hören. Puttkamer brachte ihn und Trebitsch Lincoln zusammen. Meisinger telegrafierte darauf an das Reichssicherheitshauptamt der SS:

Habe heute mit bekanntem Trebitsch Lincoln längere Unterredung geführt. Er nimmt seit langem führende Stellung als buddhistischer Abt unter dem Namen Chou Kung (*sic!*) ein. Entwickelte bei der Unterredung beachtliche Pläne und Ideen über China, Tibet und Indien, die er gerne Deutschland zur Verfügung stellen will, erbot sich zu diesem Zweck nach Berlin zu fahren, falls dort erwünscht.

Meisinger befürwortete diese Reise wärmstens. Aber Martin Fischer sandte gleichzeitig ein Geheimtelegramm an das Auswärtige Amt:

Lincoln ist ein politischer Abenteurer. Seine Verbindungen mit buddhistischen Kreisen hier sind politisch unbedeutend.

Ribbentrop war wütend; er telegrafierte sofort zurück, daß es nicht zu Meisingers »Funktionen gehöre, dort mit Trebitsch Lincoln Pläne und Ideen über China, Tibet und Indien zu diskutieren und darüber amtlich nach Berlin zu berichten.« Er solle sich »ausschließlich mit den ihm obliegenden polizeilichen Fragen« befassen.

Der große weltpolitische Traum Puttkamers und Meisingers war ausgeträumt.

Puttkamer aber gründete mit seinem hohen Werbeetat bald einen gewaltigen Propagandaapparat in Schanghai, der Flugblätter und Broschüren über Hitlers Großdeutschland und seine Siege verbreitete, soweit die Post in China reichte.

Besonders erfolgreich war er in der Provinz Jiangsu, die nicht genug von seinen Propagandabroschüren bekommen konnte. Sie wurden tonnenweise dorthin geliefert. In Puttkamers Erfolgsmeldungen stand Jiangsu immer weit vor allen anderen Provinzen an der Spitze. Erst nach dem Krieg stellte sich heraus, daß der Empfänger in Jiangsu ein Altpapierhändler war.

Von der Reichsgräfin und Richard Sorge

Ellinor Schimpff, geborene Reichsgräfin von B., war sicher zwanzig Jahre älter als wir, aber sie kam jeden Tag bei uns vorbei und kümmerte sich rührend um Franz, die im Mai unser erstes Kind erwartete. Sie war zu ihr wie eine Mutter. Ihr Mann leitete das Deutsche Nachrichtenbüro in Schanghai. Er war viel älter als sie, wohlbeleibt, gutmütig und etwas

Telegramm

(Offen)

Verschlußsach
zu behandeln.

Fuschl, den 17. Mai 1941   21.50 Uhr

Ankunft,   17. Mai 1941   22.30 Uhr

RAM 199/R41

Nr.398.

1.) An Chiffrierbüro Auswärtiges Amt

2.) Consugerma Shanghai.

Tel.i.Ziff. (Geh.Ch.V.)

Auf die Telegramme Nr. 117 und 118 vom 15.5.

Ich bitte Sie, Herrn Meisinger sofort davon zu
unterrichten, dass es nicht zu seinen Funktionen gehöre, dort mit Trebitsch Lincoln Pläne und Ideen über
China, Tibet und Indien zu diskutieren und darüber
amtlich nach Berlin zu berichten. Selbstverständliche
Voraussetzung für seine Zuteilung zur Botschaft Tokio
sei gewesen, dass er sich ausschliesslich mit den ihm
obliegenden polizeilichen Fragen befasst und nicht
eine Berichterstattung über aussenpolitische Fragen
aufnimmt, zu der er nicht befugt ist.

Das Reichssicherheitshauptamt wird unter Weiterleitung des Telegramms von Meisinger in gleichem Sinne
verständigt.

Ribbentrop

Randvermerk:

Unter Nr. 133 nach Shanghai weitergeleitet.

Tel.Ktr. 18.5.41

Arbeitsexemplar! Bei _____ eintragen.

bequem. Sie hatten sich vor einem Jahr während seines kurzen Heimaturlaubs in Deutschland kennengelernt und gleich geheiratet.

Schimpffs führten ein großes Haus. Sie luden uns einmal zu einem Abendessen ein, das sie für den Korrespondenten der *Frankfurter Zeitung* in Tokio gaben, für Richard Sorge nämlich, der sich schon so freundlich um mich gekümmert hatte, als ich noch Student war.

Er hatte schon etwas getrunken und sprach den ganzen Abend apodiktisch über alles und jeden. Alle hörten ihm zu, die Damen waren fasziniert. An ernste Gespräche bei dieser Gelegenheit kann ich mich aber nicht erinnern.

Er war damals 45 Jahre alt, noch immer eine sportliche, athletische Erscheinung, groß. Er sah slawisch aus; die Backenknochen waren hochgestellt und ausgeprägt. Seine Stirn war zerfurcht und sein Kinn ein wenig durch eine Narbe entstellt, die ihm nach einem Motorradunfall in Volltrunkenheit verblieben war.

Ich habe ihn später noch oft gesehen. Wenn er betrunken war, trat das Spannungsreiche, Zerrissene, aber nie Gemeine in seinem Gesicht deutlich hervor. Wenn er nachdenklich war, zeigten seine Züge eine verborgene Melancholie, die die Damen wohl anziehend fanden. Ich glaube, er konnte auch zärtlich sein.

Aber diese Züge verschwanden, wenn er betrunken war; dann wurde er wild, schwadronierend, lärmend, arrogant und oft auch verletzend. Er scheute sich nicht, in diesem Zustand die zornigsten und ausfallendsten Bemerkungen über Hitler und seine Politik zu machen.

Es wurde spät, man trank, und Franz und Sorge flirteten kräftig. Ich sah das gar nicht gerne. Pure Eifersucht natürlich. Und ich lockte sie unauffällig von ihrem Platz weg und zu mir. Er bemerkte das aber sehr wohl und wurde einen Augenblick still. Als wir uns verabschiedeten, fragte er, ob wir uns nicht noch einmal sehen könnten.

Wir luden ihn zum *Tiffin* ein, und er erkundigte sich nach dem Sender, unserem Programm und unserem Plan, die Sendeleistung der *Voice of Europe* erheblich zu verstärken. Ich gab ihm über alles ausführlich Auskunft. Unser Programm fand er gut, fragte jedoch, ob es eigentlich ganz in die Linie unserer deutschen Propaganda passe.

»In die von Goebbels sicher nicht«, antwortete ich lachend. »Aber in Deutschland kann man uns ja nicht hören.«

»In Deutschland nicht, man hat mir jedoch erzählt, daß der Landesgruppenleiter Lahrmann Ihre Abberufung betreibt.«

»So ist es. Sie sind gut informiert. Erzählen Sie uns aber von Japan!«

Als Ende Mai unser Sohn Wolfram geboren wurde, stand Ellinor Schimpff immer zu Franzens Verfügung, auch als ich abberufen und versetzt wurde; und als manche unserer Freunde uns nicht mehr kannten, hielten sie und ihr Mann zu uns und sagten es jedem geradeheraus.

Zwei Jahre später, 1943, ließ ein Jurist unter den Emigranten in der Deutschen Gemeinde Kopien eines Kapitels aus einem Buch über die berüchtigtsten Kriminalfälle unseres Jahrhunderts zirkulieren.

Das Kapitel handelte allein von Ellinor Reichsgräfin von B. Wir selbst haben das Buch nicht gesehen, aber man erzählte uns, was drin stand: sie habe gestohlen, unterschlagen, Meineide geschworen und zahllose andere strafbare Handlungen begangen, bis zur Verführung eines Zuchthauswärters.

Ihr Mann legte sich, als er das erfuhr, eine Woche ins Bett. Sie leugnete nichts, sondern verkündete auf einem Empfang vor den Größen der Partei und den reichen Taipans der Gemeinde, wenn irgend jemand es wagen sollte, sie wegen dieser alten Geschichten gesellschaftlich zu schneiden, werde sie einmal auspacken!

Niemand schnitt sie.

Die Emigranten

Der Landesgruppenleiter Siegfried Lahrmann forderte eines Tages die Angehörigen der Botschaft und des Generalkonsulats auf, zu erklären, daß sie nicht in jüdischen Geschäften einkauften. Ich ignorierte das Schreiben.

Denn alle kauften doch bei Emigranten. Man sah nur über die Schulter, wenn man in das Geschäft ging, ob einer von Lahrmanns Leuten in der Nähe war; und die emigrierten Schneiderinnen, die ja Bescheid wußten, führten ihre Kundinnen schnell hinter einen Vorhang.

Lahrmann wurde zwei Jahre später aus einem Lokal jüdischer Emigranten in Honkou wegen Randalierens in Trunkenheit hinausgeworfen und erhielt Hausverbot.

Schanghai war eine kosmopolitische Stadt. Hier lebten Angehörige von 48 Nationen. Da sah man nicht danach, ob einer Jude, Chinese, Inder, Russe, Brite oder Amerikaner war. Nur bei Japanern zögerten manche.

Ich war oft in der Kunsthandlung des Emigranten Heinemann, von dem ich einige alte Grafiken und ein schönes Frauenporträt aus der Münchener Schule des 19. Jahrhunderts kaufte.

Bei ihm traf ich manchmal den ebenfalls emigrierten Kunsthistoriker Lothar Brieger, der früher die *Weltkunst* herausgegeben und dessen Buch über den Zeichner Hosemann ich in meiner Dissertation zitiert hatte.

Die jüdischen Emigranten aus Deutschland waren, anders als die sogenannten Weißrussen, den Flüchtlingen vor den Bolschewiken, zumeist tüchtig, und viele konnten sich, trotz ihrer finanziellen Notlage, eine neue Existenz aufbauen oder sich doch wenigstens über Wasser halten.

Das deutsche Generalkonsulat konnte und durfte ihnen zwar nicht helfen, unternahm aber auch nichts, um ihnen das Leben schwerer zu machen. Es hätte im übrigen, da Schanghai unter internationaler Verwaltung war, dazu auch gar keine Möglichkeit gehabt.

Erst als die Japaner nach Pearl Harbor die ganze Stadt besetzten und die jüdischen Emigranten in Honkou konzentrierten, begann für sie eine härtere Zeit, weil ihre Bewegungsfreiheit eingeschränkt wurde und die Japaner sie schikanierten.

Wir sprachen mit ihnen nie über Deutschland. Was konnten wir sagen! Sie waren Landsleute, mit denen wir vor kurzem noch in Deutschland verkehrt hatten, die jetzt durch unsere Politik unverschuldet ins Unglück geraten waren.

Doch ein Erlebnis muß ich erwähnen, das mich überraschte:

Unser Sohn Wolfram war gerade geboren. Ich hatte ihn und Franz im deutschen Paulun-Hospital besucht, dann den Kunsthändler Heinemann in meinem Auto zu einem Emigranten mitgenommen, der ihm einen echten Ruysdael angeboten hatte. Heinemann wollte meine Ansicht hören. Ich war mir nicht sicher, hielt das Bild aber eher für eine alte Kopie.

Auf dem Rückweg überlegten wir, welchen Beruf wir dem neugeborenen Wolfram wünschen sollten. Ich hoffte, er werde keinen windigen geisteswissenschaftlichen Beruf wie Kunsthistoriker, sondern einen soliden Beruf wählen, Physiker etwa oder Chemiker.

»Aber die erfinden dann nur wieder neue und bessere Kanonen und Bomben«, erwiderte Heinemann.

Wir einigten uns auf einen medizinischen Beruf.

Ich fragte, ob er bei mir noch ein Glas Sekt auf die Geburt unseres ersten Sohnes trinken würde.

»Nein«, erwiderte er. »Ich möchte nicht gesehen werden, wenn ich das Haus eines Deutschen betrete.«

Ich schwieg, fuhr ihn zu seiner Kunsthandlung und setzte ihn dort ab.

Die Lizenz

Die japanische Armee, die zwar erst vor den Toren Schanghais stand, aber die Zuständigkeit für Rundfunklizenzen beanspruchte, hatte bisher unsere Anträge auf Verstärkung unseres Senders stets abgelehnt.

Ich lud den zuständigen Offizier, einen Oberst Hamada, zum *Tiffin* ein, bat um eine Lizenz zur Verstärkung unseres Kurzwellensenders auf zehn Kilowatt, damit er auch von den Deutschen in ganz China gehört werden könne; als Gegenleistung könnten wir den Japanern den Sender nach Mitternacht zwei Stunden für Sendungen nach Indien zur Verfügung stellen.

Er nahm das Angebot an und gab uns die Lizenz.

Man begann in Schanghai von unserer Station zu sprechen. Nach dem Kriege las ich eine Meldung des deutschen Oberkommandos der Wehrmacht, die sich wohl auf Berichte der Abwehr gründete, wonach der Sender *The Voice of Europe* »sein Programm ständig verbessert habe und wohl der Darbietungshöhe nach an erster Stelle im Fernen Osten stehe«.

Diese OKW-Meldung stammte von Ende Januar 1941.*

* Willi A. Boelcke: Die Macht des Radios – Weltpolitik und Auslandsrundfunk 1924–1976. Berlin 1977. S. 434.

Nicht alle unsere Hörer waren der gleichen Ansicht.

Lahrmanns Plan war gewesen, den Sender, der zwar Eigentum der Deutschen Gemeinde war, durch die Partei betreiben zu lassen. Dieser Plan war durch den Vertrag vereitelt worden, den ich Ende Oktober mit der Deutschen Gemeinde geschlossen hatte.

Daß ich auf die freiwillige Mitarbeit vieler Laien aus der Ortsgruppe der Nationalsozialistischen Partei – übrigens in bestem Einvernehmen mit ihnen – verzichtet und statt dessen Journalisten und akzentfrei Englisch sprechende Mitarbeiter fest angestellt hatte, in den Hauptsendezeiten kein deutsches, sondern ein englisches Programm brachte, die Heimatschnulzen durch mitreißenden amerikanischen Jazz ersetzte und, vor allem, daß der deutsche Sender Meldungen selbst feindlicher Nachrichtenagenturen verbreitete – all das hatte ihn zunehmend verbittert.

Er grüßte mich schon lange nicht mehr, um mir zu verstehen zu geben, was er von mir hielt.

Am 30. Januar 1941 war er, ohne mich oder jemand anderen vorher zu informieren, im Sender erschienen und hatte zu Beginn des englischen Programms eine Ansprache zum Jahrestag von Hitlers Machtergreifung in deutsch an alle Landsleute in China gehalten.

Ich rief ihn am nächsten Morgen an und mißbilligte, vermutlich nicht ohne Schärfe, daß er das Programm unterbrochen und mich nicht vorher benachrichtigt habe. In Zukunft, sagte ich, müsse er sich vorher mit mir ins Benehmen setzen.

In einem Brief an die Botschaft vom gleichen Tag, dem 31. Januar 1941, forderte er meine »sofortige telegrafische Abberufung«. Er habe, schreibt er, schon Anfang November in Gesprächen mit dem Leiter der Dienststelle, dem Parteigenossen Neumann, zum Ausdruck gebracht, daß er

> die sofortige Abberufung des Dr. Wickert für unbedingt notwendig halte, da er durch sein taktloses Auftreten die freiwillige Mitarbeit am Sender gefährdet, ebenso wie eine Zusammenarbeit mit unseren italienischen Freunden. In dem anmaßenden und taktlosen Vorge-

hen Dr. Wickerts und seinem zanksüchtigen Charakter sehe ich eine große Gefährdung der einträchtigen Zusammenarbeit bei dem Sender. Die Brüskierung der Italiener gerade zur gegenwärtigen Zeit ist politisch äußerst bedenklich. Die sofortige telegrafische Abberufung Dr. Wickerts ist daher unbedingt geboten.

Zum Schluß muß ich noch meiner Enttäuschung darüber Ausdruck geben, daß auf die selbstlose Errichtung des Senders hin ein Mensch von so unverträglichem, unmöglichem Charakter wie Dr. Wickert zur Mitarbeit herausgesandt worden ist.

Heil Hitler!

S. Lahrmann, Landesgruppenleiter

Starker Tobak!

Das Verbot

Im Oktober war die Erzählung »Die Adamowa« erschienen; nach Neujahr erschien die zweite Auflage. Die Turbulenzen wegen Lahrmanns Abberufungsantrag hielten noch an, als mir der Stuttgarter Verlag mitteilte, das Propagandaministerium habe »den weiteren Vertrieb der ›Adamowa‹ höherer Anweisung entsprechend untersagt.«

Der Rest des Briefes war vom Zensor nicht geschwärzt, sondern überhaupt weggeschnitten. Ich nahm an, das Verbot sei wegen des Vorworts mit seiner Kritik an dem Mißbrauch politischer Macht und politischer Furcht ergangen. Vielleicht würde man mir daraus noch einen Strick drehen. Eine Rückkehr nach Deutschland schien mir deshalb in diesem Augenblick nicht gerade wünschenswert.

Heute vermute ich, daß man den Verkauf des Buches weniger seiner Ansicht über politischen Terror wegen untersagt hatte, sondern eher, weil man wegen des bevorstehenden Angriffs auf die Sowjetunion überhaupt keine Bücher über dieses Land in den Schaufenstern zu sehen wünschte.

Dem jungen Verlagsvertreter und späteren Groß-Verleger Georg von Holtzbrinck schienen alle solche Überlegungen egal gewesen zu sein. Er sagte mir in den sechziger Jahren, mit einem meiner Bücher habe er eines seiner ersten Geschäfte gemacht, als er nämlich »Die

Adamowa« in seine »Bibliothek der Unterhaltung und des Wissens« aufgenommen habe. Davon hatte ich noch nie gehört.

»Aber das Buch war doch verboten«, antwortete ich.

»Der *Vertrieb* war verboten«, erwiderte er. »Ich habe es auch gar nicht vertrieben, sondern die ganze Auflage der Heeresbücherei verkauft.«

Freunde in der Not

August Glathe und die Mitarbeiter des Senders standen fest an meiner Seite, aber manche Landsleute in der Stadt hielten eher Distanz für geraten, weil der Landesgruppenleiter mich überall, auch bei der Auslandsorganisation der Partei in Berlin noch mehr anschwärzte und als politisch ganz unsicheren Kantonisten hinstellte.

Ich mobilisierte meine Freunde im Auswärtigen Amt. Der Personalchef Kriebel konnte mir nicht mehr helfen. Er war kurz vorher plötzlich gestorben; aber sein Adlatus Richard Kempe und mein Freund Rudi Steg aus New York, jetzt Attaché in Ribbentrops Ministerbüro, suchten einen Ausweg. Die Angriffe der »AO«, der Auslandsorganisation der Partei, waren aber so robust, daß sie mich nicht in Schanghai halten konnten. Im Mai wurde mein Nachfolger ernannt. Ich rechnete nun mit meiner Rückberufung nach Berlin.

Da besuchte Erich Kordt Schanghai, der bisher das Ministerbüro des Auswärtigen Amtes geleitet hatte, auf Ribbentrops Weisung aber nach Tokio versetzt worden war. Er war dort nun Gesandter unter dem Botschafter General Eugen Ott.

Bei einem Frühstück mit ihm beschrieb ich meine Lage. Kaum war er nach Japan zurückgekehrt, wurde ich durch einen Drahterlaß des Auswärtigen Amtes als Rundfunkattaché nach Tokio versetzt. Ich sollte unverzüglich meinen Dienst antreten.

Die Angestellten des Senders, August Glathe, Schimpffs, Hilde und Walter Stennes, Hans Siegel, der große Kunstsammler, den wir durch Stennes kennengelernt hatten, der Presseattaché, der »dicke« Cordt, und andere Kollegen und Mitarbeiter der Botschaft und einige neu befreundete Familien standen am Pier und winkten, als unser Schiff ablegte.

Franz mit Wolfram auf dem Arm, unsere Wasch-Amah, die nun zur Kinder-Amah aufgestiegen war, und ich standen an der Reling. Wir winkten zurück.

Einige Bekannte waren ferngeblieben. Auch mein Vorgesetzter, der Leiter der Dienststelle, der als alter Nationalsozialist in den höheren Dienst aufgestiegen war und der die Ansichten des Landesgruppenleiters über mich und meine Arbeit teilte.

Aber der Generalkonsul Martin Fischer hatte mir, obwohl ich gar nicht zu seiner Mannschaft gehörte, in seinem Haus und Garten einen schönen Abschiedsempfang mit der Gemeinde und allen meinen Freunden gegeben und Worte über Franz und mich und die Reform des deutschen Senders gesagt, die uns das Herz warm machten.

Unsere Mannschaft

Der Kuli Schu, der Boy Yüe und die Amah wollten mitkommen. Ich erklärte ihnen aber, daß die Japaner gerade begonnen hatten, alle chinesischen Gastarbeiter zurückzuschicken. Nur durch die Fürsprache des japanischen Generalkonsuls hatte unsere Amah ein Visum bekommen. Die anderen wollten trotzdem versuchen nachzukommen.

Als ob wir alle *eine* Familie waren. Schu war einmal tagelang brummig gewesen. Ich fragte Dzian, den Koch, nach dem Grund. Hatten wir ihn beleidigt?

Ja. Das hatten wir. Er war als Kuli auch Türöffner. Aber wenn wir abends ausgingen, nahmen wir die Hausschlüssel mit und ließen uns selbst ein. Mißtrauten wir ihm etwa?

»Aber Dzian«, antworteten wir, »manchmal kommen wir erst um zwei oder drei nach Hause. Ihr schlaft alle. Sollen wir denn Schu noch so spät wecken?«

»Ja«, sagte Dzian.

Wir gaben Schu also den Hausschlüssel. Wenn wir jetzt spät nachts nach Hause kamen, mußten wir lange klingeln, bis er wach wurde. Dann kam er schließlich in seinem langen Ischang, den er auch tagsüber trug, angewankt, mit schlafgeschwollenen Augen, öffnete die Tür von innen, und sein verschlafenes Gesicht glänzte vor Zufriedenheit.

Als bei Franz morgens die Wehen begannen, durfte sie nicht die

Schu und Wolfram, das »Große Juwel«.

Treppe, wie sie eigentlich wollte, hinabgehen, sondern mußte warten, bis die aufgeregten Diener einen Rohrsessel geholt und neben das Bett gestellt hatten, auf den Franz nun vorsichtig gehoben und dann von Schu und Yüe zum Auto getragen wurde, während der Koch Dzian vor ihnen die Treppe hinunterging und bei jeder Stufe »*Xiaoxin!*, das heißt »Vorsicht!«, eigentlich »Kleines Herz!« und »*Manmande!*«, »Langsam!« rief.

Als Wolfram geboren war, hatten sie sich Maotai, den hochprozentigen Hirseschnaps, gekauft, saßen in der warmen Nacht vor dem Tor auf der Straße, waren laut und alle miteinander nicht mehr sicher auf den Beinen. Es war schließlich doch ein Junge, kein Mädchen! Und da der Tag der Geburt auf das Drachenbootfest fiel, war es desto mehr ein Grund zum Feiern. Sie sagten dem an diesem großen Fest Erstgeborenen unerhörtes Glück und eine große Zukunft voraus.

Auch sie standen jetzt unten am Pier und winkten.

Aufgelaufen in Schanghai

Doch als unser japanisches Schiff abgelegt hatte und den Huangpu hinabfuhr, ging ich zum Heck, stand dort allein an Deck und blickte noch einmal auf die imponierende Hafenfront Schanghais zurück.

Ich war gescheitert, gleich aufgelaufen, nur vier Monate nach meiner Ankunft. Ich hatte in meinem Übermut die Macht der Partei unterschätzt, dagegen mich selbst, den Erwerb und Erfolg des Senders und die Hilfe, die mir die Freunde in der Rundfunkabteilung versprochen hatten, weit überschätzt. Vielleicht glaubten auch einige von ihnen, ich hätte mich mit der Partei nicht überwerfen dürfen. Heinz Schmoll, der jetzt in der Auslandsorganisation der Partei arbeitete, schrieb mir das auch ganz offen und brutal. Er hatte ja recht. Ich war blind für die politische Realität gewesen.

Gewiß war Lahrmann ein dummer, ungehobelter Knoten, aber ich hätte ihn nicht ignorieren und schon gar nicht, wie nach seiner Ansprache am 30. Januar, frontal angehen und auf die Hörner nehmen dürfen; ich hätte ihm statt dessen hin und wieder Zucker geben und vielleicht wenigstens etwas Mitsprache beim deutschen Programm einräumen müssen.

Wir bogen in den Jangtse ein, der so breit war, daß man das Nordufer von uns aus gar nicht sehen konnte. Franz und die Baby-Amah richteten sich mit Wolfram in den Kabinen ein. Ich setzte mich währenddessen in einen Deckstuhl und blies Trübsal; denn ich kam mit dem Makel eines politischen Versagers nach Tokio und konnte mir zudem gar nicht vorstellen, was ein Rundfunkattaché dort überhaupt tun sollte.

Ich fragte mich, welchen Sinn die Arbeit in Schanghai gehabt habe? Wenig. Gut, der Sender war nicht in die falschen Hände gefallen, sein Programm war reformiert, und die Mitarbeiter würden es fortsetzen. Auch Chinesen und andere Ausländer hörten den Sender, aber daß wir irgend jemand von seiner Ansicht über den Krieg abgebracht oder gar für Hitlers Politik begeistert hätten, wo wir doch selbst unsere Vorbehalte hatten, schien mir sehr zweifelhaft.

Höchstens daß einige Hörer ein etwas freundlicheres Bild von uns Deutschen bekommen hatten. Das wäre schon viel gewesen. Wir wollten ja nichts anderes, als ein gutes Programm mit möglichst objektiven Nachrichten machen.

Daß eine nutzbringende Wirkung unserer Propaganda in China überhaupt möglich war, glaubte ich nicht. Und wenn es Jesco von Puttkamer gelungen wäre, die gesamte Provinz Jiangsu von Hitlers Kriegszielen zu überzeugen – wären sie an Hitlers Seite gegen die Sowjets marschiert? Hätten sie uns wenigstens Reis oder Tee geliefert? Der Krieg in Europa war den vierhundert Millionen Chinesen ganz egal; er lag ihnen noch ferner als den Menschen in Schanghai.

Selbst gegen Greuelmeldungen waren die Menschen abgestumpft. Die Chinesen, bei denen Greueltaten endemisch sind, allemal. Sie hätten solche Meldungen vermutlich sogar genossen.

In Schanghai konnte man für wenig Geld Raubdrucke aller wichtigen Bücher in englischer Sprache kaufen. Eine Entdeckung war für mich Lord Ponsonbys Buch »*Falsehood in Wartime*«, das offen und zynisch die Erfindungen der englischen Propaganda im Ersten Weltkrieg schilderte mit ihren Behauptungen, die Deutschen hackten belgischen Kindern die Hände ab, sie brächten die Gefangenen um und verarbeiteten die Leichen zu Seife, und mit dem hochwirksam frisierten Bericht vom Tod der schönen Spionin Mata Hari.

Seitdem hielt ich alle Greuelmeldungen, von welcher Seite sie auch kamen, für Lügen. Die Redaktion unseres Schanghaier Senders warf sie gleich in den Papierkorb.

Herbert Moy, Waldbauer und Flick-Steger sagten in ihren Kommentaren den Sieg Deutschlands voraus und suchten diese Meinung auch zu begründen. Auch ich hoffte auf einen Sieg, denn der Gedanke an einen karthagischen Frieden, an ein neues, vielleicht noch erbarmungsloseres Versailles, war mir schrecklicher als die Vorstellung, wie

Deutschland nach einem Sieg Hitlers aussehen würde. Nach einem Siege würde es eben die Aufgabe von uns Jungen und den zurückkehrenden Soldaten sein, ein besseres Deutschland zu errichten, ein neues Europa, in dem Kriege unnötig wurden. Ich stellte es mir recht einfach vor.

Wir hatten in Schanghai auf einer Insel gelebt, auf der der Krieg nicht stattfand. Die Stadt hätte mit ihren ungeheuren Vorräten noch Jahrzehnte Handel treiben können. Sie vibrierte wie früher. Der Krieg – er war wie ein Boxkampf, er war Sport. Und unsere kleinen Tricks und die Überlistungen im Propagandakrieg waren auch nicht mehr.

Engländer, Deutsche, Amerikaner, Franzosen begegneten sich zivilisiert, sie haßten einander nicht. Nur den Japanern traute niemand.

Als Sport konnten die Schanghaier ihn notfalls ertragen; im Ernst aber wollte man vom Krieg nichts hören. Er war ja auch abgeflaut, seit Hitler die Luftangriffe auf England hatte einschränken müssen. Als wisse er nicht weiter. Der Krieg störte nur. Vielleicht kam einer und stellte ihn ab.

Auch Franz und ich hatten uns von dem Geist anstecken lassen. Wir hatten ihn tagsüber vergessen. Aber wenn wir abends im Lichterglanz durch die Straßen nach Hause fuhren oder nachts, wenn wir aufwachten, dachten wir an die verdunkelten Städte zu Hause. An die Freunde im Feld oder auf See. Es wurde uns eng, wenn wir davon sprachen; aber am Morgen waren wir wieder in Schanghai. Den Schritt der Weltgeschichte hatte ich im Lärm der Stadt und ihrer Geschäfte nie mehr gehört.

Womit hatte ich mich in den letzten Monaten abgegeben? Mit Spielkram. Und selbst dabei hatte ich versagt und war zu Boden gegangen.

Ich lag im Deckstuhl, war allein, wollte niemand sehen und blickte hinaus auf die See. Der japanische Dampfer war aus der Jangtse-Mündung heraus; wir nahmen Kurs nach Nordosten, auf Japan zu.

Wiederum Japan

Japan im Sommer

Im Sommer, von Ende Juni bis Anfang September ist es in Tokio vor Hitze nicht auszuhalten – *war* es nicht auszuhalten. Heute hat man Klimaanlagen. In Kinos, Theatern, Büros und Wohnungen friert man, und alle Welt ist erkältet. Damals gab es keine Klimaanlagen. Ich glaube, nicht einmal der Tenno besaß eine in seinem Palast. Alle, auch er, waren der *Nyubai*, der Waschküchenhitze im Hochsommer, ausgeliefert.

Wäsche, die man morgens im Garten in die Sonne hängte, war abends noch immer feucht. Die Schuhe und Kleider im Schrank schimmelten. Es half etwas, wenn man Tag und Nacht im Schrank eine elektrische Birne brennen ließ.

Aber darauf durfte man sich nicht verlassen. Man mußte die Schränke trotzdem jeden Tag ausräumen und alle Kleider und Schuhe in die Sonne und an die frische Luft legen. Die Wäsche auch, weil sie sonst stockfleckig wurde. Der Zeiger des Hygrometers bewegte sich nur zwischen 98 und 99 Prozent Feuchtigkeit. Bei 95 Prozent atmete man schon auf.

Meine Schallplatten, die schön ordentlich in einem Drahtregal standen, waren eines Tages durch die Hitze verbogen; sie jaulten. Man konnte sie nie mehr spielen. Die hohen Kerzen im Leuchter waren über Nacht weich geworden und neigten am Morgen ihre Dochte traurig bis auf den Eßtisch. An Schlaf war nicht zu denken. Wir hatten alle Fenster geöffnet und hofften, daß etwas Wind aufkommen werde; aber die Luft stand. Manche stellten den Ventilator an; am nächsten Morgen hatten sie dann Reißen in allen Gliedern.

Vor den Fenstern waren feine Gazegitter aus Draht angebracht, damit Moskitos nicht ins Zimmer dringen konnten. Sie fanden dennoch den Weg durch kleine Löcher, die sich auf geheimnisvolle Weise immer wieder in dem Gazedraht bildeten. Man schlief zwar unter dem Moskitonetz; indessen gelang es doch meistens ein oder zwei Moskitos, auch unters Netz zu fliegen oder zu kriechen, etwa wenn man sich hinlegte oder wenn man das Netz lüftete, um das Licht auszuschalten. Sobald es dunkel war, begannen sie oben im Netz infam summend ihre Kreise zu ziehen und fein und quälend an den Nerven des Menschen zu sägen, der mit Rachegedanken im Sinn wartete, bis sie zum Sturzflug ansetzten, um sie, in dem Augenblick, wenn sie sich am Bein, an den Armen oder im Gesicht niedergelassen hatten – keinen Moment später –, mit der flachen Hand zu erschlagen, sofern man Glück hatte und sie traf.

Ein Schlafanzug war viel zu warm. Die Leinendecke auch. Nur die wollene Leibbinde – *Haramaki*, eine weise japanische Einrichtung – behielt man an, denn sie schützte den schwitzenden Leib vor Verdunstungskälte und Erkältung des Bauchs mit ihren unangenehmen Folgen.

Wenn es in der Stunde vor der Dämmerung um ein oder zwei Grad abkühlte und ein freundlicher Luftzug durch Gazefenster und Maschen des Moskitonetzes drang, schlief man schließlich doch ein und wachte zwei, drei Stunden später schweißgebadet wieder auf.

So war es damals in Tokio während des Sommers. Die Männer verloren den Appetit und die Lust zur Arbeit, zum Lesen und zum Denken. Sie dachten höchstens an den Sonnabend nachmittag, wenn sie in überfüllten Zügen vom Bahnhof Ueno aus die vier Stunden nach Karuizawa fuhren, wo, rund achthundert Meter hoch, die Frauen und Kinder von Europäern und Japanern, die es sich leisten konnten, die heiße Zeit in Sommerhäusern verbrachten und wo man sich abends sogar manchmal einen Pullover überziehen mußte.

Franz, Wolfram und die Baby-Amah wohnten dort im Mampei-Hotel, da keine Sommerhäuser mehr frei waren.

Extrablätter

Ich fuhr am Sonntag nachmittag mit Wolfgang von Gronau nach Tokio zurück. In die Hitze. Er war Ende der zwanziger Jahre um die Welt geflogen, und jedermann kannte damals seinen Namen. Jetzt war er Generalleutnant und Luftattaché bei der Botschaft.

Krieg mit der Sowjetunion?

»Wir wären dann isoliert«, sagte Gronau. »Die Sibirienroute gesperrt. Die sowjetische Luftwaffe ist miserabel, die Armee aber nicht schlecht und der Raum beinahe endlos. Bis wohin wollen und können wir sie in dem unendlichen Raum denn verfolgen?«

Als wir in Tokio auf dem Bahnhof Ueno ankamen, schrien Zeitungsverkäufer das Extra-Blatt der *Asahi Shimbun* aus: »Hitler greift Sowjetunion an!«

Man mußte Richard Sorge immer schützen

Ich wohnte im Imperial Hotel, jenem denkwürdigen, seltsamen, einer Troglodytenhöhle ähnlichen Bau Frank Lloyd Wrights, in dem man sich dennoch wohl und geborgen fühlen konnte. Ich aß eine Kleinigkeit und ging dann in die Bar im Untergeschoß.

Dort saß auf einem hohen Barstuhl und vor einem Glas Whiskey Richard Sorge. Er sprach laut mit dem Barkeeper und zu einem halben Dutzend Nachbarn, die seine Ansichten gar nicht hören wollten. Ich setze mich auf den Stuhl neben ihn, der gerade frei wurde, weil Sorge dem Nachbarn lästig geworden war.

»*A fucking criminal!*« rief Sorge. »*A murderer! Signs a friendship pact with Stalin. Then stabs him in the back. But Stalin will teach the bastard a lesson. You just wait and see.*« Er wandte sich zu mir: »Ich sage Ihnen, es ist ein ganz gewöhnlicher Verbrecher. Warum bringt ihn denn keiner um? Die Offiziere zum Beispiel.«

»Sorge«, sagte ich. »Sie reden sich hier um Kopf und Kragen. Sie kennen doch die Leute nicht, die hier sitzen und herumstehen. Engländer, Amerikaner, Franzosen, Japaner, Deutsche. Meisinger hört mit.«

»Meisinger ist ein Arschloch!« rief er laut in die Bar. Er störte die anderen, und auch der Barkeeper winkte ihn mit der Hand zur Ruhe. Meisinger war der Polizeiattaché; wir kennen ihn schon. Man nannte ihn auch den »Schlächter von Warschau«.

»Ihr seid alle Arschlöcher«, rief Sorge dem Barkeeper, mir und den Nachbarn an der Bar zu. Auf deutsch und noch lauter.

Ich redete auf ihn ein. Er war betrunken, aber er dachte gar nicht daran zu gehen oder mit seinen lauten Schimpfreden gegen »Hitler und die anderen Verbrecher« aufzuhören. Er bestellte Whiskey für uns beide. Der Barkeeper nahm sich Zeit; schließlich gab er uns Whiskeys, ganz schwache.

Ich fragte Sorge nach den neuesten Nachrichten, und er versuchte, sie mir zu erklären. Schon ziemlich lallend.

»Und wenn ihr glaubt, die Japaner werden in Sibirien angreifen, dann irrt ihr euch sehr! Da irrt sich auch euer Botschafter sehr!«

Als er zur Toilette ging, wankte er und mußte sich an der Wand stützen. Er wollte jetzt mit seinem Motorrad nach Hause fahren.

Aber ich bestellte, als wir am Empfang vorbeikamen, ein Zimmer für ihn. Er war schon so betrunken und plötzlich auch so müde, daß er dem Liftboy und mir in sein Zimmer folgte. Er eilte sofort ins Bad und übergab sich.

Ich ging hinunter und war stolz wie ein Boy-Scout, der eine gute Tat vollbracht hatte. Man mußte ihn schützen, vor sich selbst.

Am nächsten Morgen begegnete er mir in der Lobby. Unrasiert. Mit zerknittertem weißen Leinenanzug, in dem er offenbar geschlafen hatte. Ob ich ihm hundert Yen leihen könnte. Ich gab sie ihm und war mir sicher, daß ich sie nie wiedersehen würde. Doch er gab sie mir schon tags darauf und ganz von sich aus zurück, als er mir in der Botschaft über den Weg lief.

Versicherung gegen den Krieg

Wir hatten großes Glück. Der Gehilfe des amerikanischen Militärattachés war zurückberufen, und sein Haus wurde frei. Es war uns und unserem in Japan knapperen Gehalt angemessener als das Haus in Schanghai. Es war nicht einmal halb so groß, kein Steinhaus, sondern ganz aus Holz gebaut. Die Bretter der Außenwand waren ringsum weiß gestrichen. Das Dach war aus Blech. Die Zimmerdecken lagen tief, und die Zimmer, gut und harmonisch geschnitten, genügten für unsere kleine Familie und Treffen mit Freunden. In dem schmalen Garten hinter dem Haus standen zwei Palmen, eine dicke, hohe Kampfereiche und an der Hauswand Kamelienbüsche.

Es war eins der vierzehn Häuser des *Nagai Compounds*, eines Parks mit vielen hohen, alten Bäumen und sogar einem Tennisplatz, den freilich niemand pflegte und dessen Netz verschwunden war. Der

Besitzer, Alexander Nagai, der eine deutsche Mutter hatte, bewohnte das einzige massive Steinhaus im hinteren Teil seines Parks.

Eine schmale Einfahrt, hundert Meter vor dem Stadtbahnhof Shibuya, führte in den Wohnpark oder *Compound*, an einem *Koban* vorbei, dem kleinen, Tag und Nacht besetzten Polizeiwachthäuschen, in dem jeder unserer Ein- und Ausgänge und jeder Besucher registriert wurden. Eine Oase der Stille in dem Getriebe der Stadt.

Als ich die Haus- und Hausratsversicherung abschließen wollte, entdeckte ich in den kleingedruckten Bedingungen der Rückseite, daß ich Haus und Hausrat für einen geringen Zuschlag auch gegen Kriegsrisiko versichern konnte.

Der Agent versuchte mir das auszureden: Weder sei Japan im Krieg, noch sei Krieg in Sicht; außerdem bestehe Japan aus Inseln, und die Amerikaner lebten Tausende von Meilen entfernt jenseits des Großen Ozeans. Nie habe ein Feind die heilige Erde Japans betreten, und nie werde es soweit kommen. Eher würden die Japaner in San Francisco landen. Trotzdem versicherte ich das Haus zusätzlich auch gegen Kriegsrisiko, und zwar recht hoch.

Unsere Botschaft in Tokio

Sie lag sehr schön, etwas erhöht, nicht weit vom Haus der Ostasiatischen Gesellschaft und gleich weit vom Graben des Kaiserpalastes, dem Parlament und dem *Gaimusho*, dem Außenministerium also. Die Residenzen des Botschafters und des Gesandten, die Alte und die Neue Kanzlei, die Büros der Waffenattachés waren durch Wege, Büsche, Rasen und Baumgruppen voneinander getrennt, so daß man von einer kleinen parkartigen Anlage sprechen kann. Die Residenzen, das kleine Haus des Kanzlers, stammten noch aus der Zeit vor dem Ersten Weltkrieg; auch das Alte Kanzleigebäude, in dem mein Büro lag: Es war aus roten Ziegelsteinen gebaut und sah aus wie ein Kaiserliches Postamt vom Anfang des Jahrhunderts.

Der Botschafter Als Oberst war Eugen Ott Chef der politischen Abteilung im Reichswehrministerium und enger Mitarbeiter des Generals Schleicher, des vorletzten Reichskanzlers, gewesen. Am 1. Dezember 1932 hatte er sich, wie er später erzählte, mit Hitler in Weimar getroffen und ihm im Auftrag Schleichers vorgeschlagen, zunächst Gewehr bei Fuß zu stehen.

Schleicher denke daran, ihm die Vizekanzlerschaft in einer Koalitionsregierung anzubieten. Hitler lehnte beides brüsk ab. »Ich führe eine Bewegung«, antwortete er, »und eine Bewegung kann nicht stillstehen; sie muß marschieren.«

Hitler mochte Ott nicht, er mißtraute ihm. Vielleicht hatte er erfahren, daß Ott im Jahr 1932 für Schleicher die Pläne zur Niederschlagung eines nationalsozialistischen Gewaltstreichs ausgearbeitet hatte.

Als Hitler zwei Monate nach dem Weimarer Treffen zur Macht gekommen war, ordnete die Führung der Reichswehr Ott als Verbindungsoffizier zur japanischen Armee ab, um ihn aus der Schußlinie zu nehmen. Vielleicht rettete ihn das vor dem Schicksal Schleichers, den die SS im Juni 1934 ermordete.

Ott wurde nach anderthalb Jahren Dienst bei der japanischen Armee Militärattaché bei der Botschaft Tokio, und im Jahr 1938 ernannte ihn Hitler zum Botschafter, ebenso wie die japanische Regierung den bisherigen Militärattaché Oshima zu ihrem Botschafter in Berlin beförderte. Beides sollte wohl als Signal für eine künftig engere militärische Zusammenarbeit verstanden werden.

Daß Ott ein Militär war, erkannte man gleich an seinem Gesicht, seiner Statur, seiner Haltung. Er sah aus wie ein preußischer Offizier, war aber Schwabe und fühlte sich auch als Süddeutscher. Er war ein großgewachsener Mann, der sich stets gerade, ja steif hielt, seine Gefühle nie zeigte, knapp in seinen Worten war und nur schwer Kontakt zu anderen Menschen fand. Er war kein Intellektueller und auch kein großer politischer Analytiker, aber er wußte, was zu tun war und hatte sich das erworben, was für einen Botschafter das Wichtigste ist: das Vertrauen des Gastlandes, seiner Regierung wie der Bewohner überhaupt.

Der Gesandte Ihm zur Seite stand Erich Kordt. Schon in Berlin hatte Rudi Steg, der als Legationssekretär bei ihm im Ministerbüro arbeitete, ihn mir als die größte politische Begabung im Auswärtigen Amt geschildert. Kordt war sein Mentor. Das wurde er auch uns, seinen jungen Mitarbeitern in Tokio.

*Eugen Ott, deutscher Botschafter in Tokio, erhält
vom japanischen Generalstabschef ein Schwert als Geschenk
für den Generalfeldmarschall Erwin Rommel.*

Er war, als er mich nach Tokio holte, erst 36 Jahre alt, aber ein Mann, der das politische Geschäft und die Verhältnisse in der Berliner Führung gut kannte. Er hatte feste ethische Vorstellungen, die seine politischen Entscheidungen lenkten und auch seine Urteile über Personen bestimmten, politischen Weitblick und Klugheit in der Berichterstattung. Die wichtigsten politischen Drahtberichte jener Zeit stammen aus seiner Feder oder waren von ihm veranlaßt worden, wenn auch Ott sie, wie es Vorschrift war, allein unterzeichnete.

Die Botschaftsräte Für Politik war Hans Ulrich von Marchtaler zuständig. Er drückte sich mit beneidenswerter Leichtigkeit druckreif aus und konnte auch komplizierte Sachverhalte kurz und verständlich darstellen. Er hatte viel gelesen und, was er einmal gelesen hatte, behielt er für immer.

Aloys Tichy war für Wirtschaft zuständig, trocken, Jurist von Beruf und Charakter, früher Staatsanwalt am Kriminalgericht in Moabit. Seinen kurzen, treffenden ironischen Bonmots konnte man entnehmen, wie er dachte.

Ladislaus Graf Mirbach-Geldern war Pressereferent. Schon als Student war er Mitglied der Nationalsozialistischen Partei geworden, wohl aus jugendlichem, proletarischem Trotz gegen seine Familie. Jetzt hielt er gar nichts mehr von der Partei. Er war wieder ganz Reichsgraf und sah mit unverhohlener Verachtung auf die Plebs der Partei herab.

Das hingegen tat Reinhold Schulze nicht. Er war Obergebietsführer der Hitler-Jugend, nur eine Rangstufe unter dem Reichsjugendführer Baldur von Schirach. In der Botschaft war er Leiter der Kulturabteilung. Reinhold Schulze glaubte an den Führer, an die Fahne, an die Reinheit und Schönheit der nationalsozialistischen Ideale, die ihn, den Jugendbewegten, seinerzeit zur Hitler-Jugend gezogen hatten. Er glaubte noch immer daran.

Das hinderte ihn nicht, deutschen Emigranten, zum Beispiel dem Dirigenten Manfred Gurlitt, und Wissenschaftlern »nicht-arischer« oder »halb-arischer« Abstammung aus amtlichen Mitteln monatliche Beihilfen zu zahlen. Er konnte bei Kriegsende lange nicht an die Wahrheit über die Judenvernichtung und an Hitlers andere Verbrechen glauben.

Ich, als Wissenschaftlicher Hilfsarbeiter das Schlußlicht in der Diplomatenliste, wurde ihm unterstellt. Reinhold Schulze ließ mich arbeiten und mischte sich nie in meine Rundfunkangelegenheiten ein.

Die Kulturabteilung mit der Bibliothek war im Erdgeschoß des Alten Kanzleigebäudes untergebracht. Von meinem Zimmer aus konnte ich auf die Residenz des Botschafters, auf Rasen, Büsche und Bäume blicken.

Über meinem Büro lag das Zimmer Richard Sorges, der immer früh, noch vor Dienstbeginn kam und sich im Funkraum neben seinem Arbeitszimmer den deutschen Pressefunk mit dem Wehrmachtsbericht und die Meldungen des Deutschen Nachrichtenbüros geben ließ, die in der Nacht hereingekommen waren.

Daß er bei dieser Gelegenheit auch die Geheimtelegramme aus Berlin lesen konnte, ist eine der vielen Legenden um Sorge. Die meisten Telegramme kamen übrigens vom Telegrafenamt. Sie alle bestanden aus fünfstelligen Zahlengruppen, mit denen niemand etwas anfangen konnte. Sie mußten erst entziffert werden, was damals noch eine ziemlich zeitraubende Rechenarbeit war; das Dechiffrieren aber war nicht Sache der Funker im Alten, sondern der Chiffreure im Neuen Kanzleigebäude, wo die »Satzbücher« und Chiffrierblöcke im Panzerschrank lagen. Die Chiffreure fingen dort um acht Uhr mit ihrer Arbeit in einem Trakt an, zu dem nur sie Zugang hatten.

Daß im Funkraum die Texte der Telegramme *aus* Tokio lagen, die die Funker in der Nacht abgesetzt hatten, halte ich für unwahrscheinlich. Das Chiffrierbüro wird ihnen sicher nur die schon ausgerechneten Zahlenkombinationen zur Weiterleitung herübergegeben, die Originale aber in das Fach der Registratur gelegt haben, denn die Funker brauchten sie ja nicht.

Wenn Richard Sorge die Pressemeldungen aus dem Hellschreiber genommen hatte, stellte er den täglichen, meist ein oder zwei Seiten umfassenden Informationsdienst für die Botschaft und die deutsche Gemeinde zusammen.

Dann frühstückte er – nicht immer, aber oft – bei Otts in der Residenz. Dabei kamen sicher auch die Weisungen aus Berlin zur Sprache. Doch was Berlin den Botschaften über die Lage, die politischen Ereignisse und Pläne verriet, war selten mehr als das, was man schon aus dem Pressefunk kannte.

Marineattaché war Admiral Paul Werner Wenneker. Er sprach, ging und benahm sich gar nicht militärisch, besaß einen trockenen Humor und spottete über Pathos und martialisches Gehabe, über politische Feigheit und Dummheit und über alle Leute, die sich aufspielten. Nächst Ott war er derjenige, dem die Japaner am meisten vertrauten und mit dem die Marine offener sprach als mit seinen ausländischen Kollegen. Seine Berichte über die militärische Lage Japans waren ausgewogen, kritisch und ungeschminkt. Er sagte darin schon bald nach Beginn des pazifischen Krieges die japanische Niederlage voraus. Als ihm die deutsche Marineleitung einmal einen umfassenden Bericht über Japans militärische Lage zur Korrektur zurücksandte, weil er zu pessimistisch sei und dem Führer deshalb nicht vorgelegt werden könne, wiederholte er seine Ansichten – nur schärfer und noch entschiedener.

Bereits im März 1942, vier Monate nach Pearl Harbor, teilte ihm ein japanischer Marine-Stabsoffizier im Auftrag höherer Stellen mit, Japan sei bereit, in Moskau einen Sonderfrieden mit dem Deutschen Reich zu vermitteln. Man habe Grund zur Annahme, daß das zur Zeit – also während des japanischen Siegeszuges in Asien – nicht ganz aussichtslos sei. Im Krieg mit der Sowjetunion sei Deutschland in Gefahr zu verbluten.

Wenneker beurteilte unsere militärische Lage ebenso und berichtete nicht über die Botschaft, sondern in seinem Marinecode unmittelbar an die Marineleitung in Berlin, weil Ribbentrop japanische Vermittlungsvorschläge, über die Ott berichtet hatte, bereits wütend zurückgewiesen hatte. Wenneker erhielt von der Marineleitung in Berlin ebenfalls eine empörte Antwort: Hitler wolle von solchen unerbetenen japanischen Ratschlägen nichts wissen. Wenneker habe es wohl in seinen Gesprächen an Siegeszuversicht fehlen lassen. Ein Vorwurf, den auch Ott auf entsprechende Berichte zu hören bekam.

Der Militärattaché Generalleutnant Kretschmer ließ es dagegen an Siegeszuversicht nicht fehlen. Ihm sah man noch mehr als dem Botschafter Ott den Offizier an: Nicht allein, weil er sich gerade und steif hielt, sondern auch weil man ihm im Ersten Weltkrieg die Nase weggeschossen hatte. Wodurch sein Gesicht indessen nur interessanter geworden war.

Er hielt in der täglichen Morgenbesprechung beim Botschafter Vortrag über die Frontlage. Sein Gehilfe, Major Karsch, stand mit einem langen Zeigestock an der Karte und zeigte damit auf die Frontabschnitte, von denen gerade die Rede war.

Kretschmer sprach fließend, nüchtern und dezidiert in Perioden, lang wie jene Ciceros, die sich immer weiter verschachtelten, so daß der Zweifel wuchs, ob er den Satz je werde korrekt beenden können, und die Sorge zunahm, daß er in einem Anakoluth hilflos zusammenbrechen werde.

Doch Zweifel und Sorge waren unbegründet, auch wenn der Satz sich immer mehr verzweigte. Es kam mit Sicherheit der wunderbare Augenblick, in dem man aufatmend und erleichtert vernahm, wie ein halbes Dutzend Verben und Hilfsverben an die für sie vorgesehene Stelle fielen, wie in Kästchen, und wie sich Hauptsatz und Nebensätze überraschend schlossen, so daß man versucht war zu applaudieren.

Die präzise Diktion erweckte den Eindruck, daß damit die militärische Lage ebenso präzise beschrieben worden sei. Dem war allerdings nicht so.

Mir ist noch in Erinnerung, wie er wenige Monate nach Hitlers Überfall auf die Sowjetunion einen seiner Lagevorträge kurz und dezidiert mit den Worten beendete: »Unsere Truppen setzen ihren Vormarsch auf breiter Front zügig fort, so daß in meinem Lagebericht in der nächsten Woche klingende Namen fallen werden: Leningrad, Moskau, Rostow am Don.«

Doch Rostows klingender Name fiel erst sehr viel später, und der Leningrads und Moskaus bekanntlich nie.

Anders als der Marineattaché Wenneker hielt er sich, wenn er seine japanischen Kameraden über unsere militärische Lage unterrichtete, an die Berichte des Berliner Attachébüros, die unsere Situation, je aussichtsloser sie wurde, desto mehr beschönigten. Darunter litt natürlich seine Glaubwürdigkeit.

Josef Meisinger, Polizeioberst und SS-Standartenführer, war der Deutschen Botschaft wenige Monate, bevor ich nach Tokio versetzt wurde, zugeteilt worden. Er war ein Bayer, hatte bei der Kriminalpolizei in München im Geldfälschungsdezernat, dann in der »Sitte« gearbeitet. Bei der falschen Anklage gegen Generaloberst von Fritsch wegen

Der Autor in Tokio.

Homosexualität soll er auf Falschaussagen bestanden haben, um ihn zu Fall zu bringen. Selbst der SS-Führer Schellenberg nennt ihn in seinen Memoiren einen Verbrecher. Als Polizeikommandant in Warschau habe er bestialische Grausamkeiten begangen. Himmler soll daran gedacht haben, ihn erschießen zu lassen, wie ich von Wenneker hörte, aber Heydrich habe sich für Meisinger eingesetzt, der dann nach Tokio abgeschoben wurde.

Unter der starken Hand des Botschafters Ott beschränkte er sich auf die wenigen damals anfallenden rein polizeilichen Aufgaben. Nach Otts Abberufung wurde er zum Terror der Botschaft und aller Deutschen in Japan. Davon wird noch die Rede sein.

Von den jungen Legationssekretären in meinem Alter arbeitete Franz Krapf in der Wirtschaftsabteilung, Kurt Lüdde-Neurath in der Politik bei Marchtaler, Richard Breuer bei Mirbach in der Presseabteilung. Sie begegneten mir anfangs zurückhaltend: Ich hatte nicht die Attachéausbildung durchgemacht wie sie, war ohne Examen in den Auswärtigen

Dienst eingetreten, Wissenschaftlicher Hilfsarbeiter. Und sie vermuteten wohl, als Rundfunkattaché müsse ich ein Mann Goebbels' sein, der hier seine Propaganda verbreiten werde.

Dabei war mir gar nicht klar, was ich als Rundfunkattaché in Tokio überhaupt tun sollte. Mit Rundfunk hatte die Botschaft sich bisher kaum beschäftigt. Ich fand nur einen Aktenordner, in dem von dem Plan eines deutsch-japanischen Rundfunkabkommens die Rede war, an dem Tokio aber nicht besonders interessiert zu sein schien.

Ich saß in meinem Büro, kannte noch niemand, mit dem ich vertrauensvoll sprechen konnte, hatte nichts zu tun und fand anfangs auch nichts zu tun. Was konnte schlimmer sein!

Warum ich nichts mehr schreiben konnte

Ein Buch, einen Roman, eine Erzählung schreiben? In Schanghai hatte ich ihn vor lauter Lärm nicht vernommen: Seit Hitler in die Sowjetunion einmarschiert war aber war der Schritt der Weltgeschichte nicht mehr zu überhören. Er stampfte und dröhnte jetzt.

In dieser Zeit etwas schreiben? Was? Worüber? Für wen? Für den Tag, an dem der Himmel einfällt?

Doch nicht etwa eine Liebesgeschichte? Doch nicht etwa eine Erzählung vom Leiden und Tod der Soldaten an der Front, während ich fern im noch friedlichen Tokio saß? Oder sollte ich eine kaltkonstruierte Parabel schreiben wie »Marmorklippen«, die doch gar nicht mein Stil war?

Ich habe während des Krieges zwar manches, was mir bemerkenswert erschien, notiert: Was mich bewegte, habe ich sogar recht ausführlich und mit spitzem Bleistift wiedergegeben.

Ich hatte seit jeher den Hang, aufzuschreiben, was mir an Auffälligem begegnete. Die Gründe? Verschiedene. Ich wollte festhalten, wie ich in einer bestimmten Zeit die Welt sah, und das später prüfen.

Meistens aber schrieb ich auf, weil mir in der Darstellung das Geschehen klarer wurde. Als ich das vorliegende Buch schrieb, hat mir, was ich damals aufgrund dieser Neigung notiert hatte, oft geholfen und das, was ich im Gedächtnis bewahrt hatte, ergänzt.

Aber ich habe im Krieg keine Zeile einer literarischen Darstellung versucht. Nicht einmal in meinem geheimen Kurzschriftbuch findet sich ein Vers aus dieser Zeit. Ich habe mir keine literarischen Entwürfe für spätere Zeiten notiert, denn wer konnte sagen, was das für Zeiten sein würden! Im Gedächtnis allerdings habe ich mir einige Themen gut aufgehoben und schon damals oft hin- und hergewendet, sie aber erst Jahrzehnte später ausgeführt.

Es war der Krieg, der mich damals hinderte, mich in Versen oder in erzählender Prosa auszudrücken. Der Krieg, der uns nie aus dem Kopf ging, und der Gedanke an das Unvorhersehbare, das auf uns zukam.

Doch es war nicht nur der Krieg: Ich habe mich auch später, als ich nach dem Krieg wieder im Auswärtigen Dienst war, literarisch abstinent verhalten: Die diplomatische Arbeit forderte dann meine ganze Aufmerksamkeit und Energie. Ebenso wie die Arbeit an einem Roman mich ganz forderte, in meiner Zeit, meinem Denken und meiner Fantasie. Einen Roman konnte ich nicht nebenher schreiben: Ich mußte in seiner Welt leben und davon des Nachts träumen.

Ich wollte zudem vermeiden, in dem einen oder dem anderen Gebiet zu dilettieren. Als Angehöriger des Auswärtigen Dienstes habe ich später nur in den im Bundesbeamtenrecht erlaubten längeren Urlaubszeiten, die mir die Außenminister Brentano und Schröder gewährten, »unter Fortfall der Dienstbezüge«, Romane geschrieben.

Tokio war keine Stadt für Allotria

Konnte man Tokio überhaupt Stadt nennen? In der Hauptgeschäftsstraße, der Ginza, und der Umgebung standen zwar einige hohe Gebäude aus Stein oder Beton, Warenhäuser zum Beispiel oder Banken, aber mit den Schanghaier Hochhäusern waren sie natürlich nicht zu vergleichen. Doch sonst war die Stadt von fünf Millionen Einwohnern nichts als eine viele Kilometer weit nach allen Himmelsrichtungen ausgedehnte Ansammlung dicht aneinandergedrängter ein- oder allenfalls zweistöckiger Holzhäuser in einem Gewirr von Straßen und Gassen, wo sich nicht einmal die Taxifahrer zurechtfanden.

Wenn man einem Besucher die Sehenswürdigkeiten der Stadt zeigen wollte, führte man ihn zum Kaiserpalast, der mitten in der Stadt, etwas hochgelegen, hinter einem Wassergraben und schönen Steinmauern stand. Sehen konnte man von ihm freilich nichts, nur die Wipfel der Kiefern, die über die Mauern ragten. Oder man führte den Gast zum Meiji-Schrein mit seiner weiten Allee und den weiträumigen Parkanlagen, ganz in der Nähe unseres Hauses, oder zum Yasukuni-Schrein, in dem die Seelen der Gefallenen verehrt wurden.

Man konnte dem daran interessierten Besucher auch das Geisha- und Prostituiertenviertel in Ueno zeigen, das Kabuki- und Takaratsuka-Theater und hier und da vielleicht einen kleinen Schrein oder Tempel; aber viel mehr gab es nicht zu sehen.

Vieles war schon knapp in Tokio. Das Land war seit vier Jahren im Krieg mit China, in dem die Armee nicht weiterkam. Ausländische Waren, die in Schanghai im Überfluß zu haben waren, gab es in Tokio längst nicht mehr. Selbst Lebensmittel waren knapp. In Tokio sah ich zum erstenmal Taxis und Busse, die unförmige Apparate über dem Gepäckraum oder auf dem Dach installiert hatten und mit Kohlen- oder Holzgas fuhren. Carl von Wiegand, Seniorkorrespondent der Hearst-Presse, schon fast erblindet, hatte mir bereits im Februar davon erzählt. Das sei kein Zeichen für Mangel an Benzin, sagte er, sondern dafür, daß Japan Vorräte anlege und sich auf einen Krieg mit den Vereinigten Staaten vorbereite.

Japan vor Pearl Harbor

Die innenpolitische Lage in Japan war unübersichtlich. Das war sie immer, ist sie bis heute.

Die wichtigsten politischen Kräfte waren damals die Armee, die Marine, die Wirtschaftsführer, die sich je nach ihren Interessen der einen oder anderen Gruppe anschlossen, sowie der Geheime Staatsrat, der Rat der Älteren Staatsmänner, die aus dem Ruhestand und ohne Verantwortung für ihre Ratschläge zu übernehmen, in die Geschicke der Nation eingriffen. Und natürlich der Hof mit dem weitsichtigen Ratgeber des Kaisers, dem Lordsiegelbewahrer Marquis Kido, der die Expansionspolitik der Armee, den Dreimächtepakt und überhaupt die Zusammenarbeit mit dem Deutschen Reich und Italien nicht billigte.

Wie er dachte, so dachte auch der Tenno, der jedoch keine verfassungs-
mäßigen Rechte und Mittel besaß, die Macht der Militärs zu brechen,
und der, so hoch und unangreifbar er auch über den Wolken thronte, es
auch dann nicht geschafft hätte, wenn er sich über die Gebote der
Verfassung, die ihn am Handeln hinderten, hinweggesetzt hätte.

Die japanische Regierung hatte zwar im September 1940, als sie
glaubte, Deutschland werde in Kürze Großbritannien angreifen und
niederwerfen, schnell den deutsch-italienisch-japanischen Dreimächtepakt mit automatischen Hilfsversprechen gegen Angreifer abgeschlossen, um auf der Seite des Siegers zu sein; aber Hitlers Landung in
England blieb aus, weil die Bomberverluste zu hoch waren. Statt dessen
griff er im Juni 1941 die Sowjetunion an, mit der Japan erst im April
einen Nichtangriffspakt abgeschlossen hatte.

Als ich in Japan ankam, wollte dort niemand mehr etwas vom
Dreimächtepakt wissen. Entscheidend war jetzt das Verhältnis zu
Washington. Präsident Roosevelt hatte im Juli den Export von Flug-
benzin, hochwertigen Schmierölen und Schrott nach Japan erst stark
eingeschränkt und dann überhaupt unterbunden. Die japanischen Gut-
haben in den USA und Großbritannien wurden eingefroren; die für
Japans Streitkräfte und Rüstungsindustrie unentbehrlichen Öl- und
Bauxitlieferungen aus Niederländisch-Indien wurden eingestellt. Die
gehorteten Ölvorräte waren zwar beträchtlich, doch der Tag, an dem
die Flotte bewegungsunfähig sein würde, war nicht fern. Nach Admiral
Wennekers Ansicht reichten sie höchstens ein oder anderthalb Jahre.
Die Flugzeugindustrie hatte nur noch Aluminium für ein halbes Jahr.

Japan stand nun vor der Entscheidung: Krieg und Eroberung der
Gebiete Südostasiens, wo es sich Öl und die anderen notwendigen
Rohstoffe holen konnte, oder aber Annahme der amerikanischen
Forderungen, das hieß: Rückzug aus China; Garantie der chinesischen
Unabhängigkeit; Rückzug aus Indochina; Austritt aus dem Dreimäch-
tepakt. Als Gegenleistung wären die USA bereit gewesen, die Sanktio-
nen aufzuheben.

Zum Austritt aus dem Dreimächtepakt war Japan am ehesten bereit.
Die Amerikaner überschätzten ihn sehr, weil sie noch lange an eine
geheime deutsch-japanische Verschwörung zur Eroberung der Welt
glaubten.

Vielleicht hätten die Japaner sich schließlich auch zum Rückzug aus

Indochina bereit erklärt. Sich aber aus China zurückzuziehen und ihre Politik der Expansion auf das Festland aufzugeben, dazu konnte die Armee sich nicht entschließen. Doch selbst wenn die Führung der Armee nachgegeben hätte, sie hätte ihren Beschluß nicht durchsetzen können; denn die jungen fanatisch-nationalistischen Offiziere hätten gemeutert.

Rückzug der Japaner aus China und Garantie der chinesischen Souveränität aber waren der Kern der amerikanischen Forderungen. Daran scheiterten letztlich die Verhandlungen zwischen Tokio und Washington, deren dramatischen, nein, tragischen Verlauf ich erst nach dem Krieg aus zeitgeschichtlichen Publikationen und Dokumenten erfuhr.

Die japanische Regierung enthielt der Deutschen Botschaft jegliche Information über diese Verhandlungen mit Washington vor. Wir erfuhren über sie nur etwas aus der amerikanischen Presse, etwas von unserer Botschaft in Washington und manches auch von Richard Sorge, dessen wichtigster Zuträger, Hotsumi Ozaki, bestallter Berater des Premierministers Prinz Konoye war und Sorge über die geheimsten Beratungen des Kabinetts unterrichtete.

Erst nach dem Kriege wurde bekannt, daß eine »Kaiserliche Konferenz« Anfang September 1941 beschlossen hatte, zwar in Washington weiter um einen Kompromiß zu verhandeln, wenn das aber zu nichts führe, die Länder Südostasiens zu besetzen, aus denen man Öl, Kautschuk, Bauxit und andere kriegswichtige Rohstoffe holen könne, sowie die amerikanische Flotte »in eine Falle zu locken« und entscheidend zu schlagen. Von einem Überfall auf Pearl Harbor war nicht die Rede.

Obwohl die Japaner uns über die Verhandlungen mit Washington nicht unterrichteten, spürten wir, daß die Spannung von Woche zu Woche wuchs. Die meisten von uns rechneten damit, daß die Japaner schließlich doch nachgeben würden, um sich aus dem Würgegriff der Wirtschaftssanktionen zu befreien und um einen Krieg mit den militärisch und wirtschaftlich weit überlegenen Vereinigten Staaten zu vermeiden. Die kühle Haltung uns gegenüber deutete darauf hin, daß ihnen nicht mehr viel an uns lag, da wir ihnen die notwendigen Rohstoffe ja nicht liefern konnten.

Aber es gab auch andere, die mit Sorge den zunehmenden politischen Druck nationalistischer Fanatiker in der Öffentlichkeit, der Presse und der Politik beobachteten.

Der Viererklub

Einige Wochen nach meinem Dienstantritt, als ich mich gerade in meinem Büro langweilte, ging ich in das Zimmer des Legationssekretärs Franz Krapf, der einen absolut überflüssigen Bericht über die japanische Bierindustrie und den Stammwürzegehalt des japanischen Biers schreiben mußte.

Er erzählte von seinen Erfahrungen als Austauschstudent an der Amherst-Universität in Massachusetts und ich vom Dickinson College und von der amerikanischen Erziehung. Ich sagte, aus dem deutschen Volk werde nie etwas, wenn unsere Jugend nicht in einem Geiste der Freiheit erzogen würde wie in den Vereinigten Staaten.

Franz Krapf hörte verwundert zu, denn das war ja die Ansicht, die er selbst überall mit Verve vertrat. Wir unterhielten uns noch sehr lange, und er war danach überzeugt, daß ich keineswegs ein Mann Goebbels' sei, zumal als er hörte, warum ich in Schanghai abberufen worden war.

Er überzeugte auch die anderen beiden jungen Legationssekretäre Kurt Lüdde-Neurath und Richard Breuer, so daß wir bald einen informellen, aber fest zusammenhaltenden Klub bildeten. Wir unterrichteten uns bis zum Ende des Krieges über alle ein- und ausgehenden Geheimtelegramme, die einer von uns eingesehen hatte, wenn wir abwechselnd abends im Chiffrierbüro Dienst tun mußten.

Um etwas Nützliches zu tun, richtete ich mit zwei Mitarbeitern eine kleine Rundfunkabhörstelle in der Botschaft ein, die jeden Morgen die Nachrichten des Senders San Francisco der BBC in einem vervielfältigten unter den höheren Beamten verteilten Bulletin mitteilte, das besser über die Vorgänge in der Welt unterrichtete als Sorges Nachrichtendienst mit den deutschen Propagandanachrichten.

Nach Pearl Harbor fand sich die japanische Rundfunkgesellschaft auch bereit, ein Kooperationsabkommen mit der Reichsrundfunk-Gesellschaft abzuschließen. Damit bekam ich dann etwas mehr zu tun.

*Franz Krapf, Legationssekretär an der
Deutschen Botschaft in Tokio.*

Von unserem Koch Dzian und dem Kuli Schu aus Schanghai kam ein
Brief an, in Pidgin-Deutsch. Zuerst der Original-Text, dann die Erläu-
terungen:

Shanghai, 17.8.41
Lieber Masster, Massy, Boby und amah
Ihr v. M. Air brief und Tel Tungtung erhalten. Ihren Tungtung sehr
grücklich Vielleicht Japan im Sommer sehr kühle und auch billig
obst essen. Aber Sh'hai jetzt sehr heiß und Reis neulich wieder
10 Dollar mehr zu hoch. Aber ich sehr gerne Masster, Massy sofort
zurückkom. Wegen jetzt meine neue Masster sehr Stolz ich hoffen
Masster ein brief an Herrn Kort schreiben soll für mich ein andern
Stellung zu finden.

Ich gern winig Geld verdienen gut Masster haben. Sie sagt Massy, Boby und Amah täglich spazieln schlafen und essen Masster bezahln das ist ihren grücklich weil Sie ist ganze famielie kaiserlich.

Ferner Schu zurück schon zwei Wochen jetzt Pass ist fertig nur Warten Dampf nach Japan Wenn Schu abreisen ich gleich Telegraph soll abholen.

Herzlichgrüsse
Ihr Koch Dzian und Schu.

In unserem Deutsch lautet der Text:

Lieber Master, Missy, Boby und Amah!*

Ihren Luftpostbrief vom vorigen Monat und Ihr Telegramm von diesem Monat haben wir alles** erhalten. Sie sind alle sehr glücklich. Japan ist im Sommer vielleicht sehr kühl, und Obst ist billig. Schanghai aber ist jetzt sehr heiß, und der Reis ist neulich um zehn (China-)Dollar gestiegen. Aber ich hätte es sehr gerne, wenn Sie, Master und Missy, sofort zurückkämen; denn mein neuer Master ist sehr stolz (herrisch). Ich hoffe, Sie, Master, können einen Brief an Herrn Cordt schreiben und ihn bitten, für mich eine andere Stellung zu suchen.

Ich will gerne wenig Geld verdienen, wenn ich nur einen guten Master habe. Sie schreiben (im Scherz), Missy, Großes Juwel und Amah gehen den ganzen Tag spazieren, schlafen und essen; und Sie, Master, dürfen alles bezahlen. Aber Sie sind glücklich, weil Ihre ganze Familie kaiserlich*** ist.«

* *Masster*, das war ich. *Missy* (er schreibt immer *Massy*), das war die Hausfrau, die *taitai*. *Boby* ist nicht Baby, sondern *da baobei*, das »Große Juwel«, unser erstgeborener Sohn nämlich. Und *Amah* ist die Kinderfrau, die keinen Namen hatte, auch nicht bei Koch und Kuli, sondern nur Hausmädchen – also *Amah* – gerufen wurde.
** *tungtung* = alle, alles.
*** »Kaiserlich« war für ihn das Höchste, ob er nun an den chinesischen Kaiser oder als alter Diener aus dem deutschen »Pachtgebiet Kiaotschau« an die deutsche Kaiserliche Marine gedacht haben mag.

Ferner: Schus Paß ist schon* seit zwei Wochen fertig. Er wartet nur noch auf einen Dampfer nach Japan. Wenn Schu abreist, werde ich gleich telegrafieren, damit Sie ihn abholen kommen.

Herzliche Grüße
Ihr Koch Dzian und Schu.

Ich war überrascht, daß Schu es fertiggebracht hatte, Paß und Einreisevisum zu bekommen, da die Japaner zu jener Zeit viele Chinesen auswiesen. Vielleicht hatte ihm der Pressereferent Fritz Cordt, der »dicke Cordt«, den er auch im Brief erwähnt, dabei geholfen.

Das angekündigte Telegramm habe ich nie erhalten. Doch eines Vormittags klopfte es im Büro an meine Tür, und herein kam, von einem Ohr bis zum anderen über meine Überraschung grinsend, der Kuli Schu.

»Master«, sagte er, »ich schon kommen.«

Schu konnte kein Japanisch, und wie es ihm gelungen war, sich vom Hafen Yokohama in die Deutsche Botschaft in Tokio durchzufragen, war uns ein Rätsel.

Die Freude über Schus Ankunft war groß. Er wurde sofort vom Kuli zum Boy befördert.

Nach einem Jahr stellte der Arzt jedoch fest, daß sowohl die Amah wie auch er an offener Tuberkulose litten und daß bei Wolfram, dem »Großen Juwel«, schon die Hilusdrüsen geschwollen waren. Wir wollten die beiden Kranken auf unsere Kosten in ein japanisches Lungensanatorium legen; doch sie schüttelten den Kopf. Sie wollten lieber zurück in ihr Heimatdorf, zu ihrer Familie in der Provinz Schandong. Wenn sie sterben sollten, wollten sie dort sterben.

Die Amah drängte besonders, denn Franz war wieder guter Hoffnung. Und die Amah meinte, wenn nun ein *xiao baobei*, ein »Kleines Juwel«, dazukomme, das sie ebenso lieb gewönne wie das große, dann könne sie den Abschied überhaupt nicht mehr ertragen.

Wir waren alle traurig, als wir am Bahnhof Abschied voneinander nahmen. Wir haben sie nie wiedergesehen, nie wieder von ihnen

---

* »Zurück schon zwei Wochen«: »schon« bezeichnet im Pidgin-Deutsch die Vergangenheit und wird wie die chinesische Vergangenheitspartikel »la« benutzt. Die letzten drei Zeilen sind der eigentliche Anlaß des Briefes.

Shanghai 17. 8. 41

Lieber Masster, Massy, Baby und amah

Ihr v. M. Air brief u. d. M. Tel. Tungtung
erhalten Ihren Tungtung sel... grücklich vielleicht
Japan im sommer sehr kühle und auch
billig obst essen. Aber Shai jetzt sehr heis
und Reis neulich wieder 10 Dollar mehr zu hoch
aber ich sehr garne masster, massy sofort
zurückkom. wegen jetzt meine neue masster
sehr stolz ich lassen masster ein brief an
Herrn Kört schreiben soll für mich ein
andern Stellung zu find.

        Ich gern winzig Geld verdienen Gut
Masste haben. Sie sagt Massy, Baby und
amah täglich spazier schlafen u. essen
masster bezahlt das ist ihnen grücklich weil
Sie ist ganz familie kaiserlich.

        Ferner Sohn zurück schon zwei
Wochen jetzt Pass ist fertig nur warten Dampf
nach Japan Wenn Sohn abreisen ich gleich
Telegraph soll abholen.

                Herzlichgrüsse
            Ihr Koch Dzian und Schü

gehört. Ihre Heimat lag im Kriegs- und Partisanengebiet. Wir denken oft
an sie.

Die Verhaftung

Am 16. Oktober 1941 trat Premierminister Konoye zurück, weil er
erkannte, daß ein Kompromiß mit Washington wegen der unbeugsamen
Haltung der Armee in der China-Politik nicht möglich sein würde.

Sein Nachfolger wurde General Tojo. Am ersten Tag seiner Amtszeit
unterzeichnete der neue Justizminister die schon vorbereitete Weisung,
den deutschen Journalisten Richard Sorge und den Funker Max Clausen
wegen Verdachts der Spionage zu verhaften. Welche Folgen das haben
würde, ahnte er damals wohl nicht.

Fritz Cordt, der »dicke Cordt«, Pressereferent unserer Botschafts-
dienststelle in Schanghai – nicht zu verwechseln mit dem Gesandten
Erich Kordt –, war zu Besuch in Tokio. Ich hatte mich mit ihm am
Sonntag früh auf dem Bahnhof Shimbashi verabredet. Wir wollten nach
Kamakura fahren, etwas am Strand spazieren und dann zum *Daibutsu*,
der Bronzestatue des Großen Buddha gehen, der dort seit Jahrhunderten
im Freien steht und selbst die Wipfel der Kiefern um ihn herum überragt.

Fritz Cordt verspätete sich sehr. Ich mußte lange warten. Er war ein
schlichter Mensch, konnte sicher keinen Leitartikel schreiben, aber
niemand war bei chinesischen und ausländischen Journalisten in Schanghai populärer als er.

Er hatte bis 1931 in Chicago mit Pelzen gehandelt und wollte den
Handel in China fortsetzen. Die Chinesen hatte er schon bei seiner
Ankunft von ihrer liebenswürdigsten und intelligentesten Seite kennen-
gelernt. Davon erzählte er selbst:

In Peking angekommen, stieg er im deutschen Nord-Hotel ab. Er
hatte eine Liste der Kaufleute zusammengestellt, bei denen er am
Vormittag seinen Antrittsbesuch machen wollte.

Doch da die Ausländer in Peking die Arbeit in erster Linie ihren
chinesischen Bürovorstehern, den *Compradores*, überließen, hatten
sich schon am Vormittag einige Kaufleute im Nord-Hotel zum Früh-
schoppen eingefunden. Man lud Fritz Cordt ein mitzutrinken. Er kam

aus dem Amerika der Prohibition und verabschiedete sich schon nach den ersten Gläsern Whiskey; doch auch sie waren schon zuviel.

Vor dem Hotel umringte ihn der übliche Schwarm schreiender Rikscha-Kulis. Er setzte sich in das erste beste Gefährt, und der Kuli trabte mit seiner Beute sofort los. Doch bevor er sagen konnte, zu wem er wolle, fiel Fritz Cordt in tiefen Schlaf und war nicht mehr anzusprechen. Dem Kuli gelang es nicht, ihn zu wecken.

Als Fritz Cordt aufwachte, dunkelte es schon. Er lag in seinem Bett im Nord-Hotel. Seine Kleider waren ordentlich aufgehängt, die Brieftasche, Uhr und Paß lagen auf dem Nachttisch. Es fehlte nichts. Er hatte einen schweren Kopf und keine Lust, zu Abend zu essen. Er legte sich wieder ins Bett.

Am nächsten Morgen machte er dann die Runde seiner Antrittsbesuche und wurde überall als alter Bekannter begrüßt.

Denn der Rikscha-Kuli hatte ihn zu den Häusern aller Deutschen gefahren, geklingelt, den Hausherrn oder die Hausfrau herausgeholt, ihnen den Passagier gezeigt und gefragt:

»This master she belong this house?«

Ich mußte lange auf ihn warten, schließlich kam er doch, atemlos, mit rotem Kopf und erregt: »Sorge ist verhaftet!« sagte er. »Er soll ein Spion sein!«

Wir waren empört. Es war uns ganz klar, daß die *Kempetai*, die japanische militärische Geheimpolizei, ihn wegen seiner kritischen Artikel verhaftet hatte. Spionage? Lächerlich! Es war noch nicht lange her, daß sie den Reuters-Korrespondenten Jimmy Cox festgenommen und der Spionage verdächtigt hatten. Er stürzte nach mehreren Vernehmungen aus dem obersten Stock des Treppenhauses im Untersuchungsgefängnis zu Tode; er stürzte *sich* zu Tode, wie die *Kempetai* behauptete, weil er sich überführt sah. Doch das war eine dreiste Lüge. Niemand glaubte daran.

Hatte man ihn so gefoltert, daß er es nicht mehr aushalten konnte? Oder hatte man ihn hinabgestoßen, weil aus ihm nichts herauszuholen war? Würde es Sorge ebenso gehen?

Und was tat die Botschaft? Was tat der Botschafter für seinen langjährigen Freund und Vertrauten?

Die Deutsche Botschaft hatte vom Außenministerium nur eine kurze Note erhalten, in der die Verhaftung Sorges und eines gewissen Max Clausen »wegen Verdachts der Spionage« mitgeteilt wurde.

Ott wies seinen Gesandten Erich Kordt am nächsten Tage an, beim Außenministerium zu protestieren. Kordt war die wilde und unbeherrschte Art Sorges nicht gerade sympathisch. Dennoch war er über die Verhaftung ebenso empört wie wir alle. Als er sich schon auf den Weg machen wollte, riet ihm seine kluge, immer nüchtern denkende Kusine Susanne Simonis, die ihm das Haus führte, sich dort erst einmal umzuhören, ob seine Kollegen, die Partei und die anderen Deutschen Sorge auch für einen Spion hielten.

Niemand hielt ihn damals für einen Spion. Erst später traf man viele, die schon immer gewußt hatten, auch unter seinen Kollegen, die sich über die Arglosigkeit des Botschafters Ott, der überhaupt nichts gemerkt hatte, nun doch sehr wundern mußten.

Damals, unmittelbar nach der Verhaftung, fürchteten sie indessen, es werde ihnen, wenn sie kritisch über Japan berichteten, ebenso gehen wie Sorge. Sie suchten Erich Kordt auf, und ihr Senior, der Vertreter des Deutschen Nachrichtenbüros, Weise, übergab eine von allen deutschen Korrespondenten unterschriebene Erklärung, die den japanischen Spionageverdacht gegen Sorge energisch zurückwies. Die Journalisten baten die Botschaft, unverzüglich dafür zu sorgen, daß er wieder freigelassen werde. Eine ähnliche schriftliche Erklärung gab auf Kordts Anfrage der Ortsgruppenleiter Tokio der NSDAP für den Parteigenossen Sorge ab. Und auch der Polizeiattaché Meisinger, der oft ausgiebig mit Sorge gezecht hatte, berichtete seiner Berliner SS-Behörde, die japanischen Anschuldigungen gegen Sorge seien völlig unglaubwürdig.

Nachdem er diese drei Zeugnisse hatte, begab sich Erich Kordt ins Außenministerium, aber Beamte, die er als aufrichtig und seriös kannte, waren diesmal offiziell und ernst und sagten, an Sorges und Clausens Spionagetätigkeit könne kein Zweifel sein. Man wußte inzwischen, daß sie für die Sowjets gearbeitet hatten.

Botschafter Ott erhielt auf sein Drängen fünf Tage nach der Verhaftung die Erlaubnis, mit Erich Kordt und einem Beamten des Außenministeriums Sorge im Sugamo-Gefängnis für drei Minuten zu besuchen. Ott hat mir das Treffen mit Sorge später geschildert:

Das Besucherzimmer sei kahl und kalt gewesen. Ein alter Büroschreibtisch, ein paar Stühle, an den Wänden einige Aktenschränke. Von der Mitte der Decke hing eine elektrische Leitungsschnur herab und daran eine Fassung mit einer Glühbirne.

Sorge, begleitet von Gefängniswärtern trat ein, unrasiert in einem Gefängnispullover. Auf Ott machte er einen überanstrengten und verfallenen, auf Erich Kordt dagegen einen selbstbewußten Eindruck.

Der Botschafter stellte die drei vereinbarten Fragen: »Brauchen Sie einen Rechtsbeistand, kann ich sonst etwas für Sie tun?«

»Nein.«

»Haben Sie irgendwelche Klagen?«

»Nein.«

»Haben Sie mir etwas zu sagen?«

»Nein. Grüßen Sie bitte Ihre Frau und Ihre Familie!«

Damit war das Gespräch beendet, das nach japanischen Aussagen nicht ganz so lakonisch verlief. Richard Sorge wurde abgeführt.

Ott sah, daß Sorge schuldig war. Für ihn stürzte eine Welt zusammen.

Sorges Geschichte ist aus unzähligen Artikeln, aus Büchern und Filmen bekannt.

Der *Spiegel* brachte schon sehr früh im Jahr 1951, eine lange Artikelserie über ihn, die jedoch voller Fehler ist, besonders wo sie sich auf fragwürdige Informanten stützt. Am zuverlässigsten ist immer noch das Buch der beiden Professoren aus Oxford, die im letzten Weltkrieg für den Secret Service gearbeitet hatten.* Zusätzliche, nicht immer kritisch geprüfte Informationen aus zweifelhaften Quellen enthält das Buch von Prange.**

Ich will hier nur kurz einige Fakten über Sorge zusammenfassen: Sorge, 1895 in Baku geboren, hatte eine russische Mutter. Schon als Student verkehrte er in linksintellektuellen Zirkeln in Frankfurt, Berlin, Kiel, Aachen und im Ruhrgebiet. Ein bürgerlicher Beruf war wohl nie sein Ziel gewesen. Mitte der zwanziger Jahre, mit 29 Jahren, begab

---

* F. W. Deakin und G. R. Storry: Richard Sorge. München 1965.
** Gordon W. Prange: »*Target Tokyo – The Story of the Sorge Spy Ring*«. New York 1984.

er sich nach Moskau. Seitdem arbeitete er für die Komintern, später für den militärischen Nachrichtendienst, das Vierte Büro der Roten Armee, anfangs in China, seit 1934 in Japan, wo er einen Spionagering aufbaute, dem wichtige japanische Informanten angehörten wie der schon erwähnte Hotsumi Ozaki und Kinkazu Saionji, ein Enkel des letzten *Genro*, des Älteren Staatsmanns und einflußreichen Beraters des Kaisers.

Sorge und Ott kannten sich seit 1934. Sie wurden Freunde. Beide hatten am Ersten Weltkrieg teilgenommen, beide lehnten Hitler und den Nationalsozialismus ab, wenn Sorge auch zur Tarnung im Jahr 1933 in die Partei eingetreten war. Als sie ihn aber zum Ortsgruppenleiter in Tokio machen wollte, lehnte er »dieses ganze Brimborium« lachend ab, was ihm auch niemand verdachte. Statt dessen hielt er vor der Ortsgruppe Vorträge über die Komintern, die er ja nun wirklich und von innen her kannte.

Er hätte als überzeugter Nationalsozialist nie Otts Vertrauen erworben; auch nicht das seiner Frau, die in ihrer ersten Ehe mit dem Frankfurter Architekten Ernst May verheiratet, viel in linksintellektuellen Kreisen verkehrt hatte und für deren Ideen durchaus aufgeschlossen war.

Im Gedankenaustausch mit Ott über die japanische Politik war Sorge wohl meist der Gebende, da er sich auf Ozakis Informationen stützen konnte und keinen Grund hatte, sie Ott vorzuenthalten. Ott war als Offizier der alten Schule in Geheimsachen sehr verschwiegen und verlangte diese Verschwiegenheit auch von allen Mitarbeitern.

Doch sichtlich erfuhr Sorge aus der Botschaft und besonders von Ott vieles, was er für seine Analysen brauchen konnte. Ansichten japanischer Politiker zum Beispiel, Überlegungen und Urteile über die militärische und wirtschaftliche Stärke Japans und die japanische Expansionspolitik. An konkreten Informationen über Deutschland konnte ihm Ott aber nicht viel geben, weil das Auswärtige Amt die Missionen, wie schon erwähnt, bewußt uninformiert hielt oder mit Propagandaphrasen abspeiste. Sorges Hauptaufgabe war die Berichterstattung über Japan.

Ott hatte einmal Erkundigungen eingezogen, ob Sorge sich in trunkenem Zustand seiner Beziehungen zu ihm rühmte. Doch dazu war Sorge zu vorsichtig. Das vertraute Verhältnis zum deutschen

Botschafter und zur Botschaft schützte ihn vor einem Verdacht der japanischen *Kempetai*.

Sorge hatte den Termin des deutschen Angriffs auf die Sowjetunion schon viele Wochen vorher nach Moskau gemeldet. Eine beachtliche Leistung! Sorge war wütend, daß Moskau gar nicht darauf reagierte. Er wußte nicht, daß Stalin nichts davon hören wollte. Er behauptete in seinen Verhören, den Angriffstermin nicht von Ott, sondern von dem aus Deutschland durchreisenden deutschen Militärattaché in Bangkok, Oberstleutnant Scholl, erfahren zu haben, mit dem er befreundet war. Das wird stimmen; es ist möglich, daß Ott in seiner steifen Korrektheit mit ihm nicht über das Datum gesprochen hat; seine Besorgnis vor einem Überfall Hitlers auf die Sowjetunion wird er ihm dennoch nicht verschwiegen haben; denn der Gedanke daran ließ ihm keine Ruhe.

Ott erzählte mir später, er habe auf der Rückreise von Berlin nach Tokio im April 1941 seinen Moskauer Kollegen Graf von der Schulenburg überredet, Hitler noch einmal das Risiko eines Krieges mit der Sowjetunion vor Augen zu stellen.

Schulenburg reiste nach Berlin, um Ribbentrop Vortrag zu halten; der war aber gerade krank und schickte ihn in Begleitung des Gesandten Hewel zu Hitler.

Schulenburg schilderte Hitler das starke militärische und wirtschaftliche Potential sowie die geographischen Vorteile der Sowjets. Er erinnerte an Napoleon. Hitler aber erhob sich schon nach den ersten Worten, kehrte ihm den Rücken zu und sah zum Fenster hinaus. Er wandte sich auch nicht um, als Schulenburg seinen Vortrag beendet hatte.

Dem Kreml war der von Sorge gemeldete Angriffstermin nicht neu. Alle Welt sprach in Moskau vom 22. Juni. Der britische Botschafter in Moskau kannte ihn schon zwei Monate vorher, wie aus einem Telegramm des deutschen Marineattachés in Moskau vom 24. April 1941 hervorgeht. Auch Churchill und Roosevelt hatten ihn dem Kreml längst mitgeteilt.

Am wichtigsten waren für den Kreml Sorges letzte Meldungen von Anfang Oktober 1941, in denen er berichtete, das Kabinett Konoye werde zurücktreten. Wenn die Verhandlungen mit Washington erfolglos blieben, werde es »in diesem oder nächsten Monat« Krieg mit

Richard Sorge (1895-1944)

Amerika geben. Ein japanischer Angriff auf die Sowjetunion sei vorerst nicht zu befürchten.

Die Sowjetunion begann auf diese Nachricht hin, Truppen aus dem Fernen Osten an die Westfront zu werfen. Daß nur deshalb Hitlers Vormarsch gegen Moskau gestoppt worden sei, ist wohl eine Legende. Um allein eine Division von Sibirien an die sowjetische Westfront auf der streckenweise nur eingleisigen Transsibirischen Bahn zu verlegen, brauchte man nicht nur Tage, sondern mindestens eine Woche oder noch mehr. Auf längere Sicht war die Verstärkung durch die Fernosttruppen der sowjetischen Führung natürlich dennoch höchst willkommen.

Sorge sah mit seiner letzten Meldung über Japans Angriff nach Süden und gegen die USA seine Mission als erfüllt an. Er bat in etwas larmoyantem Ton um seine und Clausens Versetzung, sprach von ihrer angegriffenen Gesundheit und der jahrelangen urlaubslosen Dienstzeit in Japan.

Der Funker Max Clausen, ein grober, dickfelliger, egoistischer Mensch, mochte ihn nicht. »Sorge«, sagte er, »war wehleidig, wenn er selbst krank war; aber auf unsere Krankheiten nahm er nie Rücksicht. Wenn Geld dringend gebraucht wurde, war er ein Pfennigfuchser; für sich selbst warf er dagegen mit Geld nur so um sich. Er war kein guter Charakter.«

Clausen hatte in letzter Zeit nur noch einen kleinen Teil der Meldungen nach Moskau abgesetzt, aus Faulheit, Abneigung gegen Sorge, den er »für einen erbärmlichen Feigling« hielt, und weil er überhaupt der konspirativen Arbeit satt war. Oder aus Angst.

»Wir bedauern sehr, daß wir hierbleiben müssen«, funkte Sorge drei Tage vor seiner Verhaftung, »wo wir keinen wichtigen Dienst für Sie mehr leisten und Sie unterstützen können.«

Er war mit seinen Nerven am Ende. Weder Ott noch Kordt fanden seine wilden Eskapaden und Besäufnisse amüsant. Ich traf ihn in diesen letzten Wochen einmal morgens vor dem Alten Kanzleigebäude neben einem zerbeulten Auto. Sorge war so betrunken gewesen, daß er nachts lange mit einem platten Reifen gefahren war, was er erst merkte, als er in der Botschaft angekommen war.

Er sei früher sogar einmal Rennen gefahren, sagte er lachend. Ob das Wahrheit oder Prahlerei war, weiß ich nicht; jedenfalls entschuldigte seine Erklärung nicht den ramponierten Zustand des Autos, das nicht einmal ihm, sondern einem Freund aus unserem »Viererklub« gehörte.

Der Schock

Den Schock über Sorges Doppelrolle, den ich als guten Journalisten und Analytiker, als zynischen, aber stets anregenden Intellektuellen, Trinker und Bohemien, als eine volle, runde und faszinierende Persönlichkeit gesehen, auch geschätzt hatte, den ich nun aber als einen Menschen erkennen mußte, der seine eigentliche Aufgabe vor uns allen geheimgehalten hatte – dieses tiefe Erschrecken über die Möglichkeiten, die in einem Menschen verborgen liegen, hat mich lange und tief beunruhigt. Beunruhigt mich noch heute.

Lily Abegg, eine der gescheitesten Journalistinnen in Tokio, ständige Korrespondentin der *Frankfurter Zeitung* – während Sorge nur freier Korrespondent war –, eine trinkfeste Schweizerin, Junggesellin, die uns eine gute Freundin geworden war, schrieb später:

> Es war ungeheuerlich... Wenn morgen behauptet würde, mein eigener Bruder, Winston Churchill, ein Schweizer Bundesrat sei ein Sowjetagent, so würde ich nicht allzu heftig zu widersprechen wagen, bis das Gegenteil bewiesen wäre.

Mein Vertrauen auf andere Menschen, noch mehr mein Vertrauen in meine Menschenkenntnis waren so tief erschüttert, daß ich auch heute nicht leicht und nur zögernd für andere meine Hand ins Feuer lege. Ich schäme mich dessen; aber ich hatte mich zu oft getäuscht. Bereits in der hilfsbereiten, offen redenden, lieben und getreuen Frau Schimpff, der geborenen Reichsgräfin von B., aus Schanghai zum Beispiel, der wir nie einen Diebstahl oder eine Unterschlagung zugetraut hätten.

Warum?

Was Sorge antrieb? Ein Traum.

Schon seit 1916, nach einer Verwundung im Krieg und vor der bolschewistischen Revolution, erschüttert von der Sinnlosigkeit des

Krieges und auf der Suche nach einer neuen, besseren Welt, begann er die marxistischen Klassiker zu lesen, war dann Student, später Assistent bei dem radikal links ausgerichteten Wirtschaftswissenschaftler Ernst Gerlach.

Sorge wollte eine neue, eine andere, eine klassenlose Gesellschaft. Diese Utopie wurde nach dem Kriegserlebnis von vielen, nicht nur in Deutschland, als Heilslehre aufgenommen. Doch Sorge war keiner der Linksintellektuellen, die nur redeten. Es ging dem Schüler Marx' weniger darum, die Welt zu erkennen, als sie zu verändern. Er war schon früh für die deutschen Kommunisten agitatorisch und konspirativ tätig, bis er 1925 nach Moskau ging.

Er hat den zunehmenden Terror der stalinistischen Diktatur gesehen. Daß Millionen Kulaken kaltblütig umgebracht wurden, hatte ihm nicht verborgen bleiben können. Auch nicht, daß befreundete Intellektuelle oder Genossen, darunter seine alten Führungsoffiziere aus dem Vierten Büro, plötzlich verschwanden.

Daß er, von der Sinnlosigkeit des millionenfachen Sterbens im Weltkrieg erschüttert, in der kommunistischen Utopie das Heil sehen zu können glaubte, ist verständlich. Das war damals ja ein Zug der Zeit in ganz Europa. Was ich nicht verstehen kann, ist, daß er Hitlers Diktatur als verbrecherisch erkannte, während ihm Stalins Diktatur nicht als Übel erschien, obwohl Stalin damals schon Millionen Menschen umgebracht hatte und zu jener Zeit, was Massenmorde betrifft, Hitler weit voraus war.

Es ist schwer zu verstehen, daß Sorge trotz allem, was er gesehen haben mußte, weiter an die sozialistische Heilslehre wie an eine Religion glaubte, eine Pseudoreligion, weil sie ohne Transzendenz war. Für sie nahm er auch das höchste Risiko auf sich. Sein Zynismus und Sarkasmus erstreckten sich auf alles, aber niemals auf seinen Traum von einer klassenlosen, kommunistischen Gesellschaft.

In der Diktatur Stalins wird er, so nehme ich an, wohl die starke Hand gesehen haben, die notwendig war, um den renitenten Liebhabern bourgeoiser Lebensart den Sozialismus einzubleuen. Seine einzige Sorge, die er in dem Geständnis vor den Japanern erwähnt, galt der Möglichkeit, daß eine Minorität in der sowjetischen Führung einmal das große Ziel des klassenlosen Weltstaats über den nationalen Interessen aus den Augen verlieren könne.

Um dieses Ideals willen täuschte er viele Jahre seine Umgebung mit einer Folgerichtigkeit, die niemand bei diesem unbeherrschten Vabanque-Spieler vermutet hätte. Die Bourgeoisie unterschätzte damals die pseudoreligiöse Kraft des Marxismus. Die Intellektuellen hatten den Glauben an einen jenseitigen Gott verloren; nun entschieden sie sich für einen diesseitigen, der dann am Ende doch nicht hielt, was sie von ihm erwartet hatten: »*The God that failed*« hieß später ein berühmtes und bewegendes Buch enttäuschter Schriftsteller über den Kommunismus.

Er liebte zu schwadronieren, und wenn er betrunken war, wußte er alles besser und ließ keine andere Meinung gelten; über seine eigentlichen und bedeutenden Erfolge als Spion mußte er freilich schweigen. Das muß ihm schwergefallen sein. Ihn trieb im Grunde der Ehrgeiz des politischen Abenteurers; aber das kärgliche Leben eines selbstlosen kommunistischen Funktionärs im grauen Alltag nahm er nicht auf sich. Das war nicht sein Lebensstil. Und daß er sich in einer klassenlosen Gesellschaft wirklich wohl gefühlt hätte, glaube ich ihm auch nicht.

Sein Verhältnis zu den Frauen und seine Promiskuität sind oft genüßlich ausgemalt worden. Gewiß, er war kein Frauenverächter, und viele flogen ja auf ihn: Er sah gut aus, und sein Ruf als Draufgänger machte viele neugierig.

Nach seiner Verhaftung rühmten sich mehrere Damen der Tokioer Gesellschaft offen oder in Andeutungen, mit ihm geschlafen zu haben, als sei dies eine Auszeichnung. Einer von ihnen glaubte ich es. Bei einer zweiten, die allerdings nie davon sprach, wollte ich es nicht ausschließen. Günstige Gelegenheiten wird er sicher genutzt haben; aber viele, die durchblicken ließen, daß auch sie seine Gunst genossen hatten, sprachen wohl nur unerfüllte alte Wunschträume aus.

Er hatte eine japanische Freundin, Hana-ko Miyake, die ihm nach dem Krieg einen Grabstein setzte und sein Andenken in Ehren hielt, nicht ohne ihr Verhältnis zu Sorge in einem Magazin und Buch rosa zu romantisieren.

Er war eigentlich berufslos. Seine journalistische Arbeit füllte ihn nicht aus. »In ruhigen Zeiten wäre ich vielleicht Gelehrter geworden«, schrieb er im Gefängnis. Na? Aus seinem Japan-Buch, von dem er oft redete, ist jedenfalls nichts geworden. Er wollte wirken und natürlich auch anerkannt sein. Vielleicht liegt der Grund für seine oft schroffe

Arroganz, Besserwisserei und Maßlosigkeit darin, daß ihm als Spion, solange er diesem Beruf nachging, öffentliche Anerkennung versagt bleiben mußte.

Vermutlich begann er deshalb schon bald nach seiner Verhaftung seine Einmaligkeit und historische Bedeutung mit kräftigen Farben auszumalen. Zudem wollte er damit wohl auch die Japaner veranlassen, den Austausch einer so bedeutenden Person, wie er es war, mit Moskau zu arrangieren; und sicherlich webte er auch für alle Fälle an seiner eigenen Legende, um als kommunistischer Märtyrer und Heiliger in die Geschichte einzugehen.

Er und sein prominentester Informant Ozaki wurden in einem nichtöffentlichen Prozeß zum Tode verurteilt und am 7. November 1944, dem Jahrestag der Oktoberrevolution, im Sugamo-Gefängnis bei Tokio gehenkt. Als man ihn auf dem Weg zum Galgen fragte, ob er noch etwas zu sagen habe, antwortete er: »Nein, nichts mehr.«

Der Blitz

Meist ist der Dezember in Japan schön. Aber Montag, der 8. Dezember 1941, brach trübe und dunkel an. Ich konnte vom Frühstückstisch hinaus in den Garten sehen: Unsere Palme war vom Wind ganz zerzaust. Die abgefallenen Blätter der großen immergrünen Kampfer-eiche lagen auf der regennassen Straße unseres *Nagai-Compounds*.

Wir frühstückten bei Licht, hatten unseren Schanghaier Sender *The Voice of Europe* eingeschaltet, der nach seiner Verstärkung auf der Kurzwelle morgens gut zu empfangen war.

Um 7 Uhr 45 hörten wir die Stimme Herbie Moys, atemlos, aufgeregt: »*Japan is at war!*« begann er. Japanische Kriegsschiffe hatten die beiden vor Schanghai liegenden britischen und amerikanischen Kanonenboote zur Kapitulation aufgefordert; das amerikanische hatte sich sofort ergeben, das britische wurde mit Artilleriesalven aus nächster Nähe versenkt. Japanische Truppen, sagte Herbie Moy, seien in die Internationale Niederlassung und die Französische Konzession Schanghais einmarschiert und hätten sie besetzt.

Erst danach berichtete er von einem japanischen Luftangriff auf die amerikanische Flotte in Pearl Harbor, der nach Ortszeit Hawaii am

Sonntag, den 7. Dezember, um 7 Uhr 55 begonnen habe. Japan habe den Vereinigten Staaten und Großbritannien den Krieg erklärt. Auch Hongkong, Guam und Wake würden angegriffen.

Ich war erstarrt. Hielt die Kaffeetasse in meiner Hand. Ich konnte nichts sagen.

»Was nun?« fragte Franz. Ich wußte es nicht.

Schu kam mit Toast ins Zimmer. Wir sagten ihm, daß Japan im Krieg sei. Er war ungerührt. Er hatte es schon in den Sieben-Uhr-Nachrichten in der Küche gehört. Krieg interessierte ihn nicht, wenn er so weit weg war.

Ich fuhr sofort zur Botschaft. In der Straßenbahn lasen die Leute ohne sonderliche Bewegung die Morgenzeitungen, die noch nichts vom Krieg, sondern nur von unannehmbaren amerikanischen Forderungen schrieben. Die Nachricht, Roosevelt habe eine Botschaft an den Tenno gerichtet, stand auf der ersten Seite, aber nichts von ihrem Inhalt.

Keiner sprach, sie lasen die Zeitung wie an jedem anderen Morgen, obwohl die meisten doch schon aus den Frühnachrichten wissen mußten, daß nun Krieg war. Sie hatten die Nachricht wohl noch nicht ganz begriffen und suchten eine Erklärung in den Nachrichten von gestern. Die letzten Monate waren unheimlich gewesen. Die japanische Regierung und das Militär waren weiterhin zugeknöpft. Weil die Amerikaner glaubten, der Dreimächtepakt sei die Urkunde, in der die finstere Verschwörung der Achsenmächte zur Weltherrschaft festgelegt war, drängten sie die Japaner, ihn zu verlassen und statt dessen einem Neunmächteabkommen beizutreten, das den *Status quo ante* im Pazifik garantieren sollte.

Wir in Tokio nahmen an, die Japaner würden den Dreimächtepakt mit uns und Italien nur zu gerne als Ballast abwerfen, um mit den Amerikanern zu einer Verständigung zu kommen. Ott hielt es sogar für möglich, daß Japan ganz umschwenken und sich an die Seite unserer Gegner stellen könnte, wenn Washington der japanischen Armee in ihrer China-Politik nur etwas entgegenkäme.

Der Militärattaché Kretschmer dagegen glaubte noch lange, die Japaner würden, wenn nicht jetzt im Winter, so doch vielleicht im Frühjahr die Sowjetunion von der Mandschurei her angreifen – falls unsere Heere weiterhin siegten. In der Tat wurde darüber in der Armee noch lange ernsthaft diskutiert, die Truppen in Mandschukuo erheblich verstärkt.

Nur eine Woche nach Hitlers Überfall hatte Ribbentrop Ott die Weisung erteilt, dem japanischen Außenminister unmittelbar vor der Sitzung des Staatsrats zu erklären, daß die erste Linie der sowjetischen Armee bereits vernichtet sei. Millionen seien gefallen, weitere Millionen in deutscher Gefangenschaft. Es kämpften jetzt gegen uns nur noch halbwüchsige junge Burschen, Frauen und Greise. Es komme nicht einmal mehr auf einen Sowjetsoldaten ein Gewehr. Oft habe eine Division nicht mehr als zwei Maschinengewehre.

Ott solle »ohne allzu großen Nachdruck« darauf aufmerksam machen, daß die Gelegenheit zu einem japanischen Angriff auf Sibirien jetzt günstig sei. Als seinen persönlichen Eindruck solle Ott hinzufügen, Japan müsse sich sehr beeilen, wenn unsere Heere sich im Winter inmitten Sibiriens die Hand reichen wollen.

Botschafter Ott fand aber keine Gelegenheit, dies dem japanischen Außenminister vor der Staatsratssitzung mitzuteilen, und auch später nicht.

Im Herbst, nach den großen Sommererfolgen der deutschen Wehrmacht, drängte Deutschland nicht mehr: »Denn wenn Rußland nun zusammenbricht, und England mit uns Frieden machen will, könnte Japan nur hinderlich sein«, sagte Hitler zu Staatssekretär von Weizsäkker.

Die japanische Marine aber hielt gar nichts von den Träumen der Armee, in Sibirien einzufallen; denn es war ja nicht einmal genügend Benzin für einen solchen Feldzug vorhanden. Sie war daher entschlossen, erst einmal Thailand und die Ölgebiete Borneos zu besetzen, wenn man in den Verhandlungen mit den Amerikanern nicht erreichte, daß sie die Sanktionen, vor allem den Ölboykott, aufhoben. Doch danach sah es nicht aus.

»Bei bedrohlicher amerikanischer Haltung, an der wohl nicht zu zweifeln ist, Überraschungsangriff auf die Philippinen. Durchschlagender Erfolg nur zu erwarten bei voller Überraschung und scharfer Kräftezusammenfassung auf Hauptziele«, drahteten unsere drei Waffenattachés gemeinsam nach Berlin.

Es war erst Mitte November, daß die Japaner sich wieder des Dreimächtepakts erinnerten und etwas mitteilsamer wurden.

Das hatte freilich seinen Grund: Man wollte sich deutscher Hilfe und Unterstützung in dem drohenden Krieg mit den Vereinigten Staaten versichern. Acht Tage vor Pearl Harbor informierte der japanische Außenminister Togo den Botschafter Ott davon, daß die Verhandlungen mit Washington gescheitert seien. Vor allem, weil Japan sich loyal zum Dreimächtepakt bekannt habe! Ein Krieg mit den Vereinigten Staaten sei nicht mehr ausgeschlossen. Japan erwarte daher von uns als Gegenleistung für Japans loyale Haltung in den Verhandlungen auch unser volles Bekenntnis zu diesem Pakt. Der sah aber eine Bündnispflicht nur vor, wenn einer der Bundesgenossen angegriffen wurde, nicht, wenn er selbst angriff.

Im japanischen Außenministerium, so berichtete Ott dem Auswärtigen Amt in Berlin, »neige man zu der Auffassung, daß eine Kriegserklärung an Amerika gleichzeitig oder nach Beginn der Feindseligkeiten unvermeidlich sei«.

Ott warnte die Japaner mehrere Male vor einem Angriff auf die amerikanischen Philippinen. Wenn der Krieg schon unvermeidlich sei, dann solle man die in den USA innenpolitisch schwer vertretbare Verantwortung für einen Kriegseintritt Roosevelt überlassen.

Außerdem erinnerte Ott in seinen Berichten an das Auswärtige Amt daran, daß der Dreimächtepakt das Deutsche Reich nicht verpflichte, bei einem japanischen *Angriff* auf die USA ebenfalls den Vereinigten Staaten den Krieg zu erklären.

Doch das waren Gedanken, die Ribbentrop und Hitler fremd waren. Ribbentrop pfiff Ott am Sonnabend, den 6. Dezember ärgerlich zurück: Er solle den Japanern gegenüber vielmehr zum Ausdruck bringen, »daß die Achsenmächte sich in einen Schicksalskampf gestellt sehen, den sie gemeinsam durchfechten müßten, wie auch immer dieser oder jener Partner dabei im Einzelfall taktisch vorgehe«.

Ribbentrop verbot, den unliebsamen Botschafter in Tokio davon zu unterrichten, daß er gerade mit Rom und mit dem japanischen Botschafter Oshima in Berlin ein Abkommen vorbereite, wonach Deutschland und Italien im Kriegszustand mit den USA seien, »falls Kriegszustand zwischen Japan und USA eintritt«. Egal also, ob Japan angegriffen wurde oder selbst der Angreifer war.

Als die Nachricht von Pearl Harbor in Berlin eintraf, und man sich fragte, ob die Vereinigten Staaten nun auch uns den Krieg erklären würden, soll Ribbentrop gesagt haben: »Eine Großmacht wie Deutschland erklärt selbst den Krieg und wartet nicht, bis er ihr erklärt wird.«

Ich hatte am Sonnabend früh – damals arbeitete man noch sonnabends – dem Botschafter Ott eine Meldung des Senders Manila vorgelegt, wonach ein starker japanischer Flottenverband von Transportern und Kriegsschiffen von Taiwan aus nach Süden ausgelaufen sei und sich bereits auf der Höhe Südindochinas befinde. Nach den japanischen Sondierungen über die deutsche Haltung in einem Konflikt konnte das bedeuten, daß Japan nun auf dem Weg war, die an Rohstoffen reichen Länder Südostasiens zu erobern. So sahen das auch amerikanische Beobachter in Washington.

Als die höheren Beamten, zu denen auch ich zählte, und die Waffenattachés am Montag, den 8. Dezember um 9 Uhr, wenige Stunden nach dem Angriff auf Pearl Harbor, Otts Arbeitszimmer zur üblichen Morgenbesprechung betraten, waren wir alle der Meinung, Japan werde den Überfall auf Pearl Harbor teuer bezahlen müssen. Wegen seiner materiellen Unterlegenheit werde es schon nach wenigen Monaten zusammenbrechen. Ott erinnerte daran, daß er den Japanern immer empfohlen hatte, die Entscheidung über Krieg und Frieden den Amerikanern zu überlassen.

Nur der Marineattaché Admiral Wenneker warnte vor voreiligen Schlüssen: Die japanische Flotte sei schon oft unterschätzt worden. Wir könnten da noch manche Überraschung erleben. Sein Urteil, das immer nüchtern und reserviert war, gab uns zu denken.

Doch was er sagte, mochte für die Flotte zutreffen. Irgendwann aber müßte auch die Armee in die Kämpfe eingreifen. Doch ihr militärischer Ruf war schlecht: Der Feldzug in China war festgefahren, die Armee dort war demoralisiert, die Militärverwaltung korrupt. Selbst die sowjetischen Truppen, die allgemein als schlecht gerüstet galten, hatten vor einigen Jahren den Japanern in den »Grenzzwischenfällen« von Changkufeng und Nomonhan, die in Wirklichkeit veritable Schlachten mit Panzern und Tausenden von Toten gewesen waren, empfindliche Niederlagen beigebracht.

Wie sollte das japanische Heer erst mit den amerikanischen und britischen Truppen fertig werden, die ihre festen Bastionen in Ostasien seit Jahrzehnten ausgebaut hatten: die Festung Corregidor auf den Philippinen, Singapore, Hongkong, Wake, Guam!

Die ausländischen Journalisten in Tokio, das Diplomatische Korps – alle waren wie wir der Meinung, Japan werde bald und total geschlagen werden.

Am Nachmittag wurde das Kaiserliche Reskript mit der Kriegserklärung veröffentlicht. Der Tenno hatte darauf bestanden, daß seine eigene abweichende Haltung und die Verantwortung des Kabinetts für die Entscheidung im Text klar zum Ausdruck kämen, worauf die Regierung in das Kaiserliche Reskript die Worte eingesetzt hatte: »Es ist wahrlich unvermeidlich und *fern von Unseren Wünschen*, daß Unser Land nun gezwungen ist, die Klingen mit Amerika und Britannien zu kreuzen.«

Das letzte entscheidende, praktisch den Kriegszustand erklärende Tokioer Telegramm an die Japanische Botschaft in Washington hätte dem amerikanischen Außenminister Cordell Hull rechtzeitig *vor* dem Angriff auf Pearl Harbor übergeben werden sollen. Der Tenno hatte darauf bestanden, und der Außenminister hatte es ihm zugesichert.

Aber die Entzifferung des Telegramms in Washington verzögerte sich, weil die Angehörigen der Japanischen Botschaft sich zur Abschiedsfeier eines Kollegen begeben mußten, die sich etwas hinzog, und weil der entschlüsselte Text von einem Beamten geschrieben werden mußte, der sich auf der Schreibmaschine nicht auskannte. Denn die geübten Schreibdamen durften den Text, weil er streng geheim war, nicht schreiben.

Doch das geheime amerikanische Büro *Magic* hatte keine Abschiedsfeier angesetzt. Es war Spezialist im Knacken von Codes, kannte auch den japanischen und hatte das lange Telegramm längst dechiffriert und dem Außenminister Cordell Hull vorgelegt, der es längst gelesen hatte, als die beiden Botschafter Nomura und Kurusu endlich erschienen. Da waren die ersten Bomben schon in Pearl Harbor gefallen. Außenminister Hull verurteilte diesen Überfall mit den schärfsten Worten. Seine Entrüstung war zwar verständlich. Doch ihm war wohl nicht gegenwärtig, daß rechtzeitige Kriegserklärungen auch in der amerikanischen Geschichte nicht die Regel waren.

Anfang Januar 1991 sagte Präsident George Bush in einer Fernsehsendung: »Wir haben in unserer Geschichte zweihundertmal militärische Gewalt eingesetzt, und ich glaube, es gab fünf Kriegserklärungen.«

Erst im Laufe des Tages spürte man in Tokio, daß die Menschen die Nachricht begriffen hatten. Einige Geschäfte in der Stadt stellten Lautsprecher vor ihre Türen. Zur Nachrichtenzeit sammelten sich Menschenmassen davor und hörten schweigend und bewegungslos zu.

Kolonnen der Jugendorganisationen, halbmilitärische Einheiten, Nachbarschaftsverbände marschierten auf den Platz vor dem Kaiserpalast. Sie verbeugten sich tief vor dem Haupttor an der Doppelbrücke, gingen dann zum Yasukuni-Schrein, wo die Seelen der Gefallenen versammelt sind, und zum Schrein des Kaisers Meiji, um dort zu beten. Auch vor dem schmiedeeisernen Haupttor der Deutschen Botschaft stellten sich kleine Gruppen auf und riefen dünn »*Banzai!*« – zehntausendfaches Glück. Viel Begeisterung war daraus nicht zu hören.

Verdunklung wurde angeordnet, aber bis zu den ersten Luftangriffen drei Jahre später nur lax befolgt; viele Bauern auf dem Lande ließen selbst dann noch nachts aus Furcht vor Geistern, die sie für bedrohlicher als die amerikanischen Bomber hielten, das Licht brennen.

In Berlin wurde drei Tage nach Pearl Harbor das Kriegsbündnis unterzeichnet, in dem sich Deutschland, Japan und Italien verschworen, keinen Separatfrieden mit den Vereinigten Staaten und Großbritannien abzuschließen.

Hitlers Erfolge hatten die Japaner fasziniert. Er hatte die Ukraine überrannt. Deutsche Truppen standen vor Moskau. Das Afrika-Korps bedrohte Ägypten. Der U-Boot-Krieg brachte den Briten große Verluste bei. Europa war fast ganz in deutscher Hand. Der japanische Botschafter Oshima hatte noch am 28. November nach einem Gespräch mit Ribbentrop aus Berlin berichtet, Hitler werde bald die Kampagne gegen den Kaukasus beginnen, im Frühjahr bis zum Ural vordringen und Stalin nach Sibirien jagen.

Und doch waren gerade dies die Tage, in denen heimlich die Peripetie der weltgeschichtlichen Tragödie begann und die Achsenmächte unaufhaltsam zum Abgrund hin glitten.

Die überraschenden Erfolge der Japaner folgten zu schnell aufeinander und verdeckten das: In Pearl Harbor hatten japanische Flugzeuge vier amerikanische Schlachtschiffe außer Gefecht gesetzt, zwei Tage darauf versenkten sie die modernen britischen Schlachtschiffe *Repulse* und *Prince of Wales*. Die amerikanische Pazifikinsel Guam wurde am 11., die Insel Wake nach heftigem Widerstand am 23. Dezember erobert. Am Weihnachtstag fiel Hongkong. Am 2. Januar nahmen japanische Truppen Manila, am 15. Februar Singapore.

Japan hatte den Krieg erklärt, als Deutschland, wie es der japanischen Regierung schien, auf dem Höhepunkt seiner militärischen und politischen Stärke angelangt war. Doch wenige Tage nach Pearl Harbor las ich ein vertrauliches Telegramm des Attaché-Stabs aus Berlin, das den ersten, mit unerwarteter Härte in Rußland eingefallenen Frost meldete. Die Motoren unserer Fahrzeuge seien eingefroren, die Panzer bewegungsunfähig, die Lokomotiven defekt. Es war die erste Alarmmeldung; sie klang wie ein Schrei.

Deutschlands Sieg in Europa war die Voraussetzung für Japans Kriegseintritt gewesen, wenn auch die japanische Propaganda vor der eigenen Öffentlichkeit es so hinstellte, als habe der Krieg in Europa überhaupt keinen Einfluß auf den »Großostasiatischen« Krieg. Erich Kordt fragte sich, ob die Japaner den Krieg begonnen hätten, wenn die Nachrichten über das Einfrieren und die Erstarrung der deutschen Front einen Monat früher gekommen wären.

War Pearl Harbor ein Verbrechen?

Ja! Ich hielt den Angriff für einen heimtückischen Überfall mitten im Frieden; für schlimmer als Hitlers Überfall auf die Sowjetunion. Denn den hatte man ja kommen sehen; darüber hatte man wochenlang gesprochen. An Hawaii aber hatte niemand gedacht. Wie unsere Waffenattachés in Tokio, so hatten auch die amerikanischen Militärs in Washington mit einem Angriff auf die Philippinen gerechnet, die auch alarmiert waren. Es wäre jedoch nach der Entzifferung der japanischen Kriegserklärung durch *Magic* noch genug Zeit gewesen, auch die Flotte in Pearl Harbor zu warnen.

Aber in der obersten militärischen Führung in Washington gab es ebenso viele groteske Pannen wie bei der Entzifferung in der Japanischen Botschaft. Man liest heute mit atemloser Spannung, wie eine unheimliche, im Verborgenen wirkende grimmige Kraft jede rechtzeitig an Pearl Harbor gerichtete Warnung durch oft ganz lächerliche Mittel verhinderte – Indolenz, falsche Schlüsse, Konkurrenz zwischen Armee und Marine und subalternes Denken.

Ein Verbrechen? Torpedos und Bomben trafen die Schlachtschiffe, in denen die Matrosen noch in den Sonntagmorgen hinein schliefen. Tausende kamen in den Flammen oder im Wasser um. Ein Verbrechen? Wie kann man das leugnen!

Dennoch: Es regen sich Zweifel. War es Aggression oder Notwehr? Ich habe nach dem Krieg die amerikanische Literatur über die politischen Vorgänge in Washington, die Kongreß-Untersuchungen und die Geschichte der japanisch-amerikanischen Verhandlungen aus den verschiedensten Perspektiven gelesen.

Ein Verbrechen? Ich weiß es nun nicht mehr, war nie sehr gut darin, zu richten und schuldig zu sprechen, und je älter ich werde, desto mehr nimmt diese so schwach in mir entwickelte Fähigkeit ab. Heute steht es damit ganz schlimm.

Ich wollte und will ja nicht verurteilen, sondern verstehen. Tojo, Hitler, Stalin, Roosevelt, den Tenno. Ich hasse keinen von ihnen, auch nicht die Ungeheuer. Ich bin nicht ihr Richter und schon gar nicht ein Sprecher der Geschichte, die ja die ungerechtesten Urteile überhaupt gefällt hat. Ich verteidige weder eine politische Meinung noch greife ich eine an, sondern ich bin ein Mensch, der nichts anderes will, als sehen und die Menschen mit ihren Leidenschaften, vernünftigen, beschränkten oder wahnsinnigen Ideen, ihren Zwangsvorstellungen, Vorurteilen, die Geschichte mit ihren unendlichen Verflechtungen, Zwängen, absurden Zufällen und Strömungen, die ganze Welt beobachten und erkennen. So gut ich kann.

Damals wußte ich nicht, wie hart und ernst Tokio und Washington miteinander gerungen hatten. Erst als sich die Archive öffneten, ließen sich die auf japanischer Seite vielfältig verbundenen, verbündeten oder zerstrittenen Kräfte erkennen. In verschiedenem Grad glaubten sie alle an eine göttliche Sendung Japans, die Ordnung des *hakko ichiu*, der »acht Ecken der Welt unter einem Dach« zu verwirklichen. Das Dach, die Hegemonialmacht aber war Japan, und sein First der Tenno, der unmittelbar mit dem Himmel verband. Das japanische Sendungsbewußtsein, obwohl weder von einer Partei noch einem Führer formuliert und dekretiert, hatte dennoch viel tiefere Wurzeln im japanischen Volk gefaßt, weil der Boden dafür vorhanden war – tiefere Wurzeln als das rassische Sendungsbewußtsein des Nationalsozialismus im deutschen oder der Glaube der Amerikaner an ihre Mission, *to make the world safe for democracy.*

Die von Roosevelt verhängten Boykottmaßnahmen sollten Japan nachgiebiger machen, bewirkten aber nur, daß selbst gemäßigte japanische Politiker bald keinen Ausweg mehr sahen als Krieg.

Die japanischen Ministerpräsidenten Konoye und anscheinend auch Tojo wollten den Konflikt friedlich lösen, um sich aus der Würgeschraube der Sanktionen zu befreien, aber die Führung der Armee konnte sich nicht zu einem Rückzug aus China und Aufgabe ihrer Hegemonie-Politik durchringen, hätte sie wohl auch nur schwer durchsetzen können. Denn die jungen Offiziere wollten für die Neuordnung Ostasiens unter japanischer Hegemonie lieber sterben, als ihren göttlichen Auftrag, an den sie glaubten, verraten.

Ohne Zweifel wollte Roosevelt die Unabhängigkeit Chinas und der anderen ostasiatischen Länder; aber nicht nur, um ihnen Frieden und Freiheit als höchstes Gut zu bescheren, sondern auch im Interesse der amerikanischen Wirtschaft und eines ungehinderten Handelsverkehrs. Außerdem suchte er einen zureichenden Grund, der es ihm erlaubte, an der Seite Großbritanniens in den Krieg gegen Hitler einzutreten. Vielleicht konnten die Japaner ihn geben.

Am 25. November 1941 fragte er in einer Beratung im Weißen Haus, »wie man die Japaner in eine Position hineinmanövrieren könne, in der sie den ersten Schuß abfeuerten«. Und der Leiter der Flottenoperationen, Admiral Stark, der an dem Gespräch teilgenommen hatte, unterrichtete drei Tage danach den Oberkommandierenden der Pazifikflotte in Hawaii davon, daß feindliche Handlungen jeden Augenblick möglich seien. Es sei aber »wünschenswert, daß die Japaner die erste offene feindselige Handlung begehen, falls Feindseligkeiten nicht vermieden werden können«.

All das und dazu die Verknüpfungen, das Ineinandergreifen persönlicher Temperamente und Meinungen sowie wirklicher wie eingebildeter sachlicher Zwänge, die Schwellen, die keine Seite aus innenpolitischen Gründen überschreiten durfte oder glaubte, überschreiten zu dürfen, die ernsten, aber unzureichenden Versuche beider Seiten im letzten Augenblick doch noch eine friedliche Lösung zu finden – all das macht es mir zu schwer, die Frage nach Schuld oder Nicht-Schuld mit einem Wort zu beantworten.

Wenn man den Weg der Verhandlungen und Beratungen auf beiden Seiten anhand der Dokumente noch einmal nachgeht, ergreift einen vielmehr Trauer über die Ohnmacht, Blindheit, Gerissenheit oder Gleichgültigkeit der Menschen, selbst der großen Staatsmänner, die das drohende Unheil kommen sahen, ihm aber nach langem Ringen um Vorteile schließlich wie gebannt und unfähig, es aufzuhalten, seinen Lauf ließen, der, wie sie wußten, unabwendbar in die Katastrophe führen und Millionen Menschenleben kosten würde.

Neujahrsempfang beim Tenno

An der Spitze fuhr der Wagen mit dem Botschafterehepaar, ihm folgte Erich Kordt, allein, ohne Susi Simonis, weil sie auf der Diplomatenliste nicht gemeldet war; dann kamen die Waffenattachés und, dem Rang auf der Diplomatenliste folgend, die höheren Beamten der Botschaft. Ich mit Franz im letzten Wagen.

Die Kolonne fuhr langsam und feierlich, wie sonst nur bei Beerdigungen, die paar hundert Meter zum großen Platz vor dem Schloßgraben, dann durch das Nijubashi-Tor und die große Brücke in den Palast auf kiesbedeckten Wegen und unter hohen alten Kiefern zum Empfangsgebäude, das zwar neu, aber im alten japanischen Stil gebaut war.

Wir waren selbstverständlich pünktlich auf die Minute zur Stelle, versammelten uns vor dem Eingang, wurden von Protokollbeamten die Freitreppe hinauf in das Obergeschoß geleitet und standen dort zusammen. Wir warteten.

Die Herren trugen Uniform und Orden, Marine-, Heeres- und Luftwaffenattachés die Uniformen ihrer Waffengattungen. Die anderen Beamten trugen die des Auswärtigen Dienstes, die Ribbentrop von dem Bühnenbildner Benno von Arent hatte entwerfen lassen. Mit ihren Goldstreifen am Ärmel und den Schulterstücken sahen alle aus wie Admirale. Ich fiel auf, weil ich als Angestellter einen Cut trug. Und bisher hatte auch niemand Veranlassung gesehen, mir einen Orden zu verleihen.

Bei einem Abendessen, das Otts Nachfolger Stahmer später einmal für das japanische Kabinett gab, hielten mich einige japanische Minister daher für die graue Eminenz der Botschaft – oder den Kommissar? – und suchten, da eine politische Unterhaltung mit Stahmer stets unergiebig war, das Gespräch mit mir, um meine Ansichten über Krieg, Kriegsausgang und eine politische Lösung unseres Konfliktes mit der Sowjetunion zu erfahren. Ich gab mit Freuden ausführlich und offen Auskunft.

Die Damen kamen zum Neujahrsempfang des Tenno natürlich alle im langen Kleid. Manche Farben – wie Schwarz und Weiß und die Kaiserfarbe Dunkelrot-Violett – waren vom kaiserlichen Protokoll nicht zugelassen. Frau Ott hatte die Damen vor der Abfahrt in der Residenz versammelt, mit ihnen den Hofknicks geübt und auch mir männlichem Neuling erklärt, wie wir uns in kaiserlicher Gegenwart zu betragen und unseren schrägen Weg zu suchen hatten.

Wir sollten es jedenfalls nicht so machen, wie unser Kollege Heiner, der dem Marionettenkaiser Puyi beim Neujahrsempfang in Hsinking auf chinesisch ein glückliches Neues Jahr zugerufen hatte, was die japanischen Hofbeamten, die den Kaiser zu bewachen hatten, als eine sehr, sehr ernste Verletzung der marionettenkaiserlichen Majestät ansahen.

Was hatte er gesagt? Sie hatten kein Wort verstanden. Er hatte ja chinesisch gesprochen!

Die Japaner bestanden auf einer Abberufung Heiners. Er wurde nach Kunming im hintersten China versetzt, was ihm sehr recht war, denn dort war es viel schöner und wärmer als in Hsinking.

Die Schweden, die Finnen kamen. Wir begrüßten uns. Die Amerikaner und Engländer fehlten diesmal. Sie saßen in ihren Botschaften und warteten auf die Repatriierung. Die Finnen bedauerten es, weil der britische Botschafter immer in seiner roten Gala-Diplomatenuniform mit Zweispitz gekommen war. Es sei fast wie in der Oper gewesen.

Doch die Sowjets, die geschlossen und festen Schritts hinter ihrem Botschafter Malik die Treppe heraufstapften, boten reichlich Ersatz. Zum erstenmal trugen sie, die bisher immer im Ehrenkleid des Werktätigen, dem blauen Anzug, erschienen waren, prächtige Uniformen mit viel Goldstickerei am Revers, den Ärmeln und den riesigen Epauletten. Sie überstrahlten die deutschen Diplomatenuniformen bei weitem.

Von den hundert Orden und Medaillen auf beiden Brusthälften der sowjetischen Waffenattachés gar nicht zu reden.

Sie gingen in die andere Ecke der Vorhalle, sahen grimmig aus und grüßten uns nicht, nickten nur den Schweden zu. Andere Botschafter sollten später kommen.

Es ging nach dem Alphabet, und *Allemagne* wurde zuerst in die kaiserliche Gegenwart eingeladen. Wir stellten uns vor der großen Tür auf, dann schritt das Botschafterehepaar als erstes hindurch. Die hohe Tür wurde geschlossen. Wir anderen warteten, bis nach einigen Minuten die Tür für Erich Kordt geöffnet wurde. Ehepaare gingen zusammen, Junggesellen einzeln.

Es dauerte wohl eine halbe Stunde oder länger, bis wir an der Reihe waren. Ich ging zuerst, gefolgt von Franz. Die Tür wurde hinter uns geschlossen.

Wir standen allein auf dem leeren Parkett eines großen Saals. Ein Herold stampfte mit seinem Stab auf den Boden und rief unsere Namen. Franz versank im Hofknicks, ich verbeugte mich in der Richtung zur Tribüne. Wir gingen, Frau Otts Lehren immer eingedenk, schräg auf sie zu, machten auf halber Höhe Front und verbeugten uns oder knicksten vor den kaiserlichen Prinzen, die in Militäruniformen auf der einen Seite der Tribüne saßen, setzten den schrägen Kurs auf die beiden Thronsessel fort, machten wiederum Front, verbeugten uns und knicksten erst vor dem Kaiser und, nach zwei Schritten seitwärts, vor der Kaiserin.

Beide erwiderten unsere Reverenz mit huldvollem Nicken. Der Tenno trug eine Marschallsuniform, die Kaiserin ein Kleid, wie es bei uns etwa um 1910 modern gewesen sein mochte, fliederfarben.

Doch wir hatten keine Zeit, sie uns lange anzusehen, denn jetzt kam der schwierigste Teil: Wir mußten, ohne uns umzublicken, schräg rückwärts auf die Ausgangstür zusteuern, auf halbem Wege wieder Front machen, diesmal zu der großen Zahl der Prinzessinnen auf der anderen Seite der Tribüne, und sie grüßen. Auch sie waren alle nach der Mode von 1910 gekleidet, und jetzt konnten wir endlich Kurs auf die Ausgangstür nehmen, die wir zwar um einige Meter verfehlten, jedoch mit ein paar schnellen Seitenschritten erreichten. Wir vergaßen nicht, dem Saal insgesamt, wie vorgesehen, noch eine letzte Verbeugung, einen letzten Hofknicks zu präsentieren. Dann wurde uns von außen lautlos die Tür geöffnet, durch die wir rückwärts hinausgehen durften. Wir holten tief Atem, und ich wischte mir den Schweiß von der Stirn.

Während wir den Saal schräg hin und schräg zurück durchschritten hatten, war kein Wort, kein Laut zu hören gewesen. Ich verstand jetzt Heiner, der die Stimmung in Hsinking etwas hatte auflockern wollen. Ich besitze leider auch keinen Sinn für das Feierliche.

Wir fuhren in derselben Reihenfolge wie vorher wieder aus dem Palastpark. Franz fuhr allein. Ich war in Franzl Krapfs Auto gestiegen, der, als wir wieder auf profanem Gelände waren, aus der Kolonne ausscherte. Richard Breuer und Kurt Lüdde-Neurath taten desgleichen, und in größter Eile fuhren wir zum Bahnhof Ueno, weil wir den Zug nach Shiga noch erreichen mußten, um dort ein paar Tage Schi zu laufen. Im Auto zogen die anderen ihre Uniformen und ich meinen Cut aus und gaben sie dem Fahrer mit nach Hause. Dann zogen wir uns unsere Schijacken über. Die Schihosen und Pullover hatten wir während der Zeremonie unter Uniform oder Cut getragen, weshalb uns allen dabei auch so warm geworden war.

Der Tenno

Er war, so hieß es jedenfalls, der 124. Nachkomme des ersten Tenno, und stammte in gerader Linie von der Sonnengöttin Amaterasu-Omikami ab. Doch das war ihm nicht anzusehen. In den wenigen Minuten, in denen ich nicht den schrägen Kurs hin und zurück durch den Saal zu peilen hatte, war er mir keineswegs als Lichtgestalt erschienen. Und auch bei den späteren Empfängen, die alle ebenso verliefen wie mein erster, konnte ich die Aura des Göttlichen um ihn oder sein Haupt nie erkennen.

Doch ein gewöhnlicher Mensch war er auch nicht. Selbst skeptische und verwestlichte Japaner wären damals kaum so weit gegangen, das zu behaupten. Er war weit über das Menschengeschlecht hinausgehoben, er war ein geheiligter Mensch, ein *Kami*.

Und mit diesem Wort werden im Shinto-Glauben nicht nur die Götter des Himmels und der Erde, sondern auch gewisse für beseelt gehaltene Bäume oder Berge bezeichnet, bei denen es einem nicht geheuer ist, wo dem Menschen das Andere, das Unnennbare begegnet, und wo ihn ein Schauer überfällt.

Wenn der Tenno Ministern oder anderen Personen eine Audienz gewährt hatte, verließen sie ihn stets »zitternd und vor Ehrfurcht erschauernd« oder, wie die *Nippon Times* es ausdrückte, *filled with awe and trepidation.*

Das war natürlich nur eine *façon de parler.* Nationalistische Mystifikanten, die Japans Ursprung und Anspruch auf Weltherrschaft im Mythos begründen wollten, hatten in den letzten Jahrzehnten an der Vorstellung von der göttlichen Herkunft des Tenno, seinem übernatürlichen Wesen und Japans Berufung zur Hegemonie über Ostasien weitergebaut und viele im Volk mit ihren Mythen trunken gemacht.

Doch für einen Gott mit übernatürlichen Fähigkeiten, wie man im Westen manchmal meinte, hielten auch sie ihn nicht; niemand in Japan. Er war ein *Kami.*

Seine Gestalt war mir mit allen Widersprüchen stets ein Rätsel. Ich fragte Ott und andere, die ihn gelegentlich gesprochen hatten, ich sammelte Fotos von ihm. Alle stimmten überein: Er war scheu, freundlich, bescheiden. Er sprach leise und stockend das Hofjapanisch, das gewöhnliche Japaner überhaupt nicht verstanden. Er trug eine Brille, war wohl stark kurzsichtig.

Im Gehen drückte er die Knie nie ganz durch, so daß sein Gang etwas Schleppendes hatte. Auch in seiner Marschallsuniform, oder wenn er auf seinem braven Schimmel *Yuki* eine Parade abnahm, machte er keine martialische Figur.

Feierlich dagegen und wie aus einer anderen Welt sah er auf den Fotos aus, die ihn in der Tracht des Shinto-Priesterfürsten zeigten, wenn er den Schrein zu Ise betrat, um seinen Ahnen Rechenschaft abzulegen und ihren Rat und ihre Hilfe zu erbitten.

Am liebsten beschäftigte er sich mit Biologie. In seiner Villa in Hayama am Meer, in der Nähe Kamakuras, studierte er Kleinlebewesen des Meeres und veröffentlichte auch einige naturwissenschaftliche Abhandlungen, über Meeresnacktschnecken zum Beispiel. Vor seiner Bibliothek standen – auch während des Krieges – die Büsten Abraham Lincolns und Charles Darwins, eines Amerikaners und eines Engländers.

Er hatte ein mildes Herz. Zur Geburt des Kronprinzen wurden ihm

*Der Tenno verläßt den Yasukuni-Schrein in Tokio, in dem die
Seelen der Gefallenen versammelt sind.*

als glücksbringende Leckerbissen vom Volk Kraniche geschenkt; aber er weigerte sich, sie zu essen und bat, die Kraniche in Zukunft zu schonen. Zu Neujahr schenkte man ihm eine seltene Art von Meeresfischen; aber er verbat sich für die Zukunft solche Geschenke. Fische bringen nur Glück, wenn sie leben, ließ er antworten.

Seine schönste Zeit war, wie er bekannte, die kurze Zeit als Kronprinz und der leider nur kurze Aufenthalt im britischen Königshaus gewesen, wo er seine Hofbeamten los war. Man hat ihm zu Hause übelgenommen, daß er damals im Ausland der Presse sagte, in Japan lebe er in einem goldenen Käfig.

Seine Umgebung, das Hofmarschallamt mit seinen verknöcherten Hofbeamten achteten nur darauf, daß er sich immer benahm, wie sich nach priesterlicher Tradition und ihrer Ansicht nach ein über den Wolken thronender *Kami* zu benehmen hat. Sie sahen in seinem Steckenpferd, der Meeresbiologie, eine unziemliche Beschäftigung; damit, so ließen sie gehorsam durchblicken, vernachlässige er seine Pflichten.

Seinen Mentor in Biologie empfing er deshalb manchmal nur heimlich und am späten Abend. Selbst einer seiner jüngeren Brüder tadelte ihn, als er einer Erkrankung wegen seinen Urlaub später antrat als geplant. Als er einmal außerplanmäßig acht Tage Urlaub nehmen wollte, mußte er vorher die Armee informieren. Die Hofkämmerer erlaubten ihm nicht, mit seinen Kindern im gleichen Wagen zu fahren. Und als er seinem früheren, auf den Tod kranken Adjutanten ein kleines Geschenk senden wollte, lehnten sie ihm das ab. Der Kaiser wehrte sich, aber sie blieben fest, da gab er auf.

Alle wichtigen Entscheidungen gingen, wie es schien, von ihm aus. Die Regierung verhielt sich nach außen so, als führe sie nur seinen Willen aus. Als sie im Jahr 1940 den Dreimächtepakt abschließen wollte, riet er ab. Aber das Kabinett nahm davon gar keine Notiz.

Er wollte den Frieden. Als der Admiralstabschef Nagano ihm 1941 sagte, wegen der schwindenden Ölvorräte müsse Japan sofort angreifen, fragte er, ob die japanische Flotte die amerikanische denn besiegen könne. Die Antwort war: Nein. Mehr als anderthalb Jahre konnte auch nach Admiral Yamamotos Ansicht die japanische Flotte der amerikanischen nicht widerstehen. Das Kabinett wußte, daß der Kaiser den Krieg nicht wünschte, aber staatsrechtlich war seine Meinung nur die eines

Privatmannes. Der Kaiser beauftragte den Premierminister Tojo schon im Februar 1942, zwei Monate nach Pearl Harbor, zu erkunden, ob ein Waffenstillstand oder Friedensverhandlungen möglich seien. Doch die Regierung sah nirgends eine Möglichkeit.

Der Tenno hatte sich oft beklagt, daß die Armee, selbst der Premierminister, ihn nicht unterrichten oder daß sie ihn gar belogen. Über den schrittweisen Vormarsch der Armee in die Mandschurei wurde er immer erst nachträglich informiert. Das Massaker in Nanking im Jahre 1937 wurde ihm verheimlicht. Selbst sein engster, ihm politisch nahestehender Berater, der Lordsiegelbewahrer Kido, erfuhr davon, wie sein lückenloses Tagebuch zeigt, damals nichts.

Admiral Yamamoto hatte den Überfall auf Pearl Harbor schon seit 1940 insgeheim geprobt, der Kaiser ahnte nichts davon; er wurde, wie es scheint – ebenso wie der Außenminister Togo und die meisten seiner Kabinettskollegen –, erst informiert, als die Bomben in Hawaii schon gefallen waren.

Selbst den Premier- und Kriegsminister Tojo zog die Marine erst am 30. November, acht Tage vor dem Überfall, ins Vertrauen. Daß der Kern der japanischen Flotte im Juni 1942, ein halbes Jahr nach Pearl Harbor, bei Midway in wenigen Stunden vernichtet wurde, verharmloste man im Bericht an den Tenno. Die Wahrheit über die Atombombe von Hiroshima suchte ihm die Armee zu verschleiern, indem sie nur von einer neuen Bombe mit größerer Sprengkraft sprach; doch der Außenminister Shigemitsu unterrichtete den Tenno anhand der amerikanischen Rundfunkberichte über Art und Wirkung der Atombombe.

Größte Sorge des Kaisers waren die unruhigen Elemente in der Armee, die schließlich selbst die Kriegsminister und der Generalstabschef nicht mehr unter Kontrolle halten konnten und die eigentlich über Krieg und Frieden entschieden.

Die Rechte, die ihm die Verfassung zusprach, nehmen sich auf den ersten Blick imposant aus: Er war Oberbefehlshaber des Heeres und der Marine, sanktionierte alle Gesetze, erklärte Krieg und schloß Frieden. Diese Rechte standen ihm in der Tat zu, er konnte sie nur nicht allein ausüben. Sie bedurften alle der Gegenzeichnung der zuständigen Minister. Die Verfassung war darin ganz klar. Der Tenno konnte dem Premier oder Minister seine Bedenken mitteilen, vorher und nachher; er konnte warnen, wie er oft vor einer Politik der Konfrontation und einem Krieg mit den USA gewarnt hatte. Aber eine Politik, die das Kabinett beschlossen hatte, konnte er nicht umstoßen. Er mußte sie sanktionieren, und sie wurde dann als kaiserlicher Wille verkündet.

Um ein Beispiel zu bringen: Ein hoher Richter, Takehiro Sawada, wurde von der Militärpolizei verhaftet, weil er »Frieden geredet« hatte. Ein Richter dieses Ranges durfte aber nur mit kaiserlicher Billigung verhaftet werden. Das Kabinett diskutierte, ob diese Billigung erteilt werden solle. Man war sich anfangs nicht einig. Aber aus Furcht, als Defätisten angesehen zu werden, stimmten schließlich alle Kabinettsmitglieder, auch diejenigen, die selbst »Frieden dachten«, für kaiserliche Billigung. Der Tenno wurde gar nicht gefragt. Der Kabinettsbeschluß kam auf seinen Schreibtisch. Da das Kabinett ihn einstimmig gefaßt hatte, mußte er ihn unterschreiben. Nun hieß es in einem amtlichen Kommuniqué, Seine Majestät der Tenno habe geruht, die Verhaftung des Richters zu befehlen. Als sei es sein Wunsch und seine Initiative gewesen.

Und wenn er sich strikt geweigert hätte, die ihm vom Kabinett vorgelegte Kriegserklärung zu unterzeichnen? Eine hypothetische Frage, gewiß; denn er war ängstlich, von früh an erzogen, keinen Anstoß zu erregen, die Verfassung strikt zu beachten und die Streitkräfte nicht zu verprellen.

Nur einmal, im Jahr 1936, als die jungen, fanatischen Offiziere einige seiner engsten Berater und Minister ermordet hatten, und als Armeeminister und Generalstab nicht wagten, gegen die Meuterer vorzugehen, wurde er wütend und wollte an der Spitze einer loyalen Hundertschaft der Palastwache das besetzte Kriegsministerium erobern.

Aus dem Tagebuch seines Adjutanten ersieht man die Panik, in die nun Regierung, Armeeführung und die Hofkämmerer gerieten. Das war ja unerhört! Das gehöre sich doch nicht! Er hatte sich nicht in die Dinge der Welt einzumischen.

Immerhin war ihr Schock über seinen Wutanfall so groß, daß sie die Meuterei schleunigst niederschlugen; und der Tenno sorgte dafür, daß die Offiziere diesmal nicht – wie bisher – freigesprochen oder nur leicht bestraft, sondern wie Kriminelle behandelt und erschossen wurden.

Um jeden Märtyrerkult zu verhindern, ordnete er an, daß selbst ihre Asche nicht den Angehörigen übergeben, sondern im Winde verstreut würde.

Doch das war ein einmaliger Ausbruch. Man nahm ihn gleich wieder an die Kandare. Der letzte der Älteren Staatsmänner, Prinz Saionji, sein alter Erzieher, warnte ihn ständig davor, die Armee zu irritieren. Der Tenno gehorchte, er war zwar ein *Kami*, aber kein Held.

Und wenn er sich dennoch geweigert hätte, die Kriegserklärung zu unterzeichnen? Man kann mit Sicherheit annehmen, daß dann die jungen Offiziere wieder gemeutert hätten und es zu einem Chaos gekommen wäre. Was dann? Wäre er der Mann gewesen, die Meuterei niederzuschlagen? Sehr zweifelhaft.

Der Tenno war zwar »heilig und unantastbar«, dennoch scheuten sich manche seiner Untertanen nicht, ihn in grober, oft taktloser und demütigender Weise zu manipulieren.

Diskussionen unter den fanatischen jungen Offizieren schlossen selbst extremes Vorgehen gegen ihn nicht aus. Da redete man davon – rein theoretisch, natürlich –, daß man den Tenno ja auch entmündigen und den unmündigen Kronprinzen unter einem dem Militär wohlgesinnten Regenten auf den Thron heben könne. Oder sie meinten, wenn der Tenno »über die Stränge schlage«, könne man sich der kaiserlichen Siegel bemächtigen und den Tenno unter Palastarrest stellen, wie man es im Jahr 1868 mit seinem Großvater, dem Kaiser Meiji, gemacht hatte.

Zuletzt (so schrieb Nietzsche nach seinem Zusammenbruch in Turin an Jacob Burckhardt) wäre ich sehr viel lieber Basler Professor als Gott; aber ich habe es nicht gewagt, meinen Privategoismus so weit zu treiben... Sie sehen, man muß Opfer bringen.

Auch der Tenno wäre wohl lieber Professor für Meeresbiologie gewesen. Er war ein armer Mensch, ein armer Gott.

In Tokio blühten sie gewöhnlich erst im März, diesmal aber schon im Januar. Sie trugen so viele Blüten, daß die Wand unseres Hauses, vor der die Büsche standen, ganz rot war, hellrot und dunkelrot. Alexander Nagais Tochter, Frau Uyenaka, kam vorbei, und ich zeigte sie ihr.

Sie sagte: »Sehr schön!« Aber es klang kühl und höflich. Und bevor sie weiterging: »Sie blühen zu früh. Und Kamelien verblühen nicht, verlieren nicht ihre Blütenblätter wie die Rose, sondern auf einmal werden sie rostbraun, und die ganze Blüte fällt ab. Manche halten das für ein schlimmes Zeichen und mögen Kamelien deshalb nicht.«

Sie dachte an Tod. Vielleicht meinte sie auch, die zu früh blühenden Kamelien bedeuteten Unglück.

Im *Nagai Compound* wurden ein paar Häuser frei, in denen amerikanische Journalisten gewohnt hatten, die jetzt mit den Diplomaten auf einem schwedischen Schiff repatriiert wurden. Ich überredete die nächsten Freunde, in die freien Häuser zu ziehen: Franz Krapf, Richard Breuer und Fritz Sellmeyer, der mir damals als Austauschstudent in Peking die Stadt gezeigt hatte, als ich von Amerika kam. Jetzt war er Korrespondent der Nachrichtenagentur *Transocean*. Nur Kurt Lüdde-Neurath wollte in seinem alten Haus wohnen bleiben.

Lüdde und Franzl Krapf boten sich an, mir einen alten Ford vorzufinanzieren, wenn ich ihnen bis zur Abzahlung zwanzig von den vierzig Gallonen der mir dann zustehenden monatlichen Benzinration abgäbe. Nur? Ich nahm das Angebot an, merkte jedoch bald, daß es eine infame, halsabschneiderische Erpressung war, von der sie allerdings nicht lange profitierten, weil ich mich beeilte, das Darlehen so schnell wie möglich abzutragen.

Wir vier und Fritz Sellmeyer mieteten zusammen am Strand von Kamakura, etwa eine Stunde mit der Vorortbahn von Tokio entfernt, ein kleines Sommerhaus, das aber viele Schlafgelegenheiten bot. Dort verbrachten wir dann oft unsere Wochenenden. Franz und Wolfram, *da baobei*, das »Große Juwel«, waren auch immer dabei. Die anderen waren damals noch Junggesellen.

Unsere Freundschaft hat bis ins Alter gehalten, als wir vier nacheinander zu Botschaftern ernannt wurden: Franzl Krapf in Tokio und bei der NATO, Kurt Lüdde-Neurath in Haiti, Montevideo und Santiago, Richard Breuer in Kabul und ich in Bukarest und Peking. Fritz Sellmeyer aber wurde großer Industriemanager.

Wir lebten damals in dem kleinen Park, als sei tiefer Frieden. Vom Krieg spürten wir nichts. Jeden Morgen vor Dienstbeginn nahmen Franz und ich Unterricht bei Herrn Tatewaki, der ein eigenes Lehrsystem der japanischen Sprache erfunden hatte. Das Protokoll des Außenministeriums sorgte dafür, daß wir immer genug zu essen hatten. Im letzten Kriegsjahr hatten wir nur die Wahl zwischen Hummer und Hähnchen. Monatelang. Kaffee, Tabak für meine Pfeife und alles, was es in Tokio nicht mehr zu kaufen gab, ließen wir uns aus Schanghai schicken, solange Schiffe fuhren.

Die Polizei überwachte alle unsere Schritte. Der auf uns angesetzte Fremdenpolizist Taguchi kam gewöhnlich mittags auf seinem Fahrrad. Der Boy Schu und sein Nachfolger Max hatten Auftrag, ihm, wenn auch nicht vollständige, so doch korrekte Auskunft über unsere Besuche oder Gäste zu geben. Das schrieb er dann in sein kleines Notizbuch und fuhr zufrieden wieder weg.

Jeder Japaner gehörte einer *Tonarigumi* an, seinem Nachbarschaftsverband, der die Lebensmittelkarten oder Rationen verteilte, der für Straßenreinigung, Bereitstellung von Feuerlöschgeräten, Verdunkelungspapier, Gasmasken und viele andere Dinge sorgte, und der natürlich die Polizei über alle auffallenden Beobachtungen unterrichtete. Der Nachbarschaftsverband mit seinen fünfzig bis hundert Haushalten wurde meistens von einer gestandenen Hausfrau geleitet, mit der sich jeder gut zu stellen suchte. Als Diplomaten gehörten wir keinem solchen Verband an, sorgten aber doch für ein gutes Verhältnis zu der *Tonarigumi* unseres Bezirks.

Wir hatten oft Gäste, besonders deutsche Journalisten und Kollegen aus der Deutschen, Schwedischen und Finnischen Botschaft.

Japanische Nachbarn trauten sich nicht, unsere Einladungen anzunehmen. Wir begrüßten uns freundlich auf der Straße, aber sie wollten nicht in Taguchis Notizbuch stehen.

Nur Angehörige des Außenministeriums durften uns besuchen. Einige von ihnen wurden uns enge, lebenslange Freunde: Furuuchi, Hogen und Ushiba, die in Deutschland studiert hatten, und Kabayama, der schon früh starb.

Mein Arbeitsgebiet in der Botschaft hatte sich ausgedehnt. Der Reichsrundfunk wollte mit dem japanischen Rundfunk einmal wöchentlich
Fünf-Minuten-Kommentare austauschen. Die aus Tokio waren aber
inhaltlich und sprachlich ungenügend, so daß ich mich bereit erklärte,
für bessere zu sorgen. Das war ein Fehler, denn außer Lily Abegg und
einigen anderen Journalisten fanden sich nur wenige Kommentatoren,
so daß ich oft selbst einspringen mußte.

Was ich anfangs nicht ungern tat. Ich konzentrierte mich auf unpolitische Themen, das Alltagsleben, die Kultur, das Exotische; darüber
ließ sich viel erzählen; aber das war nicht durchzuhalten. Wichtige
Kriegsereignisse konnte ich auf die Dauer nicht übergehen.

In dem Schanghaier Sender *The Voice of Europe* hatte ich den

*»Franz« mit Wolfram, Ulrich und dem Hund Bauschan in
Tokio.*

Grundsatz aufgestellt, möglichst zu jedem Ereignis verschiedene Seiten zu Wort kommen zu lassen. Das tat ich auch, wenn ich über die japanische Kriegslage berichtete: Ich stellte die japanische Nachricht voran und gab dann wieder, was ich aus dem Stabe unserer Waffenattachés oder von amerikanischen Rundfunkkommentatoren gehört hatte, so daß sich die deutschen Hörer ihre eigene Meinung bilden konnten. Die Militärzensur strich mir manchmal die kritischen Passagen; dann ließ ich die ganze Sendung ausfallen.

Nur einmal habe ich meinen Grundsatz selbst verraten: Die Amerikaner hatten im Spätsommer 1944 die Marianen-Insel Saipan erobert und behaupteten, jetzt liege auch Japan in Reichweite ihrer neuen Langstreckenbomber vom Typ B-29. Der Pressesprecher des Generalstabs sagte mir auf meine Anfrage, davon könne gar keine Rede sein; denn erstens sei die Insel Saipan hügelig und biete nirgends Platz für die langen Start- und Landebahnen, die diese Bomber brauchten. Zweitens könnten sie nur ganz langsam fliegen, da sie bei höherer Geschwindigkeit so stark vibrierten, daß sie einfach auseinanderfielen, was sich bei ihrem Einsatz in China herausgestellt habe. Drittens könnten sie mit letztem Sprit zwar Japan gerade erreichen, dann aber keine Bomben mitbringen.

Ich bat Oberstleutnant Nehmiz im Stabe unseres Luftwaffenattachés um seine Ansicht. Er sagte, Saipan sei zwar hügelig, aber die Amerikaner hätten neue Maschinen, die sie *bulldozer* nannten, und die könnten in kurzer Zeit ganze Hügel abtragen und dann auf dem ebenen Gelände auch lange Landebahnen anlegen. Schwingungen, wie sie die B-29 entwickelten, seien bei neuen Modellen nicht selten. Durch stärkere Verstrebungen könne man sie jedoch vermeiden. Und die Reichweite könne man durch abwerfbare Zusatztanks oder durch Tanken in der Luft bedeutend erweitern.

Ich stellte in meinem Manuskript beide Meinungen nebeneinander. Auf dem Weg zum Rundfunkgebäude, das mitten in der Stadt, am Hibiya-Park, lag, hörte ich meinen ersten Luftalarm in Tokio. Im Regieraum liefen die Techniker aufgeregt hin und her. Sie sagten, eine amerikanische Bomberflotte sei in der Bucht von Tokio gemeldet und befinde sich im Anflug auf die Hauptstadt. Man habe im Funkhaus bisher noch keine einzige Luftschutzmaßnahme getroffen, klagten sie, und außerdem sei das ganze Gebäude an einigen Stahlmasten aufgehängt. Ein Treffer auf einen dieser Masten, und es falle zusammen wie ein Kartenhaus.

Ich ging in das schalldichte Studio, saß vor dem Mikrofon und begann meinen Kommentar, ließ aber die Behauptung weg, man könne in Saipan keine langen Startbahnen anlegen, und kam gleich auf die fabelhaften *bulldozer* zu sprechen. Auch schien es mir absurd, jetzt zu behaupten, die Bomber könnten gar nicht richtig fliegen, weil sie wegen der Vibrationen einfach auseinanderfielen; ich sagte statt dessen, Vibrationen, über die man bei den ersten Einsätzen in China geklagt habe, ließen sich ohne große Mühe beseitigen. Und da ich glaubte, von ferne Einschläge zu hören, konnte ich unmöglich die Ansicht des Generalstabs wiederholen, die B-29-Bomber könnten zwar Japan erreichen, aber dann nur ohne Bomben. Ich sprach von Zusatztanks und vom Auftanken in der Luft. Dadurch werde es möglich, eine größere Bombenlast mitzunehmen. Ich hatte also nur die kritischen Ansichten von Nehmiz wiedergegeben, und alles, was ich im japanischen Generalstab erfahren hatte, war weggefallen.

Als ich fertig war und in den Regieraum ging, waren die Techniker ruhig bei der Arbeit. Und die fernen Bombeneinschläge, die ich gehört hatte? Das, sagten sie, seien nur Geräusche aus den Ventilationsrohren, die gerade repariert wurden. Ich sei nicht der erste, der sich darüber beklage. Der Sender San Francisco wiederholte am gleichen Abend meinen Kommentar im vollen Wortlaut, und aus dem Generalstab bekam ich viele bittere Worte zu hören.

Doch ich blieb bei meinem Grundsatz, den ich als mir gemäß empfand, nämlich eine Situation, eine Szene, eine Person aus verschiedenen Perspektiven zu beschreiben, sie mit den Augen verschiedener Personen zu sehen.

Ich wandte ihn nach dem Kriege auch in meinen Romanen an. Durch die Sicht aus verschiedenen Augen erhalten die Menschen und die Begebenheiten in den Romanen räumliche, stereoskopisch gesehene Tiefe. Noch mehr: Ich umkreise auf diese Weise die Wahrheit der Personen und Ereignisse und komme ihr, gerade wo sie sich widersprechen, näher als in den schlicht behauptenden Worten eines Erzählers. Wohlgemerkt, ich komme ihr näher, hüte mich jedoch zu behaupten, daß ich sie je erreicht habe und besitze. Man kann sie jedoch finden: Sie hält sich zwischen den Zeilen versteckt.

Die Fesselung

Ein britischer Stoßtrupp setzte eines Nachts im Oktober 1942 über den Kanal und versuchte, deutsche Offiziere zu entführen, die ihnen Auskunft über unsere Radaranlagen geben konnten. Das Kommandounternehmen schlug fehl. Unter den erbeuteten britischen Papieren fand man die Anweisung, die deutschen Offiziere unterwegs zu fesseln. Das verstieß gegen das Kriegsrecht. Hitler befahl deshalb zornbebend, dreitausend britische Offiziere in deutschen Gefangenenlagern zu fesseln; als die Briten ebenso viele deutsche Offiziere fesseln ließen, befahl Hitler, neuntausend britische Offiziere in Fesseln zu legen.

Ribbentrop wies Ott an, unverzüglich den japanischen Außenminister aufzusuchen und zu erwirken, daß die Japaner ebenfalls entsprechend viele britische Offiziere fesselten. Erfolgsmeldung in zwei Tagen!

Ott antwortete, diese Forderung könne als Verstoß gegen den japanischen *Bushido*-Ehrenkodex angesehen werden; deshalb sehe er davon ab, die Weisung auszuführen.

Ribbentrop soll, wie Erich Kordt nach dem Kriege erfuhr, einen seiner Tobsuchtsanfälle bekommen und von den schlotternden Hosen der feigen, deutschen Beamten in Tokio gesprochen haben. Er drahtete zurück, seine Weisung sei ein »Führerbefehl« und daher sofort auszuführen.

Erich Kordt rief den Staatssekretär von Weizsäcker in Berlin an und fragte in verschlüsselter Sprache, ob in der gerade zur Diskussion stehenden Angelegenheit Rom in gleicher Weise angesprochen worden sei. Weizsäcker antwortete, das sei nicht der Fall. Er verstand sehr wohl die Frage, denn die Engländer hatten viele italienische Offiziere in ihren Gefangenenlagern, die Italiener aber nur wenige britische. Hitler und Ribbentrop wollten deshalb erst die Japaner zu Fesselungskomplizen machen und dann den Duce unter Druck setzen und zur Solidarität zwingen.

Kordt suchte darauf einen hohen Beamten im *Gaimusho*, den Europadirektor Yosano auf, mit dem er auf vertrautem Fuß stand, gab die Weisung Ribbentrops weiter, fügte aber hinzu, die italienischen Bundesgenossen seien noch nicht zur Fesselung ihrer britischen Gefangenen aufgefordert worden. Auch der japanische Beamte verstand diesen

Hinweis. Er hatte inzwischen ebenfalls ein Telegramm von Botschafter Oshima aus Berlin empfangen. Dieser interpretierte den *Bushido*-Geist anders als Ott und Kordt, wie Ribbentrop dann der Botschaft Tokio höhnisch mitteilte, und schloß sich willfährig Hitlers Wunsch an.

Yosano und Kordt kamen jedoch überein, sich durch solche Stimmen aus Berlin nicht verwirren zu lassen. Das japanische Außenministerium lehnte Hitlers Ansinnen höflich ab, und nur das Informationsamt in Tokio veröffentlichte eine laue Erklärung, in der die völkerrechtswidrigen britischen Befehle zur Fesselung von gefangenen Offizieren verurteilt wurden. Da die Demarchen zu nichts führten, wurden den britischen Offizieren in deutscher Hand die Fesseln schließlich wieder abgenommen.

Als seltsam empfand ich die offenbar auf allen Seiten vertretene Vorstellung, daß die Fesselung von *Offizieren* verwerflich sei, während Fesselung von Mannschaftsdienstgraden nach Kriegsrecht durchaus rechtens zu sein schien.

Der schweizerische Vertreter des Internationalen Roten Kreuzes sagte mir, er habe in den Lagern, die er besucht hatte, nie eine unkorrekte Behandlung der Gefangenen festgestellt. Vielleicht waren es ausgesuchte Lager in Japan, in die man ihn geführt hatte.

Ich berichte das, um zu erklären, warum Ott und Kordt und wir alle in der Botschaft damals noch glaubten, die Japaner hielten sich in der Tat an den alten, ständig zitierten Ehrenkodex, den sie *Bushido*, »Weg der Ritter«, nannten. Beeindruckt von der ständigen Berufung auf *Bushido* übersahen wir, daß sich das Massaker von Nanking im Jahr 1937 doch keineswegs damit vereinbaren ließ; aber war dies vielleicht damals ein einmaliges Ereignis, als die militärische Führung die Kontrolle über die Truppe verloren hatte? Daß dies kein einmaliges Ereignis war, erkannten wir erst nach dem Krieg.

Ribbentrop vergaß es Ott nicht, daß er sich geweigert hatte, die Japaner zur Fesselung der Gefangenen aufzufordern. Im Chiffrierbüro lief an einem Abend, an dem ich Aushilfsdienst hatte, ein Telegramm mit dem Vermerk *Geheim!* und *Citissime!* ein, das also sehr eindringlich war. Einer der ständigen Chiffreure fing an, es zu entziffern. Es begann, was nicht der Vorschrift entsprach, mit dem »Betreff« und lautete: »Betrifft Abberufung Botschafters. Von Botschafter persönlich zu entziffern.«

Der Chiffreur hörte sofort auf, weiter zu dechiffrieren und brachte das Telegramm mit Chiffrierblock und Satzbuch zu Ott in die Residenz.

Doch der kam mit dem Entziffern nicht zurecht, was aber nicht an seiner Ungeschicklichkeit lag, sondern daran, daß der Text hoffnungslos verstümmelt übermittelt worden war. Es wurde um Wiederholung gebeten. Die aber traf nicht ein. Das Telegramm wurde zurückgezogen.

Hilfskreuzer 10

Die einzige Frachtverbindung zwischen Japan und Deutschland waren, nachdem die Transsibirienroute unterbrochen war, Blockadebrecher und U-Boote. Während des Krieges liefen sie von Japan oder später von Häfen in Südostasien aus, durchbrachen die Blockade und landeten in französischen Häfen. Von den 36 Frachtern wurden 14 versenkt. Insgesamt passierten von Japan nach Deutschland 84 000 Tonnen Güter die Blockade, vor allem Kautschuk, Wolfram, Zinn, Glimmer, Opium, anfangs auch Industriefette. Nach der Landung der Alliierten in Dakar wurde der Südatlantik praktisch nicht mehr passierbar. Infolgedessen wurden Fracht-U-Boote eingesetzt, deren Ladefähigkeit jedoch gering war. Sie brachten den Japanern moderne Maschinen und Anfang 1945 auch ein Exemplar der deutschen V-1-Rakete.

In den letzten Kriegsjahren kamen aber auch die U-Boote nur selten durch, da die Engländer den deutschen Marinecode »Enigma« und damit alle Schiffspositionen kannten.

Eine Episode blieb der »Fall Grün«, die Fahrt auf dem Nördlichen Seeweg im Jahr 1940, als die Sowjets noch unsere Freunde waren. In der Arktis befahl der begleitende sowjetische Eisbrecher dem deutschen Frachter umzukehren. Der deutsche Kapitän aber kümmerte sich nicht darum und erreichte sicher den japanischen Hafen.

Zweimal erhielten wir Besuch von deutschen Hilfskreuzern, die im Südpazifik oder im Indischen Ozean operierten. Sie sandten von Zeit zu Zeit gekaperte britische oder australische Frachter als Prisen mit deutscher Besatzung nach Japan.

Am 1. Dezember 1942 sollte der Hilfskreuzer 10, der früher den

Namen »Thor« geführt hatte, wieder auslaufen. Er war am Vormittag aus dem Dock in Yokohama gekommen, wo er überholt worden war, sollte jetzt im Hafen Munition, Öl und Verpflegung laden und dann wieder auf Kaperfahrt gehen.

Die deutschen Journalisten in Tokio, darunter auch Fritz Sellmeyer, ferner Graf Mirbach, Richard Breuer und ich waren von Kapitän Gumpprecht eingeladen worden, am 30. November, einen Tag vor dem Auslaufen, das Schiff zu besichtigen und auf dem Kreuzer Mittag zu essen.

In diesem Buch stütze ich mich zumeist auf Notizen, Briefe, ein Reisetagebuch, Aufzeichnungen oder – was Japan betrifft – auf das Manuskript »Weg der Götter«, das ich im Sommer 1945, gleich nach unserer Kapitulation, geschrieben habe.

Über den Besuch auf dem Hilfskreuzer aber habe ich nur für mich selbst ein ausführliches Protokoll am Tage danach verfaßt, schnell, noch unter dem Eindruck des Geschehens, und ungeordnet, weil zuviel Beobachtungen gleichzeitig auf mich einstürmten.

Ich wollte festhalten, wie ich auf dieses Erlebnis reagiert, was ich gesehen und gedacht hatte. Genau. Es schnell niederschreiben, bevor das Gedächtnis es korrigierte und verfälschte. Manche sprachliche Unebenheiten des eilig hingeworfenen Textes habe ich hier stehen lassen, aber gekürzt und Schreibfehler korrigiert. Nun der Text:

Das Protokoll
Mirbach, Adi Vollhard (Deutsches Nachrichtenbüro), Richard (Breuer) und ich fuhren in Mirbachs Wagen nach Yokohama und waren etwas nach zwölf Uhr im Hafen. An der Pier lag der Frachtdampfer »Leuthen«, die frühere englische »Nankin«, die der Hilfskreuzer auf der Fahrt nach Japan erbeutet und hierher geschickt hatte. Sie war ein großes Schiff, vollbeladen mit Fleischkonserven (die für die australischen Truppen in Nordafrika bestimmt waren). Am Pier wartete ein offenes Verbindungsboot, das uns auf die andere Seite des Hafenbeckens fuhr.

Dort lag der erst vor einigen Tagen aus Deutschland eingetroffene 12 000-Tonnen-Tanker »Uckermark«. Vor der Gangway hing eine schwarze Tafel, auf der mit weißer Kreide in deutscher Frakturschrift stand: »Rauchen verboten!«

Wir stiegen auf den Tanker und gingen über ihn auf den beiliegenden Hilfskreuzer, der viel kleiner war als die »Uckermark«.

Kapitän Gumpprecht empfing uns in seiner Kajüte. Er war ein großer, selbstsicherer Mann. Er trug einen schwarzen Kinnbart.

An Bord trafen wir Fritz (Sellmeyer) und Abshagen (Münchener Neueste Nachrichten), die mit der Bahn gekommen waren.

Zwei junge Offiziere zeigten uns das Schiff, das zwar klein, aber gut im Stand war. Mit uns gingen drei japanische Journalisten. Besonders interessant waren die Entfernungsmeßgeräte sowie das kleine Flugzeug, das mit zusammengeklappten Flügeln in der offenen Luke des Vorschiffs verstaut war. Es hatte am Tag vorher einen Probeflug über Yokohama gemacht. Wir sahen die Torpedorohre, die hohen Stapel der neuen Torpedos, die eine ungeheure Detonationskraft haben sollten, die Geschütze und Flakgeschütze. Unsere Führung mußte vorzeitig abgebrochen werden, weil der Kapitän zum Essen bitten ließ: Er mußte bald nach Tokio fahren, wo er um drei Uhr bei Premierminister Tojo zur Abschiedsaudienz angesagt war.

Wir aßen in der gemütlichen Kapitänskajüte, gingen dann auf das Vorderdeck und stellten uns um den Kapitän für ein Foto auf, das einer der japanischen Journalisten machte. Er machte noch einige Fotos vom Kapitän allein, der sich dann von uns verabschiedete.

Wir gruppierten uns zu einer Aufnahme mit den anderen Offizieren. Von der »Uckermark« liefen unterdes über eine Gangway Männer zu uns herüber, die Granaten verluden und sie etwa zehn Meter schräg hinter uns auf einen schon ziemlich hohen Stapel legten. Sie sollten wohl mit dem Paternoster des vorderen Geschützes in die Munitionskammer unter uns befördert werden.

Mir lag das fette Schnitzel schwer im Magen, dazu der Wermut vor und das Bier bei dem Essen.

Adi Vollhardt sah hinter uns eine Granate liegen. Ein Offizier forderte ihn auf, sie doch mal aufzuheben und sich damit fotografieren zu lassen; aber Adi konnte sie nur ein wenig lupfen, obwohl sie gar nicht schwer aussah.

Ich holte mir inzwischen eine kleine Kiste heran und stellte mich darauf in die hintere Reihe unserer Gruppe. Der Fotograf war wieder etwas zurückgegangen, um ein Weitwinkel-Objektiv einzusetzen.

Das Verbindungsboot mit Kapitän Gumpprecht war auf der anderen

Seite des Hafenbeckes angekommen, und er stieg über die »Leuthen« auf den Kai, wo ein Auto auf ihn wartete.

In diesem Augenblick sah ich schräg vor mir auf dem Tanker »Uckermark« eine Rauchwolke zusammen mit einer roten, kurz stehenbleibenden Stichflamme in die Höhe fahren, und zwar nicht langsam, sondern in Sekunden oder Bruchteilen von Sekunden. Bevor ich den Kopf dorthin wenden konnte, um sie voll und richtig zu sehen, war sie schon hoch über mir. Außerdem glaube ich bemerkt, gefühlt, gesehen zu haben, wie sich irgend etwas ganz Großes – das Deck? – von der »Uckermark« hob. In der Luft flogen Trümmer umher.

Ich schrie den anderen, vielleicht aber mir selber zu: »Deckung, Deckung!« warf mich herum und suchte auf dem Vorderdeck einen Platz, der Deckung bieten konnte, sah aber keinen und fiel, da ich nirgends Deckung fand, auf einen Haufen zusammengerollter Taue. Deckung hatte ich da natürlich überhaupt nicht. Schräg vor mir lag ein Matrose, wohl ein Granatenträger.

Ich sah noch im Fallen, im Liegen kurz zurück und zur Seite. Die Rauchwolke stieg immer noch. Sie zischte und rauschte jetzt hoch. Einen Knall hatte ich nicht gehört. Vom Luftdruck hatte ich nichts verspürt. Die Rauchwolke war dickschwarz. Stichflammen brachen hier und da, auch in der Höhe, aus ihr heraus.

Der neben mir liegende Matrose rannte zur Reling. Er sprang darüber. Der Leichter lag immer noch auf der anderen Seite des Hafenbeckens, an der »Leuthen«. Ein Boot war im Hafen nicht zu sehen. Ich hatte das Gefühl, ich müßte jetzt sofort vom Schiff, weil sich über kurz oder lang weitere Explosionen auf dem Tanker ereignen und weil die Granatenstapel neben mir und die Torpedos im Bauch des Hilfskreuzers in die Luft gehen konnten.

Ich rannte auch zur Reling und sprang vom Deck, das etwa zehn Meter hoch über dem Wasser liegen mußte. So hoch kam es mir jedenfalls vor. Ich glaube, ich habe die Flanke über die Reling gemacht.

Es waren wohl kaum mehr als drei Sekunden vergangen, bis ich ins Wasser sprang. Es mag unglaubhaft klingen, daß man so viele Gedanken und Beobachtungen in nur drei Sekunden gehabt haben will. Aber ich hatte das tatsächlich alles gedacht und gesehen. Ich lasse andere Gedanken weg, von denen ich nicht ganz sicher bin, ob ich sie wirklich damals gedacht habe, zum Beispiel: Na, schwimmen mußt du doch, also besser sofort als nachher. Ich habe jedoch bestimmt in diesen Sekunden an den Granatenstapel hinter mir und die hochexplosiven Torpedos im Bauch des Schiffes gedacht und ihre Detonation befürchtet.

Mein Sprung vom Schiff war wohl nicht sehr elegant, weil ich mich aus der Flanke heraus zusammenzog und mich im Sprung überschlug. Einen Gedanken hatte ich schon im Fall: Welcher Wahnsinn, so tief zu springen! Vielleicht liegt hier an der Bordwand ein Leichter, und ich werde jetzt auf seinem Deck aufschlagen. Ich hatte ja gar nicht hinuntergesehen. Ich glaubte, einen großen Fehler gemacht zu haben, der mir das Leben kosten würde.

Jedoch da traf mich bereits der Aufprall auf das Wasser. Ich fuhr tief hinab ins Wasser und schoß wieder hoch, hatte viel Wasser geschluckt. Ich machte ein paar Schwimmbewegungen. Mein Kopf hatte einen schweren Schlag abbekommen, ich spürte die Erschütterung bis in die Zungenspitze hinein, die sich kalt anfühlte.

Der andere, der vor mir gesprungen und vor mir hochgekommen war, rief: »Hilfe! Hilfe!« Mehrere Male. Er rief: »Schmeißt doch einen Rettungsring!« Es kam mir seltsam vor, daß ein anderer hier um Hilfe rief. Ohne darüber nachzudenken, machte ich es ihm nach und rief, als ich hochkam, auch zweimal ohne großen Nachdruck: »Hilfe!« hörte aber gleich auf, weil es doch sinnlos war. Es war ja kein Boot hier, und ich wollte doch auch nicht wieder zurück an Bord.

Auf der anderen Seite des Hafenbeckens, etwa hundert Meter entfernt, sah ich die glatte Kaimauer. Sie war sehr hoch. Da konnte man nicht hinaufklettern. Nur an der Spitze der Pier gingen zwei Betonbögen in die Bucht hinaus. Obwohl ich nicht wußte, ob man da hinauf konnte, schwamm ich doch schräg über das Hafenbecken auf sie zu. Sie standen zierlicher im Wasser als die glatte, hohe Kaimauer.

Der Mann neben mir schwamm auch, war schneller als ich, hatte ja auch keine Jacke, sondern nur ein Hemd an. Ich versuchte meine Jacke auszuziehen, bekam sie aber nicht über die Schulter. Sie war zu naß.

Ich schwamm weiter. Die Wellen waren klein und schlugen mir ins Gesicht. Ich schluckte noch mehr von dem öligen Hafenwasser. Ich sah zurück, als die zweite große Explosion kam. Auf Deck standen noch immer die anderen, immer noch zum Foto aufgestellt. Ein festes, in mir eingebranntes Bild. Sie werden es nicht überleben.

Inzwischen war die Luft warm geworden, vom Feuer auf dem Tanker. Von der zweiten Explosion hatte ich nur einen dumpfen Knall gehört. Die Rauchwolke rauschte brausend und blitzschnell in die Höhe, immer neue, kleine Wolken quollen aus ihr heraus, und weit oben schossen noch Stichflammen aus der dichten Wolke in den Himmel. Erst jetzt, als ich schwamm, fühlte ich die Gefahr wieder ganz deutlich, die in der Munition an Bord des Hilfskreuzers war.

Sein Rumpf stand immer noch hoch über mir. Ich glaubte gar nicht vorwärtszukommen. Sicher war ich auch sehr langsam geschwommen. Noch einmal versuchte ich die Jacke auszuziehen. Aber sie saß fest, wie angewachsen. Auch an den Schuhen riß ich; denn mit den Schuhen schwamm es sich so schlecht; sie gingen aber nicht über meine Hacken, weil sie naß waren.

Ich hatte nur eine Furcht: daß nämlich im nächsten Augenblick die große Explosion den ganzen Hilfskreuzer auseinanderreißen und mich und alle anderen in dem Hafenbecken unter seinen Trümmern verschütten könnte. Jede Sekunde konnte die letzte sein.

Mir kam ein- oder zweimal der Gedanke, es sei doch nicht schön, auf diese Weise, so wehrlos, zu sterben, wo ich mir noch so viele Dinge im Leben vorgenommen hatte. Ich dachte: Wenn das der Tod ist! Ich fühlte, daß noch so viel von mir abhing, womit ich wohl meine Verantwortung für Franz und den Sohn Wolfram meinte, obwohl ich an sie nicht ausdrücklich dachte. Alle Gedanken waren darauf gerichtet, die Spitze des Piers zu erreichen.

Sie kam näher. Bei den letzten zwanzig, bei den letzten zehn Metern kam mir ein Gedanke: Wenn er nur jetzt nicht noch explodiert.

Über mir, hoch in der Luft, als ich einmal hinaufsah, bemerkte ich Balken, Platten und irgendwelche Trümmer, die ganz langsam durch die Luft segelten, so schien es jedenfalls, wohl weil sie so hoch und weit weg waren. Ich habe, während ich schwamm, keinen großen Gegenstand in meiner Umgebung ins Wasser fallen sehen.

Die letzten zehn Meter bis zum Pier waren die schlimmsten, weil mir so übel war. Ich glaubte, ich könne nicht mehr weiter. »Abblubbern« war das Wort, das mir einfiel. Dann war ich aber doch am Ende des Piers, kletterte auf eine Betonstufe, die etwas unter Wasser lag.

Zum erstenmal keine Furcht mehr vor der Explosion. Ich wußte, daß ich nun gerettet war. Wenn das Schiff in die Luft flog, konnte ich hier wenigstens Deckung nehmen. Ich kroch hinter den Bogen, dann, da er unter Wasser mit dem nächsten verbunden war, zum zweiten.

Ich zog Jacke und Weste aus, um besser auf die Pier hinaufklettern zu können, legte die Sachen mit allem, was drin war, auf den Beton neben mir. Ich hätte alles auch auf die Pier werfen und dann mitnehmen oder wieder anziehen können; aber auf den Gedanken kam ich gar nicht. Ich wollte die Jacke und Weste, die mich so behindert hatten, nur los sein, nur los sein.

Inzwischen war noch ein anderer, dann ein dritter zum Betonbogen gekommen. Einer fragte: »Wie kommt man denn hier rauf?«

Ich wußte die Antwort; aber ich sagte nichts. Ich konnte nicht mehr sprechen, hatte keinen Atem mehr, und der ganze Bauch war voll Wasser. Er konnte ja sehen, wie ich es machte. Ich kletterte außen am Bogen entlang, sprang etwas hoch, hatte die Kante des Kais erreicht, versuchte, mich hochzuziehen, als jemand meine Hand packte und mir einen Schwung gab, daß ich sofort oben stand: Es war wohl ein Matrose von der »Leuthen«. Er sagte gar nichts, rannte gleich weiter.

Ich drehte mich noch einmal um. Hinter mir eine schwarze, noch immer steigende Rauchwand, darüber klarblauer, sonniger Himmel. Der Anblick der beiden Schiffe – Hilfskreuzer 10 und »Uckermark« – wird wie ein lebendes Bild, eine Momentaufnahme immer vor meinen Augen stehen. Besonders der Rumpf des Hilfskreuzers, der riesenhoch zu sein und noch immer über mir zu hängen schien.

Nachtrag, einige Wochen später geschrieben
Ich rannte davon, den Kai entlang. Ich lief über Glasscherben. Die Fenster der Lagerhäuser waren von der Explosion herausgeschleudert worden. Zwar war ich hier schon sicherer, aber ich entfernte mich doch nur langsam von dem Explosionsort, weil ich nicht geradeaus, sondern immer um die Hafenbecken herum laufen mußte. Ein paar Matrosen, die mit mir liefen, sprachen von Sabotage. Ich war erstaunt; ich hatte noch gar nicht daran gedacht, wie es zu dem Unglück gekommen war. Hätte man mich gefragt, dann hätte ich wohl an die Granaten gedacht, die dort transportiert wurden. Vielleicht war eine hingefallen, explodiert und hatte weitere Explosionen verursacht.

Vor der Zollstation sah ich Mirbachs Wagen. Er war abgeschlossen. Ich hatte Lust, die Scheibe einzuschlagen und mit ein paar der Fliehenden aus der Gefahrenzone herauszukommen. Denn daß sich einer der anderen Presse- und Botschaftsleute an Bord noch hatte retten können, hielt ich nicht für möglich. Ich hatte sie ja noch bei der zweiten Explosion wie versteinert dort oben an Deck stehen sehen.

Feuerwehrautos kamen. Ein Taxi fuhr langsam vorbei. Ich hielt es an, griff ein paar Matrosen, darunter einen am Arm Verwundeten, und dann fuhren wir auf den *Bluff*, den Hügel, die Akropolis von Yokohama.

Bei Volkers, der mir manchmal bei Rundfunksendungen half, stiegen wir aus. Ich suchte mein Geld, doch der Taxifahrer wollte keins. Ich ließ ihn mit dem am Arm verwundeten Matrosen ein paar Schritte weiter zum *General Hospital* fahren.

Volkers war nicht im Haus. Die Amah schickte uns zur Straße auf der Rückseite des Hauses. Dort standen er und seine Frau und sahen in den brennenden Hafen. Ich muß ihn ziemlich erschreckt haben; ohne Jacke, nur in nassem Hemd, nasser Hose und nassen Schuhen. Ich hatte Schrammen im Gesicht und sah wohl auch blaß aus. Grün, sagte er mir später. Er führte mich und die beiden Matrosen, die ich mitgebracht hatte, ins Haus. Der eine von ihnen und ich legten uns aufs Bett. Der andere nahm ein heißes Bad. Mir war von dem öligen Hafenwasser im Magen ganz übel. Ich wollte mich übergeben. Aber Volkers kam mit einem Whiskey pur, und als ich ein paar Schlucke getrunken hatte, war mir mit einem Mal besser. Nach einer halben Stunde badete ich dann auch. Volkers gab mir einen seiner Anzüge; aber er war sehr dick und der Anzug mir viel zu weit. Er schlotterte um den Leib und die Beine, und die Hose rutschte, trotz des Gürtels.

Wir gingen auf die Straße. Ich wollte nach Tokio, weil ich einen Sendetermin im Funkhaus hatte. Wir hielten Reinhold Schulze an, der gerade in seinem Wagen vorbeikam, und er sagte, alle Besucher des Hilfskreuzers, die Journalisten, Mirbach, Breuer und die Japaner seien gerettet. Wie, das wußte niemand. Es war ein Wunder.

Volkers aber bot sich an, mit mir in der Vorortbahn nach Tokio zu fahren und die Rundfunksendung zu übernehmen: die Reportage von einem Fußballspiel der Hilfskreuzermannschaft gegen eine japanische. Sie war schon auf Platten aufgenommen. Es fehlten nur An- und Absage.

Ich bekam am Bahnhof Shimbashi ein Taxi zur Botschaft, sah dort

Franz Krapfls Wagen im Hof stehen, holte eine nasse Visitenkarte aus meiner Brieftasche und steckte sie unter seinen Scheibenwischer. Er fand sie auch später und sah daran, daß ich zwar im Wasser gewesen, aber doch wieder in Tokio und auf dem Trockenen war.

Ich ging indessen zu Frau Ott. Sie saß mit Susi Simonis beim Tee. Ich erzählte von dem Unglück. Ihr Mann, Erich Kordt, Admiral Wenneker – alle waren in Yokohama. Frau Ott rief bei mir zu Hause an und sagte zu Franz: »Ihr Mann trinkt gerade Tee mit mir und Susi Simonis. Er kommt gleich nach Hause.«

Franz wunderte sich, daß Frau Ott anrief, nur um ihr zu sagen, daß ich bei ihr Tee trinke. Ich übernahm den Hörer und sagte, Volkers werde die Rundfunksendung an- und absagen, und ich käme deshalb früher als geplant nach Hause. Die neugierige Frau eines Kollegen hatte schon etwas von dem Unglück läuten gehört und deshalb gleich bei Franz angerufen, geplaudert und sich so ganz nebenbei erkundigt, ob ich schon zu Hause sei.

Als Franz mir dann in der Haustür entgegenkam und mich in dem Anzug sah, der um mich schlotterte, sagte ich nur, ich sei in Yokohama ins Wasser gefallen; erst nachher bei einer Tasse Kaffee erzählte ich schonend und etwas untertrieben von einer Explosion. Franz, nun schon im neunten Monat, erregte das sehr. Aber später kamen Fritz Sellmeyer und Franzl Krapf vorbei, und da kam dann alles raus.

Wir auf dem Hilfskreuzer hatten die Explosion nicht gehört, in Tokio aber hatten die Fensterscheiben geklirrt.*

Eine Reservewelle, die viele hundert Tonnen wog, war aus dem Laderaum der »Uckermark« auf die Pier geworfen worden. Eine Panzerplatte segelte einen Kilometer weit über die Stadt Yokohama und fiel dann beim Grand Hotel nieder. Die Explosion war so stark gewesen, daß die ganze Brücke des Tankers »Uckermark« auf den Hilfskreuzer geschleudert wurde, mitsamt dem Kapitän von Satorski, der sich in seiner Kajüte gerade zum Mittagsschlaf hingelegt hatte. Er brach sich auf diesem Flug aber nur ein Bein und wurde gerettet. Die

---

* Zwölf Jahre später fragte ich Überlebende des Atombombenabwurfs in Hiroshima, was sie gehört hatten. Nichts. Einer wollte ein feines Knistern vernommen haben.

Brücke der »Uckermark« hatte auf dem Hilfskreuzer die Ausgänge aus dem Schiff nach oben versperrt, so daß viele Matrosen nicht mehr herauskamen.

Die meisten Matrosen auf dem Tanker waren verbrannt. Ein Matrose wollte sich durchs Bullauge retten, klemmte sich aber mit der Hüfte fest und verbrannte. Die beiden anderen in der Kajüte konnten ihn nicht befreien und verbrannten auch. Andere waren an Deck von herumgeschleudertem schwerem Gerät festgeklemmt worden und starben in den Flammen.

Einige Matrosen der »Uckermark«, die sich nicht ins Wasser zu springen trauten, hatten sich an der Ankerkette herabgelassen, manche konnten sich retten, andere aber wurden von brennendem auslaufendem Öl eingeholt. Einige wurden aufgefischt, hatten aber ihr Augenlicht verloren.

Fritz Sellmeyer, Richard Breuer, Adi Vollhardt, Ladislaus Mirbach, Abshagen waren lange nach mir vom Fallreep aus ins Wasser gesprungen und dann wie ich an der Pierspitze an Land gekommen oder waren von Kapitän Gumpprecht mitgenommen worden, der mit seinem Begleitboot von der anderen Seite des Hafenbeckens sofort zurückgekehrt war, um die letzten zu retten, bis das ganze Schiff in Flammen stand. Insgesamt kamen fünfundsiebzig Mann bei dem Unglück um.

Der Hilfskreuzer brannte viele Tage und sank dann. Nur die Deckaufbauten ragten noch aus dem Wasser. Erst zwei Wochen danach explodierten die Torpedos in ihrer Kammer und rissen das Schiff auseinander. Die »Uckermark« war entzweigebrochen. Die »Leuthen« war losgerissen und trieb in den Hafen. Viele Lagerhäuser hatten Feuer gefangen und waren ausgebrannt.

Soweit mein Protokoll. Die Ursache des Unglücks ist nie geklärt worden. Wenneker nahm Sabotage an.

Zwei Tage nach der Explosion wurde unser zweiter Sohn geboren, *xiao baobei*, das »Kleine Juwel«, weil er ja nur der Zweitgeborene war. Er bekam den Namen Ulrich.

Am nächsten Tag hörte ich zum erstenmal wieder von meinem Vater. Er sandte mir ein Telegramm. Mein Bruder Dieter sei in den

Kämpfen bei Rschew in Weißrußland vermißt. Mein Bruder war neunzehn Jahre alt. Er blieb verschollen.

Richard Sorges Auferstehung

Ott hatte seinen Rücktritt angeboten, als kein Zweifel mehr bestand, daß Sorge für die Sowjetunion spioniert hatte. Ribbentrop lehnte das Gesuch aber ab.

Ende November 1942, einen Monat nach der Fesselung britischer Offiziere, teilte Ribbentrop in einem neuen Telegramm »Von Botschafter persönlich zu entziffern« Ott mit, er werde abberufen, weil die Japaner ihm wegen der Sorge-Affäre kein Vertrauen mehr entgegenbringen könnten. Er solle das Agrément für seinen Nachfolger Heinrich Stahmer einholen. Künftig sollte er in einer kleinen japanischen Stadt wohnen und sich jeder politischen Tätigkeit enthalten.

Heinrich Stahmer, ein enger Vertrauter Ribbentrops, war seit etwa einem Jahr Botschafter bei der Marionettenregierung in Nanking.

Die Verhaftung Sorges, die Recherchen der Geheimen Staatspolizei in Berlin lagen nun schon länger als ein Jahr zurück. Zwar hatten Feinde Otts, insbesondere der zwielichtige Journalist und Abwehragent Ivar Lissner, Otts Freundschaft mit Sorge zum Anlaß genommen, ihn in Berlin zu verdächtigen und zu behaupten, dadurch sei das deutsch-japanische Verhältnis schwer belastet worden. Doch das traf nicht zu; im Gegenteil, die Japaner haben Ott nach der Verhaftung Sorges sogar demonstrativ ihres Vertrauens versichert.

Daß Ribbentrop die Abberufung mit der lange zurückliegenden Sorge-Affäre begründete, sahen wir in der Botschaft alle als Vorwand an. Grund war Ribbentrops – und vielleicht auch Hitlers – Verärgerung über Otts Haltung zu dem Fesselungsbefehl und überhaupt seine politischen Empfehlungen, die mit Ribbentrops Politik nicht übereinstimmten.

Ein paar Tage später wurde der Gesandte Erich Kordt zum Geschäftsträger in Nanking ernannt. Er hatte um seine Versetzung gebeten, weil er eine Zusammenarbeit mit Otts Nachfolger Stahmer vermeiden wollte.

Wir Jüngeren waren nun allein.

Ott meldete sich auf das Telegramm, das seine Abberufung befahl, an die Front. Das wurde abgelehnt. Er wiederholte die Bitte mehrere Male, bis man ihm mitteilte, Hitler habe entschieden, daß er in Ostasien zu bleiben habe, »da er auf der Heimreise mit einem Blockadebrecher in Feindeshand fallen könne«.

Ott ließ sich seine Gefühle nicht anmerken. Er zeigte sie überhaupt nie. Er war immer distanziert, manchmal starr und unflexibel. Er konnte lachen, auch vergnügt sein, aber sein Sinn für Humor war nicht sehr entwickelt. Politische oder militärische Angelegenheiten stellte er holzschnittartig, manchmal auch hölzern dar, war in seinem Urteil jedoch immer entschieden und geradlinig. Er war ein Mann weniger Worte; aber jedes Wort hatte Gewicht. Über Japan berichtete er mutig. Tatsachen, die man zu Hause ungerne hörte, verschwieg er nicht.

Sensibilität und die Fähigkeit, sich in andere ihm wesensfremde Menschen einzufühlen, fehlten ihm. Menschenkenntnis war nicht seine Stärke.

Erich Kordt besaß alles, was Ott fehlte. Beide stimmten in ihren politischen Ansichten überein und waren Freunde. Die Botschaft war unter ihrer Leitung eine perfekt, reibungslos und wirkungsvoll arbeitende Behörde mit einem eindrucksvollen kollektiven Sachverstand.

Man kann nicht sagen, daß Ott bei seinen Mitarbeitern populär war; aber er wurde respektiert, weil er gerecht war und fragwürdige Botschaftsangehörige wie den Polizeiattaché Meisinger an der kurzen Leine hielt.

Einen Presseattaché, mit dem er nicht zufrieden war oder den er für einen Mann von Goebbels hielt, wollte er nicht mehr in der Botschaft sehen; er blieb auf der Gehaltsliste, durfte sich aber in die Sommerresidenz Karuizawa zurückziehen, wo er bis zum Kriegsende blieb.

Einen anderen jungen Mitarbeiter, Sohn eines bekannten deutschen Staatssekretärs, schickte er vor dem Rußland-Krieg kurzerhand mit dem nächsten Transsibirien-Expreß nach Deutschland zurück, weil er mit der Einfuhr von Diplomatenautos Geschäfte gemacht hatte. Das Auswärtige Amt fragte er bei solchen Entscheidungen nie.

Das wurde damals auch noch hingenommen, wenn auch zähneknirschend; heute hätte er mit einem Rattenschwanz von Prozessen und Beschwerden der Personalvertretung zu rechnen.

Ott war verschlossen; erst später, nach dem Kriege, kamen wir uns näher, und er war oft unser Gast in Heidelberg. Er wurde offener in dem, was er über seine Tokioer Zeit berichtete.

Er genoß das Vertrauen und den Respekt auch jener japanischen Politiker und Militärs, deren Ansichten er nicht teilte. Seine Abberufung wurde in Japan am meisten von den gemäßigten Politikern bedauert.

Vor Stahmers Eintreffen lud der Tenno Ott und seine Frau zum Essen in kleinem Kreise ein – eine Ehrung, die weit über die Aufmerksamkeit hinausging, die das Kaiserpaar gewöhnlich scheidenden Missionschefs erwies.

Die japanische Nachrichtenagentur Domei verbreitete diese Nachricht. Sie wurde in Berlin aber verstümmelt empfangen. Man las dort, der Kaiser sei bei Ott in der Residenz zum Tee erschienen; das wäre allerdings eine unerhörte Demonstration gewesen. Noch nie hatte ein Tenno eine ausländische Botschaft betreten. Aus Berlin traf denn auch nur wenige Stunden später ein aufgeregtes Telegramm mit der Weisung ein, Ribbentrop *citissime* über den Besuch des Tennos zu unterrichten.

Ott feierte seinen 55. Geburtstag noch in Tokio; es war ein schönes Fest. Abschied von einer Ära. Dann zog er, um seinem Nachfolger nicht öfter zu begegnen, mit seiner Frau und Tochter nach Peking. Sein Sohn hatte sich auf einem Blockadebrecher nach Deutschland begeben, um seine Militärdienstpflicht zu erfüllen. Er ist bald nach seiner Ankunft in Rußland gefallen.

Wahrheit in einer Welt, die falsch ist

Wer Erich Kordt nicht versteht, der versteht den nationalsozialistischen Staat nicht.

Ich entwarf einmal einen Drahtbericht an das Auswärtige Amt, in dem ich die Propaganda des Deutschen Kurzwellensenders in seinem Ostasienprogramm kritisierte und legte den Entwurf dem Gesandten Kordt vor. Er kam mit dem Vermerk »bR« zurück, was »bitte Rücksprache« hieß. Erich Kordt sagte, er habe gegen die Petita des Telegramms nichts einzuwenden. Es erwecke jedoch den Eindruck, als fordere ich, die antisemitische Rundfunkpropaganda ganz einzustellen, weil sie primitiv sei und in Ostasien nicht ankomme.

Mit dieser Argumentation, sagte Erich Kordt, werde ich aber nichts erreichen. Ich sollte vielmehr kühl und distanziert und besser begründen, warum die antisemitische Propaganda unzweckmäßig sei.

Zum Beispiel:

Weil die meisten Ostasiaten noch nie einen Juden gesehen haben und daher die Angriffe gegen ihn nicht verstehen; weil sie als Farbige sich gegen die Kolonialherrschaft der Weißen auflehnen und weil ihnen daher jede Diskriminierung anderer Rassen aus dem Munde eines Weißen suspekt ist; weil ferner die Japaner von ihrer eigenen Überlegenheit über die Völker Ostasiens überzeugt sind und deshalb von der Überlegenheit des nordischen Menschen nichts hören wollen.

»Sie werden noch mehr Gründe finden. Schreiben Sie ohne Leidenschaft! Es geht nicht darum, Dampf abzulassen, sondern denen im Auswärtigen Amt, die so denken wie wir, Argumente zu liefern.«

Ich arbeitete meinen Bericht um, und einige Tage darauf ließ mir Kurt Georg Kiesinger, damals stellvertretender Leiter der Rundfunkabteilung des Auswärtigen Amtes, am Ende des täglichen Presse-Telefongesprächs mitteilen, er danke für den Drahtbericht, der willkommen gewesen sei.

Erich Kordt erzog uns dazu, unsere Berichte so zu halten, daß sie etwas bewirkten.

Bevor er seinen bedeutungslosen Posten in Nanking antrat, lud er uns alle zu einem Abschiedsfest ein. Ich hatte einen Sketch über seinen Abschied von Berlin geschrieben. Unter anderem ging es darin um den fast mannshohen Globus, den ihm Ribbentrop als Geschenk mit auf die Zugreise gegeben hatte, dazu kernige Worte über die Größe des Großdeutschen Reiches sprechend, das aber Kordt, als er es im Abteil des Sibirien-Expreß auf dem Globus suchte, lange nicht finden konnte, weil es so klein war.

Wir vom »Viererklub« hatten den Sketch auf Band gesprochen und spielten ihn nun von dem ersten Tonbandgerät in Japan ab, einem Ungetüm, das fast zwei Zentner wog und das der Ingenieur Volkers mit der Hand gebaut hatte.

Wir Jüngeren blieben, als alle schon gegangen waren, und Erich Kordt sagte, er werde sich jetzt ganz in unsere Hand geben.

Er erzählte von seinem jahrelangen Widerspruch gegen Ribbentrop, seine Politik und den Auseinandersetzungen mit ihm. Viermal habe er

Erich Kordt und Wolfram.

ein Disziplinarverfahren gegen sich selbst beantragt, und als Ribbentrop ihn einmal hinausgeworfen hatte, eine Reise auf einem Schiff
angetreten, das zwei Wochen ohne Zwischenstopp in die Karibik fuhr,
so daß ihn Ribbentrop von unterwegs nicht zurückbefehlen konnte.

Kordt nahm ihn als Gestalter der Außenpolitik nicht ernst, sah in
ihm lediglich einen eitlen, dummen und gefährlichen Jasager in Hitlers
Gefolge. Er sprach zu uns nie vom »Führer«, sondern nur von »Nummer eins«, allenfalls von *le fureur*, dem Wahnsinn.

Weder in seinem Arbeitszimmer noch seinem Vorzimmer hing ein

Bild Hitlers, wie es damals Vorschrift war. Dafür stand auf seinem Schreibtisch ein Foto des Staatssekretärs Ernst von Weizsäcker in Postkartenformat mit der Unterschrift »Der Freund dem Freunde«. Nach dem Kriege setzte sich Erich Kordt in dem sogenannten »Wilhelmstraßenprozeß« mit Fleiß für den Freund ein und arbeitete für seine Verteidigung.

Er hielt vor uns aber damals noch mit den Tatsachen zurück, die erst viel später publik wurden: den Versuchen, die er und sein Bruder Theo, damals Botschaftsrat in London, mit Hilfe ihrer Kusine Susi Simonis unternommen hatten, um die Briten zu veranlassen, Hitler klarer und bestimmter entgegenzutreten, denn Hitler wolle den Krieg. Sie hatten mit dem damaligen Unterstaatssekretär Vansittart und Außenminister Lord Halifax gesprochen. Ohne Erfolg.

Erich Kordt hatte mit Wissen Ernst von Weizsäckers versucht, den Oberbefehlshaber der Wehrmacht, Generaloberst von Brauchitsch, zu einem Staatsstreich gegen Hitler zu bewegen. Ende September 1938 war dieser schließlich damit einverstanden, daß Generalstabschef Halder Truppen von Potsdam und Hof auf Berlin in Marsch setzte. Man wollte Hitler bei der Rückkehr nach Berlin in der Reichskanzlei verhaften und vor Gericht stellen.

Die Aktion lief bereits an. Da traf die Nachricht ein, daß sich die vier Staatsmänner Großbritanniens, Frankreichs und Italiens in München unter Hitlers Vorsitz treffen würden, um eine friedliche Lösung der Sudetenkrise zu vereinbaren. Die Aktion wurde gestoppt.

Erich Kordt hatte nur ein Ziel, den Krieg, den Hitler und Ribbentrop wollten, zu verhindern. Er glaubte, als Polen besiegt war, ein Krieg an der Westfront werde womöglich noch schwerere Verluste bringen als die Materialschlachten des Ersten Weltkriegs. Er sah nur eine Möglichkeit, das zu verhindern.

Anfang November 1939 versuchte er von dem befreundeten Oberst Oster, dem engsten Vertrauten des Abwehrchefs Admiral Canaris, eine Bombe zu bekommen, um Hitler – und sich selbst – in die Luft zu sprengen. Oster wollte sie am 11. November liefern.

Doch am 9. November fand das Attentat auf Hitler im Bürgerbräukeller in München statt, und Oster konnte keine Bombe und keinen Instrukteur mehr beschaffen, weil alle drei in Frage kommenden Sprengstofflager jetzt von der SS scharf bewacht wurden.

Davon hat Erich Kordt immer geschwiegen. Oster aber hatte es Hans Berndt Gisevius erzählt, der es nach dem Kriege publizierte.

Uns erzählte Erich Kordt am Abschiedsabend nur in Andeutungen von seinen Versuchen, den Krieg zu verhindern; aber als er nach China versetzt war, zog er den alten amerikanischen Journalisten Carl von Wiegand, den die Japaner nicht interniert hatten, ins Vertrauen und informierte ihn über den Widerstand im Auswärtigen Amt und in der Wehrmacht gegen Hitlers Politik während der Sudetenkrise 1938 und über seine Kontakte mit den Briten. Er fürchtete, Hitler werde alle, die sich ihm einmal entgegengestellt hatten, umbringen, und die Geschichte könne von dem Widerstand der Deutschen nichts erfahren.

Carl von Wiegand, der danach von Schanghai nach Manila zog, wurde von den amerikanischen Truppen schon im Februar 1945 befreit, und publizierte entgegen seinem Versprechen noch vor Kriegsende ein Resümee von Kordts Bericht. Wiegands Artikel und dazu Hinweise, die man bei Canaris und Oberst Hans Oster gefunden hatte, führten die Geheime Staatspolizei in den letzten Kriegsmonaten auf die Spur Kordts. Sie bat seinen Vorgesetzten in Nanking, Botschafter Woermann um Stellungnahme; der aber fragte – listigerweise? – den Pressereferenten Fritz (»den dicken«) Cordt, der jedoch glaubwürdig versichern konnte, von solchen Widerstandsplänen nie gehört, geschweige denn mit Wiegand davon gesprochen zu haben. Das meldete Woermann nach Berlin. Der Zusammenbruch verhinderte eine Aufklärung und rettete Erich Kordt. Oster und Canaris dagegen wurden noch in den letzten Kriegstagen hingerichtet.

Lord Halifax, damals *Foreign Secretary*, schrieb nach dem Kriege, Erich Kordt habe durch seine Handlungsweise ein »sehr großes Risiko auf sich genommen und damit einen klaren Beweis seiner aktiven Opposition gegen die verbrecherische Politik Hitlers gegeben«.

Der *Spiegel* meinte dagegen (1951), der Spion Richard Sorge habe sich weit moralischer benommen als Erich Kordt.

Es liegt im öffentlichen Interesse zu zeigen, wieso das alte Auswärtige Amt mit solchen Persönlichkeiten Schiffbruch erleiden mußte und wieso das neue AA tunlichst von ihnen entlastet bleiben sollte, damit die Devise »Hier stehe ich, ich kann auch anders« endlich stirbt.

Soweit der *Spiegel*. Man muß solche Urteile niedriger hängen.

Man warf Erich Kordt Opportunismus vor, weil er unter Ribbentrop Karriere gemacht, das Wohlwollen seines Chefs aber mit Verrat vergolten habe. Konrad Adenauer soll, als man ihm die Einberufung Erich Kordts in das neue Auswärtige Amt empfahl, gesagt haben: »Der hat Ribbentrop betrogen und seine Politik hintertrieben. Was gibt mir die Gewißheit, daß er mich nicht ebenso behandelt?«

Wenn dieser Ausspruch authentisch wäre, würde er von beklagenswertem Unverständnis des Bundeskanzlers Adenauer für die Lage zeugen, in der sich rechtlich denkende Beamte in Ribbentrops Auswärtigem Amt befanden. Er ist aber nicht authentisch, wie ich von seinem Sohn Max Adenauer weiß.

Vielleicht versteckte man sich im Auswärtigen Amt hinter diesem angeblichen Ausspruch des Bundeskanzlers, weil man zögerte, Erich Kordt wieder einzustellen und dies einer kritischen Presse zu erklären, die nur selten fähig war, sittliches Handeln in einer verantwortungsvollen Position in Ribbentrops Auswärtigem Amt zu verstehen. Wie dem *Spiegel* fiel es vielen Journalisten leichter, einen Mann wie Erich Kordt mit ihren eigenen sittlichen Maßstäben zu messen, und ihm Karrieredenken, Opportunismus oder andere niedere Beweggründe zu unterschieben.

Seine Gegner nannten ihn »zwielichtig«. Dieses Urteil ist allen, die Erich Kordt kannten, schwer verständlich. Nichts an ihm war zwielichtig.

Er hat sich im Gegenteil durch seine Unbeugsamkeit und Aufrichtigkeit, die nicht selten auch verletzte, manche Feinde geschaffen. Auch Ribbentrop hielt ihn und seinen Widerspruch zuletzt nicht mehr aus und versetzte ihn nach Tokio und dann, um ihn politisch ganz kaltzustellen, nach Nanking.

Erich Kordt war ein gewissenhafter, loyaler und diskreter Beamter. Dennoch ist richtig: Er hat Ribbentrop und Hitler in einer Weise hintergangen, die den Tatbestand des Landes- und Hochverrats erfüllt. Er tat dies nicht etwa, weil er ihre Politik für falsch, sondern weil er sie für verbrecherisch hielt, in ihren Zielen wie Methoden, und weil er frühzeitig erkannt hatte, daß sie den Krieg wollten.

In Nietzsches Nachlaß der achtziger Jahre findet sich der Satz: »*In* *einer Welt, die wesentlich falsch ist, wäre Wahrhaftigkeit eine widernatürliche Tendenz«.* *

Auch Erich Kordt sah nicht ein, daß man einen Falschspieler, der die Bank zu sprengen droht, ehrlich bedienen muß, nachdem man seine Tricks durchschaut hat. Er glaubte, man könne den Krieg nur verhindern, wenn man den *Appeasern* ein Licht über Hitlers falsches Spiel aufsteckte.

Er nahm die politische Verantwortung für sein Tun auf sich und überschritt damit die Grenzen, die dem Beamten gesetzt sind, der sich politisch nicht zu verantworten hat, sondern Gehorsam und Loyalität schuldet. Diese Schritte sind ihm nicht leichtgefallen. Denn er hatte Max Webers Aufsatz über *Politik als Beruf* sehr wohl gelesen und wußte, daß er sich nun »mit den diabolischen Kräften einließ, die in jeder Gewaltsamkeit lauern.«

Aber für die bequemen Losungen der Gesinnungsethik hatte er nur ein Achselzucken übrig. Mit ihren Kriterien ist er nicht zu verstehen; dennoch überraschte es ihn, wie wenige Menschen nach dem Kriege noch Verständnis für ein verantwortungsethisches Handeln unter Hitler aufbrachten, wie viele dagegen wohlweislich ihren Abscheu gegen Hitler bekundeten, gleichzeitig aber in sicherem zeitlichem Abstand an den Handlungen der Widerstandskämpfer herummäkelten, ihre Motive verdächtigten, die Zweckmäßigkeit ihrer Aktionen bezweifelten und allgemein die Meinung vertraten, der Widerstand sei unzureichend oder überhaupt für die Katz gewesen.

Erich Kordt wurde nach dem Krieg Berater des nordrhein-westfälischen Ministerpräsidenten Arnold und Professor für Völkerrecht an der Kölner Universität. Das Auswärtige Amt hat ihn, als ich dort in den sechziger Jahren Referatsleiter war, auf meinen Vorschlag zum Leiter des Ost-West-Arbeitskreises und eines Forschungsinstituts für Ostfragen ernannt. Er hat hervorragende Analysen und Ratschläge gegeben.

Sein Wunsch aber, wieder ganz im Auswärtigen Dienst tätig zu sein, wurde ihm nicht erfüllt. Manche Hasenherzen im Auswärtigen Amt fürchteten, seine Einberufung würde, da er als »umstritten« galt, wieder öffentliche Diskussionen über die Personalpolitik des AA

---

* Friedrich Nietzsche. Werke, Band III, S. 674. München 1960.

hervorrufen. Darüber hinaus war mit ausländischen Angriffen, besonders aber der kommunistischen Presse Osteuropas, zu rechnen, die Hinweise auf seinen Widerstand – Dokumente hin, Dokumente her – einfach vom Tisch gewischt hätten. Erich Kordt konnte nur schwer verstehen, daß die zuständigen Männer des Auswärtigen Amts nicht Manns genug waren, solche unhaltbaren Vorwürfe öffentlich zu widerlegen.

Die Tätigkeit im neuen Auswärtigen Dienst war Erich Kordt versagt, obwohl sie allein sein Lebensziel war. Er hat es nie verwunden. Er wollte handeln, und Handeln war ihm in erster Linie politisches Handeln. Ich habe nach dem Kriege eng mit ihm zusammengearbeitet, wir waren Freunde, haben gemeinsam Rundfunk-Dokumentarfolgen geschrieben, und ich ein Buch*, in dem ich mich sehr auf seine zeitgeschichtlichen Kenntnisse gestützt habe.

Dennoch machte er mir einmal in aller Freundschaft einen leichten Vorwurf, weil ich einen Roman schrieb, statt in einer kritischen Zeit der Allgemeinheit zu dienen. Ich versuchte ihm klarzumachen, daß ich keineswegs nur zu meinem privaten Vergnügen schrieb, sondern meinte, mit diesem politischen Roman auch in einer, wenngleich bescheidenen Weise, der Gesellschaft zu dienen. Er aber sah das nicht ein und beharrte darauf, daß der unmittelbare Dienst am Gemeinwesen doch eben höheren Ranges sei.

Von den Musen hatte wohl nur Klio, die Muse der Geschichtsschreibung, an seiner Wiege gestanden. Seine historischen Kenntnisse waren weit gespannt. Aber im Grunde interessierte ihn an der Geschichte doch am meisten, was Bezüge zur Gegenwart oder seiner politischen Erfahrung hatte.

Im vergeblichen Warten auf eine große, ihm gemäße politische Aufgabe hatte sich sein Wesen verändert. Früher war er lebensfroh und, im zulässigen Rahmen, tolerant gewesen; später wurde sein Urteil zunehmend schärfer, seine Forderungen anspruchsvoller. In seinen Vorträgen und Diskussionen verstand er es glänzend, Illusionen zu zerstören, was ihm, versteht sich, auch nicht immer gedankt wurde. Von modischen Tendenzen, etwa der Politologie, ließ er sich eben-

* Dramatische Tage in Hitlers Reich. Stuttgart 1952.

sowenig beeindrucken wie von den Tendenzen der Medien. Er war unabhängig und pflegte ein Wort des Konfuzius, das auch ich zum Motto eines meiner Bücher gewählt habe, zu zitieren:

> Wo alle verurteilen,
> da muß man prüfen.
> Wo alle loben,
> da muß man prüfen.*

Eine treffliche, stolze und fruchtbringende Devise.

Der Freund, dem ich so viel verdanke, starb 1970 mit 66 Jahren.

* Gespräche, *Lun Yü*, XV, 27.

Schmerzhafter Niedergang

Ein Versager

Otts Nachfolger Heinrich G. Stahmer kam nicht aus der Laufbahn des Auswärtigen Amtes. Er war Kaufmann gewesen, aber nicht wie Ribbentrop in der Sekt-, sondern in der Trockenbatterie-Branche.

Anfang 1940 reiste er als Begleiter des Herzogs von Coburg und Gotha nach Japan; und das genügte, ihn im »Büro Ribbentrop« zum Fernost-Referenten zu machen.

Er wurde zu den Verhandlungen über den Dreimächtepakt nach Tokio entsandt. Von einem Mitarbeiter des damaligen Außenministers Matsuoka hörte ich, dieser habe den Eindruck gehabt, Stahmer habe dem Gang der Verhandlungen, an denen auch Ott teilnahm, überhaupt nicht folgen können.

Im Dezember 1941 kam er auf einem südamerikanischen Schiff kurz nach dem Tag von Pearl Harbor in Japan an und wurde zunächst Botschafter in Nanking. Im Februar 1943 übernahm er von Ott die Geschäfte des Botschafters in Japan. Er blieb bis zum Kriegsende in dieser Stellung.

Ott war ein selbstsicherer, fest in sich ruhender Mensch. Stahmer dagegen ein unsicherer, zerspaltener und widerspruchsvoller Charakter. Er interessierte sich nur mäßig für Politik. Er berief nie mehr den Stab der Botschaft zur Morgenbesprechung zusammen, wie es bei Ott tägliche Übung gewesen war. Er befürchtete Diskussionen und Widerspruch. Wenn ich ihm während der kritischen Tage von 1944/45 neueste Rundfunkmeldungen vortragen wollte, traf ich ihn meist bei der Lektüre der billigen amerikanischen »Wahren Geschichten« an, während Telegrammentwürfe und Akten in zwei hohen Stapeln auf dem Schreibtisch lagen.

Es war schwer, seine Aufmerksamkeit auch nur für wenige Minuten zu gewinnen, weil er es liebte, auf Anekdoten überzuleiten oder abwesende Personen anzugreifen.

Er hatte eine Vorliebe für technische Spielereien, war geschickt im Öffnen von Geldschränken, womit er nach seiner Erzählung selbst

Ribbentrop einmal höchst überrascht hatte, liebte Spieluhren und Waffen und unterbrach mit Erzählungen darüber gern ernsthafte politische Gespräche. Es ist mir aus seiner ganzen Tätigkeit kein einziges umfassendes politisches Telegramm aus seiner Feder bekannt geworden.

In den letzten Kriegsmonaten wurde er so unsicher und ängstlich, daß er stets einen Revolver bei sich trug. Bei Luftalarm legte er einen zweiten an. In seiner Schreibtischschublade lag ebenfalls stets ein ungesicherter Revolver, wie sein persönlicher Referent erzählte, der auch einen ungesicherten Revolver in seiner Schublade hatte. Um vor Attentaten seiner Untergebenen gesichert zu sein, zog Stahmer Anfang 1945 alle Dienstrevolver ein. Er zeigte eine krankhafte Angst vor Spionen und verdächtigte jedermann.

Von Kabayama hatte ich gehört, daß der japanische Generalstab eine Kopie »Gone With the Wind«, des ersten richtigen Farbfilms, erbeutet hatte, und es glückte mir, sie diskret für ein paar Tage auszuleihen. Da sich im großen Saal der Residenz ein Projektionsapparat befand, schlug ich Stahmer vor, den Film dort vorzuführen und die Botschaft dazu einzuladen. Er stimmte der Vorführung zu, weil er den Film selbst gerne sehen wollte. Aber die Botschaftsangehörigen dazu einladen? Ihnen einen Film des Feindes zu zeigen? Wenn die Japaner davon hörten! Ich sollte mir das doch nur einmal vorstellen.

Meine Anwesenheit bei der Filmvorführung genehmigte er großzügig, da ich den Film ja schließlich geliehen hatte, zögernd auch die von Franz. Aber Franzl Krapf dürfe nicht dabei sein. Da könne dann ja jeder kommen. Erst nach langer Überredung gelang es mir, auch für ihn eine Einladung zu erwirken. Aber daß wir den Film gesehen hätten, sei geheim! Wir dürften das niemand sagen.

Sein Mißtrauen wuchs, als er sah, daß sich alle Angehörigen der Botschaft bis auf den persönlichen Referenten in seinem Vorzimmer von ihm zurückzogen. Er verlegte sich dann auf Drohungen. Anfang 1945 rief er den Stab der höheren Beamten zusammen und drohte, persönlich jeden zu erschießen, der sich vom Nationalsozialismus lossagte oder zur »Paulusregierung« überwechseln wollte.

Ich war einmal zufällig Zeuge, wie er mit dem Polizeiattaché Meisinger darüber sprach, ob ihm die japanische Regierung nicht die gesetzliche Handhabe übertragen könne, das Standrecht über alle Deutschen in

Japan zu verhängen! Was ich natürlich nicht nur unserem »Viererklub« mitteilte, sondern in der ganzen Botschaft verbreitete. Man sieht, wie gefährlich die beiden waren.

Stahmer hatte, als er nach Tokio versetzt wurde, verständlicherweise nur wenige Verbindungen zu einflußreichen Politikern. Daß dies so blieb, lag daran, daß er zwar als Plauderer und Erzähler von Anekdoten nicht ungeschickt war, ein politisches Gespräch aber nicht lange durchhielt. Wenn er japanische Politiker zu einem Diner einlud, setzte man sich nach dem Essen nicht mehr zu einem zwanglosen politischen Gespräch zusammen. Stahmer zeigte gleich einen deutschen Film.

Während einer Krise des Koiso-Kabinetts lud er den ehemaligen Premier Tojo ein, der natürlich nicht *small talk*, sondern ein politisch wichtiges Gespräch erwartete. Statt dessen erzählte ihm Stahmer nur Schnurren aus seiner Zeit im Büro Ribbentrop. Ich sah Tojo die Enttäuschung an, als ich ihn zu seinem Wagen begleitete.

Während zu Otts Zeit die einflußreichsten japanischen Politiker in der Botschaft ein- und ausgingen, kamen zu Stahmers Zeit nur noch wenige. Er zog sich immer mehr zurück. Ein Albdruck waren ihm Essen, bei denen er eine Tischrede halten mußte.

Als Shigemitsu Außenminister wurde, bat er Stahmer oft zu Gesprächen ins *Gaimusho*. Diese Unterredungen wurden in der Presse groß herausgestellt, und die Öffentlichkeit erwartete viel davon.

Kabayama erzählte mir stets, wovon sie gesprochen hatten, etwa daß Shigemitsu präzise Auskunft über die deutsch-sowjetische Front erbeten habe. Aber Stahmer habe immer nur von dem demnächst sich einstellenden deutschen Endsieg geredet.

Shigemitsu drängte auf einen deutsch-sowjetischen Waffenstillstand und Frieden. Als er einmal nicht umhin konnte, in seinem Drahtbericht an das Auswärtige Amt davon zu sprechen, fügte Stahmer gleich hinzu, er habe sofort seine Zuversicht über den deutschen Endsieg bekundet.

Leider waren die Berichte des japanischen Botschafters Oshima ebenso unbefriedigend. Er glaubte noch sehr lange den Versicherungen Hitlers, daß Deutschland siegen werde. Als er in der ersten Hälfte des Jahres 1944 aufgefordert wurde zu erkunden, ob Hitler bereit sei, eine japanische Vermittlung zwischen Berlin und Moskau anzunehmen, lehnte er eine solche Demarche als zwecklos ab. Kabayama nannte Oshima einen »Botenjungen Ribbentrops«.

Als dieser im September 1944 die strenge Weisung erhielt, Hitler einen Zwei-Stufen-Plan Shigemitsus zur Beendigung erst des deutsch-sowjetischen Krieges durch japanische und dann des Kriegs der Achsenmächte mit den USA und Großbritannien durch sowjetische Vermittlung vorzutragen, antwortete Hitler – ich zitiere nach einer Notiz, die ich kurz danach schrieb –, er könne sich auf Verhandlungen mit der Sowjetunion nicht einlassen, solange er nicht die sowjetischen Forde-

Heinrich G. Stahmer, Botschafter in Tokio von 1943 bis 1945.

rungen kenne. Außerdem sei die Lage Deutschlands »zur Zeit« ungünstig.

Deutschland baue Jagdflugzeuge und nochmal Jagdflugzeuge. Die Luftangriffe hätten die deutsche Rüstungsproduktion nicht entscheidend getroffen. Die U-Boot-Waffe werde bald wieder in großem Maße eingesetzt. Deutschland habe zwar die französischen Atlantikhäfen »vorübergehend« verloren, verfüge aber noch über die norwegischen

Häfen. Frankreich habe man zwar aufgeben müssen, aber er erinnere daran, daß trotz der verzweifelten Lage Roms im Zweiten Punischen Krieg schließlich der Pflug über Karthago gezogen worden sei.

Beide Botschafter, der japanische in Berlin, der deutsche in Tokio haben versagt und ihre Regierung nicht redlich und wahrheitsgemäß über die Lage unterrichtet. Stahmer hat seine Waffenattachés, wenn sie kritische Berichte über die japanische Lage an ihre Wehrmachtsteile sandten, desavouiert und in Berichten sogar als Defätisten hingestellt.

Er leitete die Botschaft nicht, sondern suchte sie in Parteien aufzuspalten. Was immer er unternahm, war zerstörend – im Innern der Behörde wie in seiner diplomatischen Tätigkeit. Daß die japanische Regierung immer wieder auf einen deutsch-sowjetischen Waffenstillstand und Frieden drängte und ihre Vermittlung anbot, berichtete Stahmer nicht oder jedenfalls nicht deutlich genug, weil er wußte, daß Ribbentrop und Hitler nichts davon hören wollten.

Nachfolger Kordts als Gesandter war ein braver, wohlmeinender, aber schwacher und farbloser Mann, der sich besonders für Fragen des Protokolls interessierte.

»Es gibt«, erzählte Erich Kordt einmal, als wir von einem früheren Protokollchef des Auswärtigen Amtes sprachen, »eine alte japanische Technik zur Herstellung dünnster Lackdosen: Man formt eine Dose wie gewünscht aus Papier, fährt damit auf See, weil es da absolut staubfrei ist. Dort bestreicht man das Papier ringsum mit Lack, läßt ihn eine Woche trocknen und wiederholt diese Prozedur zehnmal. Dann ist die Dose fertig, und man kann sogar das Papier, das die Form gegeben hat, unter dem Lack entfernen.«

Konspiration

Sukehide Kabayama war Chef der Rundfunkabteilung des japanischen Außenministeriums. Er und seine Frau sprachen fließend Englisch und Italienisch. Er war ein gebildeter, auch in westlichen Literaturen belesener Mann, still, bescheiden, hilfsbereit, darüber hinaus politisch weitsichtig und mutig. Ich erhielt von ihm jeden Nachmittag das ausführliche, gut redigierte Bulletin in englisch über die wichtigsten Rundfunkmeldungen aus aller Welt.

Sukehide Kabayama. Leiter der
Rundfunksektion
im japanischen Außenministerium.

Er wußte, daß der Krieg längst verloren war; das Problem war für ihn wie für mich nur, was man tun konnte, um ihn zu beenden und selbst einigermaßen glimpflich dabei wegzukommen.

Er schüttelte den Kopf über die Berichte Oshimas aus Berlin, die unsere Niederlagen beschwiegen, sich aber ruchlos optimistisch über unsere Siegeschancen verbreiteten. Und ich klagte ihm mein Leid über Stahmers Berichte und seine Feigheit.

Er erzählte mir jedesmal, wenn sein Außenminister unseren Botschafter Stahmer gedrängt hatte, Ribbentrop ganz deutlich zu machen, daß Japan eine politische Lösung des deutsch-sowjetischen Konflikts wünsche und daß Japan sich als Vermittler anbiete. Ich berichtete dagegen Kabayama jedesmal, daß in Stahmers Telegramm davon überhaupt nicht die Rede war, ja, daß er einmal ein Gespräch überhaupt verschwieg.

Es wäre zwecklos gewesen, auf die Ablösung beider Botschafter hinzuarbeiten: Oshima, der General, wurde von der Armee gestützt; Stahmer war enger Vertrauter und Jasager Ribbentrops.

Während des ganzen Krieges hat nie eine ernsthafte gemeinsame Beratung über militärische, geschweige denn über die politische Planung stattgefunden. Wir meinten, vordringlich sei, möglichst viele politisch verantwortliche Männer beider Länder über die wahre militärische und politische Lage aufzuklären.

Darum versuchten wir, obgleich beide in verhältnismäßig subalterner Stellung, die zuständigen Stellen zu einer direkten Flugverbindung zwischen unseren beiden Ländern zu bewegen, damit hochrangige japanische Militärs und Politiker Hitler drängen konnten, einer japanischen Vermittlung zu einem deutsch-sowjetischen Frieden zuzustimmen und dann eine sowjetische Vermittlung im Krieg der Achsenmächte mit den USA und Großbritannien zu erwirken.

Eine solche Sondermission, eine »Tenno-Mission«, weil das Interesse des Tenno daran bekannt war, hatten die Japaner schon im August 1942 vorgeschlagen. Aber es schwante Hitler wohl, daß die Japaner ihn wegen eines Separatfriedens mit der Sowjetunion unter Druck setzen würden. Und damit, also einem Waffenstillstand und dann Frieden mit der Sowjetunion, würde er seine militärische Niederlage eingestehen. Im September 1942 verbot Hitler, das Projekt weiter zu verfolgen.

Ich sprach, nachdem Stahmer Botschafter geworden war, mit Generalmajor von Gronau darüber, ob man wegen des Versagens der beiden Botschafter nicht versuchen sollte, das Projekt wieder aufzunehmen. Er war im Grunde meiner Meinung, doch er sah für den Plan keine großen Chancen.

Er hatte dem Luftfahrtministerium in Berlin schon vor einem Jahr vorgeschlagen, eine Flugverbindung zwischen Deutschland und Japan einzurichten.

Zuerst erhielt er die Antwort, man habe keine Flugzeuge mit der erforderlichen Reichweite. Doch das war eine Ausrede, und Gronau, der Weltrekord-Langstreckenflieger, wußte es natürlich.

Schließlich gab man zu, daß unsere Luftwaffe für eine früher einmal geplante Bombardierung New Yorks Prototypen eines Langstreckenflugzeugs entwickelt hatte, mit denen man japanisches Territorium von Nordnorwegen aus ohne große Schwierigkeiten hätte erreichen können. Nach dem Verbot Hitlers wurde darüber nicht mehr gesprochen.

Da kam unangemeldet ein italienisches Flugzeug, das in der Türkei aufgestiegen war, auf einem von Japanern besetzten Flugplatz der Inneren Mongolei an, tankte auf und flog weiter nach Japan. Es brachte auch Post mit, einen Erlaß des Auswärtigen Amtes, Franzl Krapf solle 27,35 Reichsmark für die Benutzung einer reichseigenen Unterkunft in Moskau im Jahr 1940 an die Legationskasse zahlen.

Inzwischen hatte Kabayama Freunde bei der Armee für unseren Plan gewonnen, das Projekt von Japan aus weiter zu verfolgen. Er nahm mich zu einem konspirativen Treff in einem Zimmer des kleinen Sanno-Hotels am Toranomon, dem »Tor des Tigers«, mit einem der jüngeren Offiziere mit, der mir – ich weiß auch nicht, warum – konkret und präzise über einen für die nächsten Tage geplanten Putsch gegen den Premierminister Tojo berichtete, der aber im letzten Augenblick abgeblasen wurde.

Der Offizier gehörte zu Kabayamas Vertrauten, die sich für eine Luftverbindung zwischen Japan und Deutschland einsetzten, und der mir die japanischen Probleme erklärte.

Die Reichweite der japanischen Langstreckenflugzeuge war geringer als die der deutschen; außerdem sollte das japanische Flugzeug die kürzere Polroute vermeiden, weil sie über sowjetisches Gebiet führte.

Das bedeutete, daß es so viel Treibstoff wie möglich tanken mußte, die Manövrierfähigkeit dadurch aber nicht beeinträchtigt werden durfte.

Im Juni 1943 hatte die Armee alles vorbereitet, und der mitfliegende, für Politik verantwortliche Offizier, ein Oberst Kodeira, machte mir in meinem Büro einen Abschiedsbesuch.

Er war jung, selbstbewußt und von der Bedeutung seiner Aufgabe überzeugt.

Wenn die Flugroute sich als geeignet herausstellte, sollten das nächste Mal hohe Militärs und Politiker nach Deutschland fliegen.

Das Flugzeug stieg in Rangun auf und nahm Kurs über Indien auf die Türkei. Doch kurz nach dem Start brach die Funkverbindung mit ihm ab. Es blieb verschwunden. Warum, das hat man nie erfahren. Es war wohl überbelastet gewesen.

Unser Plan war gescheitert. Was konnten wir nun noch tun?

Leichtsinn und selige Tage

Es war Leichtsinn hohen Grades. Wir – Franz und ich – spürten es schon, als die »Asame Maru« aus dem Hafen von Nagasaki ausgelaufen war, und sich zwei Zerstörer neben uns setzten. Sobald wir die hohe See erreicht hatten, fuhren die drei Schiffe im Zickzackkurs. Dann kam der erste Alarm. Wir zogen uns schnell die Schwimmwesten über, zurrten sie fest und eilten an Deck. Man wies uns unser Rettungsboot. Es war Probealarm, und man sagte uns, wir müßten den Weg an Deck und das Boot auch im Dunkeln finden können.

Es war unverantwortlicher Leichtsinn. Wir sahen es jetzt. Wolfram und Ulrich hatten wir in dem Sommerhaus in Karuizawa zurückgelassen. Zwei Freundinnen, eine Deutsche und eine Schweizerin, beide aus Niederländisch-Indien, sorgten für sie.

Die Japaner hatten sie und viele andere mit Deutschen verheiratete Frauen, als sie Niederländisch-Indien erobert hatten, nach Japan geschickt, wo die Botschaft sie in ihre Obhut nahm. Die Holländer hatten ihre Männer interniert, als Hitler die Niederlande besetzte, und sie später nach British-Indien gebracht.

Einen der Transporter freilich hatte die niederländische Besatzung auf hoher See mit allen Rettungsbooten verlassen, die Ventile geöffnet und vorsätzlich versenkt. Die meisten Internierten kamen um. Nur einige von ihnen erreichten auf einem Fluß die Insel Nias südlich von Sumatra. Durch sie wurde dann die später so genannte »Nias-Katastrophe« bekannt. Kein Ruhmesblatt der niederländischen Marine.

Ich hätte mich strikt weigern müssen, Franz auf diese Dienstreise mitzunehmen. Was würde aus Wolfram, dem »Großen«, und Ulrich, dem »Kleinen Juwel«, wenn unser Schiff torpediert wurde und wir uns nicht retten konnten! Wir fuhren zwei Tage und eine Nacht, immer im Zickzack, und die beiden Torpedoboote einmal voraus, einmal zu beiden Seiten, einmal hinter uns.

»Franz« mit Wolfram und Ulrich.

In Schanghai suchten wir gleich Erich Kordt auf, und ich erzählte von unserer konspirativen Zusammenarbeit mit Kabayama. Er billigte sie, aber er meinte, wir sollten uns nicht zuviel davon versprechen. Er verstehe, daß wir nicht untätig auf das Ende warten wollten. Aber Erfolg würden wir nicht haben, solange Nummer Eins lebe.

»Und Ribbentrop?«

»Er ist zwar nicht sehr gescheit; aber vielleicht würde er einsehen, daß ein Separatfrieden mit den Sowjets für uns das beste wäre. Doch *le fureur* ist dagegen, also erübrigt sich weiteres Nachdenken.«

»Und was wird kommen?«

»Der Himmel wird einstürzen, und alle Spatzen werden tot sein.«

Drei Tage Aufenthalt in Schanghai hatte mir Stahmer, wenn auch nur sehr widerstrebend, bewilligt; doch ich hatte mir eine Weisung des Auswärtigen Amtes besorgt: Die Japaner hatten dem Reichsrundfunk in Berlin angeboten, jeden Tag eine halbe Stunde in englisch unsere Nachrichten und Kommentare von Tokio aus in den Pazifik zu senden, wenn sie eine entsprechende Sendezeit in Deutschland erhielten. Berlin stimmte zu.

Eine Ansagerin fand ich, die zwanzigjährige Emmy Beyer, die auf die amerikanische Schule gegangen war, akzentfrei Amerikanisch sprach und die nicht zu Hause herumsitzen, sondern etwas tun wollte, obwohl ihr Vater, ein steinreicher Unternehmer, dagegen war. Doch sie sagte ihm, wenn er ihr verbiete, für uns zu arbeiten, lasse sie sich von mir kriegsdienstverpflichten.

Ich fand in Tokio jedoch keinen deutschen Journalisten, der Nachrichten und Kommentare fehlerfrei in Englisch schreiben und sie akzentfrei sprechen konnte. Volkers half eine Weile aus, er war aber Ingenieur und kein Journalist.

Ich hatte die Rundfunkabteilung im Auswärtigen Amt davon überzeugt, daß Peter Waldbauer alias Reginald Hollingsworth von der *Voice of Europe* in Schanghai der einzige geeignete Sprecher und Kommentator sei. Doch er mußte zu dem Wechsel erst überredet werden.

Ein Wellensittich ist durch das offene Fenster ins Freie geflogen und sitzt jetzt im Garten auf einem hohen Baum. Man hat den goldenen Bauer, man hat Futter und Wasser mitgebracht, steht jetzt unter dem Baum, flötet, so schön wie man eben kann, schnalzt, lockt mit süßen Worten und Tönen. Der Vogel hält den Kopf schief, hört wohlwollend zu, aber dann fliegt er einen Ast höher, wer weiß, warum?

Man flötet wieder, lockt und singt und zeigt auf die goldenen Körner in der geöffneten Hand. Der Vogel hält den Kopf schief. Er möchte wohl ganz gerne von den goldenen Körnern fressen, aber erst nachher, jetzt nicht.

Es ist ihm alles nicht ganz geheuer. Trotzdem fliegt er ein paar Äste weiter herab, und nach einer langen Zeit glaubt man, ihn fast überredet zu haben; doch dann fliegt er hoch auf den nächsten Baum, den höchsten Ast.

Man lockt und flötet wieder in Tönen, die man für süß hält, kommt sich selbst furchtbar albern vor und hofft, außer dem Vogel höre niemand zu. Der verdammte Vogel hält zwar den Kopf schief, ist also doch interessiert. Aber er rührt sich nicht.

Auf einmal, als die ausgestreckte Hand lahm wird und man die Körner wütend in den Käfig wirft, fliegt er schnurstracks in den goldenen oder doch goldglänzenden Bauer. Wer kann einem Wellensittich ins Herz sehen?

To talk a bird down sagt man dazu im Englischen, wendet das Wort gerne auch in übertragenem Sinne auf die Überredungskünste an, die notwendig sind, wenn Damen das, was man von ihnen wünscht, im Grunde zwar auch ganz gerne täten, aber noch zaudern, weil es ihnen nicht ganz geheuer ist: Deshalb bleiben sie auf ihrem Ast sitzen und können sich nicht entschließen. Und man selbst steht unten und muß unendlich lange locken und flöten, *to talk the bird down*.

Es war damals mühsam, aber doch auch spannend. Die junge Generation wird das kaum verstehen, denn heute scheinen Vögel nicht mehr so scheu zu sein, manche kommen schon, so hört man, beim ersten Pfiff vom Baum herab.

Es war ein hartes Stück Arbeit mit Waldbauer. Er hielt nichts von den Japanern. Andererseits, argumentierte ich, während er hier in der Stadt praktisch gefangen sei, könne er aus Tokio jederzeit heraus, an die See nach Kamakura, in die Berge oder zu den heißen Quellen in Hakone. In Japan habe er die Natur vor der Haustür.

»*I hate nature!*« antwortete er mit Emphase.

Ich flötete, zwitscherte und lockte, brauchte aber einen ganzen Nachmittag in seiner Wohnung und einen weiteren im Café von Kießling & Bader, *to talk Waldbauer down*.

Ich hatte mir in einem Antiquariat einige schöne Bücher gekauft, mir einen Mantel und einen Anzug, und Franz hatte sich von Nicole schicke Kleider, und beide hatten wir uns Schuhe nach Maß machen lassen. Das war natürlich in den drei Tagen, die Stahmer mir gewährt hatte, nicht zu schaffen. Wir waren fast eine Woche in Schanghai.

Mit dem Schiff wollten wir unserer potentiellen Waisen wegen nicht wieder zurückfahren. Wir entschieden uns für den Landweg über Korea, dann blieb nur die kurze Strecke mit der Fähre nach Japan. Erich Kordt riet uns: »Steigt in Peking aus und seht es euch lange an!« Er sagte: »Ihr werdet es nie wiedersehen.« Darin allerdings irrte er.

Wir fuhren mit der Bahn. Nachts im Zug, als wir ein paar Minuten eingenickt waren, wurde uns der große Koffer mit allem, was wir in Schanghai eingekauft hatten, gestohlen. In Peking verbrachten wir eine Woche. Ich beantragte bei dem japanischen Militärkommando eine Reiseerlaubnis durch Korea und wartete. Ich wußte, daß das lange dauerte.

Es war eine Woche der Seligkeit. Es war warm und trocken, der Himmel azurblau, die Dächer mit den glasierten Ziegeln in der Verbotenen Stadt gelb, am Himmelstempel preußischblau. Und der Krieg war wieder weit weg.

Man las von ihm morgens im *Peking Chronicle*, der nur zwei Seiten hatte und nichts als die japanischen, deutschen und seit kurzem auch die sowjetischen Heeresberichte abdruckte. Dann vergaß man es, denn es widersprach sich ja alles. Peking war zeitverzaubert und lag schön in all seiner Verschlissenheit und unbekümmert um die Welt in der Sonne seiner großen Vergangenheit.

Sammy Lee, heute weltberühmter Antiquitätenhändler, hatte damals einen kleinen Laden mit zwei Zimmern in der *Qian-Men*-Straße und verkaufte mir einen schönen Teppich aus der Oase Khotan.

Stahmer forderte mich in einem Telegramm energisch auf, *sofort* zurückzukommen. Doch da Erich Kordt uns geraten hatte, Peking noch einmal, zum letztenmal anzusehen, blieben wir acht herrliche Tage, die wir nie vergessen haben.

Der Flaggenzwischenfall von Peking und seine Folgen

Hans K. wohnte in einem kleinen chinesischen Haus in einer malerischen Seitenstraße, einer *Hutung*, hatte eine chinesische Freundin und sprach infolgedessen vorzüglich Chinesisch.

Er lud uns eines Abends zum Hammeltopfessen in einem mongolischen Restaurant ein und klagte wieder, wie jedesmal, daß er schon so viele Jahre Legationssekretär sei, aber nicht zum Legationsrat befördert werde, weil er es auf seinem früheren Posten mit Bohle, dem durchreisenden Leiter der Auslandsorganisation der Partei, verdorben hatte. Dabei sei damals doch alles nur ein Mißverständnis gewesen.

Zu seinem Trost erzählte ich ihm, daß die Botschaft Tokio zweimal im Auswärtigen Amt beantragt hatte, mich in das Beamtenverhältnis zu übernehmen; doch die Auslandsorganisation der Partei, die ja auch in diesem Fall zustimmen mußte, habe Einspruch erhoben. Obenauf in meiner Akte lag sicher der Brief des Landesgruppenleiters Lahrmann über meinen unmöglichen Charakter. Das tröstete Hans jedoch nicht im geringsten.

Als wir schon längst wieder in Tokio waren, wurde er in einen Flaggenzwischenfall verwickelt, der zu einer ernsten deutsch-japanischen Verstimmung in Peking führte, und von dem wir sogar in Tokio hörten.

Was war passiert?

Der Tatbestand war recht einfach: Hans hatte seinen Wagen vor dem Haus geparkt. Auf dem rechten Kotflügel war der Hakenkreuz-Stander angebracht, den sämtliche Mitglieder der Deutschen Botschaft am Auto führen mußten, damit man sie überall erkennen und ihre Wege verfolgen konnte. Als Hans morgens aus seiner Haustür trat, sah er, wie der japanische Wachtposten an dem Stander herumschraubte und ihn, wie Hans argwöhnte, abzuschrauben gedachte.

Hans sagte dem Soldaten barsch, er solle seine Hände von dem Stander lassen. Der Soldat aber ließ sich nicht stören. Worauf Hans, als Choleriker bekannt, ihm einen Faustschlag versetzte, daß er auf den Rücken fiel. Die Nase soll kräftig geblutet haben, sonst war er unverletzt.

Es folgten Verbalnoten und lange und bittere Auseinandersetzungen zwischen der Botschaft und dem japanischen Militärkommando in Peking.

Hans rechnete nun damit, abberufen und irgendwohin in die Wüste geschickt zu werden.

Das Auswärtige Amt in Berlin aber beurteilte den Zwischenfall ganz anders: Da Hans die Flagge des Großdeutschen Reichs so mannhaft verteidigt hatte, beförderte es ihn unverzüglich zum Legationsrat.

Sein roter Schnurrbart! Er stand rechts und links wie eine Fahrradlenkstange steif in den Raum. Ich wußte, daß man in Tokio an dem Bart sozusagen Anstoß nehmen werde, hatte mich aber gehütet, das Waldbauer in Shanghai anzukündigen.

Stahmer sagte, nachdem ich ihm Waldbauer vorgestellt hatte, resolut, und als ob er unmittelbaren Gehorsam forderte:

»Den komischen Bart soll er sich abnehmen lassen!«

»Wollen Sie es ihm nicht lieber selbst sagen?« fragte ich. Das wiederum wollte er mitnichten, und so konnte Waldbauer den Bart behalten. Doch Stahmer sah ihn, wann immer er ihm begegnete, scheel an.

Um unsere tägliche halbe Stunde für die G.I.s im Pazifik brauchte ich mich nun nicht mehr zu kümmern.

Emmy Beyer las die Nachrichten am Mikrofon, die er ausgewählt, gereinigt und übersetzt hatte. Und wenn ihm der Sinn danach stand, schrieb er einen Kommentar, in dem er die G.I.s in seiner unerträglich arroganten Oxforder Sprache über englische Lebensart belehrte. Einmal wöchentlich sendete er einen Sketch, meistens ein »Kamingespräch« zwischen Roosevelt, Churchill und Stalin, die ihre Ansichten über die Ereignisse, die Welt und die Menschen, wie sie waren und wie sie sein sollten, austauschten.

Er sprach den Churchill, fand unter den kollaborierenden amerikanischen Kriegsgefangenen einen Anhänger der republikanischen Partei, der gerne Roosevelts Part übernehmen wollte, und einen Baß, der mit starkem russischem Akzent Stalins Ansichten wiedergab.

Zur Sendung kam ich manchmal ins Funkhaus. Waldbauers Kamingespräche waren sehr komisch: Auch im Regieraum lachten alle, die Englisch verstanden.

Ich traf Meisinger eines Tages im Botschaftsgelände.

»Ihr Waldbauer«, sagte er, »heißt ganz anders.«

»So? Wie denn?«

»Er heißt nicht *Peter*, er heißt *Joseph* Waldbauer.«

»Ein schöner Name.«

Meisinger hieß auch Josef.

»Ja, aber der falsche steht in seinem Paß. Peter. Warum? Und wie hat er das gemacht? Er ist ein Betrüger. Vielleicht ein Spion!«

Meisinger hatte sich also nach ihm erkundigt.

Ich fragte Waldbauer, und er gestand: »Als ich meinen österreichischen Paß nach dem Anschluß in einen reichsdeutschen umwechselte, habe ich auf dem Konsulat in London gesagt, mein Rufname sei *Peter*. Das haben sie dann auch reingeschrieben. War auch ganz korrekt. Joseph, mein Gott! Nie in meinem Leben hat mich jemand *Joseph* genannt. Immer *Peter*. *Joseph* stand doch bloß in meinem alten Paß.«

Meisinger war mißtrauisch geworden. Vater Beyer arbeitete anscheinend mit ihm zusammen; jedenfalls machte er durch den Gestapochef einen neuen Vorstoß, um seine Tochter Emmy zu zwingen, ihre Arbeit für uns aufzugeben.

Ich fragte Emmy. Sie regte sich sehr auf und sagte, sie bleibe selbstverständlich bei uns. Sie blieb also.

Waldbauers Büro war neben meinem. Einmal kam ich in der Mittagspause vorbei, wollte ihn etwas fragen, klopfte und öffnete die Tür, da sah ich ihn und Emmy in einer verfänglichen Situation auf dem Sofa. Ich zog mich blitzschnell zurück.

Nach ein paar Minuten kam Waldbauer zu mir. Kleinlaut. »Sie haben ja nun gesehen«, fing er an.

»Ich habe überhaupt nichts gesehen«, antwortete ich.

Nach einer Weile sagte er: »Ich werde Emmy heiraten.«

Mir fehlten einfach die Worte. Ich schwieg, aber ich dachte: dieser Filou! Der in Schanghai, der Weltstadt der Sünde, einen Ruf wie Donnerhall hatte! Jetzt kommt er mir mit einer solchen unglaublichen Ausrede. Warum lügt er? Für wie dumm und einfältig hält er mich eigentlich?

»Ist sie denn einverstanden?« fragte ich schließlich.

»Ja, natürlich.«

»Und ihr Vater?«

Er stöhnte nur.

»Sie ist außerdem noch nicht mündig«, sagte ich.

»Nur noch ein halbes Jahr«, antwortete Waldbauer.

Ich wünschte ihm viel Glück, und er nahm die Glückwünsche ernst entgegen.

»Vielleicht sollten Sie gelegentlich Ihr Zimmer abschließen«, sagte ich, bevor er hinausging.

»Ja, aber zu der Tür gibt es doch keinen Schlüssel.«

Ein paar Tage später wurden sie gesehen, wie sie händehaltend in die Botschaft kamen. Meisinger selbst informierte mich.

»Ja, und?«

»Das läßt der Vater nicht zu. Sie ist noch nicht einundzwanzig. Sie müssen sie freigeben.«

»Gehen Sie! Hände halten!«

»Aber wissen Sie, wie weit es geht?«

»Nein«, antwortete ich. »Sie?«

»Ich kann es mir aber denken. Er ist ihr Chef. Unzucht unter Verletzung eines Abhängigkeitsverhältnisses. Strafbar!«

»Mein Gott«, sagte ich seufzend, stand auf und ging. Meisinger unterrichtete den Vater, wandte sich an Stahmer. Er ließ mich kommen, wollte keinen Streit mit Vater Beyer, weil er der Ortsgruppe der Partei immer unter die Arme griff, wenn sie Geld brauchte.

Es war aus. Emmy kam nicht mehr ins Funkhaus. Ihre Mutter zog mit ihr in das Beyersche Ferienhaus in den Bergen von Hakone, wohin nicht einmal die Bahn fuhr.

Waldbauer fand eine andere Sprecherin für die Nachrichten und Ansage: eine kleine, lebhafte Japanerin, in Amerika geboren und aufgewachsen, die eine dunkle, rauchige Stimme hatte. Die G.I.s hörten die Sendung vor allem ihretwegen, wie wir nach dem Kriege erfuhren. Waldbauer gab ihr den Namen *Toots*, und auch wir nannten sie nie anders. Den Text von Waldbauers englischen Nachrichtensendungen ließ ich mir nie geben. Er sollte nicht denken, daß ich ihn zensierte. Das Manuskript seiner Kommentare und »Kamingespräche« legte er mir nachträglich vor.

Doch einmal versetzte er mir damit einen großen Schreck. An dem »Kamingespräch« Roosevelts, Stalins und Churchills hatte er diesmal einen vierten teilnehmen lassen, der unglaublich albernes Zeug mit starkem deutschem Akzent von sich gab. Es war sehr komisch. Aber er hatte ihn als Schickelgruber vorgestellt, und so redeten die anderen ihn in der Sendung auch an.

Ich ging eilig in Waldbauers Büro nebenan, das Manuskript in der erhobenen Hand schwingend.

»Sie kommen wegen Schickelgruber?« fragte er fröhlich.

»Waldbauer, Sie sind wahnsinnig. Das kostet Sie den Kopf!«

»Zu Hause hört uns doch keiner.«

»Das habe ich damals in Schanghai auch gesagt. Aber Lahrmann hat uns gehört. Das hat genügt. Und wenn Meisinger das erfährt!«

»Der kann doch kein Englisch. Und wer weiß denn hier, wer Schickelgruber ist?«

»Ich zum Beispiel: Hitlers Stiefvater hieß so, und eigentlich hätte Hitler auch Schickelgruber heißen können. Ich weiß schon, von wem Sie das haben: Das haben Sie bei Konrad Heiden gelesen. Wenn nun bei Radio San Francisco einer aufpaßt und über Ihr Gipfelgespräch eine Glosse schreibt. Wissen Sie, was dann passiert? Mit dem nächsten Blockadebrecher fahren Sie nach Hause, und dann erklären Sie mal dem Volksgerichtshof, wen Sie mit Schickelgruber gemeint haben!«

»Nein!« rief Waldbauer.

»Doch! Kopf ab! Oder mindestens KZ!«

»Er war aber doch in der Sendung so komisch! Fanden Sie das nicht auch?«

»Ja, natürlich. Mir sind vor Lachen die Tränen gekommen, als ich es las. Aber Schickelgruber!«

»Na, irgendeinen Namen mußte ich ihm doch geben. Ich habe in der Sendung nicht nur Churchills Part, sondern auch seinen übernommen und manchmal vor Lachen über seine Blödheit kaum weitersprechen können.«

Es war hoffnungslos, er versprach mir aber, Schickelgruber nie wieder auftreten zu lassen.

Der größte Feldherr aller Zeiten

Hans Rohrer und ich hatten Spätdienst im Chiffrierbüro.

Er arbeitete im Pressereferat, war eigentlich Lehrer und stammte aus dem Bodenseegebiet. Er war ein großer Sportler und Judomeister.

Ich hatte ein Telegramm entziffert, in dem das Attaché-Büro des

Oberkommandos der Wehrmacht uns mitteilte, Hitler habe die militärische Führungsspitze ausgewechselt.

»Es ist auch höchste Zeit«, sagte ich. »Vielleicht wird die Lage an der Ostfront nun etwas besser.«

»Da muß man schon den größten Feldherrn aller Zeiten mit auswechseln«, antwortete Rohrer.

»Wieso?« fragte ich.

»Wer hat denn im Polenfeldzug gesiegt?« fragte Rohrer und beantwortete die Frage gleich selbst. »Der größte Feldherr aller Zeiten. Und wer im Frankreich-Feldzug? Derselbe. Und wer hat die sowjetische Armee in den ersten Monaten nach dem Überfall völlig zerschlagen? Derselbe. Und wer ist jetzt dafür verantwortlich, daß diese zerschlagene Armee, die doch nur aus Greisen, Frauen und Kindern besteht, unsere Armee in Stalingrad vernichtet hat und uns ständig zurückwirft? Mit schrecklichen Verlusten? Die Feldmarschälle, die er jetzt abgesetzt hat?«

»Sie meinen: er selbst? Er siegt nicht mehr?«

»Natürlich. Früher hat er doch nur Glück gehabt.«

»Und jetzt nicht mehr, meinen Sie? Und der Zauber ist gebrochen? Aber wenn das so ist, dann verstehe ich nicht, warum ihm dann keiner der preußischen Offiziere in seiner Umgebung eine vor den Latz knallt.«

»Bitte? *Was* macht?«

»Verzeihung! Berliner Jargon. Gaunersprache. Ich meine, warum ein Offizier, der das sieht, nicht die Pistole zieht und ihn erschießt.«

Ungefähr ein Jahr später:

Am 21. Juli 1944 bei Dienstbeginn parkte ich meinen Wagen neben dem Alten Kanzleigebäude.

Hans Rohrer hatte schon auf mich gewartet. Er lehnte sich aus einem Fenster im ersten Stock, hielt einen Textstreifen des Hellschreibers in der Hand und rief mir laut und fröhlich über den ganzen Hof zu: »Sie haben ihm endlich eine vor den Latz geknallt.«

Man glaubt vielleicht, ich habe Waldbauer und seine Geschichte erfunden: *Nichts* daran ist erfunden! Sie ist außerdem noch nicht zu Ende: An dem Tage, an dem Emmy einundzwanzig wurde, hatte die Mutter sie in ihrem Zimmer im ersten Stock eingeschlossen. Emmy aber kletterte hinaus, nahm ihr Fahrrad aus dem Abstellraum und fuhr von Hakone bis zur nächsten Bahnstation und war abends in Waldbauers kleinem, gemütlichem Haus. Wo sie auch blieb und fortan mit ihm in wilder Ehe lebte.

Er nannte das Haus jetzt *The Love Nest*.

Vater Beyer schäumte vor Wut, auch Meisinger knirschte mit den Zähnen. Stahmer sprach sich herbe über Waldbauers Moral, Bart und überhaupt den ganzen Menschen aus und machte mir Vorwürfe.

Aber zu meiner Überraschung eröffnete mir Waldbauer kurz darauf, Emmy und er hätten beim Generalkonsulat in Yokohama das Aufgebot bestellt, und ob ich Trauzeuge sein wollte. Der andere würde der Journalist Wendt sein, weil er so groß und kräftig sei; denn Emmy meine, man müsse damit rechnen, daß ihr Vater zur Trauung einen japanischen Schlägertrupp schicke.

Doch dann kam Meisinger eines Tages in mein Büro und sagte, die Trauung werde nicht stattfinden.

»Warum?«

»Nürnberger Gesetze!«

»Aber der Vater ist doch alter Parteigenosse. Und die Mutter nichtarisch? Ist das denn möglich?«

Meisinger lächelte überlegen und geheimnisvoll. Dann sprach er: »Nein, aber der Vater hat schriftlich zu Protokoll gegeben, daß Emmy die Folge eines Fehltritts ihrer Mutter am Anfang der Ehe war. Ein Fehltritt mit einem Nichtarier. Und er, Beyer, habe das Kind als seines anerkannt.«

»Donnerwetter! Und das packt dieser Strolch, dieser schamlose, aus, um Emmys Ehe mit Waldbauer zu verhindern?«

»Nürnberger Gesetze«, antwortete Meisinger kühl und überlegen.

Ich fuhr mit Waldbauer und Emmy Beyer zum Generalkonsul Seelheim nach Yokohama. Er war ein alter Beamter. Er wußte schon Bescheid.

»Ich habe die Nürnberger Gesetze noch einmal gelesen«, sagte er ungerührt. »Aber von Fehltritten ist darin nicht die Rede. Die Trauung findet also statt.«

Wendt und ich waren Trauzeugen. Wir wurden vor dem Hitler-Bild fotografiert, und das Brautpaar bekam das obligate Hochzeitsgeschenk des Führers, sein Buch »Mein Kampf«, welches das Paar aber mitzunehmen vergaß. Ein Schlägertrupp stand nicht vor der Tür.

Die Hochzeitsfeier fand in unserem Hause statt. Es gab zu essen, und ich hatte ein Faß Kirin-Bier von der Brauerei bestellt. Das Haus war voller Gäste, und alle waren fröhlich bis spät in die Nacht.

Der Bigamist

Doch Meisinger gab noch immer nicht auf. Ein paar Wochen nach der Hochzeit fragte er mich, ob ich wisse, daß Waldbauer früher einmal verheiratet war.

»Ja«, antwortete ich, »in Schanghai. Es ist eine sehr komische und lange Geschichte, wie er seine Frau kennengelernt hat und wie es weiterging. Die Ehe ging aber bald auseinander. Wegen eines Pudels, glaube ich, den die Frau mehr liebte als ihn.«

»So!« antwortete Meisinger. »Eine komische Geschichte! Aber sie ist gar nicht komisch. Er ist nämlich gar nicht geschieden.« Er hob die Stimme: »Er ist ein Bigamist.«

Ich seufzte, ging, holte Waldbauer in mein Büro und bat ihn, nun die ganze Wahrheit zu sagen.

»Sind Sie geschieden?«

Er antwortete nicht. Ich wiederholte meine Frage.

»Nein«, sagte er schließlich leise.

»Dann leben Sie jetzt in Bigamie.«

Er schüttelte den Kopf.

»Es ist etwas peinlich«, sagte er nur.

»Ist Ihre erste Frau gestorben?«

Er schüttelte den Kopf.

»Waldbauer!«

Ich wartete.

»Emmy ist meine erste Frau.«

»Aber Sie haben mir doch selbst erzählt, wie Sie Ihre erste Frau im Cathay Hotel in Schanghai kennengelernt hatten. Wie die Hotelboys Dutzende von Koffern reinschleppten, und nach dem letzten kam sie dann, mit einem Pudel auf dem Arm. Und Sie haben darüber gelacht, und wie sie deshalb wütend war, und wie sie sich dann doch gefunden haben. Und wie verwöhnt sie war. Und wie und warum die Ehe dann auseinanderging.«

Ich wartete. Dann sagte er kleinlaut: »Ja, aber es war doch nur eine *Story*, die ich geschrieben und dann überall erzählt habe. Wegen der Pointen. Sie ist ja auch komisch. Und schließlich habe ich wohl selbst ein bißchen daran geglaubt.«

»Und Emmy glaubt auch daran, daß Sie früher schon einmal verheiratet gewesen sind?«

Er nickte.

Ich riet ihm, gleich nach Hause zu gehen und Emmy aufzuklären.

Dann rief ich Meisinger an und gab zu, daß Waldbauer in der Tat nicht geschieden sei.

»Aha! Haha! Na, sehen Sie!«

»Und trotzdem wird Vater Beyer keinen Fall daraus machen können.«

»Warum? Wieso?« fragte Meisinger.

Aber ich gab ihm darauf keine Antwort.

Waldbauer wurde nach dem Kriege wieder Österreicher und zog mit Emmy nach Buenos Aires. Er gab dort Englischunterricht für Fortgeschrittene, Emmy webte moderne Teppiche und hatte viel Erfolg.

Ich bedauerte, daß er seine Begabung, Dialoge zu schreiben, nicht mehr nutzte, riet ihm, nach Deutschland zu kommen, führte ihn, nachdem ich mich als Hörspielautor einigermaßen etabliert hatte, bei einigen Rundfunksendern ein; aber der Reiz des heimlichen politischen Widerspruchs und die riskanten Themen fehlten. Seine neuen Hörspiele und Sketche waren konstruiert und flach. Er merkte es selbst. Waldbauers kehrten wieder nach Buenos Aires zurück.

Gut war er nur in der einmaligen Situation in Schanghai und Tokio gewesen. Man kann ihm vorwerfen, daß er seine Aufgabe nicht ernst genug nahm und sich in den Sendungen an die G. I. s Späße erlaubte, wo Kritik, Klage, Seufzen und Trauer am Platz gewesen war.

Ein ernster, ein berechtigter Vorwurf, der auch mich trifft, weil ich ihn gewähren ließ und, ich gestehe, über die komischen »Kamingespräche« auch gelacht zu haben. Ein treffender Vorwurf trotzdem – von heute und einer höheren, bequemer und risikolos erreichbaren ethischen Warte aus.

Wir sahen täglich, wie alles auf Vernichtung des Landes, des Lebens, vielleicht gar der Welt hinauslief. Doch ein Medium, das uns erlaubt hätte, unsere Gefühle zu bekunden, gab es nicht.

Peter Waldbauer wäre dazu wohl auch nicht der Mann gewesen. Sein Sinn für das Tragische war wenig entwickelt, der für das Komische desto mehr. Seine Ethik war die des Großstadtmenschen. Ring Lardners und Damon Runyons amüsante New Yorker Geschichten aus der Unterwelt – das war sein literarisches Milieu, das war seine Ebene.

Natürlich erkannte er die Katastrophe, die über uns hing. Sie bedrückte auch ihn. Es erleichterte ihn, ihr mit einer Groteske entgegenzutreten, was auch ihm freilich immer schwerer wurde, je mehr Tod und Vernichtung uns umgaben.

Er und seine Frau blieben nach dem Kriege in Buenos Aires. Emmys Vater starb schon in den fünfziger Jahren; er hatte die Tochter enterbt, aber als die Mutter bald darauf auch starb, erbte Emmy von ihr alles.

Der Schlächter von Warschau

Er war eine Erscheinung, wie man sie aus amerikanischen Gangsterfilmen kennt: groß, grobschlächtig, fett, mit dickem Nacken, kahlem Schädel und leicht hinkendem Gang. Er sah brutal und rücksichtslos aus: Er sah nicht nur so aus, er war es auch; doch war ihm eine gewisse Bauernschläue und listige Vorsicht eigen. In Gefahr war er feige. Wer erinnert sich noch an Emil Jannings als Dorfrichter Adam in dem Film »Der zerbrochene Krug«! So sah er aus.

Ott hatte ihn kurzgehalten. Stahmer fürchtete ihn. Warum, weiß ich nicht. Jedenfalls, wann immer Meisinger einen Deutschen durch die japanische Polizei verhaften ließ, deckte Stahmer ihn.

Ich habe nie gehört, daß Meisinger sich für einen Deutschen, der von der japanischen Militärpolizei, der *Kempetai*, verhaftet worden war, einsetzte und ihm zu einer gerechten Vernehmung verhalf. Oder sich nach ihm erkundigte oder ihn besuchte oder besuchen ließ. Die Deutschen waren schutzlos der berüchtigten japanischen Justiz ausgesetzt. Einige Wochen vor der deutschen Kapitulation übergab Meisinger der *Kempetai* eine Liste der Deutschen, die er als Gegner des Nationalsozialismus ansah und als unsichere Kantonisten vorstellte. Viele davon wurden bald darauf verhaftet.

Gründe für die Verhaftung wurden ihnen nie mitgeteilt. Sie wurden in der Haft gefoltert, um Geständnisse aus ihnen herauszupressen. Manche nahm man nur fest, weil die Beamten an ihre Lebensmittel und Wertsachen kommen wollten. Nach dem Krieg verfügte General Mac-Arthur die Freilassung aller Gefangenen. Einer davon war Sorges Funker Max Clausen, der als prominenter Gefangener verhältnismäßig gut behandelt worden war. Er suchte Paul Werner Wenneker in Karuizawa auf, erzählte ihm, wie er sein Geheimmaterial einmal während eines Botschaftsdiners heimlich in der Toilette des Attaché-Gebäudes fotografiert hatte, bat um einen Wintermantel und bekam ihn auch, setzte sich dann mit seiner Frau in die Sowjetunion ab, kehrte nach vielen Jahren in die DDR zurück und wurde dort als großer »Kundschafter« geehrt.

Ich habe in Tokio aber auch Männer gesprochen, die, da sie weniger prominent waren, monatelang tagsüber auf dem Zementboden ihrer Zelle hatten knien müssen, die sich ein Vierteljahr nicht waschen durften, denen Holzsplitter in die Fingernägel getrieben wurden, um Geständnisse zu erpressen.

Nach Japans Kapitulation richteten einige Deutsche in den Kellerräumen unserer ausgebrannten Botschafter-Residenz eine Suppenküche für Landsleute ein. Dort saß auf der Bank neben mir einmal ein alter Mann, dünn wie ein Gerippe. Ich erkannte ihn erst, als er mich mit Namen anredete. Er war gar kein alter Mann. Er war jünger als ich, Mitte Zwanzig, war Funker unserer Botschaft gewesen.

Die Japaner hatten ihn im April verhaftet; das war in den letzten Kriegstagen, als wir eigentlich noch verbündet waren. Die Botschaft hatte wegen der Verhaftung eine Verbalnote an das Außenministerium vorbereitet; aber Meisinger hatte die Absendung bei Stahmer hintertrieben.

Die *Kempetai* wollte von ihm unseren Code erfahren. Doch er kannte ihn nicht, weil er nur als Funker, aber nie als Chiffreur gearbeitet hatte; und selbst wenn er ihn gekannt hätte, die Japaner hätten nichts damit anfangen können. Unser Code war, was mathematisch beweisbar ist, überhaupt nicht zu knacken.

Um ein Geständnis des Funkers zu erzwingen, tauchten sie seinen

Im Smoking sah Josef Meisinger
verhältnismäßig harmlos aus.

Kopf in einen Eimer Wasser. Wenn er halb ertrunken war, holten sie ihn heraus und befragten ihn. Immer wieder. Als diese »Wasserkur« zu nichts führte, schlugen sie ihn mit Knüppeln halb tot.

Ein anderes Opfer, das ich im Botschaftskeller traf, erzählte, man habe ihn auf das Flachdach des Gefängnisses geführt. Er mußte dicht vor dem Rand knien und wurde dann vernommen. Wenn er mit der Antwort stockte, gaben sie ihm einen Tritt und drohten, ihn in den Hof zu stürzen. Einige Deutsche starben in den Gefängnissen. Einer nahm sich nach der Entlassung das Leben.

Dabei hatte Meisinger, der »Schlächter von Warschau«, doch so hohe moralische Grundsätze. Er verurteilte scharf Waldbauers Unmoral, als dieser unverheiratet mit Emmy Beyer im *Love Nest* wohnte. Doch die hochblonde junge Dame, die in Tokio als Frau Meisinger auftrat und auch einen Paß auf diesen Namen besaß, war gar nicht seine Frau. Sie war vielmehr die Sekretärin des SS-Führers Heinrich Himmler gewesen, der sie Meisinger unter dieser Tarnung mitgegeben hatte. Wollte Himmler sie loswerden? Sollte sie auf Meisinger aufpassen?

Man weiß es nicht. Jedenfalls hielt sie es mit Meisinger bald nicht mehr aus. Sie verließ ihn und nahm in China Zuflucht in einem katholischen Kloster. Daß sie es dort lange ausgehalten hat, ist nicht anzunehmen. Es wird sich mit ihr auch nicht verhalten haben, wie mit der Kaiserin von Zentralafrika.

Ich schweife ab und greife wieder weit voraus: Kaiser Bokassa kam im Jahr 1978 zu einem Staatsbesuch nach Peking. Die dort akkreditierten Botschafter hatten sich vor dem Bankett in einem Saal der Großen Halle des Volkes versammelt. Der Kaiser trat ein, mit Gattin und Gefolge. Er war tiefschwarz, seine Gemahlin aber eine blonde, hochbeinige elegante europäische Schönheit. Als das schwarz-weiße Kaiserpaar auf mich zukam, um uns Botschafter zu begrüßen, flüsterte der ungarische Missionschef mir zu:

»Sie ist ein Geschenk Ceauşescus.«

Ich hielt das für eine ungarische Bosheit gegen den rumänischen Erzfeind. Doch unser Botschafter in Bangui bestätigte es mir später: Ihre Majestät war in der Tat ein Geschenk des rumänischen *Conducators*.

Zurück nach Tokio: Meisinger trank viel. Seine Kumpane waren aus der Partei, auch einige Journalisten waren darunter.

Er lud am Heiligabend stets zum »Julfest« ein. Ich habe immer abgesagt.

Er konnte laut-jovial sein; doch auch dann konnte man leicht eine Gänsehaut bekommen: Nach einem Diplomaten-Diner bei Stahmer saß der Stab der Botschaft noch bei einem Glas Bier zusammen. Da erzählte Meisinger, als er noch in München bei der »Sitte« gearbeitet habe, hatte er einen notorischen Sittlichkeitsverbrecher zu vernehmen, der weder die Morde an zwei Prostituierten gestehen noch verraten wollte, wo er die Leichen begraben hatte. Die üblichen

Methoden, wie Meisinger sie nannte, versagten bei ihm. Er leugnete. Da sagte Meisinger:

»Also jetzt ist Feierabend! Wenn du nicht sofort sagst, wo sie liegen, dann schneiden wir dir die Eier ab.«

Der Verdächtige schwieg. Da führte man ihn ins Nebenzimmer, in dem ein Operationstisch stand und um ihn in weißen Kitteln als Ärzte verkleidete Polizisten mit Skalpellen in der Hand.

»Als wir den Häftling auf dem Tisch mit ausgebreiteten Beinen festgeschnallt hatten und als er sah, daß wir es ernst meinten«, sagte Meisinger, »da gestand er.«

Hohoho!

Ein großer Psychologe war er also auch.

Das Verhältnis von uns vier Jüngeren zu ihm war nie gut, jetzt wurde es gespannt. Er und Stahmer beanstandeten unter anderem, daß Franzl Krapf eine junge schwedische Schönheit, Helga, liebte und sie oft traf. Das wurde ihm untersagt. Deshalb luden wir Helga ein, und die beiden trafen sich dann bei uns.

Franzl Krapf hatte im März 1945 auf dem Hof vor dem Alten Kanzleigebäude eine lautstark auf bayrisch geführte Auseinandersetzung mit Meisinger. Und ich ebenso ein paar Tage später eine andere aus ganz nichtigem Anlaß, weil Meisinger es nämlich als Benzinvergeudung bezeichnete, daß Franzl Krapf und ich, jeder mit seinem eigenen Wagen, zur Botschaft gefahren waren.

Ich antwortete ihm, er hätte die paar Schritte von seiner Wohnung zur Botschaft auch nicht mit seinem dicken Buick zu fahren brauchen, sondern zu Fuß kommen können. Er solle sich um seine Polizeidinge kümmern. Er habe mir nichts zu sagen. Ich ging zu Stahmer und beschwerte mich. Der suchte mich zu beruhigen, aber am nächsten Tag erteilte er Meisinger die Befugnis, die Verwaltung der Botschaft der Kriegslage anzupassen. Außerdem erließ er eine Rundverfügung, die ich noch besitze: »... verbiete ich allen Botschaftsangehörigen jegliche Privat-Auto-Fahrten einschließlich des Weges von und zur Botschaft. Ausnahmen behalte ich mir vor.«

Wir hielten uns natürlich nicht daran. Aber wir wußten, daß mit Meisinger und Stahmer nicht zu spaßen war. Sie hätten uns der japanischen Polizei überantworten und ihr Desinteresse an uns bekunden können.

Ich überlegte, wie ich Meisinger unbeobachtet umbringen könnte. Wann immer ich in der Nacht wach lag, dachte ich mir die abenteuerlichsten Wege aus, die, bei Tage betrachtet, ganz unmöglich waren, weil die Polizei und Meisingers Freunde bei der Militärpolizei mir auf die Spur gekommen wären. Und das wäre auch mein Ende gewesen. Als er längst tot war, quälte mich nachts noch oft der Gedanke, ob ich nicht doch eine Möglichkeit, ihn umzubringen, übersehen hatte.

Es fällt mir nicht leicht, dies einzugestehen; aber damals hielt ich es für sicher: Wenn es noch lange so weitergeht, werden eines Tages einige von uns vor der Frage stehen: er oder wir. Ich war nicht der einzige, der so dachte.

Was ist das für ein Krieg?

Es war Franzl Krapf, der meine Skepsis gegen Greuelmeldungen nicht teilte, und der meinte, wir sollten solchen Gerüchten ernsthafter nachgehen. Ich war der Meinung, daß unsere Soldaten in strenger Disziplin gehalten wurden: Ich hatte nach dem Frankreichfeldzug gehört, ein Unteroffizier, der eine Französin vergewaltigt habe, sei vom Kriegsgericht sofort zum Tode verurteilt und erschossen worden. Ein Verwaltungsangestellter der Rundfunkabteilung des Auswärtigen Amtes hatte auf einer Dienstreise nach Frankreich einen halben Sack Kaffee »organisiert«. Er wurde sofort entlassen und bekam ein Gerichtsverfahren an den Hals. In diesem Glauben an die Disziplin in unserer Wehrmacht und Verwaltung war ich 1940 nach Schanghai ausgereist.

Einmal kam ein Hauptmann Reinhold mit einem U-Boot nach Tokio. Er war vorher an der Ostfront gewesen und sollte jetzt Militärattaché in Nanking werden. Wir »Vier« baten ihn zu einem Gespräch.

Er gab zu, daß es im ersten Kriegsjahr schwer gewesen sei, für die Millionen gefangener Russen genügend Nahrungsmittel heranzutransportieren; da habe es oft Schlägereien in den Schlangen vor den Feldküchen gegeben, und unsere Wachmannschaften hätten nur mit dem Knüppel Ordnung herstellen können.

»Mit dem Knüppel?« fragte ich.

Ja, leider. Im Partisanenkampf halte man sich zwar streng an die

Haager Landkriegsordnung, müsse indessen manchmal hart durchgreifen. Aber darüber hinaus? Er habe von Greueln weder etwas gesehen noch gehört. Wir glaubten ihm, nur Franzl blieb skeptisch. Er fragte, wie Meisinger denn dann zu dem Beinamen »Schlächter von Warschau« gekommen sei.

Ja, antwortete Hauptmann Reinhold, die SS erlaubt sich wohl manchmal Übergriffe – im Osten ebenso wie bei uns in der Heimat; aber davon erfahre man ja nie etwas, und damit habe die Wehrmacht auch nichts zu tun.

Die Offiziere und Matrosen des Hilfskreuzers 10 und der U-Boote hatten nie etwas von Greueltaten unserer Streitkräfte gehört. Dann kam ein anderer Hilfskreuzer, der HK 28. Ein Matrose aus der Mannschaft erzählte auf einer Abend-Einladung, der Kapitän des Hilfskreuzers, von Ruckteschell, habe einen Frachter versenkt, sei dann mitten durch die schwimmenden Seeleute gefahren und habe dabei ihre Rettungsboote zum Kentern gebracht. Er habe keinen der Schiffbrüchigen an Bord genommen.

Sein damaliger Adjutant sagt heute, das sei absolut unwahr. Das Schiff habe viele aus Seenot gerettete Gefangene an Bord gehabt. Das mag sein, nachdenklich macht nur, daß Ruckteschell 1947 von einem britischen Militärgericht unter anderem wegen »nicht genügender Vorkehrung zur Rettung von Schiffbrüchigen« angeklagt und zu einer hohen Gefängnisstrafe verurteilt wurde.

Wie dem auch sei, wir glaubten damals in Tokio jedenfalls, was uns die Matrosen erzählt hatten und waren empört.

Ruckteschell erkrankte, und Kapitän Gumprich übernahm das Kommando über den Hilfskreuzer 28, der aber auf der Rückfahrt kurz vor Kobe torpediert wurde und mit dem Kapitän und dem größten Teil der Besatzung unterging.

Ein vollbesetztes Schlauchboot ohne Riemen trieb lange in der See. Die Matrosen waren, aus dem Schlaf gerissen, unbekleidet ins Wasser gesprungen. Sie litten unter starkem Sonnenbrand und Durst. Einen Kameraden, der Süßwasserquellen im Meer zu sehen glaubte, durch seine Unruhe das Boot in Gefahr brachte und von seinem Wahn nicht ließ, warfen sie über Bord.

»Aber es blieb uns einfach nichts anderes übrig«, sagten sie, als sie meine Frage spürten. »Können Sie sich vorstellen, in welchem Zustand wir waren, als wir acht Tage ohne Wasser, tagsüber unter greller Sonne immer weiter in den Ozean hineintrieben? Wir haben ihn gewarnt und es doch erst getan, als wir ihn nicht mehr beruhigen konnten. Was hätten Sie denn gemacht?«

Sie wurden bei der letzten Insel vor dem Großen Ozean von Fischern entdeckt, die sie für Amerikaner hielten und erschlagen wollten, schließlich aber doch als Deutsche erkannten und an Land brachten.

Die Seeleute waren, als wir sie einen Monat später einluden, noch immer nicht über das Erlebnis hinweg. Sie kamen immer wieder darauf zurück.

Wo immer man hinhörte, war von Tod die Rede.

Der Kommandant eines U-Boots erzählte, er sei nachts aufgetaucht im Indischen Ozean gefahren. Da sah er kurz einen Lichtblitz am Horizont. Im Fernrohr erkannte er einen großen Frachter. Anscheinend war jemand auf Deck herausgetreten, ohne die Lichtschleuse zu beachten und hatte damit die Position des Schiffes verraten. Der U-Boot-Offizier identifizierte es als einen australischen Frachter und schickte einen Torpedo los.

»Und dann«, sagte er, »sah ich nur ein gewaltiges weißes Feuer. Bis hoch in die Wolken. Das Meer war taghell. Es war wohl ein Munitionstransporter gewesen. Wir fuhren hin, aber da schwammen nur noch ein paar Trümmer im Wasser. An Bord des Frachters wird niemand das Ende gespürt haben. Mitten im Satz, mitten im Lachen, als sie gerade ein Glas Bier an den Mund setzten oder sich eine Zigarette ansteckten, waren alle tot.«

Dieses Bild, dieser kurze Bericht, dieser eine Augenblick stehen immer vor mir. Noch heute.

Überall war von Tod und Vernichtung die Rede.

Dreiundzwanzig Jahre später – ich will es hier einschieben – wurde Paul Werner Wenneker eines Kriegsverbrechens angeklagt. Es traf ausgerechnet den Mann, der wegen seiner Menschlichkeit, Milde und seines Mutes, mit dem er über den Krieg berichtete, von den meisten, besonders aber von uns Jüngeren hochgeachtet war.

Vier Blockadebrecher hatten Häftlinge nach Deutschland mitzunehmen, darunter den überführten Spion Hofmeier. Wenneker hatte auf

Weisung der Seekriegsleitung Befehl gegeben, wenn die Blockadebrecher vom Feind aufgebracht würden und sich selbst versenkten, die Häftlinge nicht freizulassen, so daß sie »gegebenenfalls mit dem Schiff untergehen«, damit sie nach einer Gefangennahme keine kriegswichtigen geheimen Beobachtungen ausplauderten. Zur Sicherheit hatte Meisinger der »Burgenland«, die den Spion Hofmeier an Bord hatte, einen SS-Sturmführer mitgegeben, der Hofmeier erschoß, als das Schiff im Südatlantik aufgebracht wurde und sich selbst versenkte.

Wenneker hatte, wie auch anerkannte Juristen, darunter Graf Stauffenberg, den Befehl in der damaligen Lage für rechtmäßig gehalten, trotzdem aber die Kapitäne zu humanem Handeln aufgefordert. Bei der Erläuterung des Befehls hatte er den Kapitänen gesagt, wenn sie aufgebracht würden, unterstünden sie nicht mehr der Seekriegsleitung, und aus Menschlichkeit könnten sie sich über die Befehle auch hinwegsetzen. In der Tat hatten sie an Bord alle Befehlsgewalt. Die drei Kapitäne richteten sich nach Wennekers Interpretation.

Der vierte, Kapitän des Blockadebrechers »Rio Grande«, ein überzeugter Nationalsozialist, ließ jedoch einen Häftling mit dem Schiff untergehen. Er wollte im Unterschied zu den drei anderen Kapitänen Wennekers Erläuterung nicht gehört haben.

Im Prozeß sprachen alle Zeugen, darunter auch ich, von der Menschlichkeit Wennekers und davon, daß er die Stütze und Hoffnung all derer gewesen war, die den Kurs Stahmers und Meisingers verurteilten.

Die Anklage war dennoch zu Recht erfolgt; aber es war traurig und beunruhigend, daß die Geschichte in ihrer Heimtücke gerade diesen braven und mutigen Mann verfolgte, während sie zuließ, daß wahrhaft Schuldige nach ihrer Rückkehr in den Grafenstand erhoben wurden. Das Verfahren gegen Paul Werner Wenneker wurde schließlich wegen Verjährung eingestellt.

Der langsame Verfall

Die japanischen Soldaten kämpften auf der Insel Saipan bis zum letzten Mann. Sie ließen sich nicht gefangennehmen. Auf der Insel Okinawa stürzten sich Tausende von Zivilisten – Männer, Frauen und Kinder – von den Klippen, um nicht in die Hände der Amerikaner zu fallen. Wir

Paul Werner Wenneker,
Marineattaché bei der Deutschen Botschaft in Tokio.

haben Berichte darüber; sie sind erschütternd. Japanische *Kamikaze*-
Piloten (sprich: Kamikase) stürzten sich mit der Bombenlast ihrer
Flugzeuge auf feindliche Kriegsschiffe.

Kein Wunder, daß junge Offiziere, wenn sie von der Front nach
Japan zurückkamen, von Putsch, Attentaten, Revolution sprachen;
doch selbst damit hätten sie nichts mehr ausrichten können. Es waren
nicht einzelne, es waren keine Gruppen, die man in der Hoffnung,
damit das Land zu retten, zur Verantwortung ziehen oder ausschalten
konnte; sondern es war ein Sumpf, gegen den kein Kraut – kein Putsch,
kein Attentat und keine Revolution gewachsen war.

Rundfunk, Zeitungen und die Redner sprachen noch immer vom
japanischen Geist, von Opfern und Sieg: überall hörte man die hehren
Worte. Nur nicht im Volk.

Es war müde geworden. Schwarzhändler machten Riesengeschäfte.
Die Lebensmittelrationierung funktionierte nicht. Reis gab es zwar,
aber nicht genug, Gemüse selten. Die Reisration für eine dreiköpfige

Familie hätte knapp für einen Erwachsenen gereicht. Dem Normalverbraucher standen monatlich 50 Gramm Fleisch zu, aber es war doch nie zu haben. Der Fischfang ging zurück, weil kein Dieselöl für die Kutter vorhanden, die See vermint war und weil amerikanische Schiffe die Küstengewässer immer wirkungsvoller kontrollierten.

Zucker gab es nur einige Male im Jahr, jeweils nur ein paar Eßlöffel für jede Person. Ein Sack Kartoffeln kostete zum amtlichen Preis 7,50 Yen, auf dem Schwarzmarkt brachte er 400 bis 500.

Den Bauern, jahrzehntelang unterdrückt, gelang es, da sie den größten Teil ihrer Ernte schwarz verkauften, sich in den Kriegsjahren aus ihrer Schuldknechtschaft zu befreien. Eine Zeitung schätzte, daß bei Kriegsende 80 Prozent aller Waren schwarz und zu inflationierten Preisen gehandelt wurden.

Gehandelt wurde alles: Lastwagen, Privatautos, amerikanische Seife, Whiskey, Militärstiefel, Textilien und natürlich alle Lebensmittel.

Die Moral verfiel, die Kriminalität nahm zu. Es gab Millionen von Drückebergern, obwohl Tojo dreimal die totale Erfassung und Mobilisierung aller Arbeitskräfte verkündet hatte.

Die Industrieproduktion sank im letzten Kriegsjahr drastisch auf allen Gebieten, auch in der Rüstung. Flugzeuge wurden zwar noch produziert, aber es fehlte an Benzin für die Ausbildung von Piloten. Als Deutschland den Japanern ein Exemplar der V-1-Rakete schenkte, sagte mir ein japanischer Beamter, *pilotless planes* habe Japan eigentlich genug.

Der wichtige Küsten-Schiffsverkehr wurde Ende 1944 wegen der amerikanischen U-Boot-Präsenz praktisch eingestellt; die Eisenbahnen, ohnehin überlastet, konnten den Transport der Schiffsgüter nicht übernehmen.

Langsam verlor die Regierung den Überblick, und als Ende 1944 die Luftangriffe begannen und die Städte in Flammen aufgingen, verfiel die Ordnung rapide.

Saelde Hallier, die zusammen mit ihrem Bruder die ausländischen Sender abhörte, legte mir am Vormittag den Abhörbericht von San Francisco und BBC auf den Tisch.

»Gibt es was Neues?« fragte ich.

»Nein, immer dasselbe.«

Sie brachte dem Gesandten, dem Botschafter, den Waffenattachés, Mirbach und Marchtaler je einen Durchschlag. Meisinger bekam keinen, weil er kein Englisch konnte. Und auch überhaupt.

Ich las erst die *Nippon Times*, bis ich in die Abhörberichte hineinsah. San Francisco und BBC machten auf mit Berichten von einem Konzentrationslager, das die Sowjets in Polen erobert hatten. Darin seien, so hieß es, Millionen Juden vergast worden. Man habe einen ganzen Raum voller Menschenhaare, einen ganzen Haufen von Goldkronen gefunden.

Ich riß die beiden Seiten heraus, las sie noch einmal und steckte sie in meine Mappe »Greuel und Wunderwaffen«. Ich war enttäuscht, daß die so gescheiten englischen und amerikanischen Profis zu den diskreditierten Tricks aus dem Ersten Weltkrieg zurückkehrten. Morgen würden sie dann mit den Fabriken kommen, in denen die Hunnen Seife aus dem Fett ermordeter Judenkinder machten.

Dabei hatten ihnen doch schon die professionellen britischen Propaganda-Skribenten des Ersten Weltkriegs auseinandergesetzt, daß solche Berichte nicht ziehen, weil sie auf der einen Seite zu widerlich, auf der anderen als Massenbilder zu unanschaulich sind. Und daß man die Grausamkeit des Feindes eindrucksvoller darstellen kann, wenn man eine vom Feind enttarnte Spionin zu einer blendenden Schönheit macht und detailliert, farbig und sentimental schildert, wie sie von den Feinden gequält, gefoltert und schließlich exekutiert wird.

Da rief Stahmer an und bat mich zu sich. Er fragte, warum ich solche gefährliche Feindpropaganda verbreite. Auch Meisinger, mit dem er eben darüber gesprochen habe, sei äußerst ungehalten.

Ich antwortete, wir hätten die abgehörten Meldungen doch immer ungekürzt und kommentarlos wiedergegeben, und ich hielte es auch für unzweckmäßig, Greuelmeldungen, die jeder sofort als unglaubwürdig erkenne, wegzulassen. Da alle unsere Botschaftsangehörigen

Kurzwellenempfänger hätten, könnten sie die Greuelberichte übrigens auch selbst hören. Wenn wir sie wegließen, erzeuge das eher den Verdacht, es sei doch etwas dran.

Stahmer erwiderte, er möchte sich auf keine Diskussionen über diese widerliche Lügenpropaganda einlassen. Ich solle bereits verteilte Exemplare einziehen und in Zukunft diese Meldungen nicht mehr bringen.

Ich zog also die Abhörberichte geräuschvoll ein und sagte allen, warum.

Da wußte jeder, daß an den Meldungen etwas dran war, so übertrieben sie uns auch erschienen. Die ganze Wahrheit ging uns aber erst im Laufe der nächsten Wochen auf.

Schuld, Scham und Entsetzen

Die Wahrheit konnte ich, konnten wir alle nur schwer ertragen. Die Zahl der Opfer war so hoch, unbegreiflich hoch. Sie war mir zu abstrakt. Zu statistisch. Ich mußte mir einzelne Menschen vorstellen, wie sie in der Heimat, der Familie, dem Beruf gelebt und gewirkt hatten, und wie sie nun nackt in die Gaskammer traten und nachher vernichtet herausgetragen wurden. Vielleicht Günther Sommerfeld. Ich sah ihnen nach, wie sie ins Krematorium gebracht wurden, wo man ihnen die Goldzähne ausbrach und das Haar schor. Oder Edith – nein, das war zuviel, das konnte ich nicht denken. Sie wird doch wohl auch in Vevey geblieben sein.

Ich verstand nicht, wie eine Rassentheorie dazu führen konnte, eine derartige Tötungsmaschinerie zu entwerfen und in Gang zu setzen.

Ich war entsetzt über den Menschen, der dazu fähig war, und dachte daran, wie uns August Kaulbach den Vers *Polla ta deina* des Chors aus der »Antigone« hatte übersetzen lassen:

»Viel Ungeheures gibt es, aber kein größeres Ungeheuer als den Menschen.«

Ich fürchtete mich vor dem, was alles in uns, auch in mir als Möglichkeit angelegt sein konnte. Nicht solche Greuel, Gott behüte, aber dunkle Eigenschaften, die ich nicht kannte.

Ich habe, sagte Sokrates zu Phaidros, der von Mythen redete, für solche Sachen überhaupt keine Zeit, und zwar hat das folgende Ursache, mein Lieber: Bis jetzt bin ich nicht einmal imstande, gemäß der Inschrift in Delphi mich selbst zu erkennen. So kommt es mir lächerlich vor, solange ich das nicht weiß, mich mit anderen Dingen abzugeben... Daher befasse ich mich mit mir selbst, ob ich etwa auch ein solches Ungeheuer sei, noch viel verschlagener und ungemütlicher als das Drachenmonstrum Typhon.

Ich war nicht entsetzt darüber, daß es Deutsche waren, die diese Tötungsmaschine errichtet und betrieben haben, sondern ich war entsetzt über den Menschen überhaupt, der solcher Taten fähig ist.

An Morden, die Kriminelle insgeheim verübt hatten, habe ich mich nie mitschuldig gefühlt, ob die Mörder nun meiner Nation angehörten oder einer anderen. Mit ihnen hatte ich nichts zu tun. Ihre Morde belasteten mein Gewissen ebensowenig wie die Untaten des »Schlächters von Warschau«.

Sicher hat auch ostasiatisches Denken meine Ansichten beeinflußt, obwohl ich den jüdisch-christlichen Schuldbegriff, den auch die griechische und römische Antike nicht kannten, bereits früher verneint hatte.

Auch die Japaner und Chinesen kennen ihn nicht. Sie leben, wie Ethnologen sagen, nicht in einer Schuld-, sondern in einer Scham-Gesellschaft. Sie würden Schuld für eine eigene Untat auf sich nehmen, aber nicht für die Untaten anderer, auch nicht von Landsleuten. Nicht einmal für Verbrechen, die ein Mitglied der Familie begangen hat: Sie wären genug durch die große Schande bestraft, die die Familie heimgesucht hatte, und die Scham darüber.

Daß ich mich nicht der Mitverantwortung für das entziehen kann, was die kriminelle Regierung getan hat, der ich ja gedient hatte, das steht auf einem ganz anderen Blatt. Als Deutscher hafte ich natürlich dafür und muß die politischen Folgen tragen. Sie dagegen auch auf Kind und Kindeskinder bis ins dritte und vierte Glied auszudehnen und dazu noch als immerwährende moralische Schuld unseres Volkes zu erklären, das ist atavistisches, alt-testamentarisches Denken, dem wir uns nicht unterwerfen sollten, besonders nicht, wenn es schamlos mit politischen oder finanziellen Forderungen verbunden wird.

Ich empfand es, nach Deutschland zurückgekehrt, als seltsam, daß sich so viele tief zerknirscht in metaphysischer Schuld für Taten verzehrten, die sie gar nicht begangen hatten. Ja, die es fast als Unverfrorenheit ansahen, wenn ich ihnen sagte, ich sähe keine Schuld an ihnen, auch nicht an denen, die irregeleitet und belogen worden waren und den Lügnern geglaubt hatten, sondern nur an den Kriminellen.

Doch es gilt bei vielen Christen, bei Protestanten zumal, ja als Verdienst, unter einer Schuld, und sei es auch nur einer eingeredeten, zu leiden. Sie wollen gar nicht untersuchen und entscheiden. Ihr Gewissen ist von Grund auf verbogen.

Bewundernswert ist die Einsicht, die der junge Held jenes Buches hat, von dem nach Hemingways Ansicht die ganze amerikanische Literatur herkommt. Ich meine Huckleberry Finn:

Ich fühlte mich zerknirscht und irgendwie schuldig, obwohl ich selbst doch gar nichts getan hatte. Aber so ist das immer. Es ist egal, ob du was Richtiges oder Falsches tust. Das Gewissen eines Menschen ist ohne jede Vernunft und nimmt ihn auf jeden Fall aufs Korn. Es nimmt im Innern eines Menschen mehr Platz ein als der ganze Rest, und es ist trotzdem nicht gut, in keiner Weise. Tom Sawyer sagt dasselbe.*

Das wandelnde Haus und die Blume von Yedo

Es wird im Oktober 1944 gewesen sein. Ich fuhr vom Parlament her den Hügel hinab; da sah ich ein Haus über die Straße gehen. Ich bremste scharf und hielt: Das konnte nicht sein. Ich sah nicht mehr richtig.

Aber es war doch so: das Haus ging weiter, überquerte die Straße,

---

* I felt humble, and to blame somehow – though I hadn't done nothing. But that's always the way; it don't make no difference whether you do right or wrong, a person's conscience ain't got no sense, and just goes for him anyway. It takes up more room than all the rest of a person's inside, and yet ain't no good, nohow. Tom Sawyer he says the same.

auf dem Rücken eines Hundertfüßlers; es ging mit ganz kleinen Schritten. Wo wollte es nur hin?

Es ging zum Rand der neuen Brandgasse, stellte sich in eine Lücke und zog die Füße ein. Ein paar Dutzend Arbeiter krochen aus ihm heraus.

Japanische Häuser haben keine Keller; sie sind aus Holz, mit Blech gedeckt und einfach auf Steinsockel gesetzt. Man kann sie auseinandernehmen, man kann sie auch, wenn man die Gas-, Strom- und Wasserleitung getrennt hat, forttragen.

In Tokio wurden quer durch die Stadt Brandgassen geschlagen, hundert bis zweihundert Meter breit. Stricke wurden um die Häuser gelegt, hundert Mann zogen in einer Richtung; dann fiel das Haus auf die Seite, und die Balken, Papiertüren, Fenster, das Dach wurden auseinandergenommen und auf Lastwagen abtransportiert.

Den Bewohnern der Häuser wurden fünf Tage Zeit zur Räumung gegeben. Sie bekamen eine unzureichende Entschädigung in entwertetem Geld und zogen aufs Land; die Familien hielten fest zusammen und nahmen jeden obdachlosen Verwandten auf. Ihre Arbeit, und sei sie noch so kriegswichtig, hatten sie natürlich aufgegeben. Ohne zu kündigen. Für den Betrieb, für die Behörden waren sie verschwunden.

Die Regierung drohte denen, die der Arbeit fernblieben, Strafen an; aber die Gefängnisse waren überfüllt. Rationen erhielten sie jetzt nicht mehr; aber die waren ohnehin schmal, und auf dem Lande konnte man darauf verzichten: Man lebte ja viel besser vom Schwarzhandel oder half den Verwandten bei der Feldbestellung.

In Tokio wurden am Rande der Bürgersteige Luftschutzgräben angelegt, etwa zwei Meter tief, einen Meter breit, gedeckt mit Holzbalken und einem halben Meter Erde. Gegen direkte Treffer boten sie keinen Schutz, wohl aber gegen kleinere Brandbomben und Flaksplitter. In der verdunkelten Stadt war es jetzt abends lebensgefährlich, auf den Bürgersteigen zu gehen.

Ich hatte schon im Sommer neben unserem Haus auf freiem Gelände einen kleinen Betonbunker, etwa sechs Quadratmeter groß, bauen lassen, auch für die Freunde und Dienstboten. Wände und Decke waren zwar nur fünfzehn Zentimeter dick, aber auf dem Bunker lag ein Meter Erde. Eine Sprengbombe hielt er natürlich nicht aus; aber gegen Brandbomben sollte er genügen.

Anfang November 1944 begannen die Amerikaner von Saipan aus ihre Luftangriffe auf Tokio. Sie kamen erst in kleinen Verbänden von dreißig bis sechzig Maschinen der B-29, des größten Bombertyps, der *Superfortress*. Sie warfen Sprengbomben ab, die aber nur wenig Schaden anrichteten, da sie jeweils nur eins der leicht und elastisch gebauten Häuser zerstörten. Die Nachbarhäuser wurden zwar kräftig durchgerüttelt; aber wenn man sich den Schaden ringsum besah, waren dort nur die Fensterscheiben zerbrochen.

Die Amerikaner kamen aber bald mit größeren Verbänden und warfen vor allem Brandbomben ab. Sie flogen 10 000 Meter hoch. Die japanischen Jäger erreichten zwar auch knapp die Höhe, konnten aber nur einen Angriff fliegen, weil sie dabei Höhe verloren und sie so schnell nicht wieder erreichten. Die Flak schoß, wie man bei Tagesangriffen sehen konnte, sehr ungenau.

Im Februar 1945 begannen dann die großen Brandbombenangriffe auf die japanischen Städte. Der erste Angriff auf Tokio fand während eines Schneesturms statt. Er richtete großen Schaden an. Bei dem nächsten im März warfen 300 Superfestungen ihre Brandbomben auf Südost-Tokio. In dieser Nacht wurden eine Million Menschen obdachlos. Nach vier weiteren, von Mal zu Mal schwereren Angriffen, die ich, bis auf den letzten, vom Blechdach meines Hauses beobachtete, lag fast ganz Tokio in Asche.

Brände, die ganze Stadtteile vernichteten, waren schon von alters her in dem eng zusammengebauten Tokio, früher Yedo genannt, häufig. Man nannte die Großfeuer die »Blumen von Yedo«. In einer Rundfunksendung unter diesem Titel beschrieb ich die Hölle, die ein Bombenangriff auf der Erde anrichtete. Die Zensur ließ ihn passieren.

Am nächsten Tag zitierten die amerikanischen Sender den Bericht. Für sie war er interessant, weil sie daraus sahen, wie man die Bombenangriffe auf der Empfängerseite erlebte.

Adolf Hitler – Tod und Verklärung

In seinem Zimmer im Bunker der Reichskanzlei, auf einem Sofa neben seiner Frau Eva sitzend, die eben Gift genommen hatte, erschoß er sich oder zerdrückte eine Giftampulle in seinem Mund oder tat beides. Es ist noch immer nicht klar. Aber über die Zeit besteht kein Zweifel: Es war der 30. April 1945, 15 Uhr 30. In Tokio war es 23 Uhr 30.

Am nächsten Morgen, beim Frühstück, hörte ich von Radio San Francisco, ein norddeutscher Sender habe gemeldet, Hitler sei gestern in Berlin im Kampf gefallen.

Ich war plötzlich entspannt und mir war ganz leicht; so als sei eine Last von mir gefallen. Ich wunderte mich darüber, denn ich hatte sie schon lange getragen, als gehöre sie zu mir, hatte sie bewußt gar nicht mehr wahrgenommen. Nun war niemand mehr da oben, uns Menschen unsichtbar, gegen dessen Entscheidung es keine Berufung mehr gab.

Ich rief Stahmer an, dessen einziger Kommentar war, das könne auch eine Propagandameldung sein; jedenfalls für uns bedeutungslos, solange wir keine amtliche Bestätigung hätten.

Die Funkverbindung mit Berlin war seit vierzehn Tagen unterbrochen. Nur einmal, an einem der letzten Apriltage, kam ein kurzes verschlüsseltes Telegramm. Es sprach sich sofort in der Botschaft herum. Lüdde-Neurath und ich eilten zum Chiffrierbüro. Der Büroleiter Kanzler Meyer, sonst sehr zurückhaltend in der Weitergabe von Informationen, las uns das Telegramm vor. Es war an Major Karsch, den Gehilfen des Militärattachés, gerichtet und informierte ihn, daß die Kinderbeihilfe für seine Tochter Mechthild vom 1. Februar an wegfalle.

In der Nacht zum 2. Mai hörten meine Mitarbeiter nachts auch im deutschen Soldatensender Oslo, den wir bisher nie empfangen hatten, daß Hitler gefallen sei. Ich sandte Stahmer eine Notiz. Er reagierte darauf nicht.

Auch die japanische Presse berichtete nun von Hitlers Tod und, daß Großadmiral Dönitz Hitlers Nachfolge als Staatsoberhaupt übernommen habe. Sie verglich ihn mit Marschall Badoglio, der vor zwei Jahren mit den italienischen Truppen zum Feind übergegangen war, und sprach vom Verrat der Deutschen. Außenminister Togo erklärte, Deutschland habe den Dreimächtepakt gebrochen.

Die japanische Regierung unterließ die üblichen protokollarischen Höflichkeiten, die man sonst auch beim Tod unbeliebter Staatsoberhäupter zu beobachten pflegte, wie Flaggen auf halbmast, Beileidskundgebungen oder dergleichen. Es war ja auch egal, aber es zeigte die Verachtung, die Japan nun seinem ehemaligen Verbündeten entgegenbrachte.

Da erhielten wir über einen Sender unserer Kriegsmarine ein Telegramm des neuen Außenministers von Schwerin-Krosigk, das sich auf Togos Erklärung bezog und ihn unterrichtete, daß das Deutsche Reich noch keinen Waffenstillstand geschlossen habe, sondern daß sich *bisher* nur einige Armeen darum bemüht hätten. Die deutsche Regierung habe die japanische davon nicht verständigen können, weil die Verbindung in diesen kritischen Tagen unterbrochen gewesen sei. Er bedauere jedoch, daß seine erste Aufgabe als Außenminister sei, die japanische Regierung davon zu unterrichten, daß Deutschland am Ende seiner Kraft angekommen sei und seine Pflichten als Bundesgenosse Japans nicht mehr erfüllen könne. Deutschland müsse jetzt versuchen, einen Waffenstillstand mit den Alliierten zu erreichen.

Togo verwarf diese Erklärung, die unsere Botschaft ihm in einer Note übermittelte, als nicht stichhaltig.

Neun Tage nach Hitlers Tod, am 9. Mai, war nun offenbar auch Stahmer überzeugt, daß sein Führer nicht mehr lebte.

Er ließ die Fahne der Botschaft auf halbmast setzen und lud zu einer »Gedenkstunde für den im Kampf um Deutschland gefallenen Führer Adolf Hitler« ein. Sie fand im großen Saal der Residenz statt. Es war wohl die einzige Gedenkfeier in der ganzen Welt für Hitler.

Die »Feierfolge«, wie sich das Programm nannte, habe ich aufgehoben; sie ist hier abgebildet. Die japanische Regierung entsandte zu der »Gedenkstunde« nur den stellvertretenden Protokollchef des Außenministeriums.

<u>Gedenkstunde</u>

für den im Kampf um Deutschland

gefallenen

Führer ADOLF HITLER.

Feierfolge.

1. Richard Wagner: Siegfried-Idyll.

2. Gedenkrede des Deutschen Botschafters.

3. "Ich hatt' einen Kameraden."

4. Joh. Seb. Bach: Air aus der Orchester-Suite
   in D-Dur.

5. Abschiedsgruss an den Führer und Lieder der
   Nation.

6. Fahnenausmarsch (Badenweiler Marsch).

Orchester: Die Nippon Philharmoniker

unter Leitung von Professor Helmut Fellmer.

9. mai 1945

Der Krieg ist noch nicht zu Ende

Geschäftsführung ohne Auftrag

Irmi Wenneker, die junge Frau des Marineattachés, und Franz waren enge Freundinnen geworden. Er, Paul Werner, meist P. W. genannt, war viel älter als wir, aber er kehrte den Rang- und Altersunterschied nie heraus. Ich ging jetzt zu ihm und sagte, er sei doch mit Dönitz, unserem neuen Staatsoberhaupt befreundet; Dönitz sei sogar sein Trauzeuge gewesen. Er könne jederzeit mit ihm über den Marinefunk Verbindung aufnehmen.

Nicht nur die Botschaft, alle Deutschen in Japan seien in Gefahr und von den Machenschaften Meisingers und Stahmers abhängig, die gedroht hätten, uns alle dem Zugriff der *Kempetai* auszusetzen.

Ich schlug Wenneker vor, Dönitz die Lage zu schildern und ihn zu bitten, Stahmer abzuberufen und das Agrément für ihn, Paul Werner Wenneker, als Botschafter einholen zu lassen. Wenn das geschehen sei, solle er als erstes Meisingers Büro durch ein deutsches Marinekommando aus Kamakura besetzen lassen und seine Akten konfiszieren.

Paul Werner Wenneker wollte sich das eine Nacht überlegen. Am nächsten Tag antwortete er, er könne sich schlecht selbst als Botschafter vorschlagen. Statt dessen bat er Dönitz in einem persönlichen Telegramm vom 5. Mai, Staatsrat Helmut Wohlthat zum Botschafter zu ernennen.

Dieser war den ganzen Krieg über Leiter einer deutschen Wehrmachtsdelegation in Tokio gewesen, ein besonnener, tatkräftiger, politisch weitblickender Mann, der bei Deutschen wie bei Japanern hohes Ansehen genoß. Doch daraus wurde nichts, da die deutsche Wehrmacht zwei Tage darauf kapitulierte.

Nach der deutschen Kapitulation untersagte das japanische Außenministerium der Botschaft jede weitere Tätigkeit. Die Nationalsozialistische Partei löste sich auf japanischen Wunsch auf; das Tragen von Parteiabzeichen wurde verboten; die Botschaft sollte verhindern, daß die Parteiführer weiterhin hervorträten. Stahmer kümmerte sich nicht darum. Die Partei machte, was sie wollte. Die Anordnung des Außenministeriums hinderte auch Meisinger nicht an weiterer Zusammenarbeit mit der *Kempetai*.

Franz Krapf und Kurt Lüdde-Neurath gingen daher auf eigene Faust, ohne Stahmers Wissen und ganz im Sinne der Geschäftsführung ohne Auftrag, die im Bürgerlichen Gesetzbuch ausführlich behandelt wird, zu unseren Vertrauten in der Deutschland-Abteilung des *Gaimusho* und baten, darauf zu dringen, daß auch Meisinger seine Tätigkeit einstelle. Die befreundeten jungen Beamten hörten wohlwollend zu, konnten aber in dieser heiklen Frage von sich aus keine Zusage geben. Wenig später hörte Meisinger durch seine Polizeiverbindungen von Krapfs und Lüddes Demarche ohne Auftrag. In einem Zornesanfall meinte er, man müsse die beiden Verräter sofort erschießen. Er wagte es aber doch nicht.

Die Blume von Yedo blüht auch in meinem Garten

Ausweichquartier der Botschaft war das Fuji-View-Hotel am Kawaguchi-See, rund tausend Meter hoch am Abhang des Fuji. Franz und die beiden Jungens waren auch da. Ich hatte ein kleines Bauernhaus im Ort gemietet. Ein Lieferwagen hatte für amerikanische Zigaretten und schwarz gekauftes Benzin die notwendigsten Möbel und Bücher dorthin gefahren. Ich hatte meinen Wagen verkauft, einen Kleintransporter bestellt und wollte nun mit dem restlichen Gepäck nachkommen.

Am 25. Mai, einen Abend vorher, suchte mich in Tokio ein Herr Isoni auf, der sich als »Geschäftsführer des Verbandes zur Förderung der Ölgewinnung aus Teesamen« vorstellte, anscheinend eine der vielen Gesellschaften, die glaubten, mit ihren ganz absurden Vorschlägen den Öl- und Treibstoffmangel des japanischen Militärs beheben zu können, wie die vielen kleinen Verschwelanlagen im ganzen Land, in denen man Fichtenwurzelöl herstellte. Sein Haus war vor ein paar Tagen abgebrannt. Wir vereinbarten, daß er in mein Haus als Untermieter einzieht und die restlichen Möbel übernimmt. Er war selig und gratulierte sich unentwegt, daß er so schnell wieder eine Unterkunft für sich, seine Familie und das Büro seines Verbandes gefunden habe.

Ich lasse nun ein gekürztes Protokoll über den weiteren Verlauf des

Abends folgen, das ich ein paar Tage danach, am 1. Juni in Kawaguchi geschrieben habe, wieder schnell und ungeordnet. Ich schrieb es ohne Gemütsbewegung nieder, ohne die heute so gerne bemühte Betroffenheit. Dazu war noch alles zu nahe, das Gemüt wie betäubt. Ich wollte aufzeichnen, was das Auge gesehen hatte, so unbeteiligt und kühl wie Menzel etwa einen Gefallenen gezeichnet hätte. Zwischen Fakten und Aufzeichnung sollte sich kein Gefühl drängen. Das Auge sollte das Geschehen melden wie eine fotografische Linse, und ich wollte meine Gedanken und Reaktionen mit gleicher Präzision und Kühle wiedergeben. Beides war mir gleich wichtig. Jeder literarische Firnis wäre mir als Verfälschung des Ernstes jener Nacht erschienen.

Ich habe vor einiger Zeit eine Sammlung anderer Berichte über dieselbe Nacht gelesen. Nur zwei darunter waren echt, sofort erkennbar; die anderen waren Literatur. Unernst. Gelackt. Mit einer Absicht, *cum studio* geschrieben. Wie Ernst Jüngers »Stahlgewitter«.

Das Protokoll

Am Freitag, den 25. Mai, ging ich um zehn zu Bett. Kurz nachdem ich mich hingelegt hatte, heulte die Sirene auf dem Bahnhofswarenhaus Shibuya eine Minute lang. *Keikaikeiho* – Voralarm. Wenige Minuten danach kam Max und sagte, im Radio sei ein starker Verband B-29-Bomber angekündigt worden.

Ich zog mich im Dunkeln an, und zwar vollständig, nicht wie sonst nur den Anzug über den Schlafanzug. Ich band mir diesmal sogar einen Schlips um. Gegen 10 Uhr 20 Hauptalarm. Die Sirenen heulten mehrmals mit kurzen Unterbrechungen.

Max und seine japanische Frau Aiko-san waren schon im Bunker, und dann kamen die beiden Amahs aus Fritz Sellmayers Haus, das leer stand; denn er hatte sich schon vor einem Jahr nach Saigon abgesetzt. Auch die Amah aus Franzl Krapfs Haus kam. Er selbst war schon in Karuizawa bei Helga.

Es wehte ein sehr starker Wind, aber aus einer Richtung, die nicht ungünstig war. Er wehte vom Bahnhof Shibuya über den Tennisplatz und die freie Fläche des *Compounds* und traf erst dann die dicht dahinter liegenden Zeilen japanischer Holzhäuser, die uns, wenn sie brannten, also nicht gefährden konnten.

Da kam unser Fremdenpolizist Taguchi, um nach dem Rechten zu sehen. Wir standen beide vor dem Eingang des Bunkers, beide mit dem Stahlhelm auf dem Kopf, der zu unserer Luftschutzausrüstung gehörte. Da tauchten die ersten Superfestungen am dunstigen Himmel in den Strahlen der Scheinwerfer auf. Sie kamen aus der Richtung Kawasaki-Shinagawa – Shibaura, warfen dort ihre Brandbomben ab und flogen dann über uns und die Stadt hinweg wieder ab. Der Himmel war bald darauf über Shibaura rot.

Die Bomber flogen in etwa dreitausend Meter Höhe. Mehrere Male, wenn sie über uns hinwegdonnerten, gingen Taguchi und ich hinab in den Bunker. Als wir in der Bunkertür standen, knallte ein schwerer Eisenbügel, vielleicht von einem Brandbombenbehälter, neben uns auf die Telefonleitung, zerriß sie und polterte auf die Straße. Zwei- oder dreimal kamen Brandbombenserien herab, die wir Weihnachtsbäume nannten, weil sie so aussahen. Sie konnten nicht weit entfernt sein, vielleicht zwei oder drei Kilometer. Der Sturm trieb sie ab.

Sie wurden in der Höhe in einem großen Behälter abgeworfen, gezündet und nach einiger Zeit durch eine Explosion des Behälters breit verstreut, so daß sie wie kerzentragende Weihnachtsbäume herabfielen.

Das Flakfeuer war stark. Vor zwei Tagen hatten wir vier Abstürze gesehen. Einmal war ein angeschossener Bomber mit einer starken Rauchfahne herabgekommen, direkt auf uns zu, machte dann aber, als er schon ziemlich nahe war, plötzlich eine Schwenkung auf den Meiji-Park zu. Wir atmeten auf. An diesem Abend sahen wir keinen Absturz.

Als uns eine Maschine überflog und wir noch in der Bunkertür standen, hörten wir über uns den starken, dumpfen Knall, mit dem die großen Brandbombenbehälter nach dem Abwurf explodieren. Taguchi öffnete die Bunkertür etwas, da hörten wir sausend und zischend etwas herunterkommen.

Ein heller Lichtschein drang durch den Türspalt.

Max rief von hinten: »Brandbomben sind eingeschlagen!«

Er wollte gleich raus aus dem Bunker. Ich hielt ihn zurück, bis die Serie unten war, vielleicht zehn bis zwanzig Sekunden. Dann öffneten wir die Tür. Ich kam hinter Taguchi heraus.

Vor uns im Obergeschoß meines Hauses leuchtete das Fenster des Badezimmers und des leeren Zimmers daneben grell weiß.

Ich rannte sofort zum Hauseingang, riß in der Diele den Feuerlöscher von der Wand, drängte mich an den Fahrrädern und Koffern vorbei die enge Treppe hinauf. Da lag die Brandbombe und spritzte brennende Masse umher. Sie verbreitete starken, beißenden, grauen Qualm.

Ich schlug den Feuerlöscher mit dem Ventil auf die Treppenstufe und richtete den Strahl auf die Brandbombe; aber da flog der brennende Thermitbrei nur so in der Gegend umher. Ich ging etwas zurück, bis auf die Hälfte der Treppe, richtete den Strahl mit dem Schaum nicht mehr unmittelbar auf die Bombe, sondern daneben. Das Feuer breitete sich nun nicht mehr aus.

Da kamen Taguchi und ein mir unbekannter japanischer Helfer. Sie hatten in der Diele unnötigerweise auch den zweiten Feuerlöscher aus der Halterung gerissen, spritzten erst mir ins Genick, dann auf die Brandbombe, daß das Thermit wieder umherflog. Ich rannte in die Diele und holte einen Topf mit Sand, den ich über die nun schon halb gelöschte Brandbombe goß. Sie qualmte dann nur noch. Dann holte ich einen Eimer mit Wasser und schüttete ihn über die Bombe, die nun ganz ausging.

Ein paarmal hatte ich das Löschen unterbrechen und unten im Flur oder im Freien Luft holen müssen, weil der Qualm oben zu stark war. Dann zog ich die beiden Fahrräder, das von Max und meins, aus der Diele und warf sie neben dem Bunker in die Büsche. Auch die beiden Koffer setzte ich neben dem Bunker ab.

Ich holte aus dem Bunker meine Gasmaske, setzte den Filter ein, riß die Sicherung ab und ging wieder in das Badezimmer, goß noch einen Eimer Wasser über die Brandbombe und nahm die Gasmaske ab, weil das Atmen damit zu beschwerlich war. Ich öffnete die Fenster wegen des weißen, außerordentlich stechenden Qualms. Er roch wie Wunderkerzen, nur viel stärker.

Es waren mehrere »Weihnachtsbäume« über uns abgeworfen worden. Wir beobachteten vom Bunker aus, wie sie vom Wind abgetrieben wurden; aber einer kaum aus der Richtung des Bahnhofs Shibuya direkt auf den *Compound* zu. Die untersten Brandbomben waren bereits als große Leuchtpunkte zu erkennen, die langsam auf uns zusegelten, während die obersten wie ferne, kleine Sterne aussahen. Ich dachte: Schön. Als ob man senkrecht in eine Milchstraße hineinfliegt.

Sausend, zischend und prasselnd ging der Wurf auf dem *Compound* nieder. Im Garten brannte es. Ich goß Wasser über die Brandbomben. Eine lag ungünstig neben der Hintertreppe zur Küche. Sie war aber auch nach wenigen Sekunden mit Sand gelöscht.

Ich rannte nun in Fritz Sellmeyers Haus, aus dem schreiend eine Amah gelaufen kam. Ich fand den Feuerlöscher in der Diele und löschte die Brandbombe. Die Amah brachte einen Eimer Wasser, den sie vorsichtig über der Bombe ausgoß. Ich suchte und fand den großen Sandtopf, den ich auf die Brandbombe warf, so daß er mit dumpfem Krach zerbrach. Die Bombe war gelöscht.

Als ich rauskam, brannte die Palme in meinem Garten. Ich ließ sie brennen, löschte aber eine Brandbombe auf der Straße vor Franzls Haus. Irgendwann um diese Zeit muß auch seine Küche in Flammen gestanden haben. Ob sofort danach oder erst später – das kann ich nicht mehr sagen. Die Folge der Ereignisse steht selbst heute, ein paar Tage nachher, nicht mehr fest. In meiner Erinnerung setzen sich die Ereignisse nur aus einer großen Anzahl kleiner, wenig oder gar nicht zusammenhängender Einzelgeschehnisse zusammen, die mit großer Schnelligkeit aufeinanderfolgten oder sich überschnitten.

Vor Franzls Haus glaubte ich seiner alten Amah begegnet zu sein. Ich riß in seiner Diele den Feuerlöscher aus der Halterung und spritzte von innen in das brennende Dach der Küche, mußte dann aber auch noch von außen löschen. Der Schaumstrahl drang gut in das Gebälk ein, so daß die Flamme erlosch und nur noch Rauch aus dem Loch im Dach kam.

Ich kontrollierte noch einmal seine Küche, sah keine Flammen mehr, wollte zurück zu meinem Haus und dem Bunker, als ich hörte, wie eine neue Brandbombenserie, die ich beim Löschen nicht hatte kommen sehen, sausend herabkam. Ich stellte mich schnell in Franzls Wohnzimmer neben das Bücherregal, weil ich annahm, dort am meisten Schutz vor direkten Treffern zu haben. Da prasselten die Brandbomben aber schon herunter. Der Garten von Franzls Haus war grellweiß erleuchtet. Aber auch im Haus hatte ich es prasseln hören. Brannte es in oder vor seinem Eßzimmer?

Kurz vorher muß es wohl gewesen sein, daß ich mit Franzls Feuerlöscher durch eine Hecke zum Haus seines Nachbarn Taniguchi, eines früheren Ministers, gelaufen war. Sein Haus brannte, ich wollte mit dem Rest aus dem Feuerlöscher seine Veranda löschen; doch als ich

mich umdrehte, sah ich, wie aus seinem Holzbunker Flammen heraus-
schossen. Der ganze Bunker schien wie ein Schornstein zu wirken. Ich
rannte zurück. Taniguchis Haus brannte schon lichterloh und war
nicht mehr zu retten.

Als ich von Franzls Haus auf die Straße trat, brannten rings um mich
her Brandbomben. Ich drückte mich eng am Zaun entlang an den
spritzenden Bomben vorbei. Auch auf der Straße lagen zwei oder drei,
eine dicht vor einem Auto, das wie durch ein Wunder kein Feuer fing.
Ich sah zurück: Franzls Haus brannte nun auch im ersten Stock. Ich
gab es auf. Es wäre auch wegen des starken Funkenflugs vom Bahnhof
Shibuya her nicht mehr zu retten gewesen.

Ich lief nun zu Fritz Sellmeyers Haus und wollte sehen, ob die
Bombe auf der Veranda wirklich gelöscht war. Aber kaum war ich an
dem Haus, als ich ein starkes Zischen von oben hörte. Ich warf mich zu
Boden, eng an die Wand des Hauses gepreßt. Es prasselte und knallte,
dicht neben mir. Ich hatte mich vor direkten Treffern zu hüten; denn
kurz vorher, als ich in Franzls Haus war und als die Bomben herunter-
kamen, hatte ich die schrillen Schreie einer Frau gehört, die wohl direkt
getroffen worden war. Schriller als ich je einen Menschen habe schreien
hören. Etwa eine halbe Minute mag sie so geschrien haben; dann hörte
sie auf. Als ich einige Sekunden eng an die Hauswand gedrückt dalag
und es rings um mich knallte, glaubte ich, jetzt würde ich sicher
getroffen werden.

Rings um mich her war es hell. Vielmehr grellweiß. Konstantes
Blitzlicht. Ich rannte jetzt durch die Thermit spritzenden Bomben zum
Bunker. Am nächsten Tag habe ich drei Meter rings um den Platz an der
Hauswand, auf dem ich gelegen hatte, fünf Brandbombeneinschläge
gezählt. Glück gehabt.

Auf dem Weg zum Bunker, nicht mehr als fünfzehn Meter, brannten
feuerspritzend mehrere Bomben ab. Fritz Sellmeyers Haus brannte.

Im Eingang zum Bunker stehend, sah ich Feuerschein aus meinem
Haus. Ich rief Max, er solle mitkommen und seine Sachen aus meinem
Zimmer retten. Ich rannte in die Küche und wollte das Gepäck unseres
Koches Wang, der schon in Kawaguchi war, herausholen. Von der
Küche aus sah ich, daß die Waschküche brannte und im Eßzimmer der
ganze gewachste Fußboden und das Verdunklungspapier vor den
Fenstern.

Die Küche war so voller Rauch, daß ich nicht mehr in Wangs Zimmer und an sein Gepäck herankam. Löschen war aussichtslos. Ich rannte schnell zurück in den Bunker, weil ich wieder eine Serie Brandbomben rauschen hörte. Max war gar nicht hinter mir herausgekommen.

Im Bunker war jetzt auch Richard Breuer mit seinen beiden Amahs. Er sagte, er habe mehrere Brandbomben in den Zimmern und dem kleinen Keller gelöscht; jetzt könne er sein Haus nicht mehr retten.

Aus Fritzens Haus schossen die Flammen fast waagrecht auf mein Haus zu, das nun auch brannte. Die Hitze wurde so stark, der Rauch so beißend, daß wir die Bunkertür, die ganz aus Holz war, schließen mußten.

Der Polizist Taguchi war nicht mehr da. Er hatte ein Fahrrad gesucht und sich zum *Aoba Compound* begeben, wo auch Ausländer wohnten. Eine Japanerin, die niemand kannte, hatte sich bei uns eingefunden. Es war nun ziemlich eng.

Ich beriet mit Richard, ob wir wegen des starken Rauchs nicht versuchen sollten, zum Meiji-Park, etwa achthundert Meter weiter, durchzubrechen; aber er riet ab, weil unterwegs ja alles brannte. Ich gab ihm recht.

Flugzeuge hörten wir nicht mehr, auch keine Flak. Wir glaubten daher, daß es sich nur um einen mittelgroßen Angriff gehandelt habe; denn er hatte nur knapp eine Stunde gedauert.

Draußen knackten und knallten Bretter, gelegentlich hörten wir kleinere Explosionen. Der starke Wind war inzwischen zu einem Orkan geworden. Das Feuer von meinem und Fritzens Haus stand jetzt auf die Bunkertür zu. Als wir sie einmal einen Spalt weit öffneten, drangen Funken und dichter Rauch in den Bunker, daß wir sie gleich wieder schlossen.

Die Tür wurde warm, vor allem der obere Teil. Wir mußten damit rechnen, daß sie Feuer fing. Franzl Krapf hatte immer geraten, einen Erdwall vor der Tür aufzuschütten. Ich war eher dafür gewesen, sie mit Blech beschlagen zu lassen. Getan aber hatten wir weder das eine noch das andere.

Wir hatten zwei halbgefüllte Wassereimer im Bunker, neben der Treppe. Ich hatte schon lange vorher meine Jacke ausgezogen und trug über dem durchgeschwitzten Hemd nur den Regenmantel, der mich gegen Spritzer von Brandbomben schützen sollte.

Als die Tür auch innen ganz heiß wurde, ließ ich mir einen Wassereimer raufreichen und wischte die Tür mit einem nassen Taschentuch ab, um sie zu kühlen. Allmählich wurde sie so heiß, daß das Wasser des Taschentuchs sofort verdampfte, wenn ich das Holz vor der Tür berührte.

Richard und ich beschlossen, von außen Wasser gegen die Tür zu spritzen. Ich tauchte meinen Regenmantel in den Wassereimer, setzte Stahlhelm und Gasmaske auf. Richard öffnete die Tür, ich ging schnell hinaus und goß das Wasser von außen gegen die Tür. Ich war nur wenige Sekunden draußen in der Hitze und dem Rauch gewesen, und doch war mein Regenmantel, als ich wieder hereinkam, ganz trocken.

Richard und ich fragten uns, wie lange die Tür wohl noch aushalten würde. Wenn sie Feuer fangen sollte, waren die Aussichten für uns im Bunker ziemlich trübe. Ich suchte im Bunker eine zweite Gasmaske, fand aber nur eine ohne Filter. Ich gab sie Aiko-san, die im achten Monat schwanger war und sich bisher nicht gerührt hatte. Sie konnte ja gegen den Rauch ein nasses Taschentuch davorhalten.

Aber der Rauch war gar nicht das Schlimmste. Gefährlicher war, daß das Feuer den Sauerstoff in der Luft verzehrte und daß wir an Sauerstoffmangel ersticken konnten. Es atmete sich schon schwer.

Wir fanden noch einen Eimer mit Wasser, mit dem wir die Tür weiter abkühlten. Wir sahen öfter durch das Schlüsselloch, konnten aber nicht erkennen, ob das, was wir sahen, die Balken meines Hauses waren, die noch standen, oder ein brennendes Unkraut, wenige Meter vor uns. Man konnte ja nicht stereoskopisch sehen.

Der Rauch war am schlimmsten oben an der Tür. Richard und ich wechselten uns daher im Befeuchten der Tür ab. Unten im Bunkerkeller war die Luft noch erträglich; da war es auch nicht so warm. Doch als wir einmal ein Streichholz anzündeten, sahen wir, wie dicht der Qualm auch dort war.

Draußen hörten wir Holz laut krachen und nahmen an, daß nun mein Haus zusammengefallen war. Dann würde die Hauptgefahr für uns vorbei sein, das Feuer nicht mehr unmittelbar vor unserer Tür stehen.

Ich ging zur Rückwand des Bunkers und schob den kleinen Holzladen vor der Luke zurück. Hier trieb der Wind nicht so viel Rauch und Funken herein.

Franzls Haus war abgebrannt. Ich tauchte meinen Regenmantel tief in den Wassereimer, zog ihn über, setzte die Gasmaske auf und trat vor die Tür des Bunkers. Es war immer noch ganz hell. Die Hitze war aber jetzt auszuhalten, wenn auch der Funkenflug noch stark war. Mein Haus war niedergebrannt, das von Fritz auch. Neben dem Bunker lagen brennende *Futons*. Ich drehte sie um und trat das Feuer aus. Ein Schirm lag unversehrt daneben. Neben dem Bunker war Feld, wuchs Gras.

Etwa dreißig Meter dahinter sah ich einen großen schwarzen Gegenstand. Ich ging hin. Es war ein Japaner, der verwundet zu sein schien.

Als ich mich hinabbeugte, sah ich die Wunde an seinem Oberschenkel: Durch ein Loch in der schwarzen Hose trat kranzförmig das Fleisch heraus. Ein direkter Brandbombentreffer. Der Mann hatte das Bein mit einem Tuch abgebunden; der Oberschenkel war aber schon stark geschwollen. Die Hose war feucht von dem Blut und glänzte. Der Mann hatte einen Stahlhelm auf. Das Gesicht war bleich-grün, der Mund stand ihm offen. Er lag im Funkenregen.

Ich fragte ihn, ob er etwas haben wollte. Er sagte, nein. Ich ging zurück zum Bunker, sprach mit Richard. Wir gingen gemeinsam zu dem Mann. Jetzt wollte er Wasser haben. Wir tauchten ein Taschentuch in den Wassereimer und legten es ihm auf die Lippen. Dann hoben wir seinen Oberkörper und legten ihn bequemer.

Richard trieb im Bunker eine Schere auf. Verbandszeug fanden wir nicht. Wir versuchten, dem Verwundeten die eng am geschwollenen Oberschenkel liegende Hose aufzuschneiden; aber das machte ihm anscheinend unerträgliche Schmerzen. Wir ließen deshalb davon ab, zumal wir annahmen, daß nur noch eine Amputation den Mann retten konnte, wenn sie schnell vorgenommen würde.

Ich ging an Fritzens schon ganz niedergebranntem Haus vorbei zu Nagais und suchte seinen Schwiegersohn Dr. Uyenaka, der Arzt war; aber er war heute in seinem Hospital. Unterwegs war mir aufgefallen, daß Richards Haus noch stand. Ich trug, ziemlich sinnlos, eine Stehlampe aus seinem Zimmer auf den Rasen, falls es doch noch abbrennen sollte. Da stand auf einmal Probst, Kassenbeamter der Botschaft, für den wir gefürchtet und den wir vermißt hatten, als wir im Bunker waren. Doch er und der Polizist Taguchi hatten sich im Schutz des Steinhauses von Dr. Nagai am Rande des Waldes aufgehalten. Da waren Rauch und Feuer nicht so stark gewesen.

Probsts Haus, zwischen meinem und Richard Breuers gelegen und solider gebaut als meins, stand noch in hellen Flammen. Meins war schon ganz zusammengefallen.

Da kam Richard. Er half uns, Möbel aus seinem Haus auf den Rasen zu tragen. Er war überrascht, daß es noch stand. Offenbar hatte er alle Brandbomben gelöscht, und danach hatte es keine Treffer mehr abbekommen. Ich hatte, bevor er kam, die schwarzen Luftschutzvorhänge, die auf das brennende Haus von Probst zuwehten, abgerissen.

Jetzt glaubte Richard, wir könnten nicht nur die Möbel, sondern sein ganzes Haus retten, wenn wir nur das brennende Haus von Probst naß spritzten, damit das Feuer nicht mehr auf seins übergreifen konnte. Wir holten also Wasser aus einem Ziehbrunnen und dämmten das Feuer von Probsts Haus ein.

Ich sah noch einmal nach dem Verwundeten. Neben ihm lag jetzt ein Brett, wohl als Tragbahre gedacht. Sein Helm war ganz in seinen Rücken gerutscht. Ich band ihn los. Der Mann stöhnte, das Bein war unmäßig geschwollen. Er hatte einen buddhistischen Gebetskranz ein paarmal um seinen Arm geschlungen.

Ich ging zur Einfahrt des *Compounds*. Dort waren alle Häuser abgebrannt. Den Bahnhof Shibuya, höchstens hundert Meter entfernt, konnte ich in dem Rauch nicht erkennen. Auf der Straße standen drei Straßenbahnen, zwei davon ausgebrannt. Es roch nach verbranntem Fleisch.

Ich verhandelte mit den Polizisten, die vor ihrem niedergebrannten *Koban*, dem Wachhäuschen, standen, über den Abtransport des Verwundeten. Sie fragten nur, in welches Krankenhaus? Es sei doch in weitem Umkreis alles abgebrannt.

»Na, dann vielleicht in das St. Luke's Krankenhaus in Tsukiji.«

Sie fragten, wie denn? Zu Fuß? Tragen? Das sind doch mindestens sieben Kilometer.

Ich hatte noch keine Ahnung, was alles abgebrannt war. Es wurde langsam hell. Ich ließ die Polizisten stehen und ging weiter zum *Aoba Compound*. An unserer Straßenbahnhaltestelle lagen drei nackte Leichen auf dem Pflaster, die Arme und Beine in die Luft gestreckt. Sie waren blau bis schokoladenbraun. Eine hatte eine klaffende, rote Wunde am Oberschenkel.

Die Telegrafenpfähle und die Pfosten, an denen die Straßenbahnleitungen hingen, waren umgefallen oder brannten noch, während die niedergebrannten Häuser nur schwelten. Als ich in den *Aoba Compound* eintrat, kam mir C., der Leiter einer großen deutschen Firma, entgegen. Ich fragte nach Eta Harich-Schneider, der Cembalistin, seiner Nachbarin. C. sagte, sie sei zuletzt in der Nacht von seiner Amah im Meiji-Park gesehen worden. Von unserer Stenotypistin, Fräulein Bollhorn, wisse er nichts. Ich heftete einen Zettel an Eta Harichs Tür: Leben Sie noch? Melden Sie sich bei uns!

Auch er sei zum Meiji-Park gelaufen, sagte C.; aber ihm seien Japaner entgegengekommen und hätten gesagt, da komme er nicht mehr durch. Es sei ihm aber doch gelungen. Er habe sich unter Büschen im Laub ein Lager gemacht, sei jedoch von vier halbwüchsigen Japanern aufgestöbert worden. Sie hätten ihn verfolgt und mit Knüppeln geschlagen. Später seien auch Soldaten dazugekommen. Einer habe ihm mit dem Bajonett in den Schuh gestochen. Außerdem hatte er eine Stichwunde am Arm.

Er hatte sich aber dann dem einen Soldaten durch seinen Paß, den Polizeiausweis und seine Monatskarte nach Odawara als Deutscher ausweisen können. Man hatte ihn vorher wohl für einen Amerikaner gehalten, der mit dem Fallschirm abgesprungen war. Die jungen Burschen verschwanden langsam; aber einer drehte sich noch einmal um und schlug ihm mit einem Bambusknüppel über den Kopf. C. hatte eine Schramme quer über die Nase, die von dem Schlag mit einem Spaten herrührte.

Er war sehr nervös. Er habe, als der Soldat ihn vernommen habe, vor Erregung geweint, sagte er. Ich nahm ihn mit zu uns in den *Nagai Compound*. Der Verwundete mit dem großen geschwollenen Bein war jetzt tot.

Auf dem Gras, unter Bäumen, vielleicht dreißig Meter von unserem Bunker entfernt, lagen Leichen. Ich hatte sie schon vorher gesehen, jetzt ging ich hin. Eine Frau, zusammengekrümmt, lag mit dem Gesicht auf dem Boden. Sie war es wohl gewesen, die so schrill geschrien hatte. Die Leiche daneben lag auf dem Rücken, die Beine breit gespreizt. Beine und Unterleib waren nackt. Die rechte Wade glühte etwas, vielleicht lag eine Brandbombe darunter. Die Bombe war mitten in den Schoß gefahren; die Geschlechtsteile waren nicht zu erkennen, so daß ich nicht wußte, ob es eine Frau oder ein Mann war. Die bloßgelegte schwarzrote Wunde anstelle der Genitalien war grauenhaft. Ich wandte mich ab.

Ein paar Japaner lagerten daneben und sagten, die Frau sei die Besitzerin des Billardsalons an der Ecke der Straße gewesen, das andere sei ihr Mann. Die beiden seien sehr schnell gestorben.

In Richards Haus wurde inzwischen eine alte Frau gebracht, die Amah im Haus Nummer 6 bei Herrn Uchida. Sie hatte versucht, zum Meiji-Park durchzukommen, hatte jetzt Brandwunden im Gesicht und an den Händen. Ihr Gesicht war ganz mit weißer Brandsalbe eingerieben, die Hände verbunden. Wir trugen sie auf einem Brett durchs Fenster in Richards Haus und legten sie auf das Bett, auf dem ich es mir gerade hatte bequem machen wollen. C. und ich setzten uns auf zwei Korbstühle und versuchten zu schlafen.

Um acht Uhr kam Richard von oben, er hatte fest geschlafen und ging, um nach Niemöllers Haus zu sehen, des militärischen Wissenschaftsreferenten an der Botschaft. Ich wusch mich inzwischen und rasierte mich sogar mit Richards Rasierapparat, suchte mir ein Paar von Richards Schuhen aus, weil meine vom Löschen naß waren, war ganz aufgeräumt, ja von fast manischer Fröhlichkeit. Ich wollte ganz proper in der Botschaft erscheinen. Ich band mir den Schlips wieder um. Es war alles überstanden; was ich besaß, war praktisch alles verbrannt; ich hatte nichts mehr zu verlieren. Ich war frei. Übermütig und ganz euphorisch. Inmitten des Todes ringsum ganz ausgelassen. Wie war das möglich?

Als Richard kam, steckte ich ihn mit meiner Munterkeit an. Ich gab Max, der während des ganzen Angriffs im Bunker geblieben war, 500 Yen als Zehrgeld, weil ich gleich nach Kawaguchi fahren wollte. Ich band meine beiden Koffer, die noch neben dem Bunker lagen, auf das Fahrrad. In dem einen Koffer fand ich die Hälfte eines japanischen Käses nach Emmentaler Art, so groß wie ein halbes Rad meines Fahrrads; in dem anderen waren nur Kleiderbügel. Die Anzüge waren im Haus verbrannt. Ich hatte ja erst heute früh packen wollen. Die Verluste machten mir aber keine Sorgen; dafür waren die Koffer auf dem Fahrrad leichter.

Ich ging, das Fahrrad schiebend, zur Botschaft. Vielleicht vier Kilometer.

Die nackten Leichen vor unserer Straßenbahnhaltestelle waren schon weggeräumt. Aber am Straßenrand lagen noch Hunderte, alle in Todesstarre. Die meisten waren nackt, weil die Kleider zuerst verbrannt waren. Sie waren gewöhnlich braun-blau, die Wunden tiefrot, und an manchen Stellen kam auch weißes Fleisch hervor. Das sah am grauenhaftesten aus – ich weiß auch nicht warum.

An dem Eingang zur großen Allee, die auf den Meiji-Park führte, in der Ecke eines Bankgebäudes lagen viele Leichen auf einem Haufen, als einzelne nicht mehr kenntlich, über- und durcheinander. Ihre Kleidung war nicht verbrannt. Vermutlich hatten sie sich hinter dem Steingebäude vor dem Rauch retten wollen und waren wohl an Sauerstoffmangel erstickt.

In der Mitte des Allee-Eingangs, zum Meiji-Schrein gewandt, kniete eine alte Frau in grauer Kleidung. Sie kniete auf japanische Art und betete. Sie hielt die Hände vor das Gesicht. Ich blieb mit dem Fahrrad neben ihr stehen und sah die Allee hinunter. Auch andere Passanten blieben stehen. Doch dann bemerkte ich, daß die alte Frau gar nicht betete, sondern tot war, in der Gebetshaltung erstarrt. Oder hatte sie, als sie erstickte, die Hände nur vor das Gesicht gehalten, um sich vor den Funken und dem Rauch zu schützen?

Als ich auf dem Rückweg mittags wieder vorbeikam, hatte man sie in dieser erstarrten Haltung an die Ecke des Bankgebäudes gesetzt.

An der anderen Straßenecke, vor einem gedeckten Luftschutzgraben auf dem Bürgersteig verharrten ebenso reglos zwei andere Menschen, kniend, die Stirn auf den Boden gelegt. Ich blieb vor ihnen stehen, auch andere Fußgänger. Da richtete sich einer der Knienden auf. Sie lebten noch, beteten nur vor dem Straßenbunker, vielleicht für einen Angehörigen, der darin umgekommen war. Auf dem weiteren Weg waren viele Leichen schon mit einem Stück Dachblech zugedeckt.

Rechts und links war alles verbrannt. Kein Haus war stehengeblieben. Man konnte auf einmal die Landschaft in dem Rauch erkennen. Man sah, wo früher Häuser standen, in die Ebene, sanfte Steigungen, den Weg eines Bachs und eines Kanals. Eine Hügellandschaft. Heraus ragte nur hier und da ein Geldschrank oder seltener eine *Kura*, ein aus feuersicheren Schamottziegeln gebautes Schatzhaus, in dem reiche

Familien seit jeher ihre kostbaren Bilder, Bücher oder Kleider aufzube-
wahren pflegten. Unterwegs mußte ich mich vor herunterhängenden
Drähten hüten. Die Straßen waren voller Nägel und Glas. Es rauchte
noch überall, die Augenbindehaut brannte.

Der Palast des Prinzen Ri stand noch; in dem Wassergraben davor

Das Zentrum des abgebrannten Tokio im September 1945.

lagen Leichen, auch noch am nächsten Tag. Ich schob mein Fahrrad
zum Haus der Ostasiatischen Gesellschaft, dem »Deutschen Haus«.
Dorthin hatte ich zwei große mit Zinkblech ausgeschlagene alte Teeki-
sten gebracht, voll mit Anzügen, Decken, Schuhen und Büchern.
Eigentlich hätte sie heute der schon bestellte Kleintransporter abholen
und nach Kawaguchi bringen sollen. Aber das »Deutsche Haus« war
ganz abgebrannt, die alte Zwergpalme vor dem Eingang sah erbärmlich
aus, wie gerupft.

Verbrannt war auch die Botschaft, alle Gebäude. Am Eingang sah ich den verbrannten Buick Meisingers und den Lincoln Zephyr Stahmers, auch verbrannt. Ich leugne nicht, daß mich das freute.

In einer Garage der Botschaft hatte ich den schönen alten Khotan-Teppich, den ich bei Sammy Lee in Peking gekauft hatte, und eine große Teekiste mit Kinderkleidung gelagert. Vielmehr, Meisinger hatte sie dort hineinbringen lassen. Sie hatten schon vor einer Woche auf dem Lastwagen gelegen, den ich mit einigen anderen für den Transport nach Kawaguchi besorgt hatte. Aber Meisinger hatte meine Sachen, als ich nicht mehr dabei war, kurzerhand vom Lastwagen nehmen lassen und statt dessen sein Gepäck aufgeladen. Die Garage war ausgebrannt. Es standen nur noch die Mauern.

Ein paar Mann standen vor dem großen Bunker der Botschaft: Marchtaler, Nehmiz, Gronau. Stahmer war bleich und übernächtigt; ich begrüßte ihn kurz und wandte mich dann den anderen zu. Er hielt sich abseits und kümmerte sich nicht um das, was jetzt notwendig war, zum Beispiel festzustellen, wer von den Deutschen umgekommen war und wer noch lebte.

Im Gespräch stellten wir fest, daß in der Nacht anscheinend fast alles, was noch im Zentrum gestanden hatte, vernichtet worden war: Das *Gaimusho*, der Hauptbahnhof, Teile des Kaiserpalasts, ein Flügel des Imperial Hotels. Unser Luftattaché Gronau schätzte, daß an dem Angriff 450 Superfestungen teilgenommen hatten. Er meinte, ein Viertel von Tokio sei noch intakt. Ein Viertel intakt? Höchstens, wenn man auch die Vororte der weiteren Umgebung hinzurechnete.

In dem von der Ringbahn umschlossenen Stadtkern standen überhaupt nur noch einzelne Häuser oder, wenn es hoch kam, ein Häuserblock. Man konnte es ja sehen, wenn man über die Ebene blickte, die früher Stadt war. Nur in dem Hauptgeschäftsviertel an der *Ginza* waren Betonbauten stehengeblieben, aber auch sie zumeist ausgebrannt. Der Rest Tokios war flach, ohne Ruinen.

Eine Sekretärin der Botschaft, Fräulein Rost, ist verbrannt. Fräulein Bollhorn aus dem *Aoba Compound* hat sich zum Meiji-Park durchschlagen wollen, ist aber vermißt, wenn sie nicht noch irgendwo auftaucht. Eta Harich hat sich gemeldet.

Es gab in Tokio weder Gas noch Licht noch Leitungswasser. Militärlastwagen nahmen manchmal Leute an Kreuzungen auf und setzten sie später wieder ab. Gelegentlich sah man auch Autobusse, angeblich von Rüstungsfabriken in die Stadt geschickt, um ihre Arbeiter abzuholen. Sie fanden natürlich keinen.

Lebensmittel wurden für die Abgebrannten sofort verteilt. Am Nachmittag gab es vor dem *Nagai Compound* Reis. Ich erhielt außerdem ein kleines Päckchen Zwieback, der – Verzeihung! – wie Hundekuchen schmeckte. Aber gut gemeint. Die Verteilung von Zucker, den die Bevölkerung seit Jahren nicht bekommen hatte, mußte auf der Straße eingestellt werden, weil die Leute sich darum rissen; aber der Sohn Nagais hatte die Ration für den ganzen *Compound* gesichert, auf dessen Gelände jetzt viele Nachbarn aus den abgebrannten Häusern lagerten. Einige zimmerten sich Dächer und deckten sie mit dem Dachblech der zusammengefallenen Häuser.

Die Tür zu unserem Luftschutzkeller wurde schon am gleichen Tag erbrochen, eine Blechkiste, die Franzl gehörte, ausgeräumt. Vor Richards Haus wollte ein Mann ein Handtuch von der Leine nehmen. Es sich nur »leihen«, sagte er. Zwei meiner Hühner, die, wenn auch etwas angesengt, den Angriff überstanden hatten, wurden lange und scharf von zwei Studenten beobachtet, so daß Max sie einfing und zu einem Huhn von Nagai in den Käfig sperrte.

Auf dem Tennisplatz, wo man die Einschläge am deutlichsten sehen konnte, waren 29 Thermitbomben niedergegangen; an einer Stelle hatte die Asphaltdecke eine hohe Beule, wohl einen halben Meter hoch; aber es war kein Einschlag zu erkennen. Ein Rätsel. Im *Compound* waren sechs große Kanister mit einem Benzin-Harz-Gemisch heruntergekommen, einer auch in meinem Garten. Sie hinterließen gewöhnlich einen Trichter von einem Meter, in Nagais Park war ein Trichter von drei Meter Durchmesser und zweieinhalb Meter Tiefe. Eine Sprengbombe?

Von meinem Haus standen nur noch die kleinen kniehohen Mauern, auf die es aufgesetzt war, und in diesem Viereck lag heiße, noch schwelende Asche. Ich stocherte mit einem Ast darin herum und fand da, wo der Eßzimmerschrank gestanden hatte, ein paar ganz verbogene und schwarz gewordene Silbergabeln. Die nahm ich mit. Als Andenken.

Ich erhielt noch am gleichen Tag einen Abgebrannten-Ausweis, der mich zur freien Fahrt auf der Bahn berechtigte. Nur – es fuhren keine Züge. Ich war deshalb, mein Fahrrad mit den Koffern schiebend, wieder zurückgekommen. Das *Gaimusho* wollte zwar einen Lastwagen zum

Abtransport der Botschaftsangehörigen nach Kawaguchi besorgen; aber das gelang nicht. Es war ja auch abgebrannt.

Stahmer fuhr mittags im Wagen des ehemaligen Partei-Landesgruppenleiters Spahn in das Luxushotel in Miyanoshita und überließ die Angehörigen der Botschaft ihrem Schicksal.

In der nächsten Nacht, Samstag abend, kamen die Bomber wieder, hatten sich aber andere Stadtteile und Vororte Tokios ausgesucht. Ich schlief auf einem Sofa bei Richard ganz fest und hörte nicht einmal die Sirenen. Am Sonntag packte ich die Bügel aus dem einen Koffer in den Koffer mit der Käsehälfte. Den leeren überließ ich Max.

Und so fuhr ich denn mit dem Rad rund zehn Kilometer weiter in den Vorort Seijo, wo wir ein Haus für unsere Abhörstelle gemietet hatten, übernachtete da und reiste am Montag früh mit Soff und Hufnagel, zwei Kollegen, die sich auch dort eingefunden hatten, auf Vorortzügen, Notzügen und schließlich mit der Kleinbahn nach Fuji-Yoshida, der Bahnstation vor dem Kawaguchi-See.

Mein Fahrrad hatte ich auseinandergenommen; sonst wäre ich gar nicht in die dicht vollgepackten Züge gekommen. In Fuji-Yoshida mußte ich es erst wieder zusammensetzen, während Soff und Hufnagel, die schon hier oben wohnten, ihre Fahrräder aus der Gepäckaufbewahrung holten und vorausfuhren. Von ihnen hörten die Deutschen am Kawaguchi-See zum erstenmal Näheres über den Angriff.

Daß er Tokio galt, hatten sie den Luftlagemeldungen des Rundfunks entnommen, und den Lichtschein der brennenden Stadt hatten sie auch gesehen; es sind nur rund hundert Kilometer. Der ganze Horizont war hellrot. Aber seither war jede Verbindung abgebrochen. Man wußte aus dem Radio nur, daß der Angriff schwer und daß auch die Deutsche Botschaft zerstört war.

Soff hatte Franz im Vorbeifahren gesehen und zugerufen, ich käme nach, sei schon unterwegs. Sie ließ alles stehen und liegen und kam mir mit den beiden Jungens entgegen. Ich fuhr indes, den Koffer mit dem großen Käse und den Kleiderbügeln auf dem Gepäckständer, zum Kawaguchi-See. Zwischen unserem Dorf Katsuyama und Funatsu trafen wir uns. Sie brach in Tränen aus, als sie mich umarmte.

Soweit das Protokoll. Als ich es fünf Tage nach dem Angriff niederschrieb, fragte ich mich, ob Polen-Irmas Engel nicht doch gelegentlich seine Hand im Spiel gehabt und einige Brandbomben etwas zur Seite gelenkt hatte.

Vor dem Berg Fuji

Ich saß auf der kleinen Veranda im ersten Stock, der *Roka*. Sie war kaum einen Meter breit. Die Glasfenster waren zur Seite geschoben. Ich hatte die Reiseschreibmaschine auf den Knien und schrieb. Über zwei Jahre schrieb ich dort. Und vor mir lag, was ich mit Worten nur unzureichend beschreiben kann. Selbst malen kann man den Fuji nicht, oder es sei doch schwer, meinte der Maler Iwao in meiner Erzählung »Die Frage des Tigers«.

Dabei ist er doch so einfach. Einfacher kann ein Berg gar nicht sein. Er steigt links am Horizont aus einer Ebene unmerklich an. Man denkt, da ist noch Ebene; nein, hier beginnt, wenn man lange genug hinsieht, der Berg schon. In einer vollendeten Linie steigt er schräg hinauf in den Himmel, einer Linie, deren Lauf nur so viel von der Geraden abweicht, daß sie nicht tot wirkt. Oben, am Gipfel ruht sie. Dort saust der Krater Hunderte von Metern in die Tiefe; aber den sieht man nur, wenn man oben steht. Und vom Gipfel steigt der Berg rechts im selben Winkel wieder ab, in derselben vollkommenen Linie, die aber diesmal einen Hügel schneidet, und erst dann vergeht der Berg unmerklich wieder in der Ebene.

Er nimmt, von hier, von der Veranda aus gesehen, den ganzen südlichen Horizont ein, von Osten bis Westen. Aber er schlägt den Menschen nicht tot. Er steht nur da. Als Denkmal. »Er ist, wie du einmal sein wirst, wenn du tot bist«, sagte der Maler Iwao. Daher so schwer zu malen und zu beschreiben.

Hinter mir, hinter dem Haus liegt der Kawaguchi-See, rund tausend Meter über dem Meer. Man braucht gut einen halben Tag, um einmal um ihn herumzulaufen. Und hinter dem See steht eine Bergkette, mit Kiefern bewachsen, ein Widerlager für *den* Berg, den Fuji.

Manche Japaner sehen den Fuji lieber von dort aus, von der anderen Seite, weil er sich da im Wasser spiegelt. Und in Prospekten zeigen sie gerne an, wo man den *Fuji in reverse* sehen kann. Touristenschnack.

Das Klima ist hier nicht so feucht wie in Karuizawa, sondern trocken und im Sommer nicht zu warm. Ideal. Im Sommer, wenn zum Fuji hin die herrlichen Gewitter aufsteigen, sitzen Wolfram, Ulrich und ich in der *Roka* vor dem Wohnzimmer, haben die Glasfenster geschlossen und sehen die Blitze, die Wolken und den Regen. Und im Spätsommer und Herbst beobachten wir, nicht ohne Sorge, links neben dem Gipfel des Fuji eine mandelförmige Wolke. Das bedeutet, daß uns in drei Tagen ein Taifun mit schüttendem Regen und gewaltigem Sturm heimsuchen wird, daß man fürchtet, er werde auch unser Haus mitnehmen. Mit uns allen darin. Im Winter kann es in dieser Höhe kalt werden. Es liegt Schnee, die Wasserleitung, aus einer Bergquelle kommend, friert ein. Tagsüber scheint die Sonne und wärmt das Haus. Aber abends benutzen wir den Holzofen: Er ist aus Blech, wärmt sofort, kühlt ebensoschnell ab. Wir haben ein Ofenrohr im Eßzimmer und eines im Wohnzimmer. Der Ofen ist so leicht, wir nehmen ihn jeweils in das Zimmer mit, in dem wir uns gerade aufhalten.

Unser Haus ist winzig. Der alte Bauer Osano, Dorfschulze und ein gestandener Mann, hat es für seinen ältesten Sohn gebaut, als er heiratete. Jetzt ist der Sohn im Feld. Auch der Jüngere. Wo, das weiß niemand. In China? In Birma? Oder in Saipan? Gefallen? Ein Enkel ist noch nicht da, nicht einmal eine Enkelin. Die Schwiegertochter lebt jetzt im Haupthaus, das breit und behäbig neben unserem liegt.

In dem kleinen Eingang hinter der Glastür liegt der Korb für den Drahthaar-Foxterrier Bauschan, nach dem alten Bauschan aus *»Ut mine Stromtid«* so benannt, wachsam und natürlich überdurchschnittlich intelligent. Hier sollten wir eigentlich die Schuhe ausziehen, denn alle Zimmer sind mit *Tatamis*, mit Matten aus Reisstroh, ausgelegt; aber wir Barbaren haben zu unserer Bequemlichkeit die chinesischen Teppiche über die Matten gelegt und können nun auch mit Schuhen durch das Haus gehen. Oben haben wir zwei Schlafzimmer, in die außer unseren Betten nur noch die alte Wickelkommode paßt.

Die Zimmer sind durch papierbespannte Türen abgetrennt, auch zu der kleinen Veranda hin, die vor dem Wohnzimmer liegt. Vor der Veranda sind die verschiebbaren Türen aus Glas, und abends werden Holzfensterläden vorgeschoben.

Wir haben aus Tokio unsere Sitzecke, einen Sessel und vier Stühle mitgebracht. Einen Tisch haben wir nicht; aber ich nagele fünf längere

Kistenbretter zusammen; die legen wir auf eine große Teekiste, eine Tischdecke darüber – und der Tisch ist fertig.

Die Küche bietet nur Platz für einen Menschen. Sie hat eine Wasserleitung, eine Schüssel zum Abwaschen und Abspülen und zwei kleine tönerne Holzkohleöfen, jeder nicht größer als ein Topf. Unten an den kleinen Öfen ist eine Klappe, die man abends schließt, damit keine Luft hineinkommen kann, und die Glut deckt man dann mit Holzkohlenasche zu. Am nächsten Morgen, wenn ich das Frühstück mache – meistens Milchreis, manchmal auch Kliebensuppe, aus Mehlklumpen und Milch, die karge Kost der bäuerlichen Vorfahren in der Mark Brandenburg, bei den Kindern sehr beliebt –, wenn ich also Frühstück mache, brauche ich nur die Asche von der Glut wegzuschieben, zwei oder drei Holzkohlenstückchen auf die schwache Glut zu legen, die Luftklappe zu öffnen und mit dem Fächer Luft hineinzuwedeln. Dann setze ich den Milchreis oder die Milch für die Kliebensuppe auf. Im Winter allerdings taue ich erst einmal das Rasierwasser auf. Denn in dem Bad nebenan sind Ritzen in der Wand, durch die man hinaussehen kann; der Wind pfeift durch, und das Wasser ist in der Nacht gefroren.

Aber im Bad steht auch der hölzerne Badebottich, das *O-furo*, mit eingebautem gußeisernen Ofen, den man mit Holz heizt. Man wäscht sich vor dem Kessel ab, und erst dann steigt man in das Wasser, das so heiß sein muß, daß man nur langsam hineingleiten und sich nachher nicht bewegen darf, weil man es sonst nicht aushält. Und man bleibt lange im Wasser, bis man ganz aufgewärmt ist.

Bauer Osano hat seinen *O-furo* nicht im Haus, sondern im Hof unter dem Dach, wo die Ackergeräte stehen. Da geht er nackt hinüber, auch im kältesten Winter; nach ihm, ebenso nackt, seine alte Mutter, seine Frau und die junge Schwiegertochter.

Auf einem Regal vor unserem Bad ist ein Rohr. Wenn man da »Perlicke« hineinruft, kommen am Abend Kasperle, seine Frau Grete, der Polizist, der Neger und der Teufel. Ich habe sie aus Papiermaché gemacht und bunt angemalt, Franz hat ihnen die Kleider genäht. Wenn man etwas ausgefressen hat, was Kasperle besser nicht wissen soll, ruft man »Perlocke«. Dann kommt er nicht, und man kann dann sicher sein, daß er keine unliebsamen Kommentare zu dem Vorgefallenen macht und es seiner Grete, dem Neger oder dem Polizisten weitererzählt. Dann wissen es ja alle.

Unser Haus am Kawaguchi-See.

Außerdem steht dort auf dem Regal die große Flasche mit reinem, unverfälschtem Lebertran, den es aber nur als Belohnung für gute Taten gibt, und der deshalb von beiden Jungens auch hoch geschätzt wird. Wenn der guten Taten wenige sind, man eher vom Gegenteil sprechen kann, was auch vorkommt, kann die Lebertranausteilung für Wolfram und Ulrich auch einmal ausfallen. Dann genehmige ich mir in ihrer Gegenwart einen Teelöffel davon und gebe durch Schmatzlaute und andere Geräusche kund, daß dies eine große, seltene Delikatesse ist.

Das *O-benjo*, die ehrenwerte Toilette, ist ein rundes Loch im glattgebohnerten Fußboden, das in der Hocke zu bedienen ist; darunter die Grube, deren Inhalt für den Bauer Osano höchst wertvoll ist. Im Winter zieht es da ganz infam von unten.

Wir haben an der Ost-Veranda auch eine Vorratskammer; bis an die Decke sind da Kisten mit Beutegut des Hilfskreuzers 10 gestapelt. Alle Deutschen haben ihre reichliche Ration von der gekaperten »Leuthen« bekommen: Es sind Kisten mit jeweils 24 Dosen Sardinen, Thunfisch oder *beef sausage*, was eine australische Spezialität sein soll. Ich vermute jedoch, es ist eine Erfindung des australischen Oberkommandos für die *Aussies* in Nordafrika, die übrigens nicht nach *beef*, sondern unverkennbar und scharf nach Hammel schmeckt. Wir haben uns schnell daran gewöhnt.

Franz kann aus diesen dreierlei Dosen Dutzende von Gerichten machen. Und bald bekommen wir wie jede deutsche Familie aus dem Beutegut auch noch ein großes Faß Schmalz, so groß, daß wir es draußen vor dem aufgeschichteten Brennholz stehenlassen.

Zudem versorgt der Kollege Wolfgang Galinsky, ein guter Mensch, alle Deutschen rund um den See streng und gerecht mit den Rationen an Zucker, Butter, Reis und Mehl, die die Behörden uns zuteilen. Schließlich gibt es noch den Schlächter in Fuji-Yoshida, wo wir Innereien kaufen, die die Japaner nicht essen und vor denen sie sich aus Widerwillen schütteln, wie Leber, Nieren oder Kalbshirn. Wir sind also wohlversorgt und leiden nicht Hunger wie die Deutschen zu Hause.

Im Fuji-View-Hotel und den kleinen Bungalows auf dem Hotelgelände leben nur Botschaftsangehörige oder der eine oder andere deutsche Journalist; auch Meisinger lebt dort mit seiner Sekretärin. Nur wenige sprechen mit ihm.

Am See, in unserem Dorf Katsuyama und dem Nachbardorf Funatsu wohnen noch an die hundert Deutsche, meist schon vor Monaten hierher evakuiert. Flüchtlingsfrauen aus Niederländisch-Indien, Geschäftsleute. Kurt Lüdde-Neurath hat sich ein schönes Haus auf der anderen Seite des Sees gemietet. Franzl Krapf wohnt in Karuizawa, weil dort Helga, die junge schwedische Schönheit, bei ihren Eltern lebt, Richard Breuer aber in Hakone, auf der anderen Seite des Fuji.

Nach einem Monat bekomme ich eine Reiseerlaubnis der *Kempetai* nach Tokio. Da suche ich zuerst die Gesellschaft, bei der mein Haus versichert war. Sie ist schwer zu finden, weil auch sie ausgebombt ist; aber als ich sie gefunden habe, will man mir nicht glauben, daß sie mein Haus und meinen Hausrat auch gegen Kriegsrisiko versichert hat. Das habe man doch nie gemacht.

Aber ich habe meinen Versicherungsschein und zeige meinen Abgebrannten-Ausweis. Man berät lange, aber dann ist man bereit, mir die Summe auszuzahlen, in monatlichen Raten. Früher wäre die Summe ansehnlich gewesen, jetzt aber ist der japanische Yen nicht mehr viel wert. Darüber hinaus bekommen wir alle unser Gehalt in der früheren Höhe aus dem Guthaben, das unsere Wirtschaftsdelegation noch bei der Japanischen Bank vor der Beschlagnahme gerettet hat.

Im Juni, Juli und August gingen wir jeden Vormittag zum See an den Strand. Ulrich lernte als erster zu schwimmen. Er durfte deshalb mittags auf meinem Platz bei Tisch sitzen. Vor Stolz konnte er kaum essen. Aber Wolfram schaffte es ein paar Tage später auch und wurde ebenso geehrt.

Ich saß jeden Nachmittag oben auf der Veranda, den Berg vor mir, und schrieb auf, was mir über den japanischen Krieg in Erinnerung war. Ich habe es noch nicht veröffentlicht, ich schrieb es für mich, um das Erlebte festzuhalten und mir darüber klarzuwerden. Doch ich hatte keine Akten, um nachzuschlagen und zu prüfen, konnte also nur aus dem Gedächtnis zitieren. Im Auswärtigen Dienst gewohnt, unpersönlich zu berichten, zog ich dabei manchmal ein trockenes, unangreifbares allgemeines Urteil einem dezidiert persönlichen vor. Dennoch war dieser Rückblick auf den Krieg gut, weil ich Ursachen, politischen Spielraum und politische Zwänge besser erkannte als vorher, so daß ich im Urteilen und Verurteilen vorsichtiger wurde. Die Sonne schien.

Morgens schwammen wir, nachmittags schrieb ich. Die Jungens spielten mit den Nachbarkindern, und sie sprachen Japanisch ebenso wie Deutsch. Wir hatten keine Sorgen. Vorerst nicht.

Sie sehen nichts ein – sie geben nicht auf

Ein seltsamer Mensch! Man hätte annehmen dürfen, daß er sich um die Deutschen gekümmert hätte, die in Not geraten waren. Oder daß er wenigstens in sich gegangen wäre und Ruhe gehalten hätte.

Nichts dergleichen. Er gab laufend Weisungen, die darauf hinausliefen, daß wir unsere diplomatischen Immunitätsprivilegien aufgeben und uns den japanischen Behörden unterstellen sollten. Wir schrieben ihm am 11. Juni 1945 in einem von uns allen – außer Meisinger, versteht sich – unterzeichneten Brief, von dem jeder Unterzeichner eine Kopie bekam. Meine ist hier abgebildet (Seite 500).

In dem Brief erklärten die Unterzeichner in einer für deutsche Beamte ganz ungewöhnlichen Kühnheit, daß ihm die sachlichen wie persönlichen Fähigkeiten zur Leitung einer Botschaft fehlten. Sie legten ihm nahe zurückzutreten und seien entschlossen, keine weiteren Weisungen von ihm entgegenzunehmen.

Da wollte er es uns aber zeigen! Er schrieb uns, daß er dann eben die Botschaft auflöse und daß die Beamten damit ihre Privilegien verlören. Das hieß, daß sie verhaftet werden konnten und daß kein Hahn danach krähte, was mit ihnen geschah.

Nun, Stahmer kannte sich vielleicht im Trockenbatteriegeschäft aus, doch nicht im Völkerrecht. In einem kurzen Brief teilten wir ihm mit, daß er weder Botschaften errichten noch auflösen könne und daß demgemäß alles beim alten bleibe.

Doch dabei blieb es nicht. Er, Meisinger und ein früherer Ortsgruppenleiter der Partei konspirierten weiter. Die für uns zuständigen japanischen Beamten sagten uns, da Lebensmittel knapp seien, müßten alle Männer zum Arbeitseinsatz aufs Feld, und zwar sollten wir unser Gemüse auf der Insel im Kawaguchi-See selbst anpflanzen.

Nun, der zwangsweise Arbeitseinsatz von Diplomaten verstieß gegen jedweden völkerrechtlichen Brauch. Doch es blieb uns nichts anderes übrig: Wir fuhren mit dem Boot auf die Insel. Felder in der

Kawaguchi, den 11. Juni 1945.

Herrn
Botschafter H.G. Stahmer
z.Zt. M i y a n o s h i t a .

     Sie haben in den 2 1/2 Jahren, waehrend deren
Sie als Deutscher Botschafter in Tokyo fungierten, in
steigendem Masse, besonders in der juengsten Vergangenheit, gezeigt, dass Ihnen sowohl die sachlichen wie
die persoenlichen Eigenschaften fehlen, die zur Leitung
einer Botschaft erforderlich sind. Die unterzeichneten
Beamten legen Ihnen daher nahe, von der Leitung der
Botschaft zurueckzutreten. Sie sind in jedem Falle
entschlossen, von Ihnen keine weiteren Weisungen mehr
entgegen zu nehmen.

     Die Beamten der Botschaft, die sich in Karui-
zawa bzw. in Seijo befinden, erhalten Abschrift dieses
Schreibens.

     Ausserdem ist ein Schreiben von Generalleut-
nant Kretschmer beigefuegt, in dem dieser Ihnen gleichfalls den Ruecktritt nahelegt. Dass Admiral Wenneker
und Generalmajor von Gronau der gleichen Ansicht sind,
duerfte bei Ihnen wohl keinem Zweifel unterliegen.

gez. Boltze

gez. von Marchtaler

gez. Luedde-Neurath

gez. Galinsky

gez. Altendorf

gez. Braeunert

gez. Schneider

gez. Meyer

gez. Krajewicz

gez. Probst

gez. Hesse
gez. Wickert

sandigen Bucht wurden abgesteckt. Hier konnte überhaupt nichts wachsen. Aber wir gruben um. Unter militärischer Bewachung. Nach acht Tagen noch einmal. Unsere Nachbarn und auch der Bauer Osano – sie alle waren freundlich zu uns; aber wenn wir durch das Dorf gingen, riefen die Kinder auf der Straße *Maketa Doitsu* – »besiegte Deutsche« hinter uns her. Als Franzl Krapf in Karuizawa Helga heiratete und ich Trauzeuge sein sollte, verweigerte die *Kempetai* die Reiseerlaubnis. Es wurde kälter.

Im Juli 1945 wies die Armee einige deutsche Kaufleute an, ihre Häuser in der Militärzone am Yamanaka-See, zehn Kilometer von uns entfernt, zu räumen. Der ehemalige Ortsgruppenleiter der Partei, die doch eigentlich ihre Tätigkeit längst hätte einstellen sollen, ließ mir sagen, ich müsse mein Haus für die Obdachlosen zur Verfügung stellen, könne ja ins Hotel ziehen. Ich weigerte mich; sollten doch die Deutschen, die trotz aller Warnungen in der Militärzone wohnen geblieben waren, ins Hotel ziehen!

Am nächsten Tag kamen japanische Beamte und forderten mich auf, auszuziehen. Ich weigerte mich wieder. Dann kam Hideo Furuuchi, das Urviech, unser alter Freund aus der Deutschland-Abteilung des Außenministeriums. Er war ernst und sagte, was man von mir verlange, sei eine unglaubliche Schikane; aber er könne mir nicht helfen. Er gebe mir aus Freundschaft den guten Rat, auszuziehen.

Dazu sei ich bereit, antwortete ich, aber nur, wenn er uns mit einer Pistole aus dem Haus treibe. Dann würden wir ausziehen, nur aus Freundschaft.

Wir schieden in Unfrieden. Blieben aber gute Freunde.

Waren unsere Gräber schon ausgehoben?

Das war mein Übermut: Ich unterschätzte wiederum die Kräfte, die eigentlich die Macht hatten.

Es war Anfang August, und Hideo Furuuchi wußte bestimmt besser als ich, besser als wir alle, wie unberechenbar die Militärs jetzt waren. Viele Jahre später, als Franzl Krapf Botschafter in Tokio war, hörte er von einem Japaner, damals »seien die Gräber für uns schon ausgehoben gewesen«. Das war wohl übertrieben.

Vielleicht hatten sich einige fanatische junge Offiziere in einen Untergang der Welt hineingeträumt und Gräber ausheben wollen. Dann sollten eben alle untergehen, Freund und Feind, wie in König Etzels Palast.

Mag sein, daß dem einen oder anderen von ihnen, die bereit waren, für den Tenno und Japan in den Tod zu gehen, der Gedanke unerträglich war, daß die deutschen Kapitulanten sich dem Untergang der Welt entziehen könnten. Doch wir sahen keine Anzeichen, daß sich dergleichen vorbereitete. Wie man sich aber uns gegenüber verhalten hätte, wenn die Amerikaner gelandet wären und es zu Kämpfen in Japan selbst gekommen wäre, darüber hatten wir noch nicht nachgedacht. Wir haben erst lange nach dem Kriege erfahren, was sich in Manila ereignet hatte.

Die Japaner waren von den Truppen MacArthurs geschlagen und mußten Ende Februar 1945 kapitulieren und Manila übergeben. Im Deutschen Klub waren fünf Deutsche geblieben. Unter dem Klubgebäude und dem Tennisplatz befanden sich Luftschutzbunker. Am 10. Februar 1945 hatten an die zweitausend Personen, nicht nur Deutsche, sondern in der Mehrzahl Filipinos im Klubhaus und den Bunkern Schutz gesucht.

Japanische Marinesoldaten hatten das Anwesen schon vor Tagen umstellt – um es zu beschützen, wie man annahm. Doch am 10. Februar gegen Mittag drangen sie in das Klubhaus ein, erschossen die fünf dort residierenden Deutschen, dann schütteten sie Benzin in die beiden Luftschutzbunker und zündeten es an. Wer den ersten Angriff überlebte, den erschossen sie. Das Blutbad zog sich über den ganzen Nachmittag bis in die Nacht hinein. Nur fünf Menschen überlebten wie durch ein Wunder und berichteten später über das Massaker. Auch im Innern des Landes wurden neunzehn Deutsche von japanischen Soldaten ermordet, fünfzehn bis zwanzig deutsche Missionare allein in der La-Salle-Unviersität.

Warum? Man kann es nicht verstehen. Ein japanisches Sprichwort lautet: »Fern der Heimat ist man ohne Scham.«

Die deutsche Zeitgeschichte weiß von dem Massaker nichts. Es wird nirgends erwähnt. Sie sollte sich darum kümmern; denn noch leben einige Zeugen.

Wir fürchteten damals nichts dergleichen. Doch unsere japanischen

Betreuer am Kawaguchi-See wurden immer wortkarger, waren sicher auch wegen der Zerstörung des Landes deprimiert. Sie verhielten sich distanzierter, schikanierten uns auch, aber sie bedrohten uns nicht, obwohl sie wußten – wie ich später von Galinskys Amah erfuhr –, daß Franz und ich amerikanische Spione waren, weil Franz die Bettdecken morgens zum Lüften auf das Geländer der *Roka* hängte. Und das waren doch ganz offensichtlich geheime Zeichen für die amerikanischen Aufklärungsflugzeuge.

Es ist noch nicht lange her, da erzählte ich Milovan Djilas in Belgrad davon. Er war einst Titos erster Mitarbeiter gewesen; dann galt er als Verräter, hatte aus dem Gefängnis heraus mutige Artikel gegen Tito in der internationalen Presse veröffentlicht. Jetzt schrieb er Bücher. Politische Bücher, Romane, Memoiren. Wie ich.

»Sie lachen«, sagte er. »Aber man hätte Sie doch verhaften und foltern können, um rauszukriegen, was die Bettücher bedeuteten. Nein, lachen Sie nicht! Dabei gibt es nichts zu lachen. Wir gingen mit unseren Gefangenen nicht sehr zartfühlend um. Sie haben vielleicht davon gehört.«

Er sah mich prüfend an: »Ich glaube, Sie würden unter der Folter nichts aussagen.«

»Wie kommen Sie darauf?« fragte ich.

»Ich habe es im Gefühl. Sie sehen so aus. Sie sind vielleicht ein Christ. Ich habe von Priestern gehört, die jede Folter überstanden haben.«

»Nein. Wenn ich noch ein Christ bin, dann bin ich ein ganz schlechter. Sie können nicht voraussagen, wie ich mich unter der Folter benehme. Ich hatte lange geglaubt, absolut furchtlos zu sein. Dann stand ich auf einem Schiff, wo plötzlich alles explodierte, mußte ins Wasser springen und hatte ganz gemeine Furcht, daß mir das ganze Schiff ins Gesicht fliegen könnte.«

Djilas lachte: »Aber das ist doch etwas anderes: Dagegen konnten Sie sich ja nicht wehren. Da hätte ich mich auch in höchster Eile davongemacht. Aber Sie haben recht: Man soll sich seiner selbst nicht zu sicher sein.

Ich habe Kameraden gehabt, die im unangenehmsten Feuer kaltblütig auf ihrem Posten blieben – in schwerer Vernehmung brachen sie sofort zusammen und verrieten alles. Und einen anderen, der im härtesten Verhör geschwiegen hat; aber als ihr Deutschen Granatwerfer einsetztet, hat er sich verkrochen und geweint.«

»Ist das ein Thema«, fragte ich, »das Sie gerade beschäftigt?«

»Ja«, antwortete er. »Ich arbeite an meiner Biographie. Die Kriegsjahre.«

»Wie waren die deutschen Soldaten im Krieg?«

»Tapfer. Hart. Mutig. Haben Sie etwas anderes erwartet?«

»Nein. Ich freue mich aber, daß es so war. Mut ist eine Primärtugend, Angst ein Primärlaster. Und ob Angst wirklich eine Grundbefindlichkeit *des* Menschen ist? Aller Menschen? Ich weiß nicht, meine Zweifel nehmen ständig zu.

Doch ich kann mir nicht erklären, was seit dem Krieg mit meinen Landsleuten geschehen ist. Ich höre heute nur immer, daß sie Angst haben. Manche brüsten sich sogar damit; denn Angst haben ist *in*.

Vielleicht ist aber unser Volk heute auch nur verwirrt. Es hat überdies keine Leitbilder, die Mut zeigen. Doch ich bin sicher: Die Mutigen sind noch da.«

Alles zerfällt

Die Bomber kamen öfter und in immer größerer Zahl. Auf den Landstraßen zogen Tausende von Menschen einher, die auf Fahrrädern und Anhängern ihre geretteten Habseligkeiten mit sich führten. In den Städten waren Straßenbahnen, Busse, Vorortbahnen und Lastwagen vernichtet. Von der Insel Iwojima flogen immer mehr Kampfflugzeuge des Typs P-51 ein, die vor allem Lokomotiven, Lastwagen und Boote angriffen. Sie konnten, wenn sie in großer Zahl kamen, den gesamten Verkehr auf Japans Hauptinsel den ganzen Tag stillegen.

Es fanden keine dramatischen Luftkämpfe zwischen Jagdflugzeugen und Bombern mehr statt wie zu Beginn der amerikanischen Angriffe, weil Japan keine Jäger mehr hatte. Eine kleine Reserve wurde zurückbehalten. Sie sollte bei der amerikanischen Invasion eingesetzt werden. Die Japaner begannen nun sogar, Flugzeuge aus Sperrholz zu bauen.

Die Flugabwehr war ungenügend, vor allem wegen der mangelhaften Zielgeräte. Vom Juli an fühlten sich die amerikanischen Luftstreitkräfte so sicher, daß sie in Flugblättern jeweils ein Dutzend japanischer Städte vor Luftangriffen in den nächsten Tagen warnten – und sie wurden auch im Laufe der nächsten Tage angegriffen. Wer nur immer konnte, verließ eiligst die vorgemerkten Städte.

Der Verkehr nach China und zum Süden war praktisch eingestellt. Nach Korea oder Mandschukuo schiffte man sich zuletzt nur noch in kleinen Häfen der japanischen Nordwestküste ein. Die Verbindung zur Nordinsel Hokkaido war im Juli ein Woche ganz unterbrochen, weil dort die amerikanische Flotte operierte.

Die Industrieerzeugung nahm rapide ab, vor allem die von Kohle und Stahl. Die zentrale Gewalt der Regierung verfiel. Sie gab Kompetenzen an die Präfekturen ab, aber auch sie hatten keinen Überblick mehr. Die Kriminalität nahm zu; die Rechtsprechung war praktisch ausgesetzt. Die Großstädte waren weitgehend leer. In Tokio, wo früher Millionen lebten, hielten sich nur noch hunderttausend auf. Wenn es nicht nur Zehntausende waren.

Im Sommer wurden auch die mittelgroßen Städte zerstört. Ein Drittel der amerikanischen Bomberflotte genügte zur Vernichtung einer Stadt von zweihunderttausend Einwohnern.

Tagsüber zogen die Bomberformationen eine Angriffswelle nach der anderen in großer Höhe über uns hinweg. Der reine, blaue Himmel wurde dann von ihren Kondensstreifen besudelt. Es sah widerwärtig aus; manchmal dauerte es Stunden, bis der Wind sie wieder verweht hatte und der Himmel wieder sauber war.

Unser Ohr war in ungeahnter Weise geschärft: Wir hörten, ob ein Flugzeug kam oder ob es zwei waren oder mehr oder gar eine große Bomberformation oder tieffliegende Jagdflugzeuge, die in Sekunden über die Bergkette hinter dem See schossen und über uns hinwegdonnerten. Wir mußten das unterscheiden können; denn davon hing ab, ob wir schnell oder langsam oder gar nicht in Deckung gingen.

Am Kawaguchi-See gab es keinen Bunker; wir steckten bei Gefahr die Jungens immer in das unterste Fach des Schrankes, in dessen oberen Fächern unsere *Futons*, die baumwollgefüllten dicken Steppdecken gestapelt waren. Decken halten Geschosse und Bombensplitter hervorragend auf.

Einmal war ich mit den beiden Jungens mitten auf dem See, als über den Fuji eine Bomberformation in großer Höhe anflog. Ich schaffte es nicht, rechtzeitig zum Ufer zu kommen. Wir legten uns daher im Boot hin und blieben liegen. Die Bomber flogen über uns hinweg. Zum Glück versuchte keiner der Maschinengewehrschützen da oben, Zielübungen an unserem Boot anzustellen. Was sie sonst gerne taten. Nur aus Spaß, versteht sich.

Bis auf wenige kleine Angriffe ließen uns die amerikanischen Flugzeuge am Kawaguchi-See in Ruhe. Doch fast jeden Abend stand am Horizont, einmal näher, einmal weiter entfernt, der rote Schein brennender Städte. Es war abzusehen, daß die amerikanischen Bomber in wenigen Wochen keine Ziele mehr hatten. Was dann?

Die amerikanische Führung wußte nicht, wie sehr Japan schon geschlagen war und wie verheerend die Luftangriffe Wirtschaft, Industrie, Leben und Moral der Japaner verwirrt hatten. Sie rechneten damit, daß bei einer Landung Hunderttausende amerikanischer Soldaten fallen würden.

Später haben Kritiker der amerikanischen Kriegsführung das als Irrtum bezeichnet: Japan sei schon so desorganisiert und demoralisiert gewesen, daß die amerikanischen Landungstruppen auf keinen ernsthaften Widerstand mehr gestoßen wären.

Ich bin nicht so sicher. Alles war zwar desorganisiert und demoralisiert. Doch die japanische Propaganda redete dem Volk ein, noch nie sei es einem fremden Heer gelungen, in Japan zu landen. Wenn ein Feind das versuche, werde die heilige Erde des Landes selbst aufstehen und den Feind ins Meer werfen. Jedermann sollte Waffen erhalten, und wer keine bekam, der sollte mit Bambusspeeren kämpfen wie die Ahnen. In den Dörfern waren viele Bauern schon damit beschäftigt, solche Bambusspeere und Bambuspfähle herzustellen, welch letztere, in den Boden gesteckt, sich tief in die Sohlen der, wie sie wohl meinten, barfuß daherkommenden G. I.s bohren sollten. Motorisierte Fischerboote wurden mit Sprengladungen vollgeladen, junge *Kamikaze*-Freiwillige sollten sie gegen die Landungsschiffe steuern und sie und sich selbst im letzten Augenblick in die Luft jagen. Ein Aufgebot des ganzen Volkes, auch der Frauen und Kinder, sollte die amerikanischen Truppen vernichten. Natürlich hätte das Aufgebot keine Chance gehabt.

Die Menschen waren zwar demoralisiert und kriegsmüde. Indessen hätte ein Appell, der natürlich im Namen des Kaisers erlassen worden wäre, das Volk dennoch zu einem verzweifelten Widerstand veranlassen können, der hohe Opfer auf beiden Seiten gefordert hätte.

Selbst kriegsmüde und demoralisierte Menschen lebten in Japan nicht als freischwebende Individuen, sondern als Mitglieder ihrer Familien, der Gemeinschaft des Dorfes oder des Nachbarschaftsverbandes, der *Tonarigumi*. Dort waren sie bekannt. Sie waren erzogen, immer so zu handeln, daß sie in diesen Einheiten geachtet wurden. Sie lebten in ihnen, diese Einheiten waren ihr anderes Ich. Wer die Achtung dieser Gemeinschaft verspielt hatte, war ausgestoßen, trug ein Mal an der Stirn.

Aus demselben Grund haben sich auch Soldaten zum *Kamikaze*-Einsatz gemeldet: Wie hätten sie, wenn sie sich geweigert hätten, vor ihren Kameraden, den Offizieren und vor denen dagestanden, die den Todesauftrag heroisch auf sich genommen hatten! Wie sollten sie ihren Verwandten gegenübertreten und ihnen sagen, daß sie sich gedrückt hatten? Sie wären ihr Leben lang mit einem Makel behaftet gewesen. Es war die Scham, die den Menschen in dieser Gesellschaft hinderte, sich zu verweigern. Wer es dennoch tat, den trafen Verachtung und Schande.

Sie hätten weniger aus Einsicht und Tapferkeit gegen die Landungstruppen gekämpft, sondern weil sie sich sonst vor den anderen Angehörigen der Einheit hätten schämen müssen. Oder um noch einmal Huckleberry Finn zu zitieren:

> *An army is a mob; they don't fight with courage that's born in them but with a courage that's borrowed from their mass, and from their officers.*

Man erkennt, wie der großartige, uns utopisch anmutende Entwurf des Konfuzius, der den Staat nicht auf geschriebene Gesetze stützen wollte, sondern auf die Scham – wie dieses Motiv das japanische Volk zu einer Anstrengung hätte bewegen können, die die Menschen westlicher Kultur in einer derart aussichtslosen Lage kaum jemals auf sich genommen hätten.

Zumal dort nicht, wo Schamlosigkeit und Unverschämtheit die Parole ist.

Was macht man mit Uran?

Im Jahr 1944, als die Deutsche Botschaft in Tokio noch stand, hatten sich in meiner Mappe »Greuel und Wunderwaffen« die Rundfunkmeldungen über Urangewinnung und Urantransporte gehäuft. Es waren zwei Sender, die darauf spezialisiert zu sein schienen, Brazzaville und Ankara.

Ich fragte Oberst Niemöller, den wissenschaftlichen Berater der Waffenattachés, wozu man Uran brauche. Er lud Franzl Krapf und mich zu sich ein und erklärte uns die Grundzüge der Atomphysik. Er gab mir ein Buch seines Lehrers Bernhard Bavink mit. Die Chance, sagte er, daß ein Atom mit einem anderen zusammenstoße und eine Kettenreaktion hervorrufe, sei gleich Null, sei unmöglich. Das Gerede von einer »Atombombe« sei also Unsinn.

Ich wußte nun von dem Experten, daß die Atombombe nicht möglich war. Aber es fiel mir schwer, ihm zu glauben.

Der Schrecken ist das Beste

Im Februar 1945 in Tokio. Nach einer durchwachten Bombennacht hatte ich mich mittags zu einer Siesta ins Bett gelegt. Die gelben Vorhänge hatte ich zugezogen. Plötzlich fuhr ich aus dem Schlaf, als die Sirene heulte, riß die Vorhänge zurück. Und draußen war alles weiß, silberweiß, grellweißer Nebel.

Das ist es also! dachte ich. Das Licht, wenn die Erde brennt. Ich war erschrocken, eine Sekunde lang.

»Einmal,/ wenn das Maß voll ist,/ verschwindet die Nacht von dem Erdball./ *Ein* Licht umstrahlt rings die Kugel,/ ungeheuer und grell.«

So ungefähr hatte ich damals geschrieben, etwas länger, aber so ungefähr.

Doch es war nichts dergleichen. Es war überhaupt nichts geschehen. Draußen war alles wie vorher. Das weiße Licht hatte mich nur erschreckt, als ich die gelben Vorhänge zurückzog.

Nichts kann uns erschrecken. Das Nichts. Oder ein Licht. Wie Jakob Böhme allein durch den »jählichen Anblick« eines Sonnenstrahls auf einem Zinnkrug erschrocken und ins Innerste getroffen wurde.

Der Schrecken blieb. Der Schrecken ist überhaupt das Beste. In der Erzählung, die ich in Kawaguchi schrieb, ist es das Erschrecken vor der Frage des Tigers, die uns den Boden unter den Füßen wegzieht und die unser Bild von uns und der Welt mit einmal ändert. Ich habe schon davon gesprochen.

Der alte Mann und die junge Frau erschraken ins Innerste, obwohl nichts in der Natur geschehen war; aber sie wußten, wußten beide ganz sicher, daß ein Gott vorübergegangen war. Und den Schreckensglanz Jahves preist sogar der italische Gott Inuus begeistert. Beides in dem Roman »Der verlassene Tempel«, meine ich. Parmenides schrie – in der Ballade über ihn – vor Entsetzen, als die Göttin das große Tor öffnete und er das Sein erblickte.

Man kann darüber leicht hinweglesen; aber es gibt Leser, die hier innehalten und fragen.

Im Schreckensglanz, der blendet und niederwirft, erschien Jahve. In dem Blitz des Schreckens erblicken wir die Mitte, die Zeit, den Willen, das Göttliche. Gottlos ist, vor dessen Augen es keinen Schrecken Gottes gibt, heißt es in Psalm 36. Die Propheten des Alten Testaments verstanden es, ihn zu bewahren.

Nach dem Schrecken aber pflegt oft die Verkündigung zu kommen. Sie will nicht mehr erschrecken, vielmehr das, was den Schrecken erregte, annehmbar machen, was doch unmöglich ist; will es am liebsten verschwinden lassen. Mit der Verkündigung beginnt der bedenklichste und fragwürdigste Moment der Religionsstifter und ihrer Religion.

Im Kerygma der frühen Christen spüre ich nichts mehr von der Gottesfurcht, der Furcht vor seinem Schreckensglanz, vor dem man erzittert. Im Gegenteil, ihre Verkündigung beginnt mit den Worten: »Fürchtet euch nicht!« Da ist Vorsicht geboten. Da wandelt dann gleich Thorwaldsens Christus segnend einher, das verhängnisvollste Bild, das man sich von Jesus gemacht hat. Wenn es wenigstens der Christos Pantokrator der Orthodoxen wäre!

Den Schrecken vergesse ich nicht. Ich bewahre ihn als Kostbarkeit. Er ist die ernste Warnung und der Hinweis auf das Eigentliche.

Was das Eigentliche denn eigentlich ist? Ich hüte mich, es zu verkündigen.

Ich schrieb Franzl Krapf, es lasse sich absehen, wann die Amerikaner alle Städte zerstört haben. Vielleicht noch ein paar Wochen. Dann könne die Vernichtung nur noch durch eine Atombombe gesteigert werden. Obwohl sie unmöglich ist. Ich gab den Brief einem Deutschen mit, der die Erlaubnis zum Umzug nach Karuizawa erhalten hatte. Er gab den Brief am 6. August bei Franzl Krapf ab. Abends hörte er von Radio San Francisco, daß man früh morgens eine Atombombe über Hiroshima abgeworfen hatte.

Diese Stadt lag fünfhundert Kilometer von uns entfernt. Wir hörten davon mittags im Sender San Francisco. Die Beobachtungsflugzeuge konnten wegen der Rauchwolke die Schäden in der Stadt nicht erkennen; aber sie brannte überall. Ich dachte an die Menschen, die vor dem Feuer flohen. Das wird das Ende sein.

Die letzten Tage

Was in den letzten Tagen geschah, habe ich schon einmal und zwar ausführlich in den beiden letzten Kapiteln des Buches »Der fremde Osten« erzählt. Ich will mich deshalb nicht wiederholen, sondern hier nur kurz zusammenfassen: Wir lebten auf einer Insel, hörten im amerikanischen Rundfunk von den beiden Atombomben; hörten, daß auch die Sowjetunion trotz ihres Nichtangriffspakts mit Japan den Krieg erklärt hatte und die japanischen Truppen in Mandschukuo zurückwarf.

Von dem aber, was in Tokio geschah, von dem dramatischen Ringen der Kräfte, die den Frieden wollten, mit den Kräften, die den Krieg weiterführen wollten, auch wenn alles in Scherben fiel und das japanische Volk heroisch unterging, von dem Putsch einiger Offiziere, die den Palast des Tenno besetzten und seine Ansprache über Japans Kapitulation verhindern wollten – von all dem hörten wir nichts.

Doch den amerikanischen Sendungen entnahmen wir, daß die japanische Regierung über die Bedingungen für die Bedingungslose Kapitulation verhandelte und aufgrund recht vager Zusicherungen schließlich die Bestimmungen der Potsdamer Erklärung anzunehmen bereit schien.

Am 15. August hatte ich die Familie Osano eingeladen, bei mir die

Ansprache des Tenno zu hören, die erste Ansprache eines Tenno an sein Volk. Der Lokalsender war zerstört, und Osanos hätten auf ihrem kleinen Empfänger die Rede nicht empfangen können.

Sie hatten ihre Feiertagskimonos angezogen und knieten, während der Tenno sprach, regungslos am Boden. Nur der alte Osano verstand so viel von dem klassischen Hofjapanisch des Tenno, daß Japan kapitulierte. Er rührte sich nicht, aber Tränen liefen ihm über die faltige Haut seines Gesichts.

Frau Osano und die Schwiegertochter hatten eher den Eindruck, der Tenno habe nun geruht, das Ende des Krieges zu befehlen, und das bedeute, daß die beiden Söhne, wenn sie nicht gefallen waren, zurückkehren würden. Daß Japan geschlagen, den Gegnern auf Gnade und Ungnade ausgeliefert war, daß amerikanische Truppen das Land besetzen würden und daß selbst das Schicksal des Tenno ungewiß blieb, das kam den Menschen erst im Laufe der nächsten Tage zu Bewußtsein.

Es kam ihnen zu Bewußtsein, doch sie konnten es nicht fassen. Die heilige Erde Nippons war nicht aufgestanden, um den Feind in das Meer zu werfen, das konnte sie auch gar nicht. Denn die Hauptmacht des Feindes war ja noch tausend Meilen von dem Mutterland entfernt. Trotzdem hatte Japan kapituliert. Wie konnte man das verstehen?

Das Volk war gebrochen. Das Leben stand still. Die Bahn fuhr nicht mehr: Die Lokomotivführer, die Busfahrer waren nach Hause gegangen. Die Leute blieben in ihren Häusern. Es war ja alles zusammengestürzt: der Glaube an das geheiligte Land, an den Tenno, für den man lebte und der dem Leben der Menschen erst einen Sinn gab. Würde man sich nun an ihm vergreifen, ihn womöglich als Kriegsverbrecher hinrichten?

Ich habe niemals einen solchen seelischen Zusammenbruch eines Volkes erlebt. Viele begingen *Seppuku* vor dem Kaiserpalast, viele Offiziere zu Hause, auch der Kriegsminister. Welchen Sinn hatte das Leben denn jetzt noch!

Erst ein Jahr später hörten wir aus Schanghai, daß sich auch Herbie Moy, mein vertrauter Mitarbeiter, der Star unseres Senders *The Voice of Europe*, auf gräßliche Art das Leben genommen hat, weil er annahm, man werde ihn nun erschießen.

Nach dem Krieg

Warum die Landung der Amerikaner ein Segen war

Ich fuhr nach Tokio, um sie kommen zu sehen. Vorher aber kaufte ich mir bei der Nachrichtenagentur Domei alle Fotos von den zerstörten Städten: Hiroshima, Nagasaki und Tokio, bevor die Amerikaner sie beschlagnahmen konnten. Mit der Vorortbahn fuhr ich nach Yokohama, kilometerweit durch abgebranntes Gelände, ausgebrannte Fabrikhallen, umgefallene Kräne, verrostendes Gestänge und dann weiter nach Kamakura. Die kleine Stadt an der See war unbeschädigt; unser Haus nahe am Strand stand noch. Es war nun leer.

Über die Straßen waren Spruchbänder gespannt, auf denen man die siegreichen Amerikaner in gebrochenem Englisch willkommen hieß, denen man sich vor einigen Wochen noch in *Kamikaze*-Art, eine Sprengladung auf dem Rücken, hatte entgegenwerfen wollen. Eine Zeitung rief zur Einrichtung von Bordellen für die amerikanischen Soldaten auf. Aus lauter Fürsorge für die Sieger.

Die ersten Amerikaner kamen in Jeeps, schußbereite Maschinenpistolen in der Hand, vorsichtig und gespannt. Sie entspannten schon bald.

Wer ein japanisches Haus betritt, in Strümpfen über die *Tatami* geht, ist entzückt von der Sauberkeit. Ach, er sollte nur am Frühjahrsreinigungstag die dicken Staubwolken sehen, wenn die Reisstrohmatten im Freien ausgeklopft werden! Aber nicht der Staub war damals das schlimmste, sondern die Flöhe. Bestien.

Doch jetzt waren wir gerettet: Ich war nach Tokio gefahren und hatte auf dem Schwarzmarkt, der sich gleich nach der Landung reichlich mit Waren aus amerikanischen Heeresbeständen eingedeckt hatte, eine große Tüte DDT gekauft.

Wahrlich, daß die Amerikaner Japan besetzt hatten, war ein Segen.

Doch am selben Tag, an dem ich in Tokio DDT eingekauft hatte, waren am Fuji-View-Hotel einige Jeeps vorgefahren. Eine Woche nach der Landung. Soldaten mit Maschinenpistolen waren ausgestiegen. Ich hätte es zu gerne gesehen. Franz und ich gingen abends ins Hotel, und jeder erzählte uns davon. Die Soldaten hätten die Eingänge des Hotels besetzt, die Offiziere seien in den Speisesaal gegangen und hätten dem Hotelpersonal befohlen, Meisinger zu holen.

Er sei, so erzählte man, bleich und voller Angst aus seinem Bungalow ins Hotel gekommen. »*Hands up!*« hätten die G. I.s geschrien, als er in der Tür des Hotels stand. Mit schußbereiten Maschinenpistolen hätten sie sich hinter ihn gesetzt. So, mit erhobenen Armen, habe er den Speisesaal betreten. Man habe ihn auf Waffen untersucht.

Ach, natürlich hatte er keine Pistole in der Tasche. Er hatte sich bestimmt die ganze vergangene Woche vor diesem Auftritt gefürchtet. Und dann habe man ihn in Handschellen abgeführt und in einem geschlossenen Wagen der amerikanischen Militärpolizei nach Tokio transportiert. Alle waren erleichtert.

Die Amerikaner vernahmen ihn, aber wohl nicht gründlich genug, über seine Untaten während des Krieges in Tokio. Sie übergaben ihn bald den Polen. In Warschau wurde er gehängt. *Sit ei terra levis.*

Stahmer, der Tokioer Ortsgruppenleiter der Nationalsozialistischen Deutschen Arbeiterpartei und einige andere Parteifunktionäre wurden verhaftet und in das Prominentengefängnis Sugamo eingeliefert.

Auch Lily Abegg.

Die Rose von Tokio

Es stand in der *Nippon Times*: Sie sei wegen ihrer Rundfunkpropaganda für die Japaner verhaftet worden. Außerdem hieß es in der Meldung, sie sei mit einem Portugiesen verheiratet. Sie sei die einzige Frau, die auf Weisung MacArthurs mit den 37 wegen Kriegsverbrechen Hauptangeklagten verhaftet sei.

Sie sei die Rose von Tokio, das heißt, die bei den amerikanischen Soldaten beliebteste englischsprachige Ansagerin des japanischen Rundfunks mit ihrer faszinierenden, rauchenden *sexy*-Stimme. Sie war beim amerikanischen Publikum bekannter als Tojo und alle anderen japanischen Staatsmänner. Jeder hatte von der Rose von Tokio gehört, aber niemand wußte, wer sie eigentlich war. Die amerikanische Presse brauchte eine Meldung über ihre Verhaftung. Da griffen die Amerikaner sich ausgerechnet Lily Abegg.

Ich fuhr nach Tokio. Da sich der Schweizer Vertreter weigerte, »in ein schwebendes Verfahren einzugreifen« und etwas für seine Landsmännin zu tun, meldete ich mich in dem großen *Dai-Ichi-Building* vor dem Park des Palastes bei dem Chef der CIC, Oberst A. Willoughby, an.

Lily Abegg sei mit einem Portugiesen verheiratet, sagte er, und sei die Rose von Tokio.

Ich erwiderte, Lily Abegg, ständige Korrespondentin der deutschen *Frankfurter Zeitung*, spreche zwar Englisch, aber mit starkem Schweizer Akzent. Sie könne nie die Rose von Tokio sein. Ferner sei sie Junggesellin, nie verheiratet gewesen.

Mit der letzten Behauptung irre ich mich entschieden, sagte der Oberst. Man habe sie überprüft und, wenn es auch möglich sei, daß sie nie vor dem Mikrofon gesessen habe, so sei doch sicher, daß sie die Scripts für die Rose von Tokio geschrieben habe, und zwar unter dem Namen Sybille Abe.

Nein, erwiderte ich, ihr Englisch ist selbst dazu nicht gut genug. Sie habe nur gelegentlich Fünf-Minuten-Texte für den Reichsrundfunk in deutsch geschrieben und gesprochen. Und zwar in meinem Auftrag. Ich könnte ihm die Durchschläge zeigen, und wenn man darin etwas Kriegsverbrecherisches finde, müsse man mich einsperren, aber nicht Lily.

Doch er war nicht zu überzeugen.

»Wir sprechen von zwei verschiedenen Personen«, sagte er. »Sie sind ihr aufgesessen.«

Ich verließ ihn in tiefster Verwirrung über Lilys angebliche Doppelrolle, sandte ihr trotzdem gleich eine Flasche Whiskey ins Gefängnis, um sie vorm Verdursten zu retten.

Sie mußte ja ein Monstrum gewesen sein, hinterhältiger und verschlagener als Richard Sorge. Warum hatte sie uns nie etwas von dem portugiesischen Ehemann erzählt. Willoughby war so entschieden; es konnte doch nicht eine Ente sein. Er war doch der Chef des *Counter Intelligence Corps*. Konnte er irren?

Ich war verwirrt und ratlos, auch Franz und Kurt Lüdde und alle anderen am Kawaguchi-See. Erst Richard Sorge, jetzt Lily Abegg.

Dabei hatte sich Iva Toguri, die wirkliche Rose von Tokio, wie wir später erfuhren, gleich nach der Landung der Amerikaner freiwillig gemeldet. Sie war auch vom CIC vernommen worden, man hatte registriert, daß sie mit einem Portugiesen verheiratet war. Aber dann hatte man sie wieder nach Hause geschickt und statt dessen aus unerfindlichen Gründen Lily Abegg verhaftet und die Geschichte von dem portugiesischen Ehemann auf ihren Lebenslauf überkopiert. Einen Monat später nahm man Iva Toguri fest. Nun hatte man zwei Rosen von Tokio. Die beiden sahen sich zum erstenmal im Sugamo-Gefängnis.

Es herrschte beim CIC offenbar ein heilloses Durcheinander, und die Art, Protokolle anzufertigen, muß haarsträubend gewesen sein. Wie es überhaupt möglich war, Lily Abegg mit einem Portugiesen zu verheiraten, kann sich auch ein sorgfältig untersuchendes amerikanisches Buch* nicht erklären.

Man hoffte, daß die Vernehmung der 37 Männer, die mit Lily Abegg im Sugamo-Gefängnis saßen und die der Kriegsverbrechen angeklagt waren, seriöser war.

Sie scheint aber ähnlich konfus gewesen zu sein. Die Jury des Hauptkriegsverbrecherprozesses in Tokio war völlig außerstande, Japans politische Ordnung und Kriegspolitik zu verstehen. Sie verurteilte Staatsmänner, die unter großem Risiko für den Frieden gearbeitet hatten, zu langjährigen Zuchthausstrafen.

Lily Abegg mußte noch einen Monat in Haft bleiben, dann ließ man sie frei, und sie konnte in die Schweiz zurückkehren.

Stahmer wurde im Jahr 1946 repatriiert, war in Deutschland noch kurz in amerikanischer Haft, begab sich dann nach Liechtenstein, wo der Fürst ihn zum Grafen Stahmer ernannte. Die Gründe sind nicht ganz klar. Der neue Graf arbeitete bald für den Schweizer Waffenhersteller Oerlikon-Bührle. Natürlich veröffentlichte er auch Memoiren. Es war allgemein bekannt, daß er von Japan, dem Land, seinen Menschen und seiner Geschichte nichts wußte; aber daß er nicht nur einmal, sondern stets von der »Takugawa-Dynastie« spricht, ist ein wenig irritierend. Etwa so, als spräche man von der Dynastie der »Hohenzallern«. Stahmer meint die letzte, berühmte Shogun-Dynastie der Tokugawa, die Japan von 1603 bis 1868 regierte.

* Masayo Duus: »*Tokyo Rose*«. Tokio/New York 1979.

Die Amerikaner hatten Waffenbesitz verboten. Dazu gehörten auch Schwerter und Dolche. Die Angehörigen der noblen Familie der Matsudairas, deren Haus am See Kurt Lüdde-Neurath gemietet hatte, versenkten eines Nachts die alten, sehr wertvollen japanischen Schwerter ihrer Vorfahren im See.

Ein CIC-Kommando, das nach versteckten Waffen suchte, machte auch einige Stichproben in Häusern von Deutschen, und zwar in dem von Kurt Lüdde-Neurath. Sie fanden nichts.

Aber Kurt Lüdde entdeckte, als sie weg waren, daß ihm seine Sammlung wertvoller Japan-Perlen fehlte.

Er schrieb einen Brief an den *Supreme Commander of Allied Powers,*

»Franz« und Erwin Wickert (1946).

also General Douglas MacArthur, und berichtete ihm von dem Diebstahl.

Wenige Tage danach kam ein Jeep bei Kurt Lüdde vorgefahren, und ein Offizier gab die Perlen zurück. Kurt mußte den Empfang auf der Rückseite seines Briefes an *SCAP* quittieren. Auf der Vorderseite stand mit farbiger Tinte von MacArthur geschrieben: *Action within 24 hours!*

Das große Geschenk

Das große Geschenk war die Zeit. Wie lange sie uns gewährt war, wußten wir nicht; daß sie uns das nie wissen läßt, daran hat man sich ja gewöhnt. Aber ich ergriff sie und wollte sie festhalten, und sollten es auch viele Monate sein. Es wurden zwei Jahre. Es war ein langer Urlaub mitten im Leben, Zeit für die erste Überprüfung. Ich war damals dreißig, und Franz war ein Jahr jünger. Die Jungens drei und vier. Ich las und schrieb. Las alles, was über die Weltpolitik zu erfahren war, und alles, was ich an amerikanischer Literatur bekommen konnte.

Die amerikanische Armee hatte in Katsuyama, nicht weit vom Hotel, ein Verbindungsbüro eingerichtet. Wenn wir unsere Präfektur verlassen wollten, brauchten wir einen Erlaubnisschein, der uns aber nie verweigert und der auch nie kontrolliert wurde. Wir waren besser dran als bei der *Kempetai* und reisten oft nach Tokio, Kamakura und Karuizawa.

Manchmal liest man, die Deutschen in Japan seien von den Amerikanern interniert worden. Auch Stahmer, der es besser wußte, verbreitete die Mär. Wahr ist jedoch, daß nur er und einige Parteiführer als einzige Deutsche bis zu ihrer Repatriierung interniert und im Sugamo-Gefängnis in Haft gehalten wurden.

Wir anderen galten zwar als *obnoxious Germans*, die auf ihre Repatriierung warteten, wurden aber korrekt behandelt.

Die ehemaligen Angehörigen der Deutschen Botschaft erhielten auf amerikanische Anweisung sogar ihr Gehalt in der bisherigen Höhe, gezahlt vom japanischen Außenministerium. Ich bekam nichts, weil ich ja von der Versicherungssumme leben konnte und nicht mittellos war.

Die jungen Leutnants im amerikanischen Verbindungsbüro waren freundlich und gaben mir jeden Tag die Zeitungen, wenn und soweit sie

sie gelesen hatten. Sie interessierten sich nur für die Sportseiten, die aber in den Blättern, die ihnen zugeteilt wurden, recht mager waren; dafür waren die Seiten über Politik, Wirtschaft und Kultur hervorragend. Es waren das *Wall Street Journal, Christian Science Monitor* und die Wochenmagazine *Time* und *Newsweek*. Ich las sie von vorn bis hinten, für die Lektüre beider Wochenmagazine brauchte ich allein einen ganzen Tag.

Außerdem hatte das Verbindungsbüro ein Regal voller amerikanischer Taschenbücher. Ich las in den nächsten Monaten alles, was es von Ernest Hemingway, William Faulkner, T. S. Eliot, Theodore Dreiser, John Steinbeck, Irwin Shaw oder William Saroyan und den Kurzgeschichtenschreibern des *New Yorker* enthielt; auch eine tüchtige Prise der Detektivromane von Raymond Chandler und Dashiel Hammett war oft dabei.

Ich blieb auch später bei der angelsächsischen Belletristik, in die ich schon während meiner College-Zeit hineingewachsen war und mit der ich mich während des Krieges aus Schanghai versorgt hatte. Sie hielt die Ebene ihrer großen Meister freilich nicht immer. Wie unsere auch. Von der deutschen Belletristik der Gegenwart habe ich, von einigen gewichtigen Ausnahmen abgesehen, bis heute nur wenig gelesen.

Das große Geschenk war die Zeit.

Und da ich den Kern meiner kleinen Bibliothek frühzeitig evakuiert hatte, las ich nun Homer, Herodot, Thukydides und den geliebten Plutarch.

Nietzsche wirft den deutschen Gymnasien vor, sie erzögen zu Gelehrten, nicht zu Gebildeten. Wenn er damit seinen Schulpfortaer Mitschüler Wilamowitz-Moellendorf treffen wollte, mochte er recht haben. Meine beiden Wittenberger Lehrer in Griechisch und Latein jedoch haben mir mehr gegeben als nur Gelehrsamkeit. Das merkte ich jetzt am Kawaguchi-See, als ich das, was ich bei ihnen aus den alten Autoren gelernt hatte, nach den ersten Erfahrungen meines Lebens prüfte und nun als Besitz für immer, als *ktema eis aei*, wie Kaulbach gesagt hätte, übernahm.

Daraus habe ich behalten, daß Politik eine harte und gefährliche Sache, der Staat kein Fußballverein ist, sondern ein Leviathan mit tödlichen Krallen und Zähnen, der Gewalt über Leben und Tod der Menschen hat.

Mit ihm ist nicht zu spaßen, ebensowenig mit der Politik. Man kann sich vor den Zwängen weder mit säuselndem Friedensgerede noch mit inhaltlosem Finessieren, schon gar nicht durch Moralisieren loskaufen. Man kann einem mächtigen Gegner nicht mit *Flower Power* entgegentreten. Man kann auch nicht wegtauchen und in einer Krise nicht dasein; denn dann wird man nicht mehr ernst genommen, sondern verachtet.

Man braucht Mut, einen nüchternen Blick und Freunde, auf die man zählen kann und denen man Loyalität schuldet.

Um zu erkennen, worauf man sich in der Politik gefaßt machen muß, sollte man bei Thukydides* den Dialog zwischen den Athenern und den Meliern lesen, die neutral bleiben und sich aus dem Streit der Großen heraushalten wollten.

Manche wichtigen Bücher waren in Tokio verbrannt, aber ich hatte dennoch genug zu lesen: die Werke Nietzsches, Shakespeares, Goethes, Schillers, endlich gründlicher als früher Heideggers »Sein und Zeit« in einer in Tokio auf deutsch erschienenen Ausgabe. Und alles, was mir von Thomas Mann und Theodor Fontane geblieben war.

Hinzu kamen jetzt chinesische Autoren: Als junger Student hatte mich die daoistische Philosophie des Zhuangzi und Laozi fasziniert, jetzt wandte ich mich den strengeren, im Leben erfahreneren, weltlichen Philosophen zu, ich meine Konfuzius und seinen Schülern, in denen ich höchste politische Weisheit fand und noch immer bei jedem Wiederlesen finde.

Konfuzius hatte gesagt: »In der Frühe hören, daß die Welt in Ordnung ist, und dann des Abends sterben, das ist nicht schlimm.« Aber als er starb, war sie nicht in Ordnung. Ein hohes Staatsamt, nach dem er gestrebt hatte, war ihm versagt geblieben. Er wird in der Stunde seines Todes geglaubt haben, er sei gescheitert. Hier irrte Konfuzius.

Er war kein sauertöpfischer Schulmeister und kein Dogmatiker. Seine tugendhaften Jünger kritisierten ihn, weil er mit einer übelbeleumdeten Herrscherin sprach, anstatt sie zu meiden, und weil er einem Usurpator seine Dienste anbot.

* Buch V, 84–115.

Er hatte wie Jesus einen scharfen Blick für die eigentlichen und verdeckten Motive der Menschen, und er sparte nicht mit kritischen und sarkastischen Urteilen. Nach den Fortschritten eines seiner Schüler gefragt, antwortete er kurz: »Er will nicht Fortschritte machen, er will nur vorankommen.«

Er war kein Tugendbold wie manche seiner Nachfolger es – jedenfalls nach außenhin – waren, die das Volk zu Prüderie und Heuchelei erzogen. Er brachte seinen Jüngern keine Ideologie bei, nach der sie sich ihre Welt bilden konnten, verkündete auch keine Offenbarung, obwohl man ihm später Tempel errichtete. Er wußte nichts von Gott und Göttern und wußte nicht, was Tod und Leben sei.

Er war der Philosoph der Menschlichkeit und des gesunden Menschenverstandes und doch in seinem Glauben an die eingeborene Scham des Menschen ein Utopist. In der Erziehung der Menschen und Sorge für das Gemeinwohl hat seine Utopie, die sich auf die Scham vor dem Bösen und die Einsicht in das Gute gründete, viel bewirkt, hat aber auch oft versagt – nicht anders als unsere abendländische Utopie, die meint, man könne den Menschen durch Gesetze und Strafen zu sittlichem Handeln erziehen.

»Kung?« fragte ein Grenzwächter. »Ist das nicht der Mann, der weiß, daß es nicht geht, und der trotzdem weitermacht?«

Ja, er wußte, daß es eigentlich nicht geht, aber er gab trotzdem nicht auf.

Konfuzius war demütig und bescheiden und unterschätzte sicher seine Bedeutung. Als er starb, wußte er nicht, daß er mehr erreicht hatte als alle seine Zeitgenossen.

Er hatte den Menschen in einer Zeit, die aus den Fugen war, Halt gegeben und ihnen die Augen für die wahren, dem Menschen in der Gemeinschaft gemäßen Werte geöffnet. Er wuchs und wuchs und prägte schließlich das Denken und Handeln der Chinesen für mehr als zwei Jahrtausende.

Doch ich las nicht nur die Werke hohen, politischen Ernstes: Der von vielen Chinesen als höchst frivol eingeschätzte Roman *»Jin Ping Mei«* (*»Kin Ping Meh«*) wurde mir Lieblingslektüre. Ich las dieses Buch mit dem großartigen, bunten Bild einer leichtsinnigen und korrupten chinesischen Kleinstadt des 16. Jahrhunderts in jedem Jahrzehnt meines Lebens mindestens einmal. Ich lernte das gewaltige Romangebirge des »Traum der Roten Kammer« kennen und las an modernen Autoren über China und Japan, was erreichbar war.

Wegen der Bücher, die ich selbst später über Ostasien geschrieben habe, glauben viele, dort lägen auch meine Wurzeln. Das ist ein Irrtum; sie liegen in den vorher genannten Autoren des Abendlandes.

Doch ich fühlte mich reicher als alle, die nur die eine Welt, ihre Welt kennen. Denn wer in beiden gelebt hat, erkennt manche scheinbar universal gültigen Axiome als spezifisch abendländisch, die in Ostasien und vielleicht auch sonst in der Welt keineswegs als zwingende Wahrheit angenommen werden.

Ebenso wichtig war es vielleicht, auch die ostasiatischen Traditionen und Sichtweisen mit unseren zu vergleichen und zu prüfen, zumal Chinesen wie Japaner ihre Weisheiten oft ebenso für absolut halten. Auch Europäer lassen sich gelegentlich zu unkritischer Bewunderung ostasiatischer Haltungen verführen, ohne die Fallgruben zu sehen. Auch die dunklen Sprüche des Laozi und andere ostasiatische Maximen haben noch niemand zum Stein der Weisen geführt.

Chinesen und Japaner müssen noch lernen, daß viele ihrer Prämissen von der Welt keineswegs als evidente Wahrheit anerkannt werden und daß die Ostasiaten manches davon aufgeben müssen, wenn sie sich mit der Welt verständigen wollen. So wie unser Weltbild eurozentrisch ist, so ist das Zentrum ihres Weltbildes die Tradition und Kultur Asiens.

Auch mit ihren negativen Eigenschaften und Traditionen: Konfuzius gab den Pflichten gegenüber der Familie den Vorrang vor den Pflichten gegenüber Staat und Recht. Damit bewirkte er, daß das Rechtsbewußtsein bei den Chinesen heute nur schwach entwickelt ist und daß sie Verantwortung gegenüber dem Staat in der Regel nur in den ungebundenen Studentenjahren bezeigen. Dies sei, so meinen moderne kritische Chinesen, einer der Gründe für Chinas Unfähigkeit, sich zu modernisieren und zu demokratisieren. Als negativ empfand ich es oft, daß die Chinesen wie Japaner das, was sie ausdrücken wollen, oft im Vagen und Unklaren lassen und eher verhüllen oder nur andeutungsweise sichtbar werden lassen, als es unverhohlen vor uns zu stellen. Japan- und China-Enthusiasten wollen es vielleicht nicht wahrhaben, daß Mißgunst, Betrug, Falschheit, Hinterlist, Verleumdung, reine Bosheit und andere Laster dort ebenso lebendig sind wie hier; doch man erinnere sich an den von Eckermann überlieferten Hinweis Goethes (26. April 1823) auf einen alten Globus in der Großherzoglichen Bibliothek zu Weimar, auf dem geschrieben steht: »Die Chinesen sind ein Volk, das sehr viele Ähnlichkeiten mit den Deutschen hat.«

Die vorhin genannten Bücher des Abendlandes und Ostasiens also waren es, zu denen ich auch später immer wieder griff und die ich wieder und wieder lese und in denen ich immer wieder Neues entdecke. Man kann das nicht alles in zwei Jahren lesen und noch dazu zwei Romane und zwei Erzählungen schreiben? Man *kann*, wenn man nach jahrelanger Abstinenz wieder vor den Quellen steht und die Zeit ergreift und nutzt.

Im Laufe der nächsten Jahrzehnte kamen natürlich noch andere Autoren hinzu: die unerhörten und radikalen Politphilosophen Shang Yang und Han Feizi, ferner Plotin, Augustinus, Luther, Lessing, Kant und das, was Jaspers oder Freunde wie Hubert Schrade und der Philosoph Ludwig Giesz schrieben. Das ist der Kern meiner Bildung, das sind auch ihre Grenzen.

Das größte Geschenk aber war nicht die Zeit zu lesen, sondern die Zeit zu schreiben.

Nach dem Bericht über den Krieg in Japan in dem Manuskript »Weg der Götter« schrieb ich den Roman »Du mußt dein Leben ändern«, eine Liebesgeschichte unter Deutschen am Kawaguchi-See, die schließlich mit einem Verzicht endet: erzählt noch sehr in der Sprache und Art Fontanes oder Thomas Manns. Eine eigene Sprache hatte ich noch nicht gefunden. Der Roman erschien 1949 bei der Deutschen Verlagsanstalt, Stuttgart.

Darauf folgte ein Roman, dem ich den Titel »Die Sense des Saturns« gab, nach einem Vers aus Schillers Gedicht »Gruppe aus dem Tartarus«.

In dem Roman wollte ich zeigen, wie sich Hitlers Machtergreifung auf die Intellektuellen einer kleinen märkischen Stadt auswirkte. Er mißlang, weil das Thema, wie ich es mir gestellt hatte, mit Fontaneschen Causerien und der unechten Altersweisheit eines Dreißigjährigen sowie der Ironie und dem Sarkasmus Thomas Manns nicht erfaßt werden konnte. Als ich den Roman nach einem Jahr wieder las, verbrannte ich ihn.

Ebenso verfuhr ich mit einer längeren Erzählung über einen japanischen Piloten, dessen *Kamikaze*-Einsatz wegen des Waffenstillstands widerrufen worden war und der jetzt in die Heimat zurückkehrte. Das Thema war für mich damals zu schwer.

Die Erzählung »Die Frage des Tigers« schrieb ich, nachdem ich den Fuji von unserem Haus in Katsuyama aus bestiegen hatte, nicht auf dem ausgetretenen Pilgerpfad, sondern querbergauf. Sie handelt von einem Maler, der denselben Weg geht. Er hat den Berg schon oft gemalt, aber er will nicht den Schein, sondern das Sein des Berges erkennen und dann malen. Er erkennt ihn am Ende, könnte ihn malen, als er sich ihm, durch einen Unfall am Berg schwer verletzt, nähert und stirbt.

In dieser Erzählung gelang es mir zum erstenmal, ein bedeutendes Thema zu meiner Zufriedenheit darzustellen. Sie erschien zuerst 1955, als Neuauflage 1990.

Unser Berg

Den Fuji hätten wir nie »unseren« Berg nennen können. Mit ihm stand man nicht auf du und du.

»Unser« Berg war bescheidener, uns Menschen angemessener.

Er wuchs aus der Westseite des Sees heraus. Wenn das Wetter schön, ein Kapitel geschrieben oder ein wichtiges Buch gelesen war, bestiegen Wolfram, Ulrich und ich ihn. Bauschan immer voran. Unterwegs erzählte ich Geschichten. Manchmal kam auch Franz mit.

Eine Rasthütte dort oben war verfallen. Wir standen auf ihren Trümmern und sahen weit ins Land und über die Fast-Ebene, aus der der Fuji aufstieg. Auf dem Rückweg lief uns Bauschan wieder voran. Erhobenen Hauptes und stolz trug er ein armlanges Stück Holz im Maul bis nach Hause und ließ es sich vorher nicht wegnehmen.

Die beiden Jungens hatten zwei kleine Fahrräder, mit denen sie oder ihre japanischen Freunde fuhren. Am Rande des Dorfes war ein Drechsler, dem wir oft bei der Arbeit zusahen, und der uns nicht nur Teller und Salatschüsseln und den Fuß einer Stehlampe aus altem Holz drehte, sondern auch vier Räder und zwei hölzerne Achsen. Die Achsen nagelte ich unter eine Kiste, und die Jungens hatten nun einen großartigen Wagen, mit dem sie unter großem Geschrei den Berg bis zum Shinto-Tempel hinuntersausen konnten. »Ulrich spielt vor dem Haus«, schrieb ich in einem Brief, den ich jetzt wiederfand, »er und

Eine Kiste, leere Dosen, Wasser und Sand:
Wolfram und Ulrich (rechts) haben sich etwas gekocht.

sein Freund haben leere Kisten aufgestellt und vorne und hinten Konservendosen angehängt. Die Kisten sind Schnellboote, die Dosen sind Scheinwerfer. Und dazu wird gebrummt.« Sie besaßen keine Plüschtiere zum Spielen. Sie besaßen dafür Fantasie.

Der alte Osano trug die Niederlage mit Würde. Die neue Zeit verstand er oft nicht, aber daß MacArthur ein guter Shogun war, gab er zu.

Wir wohnten nebeneinander und sahen und sprachen uns jeden Tag. In den beiden Jahren auf seinem Hof lernte ich mehr vom japanischen Leben, den Tabus, der Strenge sozialen Denkens, der Menschlichkeit im Umgang mit Familie und Freunden, der Würde und der Distanz Fremden gegenüber, als ich je hätte aus Büchern lernen können. Und auf japanisch konnten wir uns ohne jede Schwierigkeit unterhalten.

Was uns in dieser damals noch heilen Welt des japanischen Gebirgsdorfes entging, war der Zusammenstoß westlicher Welt und japanischer Tradition, die ersten Nachkriegsveränderungen, die in Tokio schon sichtbar zu werden begannen.

Die beiden Söhne Osanos kamen nach anderthalb Jahren wohlbehal-

*Der Kawaguchi-See vor dem Fuji. Unser Haus
steht am linken Bildrand, von Bäumen verdeckt.*

ten aus dem Krieg zurück. Wir durften jedoch noch in unserem Haus bleiben. Uns fehlte nichts. Nur die Zukunft.

Ende August 1947 wurden wir mit allen anderen Japan-Deutschen repatriiert. Die Besatzungsbehörden behandelten uns korrekt und zuvorkommend und erlaubten uns, alles, was uns nicht verbrannt war, in große Kisten verpackt mitzunehmen. Wir fuhren sechs Wochen lang auf einem amerikanischen Truppentransporter von Yokohama über Schanghai nach Bremerhaven.

Heimkehr

Wie ich Captain Marduk betrog

Captain Marduk war tagsüber meistens auf Jagd, oder er machte Schwarzgeschäfte. First Lieutenant Greenbaum war sein Vertreter; er ging nie auf Jagd, er machte nur Schwarzgeschäfte.

Captain Marduk war der Chef des Lagers bei Ludwigsburg, durch das alle repatriierten Deutschen gehen mußten, um »befragt« zu werden. Aber wir Japan-Deutschen waren anscheinend der letzte große Schub, und wenn wir befragt waren, sollte das Lager aufgelöst werden. Das wäre das Ende der Jagden und Schwarzgeschäfte gewesen. Das mußte daher verhindert werden. Man befragte uns deshalb gar nicht. Solange das Lager voller unbefragter *Krauts* war, konnte man es ja nicht auflösen.

Die Frauen und Kinder hatte man gleich entlassen. Franz und die Jungens kamen bei meiner Schwester in einer Landfrauenschule im Siegerland unter. Meine Eltern waren in denselben Ort geflüchtet und nahmen sich ihrer an, auch mein Vater, der im Krieg Polizeidirektor in Wittenberg gewesen und der in Gefangenschaft schwer erkrankt war.

Ich habe später in Wittenberg gefragt, aber nur gehört, daß mein Vater sich auf diesem Posten korrekt und menschlich verhalten habe. Nie etwas anderes. Das hat mich gefreut und beruhigt.

In der ersten Woche holten wir vom Güterbahnhof die Kisten mit unseren Möbeln und dem Hausrat ab. Ich fuhr jeden Morgen unbeaufsichtigt mit einigen anderen Lagerinsassen in Lastwagen zum Güterbahnhof, dann mit dem Vorortzug nach Stuttgart, wo ich mich mit Hubert Schrade traf, und nachmittags kam ich mit meinen Kisten wieder ins Lager und fand gegen vier Päckchen Zigaretten einen Fuhrunternehmer, der sie zu Franz ins Siegerland brachte.

Wir wohnten in zwei alten Kasernen, und ringsum war ein hoher Zaun aus Stacheldraht. Das Essen war miserabel. Bisher war noch kein einziger von uns »befragt« worden.

»Ich bleibe hier nicht lange«, sagte ich zu Franzl Krapf. »Marduk betrügt uns, und ich werde ihn auch betrügen.« Ich trug Franzl meinen

Plan vor. Er glaubte nicht, daß es klappen würde. Ich versuchte es trotzdem.

Als morgens ein deutscher Hilfsarbeiter der Lagerleitung kam und Kohle für unseren Ofen brachte, fragte ich ihn, ob ich einen Brief in die Vereinigten Staaten über die Lagerleitung senden müsse oder ob es besser wäre, ihn einfach mit der Post zu schicken.

Er fragte, ob er an Verwandte in den USA gehen sollte.

»Nein«, sagte ich, »ich habe einen Brief an Senator Robert A. Taft geschrieben und ihm darin mitgeteilt, daß ich hier unrechtmäßig für eine Befragung festgehalten werde. Er wird mir sofort helfen.«

Der Kohlenbringer sagte, er wolle sich erkundigen, wie ich den Brief am besten absenden könnte. Ich war sicher, daß er ein Informant der Lagerleitung war. Er wollte immer wissen, was wir denken und tun.

Senator Taft war einer der angesehensten Senatoren und wurde 1947 in der amerikanischen Presse hoch als republikanischer Präsident-schaftskandidat gehandelt. Jede Woche hatte ich in *Time* und *News-week* Artikel über ihn gelesen. Ich kannte ihn, seinen Lebenslauf, seine Familie daraus genau. Er hatte gerade das von den Gewerkschaften wütend bekämpfte Taft-Hartley-Gesetz gegen das Veto des Präsiden-ten Truman durchgesetzt. Wer sein Bild sah, wußte, daß mit ihm nicht gut Kirschenessen war. Alle hatten Angst vor ihm.

Am Nachmittag wurde ich zu Captain Marduk gerufen. Er saß am Schreibtisch und bat mich, ihm gegenüber Platz zu nehmen.

»Ich habe Ihre Dokumente und Ihren Fragebogen geprüft.«

»Liegt etwas gegen mich vor?«

»Nein, nein«, antwortete er. »Sie waren in der Partei.«

»Ja.«

»Einen Parteiposten?«

»Nein.«

»Sie waren einmal in den USA?«

»Ja.«

»Was haben Sie da gemacht?«

»Studiert. Austauschstudent.«

»Waren Sie auch in Washington?«

»Ja. Öfter.«

»Man hört hier gerüchteweise, daß Sie Senator Taft kennen.«

»Ja. Aber ich habe ihn nicht in Washington kennengelernt, sondern durch seinen Bruder, als er eine protestantische Konferenz in Cincinnati leitete.«

»Sie kennen also auch seinen Bruder?«

»Ja, natürlich. Die ganze Familie. Ich habe gerade einen Brief an den Senator geschrieben und weiß nicht, ob ich ihn über Sie oder mit der Post senden soll. Sie dürfen ihn natürlich lesen. Ich habe den Senator nur davon unterrichtet, daß ich hier *illegally detained for questioning* bin. Und ob er mir helfen könne.«

»Wir sollten die Befragungen vielleicht etwas intensivieren; aber die Arbeit wächst uns hier ja über den Kopf. Also, ich habe Ihre Dokumente gelesen. Eigentlich liegt gegen Sie nichts weiter vor. Sie können sich morgen den Entlassungsschein geben lassen.«

»Heute, Captain!«

»No, No! Morgen. Ich werde Leutnant Greenbaum Bescheid sagen.«

Leutnant Greenbaum ließ mich noch am späten Nachmittag kommen und gab mir, etwas säuerlichen Gesichts, die Entlassungspapiere. Ich packte sofort meinen Rucksack, verabschiedete mich vom »Viererklub« und fuhr nach Bietigheim, um so schnell wie möglich aus dem Bereich des Captains Marduk herauszukommen.

Doch in Heidelberg sagte man mir im Wohnungsamt, der Entlassungsschein sei nicht genug. Ich hätte zwar bis 1939 in Heidelberg gewohnt, mein letzter Wohnsitz in Deutschland sei aber Berlin gewesen. Heidelberg sei eine unzerstörte Stadt, und man könne mich nur auf die Liste der Wohnungssuchenden setzen, wenn das Ludwigsburger Repatriierungslager mich ausdrücklich nach Heidelberg entlasse.

Wie immer standen am Stacheldrahtzaun in Ludwigsburg die Festgehaltenen. Als sie mich sahen, warnten sie mich hereinzukommen. Marduk und Greenbaum wüßten, daß ich sie hinters Licht geführt hätte. Die beiden würden mich hierbehalten, und dann käme ich als letzter heraus.

Ich brauchte aber einen Entlassungsschein nach Heidelberg. Die Wache ließ mich ein, schloß hinter mir das Tor wieder zu. Ein unangenehmes Geräusch im Rücken.

Ich meldete mich bei Captain Marduk, der an diesem Tage weder auf der Jagd war noch außerhalb des Lagers Schwarzgeschäften nachging.

Er bot mir keinen Platz an, als ich hereinkam, sondern schrie: »Sie haben uns belogen! Sie haben Senator Taft nie in Ihrem Leben gesehen, und seinen Bruder auch nicht. Sie haben uns belogen!«

Ich setzte mich und sagte: »Ich mache Ihnen einen Vorschlag: Sie schicken dem Senator ein Telegramm und fragen, ob er mich kennt oder nicht. Und Sie geben mir die Chance, ein paar Worte über das Lager hinzuzusetzen. O.K.?«

Der Vorschlag schien ihn anzuwidern. Er drehte sich auf seinem Bürostuhl um und fragte zum Fenster hin: »Warum sind Sie überhaupt gekommen? Was wollen Sie hier eigentlich noch?«

»Zweierlei«, antwortete ich. »Mein Entlassungsschein muß auf Heidelberg ausgestellt sein.«

»Unmöglich! Kommt nicht in Frage! Das machen wir nie.«

»Und zweitens suche ich einen Käufer für meine Leica. Wenn Sie nicht interessiert sind, vielleicht einer Ihrer Kameraden?«

Marduk überlegte. Er drehte sich wieder zu mir. Sah mich prüfend an. Überlegte.

»Welches Objektiv?« fragte er schließlich.

»Summar 1:2.«

»Preis?«

»Der Marktpreis. Ich nehme einen Teil auch in Zigaretten.«

»Zeigen Sie mal her!«

»Captain!« sagte ich vorwurfsvoll. »Die habe ich doch nicht mitgebracht. Die wird nicht hier im Lager, die wird außerhalb verkauft. Ich wollte vorerst nur wissen, ob Sie oder einer Ihrer Kameraden überhaupt daran interessiert sind und wieviel Sie zahlen.«

»Gut. Also Kameras, das macht Greenbaum. Von Kameras versteht er mehr. Da müssen Sie mit ihm sprechen.«

»Und den Entlassungsschein nach Heidelberg!«

»*All right, all right!*« rief er ungeduldig.

Ich verhandelte mit Greenbaum hart und lange über den Preis, schließlich einigten wir uns. Ich bekam meinen Entlassungsschein nach Heidelberg, verabschiedete mich von Franzl und erzählte ihm von meinem Gespräch mit Marduk und Greenbaum.

»Willst du die Kamera wirklich den beiden Banditen verkaufen?« fragte er.

»Aber du weißt doch, daß mir meine Leica schon vor Monaten in Tokio in der Straßenbahn gestohlen worden ist.«

Der Handleser aus Agra

»Marduk?« Hubert Schrade lachte. »Er hieß wirklich so? Dann stammt er aus einer sehr alten Familie. Der erste Marduk, den wir kennen, war Stadtgott von Babylon. Älter als Abraham. Schon lange her. Rund viertausend Jahre.«

Hubert Schrade war während des Krieges Ordinarius für Kunstgeschichte an der Universität Straßburg gewesen. Man hatte ihn nach der deutschen Kapitulation als alten Nationalsozialisten entlassen.

Er lebte jetzt in Tübingen und begann nach seinen Straßburger Vorlesungen eine Geschichte des Gottesbildes zu schreiben. Von Ägypten bis ins europäische Mittelalter. Das erste Buch »Der verborgene Gott« behandelte das alte Ägypten und den Vorderen Orient.

»Sie wollen nun als Schriftsteller leben.«

»Ja.«

»Kennen Sie Gilgamesch?« fragte er. »Etwa zur Zeit Marduks. Ich bin gerade bei dem Kapitel.«

»Ja, jedenfalls eine Rekonstruktion des Epos aus den Fragmenten. In einem Insel-Bändchen, glaube ich.«

»Und?«

»Groß. Wie ein Mensch den Tod des Freundes nicht hinnehmen will. Das Aufbegehren gegen den Tod. Ein großes beunruhigendes Thema. Damals wie heute.«

»Darum frage ich Sie. Schreiben Sie es neu! Modern. Als Geschichte aus unserer Zeit.«

»Das geht nicht«, sagte ich. »Man kann den Mythos nicht in unsere Zeit versetzen. Kein Mensch würde ihn glauben.«

»Sagten Sie nicht eben, er gilt noch heute?«

»Ja, aber das Thema ist zu groß. Ich wüßte niemand, der es darstellen könnte. Thomas Mann? Ja, aber er würde es psychologisieren, ironisieren, so daß wir mit dem tumben Gilgamesch, der die *Facts of Life* nicht kennen und hinnehmen will, mitleiden, aber doch mit überlegenem Lächeln; obwohl es auf seine Frage immer noch keine

Antwort gibt. Nein, ich kann es nicht. Aber es wäre schön, einen Roman über Leben und Leiden eines minderen Gottes zu schreiben. Man muß sehen.«

»Was wollen Sie denn schreiben?«

»Ich weiß noch nicht; aber ich neige zu den einfachen Themen. Es zieht mich zu den archetypischen Situationen: dem Kampf von Brüdern um die Macht oder um eine Frau zum Beispiel. Den Streit der Königinnen. Eifersucht. Beleidigung und Rache. Lüge. Leidenschaft. Die Verführung eines Volkes durch eine absurde Idee.«

»Also Hitler.«

»Ich denke an eine Epoche der chinesischen Geschichte. Doch es gibt natürlich Ähnlichkeiten. Es geht mir um den Menschen. Wozu er fähig ist.«

»Wissen Sie es? Kennen Sie den Menschen?«

»Natürlich nicht. Ich will nur beschreiben, was ich sehe. Wo ich die Antwort nicht weiß, schweige ich. Ich vermeide apodiktische Urteile und liebe es, das Letzte in der Schwebe zu lassen.«

Das war im Oktober 1947.

Ich eile nun wieder viele Jahre voraus. Im Frühjahr 1955 reiste ich für den Süddeutschen Rundfunk nach Ostasien, um Zeitzeugen der Katastrophe von Hiroshima und der letzten Kriegstage in Japan zu befragen und darüber Dokumentarsendungen zu schreiben.

Auf dem Wege machte ich Station in Indien. Als ich in Agra aus dem Hotel trat, war ich von einer Gruppe Inder umgeben, die mich zum Tadsch Mahal führen, mir Bilder, Dolche, Gurkha-Messer verkaufen und die Zukunft weissagen wollten. Ich ging durch die Gruppe hindurch, aber ein Handleser ließ sich nicht abschütteln. Er zeigte mir Dankesbriefe vom früheren Vizekönig Lord Mountbatten, dem Prince of Wales und berühmten Filmstars.

Ich wurde weich. Er las mir nur dummes Zeug aus der Hand. Was er allen Touristen erzählte. Er sah, daß ich nicht zufrieden war. Als ich ihm drei Rupies gab, sagte er: »Sie werden demnächst Ihren Beruf wechseln.«

Ich lachte und ging.

Er rief hinterher: »Und zwar am 20. Mai.«

»Das ist kaum möglich; denn dann bin ich in Japan.«

Ich ging weiter.

»*Or you will get a letter to that effect*«, rief er hinterher.

Ich schickte Franz jede Woche mein Tagebuch, und darin habe ich die Geschichte beschrieben.

Am 20. Mai war ich in Japan, aß mit Masuda, einem alten japanischen Bekannten, zu Abend und erzählte ihm von der falschen Voraussage; denn ich hatte an diesem Tag weder meinen Beruf geändert, noch einen Brief erhalten.

Aber eine Woche später, als ich in Honolulu war, lag dort ein Brief von Franz, in dem sie berichtete, Franzl Krapf habe am 19. Mai angerufen und am Tag drauf geschrieben und mir angeboten, in unserer neuen NATO-Botschaft in Paris Referent für Politik zu werden. Er selbst werde da Gesandter.

Ich antwortete Franzl Krapf auf einer Ansichtskarte von Waikiki Beach, ich wolle lieber ein freier Mann bleiben.

Die Eintragung aus Agra in mein fortlaufendes Tagebuch, Franzl Krapfs Brief, mein Brief an Masuda, in dem ich ihm jetzt von dem merkwürdigen Treffer des Handlesers erzählte – all das liegt vor. Ich habe es zusammengeheftet, damit ich es jederzeit beweisen kann.

Im Jahr 1955 war Hubert Schrade längst wieder rehabilitiert und Ordinarius für Kunstgeschichte in Tübingen. Er war mein Lehrer gewesen, jetzt waren wir Freunde und trafen uns oft.

Im Oktober 1955 war er bei uns in Heidelberg.

»Die so zutreffende Voraussage des Handlesers von Agra beunruhigt mich eigentlich nicht«, sagte ich. »Denn mir sind auch andere unwahrscheinliche Zufälle begegnet. Aber woher kommt es, daß er mehr über mich wußte als ich selbst? Daß er mir sagte, was ich eigentlich wollte – etwas, woran ich damals noch gar nicht dachte.«

»Und was war das?« fragte Hubert Schrade.

»Daß ich meinen Beruf wechseln werde. Ich werde nämlich am 1. Dezember wieder in den Auswärtigen Dienst eintreten. Zunächst für ein Jahr, allenfalls für zwei.«

Hubert Schrade brauchte einen Cognac.

»Das mußt du mir erklären«, sagte er. »Hörspiele sind heute Literatur geworden. Sie haben ein großes Publikum. Du hast den Hörspielpreis der Kriegsblinden bekommen. Du warst ein Vierteljahr in Asien und Amerika. Konntest dir das leisten. Du wohnst schön und bequem.

Den Jungens geht es gut, und die kleine Barbara hat die Operation überstanden und ist wieder munter und fidel. Du wolltest doch immer Schriftsteller werden. Warum willst du nicht mehr?«

»Ich schreibe und verdiene damit Geld. Und was ich schreibe, kommt beim Publikum an. Es kommt an, weil die Menschen, die ich schildere, aus Papier sind; weil sie aus der Literatur kommen. Die kennt man, die erkennt man wieder, an die hat man sich gewöhnt und nimmt sie für wirklich.«

»Du übertreibst.«

»Ich übertreibe? Aber nicht viel. Was habe ich denn in den vergangenen sieben Jahren geschrieben? Nichts von dem, was ich mir vorgenommen hatte, als wir uns damals in Stuttgart trafen und von Gilgamesch redeten.

Ich sehe die Welt nur noch über meinen Schreibtisch. Ich kenne sie gar nicht mehr. Ich weiß nicht mehr, was wirklich vor sich geht. Ich will kein Literat sein. Ich bin keiner. Ich habe lange geglaubt, es sei Verrat, wenn ich mein Schriftstellerdasein aufgebe. Aber es ist kein Verrat.«

»Du willst also nicht mehr schreiben?«

»Natürlich werde ich weiterschreiben. Ich kann ja nicht anders. Doch andere Bücher als bisher. Ich will nicht mehr zur Zunft derer gehören, die in der Literatur leben und die nur Literatur denken, ohne die Welt zu sehen.

Mir sträubten sich seit jeher die Haare, wenn ich den Spruch des Laozi hörte, der meinte: der Weise sehe alles, ohne hinzublicken; ohne aus seiner Tür zu gehen, wisse er alles unter dem Himmel. Ich habe von einem Literaten unserer Tage das gleiche gehört, als er sagte, er brauchte nicht in die Welt zu gehen. Die Welt komme in sein Haus. Doch er irrt sich: Die Welt kommt nicht in sein Haus, es sind nur Kunstgestalten und Bilder der Literatur. Darum sieht die Welt, die er und seine Zunftgenossen schildern, auch so verquer aus.

Schopenhauer war auch so einer. Ich will dir vorlesen, was er mit der ihm eigenen Unverschämtheit an Goethe geschrieben hat, weil der sein Manuskript nicht schnell genug gelesen und mit Zustimmung zurückgeschickt hat.«

Ich holte das Buch aus dem Regal und las ihm vor:

Ich weiß von Ihnen selbst, daß Ihnen das literarische Treiben stets Nebensache, das wirkliche Leben Hauptsache gewesen ist.

Bei mir ist es aber umgekehrt: Was ich *denke*, das hat für mich Wert und ist für mich wichtig; was ich persönlich erfahre und was sich mit mir zuträgt, ist mir Nebensache, ja, ist mein Spott.

»Ich verstehe dich«, sagte Hubert, »du kennst die Grabinschrift des Aischylos, die er selbst entworfen hat?«

»Nein.«

»Auf seinem Grabstein stand sein Name, der seines Vaters und seiner Vaterstadt, und außerdem erwähnt er, daß er bei Marathon mitgekämpft habe.«

»Dabei kannte Aischylos doch wohl den hohen Rang seiner Werke?«

»Natürlich«, antwortete Hubert Schrade. »Aber schon die Literaten der Antike wunderten sich darüber, daß er seine Tragödien gar nicht erwähnt hat. Pausanias zum Beispiel.

Ich glaube, daß wie für Goethe so auch für Aischylos das wirkliche Leben Hauptsache, das literarische Treiben nur Nebensache gewesen ist. Das literarische Treiben, aber nicht das Verfassen von Tragödien. Das war ihm sicherlich höchster Ernst. Er schrieb sie angesichts der Welt und der Götter, die er in ihr erfahren hatte.«

»Und er wartete nicht, bis sie zu ihm in seine Schreibstube kamen. Ich will wieder, wie schon in Japan und China, die Welt in ihren politischen Verflechtungen und Kämpfen sehen, und die Menschen, wie sie sich darin einrichten; die Menschen mit ihrer Trägheit, ihren Leidenschaften, Idealen, ihren Lügen. Alles.

Und ich werde nur schreiben, was darzustellen mir auf den Nägeln brennt. Ich habe da schon Pläne, die aber Zeit haben. Vielleicht kann ich das, was ich schreiben muß, in einem unbezahlten Urlaub schreiben; oder wenn nicht, nach meinem Ausscheiden, in ein, zwei Jahren.

Ich will gar nichts weiter, als sehen und erleben und, was ich gesehen habe, aufschreiben, will keinen neuen Stil oder eine neue Interpunktion erfinden oder ähnlichen Schnickschnack, sondern eher unauffällig und mit leichter Hand und sogar unterhaltend schreiben, so daß der Leser aufpassen muß, damit er nicht über das Wichtige hinwegliest.

Was ich erkannt habe, das werde ich in der Schwebe lassen, damit niemand auf den Gedanken kommt, ich hätte alles verstanden und verkündete etwas. Die Wahrheit zum Beispiel. Und wenn ich Glück habe, werde ich hier und da doch erkennen, wer wir sind und wo wir sind. Das ist alles.«

»Du hast dir aber viel vorgenommen.«

»Du meinst, ich kann es nicht schaffen?«

»Doch. Ob sich die literarische Welt allerdings dafür interessieren wird, wenn du an ihrem Treiben nicht teilnimmst, das weiß ich nicht. Aber das ist ja auch nicht wichtig. Dann schreibst du eben für *the happy few*.«

»Danke! Du machst mir Mut. Dann will ich es versuchen.«

Bildnachweise

Muster-Schmidt Verlag, Göttingen; Bernd Martin, Deutschland und
Japan im Zweiten Weltkrieg: 329
Kurt Schmidt: 45
Staatliche Museen zu Berlin, Nationalgalerie: 269
Ullstein Bilderdienst, Berlin: 250, 349, 401, 426
Alle übrigen Bilder sind vom Autor oder aus seinem Archiv.

Personenregister
Kursive Zahlen verweisen auf Abbildungen.

Abegg, Lily   374, 382,
    471–473, 513 ff.
Abshagen, Karl Heinz
    414, 421
Adenauer, Konrad
    290, 429
Adenauer, Max   429
Adeodatus, Sohn
    Augustins   27
Adler, Professor   292 f.
Ahlers, Conrad   63, 315
Ahrens, Referent in der
    Rundfunkabt. des AA
    315
Aicardi, Bill   150
Aischylos   534
Albrecht, Georg   38, 44
Altdorfer, Albrecht   275
Arent, Benno von   395
Aristophanes   62
Arnold, Karl   430
Augstein, Rudolf   315
Augustinus von Hippo
    24, 26, 35, 280, 522
Aurifaber, Johann (eigtl.
    J. Goldschmied)   77

Bach, Johann Sebastian
    130

Badoglio, Pietro   472
Barlach, Ernst   87, 244
Barthel, Max   110 f., 112,
    112–116, 131, 243 f., 259
Barzel, Rainer   313
Bauer, Karl-Heinz   282
Bauer, Paul   68
Baumann, Hans   205, 244
Bavink, Bernhard   508
Beckmann, Max   84, 93
Belling, Rudolf   84
Benn, Gottfried   93
Benz, Richard   130 f., 251
Beyer, Emmy   443,
    448 f., 452–454, 458
Binding, Rudolf Georg
    67
Bismarck, Otto von   253
Blech, Leo   85
Bohle, Ernst Wilhelm
    321, 446
Bokassa I., »Kaiser« von
    Zentralafrika   458
Bollhorn, Fräulein
    486, 450
Böhme, Jakob,
    Philosoph   129, 508
Böhme, Jakob, Schuster
    42

Brauchitsch, Walter von
    427
Brecht, Bertolt   67, 93,
    244
Brehm, Alfred   29
Brentano, Heinrich von
    365
Breuer, Richard   363,
    369, 398, 406, 413, 419,
    421, 482 ff., 487, 491 f.,
    498
Breughel, Pieter d. Ä.
    270
Brieger, Lothar   342
Bröger, Karl   114 f., 131
Brzezinski, Zbigniew   15
Burckhardt, Jacob   32,
    274, 285, 294, 303 f.,
    404
Busch, Wilhelm   25
Bush, George   390 f.
Büchner, Ludwig   291

Caesar, Gajus
    Julius   64, 100, 303
Campana, Marcelle   200
Canaris, Wilhelm   427 f.
Canetti, Elias   97
Carossa, Hans   67

Carter, Jimmy 15
Carus, Carl Gustav 249, 257
Cato, Marcus Portius d. Ä. 48
Ceauşescu, Nicolae 137, 207, 458
Chandler, Raymond 518
Chaplin, Charlie 44, 60
Chen, Chin-yao 333, 335
Chruschtschow, Nikita 199
Churchill, Sir Winston 379, 382, 447, 449
Cicero, Marcus Tullius 64, 100, 125, 129
Clausen, Max 374, 376, 381, 456
Cordt, Fritz 346, 370–375, 428
Cox, Jimmy 375
Cranach, Lukas 61, 68
Curtius, Marcus 48

Damaschke, Adolf 95
Daqué, Edgar 129
Dareios, König v. Persien 65
Darwin, Charles Robert 291, 399
Deng Xiaoping 207, 223, 335
Dieck, Tom 236, 241
Diehl, Günter 311, 313, 315
Dix, Otto 93
Djilas, Milovan 503 f.
Dornbach, Eike 143, 170, 173, 180–189, 192, 196, 203 f., 216 f., 220 f.
Dornbusch, Arnold 21 f., 27 ff., 308
Dornbusch, Erich 21, 23, 57
Dornbusch, Martin 21, 24, 57, 308
Dostojewski, Fjodor 85
Dovifat, Emil 129

Dönitz, Karl 472, 475
Dörries, Ernst Otto 315
Dörwald, Rudolf 112, 116, 119
Dulles, John Foster 184, 334
Dürer, Albrecht 168, 248

Eckermann, Johann Peter 247, 303, 521
Eden, Anthony 122
Einstein, Albert 142
Eisenhower, Dwight D. 335
Eliot, T. S. 518
Erhard, Ludwig 286, 313 f.
Ernst, Karl 126
Esser, Max 247
Etzdorf, Hasso von 310
Euripides 62

Falkenhausen, Alexander von 233
Faulkner, William 518
Fegers, Hans 258, 263 f., 268, 270, 289, 295, 301
Ferdausi, pers. Dichter 66
Ferdinand I., Kaiser 129
Fest, Joachim C. 96, 231
Fischer, Martin 337, 347
Flick-Steger, Carl 332, 335, 350
Florian, Franz 241 f.
Focke, Ernst-Günter 69, 311 f., 320
Fontane, Theodor 85, 111, 245, 519, 522
Fortner, Wolfgang 244
Förster-Nietzsche, Elisabeth 75
Franz s. Wickert, Ingeborg
Frick, Wilhelm 98

Friedrich II., d. Gr., König 30, 56, 122
Friedrich, Caspar David 84
Fritsch, Werner von 362
Furtwängler, Wilhelm 254
Furuuchi, Hideo 406, 501

Galinsky, Wolfgang 456, 503
Gaul, August 84, 247, 275, 292, 293, 304
George, Stefan 66, 277
Gerlach, Ernst 383
Gerstenmaier, Eugen 313
Gienanth, Ulrich Freiherr von 164 f.
Giesz, Ludwig 69, 257, 522
Gisevius, Hans Berndt 428
Glathe, August 330, 346
Goebbels, Joseph 115, 131, 244, 253, 289, 311 f., 318 ff., 330, 340, 364, 369, 423
Goethe, Johann Wolfgang von 71, 111, 168, 247, 255 f., 288, 294, 303 ff., 519, 521 f., 534
Goya, Francisco de 93, 168
Göring, Hermann 98, 320, 323
Grimmelshausen, Hans Jakob Christoph von 93
Grisebach, August 249, 261, 266, 272
Gronau, Wolfgang von 353, 439, 490
Grosz, George 93
Guardini, Romano 129
Gundolf, Friedrich 289
Gurlitt, Manfred 359

Haarmann, Fritz 94
Haeften, Werner Karl von 310
Halder, Franz 427
Halifax, Edward Frederick Lindley 427 f.
Hammett, Dashiel 518
Hammurapi, König von Babylon 89
Hamsun, Knut 85
Han Feizi 225, 522
Hanussen, Erik 113, 125
Harich-Schneider, Eta 486, 490
Hartmann, Nicolai 129, 251
Hassell, Ulrich von 310
Haushofer, Karl 219
Hausmann, Manfred 70
Haverbeck, Werner 131
Hegel, Georg Wilhelm Friedrich 168, 277, 294
Heidegger, Martin 278 f., 288, 305, 519
Heiden, Konrad 450
Heinemann, Egon 342
Heinersdorf, Frau 308, 317
Heines, Edmund 126
Helke, Fritz 245
Hemingway, Ernest 469, 518
Heraklit 215
Herodot 62, 65, 518
Herwarth von Bittenfeld, Hans-Heinrich (Johnny) 310
Heubner, Heinrich 51
Hewel, Walter 379
Heydrich, Reinhard 313
Himmler, Heinrich 123, 284, 337, 363, 458
Hindenburg, Paul von 89, 98, 122, 128
Hippias, Tyrann von Athen 62
Hirohito, Kaiser von Japan 367, 378, 386,

390, 393, 396–399, 400, 401–404, 439, 502, 510
Hiroshige, Ando 212
Hitler, Adolf 76 f., 81, 83, 93, 98, 102, 104, 114, 116 f., 122–129, 135, 158, 160, 164, 190, 204, 220, 231–234, 253, 265, 269, 273, 289 f., 300, 302 ff., 306, 309 f., 320, 323, 338, 340, 344, 350 f., 354, 357, 359, 361 f., 364, 367, 378 f., 381, 383, 387 f., 391–394, 422, 427–430, 435, 437, 439 f., 450, 471 f., 474, 474, 479, 531
Hochhuth, Rolf 286
Hofmannsthal, Hugo von 262
Hofmeier, Journalist 463
Hogen, jap. Diplomat 406
Hollingsworth, Reginald, s. Waldbauer, Peter
Holtzbrinck, Georg von 345
Homer 62, 518
Horaz 51
Hosemann, Zeichner 342
Hotsumi Ozaki, jap. Diplomat 368, 378, 385
Hölderlin, Friedrich 71
Hölz, Max 39
Hua Guofeng 169
Hull, Cordell 390

Ismay, Lord Hastings Lionel 200
Jannings, Emil 69, 455
Jaspers, Karl 14, 130, 243, 247, 249 ff., 257 f., 261, 261–264, 268, 270 f., 276–288, 294, 301 f., 305, 310, 522
Jaumann, Anton 315

Jones, Betty 260, 264
Jünger, Ernst 87, 121, 132, 197, 244, 322, 477
Jünger, Friedrich Georg 244

Kabayama, Sukehide 406, 434 f., 437, 438, 439, 441
Kant, Immanuel 522
Karajan, Herbert von 254
Karl d. Gr., Kaiser 142
Karsch, Fritz 362, 472
Kaulbach, August 62, 64, 67 f., 467, 518
Kayssler, Friedrich 84
Kämpfer, Engelbert 203
Kästner, Erich 67
Kempe, Richard 235, 299, 306, 346
Kempff, Georg 61, 71
Kempff, Wilhelm 62
Kepler, Johannes 129
Keßler, Harry, Graf 116, 274
Kido, jap. Lordsiegelbewahrer 366, 402
Kierkegaard, Søren 14, 168, 250, 257 f., 262, 279
Kiesinger, Kurt Georg 287, 313–316, 425
Kistler, Mark 135
Klabund (Henschke, Alfred) 55, 71
Kleinschmidt, Jimmy 159 f.
Kleinschmidt, Otto 38, 61, 124
Kliche, Walther (Hippias) 62 f., 63, 64–68, 73, 77
Klicker, Leiter einer Kohlenzeche in China 226 ff.
Knittel, John 113

Knorr, Ernst-Lothar von 69, 259 f., 298, 317
Kodaira, jap. Oberst 440
Kokoschka, Oskar 93
Kolbenheyer, Erwin Guido 66
Komma, Karl Michael 264
Konfuzius 213, 310, 432, 507, 519 ff.
Konoye, Prinz 368, 374, 379, 394
Kordt, Erich 128, 281, 310, 346, 357 f., 374, 376 f., 381, 392, 411, 420, 422, 424 ff., 426, 427–432, 437, 439, 441, 445
Kordt, Theo 310, 427
Krapf, Franz 340, 363, 369 f., 397 f., 405 f., 420, 434, 440, 459 ff., 476 f., 480 ff., 484, 491, 498, 501, 508, 510, 526, 532
Kretschmer, Alfred 361, 386
Kriebel, Hermann 231 f., 232, 233 ff., 299, 323, 346
Krieck, Ernst 268, 283 f., 292, 294
Kubin, Alfred 87
Kurozawa, Akira 212
Kurusu, jap. Botschafter 390

Lahrmann, Siegfried 321, 331, 340 f., 344 f., 349, 446, 450
Lampel, Peter Martin 69
Lao Zi (Lao Dse) 215 f., 519, 521, 533
Lasson, Georg 71, 294
Lasson, Pfarrer 71, 73
Lazenby, Chandler 151 ff., 155, 199
Lee, Sammy 445, 490
Lenz, Hermann 249, 256

LeRoy, Floyd 170 ff., 206
Lersch, Heinrich 114 f., 131, 205
Lessing, Gotthold Ephraim 522
Lessing, Theodor 93
Lewis, Sinclair 201
Leyhausen, Wilhelm 85
Leszczynski, Stanislaus, König von Polen 30
Liebermann von Sonnenberg, Max 84
Lilienfeld, Georg von 311
Lincoln, Abraham 303, 399
Lissner, Ivar 422
Liu Binyan 25
London, Jack 113, 160, 180
Long, Huey 163, 198
Louis, Joe 153
Ludendorff, Erich von 231
Luther, Martin, Reformator 43, 51, 60 ff., 77, 279, 522
Luther, Martin, Unterstaatssekretär 337
Luxemburg, Rosa 94
Lüdde-Neurath, Kurt 363, 369, 398, 405 f., 472, 476, 498, 514, 516 f.

MacArthur, Douglas 456, 502, 513, 516, 524
Malik, Jakow Alexandrowitsch 396
Mann, Thomas 85, 111, 245, 272, 278, 519, 522, 530
Mao Zedong 169, 222, 324
Marc, Franz 291
Marchtaler, Hans Ulrich von 359, 363, 466, 490

Marduk, amerik. Lagerkommandant 526–530
Marées, Hans von 84
Marx, Karl 109, 112, 383
Mata Hari 350
Matsuoka, Yosuke 433
May, Karl 36, 70, 74
Meidner, Ludwig 93
Meier-Graefe, Julius 274
Meiji, Kaiser von Japan 391, 404
Meisinger, Josef 337 f., 339, 354, 362 f., 376, 423, 434, 447 ff., 452 ff., 456 f., 457, 458–461, 466, 475 f., 490, 497, 513
Melanchthon, Philipp 48, 61
Menzel, Adolph 249, 477
Meyer, Christian 282
Meyer, Kanzler an der dt. Botschaft in Tokio 472
Meyer-Heidenhagen, Diplomat 297
Michelangelo 292
Mirbach-Geldern, Ladislaus, Graf 359, 363, 413, 418 f., 421, 466
Mommsen, Theodor 129
Moser, Lukas 248
Moy, Herbert 331 f., 336, 350, 385, 511
Mozart, Wolfgang Amadeus 130
Munzel, Arabist 318
Mussolini, Benito 99, 410

Nagai, Alexander 356, 405, 485, 491
Napoleon I., Kaiser 303, 379
Nehmiz, Oberstleutnant 408, 490

Niemöller, Martin 136
Niemöller, Oberst 487,
 508
Niepmann, Werner 87
Nietzsche, Friedrich 36,
 71, 74 f., 251, 280,
 291 f., 294, 404, 429 f.,
 518
Nomura, jap.
 Botschafter 390
Novalis 129

Oshima, jap. General,
 Botschafter in Berlin
 388, 391, 435, 438 f.
Oster, Hans 427 f.
Ott, Eugen 96, 346,
 356 f., 358, 360 f., 363,
 376–379, 381, 386–389,
 396, 399 410 ff., 422 ff.,
 433, 455
Ott, Helma 396 f., 420
Ottow, Hans 81, 98

Pape, Albrecht und
 Ulrich 63, 68 ff., 75,
 310
Papen, Franz von 122
Paquet, Alfons 172
Paracelsus, Philippus
 Aureolus
 Theophrastus 129
Parmenides, Philosoph
 251
Pausanias, griech.
 Schriftsteller 534
Pechstein, Max 316
Petersen, Julius 129, 173
Pfeil, Reinhold 230,
 82 f., 103
Pfitzner, Hans 85
Phaidros 468
Philon von Alexandria
 292
Picasso, Pablo 93
Pilsudski, Józef
 Klemens 122
Plato 62, 291 f.
Plotin 24, 251, 522

Polo, Marco 224
Ponsonby, Lord 350
Ponten, Josef 67
Pörzgen, Hermann 296
Prettyman, William
 150 f.
Prince, Professor,
 Senator 151, 155–159
Puttkamer, Jesco von
 336 ff., 350
Puyi, Kaiser von
 Mandschukuo 218,
 396

Rabe, John 229 ff.
Radek, Karl 109, 243
Ranke, Leopold von 294
Reck-Malleczewen,
 Friedrich 136
Reger, Max 117
Rein, Johannes Justus
 203
Rembrandt 87, 274
Reuter, Fritz 60
Reznicek, Emil von 85
Ribbentrop, Joachim
 von 231, 299 f., 309,
 312, 318, 337 ff., 339,
 346, 361, 379, 387 f., 391,
 395, 410 f., 422 f.,
 424 f., 427, 429, 433,
 435, 437 ff., 442
Rilke, Rainer Maria 66
Rodenwaldt, Gerhart
 129
Rodewald, Ludwig 45
Rohrer, Hans 451
Roos, Johann Heinrich
 247
Roosevelt, Theodore
 367, 379, 386, 388,
 393 f., 447, 449
Ross, Colin 219
Röhm, Ernst 127
Rubens, Peter Paul 249,
 274
Rucksteschell, Kapitän
 461
Rudolph, Herbert 301

Ruysdael, Salomon van
 342
Rühle, Gert 299, 302,
 306, 311 f., 318

Sachse, Willy 117
Saionji, Prinz 404
Sallust 64
Schäfer, Heinrich 84
Scheel,
 Reichsstudentenführer
 284
Scheffler, Karl 274
Scheliha, Rudolf von
 310
Schellenberg, Walter 363
Schelling, Friedrich
 Wilhelm Joseph 129
Schiller, Friedrich von
 71, 522
Schimpff, Ellinor 338,
 340 f., 318
Schirach, Baldur von
 244, 359
Schirmer, Hans 311,
 313, 319
Schleicher, Kurt von 96,
 117, 356
Schleyer, Hanns-Martin
 264
Schmitthenner, Paul
 283 f.
Schmoll, Heinz 127 f.,
 134, 137 f., 153, 211,
 214, 219, 242, 349
Scholl, Oberstleutnant,
 Militärattaché in
 Bangkok 379
Schopenhauer, Arthur
 291, 533
Schöffler, Heinz 69
Schrade, Hubert 69, 89,
 243, 247 ff., 256 ff.,
 261, 266 f., 270–275,
 290 ff., 294 f., 299 ff.,
 522, 526, 530, 532, 534
Schrecklinger, Matthias
 258, 264, 268, 270, 289,
 295, 301

Schröder, Gerhard
313–316, 365
Schulenburg, Friedrich
Werner Graf, von der
310, 379
Schulte, Kardinal-
erzbischof 323
Schulze, Reinhold 359,
419
Schwerin von Krosigk,
Johann Ludwig, Graf
474
Seeckt, Hans von 233
Seelheim, Generalkonsul
in Yokohama 452
Sellmeyer, Fritz 222,
405, 413 f., 420 f., 477,
480 ff., 484
Seyß-Inquart, Arthur
319
Shakespeare, William
71, 519
Shang Yang, chin.
Philosoph 522
Shigemitsu, Mamoru
402, 435
Shub, Anatol 313
Siebold, Philipp Franz
von 203
Siegel, Hans 346
Siemons, Mark 136
Silex, Karl 254
Simonis, Susanne 376,
395, 420, 427
Sixt, SS-
Standartenführer 127
Slevogt, Max 84
Sokrates 62, 64, 89, 468
Sommerfeld, Günther
81, 83, 467
Sonnenhol, Adolf 302,
311, 313 f.
Sonthoff, Herbert 166 f.
Sophokles 62
Sorge, Richard 209 f.,
340, 354 f., 360, 368 f.,
375–379, 380, 381–385,
422 f., 428, 456, 514
Spahn, Landesgruppen-

leiter der NSDAP in
Japan 492
Speer, Albert 320
Stahmer, Heinrich G.
396, 422, 424, 433 ff.,
436, 437 ff., 443, 445,
447, 449, 455, 458 f., 463,
466 f., 472, 475 f., 490,
499, 513, 515, 517
Stalin, Josef 300, 354,
379, 383, 393, 447, 449
Stapel, Wilhelm 67
Stark, Harold R. 394
Stauffenberg, Claus Graf
Schenk von 463
Steg, Rudolf 164, 167,
346, 357
Stein, Cäcilie (Tante
Lize) 51, 56, 57–60,
67, 70, 76, 269
Stendhal (eigtl. Beyle,
Henri) 85
Stennes, Walter 323 f.,
346
Sternberger, Dolf 273,
281
Strasser, Gregor 126
Straube, Willy 62
Strauß, Franz Josef 315
Streicher, Julius 135,
137 f.
Strindberg, August 291
Sutter, August 165

Tacitus, Publius
Cornelius 64
Taft, Robert A. 527, 529
Taitelbaum, Sam 329
Thälmann, Ernst 116
Thorwaldsen, Bertel 509
Thukydides 63, 518 f.
Thulin, Lizentiat 61, 71
Tichy, Aloys 359
Tito, Josip 503
Tizian 93, 275
Togo, jap.
Außenminister 387,
402, 410, 472
Toguri, Iva 514 f.

Tojo, Hideki 374, 393 f.,
402, 414, 435, 440, 465,
513
Tolstoi, Leo 85, 322, 324
Toqueville, Alexis de
313
Traven, Bruno 113
Trebitsch Lincoln,
Ignacz 336 ff., 339
Trotzki, Leo 109, 243
Truman, Harry S. 527
Tschiang Kaischek
229 f., 233, 323 f.,
333 f., 334, 335
Tschiang Weiguo 335
Tucholsky, Kurt 67

Ulbricht, Walter 49
Ushiba, Nobuhiko 406
Uyenaka, Arzt 484

Van Gogh, Vincent 84
Vansittart, Robert
Gilbert 427
Vasari, Giorgio 248
Vermeer, Jan 87
Volkers, Ingenieur
419 f., 443
Vollhard, Adam 413 f.,
421
Voß, DDR-Botschafter in
Bukarest 137

Wachsmuth, Arzt, SS-
Sturmbannführer
268, 298
Wagner, Richard 140
Waldbauer, Peter 335 f.,
350, 443 f., 447–450,
452–455, 457
Weber, Max 271, 276 f.,
430
Weegmann, von, Leiter
der Ostasiatischen
Gesellschaft 203, 209,
215
Weise, Rudolf 376
Weizsäcker, Ernst von
282, 310, 387, 410, 427

Weizsäcker, Victor von
282
Wendt, Journalist 452 f.
Wennecker, Irmi 475
Wennecker, Paul
Werner 361 f., 367,
389, 420 f., 456, 462 f.,
464, 475
Werner, Bruno E. 132,
252–256
Wickert, Barbara 533
Wickert, Dieter 38, 53,
79, 242, 269, 421 f.
Wickert, Erwin, senior,
Vater des Autors
15–19, 23, 26, 37, 40,
53–57, 75, 77 ff., 83, 97 f.,
100 f., 124, 127, 132 f.,
242 f., 267, 269, 421,
526
Wickert, Hanna 13,
16 ff., 23 f., 37 ff., 40,
52–57, 78 f., 83, 147, 242,
267, 307
Wickert, Harvey T. 145
Wickert, Hermann 27
Wickert, Ingeborg
(»Franz«) 255, 264,
267, 269, 289, 295,

306 ff., 319, 322, 327,
338, 340, 342, 347–351,
353, 370 ff., 386, 395,
397 f., 405 f., 407, 417,
420, 434, 441, 442, 444,
475 f., 492, 497, 503, 512,
514, 516, 517, 523, 526,
532
Wickert, Ingrid 18, 30,
38, 53, 78 ff., 147, 242,
307, 526
Wickert, Johann Peter
30 f., 145
Wickert, Julius 21, 27 f.,
29, 29, 31–34, 47, 56
Wickert, Ulrich 407,
421, 441, 442, 476, 492,
497 f., 505, 517, 523, 524,
526
Wickert, Wolfram
341 f., 347, 348, 349,
353, 372, 405, 407, 417,
426, 442, 476, 492, 497 f.,
505, 517, 523, 524, 526
Wiegand, Carl von 366,
428
Wilamowitz-Moel-
lendorff, Ulrich von
518

Wilhelm II., Deutscher
Kaiser 29, 87 ff.
Willoughby, Charles A.
514 f.
Wirsing, Giselher 315
Woermann, Ernst 428
Wohlthat, Helmut 475
Wolff, Dr. von, Arzt
220 f.
Wölfflin, Heinrich 248
Wright, Frank Lloyd
354
Wright, Ellen 154
Wright, Richard 154 f.
Wulff, Günther 241 f.

Yamamoto, Isoroku 402
Yosano, jap. Diplomat
410

Zhuang Zi (Dschuang
Dse) 213, 215, 519
Zillich, Lateinlehrer 100
Zimmer, Heinrich 261 f.
Zixi, chin.
Kaiserinwitwe 223
Zola, Emile 291
Zweig, Stefan 70, 85

Gestalten, die die Welt veränderten

Gertrud Fussenegger
Herrscherinnen
Frauen, die Geschichte machten
400 Seiten mit 26 Abbildungen

Henry Benrath
Die Kaiserin Theophano
Historischer Roman, 368 Seiten

Felix Berner
Gustav Adolf – Der Löwe aus Mitternacht
512 Seiten mit 24 Abbildungen und 7 Tafeln

Gianni Granzotto
Christoph Kolumbus
384 Seiten mit 11 Karten und 20 Vignetten

Friedrich Sieburg
Robespierre
Eine Biographie, 316 Seiten

Friedrich Sieburg
Napoleon
Die Hundert Tage, 467 Seiten

Gerhard Ritter
Stein
Eine politische Biographie, 656 Seiten

Theodor Eschenburg/Ulrich Frank-Planitz
Gustav Stresemann
Eine Bildbiographie, 168 Seiten mit 335 Abbildungen

Peter Hoffmann
**Claus Schenk Graf von
Stauffenberg und seine Brüder**
Das Geheime Deutschland
670 Seiten mit zahlreichen Abbildungen und Karten

DVA